UDO BOESSMANN

BEWUSSTSEIN
UNBEWUSSTES

BAND I: BEWUSSTSEIN

Bibliografische Information der Deutschen Nationalbibliothek
Die Deutsche Nationalbibliothek verzeichnet diese Publikation in der Deutschen Nationalbibliografie; detaillierte bibliografische Daten sind im Internet über **http://dnb.ddb.de** abrufbar.

ISBN 978-3-942761-18-5

Verlag:
Deutscher Psychologen Verlag GmbH, Berlin

Umschlaggestaltung:
Tanja Bregulla, Aachen, unter Verwendung einer Illustration von
© freshidea / Fotolia.com

Satz:
Tanja Bregulla, Aachen

Druck:
Druckhaus köthen GmbH, Köthen

Bildnachweise (sofern nicht im Text angegeben):
S. 30 © Henrie / Fotolia.com; S. 32 © Alila Medical Images / Fotolia.com; S. 35, © Wikimedia Commons; S. 37 © Ayacop / Wikimedia Commons; S. 43 © Alila Medical Images / Fotolia.com; weitere Abbildungen © Deutscher Psychologen Verlag. Wir haben uns bemüht, sämtliche Rechteinhaber von Abbildungen zu ermitteln. Sollte dem Verlag gegenüber dennoch der Nachweis der Rechtsinhaberschaft geführt werden, bitten wir um Kontaktaufnahme.

Printed in Germany

Besuchen Sie uns im Internet: www.psychologenverlag.de

ISBN 978-3-942761-18-5

UDO BOESSMANN

BEWUSSTSEIN UNBEWUSSTES

BAND I: BEWUSSTSEIN

Was wissen wir?
Wie können wir dieses Wissen nutzen?
Wer oder was sind wir wirklich?

Praxisbezogene Grundlagen und Antworten nicht nur für Psychotherapeut(inn)en

dpv Deutscher Psychologen Verlag GmbH

Berlin 2013

Die Website zum Buch:
Auf der Website zum Buch **www.boessmann-bewusstsein.de** finden Sie ergänzend zu diesem Buch ein Online-Glossar, in dem wichtige Begriffe erklärt werden.

Inhalt

Vom Lehren der Selbsterkenntnis

In Worten wollen wir von außen hören,
was wir in unserem Inneren schon immer wussten.
Doch niemand kann uns etwas lehren,
das nicht schon in uns schlummert.
Ein guter Lehrer wirkt nicht so sehr
durch sein Wissen und seine Rede,
sondern durch seinen Glauben und seine Liebe.
Der wirklich weise Lehrer sagt nicht,
er habe die Wahrheit gefunden,
vielmehr führt er uns an die Quellen
in der Tiefe unseres eigenen Geistes heran.
An seinem Vorbild lernen wir,
die unbekannten Schätze unserer wandernden Seele
nicht mit einer Waage zu wiegen oder
mit dem Maßband auszumessen.
Denn wir sind wie ein Meer,
das keine Grenzen und kein Maß kennt.

(Frei nach Khalil Gibran: „Der Prophet")

Anliegen, Kernaussagen und Aufbau des Buches

In diesem Buch geht es um das menschliche Bewusstsein und um die nicht bewussten Prozesse, die ihm zugrunde liegen. Es geht außerdem um die unbewussten Mechanismen, welche die Kohärenz des Bewusstseins und des Selbsterlebens sicherstellen. Ich werde versuchen, wichtige Aspekte dessen, was wir heute über diese Themen wissen, verständlich zu machen. Wenn wir verstehen, was Bewusstsein ist und vor allem auch was es nicht ist, verstehen wir vielleicht auch besser, was unser Menschsein wesentlich ausmacht. Wir werden uns auch mit der Frage beschäftigen, welche Konsequenzen aus diesen Einsichten für unsere jeweilige Lebensgestaltung und für grundlegende Entscheidungsfindungen zu ziehen sind.

Ich widme mich dem Thema aus meiner Perspektive als Arzt und Psychotherapeut. Ich muss und will verfügbares Wissen zur Anwendung bringen, um Leiden zu lindern, Menschen zu entängstigen, zu ermutigen und zu befähigen, ihr Leben zu bewältigen. Anders als etwa ein Ingenieur, der exakt berechnen kann, mit welcher Konstruktion die gewünschte Tragfähigkeit einer Brücke mit größter Sicherheit zu erreichen ist, kann ich in vielen Einzelfällen nie ganz sicher sein, wirklich das Richtige zu tun. Vieles von dem, was ich als Arzt und Psychotherapeut tue oder sage, beruht auf mehr oder weniger geprüften oder prüfbaren Hypothesen und Deutungen. Wer in der Verantwortung der heilberuflichen Praxis steht, der weiß um das oft unausweichliche Dilemma, ausgestattet mit nur begrenztem oder unsicherem Wissen lebensbestimmende und möglicherweise falsche Entscheidungen für seine Patienten oder gemeinsam mit seinen Patienten treffen zu müssen. Umso mehr stehen wir als Ärzte und Therapeuten – und das gilt für jeden anderen auch, der Verantwortung zu tragen bereit ist – in der Pflicht, unser Denken und Tun empirisch so solide wie irgend möglich zu fundieren.

So liegt es nahe, die sich ständig vermehrende Fülle wissenschaftlicher Erkenntnisse aus verschiedenen Forschungszweigen, die zu unserem aktuellen Wissen über Bewusstsein, Nichtbewusstes und Unbewusstes beitragen, auf ihre Anwendbarkeit in der Psychotherapie- und Lebenspraxis hin zu untersuchen. In diesem Buch werde ich mich vor allem mit den Beiträgen der Hirnforschung, der Kognitionswissenschaften und der zeitgenössischen Philosophie auseinandersetzen. Die Kognitionswissenschaften schließen die Neurobiologie, Neurophysiologie, Neuropathologie, die empirische Psychologie, Anthropologie, Linguistik und Informatik (inklusive der Erforschung von künstlicher Intelligenz) ein. Die zeitgenössische Philosophie setzt sich mit den Ergebnissen der empirischen Forschung (einschließlich der Erkenntnisse der Quantenphysik) auseinander und stellt Querverbindungen zwischen den Einzeldisziplinen her. Sie entwirft Metatheorien, die das Forschungswissen der einzelnen Disziplinen zu integrieren suchen. Sie gewichtet, würdigt und diskutiert das empirische Wissen aus einer übergeordneten Perspektive und zeigt mögliche epistemische, ethische und pragmatische Konsequenzen aus diesem Wissen auf. Sie macht zudem Vorschläge für zukünftige Forschungsprojekte.

Es ist völlig unmöglich, das ganze angesammelte Wissen über Bewusstsein und Unbewusstes auch nur annähernd vollständig zu erfassen, geschweige denn umfassend darzustellen. Würde man es trotzdem versuchen, würde ein solches Werk viele seitenstarke Bände füllen und wäre schon am Tag seiner Veröffentlichung überholt. Der größte Nachteil eines enzyklopädischen Werkes aber wäre, dass der Leser infolge der Wissensüberflutung sprichwörtlich ertrinken würde oder – um ein anderes Bild zu bemühen – „vor lauter Bäumen keinen Wald mehr sehen" könnte. Diese Wissensfülle wäre im Hinblick auf die von mir intendierte Anwendbarkeit völlig unbrauchbar.

Ich benötige folglich, um ein handliches Buch zu verfassen, ein brauchbares Kriterium, das mir hilft, die unvermeidliche *Exformation*[1], das heißt das Aussondern von entbehrlicher Information, zu bewerkstelligen. Als Filter soll die Frage dienen, was von der Flut des heute verfügbaren Wissens über Bewusstsein und Unbewusstes in der psychotherapeutischen Praxis und im Lebensalltag wirklich nützlich ist. An welchen konkreten, zum Beispiel psychotherapeutischen oder lebenspraktischen Problemstellungen können wir dieses Wissen auf seine Brauchbarkeit hin testen? Ich habe eine Reihe von typischen Fragen aus der Psychotherapie- und allgemeinen Lebenspraxis zusammengestellt, die wir gewöhnlich mit unbewussten Prozessen und/oder mit Bewusstseinstätigkeit in Zusammenhang bringen und die uns vielleicht als Prüfstein dienen können:

1 Das Konzept und der Begriff „Exformation" wurden vom dänischen Physiker Tor Nørretranders zur Bezeichnung von explizit verworfener Information eingeführt. Der Begriff wird uns in diesem Buch noch ausgiebig beschäftigen.

- Warum gelingt es uns als Einzelnen oder als Gemeinschaft trotz großer Anstrengungen und guten Willens nicht, bestimmte partnerschaftliche, familiäre, berufliche oder politische Probleme aufzulösen?
- Warum sind wir in bestimmten Situationen ambivalent hin- und hergerissen und haben so große Schwierigkeiten, Entscheidungen zu treffen?
- Warum verrennen wir uns in Partnerschaften, im Familien- oder Berufsleben wiederholt und ungewollt in Problemsituationen, in die andere Menschen möglicherweise nicht oder nicht in dem gleichen Ausmaß geraten?[2]
- Wie treffen wir schwierige Entscheidungen?
- Wie können wir mit scheinbar ausweglosen Situationen fertigwerden?
- Können wir zwischen richtig und falsch unterscheiden und, wenn ja, wie?
- Wie hängt unsere körperliche und seelische Gesundheit mit Bewusstsein und Unbewusstem zusammen?
- Wie können wir uns im Umgang mit unserer Gesundheit intelligenter verhalten?
- Wie können wir uns gesünder, vitaler und selbstsicherer fühlen?
- Welche Ursachen und welche Funktion haben Ängste, depressive Verstimmungen, psychosomatische Beschwerden, Süchte und andere seelische Störungen?
- Wie können wir unsere schädlichen Affekte und Impulse beherrschen?
- Wie können wir nachhaltig mehr Freude in unser Leben und vielleicht auch in das Leben anderer Menschen bringen?
- Wie können wir uns in sozialen Kontexten intelligenter verhalten?
- Welche nicht bewussten Faktoren bestimmen möglicherweise das Verhalten von Menschen, die für uns wichtig sind? Wie können wir diese Faktoren verstehen und dieses Wissen nutzen?
- Wie können wir mit Verlusten und dem Problem des Todes fertigwerden?
- Worin liegt der Sinn unseres Lebens?

Sie, geschätzte Leserinnen und Leser, mögen kritisch prüfen, inwieweit das Wissen und die Hypothesen über Bewusstsein und nicht bewusste Prozesse, die ich Ihnen vorstellen werde, wirklich dazu beitragen können, die vorangegangenen Fragen zu beantworten. Können wir als Einzelne, als Familie oder als Gesellschaft ausgestattet mit diesem Wissen Problemstellungen effizienter und erfolgreicher lösen und vielleicht gesünder, friedlicher und glücklicher leben als ohne ein solches Wissen?

2 Dafür befinden sich andere mitunter in Schwierigkeiten, die uns nicht anfechten.

Das Thema, dem wir uns hier widmen, greift weit über die Not kranker Menschen hinaus in die Grundfragestellungen einer jeden menschlichen Existenz hinein. Wenn wir uns mit dem Phänomen[3] des Bewusstseins und mit dem weiten Feld nicht bewusster Prozesse beschäftigen, begegnen wir zwangsläufig jenen drängenden Fragen, die sich in der einen oder anderen Form jeder zur Selbstreflexion befähigte Mensch irgendwann in seinem Leben stellt, zum Beispiel:

- Wer bin ich?
- Was soll/will ich grundsätzlich mit meinem Leben anfangen?
- Welche Orientierung, welche Werte soll/will ich meinem Leben geben?
- Was ist wirklich? Was ist wahr?
- Was können wir erkennen?
- Wo sind die Grenzen unserer Erkenntnis?
- Bestimme ich selbst, was ich denke, was ich will und was ich tue?
- Haben wir Menschen grundsätzlich einen freien Willen (und damit Verantwortung), oder sind wir vollständig durch unsere Gene und Umweltbedingungen determiniert?
- Kann ich mich wirklich ändern? Kann ich andere verändern?
- Wie können wir uns als Gemeinschaft (zum Beispiel Familie, Interessengruppe, Partei oder Nation) im Umgang mit anderen Gemeinschaften und mit globalen Herausforderungen intelligenter verhalten?
- Welche Bedeutung und welchen Wert können Glaube und Religion für uns heutige Menschen haben?

Mit den aufgelisteten Fragen befinden wir uns mitten in einer grundlegenden Betrachtung darüber, in welchen umfassenderen soziokulturellen oder gar spirituellen Gesamtzusammenhang wir als Individuen eingebunden sind und welche Konsequenzen sich möglicherweise aus einer solchen erweiterten Perspektive für unseren persönlichen Lebensentwurf ergeben. Mit Hilfe meiner lebenspraxisbezogenen Fragestellung hoffe ich, auch einen über meine eigene Berufsgruppe hinausgehenden Leserkreis für das Thema „Bewusstsein und Unbewusstes" zu interessieren. Um das Buch lebensnah, prägnant und gut lesbar zu gestalten, verzichte ich auf eine ausführliche theoretische Einführung und stelle Ihnen stattdessen meine **Kernaussagen** direkt vor:

3 Das Wort „Phänomen" leitet sich vom griechischen „phainesthai" = „sichtbar werden" oder „erscheinen" ab.

In Anlehnung an Gerald M. Edelman und Giulio Tononi[4] *unterscheide ich zwischen einem primären, biologischen Bewusstsein, das auch viele Tiere im Rahmen der Evolution entwickelt haben, und einem höheren, kulturvermittelten und damit spezifisch menschlichen Bewusstsein, das sich weit über die angeborenen biologischen Bewusstseinsfunktionen erhebt und sich vor allem in Subjektivität (phänomenalem Welt- und Selbsterleben*[5]*) sowie in Schuldbewusstsein und in einem Anspruch, einen freien Willen zu haben, zeigt. Ich hoffe, mit dieser einfachen Unterscheidung einen Teil der verwirrenden philosophischen Debatte über den Bewusstseinsbegriff zu überwinden.*

So wie die Erde nicht Mittelpunkt des Universums ist, obwohl wir es so erleben, so ist auch unser menschliches Bewusstsein nicht in unseren Köpfen lokalisiert[6]*, obwohl wir es so erleben. Menschliches Bewusstsein, das jeder Einzelne von uns als „mein Bewusstsein" erlebt, ist keine rein individuelle Leistung und auch nicht etwas, was „mir gehört", wenngleich wir es so erleben.*[7] *Menschliches Bewusstsein resultiert vielmehr aus der kulturbasierten Interaktion vieler Gehirne und innerhalb dieser Gehirne aus dem Zusammenwirken vieler Nervenzellennetze. Es ist damit ein interpersonales Phänomen, obwohl es phänomenal individuell erfahren wird. Es hat – anders als Nervenzellen (Neurone), Synapsen und elektrische Nervenerregungen – keinen bestimmbaren phy-*

4 Gerald M. Edelman und Giulio Tononi (2000: „A Universe of Consciousness. How Matter Becomes Imagination", Basic Books, New York) unterscheiden ein primäres Bewusstsein und ein Bewusstsein höherer Ordnung. Das primäre Bewusstsein ist die Fähigkeit, Sinneseindrücke zu einer „Szene" zusammenzufassen, und zwar so, dass verschiedene Ereignisse zu einem raumzeitlichen Muster von Kategorisierungen, zu einer „erinnerten Gegenwart" vereint werden. Im Gegensatz dazu gehört zum Bewusstsein höherer Ordnung ein Konzept des „Ich", der „Welt", der „Vergangenheit" und „Zukunft" und der „Sprache".

5 Der Begriff des phänomenalen beziehungsweise qualitativen Erlebens spielt in der philosophischen Bewusstseinsdiskussion eine wichtige Rolle. Gemeint ist die nicht objektivierbare, subjektive Qualität von Empfindungen, zum Beispiel von Zahnschmerzen, des Duftes von Basilikum oder der Farbe eines Rapsfeldes, sowie die subjektive Qualität von emotionalen Zuständen, zum Beispiel das Erlebens von Glück oder Trauer oder das subjektive Erleben einer Musikdarbietung oder eines Kunstwerkes. Phänomenal heißt das Erleben, weil es darum geht, wie Dinge, Ereignisse oder innere Zustände, die ein anderer ganz anders erleben kann, mir ganz persönlich erscheinen (siehe auch im Online-Glossar unter Bewusstsein: phänomenales Bewusstsein, und unter Qualia).

6 Es ist auch nicht an den Stellen im Gehirn lokalisiert, die im PET-Scan aufleuchten, wenn zum Beispiel die untersuchte Person Objekte bewusst erkennt (PET = Positronen-Emissions-Tomografie, eine Methode, bei der injiziertes radioaktives Wasser Positronen emittiert und dynamische Prozesse im Gehirn sichtbar macht). Die Hirnaktivität bei bewussten kognitiven Prozessen ist alles andere als lokal, sondern verteilt sich immer über weite Teile des Gehirns.

7 Die „Meinhaftigkeit" des Bewusstseins ist – wie wir noch sehen werden – eine nützliche Benutzerillusion.

sikalischen Ort.[8] *Wenn wir es unbedingt – der Anschaulichkeit wegen – verorten wollen, dann in einem virtuellen Raum zwischen unseren Gehirnen. Die These von der Nichtlokalität von Bewusstsein ist erst einmal kontraintuitiv und ruft vielleicht erst einmal spontanen Widerspruch hervor. Aber sie ist – wie wir noch sehen werden – neurobiologisch, system-, informations- und quantentheoretisch naheliegend und hat weitgehende lebenspraktische Konsequenzen.*

Menschliches Bewusstsein ist auf menschliche Gehirne angewiesen[9]*, aber es wird nicht von einzelnen Gehirnen erzeugt, so wie die Fülle der Information des Internets auf lokale Computer mit bestimmten Hardware-Voraussetzungen und geeigneten Programmen angewiesen ist, um die verfügbare World-Wide-Web-Information sichtbar und nutzbar zu machen, ohne dass der einzelne Computer der Erzeuger der auf dem Bildschirm erscheinenden Benutzerillusionen wäre. Alle Gehirne verarbeiten Information, aber menschliche Gehirne zeichnen sich im Vergleich zu tierischen Gehirnen dadurch aus, dass sie eine bestimmte Klasse von Informationen verarbeiten und speichern können, die ich „Bewusstseinsinformation" nennen will. Ich nenne sie so, weil sie geeignet ist, bewusstseinsfähige Gehirne zu verlinken und dadurch erst die besonderen Eigenschaften des menschlichen Bewusstseins hervorzubringen.*

Bewusstseinsinformation liegt in symbolischer Form vor; sie umfasst all das, was Kulturen an Zeichen, sprachlichen Produktionen und Bedeutungen (zum Beispiel Schriftzeichen, mathematische Zeichen, Landkarten, Noten, Konventionen, Sitten, Gesetze, Wissenschaften und Religionen) entdeckt, hervorgebracht und verarbeitet haben. Sie wird auch über gegenständliche Kulturprodukte wie Bauwerke, Fahrzeuge, Werkzeuge, Kunstwerke und kultische Objekte vermittelt. Bewusstseinsinformation wird sozial angeliefert, wobei der Informationsfluss und Informationsaustausch so-

8 Thomas Fuchs (2010: „Das Gehirn – ein Beziehungsorgan", Zeitschrift „Information Philosophie", Heft 5/2010) verweist im Zusammenhang mit der Nichtlokaität von Bewusstsein auf Maurice Merleau-Pontys Begriff der „Zwischenleiblichkeit" (französisch: „intercorporéité"). Für die Entwicklung des Gehirns sowie der spezifisch menschlichen Subjektivität und des Selbstbewusstseins bedürfe es vor allem der Interaktion mit anderen, was unter anderem in der Fähigkeit des menschlichen Säuglings zur spontanen und genauen Imitation von intentionalen und expressiven Handlungen anderer erkennbar werde. Fuchs: „Das personale Selbst entwickelt sich erst im Durchgang durch die Perspektive der anderen, also mit der Fähigkeit, aus dem eigenen Zentrum gleichsam herauszutreten und die Sichtweise anderer nachzuvollziehen. Der Geist ebenso wie die ihm zugrunde liegenden Hirnstrukturen sind wesentlich soziale und kulturelle Phänomene. Das menschliche Gehirn ist ein wesentlich sozial und geschichtlich konstituiertes Organ."

9 Zumindest ist zurzeit kein technisches System in Sicht, welches eine dem menschlichen Gehirn vergleichbare Funktion erfüllen könnte.

wohl horizontal (zwischen Mensch und Mensch, zwischen Individuum und Kollektiv oder von Kollektiv zu Kollektiv) als auch vertikal (geschichtlich, transgenerational von Menschen und Kollektiven in der Vergangenheit zu Menschen und Kollektiven in der Gegenwart und von uns Heutigen zu zukünftigen Generationen) erfolgt. Die Bedeutung der Bewusstseinsinformation erschließt sich erst aus einem kollektiven und geschichtlichen Kontext heraus.

Theoretisch verbindet Bewusstseinsinformation alle Einzelgehirne, die je gelebt haben, mit denen, die heute leben, und jenen, die zukünftig leben werden, zu einem riesigem sowohl parallel als auch seriell arbeitenden Informationsverarbeitungsnetzwerk. Irgendwo inmitten dieses gigantischen Informationsverarbeitungssystems befindet sich – wie die Erde im Kosmos – unser im Gesamtmaßstab winziges und dennoch einzigartiges Gehirn, welches von der kollektiven Bewusstseinsinformation „durchströmt" wird, diese empfangen und decodieren kann und Bewusstseinsinformation transformieren, encodieren und senden kann. Was jeder von uns als „mein Bewusstsein" erlebt, ist die jeweils aktuelle Interpretation und Transformation der kollektiven Bewusstseinsinformation durch unser jeweiliges Individualgehirn, dessen aktuelle Funktion wiederum von der Verfassung unseres Gesamtorganismus abhängt.[10] *Jeder von uns ist – wenn auch mit sehr unterschiedlichem Wirkungsgrad – an dem kollektiven Bewusstseinsprozess – beteiligt.*

Unser menschliches Bewusstsein ist im Gegensatz zum biologischen Bewusstsein soziokulturell antrainiert („enkulturiert", wie Merlin Donald sagt). Jedes Lebewesen macht Erfahrungen mit seiner Umwelt und lernt daraus; Tiere mit höher entwickelten Nervensystemen, insbesondere die Primaten[11]*, machen in ihrem sozialen Umfeld komplexe Lernerfahrungen, die sie zu einem erstaunlich differenzierten Rollenverhalten befähigen. Aber bei keinem Tier ist eine Qualität von soziokulturellem Lern- und Persönlichkeitsformungsprozess erkennbar, der wie beim Menschen zur Ausbildung eines expliziten Selbst und Ich (diese Begriffe müssen unten noch definiert und voneinander*

10 Wenn ich bislang vereinfachend vom Gehirn gesprochen habe, so war immer das in einen Gesamtorganismus eingebettete Gehirn gemeint, dessen Funktion losgelöst vom restlichen Körper gar nicht sinnvoll gesehen werden kann. Das Gehirn ist über eine Vielzahl von Nervenverbindungen und auch über humorale Botenstoffe (die zum Beispiel im Blut transportiert werden) mit dem übrigen Organismus verbunden. Die Aktivität des Gehirns, die sich in unserem Erleben, Denken, Wollen und Handeln äußert, schwankt erheblich in Abhängigkeit von der Verfassung des Körpers, unter anderem vom Alter, von der zirkadianen Rhythmik (den üblichen Tagesschwankungen), vom Gesundheitszustand, von der Nahrungsaufnahme, von der körperlichen Tätigkeit, von der Ausgeschlafenheit oder Müdigkeit, von der Wirkung von Suchtmitteln und Medikamenten. Die Körperverfassung wiederum wird stark von emotionalen Faktoren beeinflusst.

11 Siehe Online-Glossar.

abgegrenzt werden) führt.[12] *Das Selbst und das Ich stehen nach ihrer Ausreifung mit der Welt der Objekte in einer außerordentlich facettenreichen sensorischen, kognitiven und emotionalen Wechselbeziehung. Kulturelle Einflüsse (die ich unten noch spezifizieren werde), transformieren die sozialen Lernerfahrungen, die – wie gesagt – insbesondere auch Tiere mit höher entwickelten Nervensystemen machen, in Selbstobjekt-Erfahrungen*[13]*, die wahrscheinlich nur Menschen mit ihrem durch ein besonders hohes Maß an Neuroplastizität*[14] *ausgezeichneten und sprachfähigen Gehirn machen können. Dieser menschentypische soziokulturelle Lernprozess bringt, wenn er glückt, bei jedem Einzelnen ein konsistentes subjektives Selbsterleben (Identität und Kohärenzgefühl) sowie einen unverwechselbaren Persönlichkeitsstil hervor.*

Die höheren, typisch menschlichen Bewusstseinsfunktionen, die als wesentliche Bestandteile Symbolisierung, Subjektivität, Willensfreiheit und Gewissen enthalten, sind – das versuche ich zu belegen – unserer evolutionsgeschichtlichen Natur in gewisser Weise aufgenötigt. Sie sind unserer biologischen Herkunft wesensfremd und zugleich das, was uns zu Menschen macht (und als biologische Gattung so überaus erfolgreich gemacht hat). Jeder von uns ist durch einen unerbittlichen Enkulturationsprozess (Erziehung, Sozialisation) gegangen, der jedem Einzelnen eine Ich-Vorstellung, ein phänomenales Selbsterleben, ein Ich-Ideal und ein Gewissen eingepflanzt hat und sich dabei unsere natürliche Ausstattung mit libidinösen (nach Lustgewinn und Bemächtigung der Welt strebenden) und sozialen (nach sicherer Bindung und Anerkennung strebenden) Antrieben und Bedürfnissen zunutze gemacht hat (ich werde das noch erläutern). Diese kulturell forcierte Implantation von Ich, Selbst, Ich-Ideal und Über-Ich, die während des ganzen Lebens nicht abreißt, erklärt, warum es eine Grunderfahrung von vielen (kultivierten) Menschen ist, mit

12 Wie das Ich und das Selbst und damit das höhere Bewusstsein aus der Interaktion eines Kindes mit seiner Umwelt entstehen, wird in den psychoanalytischen Objektbeziehungs-, ich- und selbstpsychologischen Theorien beschrieben. Diese Theorien werden uns später noch beschäftigen.

13 „Selbstobjekt" ist ein Begriff von Heinz Kohut, der die Funktion eines Menschen oder auch einer Sache für den Aufbau, den Erhalt und die Entwicklung des Selbsterlebens eines anderen Menschen bezeichnet und uns noch beschäftigen wird (siehe auch Online-Glossar).

14 Mit neuronaler Plastizität wird die Fähigkeit von Gehirnen bezeichnet, neue Verbindungen zwischen Nervenzellen (Synapsen) auszubilden, bestehende Verbindungen zu verstärken und überflüssige Verbindungen aufzulösen. Auf diese Weise können relativ rasch neue Nervenzellennetzwerke gebildet werden, die neue oder alte (zum Beispiel beschädigte) Funktionen übernehmen können. Durch ihre Neuroplastizität können sich Gehirne prinzipiell jederzeit umformen, neu organisieren und sich an neue Anforderungen anpassen. Neuroplastizität ist damit eine wesentliche Voraussetzung für die Lernfähigkeit von Gehirnen und für das Gedächtnis (weitere Information im Online-Glossar).

der eigenen Natur (mit Körper, Triebleben, Sterblichkeit) in Konflikt zu stehen und von dem Rest der Welt (und auch dem, was wir „Gott“ nennen) getrennt zu sein.

Entgegen der These, dass Bewusstsein ein reines Epiphänomen ohne eigentliche Funktion sei[15]*, werde ich zu zeigen versuchen, dass die uns anerzogenen höheren Bewusstseinsfunktionen der Symbolisierung, Subjektivität, Ich- und Selbsthaftigkeit, Willensfreiheit und des Gewissens zusammen einen hochwirksamen Cocktail bilden, der uns für das Kollektiv (vor allem der Familie und der Nation) und die Kultur, denen wir entstammen, so überaus nützlich macht. Unsere Abhängigkeit von Kollektiv und Kultur bedingt aber auch, dass wir verführt, missbraucht und zur großen Gefahr für uns selbst und andere werden können (wofür der Nationalsozialismus ein besonders bedrückendes Beispiel war und die hemmungslose, ökologisch bedrohliche Ausbeutung unseres Planeten ein aktuell brisantes Beispiel ist). Wie sollen wir als Einzelne und als Gemeinschaft mit der Verantwortung, die uns hier zufällt, umgehen?*

Als Arzt bin ich immer wieder mit sehr kranken Menschen und damit auch mit der drängenden Frage konfrontiert, wie sich jeder von uns auf das Sterben und den Tod vorbereiten kann. Wie können wir uns im Hinblick auf das unvermeidliche Ende unseres Lebens entängstigen und den letzten Teil unseres natürlichen Lebensweges vielleicht sogar aktiv und sinnhaft gestalten? Solange wir an den Benutzerillusionen unseres phänomenalen Bewusstseins als der eigentlichen Wirklichkeit festhalten und solange sich unser Selbst und unser Ich nicht von der enkulturierten Überschätzung ihrer eigenen Bedeutung verabschieden können, können wir uns mit unserem Sterbenmüssen nicht versöhnen.

15 Eine Reihe namhafter Philosophen glaubt, dass das Phänomen „Bewusstsein“ keinen wesentlichen Beitrag zu unserer Erkenntnis der Welt leiste. Die Position des Epiphänomenalismus soll zuerst von Thomas Henry Huxley (1874: „On the hypothesis that animals are automata, and its history“, in: „Fortnightly Review 22“, London, S. 555-580, wieder in: „Collected Essays: Volume I, Method and Results“, S. 195-250) vertreten worden sein. Unser gesamtes waches, integriertes Verhalten ließe sich vollständig aus physiologischen Kausalzusammenhängen erklären, in denen wir als erlebende Subjekte überhaupt nicht vorkommen. Auch ohne unsere subjektive Innenperspektive würden wir „auf dieselbe Weise durch die Welt stolpern, wie wir es mit ihr tun“. Selbst auf unser Denken, Sprechen, auf Erinnerungen und die Steuerung unseres Handelns habe das Bewusstsein keinen Einfluss; Bewusstsein sei ein reines Epiphänomen, ein sekundäres, oberflächliches und wirkungsloses Nebenprodukt mentaler Aktivität. Zeitgenössische Autoren wie Patricia Churchland und Georges Rey gehen so weit, sogar den Wert des Begriffes überhaupt in Frage zu stellen: „Bewusstsein“ sei ein Wort der Alltagssprache, für das wir eigentlich keinen Bedarf haben.

Religiöse Menschen haben es da oft leichter. Viele von ihnen machen während des Gebets oder in der Meditation, durch den gemeinsamen Vollzug von Ritualen, beim Singen, Rezitieren und Hören von Texten, beim Betrachten von Gottesbildern und Symbolen, auf Pilgerfahrten und an heiligen Orten besondere Erfahrungen. Sie sind darin geübt, sich für eine Dimension von Seinserfahrung zu öffnen, die sich nicht in den üblichen Sinnesqualitäten und Verstandeskategorien fassen lässt. Für sie existiert neben der phänomenalen noch eine andere Wirklichkeit, auf die sie vertrauen und hoffen können und die vielen von ihnen den Abschied aus den Bindungen in der bekannten Welt erleichtert.

Welche Konsequenzen ergeben sich für nicht religiöse Menschen, die nach meiner Erfahrung ja in gleicher Weise wie religiös Gebundene des Trostes und der Erlösung angesichts des unausweichlichen Leidens und Todes bedürfen? Was kann man als Atheist von den Religionen lernen? Was kann insbesondere unser Wissen über Bewusstsein und Unbewusstes dazu beitragen, dass wir – ob als religiöser oder nicht religiöser Mensch – besser fertigwerden mit der Notwendigkeit des Sterbens?

Ich habe das Buch so verfasst, wie ich mir persönlich ein Buch zu einem wichtigen Thema wünsche: die Kernaussagen gleich zum Anfang, das Wesentliche in verständlicher Sprache im Haupttext, in verdaubare Portionen unterteilt (die deutlich voneinander getrennten Absätze, in welche ich den Text gegliedert habe, enthalten jeweils einzelne, relativ übersichtliche Wissensdarbietungen oder relativ einfach verständliche Gedankenschritte), am Ende jeden Kapitels eine Zusammenfassung (die auch vorweg als Einstimmung in das Kapitel genutzt werden kann) und die praktischen Konsequenzen, die sich aus meiner Sicht aus dem Kapitel ergeben. Wissenschaftliche Anmerkungen und Quellenangaben finden sich in den Fußnoten (und nicht erst am Ende des Buches, wohin ich mich erst mühsam durchblättern müsste). Ergänzend zum Buch gibt es ein Online-Glossar, in dem wichtige Begriffe erklärt werden. Am Ende des Buches befindet sich ein ausführliches Sach- und Personenverzeichnis.

Zunächst nehme ich eine genaue Begriffsbestimmung und eine thematische Eingrenzung des Gegenstands vor. Im ersten Hauptteil stelle eine ganze Reihe verschiedener Aspekte dar, die in der Medizin, Psychologie, Hirnforschung, philosophischen Diskussion und auch in der Alltagssprache mit dem Begriff des Bewusstseins assoziiert sind und die mir unter praktischen Gesichtspunkten besonders relevant erscheinen. Dabei versuche ich, mich nicht in den leidenschaftlichen Streit der Gelehrten über die richtige Definition und Verwendung der Begriffe „Bewusstsein“ und „Unbewusstes“ verwickeln zu lassen. Denn für die praktische

Nutzung kommt es meines Erachtens nicht auf eine endgültige Wahrheitsfindung an (die ohnehin nur eine Illusion wäre). Vielmehr lassen sich die unterschiedlichen Lehren und Standpunkte, die ich vorstellen werde, als sich ergänzende wertvolle Betrachtungen des äußerst komplexen Themas würdigen.

Ein ausführlicher Abschnitt ist den höheren Ich-Leistungen der Metarepräsentation und Mentalisierung, der Selbstüberprüfung, der langfristigen Planung und Korrektur von Routinen, der Metakognition, Selbstreflexion und Fähigkeit zum Perspektivenwechsel, der Willensfreiheit, der Verantwortungs- und Schuldfähigkeit, dem Gewissen, dem Werte- und Sinnempfinden sowie der Selbsttranszendenz gewidmet. Abschließend gehe ich auf die praktische, vor allem psychotherapeutische Anwendung des Wissens ein, das wir über diese besonders hoch entwickelten und dem Menschen vorbehaltenen Selbststeuerungs- und Interaktionsfähigkeiten besitzen.

Der zweite Band des Buches wird sich mit dem Unbewussten, vor allem dem Verdrängungsunbewussten nach psychodynamischem Verständnis, sowie mit dem Grenzbereich zwischen Bewusstsein und Unbewussten auseinandersetzen. Er wird auf den Zusammenhang von Bewusstsein und Gehirn eingehen sowie auf die Probleme der Wissenschaften, die sich mit dem Bewusstsein und dem Unbewussten beschäftigen. Vor allem wird der Versuch zu unternehmen sein, auf die eingangs gestellten Fragen lebenspraxisbezogene Antworten zu geben. Wie können wir das in diesem Buch zusammengestellte Wissen sowohl in der privaten Lebensplanung als auch bei der Bewältigung der kollektiven Herausforderungen unserer Zeit nutzen? Wenn dieses Wissen wenigstens im Kern zutrifft, dann leuchtet eine pragmatische Konsequenz auf, die sich für unsere von der Wohlstands-, Konsum- und Spaßgesellschaft verwöhnte Ohren vielleicht etwas „unsexy" anhört: dass wir nämlich nicht umhinkommen, den in unserer Kultur allzu hoch gezüchteten Egozentrismus und Hedonismus in Richtung einer umfassenden kollektiven Verantwortungsethik weiterzuentwickeln.[16]

Ich hoffe, es wird gelingen, die LeserInnen davon zu überzeugen, dass die in diesem Buch propagierte Verantwortungshaltung in keiner Weise als lustfeind-

16 Als ich vor sieben Jahren meine vertiefte Auseinandersetzung mit dem Thema „Bewusstsein" und „Unbewusstes" begann, hatte ich keine Ahnung davon, dass sich mir im Zuge der Erschließung der Funktion des menschlichen Bewusstseins die globale kollektive Verantwortlichkeit eines jeden wirklich bewusstseinsfähigen Menschen so unausweichlich zeigen würde, eine Verantwortlichkeit, vor der ich mitunter am liebsten davonlaufen würde.

liches Pflichtkorsett zu verstehen ist, sondern als befreiende Form von Selbstverwirklichung und als Ausweg aus der Sackgasse des postmodernen Hedonismus und Individualismus. Wenn unser menschliches Bewusstsein, also das, was sich insbesondere durch Symbolisierungsfähigkeit, Subjektivität, Ichhaftigkeit, Willensfreiheit und Gewissen auszeichnet und auf das wir zu Recht stolz sind, eine unbestreitbare Funktion hat, dann die, uns zu eigenständigem und zugleich verantwortlichem Handeln gegenüber der Gemeinschaft, in der wir leben, der Welt als Ganzem und gegenüber den Generationen, die uns nachfolgen, zu befähigen.

Unsere persönliche Heilung und Glücksfähigkeit, aber auch die Zukunft unseres Gemeinwesens, ja das Schicksal des Lebens auf unserem Planeten überhaupt hängen davon ab, ob uns das gelingt, was schon Alfred Adler vor rund hundert Jahren als Therapiekonzeption entwarf[17]: die Integration und Transformation unseres egozentrischen Strebens nach Macht und Geltung in eine Kultur echten Gemeinschaftssinnes (den wir heute im weltweiten Maßstab benötigen). Wenn ich aus den Besonderheiten menschlichen Bewusstseins auf unsere globale Verantwortlichkeit schließe, dann beziehe ich mich vor allem auf das, was sich aus dem Wort „Ver-antwort-ung“ unmittelbar ableiten lässt: dass wir Antworten finden und geben, die unserer bewussten Einsicht in unsere weltumspannende und generationsübergreifende Vernetztheit und Eingebundenheit gerecht werden, und dass wir diesen Antworten gemäß auch wirklich handeln.

Trotz der wissenschaftlichen Orientierung des Buches setzt es kein Fachwissen voraus. Es sollte auch für den interessierten Laien ohne Weiteres verständlich sein. Fachbegriffe werden im Online-Glossar erklärt. Ich wünsche meinen Leserinnen und Lesern eine kurzweilige Lektüre und reichlich Anregungen für die eigene Lebenspraxis und die Bewältigung der Herausforderungen unserer Zeit.

Udo Boessmann, Wiesbaden im April 2013

17 Unter anderem in Adlers 1912 erschienenen Hauptwerk „Über den nervösen Charakter“, 1972 als Fischer-Taschenbuch aufgelegt.

Worüber reden wir überhaupt?

Babylonische Begriffsverwirrung

In der Psychotherapie und selbst im Alltag sprechen wir wie selbstverständlich davon, dass uns etwas „bewusst" oder „unbewusst" ist beziehungsweise dass wir etwas „bewusst" oder „unbewusst" tun. Das Wort „Bewusstsein" erscheint uns so vertraut, dass wir glauben, intuitiv zu wissen, was es bedeutet. Doch schon ein kurzer Blick auf die verwirrende Fülle von Varianten und Bedeutungskontexten, in denen die Begriffe „bewusst", „unbewusst", „Bewusstsein" und „Unbewusstes" verwendet werden, überzeugt uns schnell davon, dass die Sache alles andere als klar ist.

Wir kennen adjektivische Varianten wie bewusstseinsnah, bewusstseinsfähig, vorbewusst, unterbewusst, bewusstlos und substantivierte Varianten wie Bewusstheit, Unterbewusstsein, Unbewusstheit, Unbewusstsein. Dazu kommen noch die vielen zusammengesetzten Begriffe: subjektives Bewusstsein, intersubjektives Bewusstsein, phänomenales Bewusstsein, introspektives Bewusstsein, retrospektives Bewusstsein, empirisches Bewusstsein, reines Bewusstsein, transzendentales Bewusstsein, höheres Bewusstsein, operationales Bewusstsein, konzeptuelles Bewusstsein, minimales Bewusstsein, reflexives Bewusstsein, Selbstbewusstsein, Ich-Bewusstsein, Kernbewusstsein, Wachbewusstsein, Zugangsbewusstsein, Einzelbewusstsein, Aktivitätsbewusstsein, Persönlichkeitsbewusstsein, Alltagsbewusstsein, Aufmerksamkeitsbewusstsein, Umweltbewusstsein, Gesundheitsbewusstsein, Qualitätsbewusstsein, Preisbewusstsein, Verantwortungsbewusstsein, Schuldbewusstsein und auch Bewusstseinshorizont, Bewusstseinsfeld, Bewusstseinsphänomen, Bewusstseinsprozess, Bewusstseinszustand, Bewusstseinsinhalte, Bewusstseinsstrom, Bewusstseinsschwelle, Bewusstwerdung usw.

Das Unbewusste begegnet uns in der Literatur unter anderem als primäres Unbewusstes, organismisches Unbewusstes, physiologisches Unbewusstes, deskriptives Unbewusstes, kognitives Unbewusstes, individuelles und kollektives Unbewusstes, hereditäres Unbewusstes, transzendentalphilosophisches Unbewusstes, absolutes Unbewusstes, dynamisches Unbewusstes, Verdrängungsunbewusstes, präödipales Unbewusstes, vorsprachliches Unbewusstes, präreflexives Unbewusstes, symbolisches Unbewusstes, ästhetisches Unbewusstes, romantisches Unbewusstes, cerebrales Unbewusstes, spiritistisches Unbewusstes, surrealistisches Unbewusstes, genialisches Unbewusstsein, unbewusster Wille, unbewusste Triebregungen, unbewusster Lebensstil, unbewusste Fantasien, unbewusste Vorstellung, unbewusste Erwartungen, unbewusster Zweck, unbewusstes Ziel, unbewusster Dialog, unbewusster Konflikt oder unbewusstes Wissen. Wenn wir dann noch Begriffe wie „bewusstloser Wille“ oder „dispositionelles Unterbewusstes“ in unsere Betrachtung einbeziehen, ist die Verwirrung komplett.

Der Begriff des Unbewussten wird von vielen Laien und selbst von den meisten Therapeuten, die mit ihm arbeiten (zum Beispiel Psychoanalytiker, Tiefenpsychologen und Hypnotherapeuten), erstaunlich unreflektiert verwendet. Für sie steht „das Unbewusste“ für eine verborgene Macht, die unser Leben, Handeln und Erleben auf mehr oder weniger geheimnisvolle Weise steuert. Immer dann, wenn wir für das Verhalten von Menschen keine rationale Erklärung finden, sind wir geneigt, das Unbewusste verantwortlich zu machen. Das Unbewusste ist quasi ein Platzhalter für Kräfte in uns und in anderen, die wir nicht kennen.

Seit dem 18. Jahrhundert wurden die verschiedensten Konstrukte entworfen, welche den Mangel an sicherem Wissen durch Spekulationen über die Gesetze, denen das Unbewusste angeblich folgt, ersetzten. Diese Spekulationen und die therapeutischen Techniken zur Beeinflussung und Nutzung des Unbewussten, welche auf der Grundlage der verschiedenartigen Konstrukte entworfen wurden, gilt es vom Standpunkt unserer heutigen wissenschaftlichen Möglichkeiten zu hinterfragen. Dank der empirischen Forschung der Neuro- und Kognitionswissenschaften hat „das Unbewusste“[18] seinen mystisch verklärten Status als das große Unbekannte und Unberechenbare zu einem erheblichen Teil eingebüßt. Die empirische Psychologie und die Hirnforschung haben inzwischen eine Vielzahl von Prozessen nachweisen können, die in unserem Organismus automatisiert ablaufen, ohne dass wir Bewusstsein von ihnen haben. Auch ein Teil der Mechanismen, über welche diese nicht bewussten Vorgänge unser bewusstes Erleben und Handeln bestimmen, konnte entschlüsselt werden.

18 Den Begriff „Unbewusstes“ verwende ich in den folgenden Kapiteln dieses Buches als die Gesamtheit aller ohne Bewusstsein ablaufenden Prozesse und nicht bewussten Faktoren, die für unser Verhalten und Erleben eine kausale Rolle spielen.

Als das eigentliche Mysterium erweist sich erstaunlicherweise das, was uns im Alltag so vertraut und selbstverständlich erscheint: unser Bewusstsein beziehungsweise das, was wir dafür halten. Lassen Sie uns die Spuren des Begriffes „Bewusstsein" ein wenig zurückverfolgen.

Verwendung des Begriffs „Bewusstsein"

Der Begriff „Bewusstsein" soll 1719 von dem Philosophen Christian Wolff (1679–1745) als Übersetzung des lateinischen Begriffs „conscientia" in die deutschsprachige Literatur eingeführt worden sein.[19] Das Verb „conscire" bedeutet: mit anderen ein gemeinsames Wissen teilen. Während vor allem das Wissen um soziale Normen sinnvollerweise von möglichst vielen Menschen geteilt wird, muss unter bestimmten Umständen der Teilnehmerkreis von gemeinsamem Wissen stark begrenzt sein: So waren zum Beispiel Cäsar und seine Feldherren „conscii" („conscius" = Mitwisser, Zeuge, Vertrauter, Mitverschworener) ihrer heimlichen Schlachtpläne. „Conscius sibi" bedeutet schließlich, Mitwisser seiner selbst zu sein und sein intimes Wissen gerade nicht mit anderen zu teilen.

„Conscientia" hatte also schon in der Antike eine doppelte Bedeutung: die eines gemeinsamen Wissens von moralischen Sachverhalten und – in bestimmten Kontexten – auch die eines inneren privaten Wissens, das die geistigen Operationen des Subjekts begleitet.[20] Der lateinische Stammbegriff „conscientia" findet sich in der englischen Sprache als „conscience" im Sinne von „Gewissen" und „consciousness" im Sinne von „Bewusstsein" oder „Wissen vom Selbst" wieder. Das französische Wort „conscience" hat – wie das lateinische „conscientia" – eine Doppelbedeutung: Es bedeutet sowohl „Bewusstsein" als auch „Gewissen".

Die Vieldeutigkeit der vom lateinischen „conscientia" abgeleiteten Begriffe in den romanischen Sprachen wird an weiteren Beispielen des Französischen offensichtlich: Für Bewusstsein kann auch das Wort „connaissance" verwendet werden, was zugleich die Bedeutung von „Wissen", „(Er-)Kenntnis" und „Bekanntschaft" haben kann. Der Ausdruck „sans connaissance" bedeutet „bewusstlos", aber auch „unwis-

19 Vgl. Thomas Metzinger und Ralph Schumacher, Internetaufsatz mit dem Titel: „Bewußtsein".

20 Horst Robert Balz et al., 1977: „Theologische Realenzyklopädie, Band 13", S. 199 ff., Berlin: de Gruyter und Nicholas Humphrey, 1997: „Die Naturgeschichte des Ich", München: Knaur, Original 1992: „A History of the Mind. Evolution and the Birth of Consciousness", New York: Copernicus.

send“ oder „sinnlos“. Das Wort „inconscient“ kann sowohl „bewusstlos“ als auch „unbewusst“, aber auch „gewissenlos“ oder „leichtsinnig“ (englisch „inconscionable“) bedeuten. Auch in anderen romanischen Sprachen gibt es nur ein gemeinsames Wort für „Gewissen“ und „Bewusstsein“. Die romanischen Sprachen verfügen zudem über kein eigenes Wort für das „Selbst“. In vielen Sprachen gibt es überhaupt kein Äquivalent für unseren Bewusstseinsbegriff.

Hirnforscher, Kognitionswissenschaftler und Philosophen bemühen sich unterdessen, den Begriff „Bewusstsein“ präzise zu definieren und die Undeutlichkeiten und Vieldeutigkeiten in der Alltagssprache zu überwinden. Alle Bemühungen um begriffliche Klarheit führen allerdings nicht zu einer eindeutigen und allgemein verbindlichen Definition im Sinne von „Bewusstsein ist das und das“. Dazu ist das Phänomen „Bewusstsein“ zu vielschichtig. Vielmehr beleuchten die verschiedenen Definitionen von Bewusstsein immer nur unterschiedliche Aspekte des Gesamtphänomens. Die wichtigsten Definitionen und Unterscheidungen, die verschiedene Autoren hinsichtlich des Bewusstseinsbegriffs getroffen haben, habe ich im Online-Glossar in Kurzform zusammengestellt.

Praktisch relevante Aspekte von Bewusstsein

Eine umfassende und endgültige Definition des Begriffes „Bewusstsein" scheint mir nicht sinnvoll[21] und ist mir auch nicht möglich. Keine Schwierigkeiten habe ich hingegen, jene Aspekte des Gesamtphänomens „Bewusstsein" vorzustellen, die im Hinblick auf den praxisbezogenen Anspruch meines Buches bedeutsam scheinen. In der folgenden Zusammenstellung unterscheide ich

- die Leistungen, die wir auch bei Tieren nachweisen oder unterstellen können und die ich unter der Bezeichnung „biologisches Bewusstsein" zusammenfasse,
- die kulturvermittelten Bewusstseinsleistungen, die ausschließlich Menschen zuzukommen scheinen und die ich unter der Bezeichnung „kulturelles Bewusstsein" zusammenfasse.
- Von den Letzteren grenze ich eine Reihe höherer Ich-Leistungen beziehungsweise Selbststeuerungs- und Interaktionsfähigkeiten ab, die im vollen Umfang nur jenen Menschen zur Verfügung stehen, die in ihrem sozialen Umfeld die notwendigen Entwicklungsbedingungen für den Erwerb dieser Fähigkeiten vorfanden. Die Qualität der höheren Ich-Leistungen lässt sich – wie ich in den Kapiteln 3 und 27 darlegen werde – als Strukturniveau bestimmen.

Diese Unterscheidung wirkt vielleicht auf den ersten Blick etwas grob und willkürlich. Ich werde versuchen, im weiteren Verlauf des Buches deutlich zu machen, dass die Unterscheidung von biologischen und kulturellen Bewusstseinsleistungen eine Reihe von Streitpunkten in der endlosen philosophischen Diskussion darüber, was Bewusstsein eigentlich ist, löst und – zumindest im Hinblick auf eine verantwortungsvolle Anwendung des Begriffs in der Praxis – klar genug bestimmt, worüber wir überhaupt reden.

21 Es gab in der Philosophie eine ganze Reihe von Versuchen, das Phänomen des menschlichen Geistes und Bewusstseins allgemeingültig zu bestimmen, wie zum Beispiel Descartes Substanzdualismus, Hegels Idealismus oder die verschiedenen materialistischen Ansätze des 20. Jahrhunderts, wie Behaviorismus, Physikalismus, Reduktionismus oder (Computer-)Funktionalismus. Alle diese „Ismen" haben Teilaspekte des Bewusstseinsphänomens richtig herausgearbeitet, dann aber einseitig überbetont. Angesichts des pragmatischen Ansatzes dieses Buches erübrigt sich der Versuch einer endgültigen Wesensbestimmung des Bewusstseins.

Beginnen wir mit jenen Aspekten von Bewusstsein, die wir Menschen uns mit den Tieren teilen und die ich überwiegend an Beispielen menschlicher Bewusstseinsleistungen oder Bewusstseinsstörungen, die mir als Humanmediziner und Psychotherapeut vertraut sind, veranschaulichen werde.

1. Informationsverarbeitung und Nervensystem

Überall im Universum bestehen Wechselwirkungen zwischen Massen, Energien und Informationen. Alles, was wir physikalisch identifizieren können, von den Sternen bis zu den Elementarteilchen und Quanten, ist füreinander Umwelt und Information. Alles steht miteinander in einer mehr oder weniger ausgeprägten Wechselwirkung. Inmitten dieser Wechselwirkungen ist die Evolution des Lebens – wenn man dem Quantenphysiker Thomas Görnitz und seiner Frau Brigitte folgt – „ein Realwerden von etwas, das zuvor als etwas Unmögliches erscheinen musste". Denn von den Ausgangsbedingungen der Evolution aus betrachtet sei es sehr unwahrscheinlich, dass „ein instabiles System längere Zeit stabil bleibt".[22] Diese Stabilität verdanken Lebewesen der Besonderheit, dass sie über eine replizierbare[23] und damit multiplizierbare genetische Information verfügen. Diese Information, die sich als Erbgut im Kern jeder einzelnen Zelle befindet, befähigt diese Zellen oder ganze Organismen, mit dem Substrat- und Informationsangebot in ihrer Umgebung in einer Weise zu interagieren, dass dabei geordnete Strukturen, zum Beispiel Zellmembranen (welche die inneren Wechselwirkungen gegen die äußeren abschirmen) und Zellorganellen, entstehen und erhalten werden.

Organische Körper reagieren auf Reize „nach ganz eigenen, weder in der chemischen noch mechanischen Natur existierenden Gesetzen", lehrte schon vor mehr als zwei Jahrhunderten Christoph Wilhelm Hufeland.[24] Die Informationsverarbeitung durch Lebewesen ist ein aktiver Vorgang, bei dem aus der Fülle möglicher Information ständig eine Unterscheidung und Auswahl getroffen sowie neue

22 T. Görnitz, B. Görnitz, 2008: „Die Evolution des Geistigen. Quantenphysik – Bewusstsein – Religion", Göttingen: Vandenhoeck & Ruprecht, S. 332.

23 Unter Replikation wird in der Molekularbiologie die genetische Verdoppelung des DNA-Doppelstrangs vor der Zellteilung verstanden.

24 C. W. Hufeland, 1795: „Ideen über Pathogenie und Einfluß der Lebenskraft auf Entstehung und Form der Krankheiten als Einleitung zu pathologischen Vorlesungen", Wien: B. Jos, Gr. Öhler.

Information generiert wird. Die Unterscheidung und Auswahl von Information und Substraten aus der Umgebung sowie die Hervorbringung von neuer Information und neuen Strukturen sind mit einem Energieaufwand verbunden. Daher transformieren Lebewesen einen Teil der Materie und Energie, mit der sie interagieren.[25] Lebewesen nehmen dabei – vereinfacht gesprochen – entropiearme Materie und Energie aus der Umwelt auf und geben nicht mehr verwertbare, entropiereiche Materie und Energie an die Umwelt ab (zum Begriff der Entropie siehe Online-Glossar). Dieser Stoff- und Informationswechsel geschieht genau in der Art, dass Selbsterhaltung, Wachstum und Fortpflanzung des Lebewesens möglich sind.[26]

Am Anfang der Evolution war nach Auffassung von Nicholas Humphrey die Reaktionsbereitschaft von Organismen auf Umgebungsreize auf die Grenzoberflächen dieser Organismen beschränkt. Die Reaktionsbereitschaft zeige sich zum Beispiel darin, dass sich eine Membran oder Haut zusammenzieht, verhärtet oder chemische Stoffe absondert. In diesen Reaktionen sieht Humphrey den primitivsten und ursprünglichsten evolutionären Vorläufer von Empfindungen und Wahrnehmungen. Am Anfang der Evolution wären Reizempfindlichkeit und Reaktionsbereitschaft noch eng miteinander verknüpft, wenn nicht sowieso ein und dasselbe gewesen. Erst mit zunehmender Verhaltensanpassung der Lebewesen an die Umwelt und mit der Entwicklung leistungsfähiger kognitiver Systeme hätten sich Empfindung und Reaktion immer mehr voneinander entkoppelt, sodass wir bei höheren Lebewesen zwei sich ergänzende Perspektiven ihrer Informationsverarbeitung unterscheiden könnten:

1. Was geht da draußen vor? (Humphrey bezeichnet dies als „Wahrnehmung".)
2. Was geht mit mir vor? (Humphrey bezeichnet dies als „Empfindung".)[27]

Wenn wir sagen, ein Lebewesen habe Bewusstsein, dann setzen wir diese Fähigkeit, mit der Umwelt aktiv und zweckmäßig (im Sinne des Überlebens und der Ver-

25 Lebewesen können thermodynamisch als nur partiell offene Systeme in einem instabilen Fließgleichgewicht gesehen werden, die sich durch interne Information stabilisieren und die Entropie aktiv reduzieren. Thomas und Brigitte Görnitz, 2008: „Die Evolution des Geistigen", S. 171.

26 Gerhard Roth (1996, S. 81-82) meint: „Leben ist der erfolgreichste und beständigste Prozess auf unserer Erde. Die gesamte unbelebte Welt ist dem Zerfall ausgesetzt, nichts ist beständig. Lebewesen umgehen jedoch dieses Schicksal, indem sie ständig Energie und Baustoffe aus ihrer Umgebung besorgen und dadurch ihre zerfallenden Teile schnell genug ersetzen oder durch Wachstum vergrößern. [...] Organismen bestehen aus in der Regel sehr instabilen Komponenten, den Biomolekülen, und doch sind sie als Gesamtsystem dauerhafter als alles, was auf der Erde sonst existierte. Der ununterbrochene Lebensprozess dauert seit über drei Milliarden Jahren an."

27 N. Humphrey, 1997: „Die Naturgeschichte des Ich", München: Knaur, S. 45 ff., Original 1992: „A History of the Mind. Evolution and the Birth of Consciousness", New York: Copernicus.

mehrung) zu interagieren, immer schon voraus. Ohne Informationsverarbeitung ist Bewusstsein nicht denkbar. Doch nicht jedem Lebewesen, das Information verarbeitet und sich erfolgreich an seine Umwelt anpasst beziehungsweise die Umwelt an seine Bedürfnisse anpasst, würden wir deshalb schon Bewusstsein zubilligen. Denn schon Bakterien und Einzeller reagieren auf Umweltreize mit biologisch sinnvollem Verhalten. Pantoffeltierchen (Paramecien) beispielsweise besitzen Rezeptoren für Berührung, Temperatur, chemische Reize, Belichtung, Schwerkraft. Sie zeigen gerichtete Bewegungen ihrer Wimpern (Cilien), was ihnen unter anderem die Fortbewegung und Einverleibung (Phagozytose) von Bakterien erlaubt. Pantoffeltierchen können lernen und zeigen sogar ein rudimentäres Gedächtnis. Eine beachtliche Reizverarbeitung und „intelligente" Interaktion mit der Umwelt findet also schon bei Lebewesen ohne Nervenzellen und Synapsen statt.

Wo also ziehen wir die Grenze zwischen bewussten und nicht bewussten Zuständen? Ist schon – wie Merlin Donald fragt – die primitive Fähigkeit von Würmern, auf einen bestimmten Geschmack, auf Feuchtigkeit und Dunkelheit in ihrer unmittelbaren Umgebung zu reagieren, eine rudimentäre Form von Bewusstsein? Oder ziehen wir die Grenze bei Insekten, von denen viele erstaunliche Navigationsleistungen vollbringen, wenn sie lange Strecken zurücklegen, die Hindernisse umgehen, sich an veränderte Lebensbedingungen anpassen, also ihre Wahrnehmung für komplexe Operationen nutzen? Ameisen und Bienen beispielsweise zeigen ein beeindruckend komplexes Verhalten bei der Paarung, Nahrungssuche und im Gruppenverband. Oder ziehen wir die Grenze bei dem Kriterium, ganze Objekte oder gar Individuen wahrnehmen zu können, eine Fähigkeit, die viele Insekten, Fische und Reptilien nicht besitzen? Ein noch anspruchvolleres Kriterium ist Flexibilität. Insekten können bestimmte Operationen zwar mit großer Effizienz ausführen, aber sie können ihr Verhalten nicht auf neuartige Situationen ausdehnen. So folgt beispielsweise der bekannte Schwänzeltanz, mit dem Bienen ihre Artgenossen zur Nahrungsquelle bringen, einem völlig vorhersehbaren, automatischen und stereotypen Muster. Höher entwickelte Vögel und Säugetiere können hingegen ihr Verhalten aufgrund ihres leistungsfähigeren Gedächtnisses an neue Umstände anpassen. Sie können wesentliche Merkmale einer Umwelt von großer Ausdehnung kartieren und sich einprägen. Sie sind zudem in der Lage, in langen Abfolgen von Handlungen ein Ziel anzusteuern und ihre Aufmerksamkeit gezielt auf Objekte zu richten.[28]

28 M. Donald, 2008: „Triumph des Bewusstseins. Die Evolution des menschlichen Geistes", Stuttgart: Klett-Cotta, S. 133-135, Original 2001: „A mind so rare. The Evolution of Human Consciousness", New York: W. W. Norton & Company.

Lassen wir Donalds Frage nach der Grenze zwischen bewussten und unbewussten Zuständen erst einmal offen, und konzentrieren wir uns auf das, was wir mit großer Sicherheit sagen können: Was biologisch wichtig ist, drückt sich unter anderem im Bau und im Leistungsprofil der Sinnesorgane aus, welche verschiedene Tierarten im Laufe der Evolution entwickelt haben, etwa Licht-, Gleichgewichts-, Hör-, Tast- und Geruchssinn.[29] In der Netzhaut (Retina) von Menschen und einer Reihe von Tieren gibt es beispielsweise drei Typen von Zapfen. Das sind spezialisierte Sinneszellen, die für unterschiedliche Wellenlängen des Lichts empfindlich sind (Maximum bei 420 nm = Blau-Violett-Bereich, Maximum bei 530 nm = Grün-Bereich, Maximum bei 560 nm = Gelb-Rot-Bereich). So erklärt sich, dass wir Farben trichromatisch sehen können und uns zugleich der Ultraviolett-Bereich, den einige Fische und Insekten dank eines weiteren Rezeptortyps wahrnehmen können, verschlossen bleibt.

Generell zerlegen Sinnesrezeptoren einen Teil der komplexen physikalischen und chemischen Reize, die von den Gegenständen und Vorgängen in der Umwelt ausgehen (zum Beispiel die Frequenz und Stärke von Schallwellen oder die Wellenlänge und Intensität von Licht), in neuronale Elementarereignisse. Sinnesrezeptoren übersetzen physikalische und chemische Wirkungen der Dinge und Ereignisse in der Natur in die einheitliche „Sprache“ des Nervensystems: den neutralen Code der Aktionspotenziale. Die Tatsache, dass unser Nervensystem unsere physikalische und chemische Umwelt in elektrische Nervenimpulse umwandelt, stellt für Gerhard Roth „einen radikalen Bruch dar. Die Komplexität der Umwelt wird 'vernichtet' durch ihre Zerlegung in Erregungszustände von Sinnesrezeptoren.“ Immerhin bleibt – so Roth – „eine eindeutige Korrelation zwischen Umweltreiz und den entsprechenden Nervenerregungen gewahrt“.[30]

29 Patricia Churchland ist der Auffassung, dass sich Sinnes- und Nervensysteme entwicklungsgeschichtlich im Konkurrenzkampf um die vier biologisch wichtigen Fs gebildet haben: „food“ (Fressen), „flight“ (Flucht), „fight“ (Faustkampf), „fertility“ (Fortpflanzung). Die Sinnesorgane und das Gehirn verarbeiten im Wesentlichen fünf Eigenschaften von Umweltreizen:
- Modalität des Reizes (optisch, akustisch usw.)
- Qualität oder Submodalität innerhalb einer Modalität (zum Beispiel Farben, Kanten, Linien, Flächen und Bewegungen oder Tonhöhe und Klang)
- Intensität des Reizes (laut, leise usw.)
- Zeitstruktur (wann beginnt der Reiz, Dauer, periodisch usw.)
- Ort des Reizes (zum Beispiel auf der Körperoberfläche)

Gerhard Roth, 1996: „Das Gehirn und seine Wirklichkeit. Kognitive Neurobiologie und ihre philosophischen Konsequenzen“, Frankfurt/M.: Suhrkamp, S. 108-109.

30 G. Roth, 1996, S. 115 und S. 100.

Der neuronale Code, die universale Sprache des Nervensystems, unterscheidet sich bei Menschen und Tieren nicht. Das heißt, dass in den Nervenzellen eines Tieres mit einfachem Nervensystem im Prinzip die gleichen biochemischen und elektrischen Vorgänge stattfinden wie bei uns. Allerdings gibt es zwischen Tieren mit nicht vorhandenen Nervensystemen wie zum Beispiel Pantoffeltierchen, Tieren mit primitivsten Nervensystem wie zum Beispiel dem Wurm Myxicola mit nur einem Neuron, Tieren mit einfachen Nervensystemen wie zum Beispiel Schnecken mit nur 100 bis 200 „Hirnzellen", Tieren mit schon recht hoch entwickelten Nervensystemen wie Vögel und Säugetiere bis hin zu den Menschenaffen und schließlich den Menschen erhebliche Unterschiede (das menschliche Nervensystem umfasst je nach Schätzung 100 bis 1000 Milliarden Nervenzellen und 100 bis 10.000 Billionen Synapsen und ist damit sechs- bis siebenmal so groß wie das eines Hundes und etwa dreimal so groß wie das eines Schimpansen oder Gorillas).

Zum Beispiel registriert eine Schnecke nichts als Schwerkraft und die Einwirkung von Licht. Ihr Nervensystem kann keine komplexeren Objekte wie die Umrisse von Bäumen erkennen. Parallel zur Komplexität der Wahrnehmungsleistungen ist die unterschiedliche Zwangsläufigkeit zu sehen, mit der verschiedene Tiere und Menschen auf Reize reagieren. Bei Einzellern und anderen primitiven Organismen besteht zwischen Reiz und Reaktion eine reflexartige, alternativlose Koppelung. Höhere Tiere und Menschen haben hingegen die Option, je nach Situation und Intention auf denselben Reiz sofort, verzögert, modifiziert oder gar nicht zu reagieren.[31] Ich komme darauf im Kapitel 11 über Repräsentation und Gedächtnis zurück.

Der neuronale Code ist – wie gesagt – bei Menschen und Tieren im Prinzip gleich. Aber auch das, was die Sinneszellen über die Nervenbahnen an das Gehirn weiterleiten, sieht im Prinzip immer gleich aus, egal, ob die Signale von den Augen, den Ohren oder den anderen Sinnesorganen kommen. Es handelt sich stets um nichts anderes als um elektrische Ereignisse (Aktionspotenziale) in den Nervenbahnen und um die Freisetzung von Botenstoffen in den Synapsen, welche die Nervenzellen

31 Eine verzögerte Reaktion (nicht zu verwechseln mit dem Umweg der Springspinne, der eine unmittelbar einsetzende, also nicht verzögerte, völlig zwangsläufig eintretende Reaktion auf eine Reizreaktion ist) lässt vermuten, dass das Tier Vorstellungen oder Bilder im Kopf haben muss, die von dem unmittelbaren Geschehen in der Umwelt abgelöst sind. Die aufschlussreichsten Studien zur verzögerten Reaktion wurden mit Primaten durchgeführt. Man zeigt zum Beispiel Affen, wo Nahrung versteckt ist, lässt sie eine Weile warten, bevor sie die richtige Tür öffnen oder den richtigen Ort von mehreren möglichen auswählen können. Die Aufgaben, die verzögert bewältigt werden müssen, können noch schwieriger gestaltet werden und gelingen selbst nach zehn Minuten noch. M. Donald, 2008, S. 135-136.

miteinander verbinden. Wie erkennt das Gehirn nun aus dem Feuerwerk von ankommenden elektrischen Impulsen, um welches Objekt oder Ereignis es sich handelt? Eine befriedigende Antwort auf diese Frage setzt das Wissen der nachfolgenden Kapitel, vor allem über Aufmerksamkeit, Lernen und Gedächtnis, voraus. In diesem Abschnitt über die Informationsverarbeitung und das Nervensystem gibt es aber schon einiges Grundlegendes über die sinnes- und neurobiologischen Voraussetzungen der Objekterkennung zu sagen. Schauen wir uns exemplarisch den Sehvorgang genauer an.

Ich erwähnte schon die drei unterschiedlichen Typen von Zapfen, jenen Fotorezeptoren in der Netzhaut, die das Farben- und Detailsehen ermöglichen. Neben den drei bis sechs Millionen Zapfen, die vor allem in den zentralen Teilen der Netzhaut konzentriert sind, gibt es 60 bis 120 Millionen Stäbchen, welche die Peripherie der Netzhaut dominieren. Die Stäbchen sind in einem bestimmten Wellenlängenbereich (sein Maximum liegt bei 498 nm) sehr lichtempfindlich. Sie reagieren auch noch auf Lichtstrahlen mit geringer Helligkeit und ermöglichen dadurch das Sehen bei schlechten Lichtverhältnissen, können aber keine Farben unterscheiden. Sie scannen die Umwelt permanent auf Veränderungen und lenken die Aufmerksamkeit sowie die Blickbewegungen auf signifikante Reizquellen (zum Beispiel sich schnell bewegende Objekte). Ich komme auf die Stäbchen im Zusammenhang mit der sogenannten Orientierungsreaktion und der Aufmerksamkeitssteuerung zurück.

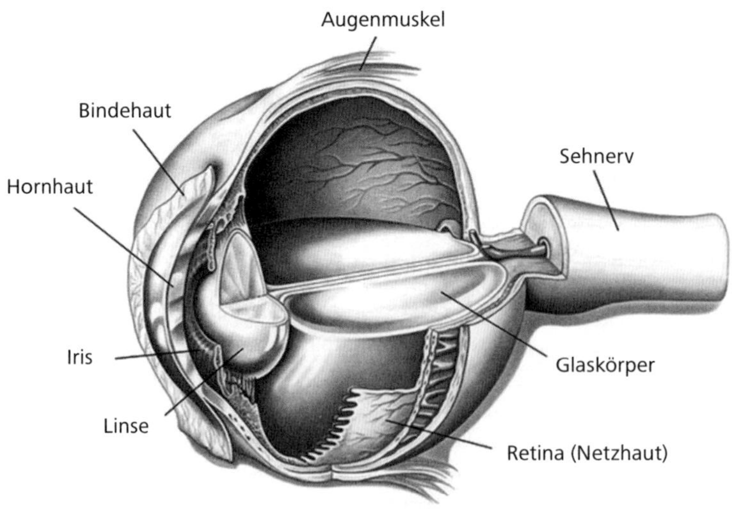

Querschnitt durch das menschliche Auge

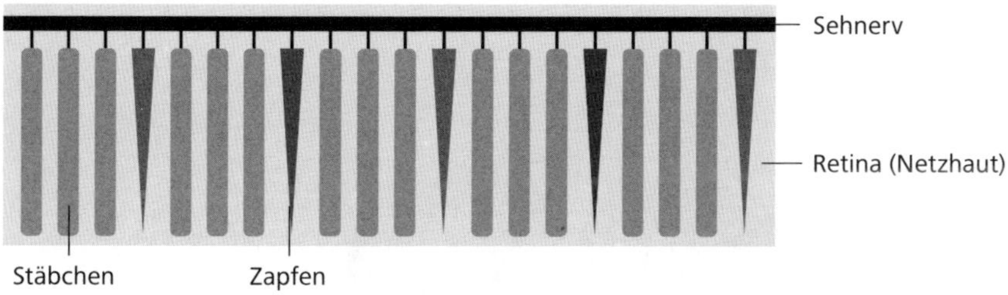

Schematisierte Darstellung des Aufbaus der Retina (Netzhaut)

Die Zapfen und Stäbchen sind die ersten Nervenzellen im Sehvorgang. Sie leiten ihre Information via Körnerzellen (den zweiten Neuronen der Sehbahn) zu rund einer Million Retinaganglienzellen auf der dritten neuronalen Ebene weiter.[32] Die Axone der Retinaganglienzellen bilden zusammen den Sehnerv. Die beiden sich kreuzenden Sehnerven führen zu einer ersten Umschaltstation im Thalamus[33], die Corpus geniculatum laterale (CGL) heißt. Alle Nervenbahnen, welche die Informationsströme von den Sinnesorganen zum Hirn leiten, legen – mit Ausnahme des Riechnervs – im Thalamus einen Zwischenstopp ein, bevor sie ihren Weg zu den sensorischen Großhirnrindenfeldern fortsetzen. Aus diesem Grund wird der Thalamus auch Tor zum Cortex genannt. Er wird uns unter anderem noch interessieren, wenn es um die Steuerung der Aufmerksamkeit geht. Aus den beidseitigen CGLs wird die visuelle Information über die sogenannte Sehstrahlung zur Sehrinde (oder visueller Cortex) im Hinterhauptslappen der jeweiligen Gehirnhälfte weitergeleitet. Die rund eine Million Axone, die aus jedem CGL kommen, treffen im primären Sehzentrum, einer (mit bloßem Auge erkennbar) gestreiften Region im Hinterhauptlappen (das Brodmann-Areal 17), auf rund 200 Millionen Neurone.[34] Generell ist der weitaus größte Teil der Nervenzellen im Gehirn mit der Auswertung

32 Zur Netzhautperipherie hin konvergieren immer mehr Fotorezeptoren auf immer weniger Ganglienzellen. Dies ist insbesondere ausgeprägt bei den Stäbchen und hat den Vorteil, dass einzelne Lichtinformationen vieler Stäbchen zusammen verrechnet werden und somit ein Sehen im Dunkeln auch bei geringer Lichtinformation möglich ist.

33 Der Thalamus (bedeutet wörtlich übersetzt „Innenraum“ oder „Frauengemach“) ist eine eiförmige Struktur in jeder Hälfte des Gehirns, die aus zwei Dutzend Nervenkernen besteht, die jeweils zu korrespondierenden Cortexgebieten zuführende und zurückführende Nervenverbindungen haben (siehe auch im Online-Glossar).

34 Weitere Fasern laufen via ventralen CGL zum Prätectum, Tectum (Colliculus superior) und Tegmentum. Das Tectum ist bei den meisten Wirbeltieren mit Ausnahme der Primaten und einiger anderer Säugetiere das visuelle Hauptzentrum. G. Roth, 1996: „Das Gehirn und seine Wirklichkeit. Kognitive Neurobiologie und ihre philosophischen Konsequenzen“, Frankfurt/M.: Suhrkamp, S. 127.

von Informationen beschäftigt, die von einer relativ kleinen Zahl peripherer Nervenzellen kommen.

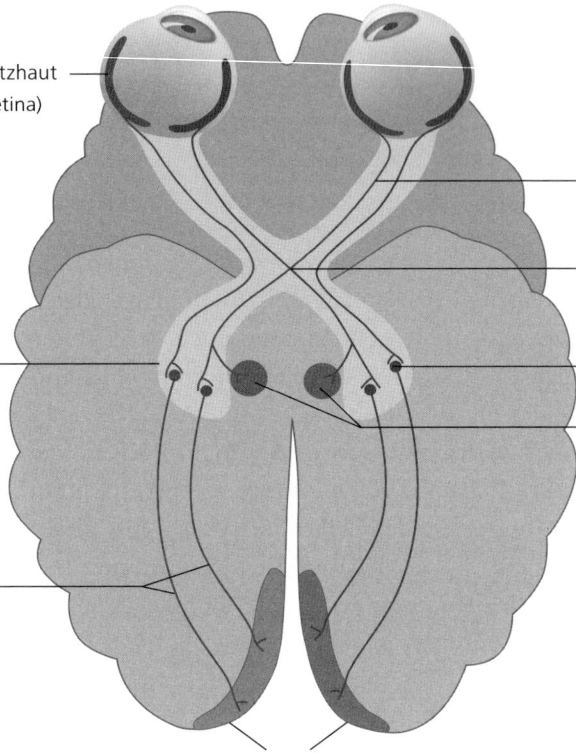

Schematische Darstellung der Sehbahnen von der Netzhaut zur Sehrinde

Die räumliche Anordnung der Feuerungsmuster in der Retina, welche das auf ihr abgebildete Bild des Gesichtsfeldes in den Rezeptorzellen hervorruft, bleibt bei der Übertragung der Feuerungsmuster auf Nervenzellenpopulationen in den Corpura geniculata laterales und in der primären Sehrinde erhalten. Die neuronale Abbildung der Erregung der Rezeptoren in der Retina auf ein korrespondierendes Areal im primären visuellen Cortex unter der Beibehaltung lokaler Nachbarschaften nennt man „neuronale Karte" („map").[35] Eine Karte gibt folglich räumliche Muster, die außer-

35 Von einer neuronalen Karte spricht man generell, wenn Axone von Sinnesrezeptoren (oder nachgeschalteten Ganglien), deren Neurone im Sendergebiet (zum Beispiel der Netzhaut, Hörmembran oder Körperoberfläche) benachbart sind, auch im corticalen Empfängergebiet nebeneinander endigen. Das Sendergebiet wird so im Empfängergebiet einigermaßen genau abgebildet. Die

halb des Gehirns (oder auch innerhalb des Organismus) existieren, innerhalb des Gehirns in neuronaler Form wieder. Die neuronalen Erregungsmuster im Gehirn, die inneren Karten, sind zwar von einer fundamental anderen Beschaffenheit als das äußere Objekt, das sie abbilden, aber immerhin bleiben die räumlichen Relationen, wie sie in der Außenwelt vorliegen, erhalten – wenn auch nicht exakt.

Es gibt folglich Spezialisierungen von Gehirnregionen. Allerdings speichert das Gehirn Bilder nicht in eindeutiger Weise. Es gibt immer eine Vielzahl von Nervenzellen, die jeweils nur zum Teil an einer einzelnen Karte, aber dafür an mehreren Karten beteiligt sind. Dadurch kommt es zu Abbildungsunschärfen („fuzzy logic"). Das Gehirn speichert also nicht einzelne abgegrenzte Bilder, so wie Computer digitale Bilddateien (zum Beispiel als Bitmap) speichern, sondern es speichert sozusagen Bilder mit unscharfen Rändern. Es gibt also im Gehirn nicht eine Datei „Hans.bmp" neben einer Datei „Paul.bmp" wie abgespeicherte Fotos in einem Windows-Ordner, vielmehr sind bei „Hans.bmp" und „Paul.bmp" sehr viele gemeinsame Nervenzellen aktiv. Dadurch bewirkt die Aktivierung eines Bildes zugleich auch die Aktivierung anderer ähnlicher Bilder.

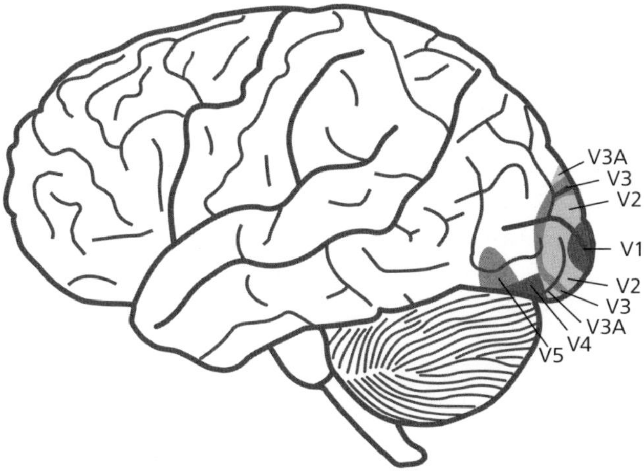

Lokalisation der primären (V1), sekundären (V2) und tertiären Sehzentren (V3 bis V5) im Hinterhauptslappen

topografische Kartierung des visuellen Feldes in der Sehrinde konnte mittels funktioneller MRT/NMR (Magnet-Resonanz-Tomografie/„nuclear magnetic resonance") nachgewiesen werden (H. J. Markowitsch: 1998: „Neuropsychologie des menschlichen Gedächtnisses", in: O. Güntürkün, [Hg.]: „Biopsychologie", Heidelberg: Spektrum Akademischer Verlag, S. 104-113).

Vom primären Sehzentrum im Hinterhauptslappen aus, das auch V1 heißt, wird die visuelle Information über V2, V3, V4 innerhalb des Hinterhauptslappens sowie V5 und viele weitere Zwischenstufen außerhalb des Hinterhauptslappen[36] bis hin zum entorhinalen Cortex und schließlich zum Hippocampus, der uns noch im Zusammenhang mit dem Gedächtnis beschäftigen wird, weiterverarbeitet.[37] Der visuelle Cortex ist – wenn auch nicht streng – hierarchisch organisiert. Auf den verschiedenen Stufen stehen unterschiedliche Aspekte der visuellen Empfindung und Wahrnehmung im Vordergrund.[38] Sie werden auf den höheren Stufen, in welche die (tertiären) Assoziationscortices des Schläfen-, Scheitel und (präfrontalen) Stirnlappens einbezogen sind, zu größeren Wahrnehmungseinheiten integriert. Zu diesen höherstufigen Wahrnehmungseinheiten gehören die Gestalt- und Gesichtererkennung, die Raumwahrnehmung und schließlich die begriffliche Bedeutung des Wahrgenommenen. Das Gehirn setzt so Stufe für Stufe, vom Einfachen zum Komplexen, die Wirklichkeit, welche die Sinnesorgane eben noch

36 V5 (gyrus temporalis medialis = MT) befindet sich wie die weiteren Stufen MST (medial superior temporal) und IT (inferior temporal) im Schläfenlappen, 7a (= posterior parietal = PP) liegt im Scheitellappen.

37 B. J. Baars, 1997: „In the Theater of Consciousness. The Workspace of the Mind“, New York: Oxford University Press, deutsch 1998: „Das Schauspiel des Denkens. Neurowissenschaftliche Erkundungen“, Stuttgart: Klett-Cotta, S. 177, 196.

38 Das Gesichtsfeld wird im visuellen Cortex nicht punktförmig, sondern kategorial abgebildet. Die Verarbeitung der verschiedenen Katagorien der visuellen Wahrnehmung findet in den folgenden Cortexarealen statt:
- Ort: V1
- Kantenorientierung: V1, V2
- Umrisse: V2, V4, IT (inferior temporal)
- Farbe: V4
- Räumliche Tiefe: V2, V4, V5 (MT = mediotemporal). Disparitätsspezifische Zellen oberhalb und unterhalb der Schicht 4 erhalten Eingänge von beiden Augen. Sie reagieren am stärksten auf Abweichungen (Disparitäten) zwischen den rezeptiven Feldern von Retinaganglienzellen aus dem linken und rechten Auge, die mit derselben Gesichtsfeldposition korrespondieren. Diese Zellen sind wichtig für die stereoskopische Tiefenwahrnehmung.
- Kontrast: V1
- Bewegung: V5, MST (medial superior temporal)
- Relation zu anderen Objekten und zum eigenen Körper: 7a (= posterior parietal = PP)
- Begriffliche Bedeutungen: IT.

G. Roth, 1996: „Das Gehirn und seine Wirklichkeit. Kognitive Neurobiologie und ihre philosophischen Konsequenzen“, Frankfurt/M.: Suhrkamp, S. 254.

in Elementarereignisse zerlegt haben, wieder zusammen und ergänzt dabei fehlende Information.[39] Es stellt ständig aktiv neue Information her.

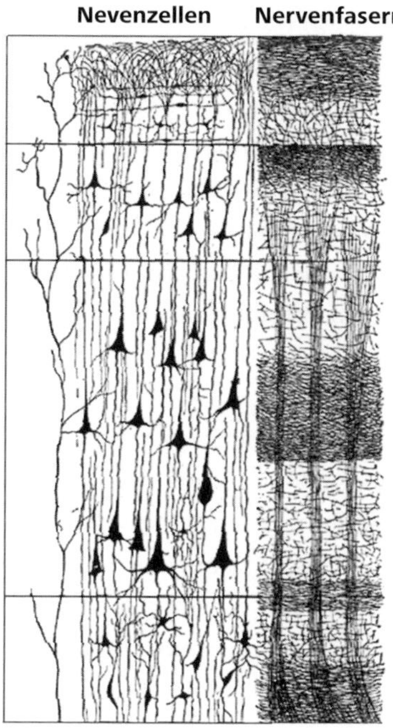

Der Cortex hat eine Gesamtoberfläche von 2.200 Quadratzentimetern und eine Dicke von 2–5 Millimetern.

Das Volumen beträgt 600 Kubikzentimeter.

Zahl der Neurone: 10 hoch 9 bis 10 hoch 10

Mikroskopisch sind sechs Schichten unterscheidbar.

Hauptnervenzelltyp: Pyramidenzellen (80 %), erkennbar links in der Abbildung

Genereller mikroskopischer Aufbau der Großhirnrinde (schematisiert)

Die Neurone auf den unteren Stufen des visuellen Cortex reagieren mit unterschiedlicher Intensität auf die kategorialen Merkmale des ursprünglich auf der Netzhaut abgebildeten Bildes, wie zum Beispiel auf Hell-dunkel-Kontraste, Linien und Kanten, Umrisse, Größe und virtuelle Konturen, Farben, Bewegungen, Bewegungsrichtungen und Geschwindigkeit sowie räumliche Tiefe. Form, Farbe und Bewegung werden im visuellen Cortex auf getrennten, parallelen Pfaden verarbeitet. Diese kategoriale Interpretation der Reizung der Netzhaut durch die Sehrinde sowie einfache Figur-Hintergrund-Unterscheidungen beruhen auf einer teils genetisch vorgegebenen (wenn man so will: apriorischen), teils in der frühen Individualentwicklung erworbenen Grundausrüstung.

39 Das Gehirn füllt fehlende Information nicht nur beim Sehnervenskotom aus, sondern auch bei blinden Flecken bei Schädigung der primären Sehrinde und wahrscheinlich auch bei anderen Wahrnehmungslücken. Francis Crick 1997: „Was die Seele wirklich ist: Die naturwissenschaftliche Erforschung des Bewusstseins“, Hamburg: Rowohlt, S. 82, Original 1994: „The astonishing hypothesis. The scientific search for the soul“, New York: Scribner.

Die stufenweise Rekonstruktion und Kartierung von Teilaspekten der Wirklichkeit durch den visuellen Cortex erfolgt präkognitiv, das heißt völlig ohne Bewusstsein. Sie ist auch bei Tieren nachweisbar (unter anderem bei Ratten, Vögeln und Karpfen, welche zum Teil denselben optischen Täuschungen unterliegen wie wir). Die meisten dieser nicht bewussten und automatisierten Prozesse sind durch spätere Erfahrungen nicht mehr modifizierbar. Unsere Erkenntnis der Welt verläuft folglich, zumindest auf der präkognitiven Ebene, in starren Bahnen. Wie gut die präkognitive Auswertung optischer Information durch die Sehrinde jedoch an die praktischen Anforderungen des Lebens angepasst ist, zeigt sich beispielsweise in der Funktion von sogenannten „real motion cells“[40], die nur auf die Eigenbewegung von Objekten reagieren und schweigen, wenn sich das retinale Bild nur aufgrund von Augenbewegungen bewegt.

Ich habe bisher nur über die Verarbeitung von Sinnesdaten gesprochen, die sich auf Objekte und Ereignisse außerhalb des Organismus beziehen. Während unser Organismus mit unserer Umwelt interagiert, finden in ihm physiologische Veränderungen statt, zum Beispiel der Herz- und Atemfrequenz, des Blutdrucks, der Gewebedurchblutung und Körpertemperatur. Diese vegetativen Vorgänge, die sich unserer Willenssteuerung entziehen, werden durch das autonome Nervensystem sowie durch Botenstoffe (Hormone und Neurotransmitter) in Blut und Liquor[41] gesteuert. Um das, was im Organismus vor sich geht, steuern zu können, muss das Gehirn aber erst einmal über die Zustände und Vorgänge im Körper informiert sein. Daher befinden sich fast überall im Organismus Sinnesrezeptoren, welche Daten zum Beispiel über den Anspannungszustand der Muskeln und Sehnen, über die Temperatur, den Sauerstoff-, Zucker- und Säure- beziehungsweise Basengehalt des Blutes, über den Füllungszustand des Magens und Darms sowie über die Stellung des Körpers im Gravitationsfeld liefern.[42]

40 Sie finden sich in V3a und im posterioren parietalen Cortex (7a/PP). B. J. Baars, 1997, S. 174.

41 Der Liquor cerebrospinalis ist die wässrige Flüssigkeit, welche innerhalb des Gehirns in dem aus Ventrikeln bestehendem Höhlensystem und um das Gehirn und das Rückenmark herumfließt.

42 Die Erfassung der Information, die von den inneren Organen zum Gehirn gelangt, heißt Enterozeption (oder auch Viszerozeption), die Erfassung der Information über die Stellung und Anspannung des Muskel- und Skelettsystems (Lagesinn und Kraftsinn) sowie über Bewegung wird als Propriozeption oder kinästhetische Wahrnehmung bezeichnet. Darüber hinaus gibt es noch Nozizeptoren (vom lateinischen „nocere“ = „schaden“) für thermische, mechanische und chemische Reize, welche das Gehirn über drohende oder eingetretene Verletzungen des Körpergewebes informieren. Genaueres über Enterozeption, Propriozeption und Nozizeption findet sich im Online-Glossar.

So wie im Laufe der Individualentwicklung im Gehirn neuronale Karten für sinnlich erfahrbare Objekte angelegt werden, die außerhalb des Organismus existieren, wird auch der eigene Organismus und das, was in ihm vorgeht, im Gehirn kartiert. So ist zum Beispiel unsere sinnlich erfahrbare Körperoberfläche im postzentralen (somatosensorischen) Cortex neuronal abgebildet. Das heißt, wenn eine bestimmte Stelle an unserem Körper berührt wird, feuert eine bestimmte Gruppe von Neuronen im somatosensorischen Cortex. Bei räumlich benachbarten Reizen auf der Haut feuern benachbarte Neuronen im Gehirn. Auch Bewegungsmuster sind in der Großhirnrinde (präzentral im primärmotorischen und prämotorischen Cortex) kartiert. Da bestimmte (sensorisch oder motorisch wichtige) Teile des Körpers, wie zum Beispiel das Gesicht, die Hände oder die Zunge, im Cortex überrepräsentiert sind, entsteht – wie in der folgenden schematischen Abbildung dargestellt – ein dysproportionales Bild eines sensorischen beziehungsweise motorischen Homunkulus (wörtlich: „Menschlein").

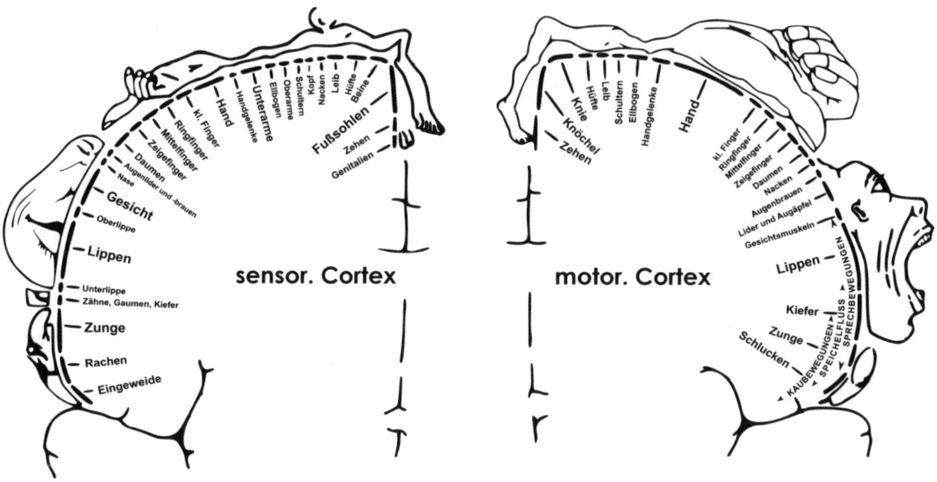

Sensorischer und motorischer Homunkulus

Das Gehirn ist das Organ, in dem die Informationen über Umweltreize sowie über die Vorgänge und Veränderungen im Organismus zusammenlaufen. Von ihm gehen auch die Signale aus, welche die physiologischen, motorischen und sozialen Anpassungsaktivitäten des Organismus steuern. Wir werden unten sehen, dass diese Verbindung von Umweltinformation mit gefühlter Körperinformation im Gehirn grundlegend ist für unser Verständnis intelligenten Verhaltens sowie des phänomenalen Bewusstseins und des Selbst.

Winzige Schäden am Gehirn, zum Beispiel im Hirnstamm, können sich dramatisch auf die bewusste und nicht bewusste Informationsverarbeitung auswirken. Umgekehrt können Verletzungen im Bereich des Kleinhirns und der Großhirnrinde erstaunlich geringe Folgen für die kognitive Leistungsfähigkeit haben. Generell gilt jedoch, dass Beschädigungen bestimmter anatomischer Hirnareale zu mehr oder weniger spezifischen Verlusten von Fähigkeiten führen. Bekannte Beispiele sind Verletzungen im Bereich des Schläfenlappens der dominanten (in der Regel linken) Hälfte des Gehirns, welche zur Beeinträchtigung des Wortverständnisses und zu Wortfindungsstörungen führen können, oder Läsionen im Hinterhauptslappen, die mit Beeinträchtigungen der visuellen Verarbeitung einhergehen.

Mit Hilfe moderner Untersuchungsverfahren kann man heute sehr genau sagen, welche Stoffwechselaktivität in welchen Bereichen des Gehirns stattfindet, während die untersuchte Person etwas bewusst wahrnimmt, tut, denkt, begehrt und so weiter oder Reize nicht bewusst verarbeitet.[43] Die elektrischen Spuren, welche die Reize im Gehirn bewirken, weisen bemerkenswert direkte Entsprechungen zum Erleben und Verhalten der untersuchten Person auf.[44] Aber aus all den eindrucksvollen Aktivitätsmustern des Gehirns lässt sich keineswegs exakt voraussagen, was in einem Individuum tatsächlich subjektiv vor sich geht und was es als Nächstes tun wird.[45] In der Praxis sind wir nach wie vor darauf angewiesen, die funktionale

43 Die Lokalisation, Synchronisierung und Intensität der Nervenzellenaktivität zeigen eine gewisse Spezifität hinsichtlich der Qualität und Bedeutung von Reizen sowie der Reaktion des Organismus auf diese Reize.

44 So ist zum Beispiel die Spur eines akustischen Reizes (gemessen mit der sogenannten Technik der gemittelten evozierten Hirnpotenziale) im Tiefschlaf instabil und schwach und erreicht im Wesentlichen nur wenige Regionen des unteren Hirnstamms und des Mittelhirns; im Wachzustand reicht die Spur desselben Reizes, auch wenn er nicht bewusst wird, in die Großhirnrinde. Wenn der Reiz der Versuchsperson bewusst ist, ist die Spur ausgeprägter und erreicht unter bestimmten Bedingungen eine markante Aktivität in mehreren Arealen der Großhirnrinde. M. Donald, 2008: „Triumph des Bewusstseins. Die Evolution des menschlichen Geistes", Stuttgart: Klett-Cotta, S. 187-188, Original 2001: „A mind so rare. The Evolution of Human Consciousness", New York: W. W. Norton & Company.

45 Gerhard Roth (1996: „Das Gehirn und seine Wirklichkeit. Kognitive Neurobiologie und ihre philosophischen Konsequenzen", Frankfurt/M.: Suhrkamp, S. 276) meint, dass es, selbst wenn es uns technisch gelingen könnte, die Aktivitätsmuster vieler sehr kleiner Nervennetze oder sogar vieler einzelner Nervenzellen zugleich aufzuzeichnen, zweifelhaft sei, ob wir aus diesen Informationen exakt auf die geistigen Inhalte zurückschließen könnten, weil wir zu einer solchen Bestimmung der aktuellen Bedeutung einer neuronalen Aktivität die semantische Vorgeschichte, das heißt die Bedeutungen früherer Aktivitäten an diesem Ort, ebenso kennen müssten wie die Vorgeschichten anderer beteiligter Netzwerke. Die Komplexität dessen dürfte jede Rechenleistung überfordern (wie

Qualität der Reizverarbeitung an den objektiven Verhaltenskonsequenzen abzulesen, die ein Organismus im Kontakt mit Reizen zeigt.[46] Die subjektive Qualität der Reizverarbeitung (das phänomenale Erleben) können wir ohnehin nur aus dem erschließen, was uns andere mitteilen können: aus dem Ausdruck von Bedürfnissen und Affekten durch Mimik, Gestik und Verhalten (auch bei Tieren) oder in symbolischer Form, zum Beispiel durch künstlerische Darstellungen und sprachliche Mitteilungen (bei Menschen).

Fassen wir zusammen:

- Die Verarbeitung von Reizen und Informationen ist ein überlebensnotwendiges Merkmal von lebenden Organismen.
- Die ursprünglichste Form von Sinnesempfindung war vermutlich eine Körperreaktion auf Reize, welche an der Grenzfläche zwischen Organismus und Umgebung stattfand.
- Sinnesrezeptoren zerlegen die physikalische Wirklichkeit in Elementarereignisse und übersetzen sie in die universale „Einheitssprache" von Nervensystemen, in den neutralen neuronalen Code der Aktionspotenziale.
- Das Gehirn rekonstruiert aus neuronalen Elementarereignissen über viele Zwischenstufen – vom Einfachen zum Komplexen hin – eine neue Wirklichkeit.
- Die Reizverarbeitung bezieht sich nicht nur auf die Außenwelt, sondern auch auf die Zustände und Vorgänge im Organismus (Enterozeption, Propriozeption, Nozizeption).
- Nicht nur die sinnlich erfahrbare Außenwelt, sondern auch der eigene Organismus, zum Beispiel die Körperoberfläche, sind – unter Erhaltung der Nachbarschaftsverhältnisse – in spezialisierten Arealen des Cortex als neuronale Karten („maps") repräsentiert.
- Eine leistungsfähige Reiz- und Informationsverarbeitung ist eine notwendige Bedingung für jede Form von Bewusstsein.

die Naturwissenschaften überall bei komplexen Systemen an die Grenzen von Berechenbarkeit und Voraussagbarkeit stoßen).

46 Bei der neurologischen Untersuchung stellt man den Bewusstseinszustand eines Patienten durch einfaches Ansprechen, bei bewusstlosen Patienten das Ausmaß der Bewusstlosigkeit durch das Leuchten in die Augen und die Beobachtung der Pupillenreaktion oder durch die Beobachtung der Reaktion auf Schmerzreize fest. In der psychotherapeutischen Praxis findet das behaviorale S-O-R-K-Modell diagnostische und therapeutische Verwendung.

- Die ungestörte Reizverarbeitung ist bei Menschen und höheren Tieren auf ein intaktes Gehirn sowie Sinnes- und Nervensystem angewiesen.
- Alle ausgefeilten Techniken, welche die elektrische und die Stoffwechselaktivität von Gehirngewebe messen und dreidimensional sichtbar machen, erlauben keine präzise Voraussage über das zu erwartende Verhalten einer (gesunden) Versuchsperson und schon gar keine differenzierte Aussage darüber, was die Versuchsperson subjektiv erlebt.

Praktische Konsequenzen

Bewusstsein in der Form, wie wir es als Menschen kennen, ist auf unser Nervensystem und unser hochgradig komplexes Organ „Gehirn“ sowie auf dessen sensorischen Input sowohl aus der Außenwelt als auch aus dem eigenen Organismus angewiesen. Aber alles, was wir über das Gehirn, das Nervensystem und die Sinnesorgane wissen, erklärt nicht hinreichend, warum wir so denken, erleben und agieren, wie wir es tun. Die mit dem Bewusstsein befassten Wissenschaften können zwar erklären, wie Bewusstsein möglich ist, nicht aber, warum wir es in der uns so vertrauten Weise haben. Es besteht eine Erklärungslücke („explanatory gap“), welche die Grenzen unseres Erkenntnisvermögens deutlich macht. Wenngleich wir viel Wissen angesammelt haben und das Bewusstseinsphänomen mit großem Aufwand weitererforschen und unermüdlich alles besser zu erklären trachten, drängt sich der Verdacht auf, dass wir das, was uns vielleicht am meisten interessiert, zum Beispiel unser subjektives Erleben oder wer wir sind, niemals vollständig verstehen können.

2. Wachheit

Wenn wir sagen, ein Lebewesen habe Bewusstsein, dann gehen wir davon aus, dass dieses Lebewesen „bei Bewusstsein ist“ im Sinne von Wachsein oder Vigilanz (vom lateinischen „vigilantia“ = „Wachheit“ oder auch „Schlauheit“) im Gegensatz zum Schlaf und zu anderen Zuständen der Bewusstlosigkeit wie Ohnmacht, Narkose oder Koma.[47] Die deutschen Worte „Wachheit“ oder „Wachsein“ entsprechen im Englischen am ehesten dem Wort „alertness“, das der Hirnforscher António Damásio verwendet, um einen Aktivierungszustand („arousal“) des Nervensystems zu bezeichnen, in dem ein Lebewesen „zum Wahrnehmen und Handeln bereit ist“.[48] Zu unterscheiden ist zwischen einer allgemeinen, anhaltenden, allerdings den üblichen Tagesschwankungen unterworfenen „tonischen“ Wachheit[49] und einer kurzfristigen, selektiven, „phasischen“ Aktivierungserhöhung, mit der wir uns unten im Zusammenhang mit der Aufmerksamkeitsausrichtung noch beschäftigen werden.

Wir können in der Regel leicht von außen bestimmen, ob ein Lebewesen wach ist: Die Augen sind offen; die Muskeln weisen einen Tonus auf, der Bewegungen ermöglicht; die Reaktion auf Reize erfolgt situativ angemessen. Zwischen höchster Erregung, zum Beispiel im Zustand der Verzückung oder Todesangst, und Bewusstlosigkeit gibt es viele Zwischenstadien, zum Beispiel gespannte Aufmerksamkeit, Entspanntheit, Tagträumerei, Dösen, kurzes Einnicken, hypnotische Trance. Diese Zustände zeigen sich für den Außenstehenden an sichtbaren Körperzeichen, zum Beispiel an dem gedankenverlorenen Blick der Tagträumer oder der plötzlichen Muskelrelaxation beim Einnicken (wenn zum Beispiel der Kopf plötzlich aus seiner aufrechten Position hinabfällt). Auch subjektiv erleben wir diese verschiedenen Abstufungen zwischen Erregung und Schlaf in charakteristischer Weise: Das gespannte Verfolgen des Terroranschlags auf die New Yorker

47 In der Neurologie werden folgende Begriffe für Vigilanzminderungen verwendet: Somnolenz (schläfrig, aber leicht weckbar), Sopor (tiefer Schlaf, nur durch starke Reize wie Schmerz weckbar), Koma (nicht weckbar).

48 A. R. Damásio, 2000: „Ich fühle, also bin ich. Die Entschlüsselung des Bewusstseins“, München: List Verlag, S. 117. Original 1999: „The Feeling of What Happens. Body and Emotion in the Making of Consciousness“, New York: Harcourt Brace.

49 Der Begriff der tonischen Wachheit geht auf Aryeh Routtenberg zurück, der ein unspezifisches Aktivierungssystem (Arousal I) postuliert, welches eine globale Desynchronisation des Neocortex und damit seine tonische Aktivierung bewirkt. Ergänzend zu Arousal I nimmt Routtenberg ein zweites für die motivationale Aktivierung zuständiges System an: Arousal II. (A. Routtenberg, 1968: „The two-arousal hypothesis: Reticular formation and limbic system“, Psychol. Rev., 75, 51-80).

Twin Towers am Fernsehbildschirm fühlt sich anders an als das entspannte Hören von Chill-out-Musik oder der schläfrige Zustand nach dem Erwachen am Morgen.

Wieder sollen uns die Beobachtungen an kranken Menschen helfen zu verstehen, welche Funktionen für das Bewusstsein gesunder Menschen grundlegend sind. Wenn Mediziner bestimmen wollen, ob der Wachheitszustand eines Patienten krankhaft eingeschränkt ist, führen sie einen Vigilanztest durch. Der Vigilanztest, der in der Regel in einem Schlaflabor durchgeführt wird, misst die Daueraufmerksamkeitsleistung, das heißt die Fähigkeit von Patienten, über eine längere Zeit – in der Regel dauert der Test 25 bis 60 Minuten – auch in einer monotonen Situation auf seltene Reize zu reagieren. Der Test registriert die Reaktionszeiten und Beobachtungsfehler des Patienten. Patienten mit eingeschränkter Wachheit reagieren entweder gar nicht auf die seltenen Reize oder verspätet und falsch, oder sie schlafen während des Tests ein. Sie sind nicht oder nur unvollständig „zum Wahrnehmen und Handeln“ in Damásios Sinn bereit.

Welche Teile des Gehirns sind für die Vigilanz zuständig? Die wohl wichtigste Struktur ist die Formatio reticularis, ein dichtes Netz von Neuronen, das sich vom verlängerten Rückenmark bis ins Mittelhirn zieht. Aus Teilen der Formatio reticularis, die zusammen das sogenannte „aufsteigende reticuläre Aktivierungssystem“ (ARAS, siehe auch Online-Glossar) bilden, fließt bei Wachheit ständig Erregung zum Thalamus. Die Erregungen, die vom Thalamus ausgehen, senken die Erregungsschwelle corticaler Nervenzellen und bewirken so die Aktivierung der Großhirnrinde. Der aktivierte Cortex führt durch eine negative Rückkoppelung wiederum zu einer Hemmung des Thalamus und damit zu einer Begrenzung der Aktivierung durch das ARAS, sodass sich eine für die Leistungs- und Funktionsfähigkeit optimale mittlere Aktivierung des Cortex einstellen kann.[50]

Wenn der erregende Zustrom aus dem ARAS einen kritischen Wert unterschreitet, fällt der Organismus in Schlaf oder – bei Verletzungen dieser Region oder unter

50 Bernard J. Baars und John Newman sprechen darüber hinaus von einem „erweiterten reticulothalamischen Aktivierungssystem (ERTAS), welches der Kurzzeitspeicherung von Information in einem von Baars postulierten zentralen globalen exekutiven Arbeitsbereich („global workspace“) vorgeschaltet ist. Koordiniert vom präfrontalen Cortex steuert das ERTAS, welche Information in den globalen Arbeitsspeicher und damit ins Bewusstsein gelangt. Der zentrale Arbeitsbereich umfasst Teile des tertiären Cortex, in dem schwierige kognitive Aufgaben erledigt werden. M. Donald, 2008: „Triumph des Bewusstseins. Die Evolution des menschlichen Geistes“, Stuttgart: Klett-Cotta, S. 206-207, Original 2001: „A mind so rare. The Evolution of Human Consciousness“, New York: W. W. Norton & Company.

dem Einfluss von Drogen und Medikamenten[51] – in einen bewusstlosen Zustand, aus dem der Patient nicht oder nur schwer erweckbar ist. Die Großhirnrinde ist zwar für die Bereitstellung der kognitiven Inhalte des Wachbewusstseins unverzichtbar, kann aber von sich aus, ohne die Formatio reticularis, kein Bewusstsein erzeugen. Bewusstsein entsteht vielmehr nur dann, wenn das ARAS im Hirnstamm den Cortex ausreichend „wach" gemacht hat. Die Wirkung des ARAS wird vom Raphé- und vom Locus-coeruleus-Kern, die sich ebenfalls in der Formatio reticularis befinden, moduliert. Raphé- und Locus-coeruleus-Kern tragen dazu bei, dass das nicht bewusst Wahrgenommene nur dann, wenn es ausreichend neu und wichtig ist, die für seine Verarbeitung zuständigen Cortexareale ausreichend wach macht.[52] Wir kommen darauf im Zusammenhang mit der Aufmerksamkeits- und Schlafsteuerung zurück.

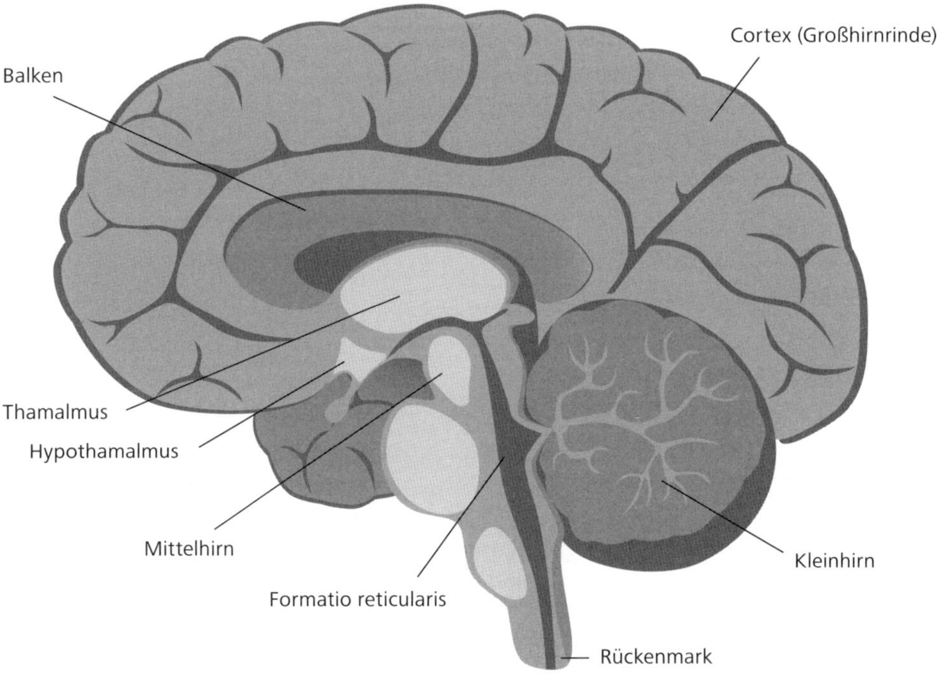

Schematisierter Sagittalschnitt durch das menschliche Gehirn

51 Die Formatio reticularis ist chemisch leicht zu beeinflussen, zum Beispiel mit Weckaminen (wie Amphetamin) oder Schlafmitteln.

52 G. Roth, 1996: „Das Gehirn und seine Wirklichkeit. Kognitive Neurobiologie und ihre philosophischen Konsequenzen", Frankfurt/M.: Suhrkamp, S. 231.

Wachheit ist von Scheinwachheit abzugrenzen. Scheinwachheit kommt bei bestimmten Formen von Epilepsie vor: Während der sogenannten Absencen verlieren die Patienten, zumeist Kinder, vorübergehend ihr Bewusstsein, ohne jedoch die dramatischen Zeichen einer Grand-Mal-Epilepsie zu zeigen. Bei der Grand-Mal-Epilepsie sind die Patienten gänzlich ohne Bewusstsein, büßen vollkommen die Kontrolle über ihren Körper ein und stürzen zu Boden; ihre Muskulatur wird von Krämpfen erschüttert.[53] Im Vergleich dazu haben Absencen eine diskrete Symptomatik: Die Patienten halten während der Anfälle in ihrer Tätigkeit kurz inne, wirken geistig abwesend, verwirrt und mimisch leblos, behalten jedoch ihre Fähigkeit, aufrecht zu stehen oder zu gehen und selbst Hindernissen auszuweichen. Ihre Augen bleiben geöffnet, und sie zeigen mitunter motorische Automatismen, die wie sinnvolle Bewegungen aussehen; manche Patienten reagieren sogar noch auf Ansprache, wenn auch stark verlangsamt. Die Patienten scheinen äußerlich wach zu sein. Sie wissen während ihrer Absencen allerdings nicht im Geringsten, was sie tun, und können sich auch hinterher an nichts, was sie während des Anfalls taten, erinnern. Ihre Reizverarbeitung ist massiv eingeschränkt. Damásio spricht von einer „basalen Aufmerksamkeit", welche im Absence-Anfall erhalten bleibt, während das „Kernbewusstsein" (mit diesem Begriff von Damásio beschäftigen wir uns noch) vorübergehend völlig abgeschaltet ist.[54]

Auch im Traumschlaf sind wir definitionsgemäß nicht wach, also nicht „zum Wahrnehmen und Handeln bereit" im Sinne von Damásios „alertness". Trotzdem können wir während des Träumens – im Unterschied zur Scheinwachheit wäh-

53 Die verschiedenen Grade und Stadien von Wachheit und Schlaf sowie die Zustände von Scheinwachheit bei Absencen können mit mehr oder weniger charakteristischen Mustern im Hirnstrombild (Elektroenzephalogramm = EEG) korrelieren. Als Ursache der Absence-Epilepsie wird eine Verminderung der normalen Stimulation des Cortex durch den Thalamus (infolge dämpfender Spontanentladungen thalamischer Ionenkanäle) angenommen. Im EEG sieht man anfallscharakteristische 3/s-Spike-Wave-Komplexe. Allerdings ist das EEG kein sicheres Mittel der Diagnostik. Es ist sogar möglich, dass Patienten im Koma ein völlig normales EEG haben.

54 Damásio führt weitere Beispiele von Wachheit ohne Bewusstsein auf, vor allem einen Fall von Wachkoma oder apallischem Syndrom infolge eines Schlaganfalls mit Schädigung von reticulären Kernen im Bereich des Hirnstamms. Der Patient zeigt scheinbar Schlaf-wach-Zyklen und reagiert manchmal auf Reize, indem er die Augen öffnet. In seltenen Fällen von apallischem Syndrom können die Patienten sogar koordinierte Bewegungen von Kopf und Augen ausführen, stereotype Äußerungen machen, vereinzelt sogar lächeln oder weinen. Trotzdem kann ihnen Damásio „keine Spur von Bewusstsein" bescheinigen. Ihnen fehlen außer der Wachheit alle Merkmale, welche Damásio für Bewusstsein benennt: Sie zeigen weder basale Aufmerksamkeit noch Hintergrundemotionen oder bewusstseinstypische Verhaltensweisen. Trotzdem muss es offenbleiben, inwieweit Patienten mit Wachkoma – wenigstens in Einzelfällen – doch über bewusstes Erleben verfügen.

rend der epileptischen Absencen – intensive Erlebnisse haben, die wir mitunter sehr genau zu erinnern glauben und sprachlich sehr anschaulich schildern können. Wir müssen also zwischen Wachbewusstsein und Traumbewusstsein unterscheiden. Der Bewusstseinszustand im Traumschlaf stellt einen Sonderfall dar, der eine gesonderte Betrachtung verdient und von mir in Band II behandelt wird. Wenn ich im Weiteren von Bewusstsein spreche, ist stets das Wachbewusstsein gemeint.

Fassen wir zusammen:

- Wenn wir einem Lebewesen Bewusstsein zuschreiben, gehen wir in der Regel davon aus, dass dieses Wesen wach im Sinne von wahrnehmungs- und handlungsfähig ist.
- Die Wachheit oder Vigilanz kann krankhaft eingeschränkt sein. Zur Objektivierung des Wachheitsgrades werden in der Medizin Vigilanztests eingesetzt, welche die Daueraufmerksamkeitsleistung von Patienten messen.
- Als die wichtigsten Hirnstrukturen für die Vigilanz gelten Teile der Formatio reticularis (das ARAS) und des Thalamus.
- Der Cortex ist für das Wachbewusstsein nicht erforderlich, wohl aber für die Inhalte des Wachbewusstseins.
- Eine begrenzte Reiz- und Informationsverarbeitung kann auch ohne Wachbewusstsein erfolgen.
- In Zuständen reduzierter, fehlender oder nur scheinbarer Wachheit sind keine oder nur noch sehr rudimentäre Bewusstseinsleistungen möglich.
- Es ist zwischen Wachbewusstsein und Traumbewusstsein zu unterscheiden.

Praktische Konsequenzen

Bewusstsein muss nicht immer etwas Kompliziertes sein. Wir Mediziner haben in der Praxis in der Regel keine Zeit für tief greifende Erörterungen über das Wesen des Bewusstseins. Wir arbeiten mit einem recht einfachen Modell von Bewusstseinsfunktionen, das uns gute Dienste leistet: Für uns ist ein Patient bewusstseinsklar, wenn er wach, im Gespräch mit uns aufmerksam, uns körperlich zugewandt, im spürbaren emotionalen Kontakt (Rapport[55]) mit uns ist, wenn er

55 Der Begriff „Rapport" wurde von dem Arzt und Urvater der Hypnose, Franz Anton Mesmer (1734–1815), in die medizinische Sprache eingeführt. Mesmer glaubte noch an magnetische Kräfte, welche die hypnotischen Wirkungen in der Krankenbehandlung erzielen, und berührte seine Patienten daher am Kopf, um diese „in Rapport zu setzen". Heute wird der Rapport als gefühlsmäßiger, verbal

orientiert ist über den Ort, an dem er sich aktuell befindet, über das aktuelle Datum und die Uhrzeit, zu der das Gespräch stattfindet, und über die Personen, mit denen er aktuell zu tun hat. Diese Bewusstseinsfunktionen können zum Beispiel bei hirnorganischen Erkrankungen wie bei der Demenz, die leider häufig bei alten Menschen vorkommt, beeinträchtigt sein (was sich zum Beispiel in Schläfrigkeit, Kontaktverlust, Verwirrtheit und Orientierungslosigkeit zeigt) und mit weiteren Symptomen in weiteren, unten noch zu besprechenden Aspekten des Bewusstseins einhergehen (zum Beispiel mit verminderter Wahrnehmung, verworrenem Denken, Halluzinationen, Wahnbildung, Störung des Kurzzeitgedächtnisses, unruhiger Getriebenheit sowie depressiver Verstimmung oder Aggressivität).

und nonverbal (zum Beispiel über die Körperhaltung und den Augenkontakt) erfahrbarer Kontakt zwischen Patient und Behandler verstanden.

3. Funktionales Verhalten

Unser Gehirn ist primär dafür da, dass wir sinnvoll reagieren und handeln. Von einem wachbewussten Lebewesen, dessen Reizleitungs- und Reizverarbeitungssysteme intakt sind, erwarten wir, dass es sich situativ adäquat verhält. Das, was wir als das Verhalten eines Lebewesens beobachten können, ist als Ergebnis von Wechselwirkungen zu verstehen, die zum einen zwischen diesem Lebewesen und seiner Umwelt stattfinden und stattgefunden haben. Zum anderen trägt das Lebewesen in seinem Erbgut Verhaltensdispositionen in sich, die als Ergebnis von Wechselwirkungen zwischen den stammesgeschichtlichen Vorfahren dieses Lebewesens und deren Umwelten zu sehen sind.

Entwicklungsgeschichtlich geht Verhalten der Kognition voran. Das gilt nicht nur für die Phylogenese, die stammesgeschichtliche Entwicklung der Spezies, sondern auch für die ontogenetische Entwicklung jedes einzelnen Individuums: Bevor Menschenkinder die Gegenstände in ihrer Umwelt „begreifen“ und „Begriffe“ für sie verwenden können, müssen sie – wie Jean Piaget betont – erst einmal ausgiebigen praktisch-motorischen Umgang mit ihnen haben.[56] Dabei kommen den Neugeborenen angeborene Greif- und Saugreflex zugute, die sie in den ersten Wochen ihres Erdendaseins gründlich einüben müssen. Im Laufe der ersten Lebensmonate bilden sich erste bedingte Reflexe und Gewohnheiten aus, die sich zunächst aus mehr oder weniger zufälligen Verhaltensweisen ergeben und die noch überwiegend auf den eigenen Körper bezogen sind, wie zum Beispiel das Daumenlutschen. Verhaltensweisen, die sich bewähren, zum Beispiel ein Glöckchen durch Strampeln erklingen zu lassen, werden durch permanente Wiederholung konserviert und in der Form von Verhaltensschemata stabilisiert. Sensorik und Motorik, Wahrnehmung und Bewegung entwickeln sich parallel.

Verhalten, das sich im Rahmen der Bedürfnisbefriedigung bewährt, fängt an, Mittel zum Zweck und schließlich zur Gewohnheit[57] zu werden. Im Verlauf des

56 Jean Piaget (2003: „Meine Theorie der geistigen Entwicklung“, Weinheim, Basel, Berlin: Beltz Verlag) spricht von einem Stadium der „sensomotorischen oder praktischen Intelligenz“, das der Entwicklung der Sprache und des eigentlichen Denkens vorangeht.

57 Nach Clark Hull (1943: „Principles of Behavior: An Introduction to Behavior Theory“, New York: Appleton Century Crofts) hängt die Entwicklung einer Gewohnheit („habit“) davon ab, wie oft das entsprechende Verhalten in der Vergangenheit verstärkt wurde. Damit ein Verhalten überhaupt in Gang kommt, ist jedoch ein entsprechender Antrieb („drive“) nötig. Die Wahrscheinlichkeit für die Reaktion R, die ein Lebewesen in einer bestimmten Situation zeigt (zum Beispiel schnell zu

ersten Lebensjahres lernt das Kind, mehrere bekannte Schemata auf den gleichen Gegenstand oder in neuen Situationen anzuwenden. Zum Beispiel schüttelt oder wirft das Kind Bauklötzchen oder steckt sie in den Mund. Es versucht, Hindernisse aus dem Weg zu räumen, um einen begehrten Gegenstand greifen zu können. Erst deutlich später, etwa ab 18 bis 24 Monaten, entwickelt sich die Symbolfunktion, die neben dem praktischen sensomotorischen Probieren auch einen inneren Vorstellungsraum ermöglicht, in dem verinnerlichte Repräsentationen von äußeren Gegebenheiten vorhanden sind und in dem Handlungsschemata geistig ausgeführt und kombiniert werden können. Aus dem mehr oder weniger funktionalen Angreifen und Hantieren mit der Welt kann so erst ein tieferes Begreifen der Welt und ihrer Zusammenhänge werden. Ohne vorangehendes ausprobierendes und übendes Hantieren gäbe es keine höheren Erkenntnisfunktionen.

Der Maßstab für die situative Angemessenheit und Funktionalität von Verhalten ist das, was dem betreffenden Lebewesen im Rahmen seiner angeborenen und erworbenen Ausstattung an motorischen und kognitiven Fähigkeiten im Hinblick auf bestimmte Anforderungen möglich ist. Tiere, die in ihrem natürlichen Umfeld leben, müssen vor allem biologische Anforderungen wie die Sicherung ihres Überlebens, die Fortpflanzung und die Brutpflege erfüllen. Jeffrey Gray kam aufgrund einer Vielzahl von pharmakologischen Studien sowie Läsionsuntersuchungen an Ratten zu dem Schluss, dass das Verhalten von Menschen und Tieren von zwei reziproken biologischen Grundfunktionen bestimmt wird: vom „Behavioral Activation System“ (BAS) und vom „Behavioral Inhibition System“ (BIS).[58] Das BAS („Go-Funktion“) zeigt sich in Neugier- und Annährungsverhalten an Stimuli (Beuteaggression), es wird von Belohnungen beziehungsweise Nichtbestrafung konditioniert und geht mit positiven Gefühlen einher. Das BIS („Stop-Funktion“)

laufen), hängt nach Hull im Wesentlichen von drei Variablen: 1. vom Trieb D, der das Verhalten antreibt und sich im Experiment einfach durch die Deprivationszeit, das heißt die Zeit, in der primäre Bedürfnisse von Ratten wie Hunger nicht befriedigt worden sind, messen lässt, 2. von der Gewohnheitsstärke H, das heißt der Tendenz, die Reaktion zu zeigen, die davon abhängt, wie stark dieselben Reiz-Reaktions-Verbindungen in der Vergangenheit zu einer Bedürfnisbefriedigung und Triebreduktion geführt haben und deshalb verstärkt wurden, und 3. dem Anreiz K, zum Beispiel die Futtermenge. Alle drei Variablen müssen größer als null sein, damit es zu einer Verhaltensweise kommen kann, und wirken multiplikativ aufeinander. Hulls Verhaltensgleichung lautet: $R = D \times H \times K$.

58 J. A. Gray, 1981: „A critique of Eysenck's theory of personality“, in: H. J. Eysenck (Ed.): „A model for personality“, S. 246 – 276, New York: Springer; J. A. Gray, 2000: „The neuropsychology of anxiety“, New York: Oxford University Press. Das BAS soll auf Strukturen im Cortex, Thalamus und Striatum basieren, das BIS auf Strukturen im Hirnstamm und Projektionen zum Frontallappen.

wird bei einer Konfrontation mit negativ konditionierten Verstärkungsreizen aktiviert, zum Beispiel bei Bestrafung, Entzug von Belohnung oder wenn Reize ausgeprägt neu sind oder angeborene Furchtreize darstellen. Das BIS zeigt sich in einer Verhaltenshemmung, einer ängstlichen Vermeidung und einem Verharren im Zustand erhöhter Aufmerksamkeit.[59] Daneben gibt es noch ein unspezifisches „Flight-Fight-Freeze-System" (FFFS): Es wird durch unkonditionierte Reize, die eine existenzielle Bedrohung darstellen, ausgelöst und manifestiert sich in einer verteidigenden Aggression, Flucht oder Erstarrung.[60]

BAS, BIS und FFFS stellen eine biologische Grundausstattung für funktionales Verhalten dar, die sich bei den verschiedenen Spezies und Individuen in zahllosen Varianten zeigt. Bei sozialisierten Menschen und domestizierten Tieren, die von Menschen seit Tausenden von Jahren gezüchtet, ausgebildet und genutzt werden, treten BAS, BIS und FFFS in kulturell modifizierter Form auf. So werden die Sicherung des Überlebens und die Fortpflanzung von Haus- und Nutztieren ja in der Regel von ihren menschlichen Besitzern organisiert und kontrolliert. Daher folgt das Verhalten domestizierter Tiere nur noch begrenzt biologischen Erfordernissen, sondern muss – ebenso wie das Verhalten von uns Menschen selbst – im Wesentlichen kulturellen Anforderungen gerecht werden. Wir legen zum Beispiel an das Verhalten von Wachhunden, Spürhunden, Schlittenhunden und Schoßhunden ganz unterschiedliche Maßstäbe an. Je nach Kultur und Kontext variiert auch der anzulegende Maßstab an das menschliche Verhalten (zum Beispiel Wohlstand zu erwirtschaften, seinem Vaterland zu dienen, ein begnadeter Liebhaber zu sein oder sich selbst zu verwirklichen). Trotz kultureller und erzieherischer Überformung bleiben BAS, BIS und FFFS aber für einen wichtigen Teil unseres individuellen Verhaltens weiterhin bestimmend. Zumindest sieht das Jeffrey Gray so, der auf der Basis von BAS, BIS und FFFS eine klinisch bedeutsame Persönlichkeitstheorie entwickelt hat, auf die ich im Zusammenhang mit der Motivation noch eingehen werde.

Der genaueste mir bekannte Maßstab, der von wissenschaftlicher Seite an die Funktionalität des Verhaltens von Menschen in unserer (westlichen) Kultur angelegt wird, ist die „Operationalisierte Psychodynamische Diagnostik", die auch in einer Version für Kinder und Jugendliche vorliegt, die „Operationalisierte

59 Das BIS reagiert auf angstlösende Medikamente wie Benzodiazepine.

60 Das FFS ist nicht durch angstlösende Medikamente beeinflussbar.

Psychodynamische Diagnostik im Kindes- und Jugendalter", kurz OPD-KJ.[61] Die OPD-KJ ist ein für die Kinderpsychotherapie und Psychotherapieforschung geschaffenes Instrument der Diagnostik, welches das Alter der zu beurteilenden Kinder und Jugendlichen berücksichtigt. Die Autoren der OPD-KJ wollten einheitliche und objektivierbare Beurteilungskriterien zur Verfügung stellen, sodass unterschiedliche Untersucher (zum Beispiel KinderpsychotherapeutInnen, die an einer Studie teilnehmen) zu vergleichbaren Ergebnissen kommen. Die OPD-KJ hat den Anspruch, den mit dem Alter zunehmenden „Schatz an gelebten Erfahrungen [...] mit sich, der Welt und anderen" zu beschreiben. Dieser Schatz an gelebten Erfahrungen zeigt sich in einem altersgemäßen „Repertoire an Erlebnis- und Handlungsbereitschaften" von Kindern und Jugendlichen, das sich mit Hilfe der OPD-KJ bestimmen lassen soll. Einfacher ausgedrückt: Die OPD-KJ legt gewissermaßen fest, was ein Kind im welchem Alter können muss, um den Anforderungen seiner soziokulturellen Umwelt gerecht zu werden.

Für unsere Zwecke können wir uns hier auf die sogenannte Strukturachse[62] der OPD-KJ beschränken. Von einem durchschnittlichen gesunden und normal entwickelten Kind der Altersstufe 1 (zwei bis fünf Jahre) muss gemäß der Strukturachse (die das Strukturniveau des Kindes misst, siehe auch Kapitel 27) zum Beispiel erwartet werden können, dass es sich nach einem Trotzanfall oder einer anderen Erregung wieder beruhigen und Zuwendung sowie Lob annehmen kann. Das Kind sollte sich mit einem vertrauten Spielzeug selbst trösten können, wenn es die Bezugsperson entbehrt. Es sollte über längere Zeit an einem Spiel festhalten und in angemessener Zeit auch ein packendes Spiel beenden können, wenn es dazu aufgefordert wird. Das Kind sollte die ihm vorgegebenen Verbote genau kennen, wenngleich es bei der Einhaltung der Verbote noch auf die Gegenwart seiner Hauptbezugsperson angewiesen sein darf. Das Kind sollte gegenüber Fremden zwischen Mein und Dein unterscheiden können. Es sollte eigene Wünsche mit Nachdruck anmelden und durchsetzen. Es sollte die Spielideen des Therapeuten aufgreifen und objektbezogene Affekte wie Fürsorglichkeit, Dankbarkeit, Enttäuschung oder Sorge zeigen. Das Kind sollte sich immer wieder an die Arbeit machen, die Objekte seiner Umgebung

61 Die OPD-KJ wurde vom Arbeitskreis OPD-KJ herausgegeben und ist 2003 in der ersten Auflage bei Huber in Bern erschienen.

62 Mit „Achsen" sind verschiedene Perspektiven gemeint, aus denen man die vorhandenen und fehlenden Fähigkeiten eines Kindes betrachten kann. Die OPD-KJ umfasst im Gegensatz zur OPD-E (für Erwachsene) statt fünf nur vier Achsen, nämlich die Achsen „Beziehung", „Konflikt", „Struktur" und „Behandlungsvoraussetzungen".

zu prüfen. Das Kind sollte Interesse an der Kontaktaufnahme zeigen, sollte aber auch in der Lage sein, alleine zu spielen.

In der Altersstufe 2 (sechs bis elf Jahre) muss man von einem normal entwickelten Kind bereits erwarten dürfen, dass es seine Affekte zunehmend kontrollieren und auch verbergen kann. Negative Affekte von Angst, Wut und Trauer sollten ausgehalten werden können. Das Kind sollte sich von aggressiven Spielhandlungen (zum Beispiel Raufen) wieder lösen können, wenn die Situation es erfordert. Das Kind sollte bekannte Situationen (zum Beispiel eine Schulstunde) einigermaßen gut von Anfang bis Ende durchstehen können. Es sollte spezielle und allgemeine Regeln (zum Beispiel Spielregeln und moralische Normen) kennen und diese auch befolgen wollen. Das Kind sollte in der Lage sein, seine eigenen Interessen mit denen anderer abzustimmen. Das Kind sollte im Spiel, zunehmend aber auch über die Sprache Interesse an der Kontaktaufnahme mit Gleichaltrigen und Erwachsenen und am Aufbau einer Kommunikation zeigen, die sowohl affektive Signale als auch kognitive Informationen austauscht. Das Kind sollte weder distanzlos noch unnahbar oder scheu sein. Dem Kind sollte ein breites Spektrum an differenziertem Affektausdruck zur Verfügung stehen. Es sollte aktuelle und vergangene Gefühle verbalisieren und auch als Begründung für sein Handeln benennen können. Die Wünsche des Kindes und die seines Gegenübers sollten verhandelt und fein aufeinander abgestimmt werden können. Affekte des Kindes sollten die Kommunikation nicht unterbrechen. Das Kind sollte sich gut trennen können und sich auch bei längerer Abwesenheit einer Bezugsperson nicht wesentlich anders als sonst verhalten.

Die aufgeführten Verhaltenskriterien zu den ersten beiden Altersstufen[63] sind eine stark gekürzte Auswahl aus dem Katalog der normativen Vorgaben der Strukturachse der OPD-KJ. Trotz der Kürzung wird deutlich, welche Leistungen von einem durchschnittlichen Menschenkind bereits in jungen Jahren erwartet werden und wie die Anforderungen mit zunehmendem Alter ansteigen.[64] Als Erwachsene bewegen wir uns schließlich in einer hochgradig differenzierten Matrix von (gegen-

63 Die dritte Altersstufe ab zwölf Jahren habe ich nicht berücksichtigt, weil bei größeren Kindern und Jugendlichen nicht mehr die von außen beobachtbaren Verhaltensaspekte im Vordergrund stehen, sondern innere Vorgänge, mit denen wir uns später beschäftigen werden.

64 Je nachdem, wie gut das Kind den Kriterien der Strukturachse der OPD-KJ entspricht, wird seine Struktur als „gut", „mäßig", „gering integriert" oder „desintegriert" klassifiziert. Diese Klassifizierung geht auf Otto Kernberg (1980: „Objektbeziehungstheorie und Praxis der Psychoanalyse", Stuttgart: Klett-Cotta) zurück, der eine höhere, mittlere und eine niedere Strukturebene der (pathologischen) Persönlichkeit unterscheidet.

seitigen) Anforderungen und Erwartungen an das eigene (sozial gemäße) Verhalten und das (sozial gemäße) Verhalten der anderen. (Ich werde unten auch auf die OPD-2[65] mit ihren überaus anspruchsvollen Kriterien für die Bewusstseinsleistungen Erwachsener eingehen.) Die gegenseitigen Verhaltenserwartungen werden uns in der Regel erst dann bewusst, wenn ein anderer in seinem Verhalten von unseren Erwartungen abweicht. Kleine Abweichungen lassen wir meist noch als natürliche Persönlichkeitsvarianten (zum Beispiel introvertierter, extravertierter, temperamentvoller, zurückhaltender, eigensinniger, ehrgeiziger Mensch und so weiter) durchgehen. Aber wenn das Verhalten eines anderen allzu sehr von dem abweicht, was wir von einem „normalen" Menschen erwarten, kommen wir schnell zu dem Schluss, dass „etwas in seinem Kopf nicht stimmt".

Das Spektrum von menschlichen Verhaltensauffälligkeiten (gemessen an den soziokulturell vorgegebenen Standards) ist breit. Es reicht von den genannten natürlichen Persönlichkeitsvarianten über die Palette neurotischer Störungen (dem unintelligenten Verhalten an sich intelligenter Menschen) bis hin zu den Psychosen mit ihren zum Teil bizarren Verhaltensdeformationen. Ich möchte an dieser Stelle nur auf das Beispiel schwerwiegender Verhaltensstörungen bei hirnorganischen Psychosen – zum Beispiel den Kontrollverlust im Alkoholrausch, die Persönlichkeitsveränderung bei Hirntumoren oder die bereits erwähnten Verwirrtheitszustände alter Menschen[66] – sowie auf das Beispiel eines pathologischen Fehlens fast jeglichen Verhaltens in Komazuständen[67] oder in Narkose[68] hinweisen. An diesen Gehirnerkrankungen lässt sich demonstrieren, wie stark ein anatomisch intaktes Nervensystem – bestehend aus Nervenzellen und Nervenverbindungen sowie deren netzwerkartigem Zusammenwirken im Sinne einer ungestörten Hirnfunktion –, die Wachheit und

65 In der Operationalisierten Psychodynamischen Diagnostik 2 (OPD-2) sind analog zu den OPD-KJ Kriterien für das normale Sozialverhalten und verschiedene Ausprägungen pathologischen Sozialverhaltens von Erwachsenen katalogisiert. Die OPD-2 ist vorrangig als Forschungsinstrument konzipiert und wegen ihrer teilweisen Theorielastigkeit und des Zeitaufwands, den sie erfordert, im Praxisalltag kaum anwendbar. Eine gestraffte und praxisnahe Abwandlung der OPD-2 (die wir „Praxisgerechte Operationalisierte Diagnostik" = PPD getauft haben) habe ich in meinem mit Arno Remmers zusammen verfassten Buch „Behandlungsfokus" vorgestellt.

66 Meistens infolge von degenerativen Veränderungen des Gehirns, von denen die Alzheimerkrankheit, unter der rund 30 Prozent der 90-Jährigen leiden, die häufigste und wichtigste ist.

67 Meistens infolge von Verletzungen, Stoffwechselstörungen, Schlaganfällen oder Vergiftungen.

68 Je nach Tiefe von Komazuständen und Narkosen kann sogar die Spontanatmung lahmgelegt sein, sodass die Patienten künstlich beatmet werden müssen.

der Bewusstseinszustand des betroffenen Individuums und die Funktionalität des Verhaltens, das wir von außen beobachten können, miteinander korreliert sind.

Kein Nervenarzt oder Neurochirurg würde zögern, die vorhandene oder fehlende Funktionalität des Verhaltens eines Patienten direkt mit der physischen Verfassung des Nervensystems und dem Bewusstseinszustand dieses Patienten in Verbindung zu bringen. Doch welchen Aspekt von Bewusstsein meinen Kliniker eigentlich, wenn sie von Bewusstseinsstörungen sprechen? Für Kliniker ist Bewusstsein eine klare Sache: Der bewusstseinsklare Patient ist – wie schon gesagt – wach, dem Untersucher zugewandt und voll orientiert, was den aktuellen Ort, die aktuelle Zeit und die Personen betrifft, mit denen er aktuell in Kontakt ist; seine Wahrnehmung ist frei von Störungen (zum Beispiel Einengungen, Verkennungen oder Halluzinationen); sein Denken ist formal geordnet (springt zum Beispiel nicht unvermittelt von einem Thema zum anderen); sein Denken ist inhaltlich angemessen und frei von überwertigen Ideen oder Wahnbildungen; sein Kurzzeit- und Langzeitgedächtnis sind intakt. Den Kliniker interessiert Bewusstsein vielleicht auch noch dahin gehend, dass er seinen Patienten zu einem gesundheitsbewussteren (zum Beispiel kalorienbewussten) Verhalten anleiten will. Ein Kliniker mit psychotherapeutischem Hintergrund wird darüber hinaus möglicherweise so etwas wie Körperbewusstsein, Konfliktbewusstsein, Selbstbewusstsein oder Bewusstsein für das sogenannte Verdrängungsunbewusste im Auge haben. Mit den schwierigen von der Bewusstseinsphilosophie aufgeworfenen Fragen beschäftigen sich Kliniker aber in der Regel nicht.

Dass die Sache nicht ganz so einfach ist, wie sie in der Medizin gehandhabt wird, zeigt ein weiteres Beispiel aus der Neuropathologie: die Blindsicht. Es handelt es sich um eine Beschädigung des primären visuellen Cortex (V1) im Hinterhauptslappen des Gehirns, zum Beispiel durch einen Schlaganfall.[69] Obwohl sich die Patienten selbst als blind erleben, gibt es eindeutige Beweise, dass das Gehirn der Patienten visuelle Information in dem blinden Feld verarbeiten kann:

69 Neben den beidseitigen retino-thalamo-corticalen Sehbahnen (die von der Netzhaut via Sehnerven, Chiasma opticum und Corpus geniculatum laterale zur primären Sehrinde V1 führen) gibt es weitere Sehbahnen über die Colliculi superiores zum Pulvinar (dem größten Assoziationskern des Thalamus) und von dort zu sekundären und assoziativen Cortexgebieten. Letztere erhalten also trotz der Schädigung von V1 Input von den Augen, der dem Paitenten aber nicht bewusst ist und die Leistungen bei Blindsicht erklärt. G. Roth, 1996: „Das Gehirn und seine Wirklichkeit. Kognitive Neurobiologie und ihre philosophischen Konsequenzen", Frankfurt/M.: Suhrkamp, S. 215.

Wenn man zum Beispiel einem Blindsicht-Patienten einen Ball zuwirft, fängt der Patient den Ball, obwohl er darauf besteht, nichts zu sehen. Das Gleiche gilt, wenn der Patient Hindernissen ausweicht oder Objekte, die man ihm zeigt, richtig „errät“: Immer verneint der Patient, dass ihm irgendeine visuelle Information bewusst wäre. Das wirkt sich auf das Verhalten aus: Blindsicht-Patienten werden hinsichtlich der Objekte, die sie in ihrem blinden Feld auf nicht bewusstem Weg entdecken können, nicht handlungsaktiv. Zum Beispiel greift ein durstiger Blindsicht-Patient nicht nach dem Glas Wasser, das direkt vor ihm steht.[70] Sein Gehirn „weiß“ etwas, was der Patient jedoch nicht aus eigenem Antrieb nutzen kann.

Es sieht so aus, als sei – zumindest in bestimmten Fällen – der wachbewusste Zugang zu Informationen, die das Gehirn verarbeitet, mit der praktischen Nutzbarkeit dieser Informationen für situativ angemessenes Verhalten verbunden. Selbst die Behavioristen, die lange Zeit nur die Messung der Zusammenhänge zwischen Reizen und den Reaktionen von Organismen als wissenschaftliche Psychologie anerkannten, akzeptieren inzwischen (nach der sogenannten „kognitiven Wende“ Ende der 1960er-Jahre) die große Bedeutung, welche Faktoren mit kognitiver Qualität wie Vorwissen, Aufmerksamkeit, Erwartungshaltungen, Weltmodelle und Handlungsstrategien für das menschliche Verhalten haben. Trotzdem gibt es ernst zu nehmende Leute, welche bestreiten, was jeder Kliniker für evident hält, dass nämlich Bewusstsein für funktionales Verhalten Voraussetzung ist. Die Leute, von denen ich spreche, bestehen darauf, dass unser phänomenales Bewusstsein von Dingen, Ereignissen, Vorstellungen und Wünschen ein reines Epiphänomen ohne eigentliche Wirkung auf unser Verhalten sei. Intelligentes Verhalten benötige kein bewusst gefühltes inneres Erleben und keine Vorstellung davon, dass ich es bin, der gerade aus Motiven heraus, die ich als meine eigenen Beweggründe erfahre, etwas will, denkt oder tut. Dieser Standpunkt wird „Epiphänomenalismus“ genannt.

Die Epiphänomenalisten[71] können sich auf umfangreiches empirisch-wissenschaftliches Datenmaterial berufen, das belegt, dass die meisten Erkenntnisleistungen und Handlungen, die wir im Alltag vollziehen, ohne Bewusstsein ablaufen. Die hohe Funktionalität von Routinehandlungen beruht – wie ich noch genauer ausführen werde – gerade darauf, dass sie nicht vom Bewusstsein „gestört“ werden.

70 Der Fall wurde berichtet von Anthony Marcel (1986: „Consciousness and processing: Choosing and testing a null hypothesis“, in: Behavioral and Brain Sciences, 9, S. 40-41, zitiert nach Ned Block, 2005: „Eine Verwirrung über die Funktion des Bewusstseins“, in: T. Metzinger, [Hg.]: „Bewußtsein. Beiträge aus der Gegenwartsphilosophie“, Paderborn: mentis, S. 524).

71 Begriffsbestimmung im Online-Glossar.

Und schließlich gibt es zahlreiche Belege dafür, dass unsere vermeintlich freien Willensentscheidungen von vielen bewusstseinsfernen Faktoren beeinflusst werden, ja dass unsere vermeintlich bewussten Willensentscheidungen zeitlich jenen neuronalen Ereignissen hinterherhinken, die in Wirklichkeit das vermeintlich willentliche Verhalten ausgelöst haben. In der Einführung habe ich bereits deutlich gemacht, dass ich den Epiphänomenalisten in letzter Konsequenz nicht zustimmen kann. Trotzdem schätze ich ihre überaus wichtige erkenntniskritische Position, weil sie uns hilft, unsere gewohnten und scheinbar so selbstverständlichen Überzeugungen zu hinterfragen.

Der amerikanische Bewustseinsphilosoph Ned Block ist einer von denen, die versucht haben, für die von den Epiphänomenalisten aufgeworfene Diskussion eine Lösung zu finden. Block unterscheidet zwischen „Zugriffsbewusstsein" (Z-Bewusstsein) und „phänomenalem Bewusstsein" (P-Bewusstsein).[72] Z-Bewusstsein hat nach Block die Funktion, in einem System (Gehirn, Organismus, sozialer Verbund) Information (zum Beispiel aus der Wahrnehmung oder dem Gedächtnis) für die Handlungs- und Sprachkontrolle zur Verfügung zu stellen. Dabei ist nach Block das Sprechen kein notwendiger Ausdruck von Zugriffsbewusstsein; auch Tiere, zum Beispiel Schimpansen, sind zugriffsbewusstseinsfähig.[73]

In Abgrenzung zum Z-Bewusstsein bezeichnet Block mit dem Begriff des phänomenalen Bewusstseins (P-Bewusstsein) die subjektiven Erlebniseigenschaften, das heißt, wie es für ein Subjekt ist, sich in einem bestimmten Zustand zu befinden, zum Beispiel etwas Bestimmtes zu sehen, zu hören, zu riechen, zu schmecken oder Schmerzen zu haben.[74] Phänomenales Bewusstsein bezeichnet auch die nur von mir allein erfahrbare Qualität des Erlebens, gerade jetzt, in diesem Augenblick, Udo Boessmann zu sein (möglicherweise fühlt sich das in zwei Stunden, nachdem ich einen Brief vom Finanzamt geöffnet habe, ganz anders an). Während das Z-Bewusstsein für Block durch seine Funktionalität und seine objektivierbaren

72 N. Block, 2005, S. 538.

73 Blocks Z-Bewusstsein ist mit dem Begriff des Reaktiven oder R-Bewusstseins von Michael Tye (2005: „Das brennende Haus", in: T. Metzinger, [Hg.]: „Bewußtsein. Beiträge aus der Gegenwartsphilosophie", Paderborn: mentis, S. 105-108) verwandt, der damit die Fähigkeit bezeichnet, Stimuli oder Informationen aus der Umgebung zu verarbeiten und rational auf diese Stimuli zu reagieren. Im Alkoholrausch beispielsweise ist das R-Bewusstsein reduziert, im Zustand der Ohnmacht völlig aufgehoben.

74 Block bezieht sich hier auf Thomas Nagel (1998: „What is it like to be a bat", in: N. Block, O. Flanagen und G. Guzzeldere [Eds.]: „The Nature of Consciousness", Cambridge: MIT Press).

Außenwirkungen definiert ist, ist das P-Bewusstsein für ihn wesentlich durch das charakterisiert, was innerhalb des P-Bewusstseins vor sich geht, ohne eine notwendige funktionelle Wirkung auf ein System.[75]

Blocks Trennung von Zugriffsbewusstsein, das nicht auf Sprechen angewiesen ist, und phänomenalem Bewusstsein, über das wir nur aus eigener Introspektion oder aus dem Bericht anderer Menschen Kenntnis gewinnen können, hat (zusammen mit der in der Einführung erwähnten Abgrenzung eines Bewusstseins höherer Ordnung von einem primären Bewusstsein, wie sie Gerald Edelman und Giulio Tononi vollziehen) bei meiner eigenen Unterscheidung zwischen biologischem Bewusstsein und kulturellem Bewusstsein Pate gestanden. Allerdings kann ich Block nicht folgen, wenn er das phänomenale Bewusstsein, das mit meinem kulturellen Bewusstsein in vielen Aspekten übereinstimmt, als funktionslos einstuft. Ich bin – inspiriert von Merlin Donald, John Searle und anderen, die ich noch zitieren werde – davon überzeugt, dass gerade die kulturell vermittelte, subjektive, ichhafte und phänomenale Qualität des Bewusstseins höherer Ordnung eine ganz entscheidende Auswirkung auf das individuelle und kollektive menschliche Verhalten hat. Subjektive Phänomenalität und Qualitativität, die in der Erziehung forciert kultiviert werden, sind meines Erachtens die Voraussetzung für eine ganze Reihe von einzigartigen Eigenschaften, welche Menschen im Tierreich auszeichnen: Es sind vor allem Autonomie, Strebsamkeit, Disziplin, Metareflexion und Verantwortung, welche sich ohne die Annahme eines qualitativ erlebenden, sich selbst bewussten und von kollektiven Delegationen und Restriktionen durchdrungenen Subjektes kaum erklären lassen. Ich ziehe auch keine strenge Trennlinie zwischen biologischem und kulturellem Bewusstsein, sondern sehe das kulturelle Bewusstsein als Ergänzung oder Erweiterung des biologischen Bewusstseins.

75 Block geht sogar so weit, Patienten im Absence-Anfall (= „Petit-mal“) phänomenales Bewusstsein zuzugestehen, wenngleich ihr Z-Bewusstsein deutlich defizitär ist. Seiner Meinung nach zeigen die Petit-mal-Patienten „alle Anzeichen normaler Empfindungen“. Hingegen sehen John Searle und Wilder Penfield Patienten während Petit-mal-Anfällen als „geistlose Automaten“, gänzlich ohne Bewusstsein, wenngleich sie weiterhin – allerdings mechanisch, automatisiert, ohne Flexibilität und Kreativität – spazieren gehen, nach Hause fahren oder Klavier spielen können. Zitiert aus Thomas Metzinger (Hg.), 2005: „Bewußtsein. Beiträge aus der Gegenwartsphilosophie“, 5. Auflage, Paderborn: mentis, S. 560-562.

Fassen wir zusammen:

- Von einem wachbewussten Tier oder Menschen erwarten wir ein im Rahmen seiner Möglichkeiten situationsgerechtes Verhalten.
- In der ontogenetischen Entwicklung geht der hantierende Gebrauch (das Angreifen im Sinne von Anfassen) der Dinge ihrem Erkennen (Begriffsbildung, Begreifen) voran.
- BAS (Behavioral Activation System), BIS (Behavioral Inhibition System) und FFFS (Flight-Fight-Freeze-System) stellen eine biologische Grundausstattung für Tiere und Menschen für funktionales (ursprünglich das Überleben in der Natur sicherndes) Verhalten dar.
- Die OPD-KJ stellt einen detaillierten Katalog von normativen Kriterien zur Verfügung, in dem festgelegt ist, welche soziokulturellen Erwartungen an ein gesundes und durchschnittlich entwickeltes Kind hinsichtlich der Qualität seines sozial angemessenen Verhaltens je nach Altersstufe gerichtet werden.
- Die OPD-KJ macht deutlich, wie hoch die Anforderungen an die funktionale Qualität des Spiel-, Sozial- und Lernverhaltens schon bei noch sehr jungen Menschenkindern sind.
- Als Erwachsene bewegen wir uns innerhalb einer hochgradig differenzierten Matrix gegenseitiger Erwartungen an das (sozial angemessene beziehungsweise funktionale) Verhalten (das unter anderem in der OPD-2 beschrieben wird).
- Unsere hohen Erwartungen an das Verhalten anderer werden besonders dann deutlich, wenn andere diese Erwartungen mit ihrem Verhalten „enttäuschen".
- Grobe Abweichungen von dem erwarteten (funktionalen) Verhalten – wie sie bei verschiedenen neuropsychiatrischen Krankheitsbildern vorkommen – sind häufig darauf zurückzuführen, dass die Nerven- und Hirnsubstanz beschädigt, die Funktion der Nervenzellennetzwerke beeinträchtigt und dadurch das Bewusstsein des Betroffenen gestört ist.
- Wenn wir sichtbare Leistungen oder Defizite und Auffälligkeiten des Verhaltens mit dem Bewusstsein beziehungsweise mit Störungen des Bewusstseins in Zusammenhang bringen, müssen wir definieren, um welche Art oder Qualität von Bewusstsein es sich handelt.
- Ned Block unterscheidet ein funktionell wirksames Zugriffsbewusstsein, über das auch Tiere verfügen, und ein funktionsloses phänomenales Bewusstsein.
- Das phänomenale Bewusstsein ist für Block zum Beispiel meine subjektive, private, nur mir alleine introspektiv zugängliche Erlebensqualität, wie es für mich ist, ich zu sein, oder wie es für mich ist, in eine Zitrone zu beißen.

- Ich schlage vor, in der Praxis zwischen biologischem Bewusstsein, das sich weitgehend mit Blocks Zugriffsbewusstsein und Edelmans und Tononis primärem Bewusstsein deckt, und kulturellem Bewusstsein zu unterscheiden.
- Meine Konzeption des kulturellen Bewusstseins beinhaltet Blocks phänomenales Bewusstsein, geht aber darüber hinaus. Kulturelles Bewusstsein verstehe ich im Wesentlichen als ein nur Menschen antrainierbares Selbstverständnis und intensives Selbsterleben, welche die Funktionalität des biologischen Bewusstseins erweitern und überhaupt erst höherstufige mentale Leistungen wie Autonomie, Strebsamkeit, Disziplin, Metakognition, Selbstreflexion und Verantwortung möglich machen.

Praktische Konsequenzen

Für mich als Arzt und Psychotherapeut ist der Epiphänomenalismus erkenntniskritisch zwar reizvoll, aber praktisch nicht akzeptabel. Selbst wenn ich gezwungen wäre, dem Epiphänomenalismus theoretisch zuzustimmen (was ich nicht tue), würde ich diese Einsicht in meiner Praxis für mich behalten, denn der Epiphänomenalismus ist – wie zum Beispiel auch die Positionen des Solipsismus oder Nihilismus – kein geeignetes Modell, um kranke Menschen zu trösten, zu ermutigen und zu befähigen. Als Arzt und Psychotherapeut traue ich unserem Bewusstsein – bei all seinen unbestreitbaren Unzulänglichkeiten – etwas zu. So betrachte ich nicht nur das primäre biologische Bewusstsein, sondern vor allem auch das höhere kulturelle (uns sozial antrainierte) Bewusstsein als eine Funktion mit weitgehenden Auswirkungen auf die Funktionalität und mitunter auch auf die Dysfunktionalität unseres (sozialen) Verhaltens. Wenn wir als Einzelne, Familien oder Nationen verstehen, welche jeweiligen (uns häufig erst einmal gar nicht bewussten) spezifischen kulturellen Einflüsse die jeweiligen Eigenheiten unserer eigenen höheren Bewusstseinsfunktionen geformt haben und wie sich diese uns eigene spezifische kulturelle Geformtheit auf unser konkretes Verhalten als Einzelne oder Kollektiv auswirkt, dann leuchtet am Horizont unserer Gewohnheiten und festgefügten Strukturen ein Licht auf: Wenn wir durch Kultur geformt wurden und unvermeidlich ständig weiter geformt und vielleicht sogar deformiert werden, dann können wir uns als Einzelne oder als Kollektiv durch aktive Gestaltung unserer eigenen Kultur und/oder durch ernsthafte Begegnung mit anderen Kulturen selbst neu formen und reformieren.

4. Exformation und Gestalt

Lebewesen müssen mit einer „optimalen Balance zwischen Genauigkeit und Schnelligkeit“[76] auf die überlebenswichtigen Reize aus ihrer Umwelt reagieren. Denken wir an unsere stammesgeschichtlichen Vorfahren, die noch dem täglichen Kampf ums Überleben in der Natur ausgesetzt waren. Sie mussten blitzschnell potenzielle Angreifer erkennen und ein situationsgerechtes Verhalten generieren. Dazu mussten ihre Gehirne eine starke Vereinfachung der Komplexität der Umwelt vornehmen, um die notwendige neuronale „Rechenleistung“ zu begrenzen. Die notwendige Begrenzung der Rechenleistung ergibt sich aus der begrenzten Verarbeitungskapazität des Gehirns. Die Nervenzellen im Gehirn verbrauchen sehr viel Glucose und Sauerstoff. Das Gehirn macht nur rund zwei Prozent der Körpermasse aus, benötigt aber zirka 20 Prozent der gesamten Energie des Organismus. Sauerstoff und Glucose müssen von anderen Organen erst bereitgestellt und über die Blutgefäße herangeschafft werden.

Das menschliche Gehirn ist mit seinen rund 100 Milliarden Nervenzellen (manche Schätzungen gehen von noch viel höheren Zahlen aus) für den Organismus „richtig teuer“.[77] Dabei schlagen das Großhirn mit rund 80 Prozent der Gehirnmasse und die bewussten Aktivitäten, wie bewusste Ausrichtung der Aufmerksamkeit, Wahrnehmen, Nachdenken, Erinnern und Vorstellen, beim Energieverbrauch besonders stark zu Buche.[78] Der menschliche Organismus kann es sich schon aus ökonomischen Gründen nicht leisten, dass das Gehirn ständig die Gesamtheit der von den Sinnesorganen bereitgestellten Daten und seine theoretisch mögliche Rechenleistung von vielen Milliarden Bit[79] pro Sekunde ausschöpft. Außerdem machen zu große Datenmengen ein Informationsverarbeitungssystem langsam

76 Formulierung von Gerhard Roth, 1996: „Das Gehirn und seine Wirklichkeit. Kognitive Neurobiologie und ihre philosophischen Konsequenzen“, Frankfurt/M.: Suhrkamp, S. 268.

77 Unser Gehirn benötigt für seine Arbeit eine Leistung von ungefähr 15 bis 20 Watt und ist damit eigentlich im Vergleich zu technischen Systemen überaus sparsam. Ein Computer könnte mit so wenig Energie noch nicht einmal hochfahren.

78 Die genannten kognitiven Prozesse erhöhen lokal den Stoffwechsel, die Durchblutung und den Sauerstoffverbrauch in bestimmten Gehirngebieten (nachweisbar zum Beispiel durch Positronen-Emissions-Tomografie). G. Roth, 1996, S. 222.

79 Das Wort „Bit“ ist die abgekürzte Zusammenführung des englischen Begriffs „binary digit“ (= „zweiwertige Ziffer“). Ein Bit ist der Informationsgehalt, der in einer Auswahl aus zwei gleich wahrscheinlichen Möglichkeiten (zum Beispiel entweder 0 oder 1, ja oder nein, vorhanden oder nicht vorhanden) enthalten ist. Ein Bit ist zugleich die kleinste elektronische Speichereinheit. Information kann definiert werden als negativer Logarithmus der Wahrscheinlichkeit (p) für das Auftreten einer

und lassen sich nur schwer zu einem konsistenten Ganzen (wir werden uns mit Konsistenz und Kohärenz unten noch beschäftigen) integrieren.

Kurz: Das biologische Organ „Gehirn“ und die Sinnessysteme hatten nie (und haben auch heute nicht) die Funktion, die ganze Wirklichkeit (was immer das sein mag) zu erfassen. Außerdem gibt es Seinsbereiche, die für das reine Überleben uninteressant sind und für die wir aus stammesgeschichtlichen Gründen keine Sinnesorgane und geeigneten Erkenntnisbereiche entwickelt haben. Das bedeutet: Für den größten Teil der Welt sind wir aus gutem Grund und von Natur aus schlicht und einfach blind.[80]

Wir dürfen uns daher unser visuelles Wahrnehmungssystem nicht wie eine Digitalkamera mit einem großen Chip von 42 Millimetern Durchmesser (das entspricht der Größe der Gesamtnetzhaut) vorstellen, welcher die zahllosen Bilder der äußeren Wirklichkeit wahllos mit einer hochauflösenden Bildpunkt-für-Bildpunkt-Genauigkeit über das gesamte Gesichtsfeld scannt und speichert. Vielmehr richten wir unseren schon erwähnten Suchscheinwerfer, die Fovea centralis mit ihrem Durchmesser von nur 1,5 Millimeter, immer nur auf e i n e n sehr begrenzten Bereich des Gesichtsfeldes. Wenn wir einen Gegenstand ins Auge fassen, stellen die Muskeln der Iris[81] die elastischen Linsen unserer Augen so ein, dass der Gegenstand scharf auf diesem winzigen zentralen Netzhautbereich mit der höchsten Dichte an Zapfen[82] abgebildet wird. Der Effekt ist der, den wir von kleinen Digitalkameras

Nachricht, zum Beispiel eines bestimmten Symbols einer Nachrichtenquelle. Ein Bit entspricht dann dem Informationsgehalt einer Nachricht mit der Auftretenswahrscheinlichkeit (p) = ½.

80 Über die uns Menschen vertrauten Sinne hinaus gibt es im Tierreich, zum Beispiel bei elektrischen Fischen, die Wahrnehmung von elektrischen Umweltreizen (aktive und passive Elektroortung), die Wahrnehmung von Infrarotstrahlung (Infrarotortung der Grubenotter) und Ultraviolettstrahlung (zum Beispiel bei Bienen), bei einigen Wirbellosen Feuchte- und Trockenrezeption sowie einen vermuteten Sinn für das Magnetfeld der Erde, von dem man annimmt, dass er manchen Vögeln die Langstreckennavigation ermöglicht. Unser Gehör ist auf ein enges Wahrnehmungsfenster (50 bis 20.000 Hz) begrenzt, während manche Tiere Frequenzen von 100.000 Hz hören können und Fledermäuse zur Echoortung befähigt sind. G. Roth, 1996, S. 90-91.

81 Das griechische Wort „iris“ bedeutet „Regenbogen“. Die Iris, auch als Regenbogenhaut bezeichnet, ist die pigmentierte und die Augenfarbe ausmachende Blende des Auges. Der ringförmige Musculus sphincter pupillae verengt die Pupille, der fächerförmige Musculus dilatator pupillae stellt die Pupillenöffnung weit.

82 Das hohe Auflösungsvermögen der Fovea centralis beruht auf 50.000 bis 60.000 dicht gepackten Zapfen, von denen jeder Einzelne mit einer Retinaganglienzelle verbunden ist. Hingegen ist es beim peripheren Sehen so, dass immer mehrere Stäbchen zu nur einer Retinaganglienzelle konver-

kennen, die infolge der Winzigkeit ihres Chips die Welt ständig stark ausschnittsvergrößert abbilden.[83] Diese starke Telewirkung und dazu die bereits angesprochenen Kapazitätsgrenzen des Gehirns zwingen uns, die Dinge – wenn wir sie bewusst und genau sehen wollen – seriell, also eines nach dem anderen, zu erfassen.[84] Wir setzen also schon aufgrund der Anatomie unserer Augen ständig Prioritäten und blenden zwangsläufig Informationen aus.

Die Abschirmung gegen zu viel und vor allem uninteressante Information ist eine Grundvoraussetzung für eine funktionsfähige Informationsverarbeitung. Wir leben heute in einer komplexen, kulturell hochgradig organisierten, zunehmend kommunikationstechnisch vernetzten und globalisierten Umwelt, in der wir zwar nicht mehr in jeder Sekunde um unser physisches Überleben kämpfen, dafür aber eine nicht abreißende Flut von ständig neuen Informationen in einer nie da gewesenen Komplexität bewältigen müssen. Aus der Fülle möglicher Information können wir aber nur eine kleine Auswahl mit Bedeutung versehen.[85] Wir müssen uns nicht nur gegen zu viel Information und Komplexität schützen und Strategien entwickeln, interessante Information von uninteresanter Information zu trennen sowie den Komplexitätsgrad zu begrenzen, sondern auch die Information, die unsere Verarbeitungssysteme bereits besetzt hält, ohne wirklich von Nutzen zu sein, wieder loswerden.

Das aktive Aussondern von Information werde ich im weiteren Text als „Exformation" bezeichnen. „Exformation" ist ein Begriff, den erstmals Tor Nørretranders zur Bezeichnung von explizit verworfener Information verwendet hat.[86] Nørretranders

gieren. Das vermindert zwar die Auflösung, erhöht aber erheblich die Lichtempfindlichkeit und die Bereitschaft zur Reaktion auf neue Reize in einem größeren Gesichtsfeldbereich.

83 Der Vergleich hinkt insofern, als bei einer Kamera mit kleinem Chip die Information außerhalb des den Chip abdeckenden Bildausschnitts gänzlich verloren geht, während unsere Netzhaut dank der peripheren Stäbchen – von der Wirkung her wie ein Weitwinkelobjektiv – signifikante Ereignisse auch außerhalb der Fovea centralis erfassen kann, wenn auch undeutlich.

84 Es ist, als würde die Fovea ständig hochgradig informationshaltige Schnappschüsse von der Welt an das Gehirn senden.

85 Wie wir unten sehen werden, gibt es unbewusste Bewertungssysteme, welche wie Informationsfilter wirken und „entscheiden", welche Informationen interessant und welche uninteressant sind, welche bewusst und damit „teuer" verarbeitet werden müssen und welche der deutlich sparsameren und in Routinesituationen leistungsfähigeren unbewussten Informationsverarbeitung zugeführt werden können.

86 T. Nørretranders, 2002: „Spüre die Welt – Die Wissenschaft des Bewusstseins", 4. Auflage: Hamburg: Rowohlt, S. 149 ff.

beruft sich auf Charles Bennett und dessen Konzept der „logischen Tiefe“: Der Autor einer komplexen Aussage vollbringt eine bestimmte intellektuelle Arbeit, zum Beispiel eine mathematische Rechenleistung, bevor er diese Aussage, zum Beispiel eine wissenschaftliche Formel, überhaupt machen kann. Die logische Tiefe einer Aussage ist nach Bennett ein Maß für den (praktischen) Wert einer komplexen Aussage für den Empfänger, der die vom Autor geleistete Arbeit nicht noch einmal vollbringen muss, um die Aussage zu erzeugen oder zu entschlüsseln.[87] Dabei geht es um die kürzeste Form (in der Mathematik ein Algorithmus[88]), mit der die Komplexität einer Datenmenge oder eines Problems ausgedrückt werden kann.[89] Wenn wir zum Beispiel aus vielen Einzelbeobachtungen ein allgemeines Gesetz ableiten (Prinzip der Induktion), erzeugen wir logische Tiefe.[90] Eine Aussage hat viel Tiefe, wenn sie viel Exformation enthält und der kürzeste Weg, sie zu formulieren, viel Aufwand gekostet hat, der dem Empfänger erspart bleibt.

Ein Beispiel: Wir zeichnen eine Skizze für einen Weg durch einen orientalischen Basar, um dem, der die Skizze nutzt, die langwierige Sucharbeit nach dem versteckt

87 Nørretranders gibt zur Veranschaulichung folgendes Beispiel: Eine Formel für die Gesetze der Planetenbewegungen hat viel Ordnung, lässt sich sehr kurz, mit wenigen Bits ausdrücken und übertragen. Sie hat einen hohen algorithmischen Informationsgehalt, weil sie viel Entropie, viel Information ausgesondert hat. Für eine praktisch verwertbare Liste der Sonnenfinsternisse muss ein Computer eine erhebliche Rechenleistung aufwenden, um unter Anwendung der Formel die Liste zu erzeugen. Die Liste hat mehr Komplexität als die Formel und damit mehr logische Tiefe, aber natürlich nur für den Anwender, der an Sonnenfinsternissen interessiert ist (T. Nørretranders, 2002, S. 129).

88 Ein Algorithmus ist in der Regel ein Rechenprogramm, das ein Problem mit einer Reihe genau festgelegter Schritte (zum Beispiel Addition oder Subtraktion) löst. Ein Algorithmus darf nur eine begrenzte Zahl von Befehlen, Regeln, Schritten und eine begrenzte Menge an Wissen benötigen, um praktisch tauglich zu sein.

89 Auch biologische Wesen seien „das Ergebnis einer sehr langen evolutionären Berechnung“, schreibt Tor Nørretranders. Im Genom, der Gesamtheit der Gene, sei „die Erfahrung des Überlebens enthalten“, fährt Nørretranders unter Berufung auf Hans Kuhn fort. „Je mehr der Organismus überlebt hat, desto mehr hat er erfahren und desto wertvoller ist auch sein Genom. Interessant ist also nicht, wieviel Erbmaterial der Organismus besitzt, also wie lang seine DNS ist (Lilien haben mehr DNS als Menschen), sondern welcher Reichtum an Erfahrung (und vor allem ausgesonderter Information) in diesem Material niedergelegt ist“ (T. Nørretranders, 2002, S. 132-134).

90 Wissenschaftliche Formeln, die durch Exformation entstanden sind, entfalten – so Nørretranders – ihre Kraft erst dann, wenn sie sich mit dem Geist des lebendigen Menschen vereinen, der einen Teil der ursprünglichen Exformation wiedererschaffen kann. Man muss an Musterbeispielen die Symbole praktisch erproben, das implizite Wissen erschließen, das sagt, was die Symbole bedeuten. Man rechnet die newtonsche Physik nach oder prüft die Gültigkeit der mendelschen Gesetze (T. Nørretranders, 2002, S. 430).

liegenden Ziel zu ersparen, die wir selbst aufgewendet haben, um das Ziel zu finden. Außerdem verzichten wir in unserer Skizze auf die Fülle von Details, die es auf dem Weg zum Ziel zu sehen gibt. Wir zeichnen in unsere Skizze nur einige wenige auffallende Orientierungspunkte ein, zum Beispiel ein Stadttor, eine Moschee oder einen Brunnen. Allein die Tatsache, dass wir diese Orientierungspunkte nicht detailgetreu zeichnen, sondern mit Worten „Stadttor", „Moschee", „Brunnen" bezeichnen, reduziert die Datenmenge erheblich. Für die logische Tiefe zählt also gerade nicht die Länge der Nachricht beziehungsweise die Nachrichtenmenge. Vielmehr ist das, was wir im Alltag Information nennen, eher Exformation, also das, was an Information ausgefiltert wurde.

Durch die Exformationsarbeit machen wir oft das, was wir sagen wollen, überhaupt erst aussprechbar. Wenn ich die Nachricht sende: „Ich sitze hier und lese", dann kann ich das nur, weil ich all das nicht erwähne, was sonst noch im Raum vorhanden ist und passiert, vorausgegangen ist und folgt. Worte sind Verweis auf etwas Implizites, das in ihnen selbst nicht vorhanden ist. Auch Bewusstsein hat mehr mit dem Aussortieren von Information als mit vorhandener Information zu tun.[91] Peter Fuchs bezeichnet das Bewusstsein als „Wahrnehmungsverschlucker", als ein System, das notfalls sogar auf Wahrnehmungen verzichtet.[92] Wir werden unten noch sehen, dass Exformation ein sehr wesentlicher Aspekt von Bewusstseinsprozessen ist und zugleich das Erkenntnisvermögen des Bewusstseins limitiert.

Das Gehirn schützt sich bereits auf der nicht bewussten und vorsprachlichen Ebene vor zu viel Information. Schon rein anatomisch sind zum Beispiel die etwa 130 Millionen Fotosensoren und die Ganglienzellen in der Netzhaut dazu gezwungen, überflüssige Lichtinformation, die durch die Pupillen von außen in das Auge eintritt, zu eliminieren. In den Augen kommt eine Informationsmenge in der Größenordnung von etwa zwei mal zehn Milliarden Bit pro Sekunde an. Über die rund eine Million Axone der Retinaganglienzellen, die im Sehnerv gebündelt sind, können aber nur bis zu zehn Millionen Bit pro Sekunde[93] zum Corpus geniculatum laterale (CGL) im Thalamus beider Gehirnhälften weitergeleitet werden. Die

91 T. Nørretranders, 2002, S. 151-192.

92 P. Fuchs: „Das Unbewusste", http://www.fen.ch/texte/gast_fuchs_unbewusst.htm.

93 Von der Haut mit ihren rund drei Millionen Schmerzrezeptoren und 500.000 Druckrezeptoren erreichen etwa eine Million Bit/s das Gehirn, von den Ohren mit rund 30.000 schallwellensensiblen Haarzellen werden etwa 30.000 Bit/s zum Gehirn übertragen, von rund zehn Millionen Geschmacksknospen in der Zunge kommen gerade mal ungefähr 1.000 Bit/s im Gehirn an. Der Geruchssinns schlägt mit etwa zehn Millionen Haarzellen im olfaktorischen Epithel und mit etwa

Fotorezeptoren in der Netzhaut lassen einfach einen Teil der visuellen Information weg, zum Beispiel wenn die Augen auf eine gleichmäßig weiße Wand gerichtet sind.[94]

Auf der Ebene zwischen den Retinaganglienzellen und den thalamischen CGLs wird die visuelle Information – ähnlich wie auf der ersten Ebene der Stäbchen und Zapfen – nach zwei sich ergänzenden Hauptprinzipien verarbeitet: eine schnelle grobe Orientierung über das, was da draußen los ist (es werden nur Veränderungen von Lichtmustern erkannt, die anzeigen, dass sich etwas bewegt, aber keine Information darüber liefern, was sich bewegt), und eine langsame, aufmerksamkeitsabhängige Feinerfassung.[95] Eine weitere Vorauswahl darüber, wo sich etwas Wichtiges außerhalb und innerhalb des Organismus ereignet, findet in den CGLs des Thalamus statt. Das Besondere am Thalamus ist, dass er (mit Ausnahme des Riechnerv) von allen äußeren und inneren Sinnen sowie vom Hirnstamm Inputs erhält sowie reiche wechselseitige Verbindungen zum limbischen System (siehe Online-Glossar) und zur Großhirnrinde[96] unterhält. Im Thalamus laufen die Erregungen durch die Sinnesreize, die Aktivierung der Gehirntätigkeit durch den Hirnstamm, die emotionale Bewertung und Steuerung durch das limbische System (insbesondere die Amygdala) und die hypothalamisch gesteuerten vegetativen Reaktionen sowie die corticalen Inputs mit übergeordneten (soziokulturell geprägten) kognitiven und motivationalen Vorgaben zusammen. Der Thalamus steuert und filtert in seiner „stra-

100.000 Bit/s, die – ohne den Thalamus zu passieren – zum Gehirn übertragen werden, zu Buche. T. Nørretranders, 2002, S. 191.

94 F. Crick, 1997: „Was die Seele wirklich ist: Die naturwissenschaftliche Erforschung des Bewusstseins“, Hamburg: Rowohlt, S. 82, Original 1994: „The astonishing hypothesis. The scientific search for the soul“, New York: Scribner.

95 Etwa achtzig Prozent der Retinaganglienzellen projizieren (senden ihre Axone) bei Makaken (deren Sehrinde der von Menschen sehr ähnlich ist) zu Parvozellen („parvozellulär“ heißt „kleinzellig“) im CGL, die mit hoher räumlicher Auflösung detailreiche Informationen über Kontrast und Farbe liefern. Rund zehn Prozent der Retinaganglienzellen projizieren zu den größeren und farbblinden Magnozellen im CGL, die sehr empfindlich für geringe Helligkeitskontraste und schnelle Bewegungen von Objekten sind und über schnell leitende Axone rasch grobe Veränderungen an das Gehirn signalisieren können. Die zugrunde liegenden Untersuchungen wurden unter anderem von V. Hugh Perry, Richard Oehler und Alan Cowey (1984: „Retinal ganglion cells that project to the dorsal lateral geniculate nucleus in the macaque monkey“, Neuroscience 12, 1110-1123) durchgeführt.

96 Insbesondere zum Präfrontalcortex, zum parietalen Cortex (somatosensorischen Cortex, motorischen Cortex), zum parieto-temporo-okzipitalen Assoziationscortex sowie zur primären Seh- und Hörrinde.

tegisch" günstigen Position die Informationsströme zu und von den Rindenfeldern (mehr zur Anatomie und Funktion des Thalamus im Online-Glossar).
So erklärt sich auch ein Phänomen, das gerne als Beispiel verwendet wird, um die „Filterleistung" der Wahrnehmungssysteme zu illustrieren. Es handelt sich um den sogenannten „Cocktailparty-Effekt". Wenn wir uns auf einer Party mit jemandem unterhalten, schwirren Dutzende von Stimmen durch den Raum, die physikalisch ungefähr gleich laut sind. Es ist aber in der Regel kein Problem, nur einer dieser Stimmen zuzuhören und die anderen zu ignorieren. Wenn wir nicht mehr Frank, sondern Sven zuhören möchten, können wir willentlich einfach „umschalten". Wenn uns das Gespräch mit Sven wirklich interessiert, ist es so, als würden wir Frank nicht mehr hören, obwohl er weiterhin direkt neben uns steht und sich mit einer weiteren Person unterhält. Die Ausblendung der Fülle der Umweltreize – wir blenden ja nicht nur Franks Stimme aus, sondern auch die Stimmen der vielen anderen Gäste, die Musik, das Klappern des Geschirrs, das Geschrei der spielenden Kinder, die Geräusche der Flugzeuge – ist allerdings nicht vollständig. Wenn jemand unseren Namen nennt – das muss gar nicht laut sein –, wendet sich unsere Aufmerksamkeit unvermittelt und blitzschnell der Stimme zu, die unseren Namen ausgesprochen hat.

Der Cocktailparty-Effekt wird uns im übernächsten Kapitel im Zusammenhang mit der Verarbeitungstiefe noch beschäftigen. Jetzt komme ich aber erst noch einmal auf die visuelle Reizverarbeitung zurück. Die Nervenfasern der beiden Sehnerven werden – wie ich schon erwähnte – in den Neuronen der CGLs wie in einem Relais umgeschaltet. Der vordere Teil des CGLs jeder Seite projiziert zum Prätectum und zum Colliculus superior (der Vierhügelplatte). Das sind Hirnstammgebiete, die unter anderem die unwillkürlichen Augenbewegungen steuern, welche die Fovea centralis auf einen Gegenstand richten und damit wesentlich an der visuellen Aufmerksamkeitsausrichtung beteiligt sind.[97] Die Neuronen im hinteren Teil der CGLs senden ihre Axone zum primären Sehzentrum (V1) im Hinterhauptslappen. Die Zellen im hinteren Teil der CGLs erhalten schätzungsweise zehnmal mehr absteigende Nervenbahnen von der Großhirnrinde als aufsteigende Inputs von der Retina.[98] Das bedeutet: Die Großhirnrinde nimmt bereits massiv Einfluss auf die Sinnesinformationen,

97 Auch das Pulvinar, der größte Assoziationskern des Thalamus, ist mit dem Prätectum und dem oberen Colliculus verbunden und an der Aktivierung der Nervenzellen beteiligt, welche die visuelle Aufmerksamkeit steuern. Das Pulvinar kontrolliert unter anderem die Scharfeinstellung des Auges auf einen neuen Fixationspunkt.

98 G. Roth, 1996, S. 159.

bevor diese überhaupt im Gehirn richtig ankommen.[99] Insgesamt dient schätzungsweise nur ein Tausendstel aller Verbindungsfasern im Gehirn für Input und Output, das heißt für den Informationsaustausch mit dem übrigen Körper und via Sinnessysteme mit der Außenwelt.

„Das Gehirn ist vor allem mit sich selbst beschäftigt", schlussfolgert Manfred Spitzer.[100] Es kann die Informationsfülle aus den Sinnessystemen offenbar nur sinnvoll nutzen, wenn es sie drastisch reduziert, sich abschirmt und mit stark vereinfachten inneren Modellen der wahrzunehmenden Wirklichkeit operiert. Vilajanur Ramachandran zufolge wendet das Gehirn dabei „Faustregeln, Abkürzungen und clevere Taschenspielertricks" an, „die in Jahrmillionen natürlicher Auslese durch Ausprobieren erworben wurden".[101] Tor Nørretranders[102] drückt dasselbe positiver aus: Wir sortieren im großen Stil Information aus. Das Ergebnis dieses „umfassenden Aussortierens von Information" ist Bewusstsein. „Seine Genialität beruht nicht auf der Information, die es enthält, sondern auf der, die es nicht enthält." Was schließlich im Bewusstsein ankommt, sind gerade mal zehn bis 50 Bit. Wir bilden uns dabei ein, weit mehr zu sehen, als wir tatsächlich sehen, weil das Gehirn die Fovea-Schnappschüsse geschickt durch Mutmaßungen hinsichtlich des Restes des Gesichtfeldes ergänzt.[103]

Worin bestehen nun die genialen „Tricks" des Gehirns, mit denen es seine neuronale „Rechenleistung" so wirksam reduziert? Diese Frage führt uns zur Gestaltpsychologie.[104] Paradoxerweise wenden wir uns, wenn wir unsere visuel-

99 Die Biologen Humberto Maturana und Francisco Varela (1987: „Der Baum der Erkenntnis". Bern, München, Wien: Scherz) drücken es so aus: „Was das Gehirn von der Netzhaut erreicht, ist nur eine leichte Pertubation [Störung] im ständigen Summen interner Aktivität, die, in diesem Falle im Thalamus, [von Impulsen der Netzhaut] moduliert, aber nicht instruiert werden kann."

100 M. Spitzer, 1996: „Geist im Netz", Heidelberg: Spektrum, S. 182.

101 V. S. Ramachandran, 1990: „Personal Communication", in: A. Blake und T. Troscianko (Eds.): „A. I. and the Eye", S. 21-77, Chichester: John Wiley & Sons.

102 T. Nørretranders, 2002: „Spüre die Welt – Die Wissenschaft des Bewusstseins", 4. Auflage: Hamburg: Rowohlt, S. 256.

103 Vgl. B. J. Baars, 1997: „In the Theater of Consciousness. The Workspace of the Mind", New York: Oxford University Press, deutsch 1998: „Das Schauspiel des Denkens. Neurowissenschaftliche Erkundungen", Stuttgart: Klett-Cotta, S. 72.

104 Die Gestaltpsychologie wurde in den Zwanzigerjahren des 20. Jahrhunderts von Max Wertheimer, Wolfgang Köhler und Kurt Koffka begründet. Die Gestaltgesetze, die ich vorstelle, sind im Wesentlichen von Wertheimer formuliert worden. Von anderen Autoren wurden weitere Gesetze formuliert.

le Aufmerksamkeit (und damit die Fovea) zum Beispiel auf ein Gesicht richten, von den Details dieses Gesichts ab. Augen und Gehirne scheinen sich – anders als Kameras – nicht für Details zu interessieren; sie unterdrücken sie geradezu, damit sie leichter etwas identifizieren können, was sich evolutionsgeschichtlich offensichtlich bewährt hat: Gestalten. Die Gestaltpsychologie beschreibt Gesetze, die erklären, wie wir Dinge oder Ereignisse präkognitiv wahrnehmen und warum wir von den unendlich vielen verschiedenen Interpretationsmöglichkeiten der visuellen Information immer wieder jene auswählen, welche uns diese Information zu einfach geordneten, konsistenten Ganzheiten, zur sogenannten Gestalt zusammensetzen lassen. Egal, ob wir eine Landschaft, ein Gesicht oder ein Kunstwerk anschauen, unwillkürlich wenden wir – ohne dass wir bewusst von ihnen wüssten – meist zugleich mehrere der folgenden Gestaltgesetze an:

- **Das Gesetz der Nähe:** Dinge, die räumlich nahe beieinanderliegen, werden von unserer Wahrnehmung als zusammengehörig aufgefasst. Dinge, die weit voneinander entfernt liegen, werden als getrennt und unabhängig voneinander wahrgenommen. Die dritte und vierte der folgenden fünf senkrechten Linien werden als stärker als zusammengehörig wahrgenommen als die erste und die zweite Linie. Die fünfte Linie wird als getrennt wahrgenommen.

- **Das Gesetz der Ähnlichkeit:** Dinge, die sich ähnlich sind, werden von unserer Wahrnehmung als zusammengehörig aufgefasst. Umgekehrt werden Dinge, die sich in wichtigen Merkmalen unterscheiden, als voneinander getrennt oder unabhängig wahrgenommen. Die Ähnlichkeit kann sich unter anderem auf Farbe, Textur, Größe oder Helligkeit beziehen. Je mehr Gemeinsamkeiten zwei Objekte aufweisen, desto stärker ist die Gruppierungstendenz in unserer Wahrnehmung.

- **Das Gesetz des gemeinsamen Schicksals:** Das gemeinsame Schicksal betrifft dynamische Ähnlichkeiten, zum Beispiel Bewegungsrichtung oder Geschwindigkeit. Figuren, die sich zusammen in dieselbe Richtung bewegen, werden als eine Gruppe erkannt, da sie ein gemeinsames Schicksal teilen. Das Gleiche gilt für Figuren, die sich entlang desselben Pfades bewegen, ähnliche Beschleunigungen teilen oder in gleicher Weise ihre Größe ändern und pulsieren. Allgemein kann man sagen, dass Figuren mit ähnlichen Bewegungseigenschaften als eine Einheit erkannt werden.

- **Das Gesetz der Geschlossenheit:** Dinge mit geschlossenem Umriss oder Elemente, die von einer Linie umfasst sind, werden von unserer Wahrnehmung als zusammengehörig aufgefasst. Umgekehrt wirken Dinge, die durch Linien getrennt sind, nicht zusammengehörig. Wichtig ist, dass eine vollständige Geschlossenheit nicht erforderlich ist, damit das Gesetz wirkt. Es genügt bereits, wenn eine geschlossene Figur angedeutet wird. Unser Auge ist sehr schnell bereit, unvollständige Formen zu ergänzen, wie die folgenden Beispiele zeigen, welche auch als Beispiele für das sogenannte Gesetz der fortgesetzt durchgehenden Linie herangezogen werden könnten.

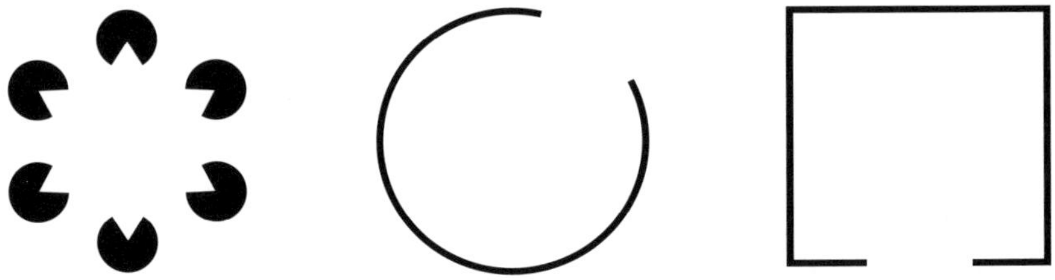

- **Das Gesetz der guten Fortsetzung/Kontinuität:** Reize, die eine Fortsetzung vorangehender Reize zu sein scheinen, werden als zusammengehörig angesehen. Dinge, die auf einer durchgehenden Linie oder Kurve angeordnet sind, werden von unserer Wahrnehmung gruppiert, also als zusammengehörig aufgefasst, so wie die perlenschnurartig angeordneten Punkte in der folgenden Abbildung. Auch die optische Täuschung eines Würfels in der zweiten Abbildung beruht auf dem Prinzip der guten Fortsetzung der jeweils drei (scheinbaren) weißen Linien in den acht schwarzen (scheinbaren) Kreisen. Der scheinbare Würfel lässt sich aber auch durch das Gesetz der Geschlossenheit erklären.

- **Das Gesetz der Einfachheit, Prägnanz oder der guten Gestalt:** Unsere Wahrnehmung sieht Dinge so, dass sie einfach und eindeutig erscheinen sowie leicht zu beschreiben sind. Man könnte das Gesetz auch das Gesetz der minimalen Komplexität nennen. Grundsätzlich nutzt unser visuelles System die Mechanismen, die am schnellsten zu einer verlässlichen und stabilen Wahrnehmung führen. Es handelt sich beim Gesetz der guten Gestalt um ein allgemeines, den anderen Gesetzen quasi übergeordnetes Prinzip, dass nämlich das Gehirn die Interpretation bevorzugt, für die es am wenigsten Information braucht. So sehen wir in der folgenden Abbildung nicht ein Quadrat und vier Dreiecke, sondern einfach ein Quadrat, das ein anderes Quadrat überlagert.

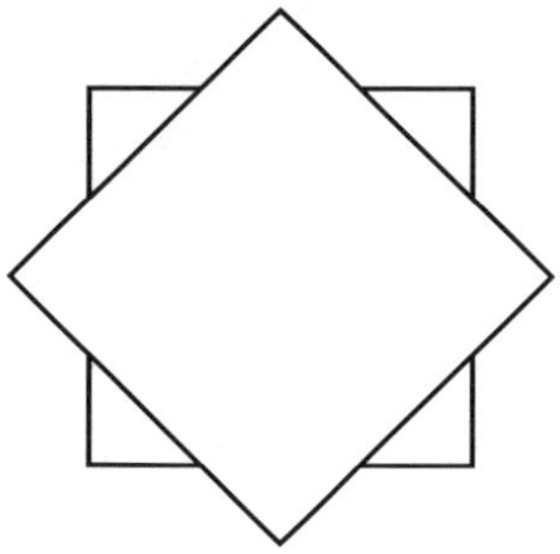

Ein anderes Beispiel für das Gesetz der Einfachheit: Solange wir uns dafür entscheiden, das nachfolgend unter A gezeigte Bild im Sinne einer Illusion von Räumlichkeit zu interpretieren, ist es ganz einfach ein Würfel.

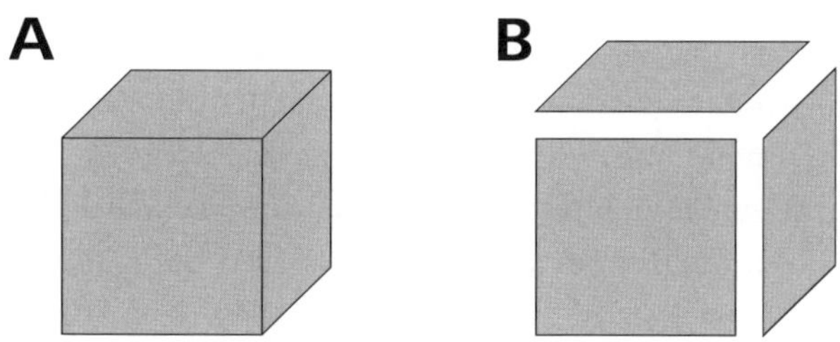

Versuchen wir hingegen, die Information der Figur wie unter B zweidimensional zu beschreiben – was den „objektiven" Gegebenheiten viel eher entsprechen würde –, wird es sehr viel schwieriger und umständlicher: Es handelt sich in Wirklichkeit um ein Quadrat mit zwei gleich großen Parallelogrammen an der rechten und oberen Kante, deren jeweils längere Seiten bündig mit dem Quadrat abschließen und die zueinander in einem Winkel von 90 Grad stehen.

- **Das Gesetz von Figur und (Hinter-)Grund:** Die menschliche Wahrnehmung ordnet optische Sinneseindrücke in die Kategorien „Figur“ und „Grund“. Als ruhender Hintergrund wird vom visuellen System alles interpretiert, was sich in kohärenter Weise relativ zur Netzhaut so bewegt, dass seine Bewegungsrichtung und Geschwindigkeit über die Kenntnis der Augen-, Kopf- und Körperbewegungen vorausgesagt werden kann. Beobachten wir beispielsweise ein vorbeifahrendes Auto, bildet die Landschaft den (Hinter-)Grund. Alles andere wird als sich selbst bewegendes Objekt wahrgenommen. Das vorbeifahrende Auto hebt sich als Figur von ihr ab. Wenn wir aber auf einen hohen Berg schauen, der sich von uns aus gesehen hinter einer Autobahn befindet, dann bildet die Autobahn mit den vorbeifahrenden Fahrzeugen den Hintergrund und die uns interessierende Landschaft die Figur. Der Aufmerksamkeitsfokus wechselt folglich kontextabhängig. In der folgenden Abbildung bilden je nach unserer Betrachtung einmal die Vase und einmal die beiden Gesichter Figur oder Grund.

Die Gestaltgesetze sind wie das Ei des Kolumbus beinahe trivial – sofern man sie kennt. Ihre Entdeckung und Beschreibung sind für das Verständnis von Wahrnehmungs-, Aufmerksamkeits- und Informationsverarbeitungsprozessen grundlegend. Es sieht nämlich so aus, als arbeite hinter oder parallel zu unserem bewussten seriellen Suchscheinwerfer ein autonomer und für uns nicht bewusster Mechanismus, der die wahrgenommene Welt so ordnet, dass er nur eine kleine und bruchstückhafte Menge von Sinnesdaten benötigt, um vollständige Gestalten erfassen beziehungsweise herstellen zu können. Ein Beispiel ist das folgende Lincoln-Mosaik. Wenn Sie die Augen zusammenkneifen und das Bild damit unscharf machen, werden die vertrauten Züge des berühmten amerikanischen Präsidenten des 19. Jahrhunderts deutlich.

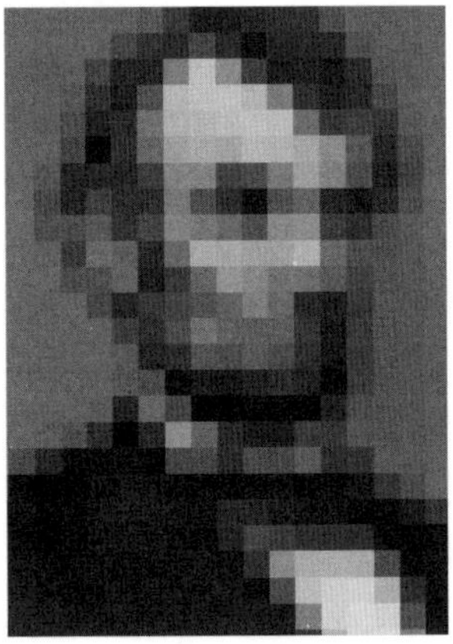

Je vertrauter uns eine Situation, eine Umgebung oder ein Gesicht ist, desto weniger „Eckdaten“ benötigt dieses geheimnisvolle Wahrnehmungssystem, um ein zu diesen Eckdaten passendes und vollständig empfundenes Wahrnehmungsbild (zum Beispiel „mein Freund Arno") zu erzeugen. Je nach Trainingszustand unserer assoziativen Gedächtnisspeicher beziehungsweise unserer entsprechenden neuronalen Netzwerke benötigen wir eine nur bruchstückhafte Menge von Sinnesdaten, um eine vollständige Gestalt herstellen zu können. Mit der Gestaltwahrnehmung wurde folglich ein Prinzip entdeckt, welches das Gehirn befähigt, äußerst ökonomisch komplexe Ganzheiten zu erfassen. Es kann allerdings immer nur e i n e Figur zugleich erkannt werden. Figur und Grund kippen – wie in dem oben abgebildeten Beispiel mit den Gesichtern und der Vase – hin und her. Es kann immer nur ein Inhalt im Bewusstsein sein. Wir können nicht – wie Sie leicht ausprobieren können – zur gleichen Zeit die Vase u n d die Gesichter wahrnehmen.

Die Gestaltpsychologie beschreibt teils angeborene, teils durch Erfahrung erworbene Erwartungen, welche die Sinnessysteme und das Gehirn an die sinnlichen Rohinformationen herantragen. Die vom Gehirn erzeugte Wirklichkeit kann, wie Daniel C. Dennett sagt, „nicht als ein ausschließlich von (externen) 'Daten geleiteter' Prozess erklärt werden", sondern erklärt sich „durch einige 'von Erwartungen geleitete' Kreise von Hypothesenprüfungen".[105] Die Erwartungen werden zentral erzeugt und an der Peripherie bestätigt oder nicht bestätigt. Das Gehirn fragt also nicht, was da draußen wirklich los ist; der Anspruch unserer biologischen Wahrnehmungssysteme ist nicht etwa Objektivität, sondern vielmehr die Frage, welche Sinnesdaten zu den stark vereinfachenden Wirklichkeitshypothesen des Gehirns passen. Daher werden in den beiden thalamischen CGLs auch nicht die von den Augen kommenden Sinnesdaten eins zu eins an die Sehrinde im Hinterhauptslappen weitergeleitet. Vielmehr sorgt die zehnfache Übermacht der corticalen gegenüber den retinalen Inputs in den CGLs dafür, dass bevorzugt jene Sinnesdaten an die Großhirnrinde weitergereicht werden, welche die Gestalthypothesen des Gehirns bestätigen.

Erinnert das nicht an die Zensur eines totalitären Staates? In der Sehrinde und den höheren assoziativen Cortexgebieten setzt sich dieses Top-down-Prinzip der Inputkontrolle sogar noch fort. Unser Gehirn ist so organisiert, dass es für seine wie auch immer gearteten Wirklichkeitshypothesen vor allem Bestätigungen sucht. Wenn ein Patient, der im Alter von zehn Monaten erblindete, durch eine Hornhautoperation wieder sehend wird, lernt er schnell die Gegenstände zu erkennen, die er zuvor auch betasten konnte. Für diese Gegenstände hat sein Gehirn

105 D. C. Dennett, 1994: „Philosophie des menschlichen Bewusstseins", Hamburg: Hoffmann und Campe, S. 26, Original 1991: „Consciousness explained", Boston: Little, Brown.

Wirklichkeitshypothesen erstellt. Es fällt dem Patienten jedoch äußerst schwer, etwas zu sehen, was er vorher noch nicht simuliert hat.[106] (Wir kommen auf die Wirklichkeitshypothesen im Zusammenhang mit der perzeptuellen Bindung und der Konsistenzerzeugung zurück.) Zur Ehrenrettung unseres Gehirns sei gesagt, dass sich das dargestellte Prinzip der Inputkontrolle „von oben" in der Evolution scheinbar gut bewährt und das Überleben unserer stammesgeschichtlichen Vorfahren gesichert hat. Unser Anspruch auf Objektivität ist hingegen eine Illusion und ein Luxus. Er wurde von hoch entwickelten, symbolbasierten Kulturen erfunden. Rein biologische Systeme können das nicht leisten.

In der (Über-)Lebenspraxis reicht es, wenn die vom Gehirn gebildeten Wahrnehmungshypothesen und die übergeordneten Wirklichkeitsmodelle (mit denen wir uns unten noch beschäftigen werden) eine ausreichend gute Näherung darstellen. Allerdings sind diese von unseren Gehirnen vollzogenen Annäherungen anfällig für Fehlleistungen. Ein Beispiel, das jedem vertraut ist, ist die Täuschung über die Größe des am Horizont aufgehenden Mondes oder der untergehenden Sonne. Wenn wir eine solches Ereignis fotografieren, sind wir enttäuscht, wie klein der Mond oder die Sonne auf den Fotos aussehen. Unser Wahrnehmungssystem verrechnet nämlich routinemäßig die Bildgröße eines Gegenstands auf der Netzhaut mit einem erfahrungsmäßigen Wert der Entfernung. Hinsichtlich der Sonne oder des Mondes fehlt uns ein solches Erfahrungswissen. Unser Wahrnehmungssystem nimmt daher eine unbestimmte Standardentfernung an. Wenn die Sonne nun am Horizont hinter weit entfernten Bergen untergeht, erscheint sie dem Wahrnehmungssystem weiter weg als die unbestimmte Standardentfernung und erscheint darum subjektiv so viel größer. Dazu kommt, dass wir dem faszinierenden Naturschauspiel unsere ganze Aufmerksamkeit schenken. Wir zentrieren die dicht gepackten, detailsensiblen Zapfen in der kleinen Fovea centralis auf das retinale Abbild der Sonne und blenden die Erregungen der Netzhautperipherie weitgehend aus. Der zentralnervöse Effekt ist der bereits erwähnten Telewirkung eines kleinen Kamerachips vergleichbar.

Wir können unserer Wahrnehmung also keineswegs immer trauen. Zahlreiche weitere Beispiele für Wahrnehmungstäuschungen belegen das. Täuschungen unserer Wahrnehmung stellen sich genau in jenen Ausnahmesituationen ein, in denen

106 Nørretranders, von dem das Beispiel stammt, resümiert: „Es ist nicht richtig, dass wir etwas gesehen haben wollen, ehe wir es glauben. Wir wollen glauben, ehe wir es sehen." T. Nørretranders: „Spüre die Welt – Die Wissenschaft des Bewusstseins", 4. Auflage: Hamburg: Rowohlt, 2002, S. 424.

die Routineannahmen unserer Wahrnehmungssysteme versagen, wie beispielsweise bei der sogenannten Hollow-Face-Illusion (Illusion des hohlen Gesichts, auch als Tiefenumkehr bezeichnet): Eine konkave Gesichtsmaske, in deren Innenseite ein Betrachter von hinten wie in ein hohles Gesicht hineinschauen kann, erscheint bei geeigneter Beleuchtung als ein konvexes Gesicht, dessen Relief sich zu dem Betrachter hinwölbt, als würde er es von vorne betrachten. Das Abbild der Gesichtsmaske auf der Netzhaut ist zweideutig. Da wir im Alltag gewöhnt sind, Gesichter anzutreffen, deren Relief konkav zu uns hingewölbt ist, interpretieren wir – im Sinne einer erfahrungsbasierten Vorannahme – auch die hohle Gesichtsmaske als ein uns zugewandtes Gesicht.

Zauberkünstler und Illusionisten stellen solche Ausnahmesituationen kunstvoll her, um unsere Routineannahmen zu hintergehen. Der in den zauberkünstlerischen Darbietungen erwünschte und lustvoll empfundene Effekt besteht darin, dass sich die Sinnesdaten, die uns ein Zaubertrick vermittelt, als inkompatibel mit unseren routinemäßigen Wahrnehmungshypothesen und Wirklichkeitsmodellen erweisen (was man im Englischen auch als „dismatch" bezeichnet). Auch in Alltagssituationen unterliegen wir immer wieder Wahrnehmungstäuschungen, weil unsere Routineannahmen nicht immer zutreffen. Wenn wir zum Beispiel mit Kopfhörern fernsehen, erleben wir die Stimme der Sprecherin von der Mattscheibe kommend, das Rauschen hören wir jedoch im Kopfhörer.

Ich habe eine Reihe weiterer Beispiele zusammengestellt, in denen das, was wir wahrzunehmen glauben, die „objektive Realität" nicht richtig wiedergibt: Die beiden fett hervorgehobenen senkrechten Linien in der folgenden perspektivischen Zeichnung sind gleich lang. Die beiden Tischflächen daneben sind gleich groß.

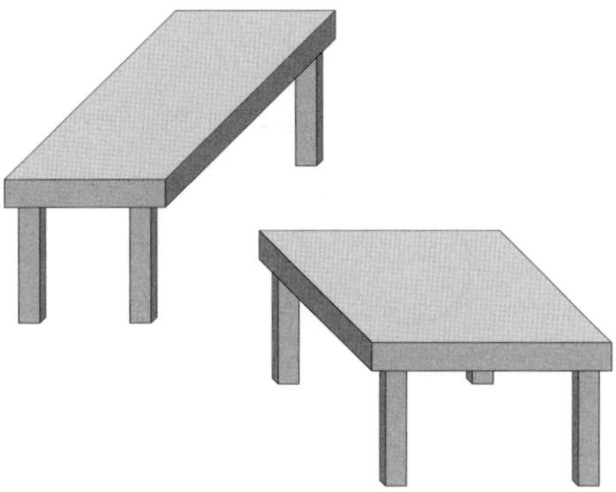

Die waagrechten Linien des Schwarz-Weiß-Musters unten sind objektiv exakt waagerecht und parallel, wenngleich wir es anders wahrnehmen. Bei dem abgebildeten T wirkt der senkrechte Balken länger als der waagerechte Balken. In Wirklichkeit sind aber beide Balken gleich lang.

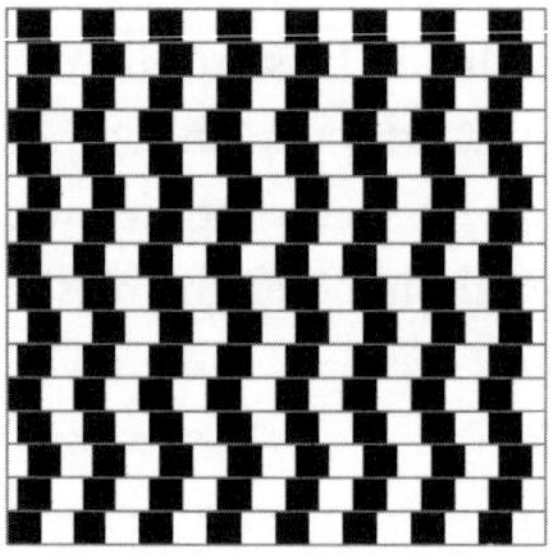

Um es noch einmal ganz deutlich zu machen: Wahrnehmungstäuschungen sind nicht etwa ein Zufall oder ein Fehler der Evolution. Sie sind vielmehr ein unvermeidlicher Nebeneffekt der hochgradigen Funktionalität unserer Sinnes- und Wahrnehmungssysteme, welche im Laufe der Evolution und der Individualentwicklung eine optimale Balance zwischen Genauigkeit, Schnelligkeit und Ökonomie finden mussten und sich deshalb Informationsfilter und vereinfachter Modelle der Wirklichkeit bedienen. Kinder lassen sich – wie eine Studie des britischen Psychologen Martin Doherty nachweisen konnte – noch nicht so leicht täuschen wie Erwachsene. Zwei identisch große, nebeneinander abgebildete Kreise, von denen der erste von weiteren großen, der andere von weiteren kleinen Kreisen umgeben ist, erscheinen Erwachsenen – wie Sie der nachfolgenden Abbildung entnehmen können – unterschiedlich groß (Ebbinghaus-Effekt), nicht aber den meisten der sieben- bis zehnjährigen Kindern in Dohertys Studie.[107]

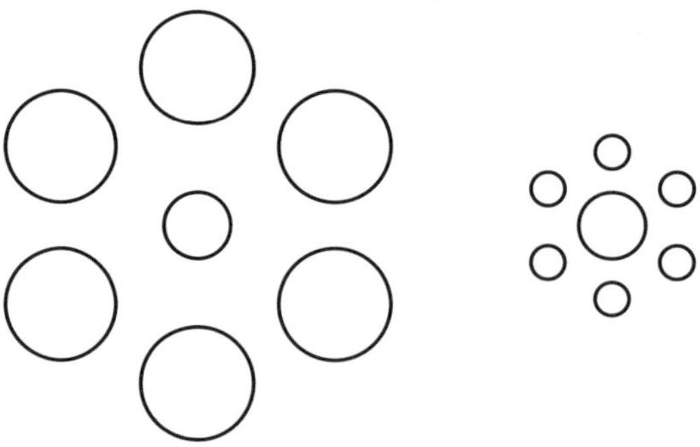

107 Vier- bis sechsjährige Kinder rieten eher nach dem Zufallsprinzip. M. J. Doherty et al., 2009: „The Ebbinghaus illusion deceives adults but not young children", in: Development Science, November 2009.

Das Experiment von Doherty zeigt: Kinder erwerben ihre Wahrnehmungsmodelle und -routinen erst im Laufe ihrer kognitiven Entwicklung. Das wird zum Beispiel deutlich, wenn man mit jüngeren Kindern „Versteck den Fingerhut“ spielt. Das suchende Kind ist zunächst nicht in der Lage, einen sichtbar in einer Menge anderer Gegenstände versteckten Fingerhut als „Figur“ vom „Grund“ zu trennen und ihn zu identifizieren, obwohl es direkt vor dem Zielobjekt steht und darauf blickt. Obwohl das Suchbild des Fingerhuts, den das Kind zuvor noch in den Händen hielt, im Gehirn des Kindes repräsentiert ist und zugleich das visuelle System via Retina mit Sinnesdaten über den direkt vor den Augen befindlichen Fingerhut versorgt wird, kann das Kind den Fingerhut nicht sehen. Es beherrscht offensichtlich noch nicht die Exformationsroutinen, mit welchen Erwachsene Informationen, die mit der gesuchten Figur (dem Fingerhut) konkurrieren und im Augenblick uninteressant sind, „wegdrücken“ können.

Auch auf der sprachlichen Ebene setzt sich das Prinzip der sparsamen Informationsverarbeitung und Datenreduktion fort: Wir können die Äußerungen anderer selten wörtlich wiedergeben. Wir vergessen meist die einzelnen Wörter, die wir vernommen haben. Wir können das Gehörte oder Gelesene aber durchaus paraphrasieren, das heißt die von uns verstandene Bedeutung in unserer eigenen Sprechweise, mit unseren eigenen Begriffen und Metaphern und mit der uns eigenen Grammatik ausdrücken. Unser Gedächtnis speichert also im Wesentlichen nur die Bedeutung von Sprache. Diese „semantische Codierung“, die Abstraktion der Bedeutung von den konkreten Wörtern, ermöglicht eine größere Speicherung von bedeutsamer Information in unserem begrenzten Arbeitsgedächtnis[108], als es beim Merken genauer Wortfolgen möglich wäre. Unwichtiges (zum Beispiel ob im Originaltext „Moneten“, „Kohle“ oder „Knete“ verwendet wurde oder der genaue grammatische Aufbau des Originals) fällt schlicht unter den Tisch – es wird exformiert.

Die sprachliche Exformation leistet im Alltag gute Dienste, denn die Kontexte und Bedeutungszusammenhänge von Kommunikation sind für die Beteiligten meist eindeutig und entsprechen ihren Erwartungen. Jede Äußerung, die wir hören oder lesen, hat eine Präsupposition, eine Kontextinformation, die wir kennen müssen, um den Sinn der Äußerung im Ganzen richtig zu verstehen. Kontextpräsuppositionen sind uns infolge ihrer routinemäßigen Exformation in der Regel

108 Der Begriff des Arbeitsgedächtnisses, der uns unten noch beschäftigen wird, wurde von Alan Baddeley und Graham Hitch (1974) eingeführt und bezeichnet eine Form des Kurzzeitgedächtnisses, die neue Informationen mit dem älteren Wissen des Langzeitgedächtnisses in Verbindung bringt.

so lange nicht bewusst, wie niemand gegen sie verstößt. Sind die Kontexte und Bedeutungszusammenhänge jedoch unklar, was häufig in neuen und insbesondere in kulturübergreifenden Kontexten vorkommt, können gravierende Missverständnisse und Störungen der Verständigung eintreten. Die gegenseitig beim jeweiligen Kommunikationspartner implizit vorausgesetzte Kontextinformation trifft dann einfach nicht zu. Die an sich vorteilhafte routinemäßige Exformation von Kontextinformation macht die Kommunikationspartner gegenseitig blind für wichtige Kontextinformationen. In einem solchen Störungsfall bedarf es oft eines speziell ausgebildeten Außenstehenden, der die an der gestörten Kommunikation Beteiligten immer wieder auf die unbeachtete Kontextinformation aufmerksam macht.

Fassen wir zusammen:

- Aus ökonomischen Gründen muss sich das Gehirn gegen uninteressante Information abschirmen und die Komplexität der Umwelt stark vereinfachen.
- Die Sinnessysteme und das Gehirn müssen die Fülle möglicher Information drastisch reduzieren.
- Das Gehirn kann nur eine kleine Auswahl aus der möglichen Information mit Bedeutung versehen (Exformation).
- Die exformierende Aufgabe des Gehirns besteht in der Aussonderung von überlebenspraktisch uninteressanter Information und im Auffinden von Ordnung in der zufälligen Informationsfülle unserer Umgebung.
- Kognition und Bewusstsein erzeugen sozusagen ein zweckmäßiges Nichtwissen von uninteressanten Mikrozuständen fremder und eigener Systeme.
- Schon aufgrund der Anatomie unserer Augen, vor allem der „Telewirkung" der Fovea centralis, setzen wir wie mit einem Suchscheinwerfer ständig Prioritäten und blenden zwangsläufig Informationen aus.
- Bei der Ausfilterung von Sinnesinformation spielt der Thalamus eine zentrale Rolle.
- Das Gehirn kontrolliert den Input aus den Sinnesorganen nach einem Top-down-Prinzip und sucht in der Sinnesinformation vorrangig Bestätigungen für seine vereinfachenden Wirklichkeitshypothesen.
- Diese Wirklichkeitshypothesen oder Erwartungen, welche die Sinnessysteme und das Gehirn an die sinnlichen Rohinformationen herantragen, zeigen sich unter anderem in den Gestaltgesetzen der Wahrnehmung, mit deren Hilfe das Gehirn komplexe Ganzheiten ökonomisch erfassen kann.

- Es werden bevorzugt jene Sinnesdaten an die Großhirnrinde weitergereicht, welche die Gestalthypothesen des Gehirns bestätigen.
- Die Inputkontrolle von oben mittels vom Gehirn gebildeter Wahrnehmungshypothesen und Wirklichkeitsmodelle stellt eine evolutionär entstandene Kompromisslösung zwischen Genauigkeit und Schnelligkeit dar.
- Die vom Gehirn vollzogenen Näherungen sind anfällig für Fehlleistungen, wie zahlreiche Beispiele für Wahrnehmungstäuschungen belegen.
- Für den größten Teil der Welt sind wir von Natur aus blind.
- Exformation findet insbesondere auch bei der Verarbeitung sprachlicher Information statt. Von Texten merken wir uns meist nur die Bedeutung, die Einzelheiten der Wortfolge und Grammatik können wir in der Regel nicht wiedergeben.
- Im Alltag exformieren wir wichtige Kontextinformationen, was in Situationen, in denen die unterstellte Kontextinformation unklar oder zwischen den Kommunikationspartnern verschieden ist, zu Kommunikationsstörungen und Missverständnissen führen kann.

Praktische Konsequenzen

Es ist nicht die biologische Aufgabe unserer Sinnesorgane und unseres Gehirns, die Objekte und Ereignisse in der Außenwelt möglichst naturgetreu abzubilden, wie wir das zum Beispiel von einer Foto- oder Filmkamera erwarten. Unser Gehirn erzeugt vielmehr Wirklichkeitsillusionen, die in den Routinesituationen des Alltags höchst nützlich sind und deren praktischer Wert vor allem in der Fülle von Informationen besteht, die sie nicht enthalten. Die drastischen Wirklichkeitsverkürzungen, die im Alltag von unschätzbarem Wert sind, können allerdings in neuen Situationen oder Problemstellungen, in denen unsere bisherigen Wahrnehmungsroutinen, Denkmodelle und gewohnheitsmäßigen Verhaltensmuster an ihre Grenzen stoßen, zum Hindernis für adäquate Lösungen und Bewältigungen werden. Denn unsere Wirklichkeitsillusionen werden von uns subjektiv zutiefst als objektive Wirklichkeit erlebt. Das Problem besteht nicht nur darin, dass unsere Wirklichkeitsmodelle irgendwann versagen, weil sie sich unvermeidlicherweise in unserer sich ständig verändernden Welt überlebt haben. Das Problem besteht noch mehr darin, dass wir uns der hochgradigen Exformation und Datenreduktion, die unseren Wirklichkeitsmodellen zugrunde liegen, in der Regel nicht bewusst sind. Wir neigen dazu, unsere Wirklichkeitsillusionen als die ganze Wirklichkeit anzusehen und sie erbittert gegen jene Erfahrungen zu verteidigen, die mit unseren hochgradig reduktionistischen Wirklichkeitsmodellen nicht kompatibel sind, insbesondere dann, wenn unbewusste Faktoren uns an diese Illusionen binden.

Der Preis ist hoch und besteht zum Beispiel in wiederholtem Scheitern und anhaltendem Leiden. Es gibt also in unserer schnelllebigen Zeit zwangsläufig immer wieder Situationen, in denen wir – idealerweise mit Hilfe von außen – unsere Illusionen hinterfragen, exformierte Kontextinformationen bewusst machen und neue Wirklichmodelle generieren müssen. Glücklicherweise hält unser menschliches Bewusstsein ab einer bestimmten Entwicklungsstufe die erstaunliche Fähigkeit bereit, an den eigenen Wahrnehmungen und Überzeugungen zu zweifeln, sowie die Fähigkeit, gedanklich eine Metaposition einzunehmen und sich selbst und das eigene Erleben und Denken gleichsam von außen, wie von der Warte eines unbeteiligten Dritten aus, zu betrachten und gegebenenfalls in Frage zu stellen. Wir werden im Kapitel 29 über Metakognition, Selbstreflexion und Perspektivenwechsel auf diese wichtige Fähigkeit zurückkommen.

5. Aufmerksamkeit und Enkulturation

Im Kapitel über die Reizverarbeitung erwähnte ich, dass Tiere mit höher entwickeltem Nervensystem auf Reize nicht so reflexartig und alternativlos reagieren müssen wie Tiere mit primitivem Nervensystem. Im Gegensatz zu Tieren können wir Menschen unsere Aufmerksamkeit mittels sprachlicher Instruktion sogar Reizen zuwenden, die biologisch eigentlich uninteressant, aber kulturbedingt bedeutsam sind, wie zum Beispiel Schriftzeichen.[109] Wir können uns zudem von starken Reizen, die aus biologischen und stammesgeschichtlichen Gründen eigentlich unsere Aufmerksamkeit binden müssten, wie zum Beispiel sexuell attraktive Artgenossen, willkürlich abwenden. Wir sind sogar zu der erstaunlichen Leistung in der Lage, unsere Aufmerksamkeit über Monate oder Jahre auf ein bestimmtes Vorhaben, zum Beispiel auf die Konstruktion eines Flugzeugs oder die Verfassung eines Buches, zu konzentrieren. Scheinbar sind wir sehr viel weniger der „Tyrannei der unmittelbar gegebenen Umwelt“[110] unterworfen als einfachere Organismen oder selbst höhere Tiere. Doch der intuitive Eindruck, dass wir unsere eigene Aufmerksamkeit die meiste Zeit willentlich steuern, täuscht. Tatsächlich wird die Ausrichtung unserer Aufmerksamkeit überwiegend durch Faktoren gesteuert, die sich unserem bewussten Wissen und Wollen entziehen. Schauen wir uns das genauer an:

In der Netzhaut kann man einen ausgedehnten peripheren, von Stäbchen dominierten Bereich und einen kleinen zentralen Bereich, in dem die Zapfen die Hauptrolle spielen, unterscheiden. Daniel C. Dennett spricht von einer Truppe von „Wachposten“, die „beinahe beständig auf einen Teil der externen Welt schauen, bereit sind, die Alarmglocke zu läuten, und unsere Aufmerksamkeit auf jedes neue und relevante Ereignis in der Welt lenken“. Diese „Wachposten“ sind in der Gestalt von Stäbchen über die ganze Netzhaut verteilt. Sie interessieren sich nicht für Details. Ihre Aufgabe ist vielmehr, schnell zu reagieren – und das auch bei schlechten Lichtverhältnissen. Bei Alarm lösen die „Wachposten“ – so Dennett – zusammen mit autonom agierenden „Agenten“ im Gehirn „eine Augenbewegung

109 Man spricht hier auch von attentativer Verarbeitung von Reizen (nur durch willentliche Konzentration ist es einer Versuchsperson möglich, ein rotes S inmitten schwarzer Ss und roter Ts zu erkennen) im Gegensatz zu präattentiver Verarbeitung (ein Entgegenspringen eines Reizes). F. Crick, 1997: „Was die Seele wirklich ist: Die naturwissenschaftliche Erforschung des Bewusstseins“, Hamburg: Rowohlt, S. 88, Original 1994: „The astonishing hypothesis. The scientific search for the soull“, New York: Scribner.

110 Dieser treffende Ausdruck stammt von Merlin Donald (2008, S. 199).

aus, welche die [detail- und farbkompetente] Fovea [centralis] auf die fragliche Region konzentriert."[111] In der Wahrnehmungspsychologie spricht man von einer Orientierungsreaktion oder einem Orientierungsreflex (OR)[112], einem angeborenen, stammesgeschichtlich erworbenen Aktivierungsvorgang, der durch Veränderungen im Reizfeld des Individuums (zum Beispiel eine ins Blickfeld krabbelnde Spinne, ein umfallender Stuhl oder Brandgeruch) ausgelöst wird.

Jeder neu ankommende Reiz verursacht, je nachdem, ob wir schlafen oder wach sind, eine mehr oder weniger starke unspezifische Aktivierung der Formatio reticularis sowie des aufsteigenden reticulären Systems (ARAS) und wird – ohne dass es uns bewusst wäre – mit bereits cortical gespeicherter Information verglichen.[113] Im Falle der Übereinstimmung des Neuen mit dem Bekannten blockiert der Cortex die Aktivierung des ARAS, es gibt keine Veranlassung für erhöhte Wachheit. Bei einer Nichtübereinstimmung aktiviert der Cortex das ARAS und löst damit eine OR aus, die sich im Elektroenzephalogramm (EEG) als sichtba-

111 D. C. Dennett, 1994: „Philosophie des menschlichen Bewusstseins", Hamburg: Hoffmann und Campe, S. 470, Original 1991: „Consciousness explained". „Die deutsche Bezeichnung für die Fovea centralis ist „Sehgrube". Es handelt sich um den zentralen, nicht von Blutgefäßen durchzogenen Bereich der Netzhaut mit der höchsten Dichte an Zapfen, der für das schärfste Sehen zuständig ist. Die Fovea liegt eingesenkt inmitten der Macula lutea, einem gelb pigmentierten Fleck, der bei der Augenhintergrundspiegelung in der Nähe des Eintritts des Sehnervs und der Blutgefäße [blinder Fleck] erkennbar ist.
Das, was wir sehen [und vor allem das, was wir nicht sehen] hängt entscheidend davon ab, wohin unsere Fovea centralis ausgerichtet wird und wann genau dies geschieht. Dabei spielt die Steuerung der Augenbewegungen bei Primaten eine so große Rolle, dass bei ihnen mindestens drei unserer zwölf Gehirnnerven und mindestens drei verschiedene Cortexregionen den Augenbewegungen gewidmet sind." Donald, 2008, S. 202.

112 „Orientierungsreaktion" ist ein Begriff, der ursprünglich von Ivan P. Pavlov im Rahmen seiner Konditionierungstheorie für den Reflex der Laborhunde auf neue Reize eingeführt wurde und von Evgenij Sokolov in den 1960er-Jahren weiterentwickelt wurde (E. N. Sokolov, 1963: „Higher nervous functions; the orienting reflex", in: Annual Review of Physiology 25, S. 545-580).

113 Jeffrey Gray bezeichnet das Netzwerk aus Assoziationscortex und Hippocampus als „Komparator" im Sinne eines „Irrtumsdetektors", der eintreffende Sinnesdaten mit Wahrnehmungserwartungen beziehungsweise Wahrnehmungsvoraussagen des Gehirns vergleicht (J. Gray, 2002: „Predicting the Present", in: R. Carter (Ed.): „Exploring Consciousness", Berkeley: University of California Press, S. 232). Das Netzwerk aus Assoziationscortex und Hippocampus schlägt bei einem bestimmten Maß von Abweichung („dismatch") der aktuellen Sinnesinformation vom im Langzeitgedächtnis gespeichertem Erwartungswert Alarm. Auf jedes Erlebnis, welches ausreichend überraschend ist und das Komparatorsystem vorübergehend alarmiert, reagiert der Organismus mit einer verstärkten Ausschüttung von Noradrenalin und Adrenalin, bei länger dauerndem Stress von Cortisol. Beim Abklingen des Stresses werden Endorphine freigesetzt.

re Welle neuronaler Aktivität zeigt. Neben der Unterbrechung der momentan ausgeführten Aktivität und einer sichtbaren Aufmerksamkeitszuwendung (typischerweise eine Drehung des Kopfes zur Reizquelle hin) geht die OR mit einer Reihe von physiologischen Veränderungen einher[114], welche den Organismus auf den neuartigen Reiz einstellen und ihn auf eine vermehrte Aufnahme von Information vorbereiten. Nach einem Alarmreiz sind die Reaktionszeiten in allen Sinneskanälen verkürzt. Auch im subjektiven Erleben setzt die OR eine deutliche Zäsur.

Angeborene, im Hirnstamm, Mittel- und Zwischenhirn biologisch fest verankerte Mechanismen der Vigilanz- und Aufmerksamkeitssteuerung des Cortex bedingen also, dass Sinnesreize allein durch ihre Intensität, Neuheit oder besondere Beschaffenheit[115] unsere Aufmerksamkeit erzwingen, ohne dass wir es willentlich verhindern könnten. Die wiederholte Darbietung des Stimulus führt zwar zur Habituation (Gewöhnung) und Abschwächung der Orientierungsreaktion,

114 Bei den physiologischen Veränderungen handelt es sich unter anderem um eine Erhöhung der Hautleitfähigkeit und eine Senkung der Reizschwellen, ein Absinken der Herzrate und die Verengung der peripheren Blutgefäße sowie eine Erweiterung der Kopfgefäße, dazu verlangsamte Atmung, Desynchronisierung der Alpha-Wellen im EEG sowie eine sogenannte P300-Komponente im evozierten Potenzial (Reaktion 300 Millisekunden nach einem Reiz, der Aufmerksamkeit verlangt, vermutlich ein Signal vom Hirnstamm an den Cortex). R. Schandry, 1998: „Lehrbuch Psychophysiologie. Körperliche Indikatoren psychischen Geschehens", Studienausgabe, Weinheim: Psychologie Verlags Union, S. 60.

115 Von der Beschaffenheit des Reizes abhängige Aufmerksamkeitsgesetze sind unter anderem:
- Bewegung, vor allem wenn sie schnell ist, hat immer die höchste Priorität, weil das, was sich bewegt, gefährlich sein könnte.
- Intensitätsgesetz: Intensive Kontraste, laute Geräusche, helles Licht, schiere Größe, Komplexität, reine, gesättigte, warme Farben oder Buntheit ziehen die Aufmerksamkeit an.
- Ausnahmegesetz: Dinge, die sich von den anderen unterscheiden, ziehen die Aufmerksamkeit an.
- Dissonanzgesetz: Dinge, die ungewöhnlich und/oder in sich widersprüchlich sind und damit einen Überraschungswert haben, wie zum Beispiel die violette Milka-Kuh oder der Schiefe Turm von Pisa, ziehen die Aufmerksamkeit an.
- Farbgesetze: Farben ziehen die Aufmerksamkeit an, besonders intensiv ist die Wirkung reiner, gesättigter, warmer Farben.
- Additivität: Einzelwirkungen, die sich aus den Gesetzen ableiten, wirken zusammen, addieren oder subtrahieren sich.
- Gewöhnungsgesetz: Die Aufmerksamkeitswirkung eines Reizes lässt nach, wenn er wiederholt wird. Knallt es zum Beispiel regelmäßig, ohne dass etwas Schlimmes passiert, adaptieren sich unsere Sinnessysteme an das Geräusch, damit die Aufmerksamkeit wieder für möglicherweise wichtigere Reize zur Verfügung steht.
- Biologische, stammesgeschichtlich erworbene Eyecatcher: Neben schnellen Bewegungen ziehen Gesichter, Augen, Kindergesichter und sexuelle Reize unsere Aufmerksamkeit auf sich.

bestimmte Reize wie zum Beispiel an- und abschwellende Sirenen oder blinkende Lichter und Signalfarben verhindern aber die Adaptation. In einer solchen aufdringlichen Reizumgebung (wie sie uns vielerorts unter anderem durch die Werbung aufgenötigt wird) ist es bekanntermaßen schwierig oder unmöglich, die Aufmerksamkeit willentlich auf einen subjektiv wichtigeren und interessanteren, aber mit geringerer Reizstärke ausgestatteten Gegenstand, zum Beispiel auf ein Buch, zu konzentrieren. Aber auch bei Abwesenheit aufdringlicher Reize bleibt unsere vermeintlich von unserem Willen gesteuerte Aufmerksamkeitsausrichtung größtenteils eine Illusion. Denn um unsere Aufmerksamkeit willentlich einer ganz bestimmten Sache zuzuwenden, die sich uns nicht allein durch eine hohe Reizstärke aufdrängt, sondern die mit anderen Gegenständen um unsere Aufmerksamkeit konkurriert, muss diese Sache ja schon irgendwie in unserem Bewusstsein repräsentiert sein. Wir müssen von der Sache bereits ein gewisses Maß an Kenntnis haben, bevor wir unsere Aufmerksamkeit auf sie ausrichten und sie bewusst wahrnehmen können.

Wir sind hier an einem wichtigen Punkt. Die Aufmerksamkeitssteuerung ist ein komplexer Vorgang, den wir Menschen – im Gegensatz zu Tieren und über die angeborenen Mechanismen hinaus – zu einem großen Teil in einem langen kulturellen Lernprozess erworben haben.[116] Merlin Donald nennt diesen Prozess, der bereits von frühester Kindheit eingeübt und ausgestaltet wird, „Enkulturation". Die Eltern und andere Beziehungspersonen beeinflussen das Kind dahin gehend, dass es seine Aufmerksamkeit gemeinsam mit ihnen auf bestimmte Gegenstände oder Ereignisse ausrichtet. „Die Grundregeln dieser gemeinsamen Ausrichtung sind", so Donald, „vielleicht das Wichtigste, was das Kind im ersten Lebensjahr lernt. Sobald es sie beherrscht, leisten sie ihm, als eine Art Lernbeschleuniger, in verschiedensten Situationen gute Dienste. Die gemeinsame Ausrichtung der Aufmerksamkeit wird zum Hauptinstrument der Einführung des Kindes in die Kultur." Kinder lernen rasch, worauf sie ihre Aufmerksamkeit zu richten und was sie im Gedächtnis zu

116 Michael Tomasello vom Max-Planck-Institut für evolutionäre Anthropologie in Leipzig (2006: „Die kulturelle Entwicklung des menschlichen Denkens", Frankfurt/M.: Suhrkamp, S. 84) weist darauf hin, dass Säuglinge im Alter zwischen neun und zwölf Monaten damit beginnen, ihre Interaktionen mit Gegenständen und Personen zu koordinieren. Es entstehe ein referenzielles Dreieck zwischen Kind, Erwachsenem und Gegenstand, auf den beide ihre Aufmerksamkeit gemeinsam richten („joint attention"). Zur gemeinsamen Aufmerksamkeit gehöre, dass das Kind seine Aufmerksamkeit auf einen Gegenstand richtet und dabei weiß, dass der Erwachsene dies auch tut, und dass der Erwachsene weiß, dass das Kind dies auch tut. Im Kapitel über Mimesis, Symbolbildung und Spracherwerb werde ich auf Untersuchungen von Peter Jusczyk und Lew Wygotski eingehen, die in eine ähnliche Richtung weisen.

behalten haben, ohne dass sie jedes Mal dazu erneut angewiesen werden müssen. Sie koordinieren zunehmend ihr Arbeitsgedächtnis, ihre Denk- und Erinnerungsmuster sowie die Prozesse der Selbstüberprüfung und des Einübens von Handlungsabläufen mit denen ihrer Erziehungspersonen.[117]

Der Lernprozess, der durch die Enkulturation induziert wird, insbesondere später auch der „Erwerb und Gebrauch der Schrift", greift Donald zufolge „tief in die funktionale Ordnung des Gehirns und in den Ablauf kognitiver Prozesse von Individuen und Gruppen ein". Das bedeutet: „Die Kultur prägte unseren äußerst plastischen Gehirnen die in ihr gespeicherten Strukturen und Erinnerungen auf." Das, was wir in diesem tief greifenden Strukturierungsprozess gelernt haben, unter anderem die kulturspezifischen Regeln der Aufmerksamkeitsausrichtung (wem oder was wir auf welche Art und Weise und wann Aufmerksamkeit schenken), wenden wir in den Alltagsroutinen wie selbstverständlich an, also völlig automatisch, unreflektiert und unbewusst, ähnlich wie beim Sprechen die Regeln der Grammatik.[118] Selbst wenn wir unsere Aufmerksamkeit willentlich und gegen konkurrierende Alternativen einer ganz bestimmten Sache zuwenden und explizit einen Grund angeben können, warum oder wozu wir uns dieser und nicht einer anderen Sache (die vielleicht lustvoller oder weniger mühevoll sein mag) zuwenden, liegen dieser bewussten Entscheidung eine ganze Reihe uns nicht bewusster soziokultureller Determinanten zugrunde, die wir im Laufe unseres Lebens verinnerlicht haben. Aber nicht nur die Aufmerksamkeitsgewohnheiten, die wir in der Vergangenheit erworben haben, spielen für die Aufmerksamkeitsausrichtung eine Rolle, sondern in großem Maß auch aktuelle soziokulturelle Taktgeber, Memo- und Ordnungsfunktionen.

117 M. Donald, 2008: „Triumph des Bewusstseins. Die Evolution des menschlichen Geistes", Stuttgart: Klett-Cotta, S. 222-223, Original 2001: „A mind so rare. The Evolution of Human Consciousness", New York: W. W. Norton & Company. Für Donald ist Kultur die Konstellation von gemeinsamen Gepflogenheiten, Regeln und Sprachsystemen, anhand deren man eine Gruppe von Menschen definieren kann. Kultur stelle ein gigantisches kognitives Gefüge dar, das für seine Mitglieder als Individuen und als Gruppe die Parameter von Gedächtnis, Wissen und Denken absteckt (S. 12).

118 M. Donald, 2008, S. 292, 306, 229. Donald spricht von „Aufmerksamkeits-Algorithmen, die uns sagen, worauf wir achten sollen und in welcher Reihenfolge, welche Merkmale zu vergleichen und welche Art von Schlüssen zu ziehen sind. Sie strukturieren einfache Abläufe, etwa das Begrüßen von Familienmitgliedern, bis hin zu hoch abstrakten Beschäftigungen wie dem Lesen eines Fachartikels über Elektrophysiologie" (S. 230). Aufmerksamkeitssequenzen würden sich mit der Zeit automatisieren. Zum Beispiel sei beim Lesen ein „Geflecht von automatisierten Aufmerksamkeitsalgorithmen" wirksam, die das Erfassen des Textes steuern, ohne dass das Bewusstsein kontrollierend tätig werden müsste (S. 245-246).

Angesichts dieser Thesen Donalds scheint es mit dem freien Willen nicht weit her zu sein. Tatsächlich spricht vieles dafür, dass unsere Willensfreiheit viel eingeschränkter ist, als es uns erscheinen mag. In einem eigenen Kapitel, das ich der Willensfreiheit gewidmet habe, werde ich trotzdem versuchen zu zeigen, dass unser Anspruch, einen freien Willen zu haben, hochgradig funktional ist und uns zu dem macht, was wir (hoffentlich) sein wollen: verantwortungsfähige und für das Kollektiv, in dem wir leben, wertvolle Menschen. Doch kommen wir zurück zur Aufmerksamkeitsausrichtung und halten wir fest: Die Vorstellung von etwas, dem wir willentlich Aufmerksamkeit widmen möchten, ist bereits das Ergebnis von Mechanismen der Aufmerksamkeitsausrichtung, die größtenteils nicht unserer bewussten Steuerung unterliegen. Die immer wieder verblüffenden Effekte von Zaubertricks beruhen (unter anderem) ja gerade darauf, dass es guten Zauberkünstlern gelingt, unter Ausnutzung unserer Aufmerksamkeitsgewohnheiten unsere Aufmerksamkeit von der eigentlichen Trickmanipulation abzulenken, sosehr wir uns auch bemühen mögen, ihnen auf die Schliche zu kommen. Wenn wir den Trick kennen, können wir ihn möglicherweise auch sehen, aber solange wir ihn nicht kennen, gehen wir den Ablenkungsmanövern der Zauberkünstler immer wieder auf den Leim.

Um unsere Aufmerksamkeit scheinbar willentlich auszurichten, benötigen wir über die enkulturierten Gewohnheiten der Aufmerksamkeitsausrichtung hinaus ein – ebenfall durch Kultur und Erziehung vermitteltes – Wissen (eine übergeordnete Metakognition, siehe Kapitel 29), dass wir überhaupt die Fähigkeit und Möglichkeit haben, eine Wahl zu treffen. Bei genauem Hinsehen ist dieses Wissen um unsere Wahlmöglichkeit aber gar kein Wissen im üblichen Sinne, wie zum Beispiel: Ich weiß, dass die Erde eine Kugel ist und sich um die Sonne dreht. Vielmehr ist die Wahlmöglichkeit etwas uns von der Kultur mittels Erziehung Auferlegtes, ein kollektiver Anspruch an das Individuum, an dem wir zudem laufend scheitern: Wie oft befinden wir uns in Situationen, in denen wir gerade keine Wahlmöglichkeit erkennen können, in denen wir zum Beispiel meinen, Sachzwängen unterworfen zu sein oder keinen Ausweg zu haben, oder in denen wir die Alternativen, die wir eigentlich hätten, einfach immer wieder vergessen (das heißt, in denen wir ihnen keine Aufmerksamkeit zuwenden) und der Macht unserer Gewohnheiten erliegen? Schon Ende des 19. Jahrhunderts stellte William James, eine der Galionsfiguren der empirischen Psychologie, fest, dass das, was wir unsere Erfahrung nennen, „fast nur durch unsere Aufmerksamkeitsgewohnheiten bestimmt" ist.[119]

119 W. James, 1890: „The Principles of Psychology", übersetzt 1920 von Marie Dürr, Leipzig: Quelle & Meyer.

Wie wir es auch drehen und wenden, wir kommen nicht darum herum, nicht bewusste, präattentive (voraufmerksame) Auswahlmechanismen anzunehmen, welche die Ausrichtung unserer Sinnesorgane und unsere Aufmerksamkeit steuern, bevor wir überhaupt eine bewusste Ahnung davon bekommen, worauf wir unsere Aufmerksamkeit richten oder richten wollen. Mit diesen präattentiven Vorgängen werden wir uns im folgenden Kapitel beschäftigen.

Fassen wir zusammen:

- Im Gegensatz zu Tieren können Menschen ihre Aufmerksamkeit Reizen, die biologisch eigentlich uninteressant, aber kulturbedingt bedeutsam sind, willkürlich zuwenden sowie von biologisch eigentlich interessanten Reizen willkürlich abwenden.
- Der intuitive Eindruck, dass wir unsere eigene Aufmerksamkeit die meiste Zeit willentlich steuern, ist eine (kulturell und möglicherweise auch biologisch „gewollte") Täuschung.
- Jeder neu ankommende Reiz verursacht je nach Wachheitszustand eine unspezifische Aktivierung des aufsteigenden reticulären Systems (ARAS) und wird präattentiv mit bereits cortical gespeicherter Information verglichen.
- Bei einer Nichtübereinstimmung aktiviert der Cortex das ARAS und löst eine Orientierungsreaktion aus, einen angeborenen Mechanismus der Aufmerksamkeitserhöhung bei neuartigen und ausreichend intensiven Reizen.
- Um unsere Aufmerksamkeit willentlich einer ganz bestimmten Sache zuwenden zu können, müssen wir von der Sache bereits ein gewisses Maß an stammesgeschichtlich und/oder soziokulturell erworbener Kenntnis haben.
- Die Aufmerksamkeitssteuerung ist teils angeboren und teils das Ergebnis eines langen und tief greifenden kulturellen Lernprozesses.
- Die gemeinsame Ausrichtung der Aufmerksamkeit von Kind und Eltern ist ein Hauptinstrument der Einführung des Kindes in die Kultur.
- Der durch Enkulturation induzierte Lernprozess greift tief in die funktionale Ordnung des Gehirns und in den Ablauf kognitiver Prozesse von Individuen und Gruppen ein.
- Wenn wir unsere Aufmerksamkeit vermeintlich willentlich einer ganz bestimmten Sache zuwenden, wird diese bewusste Entscheidung von soziokulturellen Determinanten bestimmt, die uns nicht bewusst sind.

- Auch aktuelle Taktgeber und Gedächtnishilfen aus den soziokulturellen Netzwerken, in denen wir leben, prägen unser Fühlen, Denken und Wollen. Die Kultur „formt und gestaltet unseren Geist wie ein Töpfer ein Stück Ton"[120].
- Um unsere Aufmerksamkeit scheinbar willentlich auszurichten, benötigen wir eine Metakognition von Wahlfreiheit.
- Unsere Wahl- und Willensfreiheit ist ein uns von der Kultur auferlegter kollektiver Anspruch, an dem wir zwar laufend scheitern, der uns aber zu sozialer Verantwortung erzieht.

Praktische Konsequenzen

Zusätzlich zur bereits erwähnten Wirklichkeitsillusion erzeugt unser Bewusstsein eine ebenso nützliche Benutzerillusion: Wir glauben, dass wir frei entscheiden können, worauf wir unsere Aufmerksamkeit richten. Tatsächlich unterliegen wir jedoch auch mit unserer Aufmerksamkeitssteuerung soziokulturellen Determinanten, die uns in der Regel nicht bewusst sind. Dadurch, dass wir unsere Aufmerksamkeit gewohnheitsmäßig und kulturell gesteuert immer wieder denselben Dingen oder Denkinhalten zuwenden, erfahren wir auch die Wirklichkeit in der immer wieder gleichen Weise. Wenn wir etwas erleben wollen, was wir noch nicht erlebt haben, wenn wir unsere Gewohnheiten und unser Bewusstsein verändern wollen, dann müssen wir unsere habituelle Aufmerksamkeitsausrichtung unter die Lupe nehmen und eine veränderte Aufmerksamkeitsfokussierung (zum Beispiel in der Meditation) trainieren. Das gelingt uns am ehesten mit der Unterstützung anderer.

120 M. Donald, 2008, S. 290, siehe auch Kapitel 18.

6. Aufmerksamkeitssteuerung und Modularität

Ein großer Teil der präattentiven Prozesse, die unsere Wahrnehmungen strukturieren und unsere Aufmerksamkeit steuern, sind aus der biologischen Evolution hervorgegangen und in vielerlei Hinsicht denen höherer Tiere ähnlich. So sind zum Beispiel Säugetiere und Vögel „in der Lage, in langen Abfolgen von Handlungen ein Ziel anzusteuern und ihre Aufmerksamkeit gezielt auf Objekte zu richten [...]. Wir haben es hier mit beeindruckenden mentalen Systemen zu tun, die ihre Umwelt nach räumlichen Verhältnissen, Akteuren, Handlungen und Objekten 'aufschlüsseln' und alle diese Aspekte registrieren und über die Zeit hinweg beobachten können, ohne dass diese, wie das bei einfacher strukturierten mentalen Systemen (zum Beispiel Insekten, Fische oder Reptilien) geschieht, ineinanderfließen und sich zu einen diffusen Bild vermengen".[121] Viele Untersuchungen zur Neurobiologie von Wahrnehmung und Aufmerksamkeitssteuerung werden an Labortieren durchgeführt und können teilweise und mit der gebotenen Vorsicht auf den Menschen übertragen werden. Zudem kann heutzutage dank moderner bildgebender Verfahren das, was in unseren Gehirnen passiert, während wir experimentelle Wahrnehmungs- und Aufmerksamkeitsaufgaben ausführen, auch direkt gemessen und sichtbar gemacht werden.[122]

Vernon Mountcastle entdeckte schon in den 1950er-Jahren bei Untersuchungen an den Gehirnen von Labortieren, dass es im Gehirn eine große Zahl von spezialisierten Funktionseinheiten oder Basismodulen gibt. Anatomisch handelt es sich um vertikale, sich über alle sechs Schichten der Großhirnrinde erstreckende Minisäulen („mini-columns"), in denen 80 bis 100 synaptisch stark verschaltete Nervenzellen intensiv miteinander interagieren. Der menschliche Neocortex setzt sich aus diesen senkrecht und parallel zueinander angeordneten und in den verschiedenen Cortexarealen sehr ähnlichen Minisäulen zusammen. Etwa 50 bis 80

121 M. Donald, 2008: „Triumph des Bewusstseins. Die Evolution des menschlichen Geistes", Stuttgart: Klett-Cotta, S. 135, Original 2001: „A mind so rare. The Evolution of Human Consciousness", New York: W. W. Norton & Company.

122 Mit der Positronen-Emissions-Tomografie (PET) und der Magnet-Resonanz-Tomografie (MRT) kann man biochemische Aktivitäten und den Blutfluss des Gehirns erfassen und nach Verarbeitung in einem Computer in verschiedener Weise übersichtlich darstellen. Versucht ein Versuchsteilnehmer beispielsweise, eine sprachliche Aufgabe zu lösen, so sind die an der Aufgabe beteiligten Gehirnbereiche stärker durchblutet als die anderen. Mittels der Verfahren kann dann festgestellt werden, welche Gehirngebiete an dieser kognitiven Leistung mitgewirkt haben.

benachbarte Minisäulen bilden eine äußerst leistungsfähige, ebenfalls in sich vielfach verschaltete corticale Säule („column"). Es gibt mindestens 600.000 Säulen. Sie haben einen Durchmesser von rund einem halben Millimeter und umfassen jeweils etwa 100.000 Neuronen. Die Säulen sind wiederum über Millionen von langen Kommunikationsfasern mit anderen Säulen überall in der Großhirnrinde verbunden.[123] Merlin Donald stellt sich „dieses Gefüge als eine Art riesiges lokales Netzwerk aus mehr als einer halben Million analoger Minicomputer vor, die durch Verschaltungen in ein hoch komplexes System von spezialisierten, in anderen Regionen des Gehirns befindlichen Modulen eingebunden sind."[124]

Ich bespreche die corticalen Säulen als grundlegende modulare Funktionseinheiten deshalb so genau, weil die Vorstellung von der Modularität des Gehirns unser heutiges wissenschaftliches Verständnis von Aufmerksamkeit und Bewusstsein wesentlich bestimmt. Modularität ist ein Prinzip der inneren Organisation des Gehirns und des Geistes, das ursprünglich durch die psychologische Experimentalforschung

123 V. Mountcastle, 2003: „Introduction", in: Cerebral Cortex, Vol. 13, No. 1, 2-4, New York: Oxford University Press. Die Leistungsfähigkeit einer Säule sei, so führt Merlin Donald aus, weit größer, als die Zahl ihrer Komponenten vermuten lässt. Jede Säule sei selbst ein in sich geschlossenes Netzwerk mit einem inneren Verschaltungsmuster, das zu Beginn der Entwicklung eines individuellen Gehirns noch nicht festgelegt ist. Die grundlegende Architektur einer Säule sei angeboren, doch ihre unzähligen Synapsen würden erst durch Erfahrung zu den reifen Verschaltungsmustern zusammengeschaltet. Donald schätzt den Grad der Miniaturisierung in den Neuronen auf ein Millionenfaches der heutigen Computer. Neuronen seien „weit flexibler und verfügen über weit mehr elektrische und chemische Möglichkeiten der Kommunikation untereinander als die Komponenten irgendeines heutigen Computers" (M. Donald, 2008, S. 110-112.)

124 M. Donald, 2008, S. 111. Die „Zahl und Komplexität der in einem einzigen menschlichen Gehirn enthaltenen neuronalen Subsysteme" übertreffe, so Donald, „die unseres weltumspannenden Datennetzes um einige Größenordnungen." Die Arbeitsweise des Gehirns unterscheide sich damit grundlegend von der eines Digitalrechners. „Sie ist eher vergleichbar mit der eines sehr großen Netzwerks von zusammengeschalteten Analogcomputern, die nach einer Logik mit äußerst unscharf definierten Zwischenwerten operieren." Das Besondere an analogen Computern sei, dass sie – anders als die digitalen Computer, die uns als PCs bekannt sind – keine Symbole verwenden. „Sie erfassen Eindrücke, nehmen Transformationen und Vergleiche vor und koordinieren Abläufe, ohne dass sie dabei klar umrissene Kategorisierungen verwenden" (S. 112).

an Split-Brain-Patienten[125] und an Patienten mit Anosognosien[126] sowie durch

125 Split-Brain-Patienten leiden meist an schwerster, medikamentös nicht mehr beherrschbarer Epilepsie. Durch eine neurochirurgische Durchtrennung des Corpus callosum (deutsch: Balken), der größten und wichtigsten Nervenverbindung zwischen den beiden Gehirnhemisphären, soll der Übergriff von epileptischen Anfällen auf die andere Hirnhälfte unterbunden werden. Durch die Operation können die beiden Hemisphären nur noch sehr eingeschränkt miteinander kommunizieren. Wenn man nun bei einem Split-Brain-Patienten ein Bild in sein rechtes visuelles Feld projiziert, für welches die linke Hemisphäre zuständig ist, kann der Patient beschreiben und zeichnen, was er sieht. Werden Bilder dem linken visuellen Feld des Patienten dargeboten, besteht der Patient darauf, nichts zu sehen, ist aber ohne Weiteres in der Lage, auf ein ähnliches Bild wie das ins linke Auge projizierte Bild zu deuten. Zu ähnlichen Ergebnissen führten Untersuchungen des Tast- und Geruchsinnes sowie des Gehörs von Split-Brain-Patienten. Michael Gazzaniga zog aus diesen Befunden schon Ende der 1960er-Jahre den Schluss, dass die beiden Gehirnhälften – anders als bei Tieren oder bei noch sehr kleinen Kindern – auf unterschiedliche Aufgaben spezialisiert sind (Lateralisation). So gilt die linke Hemisphäre als die dominante und spachkompetente Hirnhälfte, die symbolisch-analytische Information verarbeiten und Probleme lösen kann. Die rechte Hemisphäre kann sich kaum ausdrücken, aber gut verstehen. Große Areale unserer rechten Hirnhälfte sind zum Beispiel auf das Erkennen von Gesichtern spezialisiert. Der rechten Seite werden unter anderem auch künstlerisch-kreative und empathische Fähigkeiten zugeschrieben. Neurowissenschaftler wie Joseph LeDoux, der selbst Wesentliches zur Erforschung der Unterschiede von rechter und linker Hirnhälfte beigetragen hat, sehen heute die anfangs noch sehr hoch bewertete Lateralisation der Hirnfunktionen als gar nicht mehr als so bedeutsam an. Das ganze Gehirn sei als Funktionseinheit zu sehen. Immerhin haben die durch die Forschung an Split-Brain-Patienten nahegelegte Lateralisation sowie die Tatsache, dass die Durchtrennung des Corpus callosum die kognitiven Funktionen insgesamt kaum beeinträchtigt, der Idee Nahrung gegeben, dass das Gehirn und der Geist modular organisiert, also aus einer Vielzahl unterschiedlicher Funktionseinheiten oder Modulen aufgebaut sein könnten. M. Gazzaniga, 1998: „The Split Brain Revisited“, Scientific American, Inc., und J. LeDoux, 2009: „Why the 'Right Brain' Idea is Wrong-Headed“, The Huffington Post, May 2009.

126 Eine Anosognosie liegt vor, wenn sich ein Patient mit einer ernsthaften Erkrankung, zum Beispiel einer Halbseitenlähmung, Erblindung, Gedächtnis- oder Sprachstörung nach einem Schlaganfall (mit meist rechtshemispärischer Schädigung), seiner eindeutigen und offensichtlichen Ausfälle nicht bewusst ist, obwohl seine kognitiven Funktionen ansonsten intakt scheinen (siehe auch Online-Glossar). Die Anosognosie kann selektiv nur die eine oder die andere Beeinträchtigung des Patienten (zum Beispiel entweder seine Halbseitenlähmung oder seine Halbseitenanästhesie oder entweder seinen Arm oder sein Bein) betreffen. Anna Berti, Lucia Spinazzola, Lorenzo Pia, Alessia Folegatti und Clelia Marchetti (2008: „Modular structure of awareness for sensorimotor disorders: Evidence from anosognosia for hemiplegia and anosognosia for hemianaesthesia“, in: Neuropsychologia, Vol. 46, 3, 2008, S. 915-926) erkennen in diesen Befunden eine Bestätigung für die Hypothese, dass das Bewusstsein für sensorische und motorische Defizite auf unterschiedlichen modular organisierten Selbststeuerungsprozessen, die in getrennten Hirnarealen lokalisiert sind, beruht und nicht etwa auf der Schädigung eines allgemeinen, allen körperlichen und kognitiven Funktionen übergeordneten Kontrollmechanismus.

Beobachtungen von dissoziativen Zuständen in Hypnose[127] nahegelegt wurde. Kognitive Module sind autonome, das heißt unabhängig von anderen Modulen arbeitende Neuronenverbände (anatomisch handelt es sich um die besagten corticalen Minisäulen und Säulen sowie um Kooperationen von mehreren Säulen), die auf begrenzte, relativ einfache, aber grundlegende Aufgabengebiete wie zum Beispiel Farb- und Formwahrnehmung, Bewegung oder Raumorientierung spezialisiert sind. Diese modularen Spezialisten – Dennett bezeichnet sie, wie oben schon erwähnt, als autonome „Agenten" – produzieren für bestimmte Stimulusmuster feststehende, schematische Antworten[128]. Sie arbeiten in ihren speziellen Funktionen energetisch sparsam und – auch ohne jegliche Aufmerksamkeitszuwendung – optimal. Ihre Arbeit muss sogar gegen das Bewusstsein gut abgeschirmt sein, damit ihre Funktion nicht gestört wird. Sie vollbringen ihre begrenzten kognitiven Grundleistungen mit der Zuverlässigkeit von Automaten.

In der folgenden Abbildung sind die spezialisierten Module im Kontext des „Dissociable Conscious Experience Model" (Modell dissoziierbarer bewusster Erfahrungen) von Daniel Schacter[129] dargestellt. Man sieht in diesem Modell, dass die spezialisierten Module den sensorischen Input in ein sinnvolles Handeln der motorischen Effektoren umsetzen können, ohne dass es dazu bewusster Aufmerksamkeitszuwendung bedarf. In Schacters Modell besteht zwischen den Modulen und dem Bewusstsein eine Wechselwirkung. Das heißt, die Inhalte des Bewusstseins werden von den nicht bewussten Modulen beeinflusst, und umgekehrt hat das Bewusstsein eine Einflussmöglichkeit auf die Arbeitsweise der Module.

127 Léon Chertok und Isabelle Stengers (1989: „Le coeur et la raison: L'hypnose en question de Lavoisier á Lacan", Paris: Edition Payot, S. 246) verweisen unter Berufung auf Ernest Hilgard darauf, dass es zum Beispiel während einer durch Hypnose erreichten Analgesie scheinbar einen „versteckten Beobachter" gebe, ein „Subsystem", das im Kontakt mit der Realität, zu der auch der Schmerz gehört, bliebe, das aber vom zentralen Ego dissoziiert, also entkoppelt sei. So würden die Schmerzen nicht bewusst und ausdrückbar. Hypnose offenbare somit die modulare Natur von Informationsverarbeitung im Gehirn, das heißt die Existenz und Vielfalt nicht bewusster mentaler Verarbeitungs- und Registrierungsstrukturen, die eine Vielfalt verschiedener gleichzeitiger, nebeneinanderher laufender (paralleler) Vorgänge und Verbindungen ermöglichten.

128 Aufgrund der schematischen und autonomen, also willentlich nicht veränderbaren Funktionsweise sensorischer Module lassen sich viele optische Täuschungen nicht einfach auflösen, selbst dann nicht, wenn wir sie durchschaut und verstanden haben. Die Illusion besteht weiter, auch wenn wir es eigentlich besser wissen.

129 D. L. Schacter, 1989: „On the relation between memory and consciousness: dissociable interactions and conscious experience", in: H. Roedinger, F. Craik (Eds.): „Varieties of Memory and Consciousness: Essays in Honour of Endel Tulving", Hillsdale: Lawrence Erlbaum.

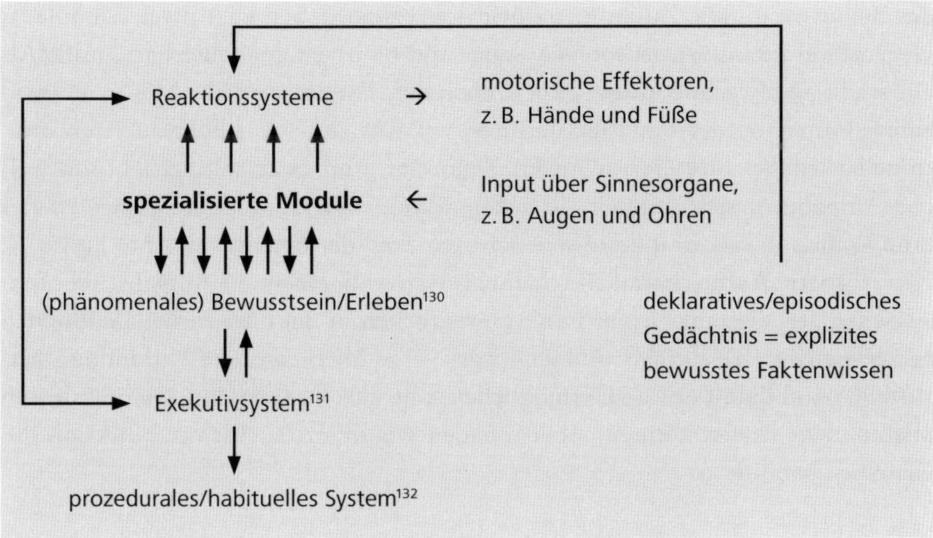

„Dissociable Conscious Experience Model" (DICE) von Daniel Schacter (1989)

Insofern ist, wie John Searle feststellt, jede Gehirnregion für sich „dumm"; erst die Zusammenarbeit unzähliger Regelkreise lässt die Wahrnehmung von Realität entstehen.[133] Diese Zusammenarbeit von spezialisierten modularen autonomen Funktionseinheiten innerhalb größerer neuronaler Netzwerke ist nach heutigem Kenntnisstand der eigentliche Dreh- und Angelpunkt für die Aufmerksamkeitsausrichtung, für das Erkennen von Realität und schließlich für

130 „Es ist irgendwie, in diesem Zustand zu sein" (Nagel). Das Bewusstsein fungiert als Tor zwischen den zweckspezifischen Wissensmodulen und dem zentralen Exekutivsystem.

131 Eine den spezialisierten Modulen übergeordnete Funktion des Arbeitsgedächtnisses, welche die Aktivität der vielen einzelnen miteinander konkurrierenden Module registriert, bewertet, filtert, auswählt, koordiniert, plant und überwacht. Diese Funktion wird auch als zentraler Hauptprozessor bezeichnet, was aber nicht zu der falschen Vorstellung führen darf, dass diese Funktion an einen bestimmten Ort im Gehirn (zum Beispiel den präfrontalen Cortex) gebunden sei. Vielmehr zeichnet sich die Exekutivfunktion dadurch aus, dass an ihr viele gleichzeitig aktivierte Gehirnregionen beteiligt sind. Die Exekutivfunktion nimmt zwar die Spitze der kognitiven Hierarchie ein, ohne allerdings eine wirkliche Leitungsfunktion zu besitzen. Die Exekutivfunktion darf auch nicht mit dem Selbst oder dem Bewusstsein gleichgesetzt werden. Sie stellt jedoch für das Selbst und das Bewusstsein eine wesentliche neurobiologische Voraussetzung dar.

132 Es handelt sich um „überlernte", das heißt vollständig eingeübte Routinehandlungen wie Fahrradfahren.

133 J. Searle, 2006: „Geist. Eine Einführung", Frankfurt/M.: Suhrkamp, S. 131, Original 2004: „Mind. A Brief Introduction", New York: Oxford University Press.

das Bewusstsein. Die Zusammenarbeit der verschiedenen kognitiven Module ist Gegenstand intensiver neurobiologischer und biopsychologischer Forschung. Als ein wichtiges Ergebnis dieser experimentellen Forschung sieht Merlin Donald eines „immer wieder bestätigt: Je mehr wir uns auf etwas konzentrieren, desto heller leuchtet der Cortex im Hirnscan auf, und zwar ganz gleich, um welche Aufgabe es sich handelt. Je aufmerksamer wir sind, desto höher ist der Stoffwechselumsatz und desto weiter ist das Feld der beteiligten Schaltkreise."[134] Konzentrierte Aufmerksamkeit scheint also ganz allgemein die Aufgabe zu haben, zwischen der Vielzahl kleiner Funktionseinheiten in der Großhirnrinde, die sich mit begrenzten Teilaufgaben beschäftigen, eine übergeordnete Verbindung herzustellen und damit etwas zu ermöglichen, was die einzelnen Funktionseinheiten alleine nicht leisten können. Aber schauen wir uns zunächst die Funktion der einzelnen Module an.

Es gibt Dinge, die uns sprichwörtlich ins Auge springen. Beispielsweise bedarf es keinerlei Anstrengung, einen roten Punkt unter vielen grünen Punkten wahrzunehmen. Angeborene spezialisierte Module in unserem visuellen Cortex identifizieren den roten Punkt automatisch. Präattentive Prozesse dieser Art sind extrem schnell: Sie beginnen fast zeitgleich mit dem Registrieren der Information und sind nach zirka 300 bis 500 Millisekunden vollständig abgeschlossen. Ihre Verarbeitungskapazität ist groß; eine Vielzahl von Verarbeitungsprozessen kann parallel ablaufen. Suchen wir aber – zum Beispiel im Rahmen wahrnehmungspsychologischer Experimente[135] – einen bestimmten roten Punkt innerhalb einer bunten Menge anderer Punkte, dann bedarf es einer besonderen Konzentration.

134 M. Donald, 2008: „Triumph des Bewusstseins. Die Evolution des menschlichen Geistes", Stuttgart: Klett-Cotta, S. 190, Original 2001: „A mind so rare. The Evolution of Human Consciousness", New York: W. W. Norton & Company. Das zentrale Aufmerksamkeit- und Exekutivsystem des Gehirns könne, führt Donald weiter aus, über sein weit gespanntes Netz von Verbindungen sämtliche Regionen des Cortex gleichzeitig aktivieren. Wenn wir ein Objekt der Außenwelt bewusst wahrnehmen, leuchtet im Hirnscan praktisch das ganze Gehirn wie ein Weihnachtsbaum auf. Umgekehrt kann das zentrale Aufmerksamkeitssystem dieselben Areale sozusagen abdunkeln, wenn wir die Außenwelt gezielt ausblenden und die Aufmerksamkeit nach innen richten. Es sind immer dieselben Gehirnareale aktiv, sobald sich das Bewusstsein einschaltet, unabhängig davon, worauf es sich richtet. Donald konnte in eigenen Untersuchungen zeigen, dass konkurrierende Klänge gleicher Lautstärke Wellenmuster mit bis zu fünfmal höherer Amplitude evozierten, wenn die Probanden ihre Aufmerksamkeit auf den Reiz fokussierten. Manche Formen von kleinen Wellen treten nur auf, wenn Bewusstsein im Spiel ist (S. 188).

135 Solche Experimente wurden zum Beispiel von Jeremy Wolfe (1990, zitiert nach D. C. Dennett, 1994: „Philosophie des menschlichen Bewusstseins", Hamburg: Hoffmann und Campe, S. 364, Original 1991: „Consciousness explained", Boston: Little, Brown) durchgeführt.

Innerhalb einer Menge anderer bunter Punkte springt ein roter Punkt nämlich nicht mehr automatisch ins Auge. Die Module, die für die Wahrnehmung des roten Punkts zuständig sind, müssen sich gegen die Konkurrenz anderer Module des visuellen Systems, die während der Suche automatisch auf die große Menge an bunter Bildinformation reagieren, durchsetzen. In der Sprache der Gestaltpsychologie könnten wir auch sagen: Zur Identifizierung des roten Punkts ist es notwendig, die „Figur" (den roten Punkt) aktiv vom „Hintergrund" (den vielen anderen bunten Punkten) zu trennen.[136]

Aufmerksamkeit „filtert" also aus der Fülle verfügbarer Sinnesinformation die aktuell weniger wichtige Information heraus, um für die aktuell wichtigere Information Platz zu schaffen. Gleichzeitig wird die zweitrangige und „herausgefilterte" (wir können auch sagen: exformierte) Information von den Modulen, die auf diese Information spezialisiert sind, durchaus registriert und verarbeitet, allerdings in einer von der Verarbeitung der Kerninformation, auf die sich die Aufmerksamkeit konzentriert, grundlegend verschiedenen Weise. Ich hatte oben im Zusammenhang mit der Exformation bereits den Cocktailparty-Effekt angesprochen. Eine experimentelle Variante des Cocktailparty-Effekts ist das sogenannte „dichotische Hören"[137]. Hierbei werden dem rechten und linken Ohr von Versuchspersonen über Kopfhörer gleichzeitig unterschiedliche Texte vorgespielt. Die Aufgabe der Versuchspersonen ist dann, einen dieser Texte nachzusprechen, und zwar wie ein Simultandolmetscher, also unmittelbar während der Text vorgesprochen wird. Das Ohr, das die nachzusprechende Information aufnimmt, wird als das „beschattete" Ohr bezeichnet. Dieses „Beschatten" (englisch: „shadowing") hat der Technik ihren Namen gegeben.

Shadowing ist eine Aufgabe, welche die Aufmerksamkeit stark beansprucht. Dies zeigt sich daran, dass die Versuchspersonen von dem Text, der dem unaufmerksamen (also dem nicht beschatteten) Ohr vorgelesen wird, in der Regel nichts

136 Das Wechselspiel von Figur und Hintergrund wird besonders schön an gestaltpsychologischen Kippfiguren wie der Abbildung der Vase auf Seite 70, die zugleich das Profil zweier Gesichter darstellt, deutlich. Man kann immer nur eine Figur – also entweder Gesichter o d e r Vase – wahrnehmen, weil es sich um zwei verschiedene autonom arbeitende kognitiven Module handelt, in denen diese Gestalten repäsentiert sind, und weil diese Module um die begrenzte Kapazität der Aufmerksamkeitspräferenz konkurrieren. Es kann sich immer nur jeweils eines von beiden in unserem Aufmerksamkeitsfokus durchsetzen.

137 E. C. Cherry, 1953: „Some experiments on the recognition of speech, with one and with two ears", Journal of the Acoustical Society of America, 25, S. 975-979.

verstehen. Die Versuchspersonen überhören einfach, was hier gesagt wird, und sie können später hiervon nichts wiedergeben. Es kann wegen der begrenzten Verarbeitungskapazität nur ein Kanal mit der vollen Aufmerksamkeit belegt werden, genauso wie man auf einer Party nur einer Person zur gleichen Zeit zuhören kann. Für das Wahrnehmen oder Verstehen der Botschaft im anderen Ohr bleibt gewissermaßen nichts mehr übrig. Wird aber der eigene Name im nicht beschatteten Ohr genannt, schaltet die Aufmerksamkeit im Bruchteil einer Sekunde auf diesen Kanal um. Dieses Ergebnis kann nur zustande kommen, wenn die Information in dem nicht beschatteten (nicht mit Aufmerksamkeit belegten) Kanal präattentiv inhaltlich analysiert wurde. Wir können uns nicht willentlich dafür entscheiden, unseren Namen und andere Dinge, die in unserem Gehirn als wichtig „gebookmarkt" sind, zu ignorieren. Die Module, die für das Erkennen unseres Namens zuständig sind, springen automatisch an.

Unsere Gehirne bedienen sich bei der Aufmerksamkeitsausrichtung folglich mindestens zweier unterschiedlicher Grundstrategien: Wir können die Dinge und Ereignisse in der Welt

1. in das „Zentrum unserer Aufmerksamkeit, den Fokus unseres Bewusstseins", rücken (so wie zum Beispiel der Satz, den ich gerade schreibe) oder
2. nur mit der „Peripherie" unserer Aufmerksamkeit erfassen (wie zum Beispiel die Computertasten, die ich mit meinen Fingern berühre und über die mein Gehirn laufend informiert ist, denen ich aber beim Schreiben normalerweise keine besondere Beachtung schenke).

Diese von John Searle[138] getroffene Unterscheidung von Zentrum und Peripherie der Aufmerksamkeit wurde schon von anderen Autoren viel früher in ähnlicher Weise vorgenommen: So differenzierte beispielsweise William James „Randbewusstsein" und „Fokalbewusstsein"[139], Pierre Janet unterschied einen „Kernbereich" und ei-

138 John Searle zitiert aus Ned Block: „Eine Verwirrung über die Funktion des Bewusstseins", in: T. Metzinger (Hg.), 2005: „Bewußtsein. Beiträge aus der Gegenwartsphilosophie", 5. Auflage, Paderborn: mentis, S. 564.

139 Während das Fokalbewusstsein das unmittelbare, detaillierte Erleben enthalte, enthalte der Rand die Fälle, in denen wir zwar verlässlichen Zugang zu Information hätten, sie aber nicht bis ins Detail erleben könnten. Ein überraschend großer Teil unseres geistigen Lebens sei, so Bernard J. Baars, mit Randereignissen ausgefüllt. B. J. Baars, 1997: „In the Theater of Consciousness. The Workspace of the Mind", New York: Oxford University Press, deutsch 1998: „Das Schauspiel des Denkens. Neurowissenschaftliche Erkundungen", Stuttgart: Klett-Cotta, S. 79.

nen „Randbereich" des „Bewusstseinsfeldes"[140], António Damásio stellt „fokussierte Aufmerksamkeit" und „basale Aufmerksamkeit" gegenüber[141]. Auch die wichtige und bereits erwähnte, von Gestaltpsychologen wie Max Wertheimer vollzogene Abgrenzung von Figur und (Hinter-)Grund geht in diese Richtung. Die fokussierte Aufmerksamkeit ist – im Gegensatz zur ungerichteten Aufmerksamkeit[142] – eine gerichtete beziehungsweise selektive Aufmerksamkeit. Gerichtete, selektive Aufmerksamkeit bedarf einer gewissen Anstrengung und Konzentration.[143] Durch die selektive „Lenkung von Aufmerksamkeit kann ich", worauf Thomas Metzinger hinweist, „die verschiedensten Figuren aus einem Hintergrund herauslösen und dann als separate Erlebniseinheiten wahrnehmen oder vorstellen".[144] Dazu müssen

140 Schon Ende des 19. Jahrhunderts sprach Pierre Janet von einem „Bewusstseinsfeld" oder der „größten Ausdehnung des Bewusstseins" als größter Anzahl „verhältnismäßig einfacher Phänome [...], die in jedem Augenblick vereinigt [und] gleichzeitig mit unserer Person in Verbindung gebracht werden können" (1894: „Der Geisteszustand der Hysterischen [die psychischen Stigmata]", zitiert aus Michael Buchholz, Günter Gödde [Hg.], 2005: „Macht und Dynamik des Unbewussten – Auseinandersetzung in Philosophie, Medizin und Psychoanalyse", Band I, S. 303-304). Innerhalb des Bewusstseinsfeldes unterschied Janet einen Kernbereich, auf den die Aufmerksamkeit konzentriert ist, und einen Randbereich.

141 A. R. Damásio, 2000: „Ich fühle, also bin ich. Die Entschlüsselung des Bewusstseins", München: List Verlag, S. 31 und 221. Original 1999: „The Feeling of What Happens. Body and Emotion in the Making of Consciousness", New York: Harcourt Brace.

142 Mit der ungerichteten und dauerhaften tonischen Langzeitaktivierung haben wir uns schon im Kapitel über Wachheit beschäftigt. Für die tonische Aktivierung, das heißt für die Steuerung von Wachheit („alertness"), sind unspezifische Aktivierungssysteme im Hirnstamm verantwortlich. Sie sorgen dafür, dass die Erregungsschwelle corticaler Zellen im Wachzustand unter ein kritisches Niveau sinkt. Dabei sind vor allem cholinerge, glutamerge und noradrenerge Zellen beteiligt. Erstere erregen unspezifisch den Cortex, während Noradrenalin das Signal-Rausch-Verhältnis corticaler Nervenzellen verbessert. Eine rückwirkende glutamerge Bahn vom Cortex zu den Basalganglien und über den Thalamus zurück zum Cortex sorgt dafür, dass das Erregungsniveau in einem optimalen mittleren Bereich bleibt. Die tonische Aktivierung bestimmt unter anderem die kognitive Leistungsgeschwindigkeit und die Reaktionsgeschwindigkeit auf bestimmte Reize. Störungen bewirken eine kognitive Verlangsamung. Besprochen haben wir auch die kurzfristige phasische, das heißt plötzliche, reflexartige und ebenfalls ungerichtete Anhebung des Aufmerksamkeitsniveaus unmittelbar nach einem Warnreiz (Orientierungsreaktion, englisch: „arousal reaction").

143 Karl Pribram und Diane McGuiness (1975: „Arousal, activation and effort in the control of attention", Psychological Review, 82, S. 116-149) nehmen ein im Hippocampus lokalisiertes Effort-System an, das für die willentliche Ausrichtung der Aufmerksamkeit auf eine subjektiv als schwierig erlebte Aufgabe (Anstrengung) zuständig ist und dabei tonische und phasische Komponenten koordiniert. Mit der konzentrativen Anstrengung steigt auch der Sauerstoff- und Glucoseverbrauch des Gehirns.

144 T. Metzinger (Hg)., 2005: „Bewußtsein. Beiträge aus der Gegenwartsphilosophie", 5. Auflage, Paderborn: mentis, S. 599.

wie erwähnt Störreize (und die von ihnen ausgelösten Prozesse in den konkurrierenden Modulen) unterdrückt beziehungsweise „herausgefiltert" werden.[145]

Es ist Ihnen vielleicht aufgefallen, dass ich das Wort „filtern" stets in Anführungszeichen gesetzt habe. Denn Niels Birbaumer und Robert Schmidt[146] zufolge wird die Aufmerksamkeitsfokussierung gerade nicht durch ein „Wegfiltern" unwichtiger Information erreicht, sondern vielmehr durch einen übergeordneten Prozess der Bewertung ankommender Reize gesteuert. Die beiden Autoren nehmen an, dass die gesamte sensorische Information zunächst für wenige Millisekunden in einem flüchtigen Zwischenspeicher festgehalten wird. Innerhalb dieses präattentiven „ikonischen" Speichers leisten die zuständigen autonomen Module eine automatische Mustererkennung sowie eine automatische Auswahl und Ausführung der zu den angekommenen Reizen passenden Reaktionen. Außerdem wird die Sinnesinformation – ebenfalls automatisch und präattentiv – mit der im Langzeitgedächtnis gespeicherten Information verglichen.[147]

Passt der angekommene Reiz vollständig in ein „überlerntes", das heißt durch ausgiebige Übung zur Routine gewordenes Reiz-Reaktions-Muster (wie zum Beispiel beim geübten Autofahren), wird die Reaktion in den zuständigen Nervenzellennetzwerken automatisch, das heißt ohne besondere Erhöhung des Aktivierungsniveaus und ohne besondere Aufmerksamkeitszuwendung, ausgelöst. Andere routinierte Reaktionssysteme können in diesem Fall parallel, also gleichzeitig und ohne gegenseitige Behinderung funktionieren (ich kann zum Beispiel mühelos Auto fahren und mich dabei gleichzeitig elektrisch rasieren). Die folgende an Birbaumer (1991) angelehnte Abbildung fasst das Gesagte zusammen:

145 Dies kann bewusst geschehen oder unbewusst beziehungsweise automatisch.

146 N. Birbaumer, R. F. Schmidt, 2006: „Biologische Psychologie", Kapitel 21: „Bewusstsein und Aufmerksamkeit", Heidelberg: Springer, S. 495-534.

147 Das erinnert stark an das bereits erwähnte Komparator-Modell von Jeffrey Gray.

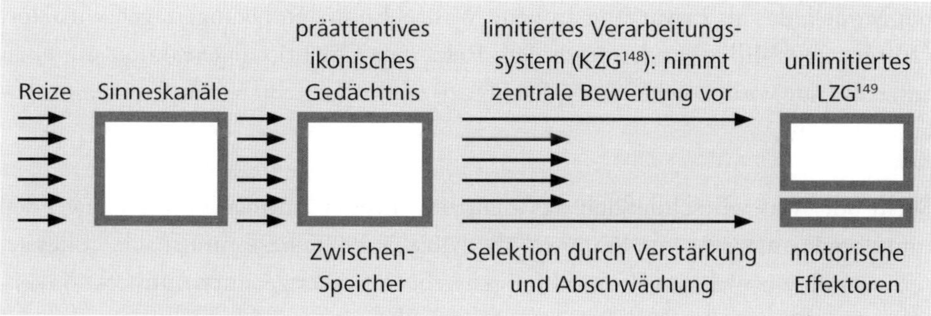

Modell der Aufmerksamkeitssteuerung nach Birbaumer, 1991

Erst wenn neue und komplexe Situationen und Handlungen auftauchen (wenn ich zum Beispiel beim Autofahren und beim gleichzeitigen Rasieren eine mir bislang unbekannte Adresse ansteuere), stößt die parallele Routine-Informationsverarbeitung an ihre Grenzen. Dann werden zusätzliche reaktionsplanende Systeme benötigt, welche die knappen und nur seriell einsetzbaren gerichteten Aufmerksamkeitsressourcen auf die aktuell wichtigsten Reize (in meinem Beispiel Straßenschilder und Hausnummern) fokussieren. Diese „Ressourcenallokation" wird von einem hypothetisch angenommenen System gesteuert, das Birbaumer und Schmidt „limitiertes Aufmerksamkeitskontrollsystem" (englisch: „limited capacity control system" = LCCS) nennen. Das LCCS aktiviert für die verschiedenen Aufgaben der kontrollierten Aufmerksamkeit (Setzen von Prioritäten, Aufgeben von alten Zielen, Selektion und bewusste motorische Mobilisierung) unterschiedliche Teile des Gehirns.[150] Die Aufmerksamkeitszuweisung durch das LCCS hängt – wie gesagt – von einem präattentiven Vergleichsprozess zwischen ankommenden Reizmustern und im Langzeitgedächtnis gespeicherten Modellen desselben (zum Beispiel visuellen oder akustischen) Verarbeitungssystems ab.[151] Jede Abweichung vom gespeicher-

148 KZG = Kurzzeitgedächtnis, deckt sich zum Teil mit dem Begriff des Arbeitsgedächtnisses.

149 LZG = Langzeitgedächtnis.

150 Für verbal-syntaktische Aufgaben wird Birbaumer und Schmidt zufolge die linke perisylvische Region aktiviert, für räumlich-visuelle Aufgaben der rechte posteriore Parietallappen, für das Prioritätensetzen der präfrontale Cortex, für die Selektion von Reizen Teile des Thalamus, für die exekutive motorische Mobilisierung der Gyrus cinguli, die Parietalregion und der präfrontale Cortex.

151 Gerhard Roth (1996: „Das Gehirn und seine Wirklichkeit. Kognitive Neurobiologie und ihre philosophischen Konsequenzen", Frankfurt/M.: Suhrkamp, S. 232-233) zufolge untersucht in der präattentiven Phase der Wahrnehmung das retikuläre System (der Formation reticularis), welche corticalen Areale für die anstehende Aufgabe zuständig sind und über Neuronennetzwerke verfügen, welche die Aufgabe routinemäßig lösen können. Wenn kein routinemäßiges Netzwerk vorhanden ist, muss ein

ten Modell, das als Erwartung an neue Wahrnehmungen herangetragen wird, löst (200 bis 250 Millisekunden nach dem Reiz) eine Orientierungsreaktion mit einer zunächst nur vorübergehenden (phasischen) und ungerichteten Aufmerksamkeitserhöhung aus.

Wem oder was wir schließlich das Zentrum unserer Aufmerksamkeit zuwenden und ob wir unsere Aufmerksamkeit überhaupt auf eine bestimmte Sache fokussieren oder ob wir nicht im Zustand frei schwebender oder geteilter Aufmerksamkeit, also offen für verschiedene Reize, verbleiben, hängt von vielen Faktoren ab, zum Beispiel von unserer aktuellen physischen und emotionalen Verfassung, von verinnerlichten Vorbildern, kulturellen Konzepten, Überzeugungen und Gewohnheiten, von bewusstseinsfernen Motivationen und affektiven Bewertungen sowie von soziokulturellen Triggern und Verstärkern. Ich werde diese Faktoren in den nachfolgenden Kapiteln erörtern. Jetzt möchte ich jedoch erst noch einmal auf Searles Unterscheidung von Zentrum und Peripherie der Aufmerksamkeit zurückkommen. Zentrum und Peripherie haben wir schon bei der Netzhaut unterschieden: Die in den zentralen Teilen der Netzhaut (der Fovea centralis) konzentrierten Zapfen sind für das Detailsehen zuständig; die Stäbchen, Dennetts Wachposten, welche die Peripherie der Netzhaut dominieren, scannen hingegen laufend, aber oberflächlich das gesamte restliche Gesichtsfeld ab.

Der Vorteil der groben peripheren Reizverarbeitung in der Netzhaut ist der peripheren Aufmerksamkeit analog: In beiden Fällen können viele verschiedene einfache Ereignisse, Merkmale und Bedeutungen in einem größeren Ausschnitt unseres Wahrnehmungsfeldes parallel – das heißt nebeneinander und gleichzeitig – erfasst werden. Wir können um so mehr Geschehnisse gleichzeitig erfassen, je weniger Aufmerksamkeit wir auf ein einzelnes Geschehnis verwenden; umgekehrt ist die Menge der erfassten Geschehnisse umso kleiner, je mehr wir uns auf Einzelheiten konzentrieren. Aber selbst wenn wir unsere Aufmerksamkeit auf eine bestimm-

neues angelegt oder ein vorhandenes „umverdrahtet" werden. Die entsprechenden Areale erhalten nun die Aufgabe, sich mit dem Problem zu befassen. Dabei kann es sich um das Erkennen eines unbekannten Objektes, das Verstehen einer neuartigen Aussage, das Erlernen einer ungewohnten Bewegung oder das Vorstellen eines neuartigen Sachverhalts handeln. Letztlich müssen immer neue Neuronenverknüpfungen angelegt werden, die in der Lage sind, ein Verhalten zu steuern oder einen internen Zustand zu erzeugen, welcher vom Gehirn als Lösung des Problems angesehen wird. Dieses neue Nervennetz wird nun beim Vorliegen vergleichbarer Situationen überprüft, verändert oder in einer Form verfestigt, die sich bei der Überprüfung bewährt hat. Entsprechend nimmt der Zeitbedarf zur Lösung des Problems ab (wir tun Dinge mit immer weniger Aufwand und Anstrengung). Im selben Maß zieht sich – so Roth – das Bewusstsein zurück.

te Sache einengen, zum Beispiel auf das Gespräch mit einem Gesprächspartner während einer Party, arbeiten unsere spezialisierten Module, welche die Vielzahl anderer Umgebungsreize verarbeiten, präattentiv weiter. Sie stören nur deshalb das Gespräch nicht, weil ihre Outputs vom LCCS so stark abgeschwächt werden, dass sie unsere bewusste Wahrnehmungsschwelle nicht überschreiten.[152]

Die Voraussetzung für die parallele, das heißt gleichzeitige Ereignis- beziehungsweise Merkmalserfassung ist, dass es sich wirklich um einfache Ereignisse oder Merkmale handelt, wie zum Beispiel um rote Punkte unter vielen grünen Punkten oder um Bewegungen. Anne Treisman[153] konnte zeigen, dass, wenn Versuchspersonen nach einfachen Merkmalen suchen („simple feature search"), diese Suche von der Größe des Displays, auf dem die Merkmale der Versuchsperson präsentiert werden, unabhängig ist. Treisman erklärt sich die Unabhängigkeit von der Displaygröße damit, dass einfache Merkmale wie Farbe oder Orientierung verarbeitet werden können, ohne dass der Aufmerksamkeitsfokus (und die Fovea centralis) auf die Position eines Zielobjekts ausgerichtet werden muss. So werden die Merkmale aller sich auf einem Display befindlichen Objekte in spezifischen und voneinander getrennten Modulen gleichzeitig beziehungsweise parallel verarbeitet. Beispielweise gibt es ein Modul, welches für die Verarbeitung von Farbe zuständig ist, ein anderes Modul kümmert sich um die Verarbeitung der Orientierung, wieder ein anderes erfasst die Bewegung und so fort.

Sollen die Versuchspersonen jedoch nach einer sogenannten Konjunktion suchen, zum Beispiel nach der Kombination einer bestimmten Farbe mit einer bestimmten Orientierung, etwa einen roten vertikalen Balken unter blauen vertikalen und

152 Eine wichtige Rolle spielt in diesem Zusammenhang der Nucleus reticularis thalami. Er stellt das Tor (englisch: „gate") zum Cortex dar, indem er selektiv die spezifischen Thalamuskerne erregen und hemmen kann. Dadurch wird der Erregungsfluss zum Cortex auf eine oder einige wenige Informationseinheiten beschränkt und eine Überlastung des corticalen Systems verhindert. Allerdings können der Nucleus reticularis thalami und sein visuelles Analog, das Pulvinar, nicht selbst über die Prioritäten bei gleichzeitig dargebotenen Informationen entscheiden. Um die ankommenden Reize entsprechend einer übergeordneten Zielhierarchie (was ist wichtig?) selektiv zu verstärken, bedarf der Nucleus reticularis selbst einer selektiven Hemmung oder Anregung. Diese wird vor allem vom präfrontalen Cortex und den Basalganglien (Striatum) geleistet. Der präfrontale Cortex steht in enger Verbindung zum limbischen System (in dem die vitale Bedeutung von Reizen repräsentiert ist), während die Basalganglien im Rahmen ihrer corticalen Schwellenregulation eine Übererregung der selektiv aktivierten corticalen Zonen durch Hemmung aller übrigen verhindern. N. Birbaumer und R. F. Schmidt, 2006: „Biologische Psychologie", Heidelberg: Springer.

153 A. Treisman, G. Gelade, 1980: „A feature integration theory of attention", Cognitive Psychology, 12, 97-136.

roten horizontalen Balken, muss bei dieser viel schwierigeren Aufgabenstellung die Aufmerksamkeit (und die Fovea centralis) auf einen bestimmten Ort im Gesichtsfeld ausgerichtet werden, was nur in einem seriellen und damit langsamen Prozess (also Balken für Balken) stattfinden kann. Die Objekterkennung durchläuft nach Treisman folglich zwei Stufen: Auf der ersten Stufe werden die einzelnen Merkmale im visuellen Feld von den verschiedenen spezialisierten Modulen parallel registriert (Merkmalsverarbeitung), und auf der zweiten Stufe werden sie dann durch eine serielle Allokation von Aufmerksamkeit zu einer kohärenten Objektrepräsentation verbunden (Merkmalsintegration).[154] Auf dieser seriellen Stufe ist die Aufmerksamkeit in ihrer Kapazität deutlich beschränkt. In dem Moment, in dem eine Person durch einen Reiz angeregt wird, auf etwas besonders zu achten, geht dies immer auf Kosten der anderen Kanäle.

Fokussierte Aufmerksamkeit ist folglich ein kompetitives System.[155] Was uns als Steuerung der Aufmerksamkeit erscheint, ist die Folge des Wettbewerbs einer Vielzahl von Programmen, die alle zum Zuge kommen „wollen". Das unter Berücksichtung aller noch zu besprechenden physiologischen, motivationalen, affektiven und soziokulturellen Faktoren jeweils Wahrscheinlichste oder der jeweils stärkste Reiz „gewinnt" dann auf Kosten aller anderen. Es scheint uns subjektiv so, als würden wir selbst willentlich die Aufmerksamkeit auf etwas richten. Es ist aber nicht so, dass es im Gehirn irgendein Zentrum gäbe, das die Rollen verteilt, sondern das Wechselspiel aller an der jeweiligen Gestaltung des Programms beteiligten Zentren ist kompetitiv organisiert. Es gibt immer einen Gewinner, ohne dass es im Gehirn irgendjemanden gäbe, der entschiede, wer gewinnt. Die Aufmerksamkeit organisiert sich – im Rahmen spezifischer soziokultureller Vorgaben – gewissermaßen selbst und lenkt die Fülle der Sinnesinformationen in einen überschaubaren Rahmen. Das gilt besonders für das Sehen, an dem sehr viele Gehirnregionen be-

154 Die zentrale Aufgabe der Aufmerksamkeit besteht also nach Treisman darin, durch ortsbasierte Bahnung einzelne Objekteigenschaften zu einer kohärenten Objektrepräsentation zu integrieren. Damit ist das wichtige Thema der perzeptuellen Bindung angeschnitten, das unten noch ausführlich zu besprechen ist.

155 Die Fähigkeit zur Fokussierung der Aufmerksamkeit impliziert auch die Fähigkeit zum Wechsel des Aufmerksamkeitsfokus, das heißt, sie umfasst auch die flexible Aufmerksamkeitssteuerung, die es ermöglicht, bei Bedarf den Fokus zu wechseln. Kognitive Flexibilität besteht im schnellen Wechsel des Aufmerksamkeitsfokus zwischen verschiedenen Informationsquellen. Flexibilität stellt im Handeln und Denken eine elementare Voraussetzung für die allgemeine Leistungsfähigkeit dar. Bei der Flexibilität handelt es sich nicht um eine singuläre Funktion, sondern um ein Bündel von Teilfunktionen, die auf den verschiedenen Stufen der Informationsaufnahme und -verarbeitung anzunehmen sind.

teiligt sind. Würden sie alle unkontrolliert miteinander konkurrieren, entstünde ein hoffnungsloses Chaos.

Ich möchte dieses überaus wichtige, umfangreiche und komplexe Kapitel über Aufmerksamkeit und Modularität mit der viel zitierten Scheinwerfer-Metapher für das Bewusstsein, die Bernard J. Baars in das Bild eines mentalen Theaters eingebaut hat[156], abschließen: Die folgende (von Baars inspirierte) Abbildung zeigt das im Kapitel 11 über Repräsentation und Gedächtnis noch zu besprechende Arbeitsgedächtnis als Theaterbühne (von mir dargestellt durch ein graues Quadrat). Auf der Bühne befinden sich die „Darsteller": unsere Sinneserfahrungen wie Sehen, Hören, Tasten, Riechen und Fühlen sowie unsere inneren bildlichen Vorstellungen, unsere Ideen, unser inneres Sprechen und unsere Träume. Der runde Kernbereich, der als auf die Bühne fallender Scheinwerferkegel dargestellt ist, entspricht dem erwartungsgesteuerten Zentrum der Aufmerksamkeit, dem, was wir subjektiv als bewusste Erfahrung erleben. Der Rest der grauen Fläche entspricht der Peripherie der Aufmerksamkeit, dem, was ein unbestimmtes „feeling of knowing"[157], einem Gefühl, etwas schon zu kennen, ohne genau zu wissen, woher, und ohne es genau benennen zu können.

In Baars mentalen Theater ist nur die Bühne sichtbar. Den größten Teil des Theaters nimmt aber das unsichtbare Publikum ein, das heißt die dem Bewusstsein verborgenen Zuschauer, welche eine Vielzahl von vorbewussten und nicht bewussten beziehungsweise nicht bewusstseinsfähigen Faktoren symbolisieren, die hinter den Kulissen agieren. Es handelt sich zum einen um die uns inzwischen vertrauten präattentiven modularen Spezialeinheiten der Kognition, die Teilaspekte der Sinnesdaten erfassen (wie Kanten, Farbe, Bewegung und Orientierung), aber auch um die höherstufigen Mechanismen gestalthaften Erkennens von Objekten, Gesichtern, Sprache, Ereignissen und räumlichen Beziehungen. Baars nennt diese kognitiven Spezialisten „Interpreten"[158]. Zum anderen gehören zu den nicht bewussten Faktoren außerhalb der Bühne die verschiedenen Gedächtnissysteme (zum Beispiel

156 B. J. Baars, 1997: „In the Theater of Consciousness. The Workspace of the Mind", New York: Oxford University Press, deutsch 1998: „Das Schauspiel des Denkens. Neurowissenschaftliche Erkundungen", Stuttgart: Klett-Cotta, S. 76 und 265.

157 Begriff von Bruce Mangan, zitiert nach Bernard J. Baars, 1997, S. 79.

158 Der Begriff „Interpret" stammt ursprünglich von dem Neurowissenschaftler Michael Gazzaniga (1995: „Principles of human brain organization derived from split-brain studies", Neuron, 14, 217-228). Gazzaniga sieht auf den höchsten Organisationsebenen eine Form des Selbst, die er als „Interpreten" bezeichnet. Im Unterschied zum sensomotorischen Selbst ist der Interpret das narra-

lexikalisches, semantisches, deklaratives oder autobiografisches Gedächtnis), die so viel mehr enthalten, als uns von Augenblick zu Augenblick bewusst ist, das heißt auf der Bühne sichtbar sein kann. Da ist außerdem unser riesiges Gedächtnis für die überlernten, ohne Bewusstseinskontrolle automatisch ablaufenden Fertigkeiten, wie zum Beispiel Fahrradfahren, „richtiges" Sprechen, Schreiben und Verstehen von Sprache. Auch unsere biologischen und soziokulturellen Motivations- und emotionalen Bewertungssysteme agieren überwiegend nicht bewusst hinter den Kulissen. Zusammen mit dem biografischen Gedächtnis beeinflussen unsere Motivations- und Bewertungssysteme das, was Baars „Kontexte" nennt. Diese soziokulturellen Kontexte umfassen unsere Intentionen, Erwartungen und den Begriff des Selbst, mit dem wir uns unten noch zu beschäftigen haben.

Baars selbst verwendet in seinem Theatermodell nicht den Begriff „Modul". Ein Teil der verborgenen Zuschauer, nämlich jene, die Baars in seinem Modell als Interpreten, Automatismen und Routinen bezeichnet, entsprechen aber durchaus jenen spezialisierten Modulen, die ich oben dargestellt habe. Auch Sprache und Erinnerungen sind – wie wir unten noch sehen werden – modular organisiert. Dank des all die genannten verborgenen Elemente des Theaters verbindenden Arbeitsgedächtnisses kann jedes Element mit jedem anderen interagieren. Die verteilten Fähigkeiten und Ressourcen werden aus ihrer modularen Begrenzung befreit und können modalitätsübergreifend auf andere Bereiche und Problemstellungen übertragen werden. Die Kooperation befähigt die verborgenen Elemente, gemeinsam den Scheinwerfer, den Aufmerksamkeitsfokus, mal hierhin und mal dorthin zu richten. Der bewusste Aufmerksamkeitsfokus hat nur eine geringe Kapazität. Er ist nur für eine grobe Skizzierung einer neuartigen Handlung im Scheinwerferkegel auf der Bühne geeignet. Die Feinheiten erledigen, wenn keine widersprechenden Faktoren die Ausführung verhindern, die vielen hocheffizienten autonomen Module.

tive Selbst, das mit einer Erzählung beschäftigt ist und das Sprachzentrum der linken Hemisphäre braucht.

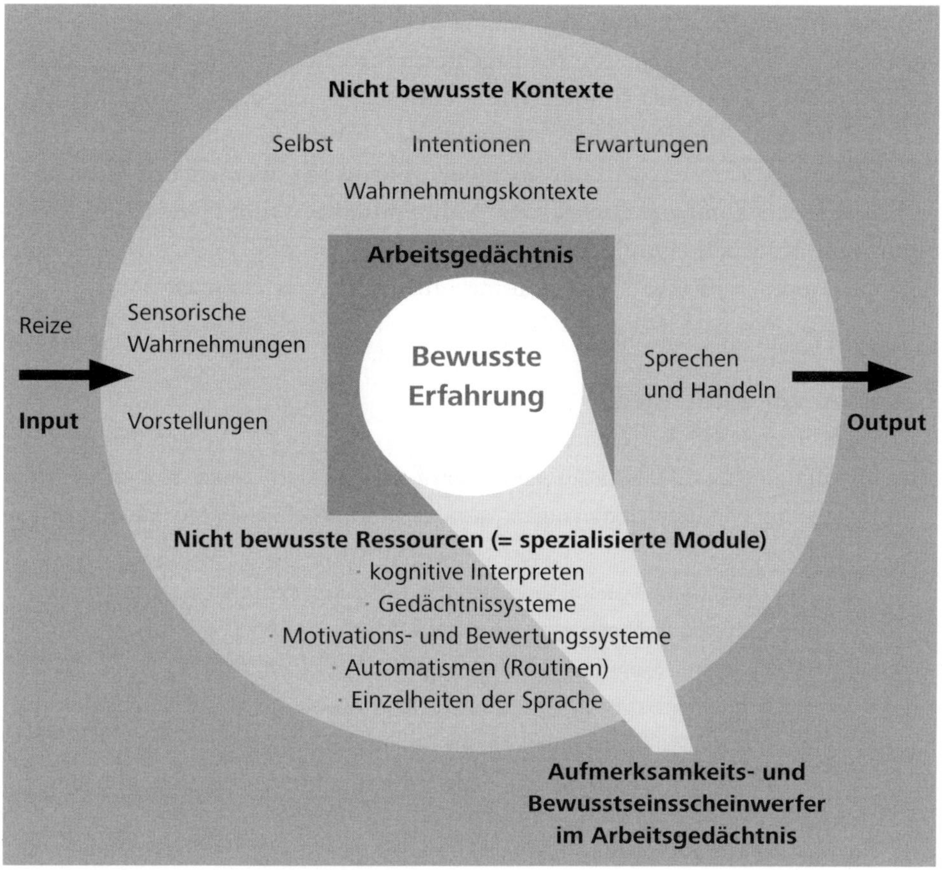

Theater des Bewusstseins frei nach Bernard J. Baars

Unter den meisten unserer zeitgenössischen Neurowissenschaftler besteht Einigkeit, dass es im Gehirn kein abgrenzbares Areal und keinen bestimmten Typ von Nervenzellen gibt, dem man eine exklusive Zuständigkeit für bewusstes Erleben zubilligen könnte.[159] Insofern wissen wir in Baars „Theater des Bewusstseins" nie genau, wer aus dem über das ganze Gehirn ausgedehnten und fein gesponnenen Netz von autonomen modularen Funktionseinheiten den selektiven Scheinwerfer der

159 So schreibt zum Beispiel Christoph von der Malsburg (1986: „Am I thinking assemblies?", in: G. Palm & A. Aertsen [Eds.]: „Brain Theory", Berlin: Springer, S. 175.): „Es ist eine unauslöschbare Fehlkonzeption, dass die Einheit der Wahrnehmung in einem separaten Zentrum begründet ist, welches zudem oft selbst als ein Wesen von strukturloser Einheit vorgestellt wird. Dieser geistige Archetyp führt zu einem unendlichen Regress und in Absurdität. Stattdessen muss die Einheit des Geistes als ein organisches Gleichgewicht zwischen einer großen Vielzahl von Elementen angesehen werden."

Aufmerksamkeit bedient und welche Entscheidungen für seine Bewegungen verantwortlich sind. Wir sehen nur die Ergebnisse dieser Entscheidungen, von denen wir nicht selten überrascht werden. Die wichtigste Funktion von Aufmerksamkeit und Bewusstsein besteht nach Baars darin, den Informationsfluss zwischen den verschiedenen, ansonsten getrennt agierenden Elementen des mentalen Theaters so zu bahnen, dass komplexe funktionale Wahrnehmungen und Handlungen beziehungsweise Sprechakte resultieren können, die über das hinausgehen, was die einzelnen autonomen Elemente und Routinen alleine bewirken können.

Fassen wir zusammen:

- Ein großer Teil der präattentiven Prozesse, die unsere Wahrnehmungen strukturieren und unsere Aufmerksamkeit steuern, sind aus der biologischen Evolution hervorgegangen und in vielerlei Hinsicht denen anderer Säugetiere ähnlich.
- Der menschliche Neocortex setzt sich aus Minisäulen zusammen, von denen jeweils 50 bis 80 benachbarte eine corticale Säule bilden. Es gibt mindestens 600.000 Säulen.
- Die stark miteinander verschalteten corticalen Säulen stellen die grundlegenden modularen Funktionseinheiten des Gehirns dar.
- Modularität ist ein grundlegendes Prinzip der inneren Organisation des Gehirns und des Geistes. Kognitive Module sind autonome, unabhängig von anderen Modulen arbeitende Neuronenverbände. Anatomisch handelt es sich um die corticalen Minisäulen und Säulen sowie um Kooperationen von mehreren Säulen.
- Die modularen Spezialisten sind auf begrenzte und relativ einfache Aufgabengebiete wie zum Beispiel Farb- und Formwahrnehmung, Bewegung oder Raumorientierung spezialisiert und vollbringen ihre begrenzten kognitiven Grundleistungen mit der Zuverlässigkeit von Automaten.
- Jede Gehirnregion für sich ist gewissermaßen „dumm", und erst die Zusammenarbeit unzähliger Regelkreise lässt die Wahrnehmung von Realität entstehen.
- Je mehr wir uns auf etwas konzentrieren, desto heller leuchtet der Cortex im Hirnscan auf. Je aufmerksamer wir sind, desto höher ist der Stoffwechselumsatz und desto weiter ist das Feld der beteiligten Schaltkreise.
- Konzentrierte Aufmerksamkeit scheint die Aufgabe zu haben, zwischen der Vielzahl kleiner Funktionseinheiten in der Großhirnrinde, die sich mit begrenz-

ten Teilaufgaben beschäftigen, eine übergeordnete Verbindung herzustellen und damit etwas zu ermöglichen, was die einzelnen Funktionseinheiten alleine nicht leisten können.

- Bei der Aufmerksamkeitsausrichtung ist zu unterscheiden zwischen dem Zentrum der Aufmerksamkeit (konzentrierte, fokussierte Aufmerksamkeit, Kernbereich des Bewusstseinsfeldes) und der Peripherie der Aufmerksamkeit (basale Aufmerksamkeit, Randbereich des Bewusstseinsfeldes).
- Durch die konzentrierte selektive Lenkung von Aufmerksamkeit ist es möglich, die verschiedensten Figuren aus einem Hintergrund herauszulösen und dann als separate Erlebniseinheiten wahrzunehmen oder sich vorzustellen.
- Bevor die Aufmerksamkeit auf einen Gegenstand oder ein Ereignis fokussiert wird, wird die sensorische Information präattentiv mit der im Langzeitgedächtnis gespeicherten Information verglichen.
- Wenn dieser Vergleich ergibt, dass die Sinnesdaten ausreichend neu und komplex sind, werden von einem (hypothetisch anzunehmenden) Kontrollsystem für limitierte Aufmerksamkeit (LCCS) die knappen und nur seriell einsetzbaren fokussierenden Aufmerksamkeitsressourcen den aktuell wichtigsten Reizen und Aufgaben wie Setzen von Prioritäten, Aufgeben von alten Zielen, Selektion und motorische Mobilisierung zugewiesen (Ressourcenallokation).
- Worauf wir unsere Aufmerksamkeit konzentrieren, hängt von physischen, emotionalen sowie aktuellen und vergangenen soziokulturellen Faktoren ab, die uns zum großen Teil nicht bewusst sind.
- Der Vorteil von grober peripherer Reizverarbeitung und Aufmerksamkeit besteht darin, dass viele verschiedene einfache Ereignisse, Merkmale und Bedeutungen in einem größeren Ausschnitt unseres Wahrnehmungsfeldes anstrengungslos gleichzeitig (parallel) erfasst werden können.
- Selbst wenn wir unsere Aufmerksamkeit auf eine bestimmte Sache einengen, arbeiten unsere spezialisierten Module, welche die Vielzahl anderer Umgebungsreize verarbeiten, präattentiv weiter, ohne unseren Aufmerksamkeitsfokus zu stören.
- Um den Aufmerksamkeitsfokus konkurrieren eine Vielzahl von spezialisierten Modulen beziehungsweise Programmen, die alle zum Zuge kommen wollen.
- Es scheint uns subjektiv so, als würden wir unsere Aufmerksamkeit willentlich auf etwas richten. Es gibt aber im Gehirn kein Zentrum, das entscheidet, welche modulare Funktionseinheit gewinnt. Die Aufmerksamkeit organisieren die Module – im Rahmen spezifischer soziokultureller Vorgaben – selbst.

- Zur Veranschaulichung für die Kooperation von vielen spezialisierten kognitiven Modulen, die gemeinsam fokussierte und periphere Aufmerksamkeit sowie Bewusstsein erzeugen, eignet sich die Theater-Metapher von Bernard J. Baars.
- In der Theater-Metapher ist das Arbeitsgedächtnis als Theaterbühne und das Zentrum der Aufmerksamkeit als Suchscheinwerferkegel dargestellt. Den größten Teil des mentalen Theater nehmen die vielen verborgenen vorbewussten und nicht bewussten Faktoren (das unsichtbare Publikum) ein, die von Kontexten beeinflusst werden, die größtenteils ebenfalls nicht bewusst sind.

Praktische Konsequenzen:
Die oben angesprochene Benutzerillusion beinhaltet, dass wir den (uns in der Erziehung antrainierten) subjektiven Eindruck haben, als gäbe es in uns ein personales Entscheidungszentrum, möglicherweise sogar mit einer präzisen Lokalisierung, das unsere Aufmerksamkeit willentlich steuert. Tatsächlich aber scheint es so zu sein, dass sich die vielen über unser Gehirn verteilten autonomen Spezialeinheiten im Sinne einer Systemwirkung selbst organisieren. Das, was wir als bewusste und willentliche Aufmerksamkeitsausrichtung erleben, ist das Ergebnis einer ausreichend intensiven neuronalen Kooperation verschiedener Module unter dem Einfluss von (überwiegend soziokulturellen) Umfeldfaktoren. Dabei gibt es keineswegs eine übergeordnete Instanz im Gehirn, welche den Modulen die Kooperation befehlen würde. Was das für die Willensfreiheit bedeutet, wird uns unten noch beschäftigen.

7. Synchronisierung, Zeitfenster und perzeptuelle Bindung

Wenn es anatomisch gesehen keine zentrale Steuerungseinheit gibt, wie schafft es unser Gehirn dann, dass wir das scheinbare Chaos von Lichtstrahlen und Geräuschen, die wir über unsere Augen und Ohren registrieren können, in der Regel als eine geordnete Welt von Gegenständen und Ereignissen erleben? Die Informationen über die Umwelt stammen ja aus ganz verschiedenen Sinnessystemen, die zudem unterschiedlich schnell arbeiten: Die Ohren haben zum Beispiel die höchste Verarbeitungsgeschwindigkeit; die Reizverarbeitung über die Augen ist dagegen relativ langsam. Die einzelnen kognitiven Module können immer nur einen sehr kleinen Teilaspekt der Gesamtinformation verarbeiten. Da stellt sich die Frage: Wie gelingt es dem Gehirn, aus der Flut dieser vielen rohen Sinnesdaten, die ja zunächst nichts anderes sind als physikalische Impulse, die an vielen verschiedenen Orten des Gehirns Nervenzellen in Erregung versetzen, komplexe raumzeitliche Muster wie Objekte und Ereignisse zu erzeugen? Wie gelingt es, dass wir diese Objekte und Ereignisse als kohärente Einheiten oder Ganzheiten erleben, welche wir sogar dann als mit sich selbst identisch erkennen, wenn sie uns unter den verschiedensten Perspektiven und in den verschiedensten Kontexten begegnen. Die Sinnesdaten, die von einem einzigen Objekt ausgehen, variieren ja zum Teil erheblich: Ein Pferd zum Beispiel sieht sehr unterschiedlich aus, je nachdem, ob wir es im Stand oder Galopp, von nah oder fern, bei Tag oder Nacht, von vorne, hinten, von der Seite, von oben oder von unten betrachten.

Mit diesen Fragen sind wir in das wichtige Thema der perzeptuellen Bindung (Bindungsproblem) eingedrungen. Bindungsprozesse sind für Merlin Donald eine wesentliche Voraussetzung des Wahrnehmungslernens: „Die Wahrnehmung eines Objekts setzt voraus, dass wir gesonderte Merkmale zu einem einheitlichen Perzept[160] oder Wahrnehmungserlebnis verbinden können. Um aus dem roten Apfel, der vor mir auf dem Schreibtisch liegt, ein Perzept zu konstruieren, muss ich in der Lage sein, seine Farbe und seine Form, die in unterschiedlichen Teilen des Cortex verarbeitet werden, zu 'verbinden', also zueinander in Zusammenhang zu setzen."[161] Um den Apfel als Apfel zu erkennen, muss das Gehirn eine breite Palette von

160 Begriffserklärung im Online-Glossar.

161 M. Donald, 2008: „Triumph des Bewusstseins. Die Evolution des menschlichen Geistes", Stuttgart: Klett-Cotta, S. 194, Original 2001: „A mind so rare. The Evolution of Human Consciousness", New York: W. W. Norton & Company.

Impulsen durch Bindung koordinieren. Ein bestimmtes Areal des visuellen Cortex schlüsselt die Beschaffenheit des Hintergrunds auf, während das Bildzentrum in einem anderen Rindenfeld detailliert analysiert wird. Irgendwo und irgendwie wird in Sekundenbruchteilen die ganze elektrische Aktivität zu einem kohärenten Perzept gebündelt. Die Bindung der verschiedenen Sinnesdaten erfolgt so schnell und ist so eindeutig und präzise, wie es zurzeit keine Computersimulation auch nur annähernd leisten könnte. Donald wörtlich: „Unser Gehirn ist offensichtlich darauf angelegt, dass es uns als Endergebnisse keine unverbundenen Fragmente, sondern 'gebundene' Perzepte liefert."[162]

Donald unterscheidet – ganz ähnlich wie Anne Treisman – zwei Phasen der perzeptuellen Bindung: eine schnelle Frühphase (zum Beispiel des Sehens), bei der die modularen Spezialisten sofort und parallel die Einzelmerkmale (zum Beispiel Gestalt, Farbe, räumliche Ausrichtung und Bewegung des Objekts sowie die Eigenbewegung des Körpers) herausarbeiten, und eine etwas längere Phase, die eine halbe Sekunde[163] oder mehr in Anspruch nimmt und dem Erfassen ganzer Objekte und Ereignisse dient. In dieser halben Sekunde werden mehrere Modalitäten, zum Beispiel die auditive und die visuelle Modalität, die unterschiedlich lange Verarbeitungszeiten benötigen, synchronisiert. Hätten wir die halbe Sekunde Rechenzeit nicht, würde – darauf weist Tor Nørretranders[164] unter Berufung auf Benjamin Libet hin – unser Wirklichkeitserlebnis möglicherweise in einem flirrenden Zittern (englisch: „jitter") bestehen. Donalds Auffassung nach erfolgt die Bindung – kontrolliert vom Thalamus – in den primären und sekundären Arealen des sensorischen Cortex sowie in einigen Regionen des tertiären Cortex, wobei sich möglicherweise die rechte und linke Gehirnhälfte gegenseitig ergänzen.[165] Dabei gehen die Nervenzellen,

162 M. Donald, 2008, S. 196.

163 Tor Nørretranders (2002, „Spüre die Welt – Die Wissenschaft des Bewusstseins", 4. Auflage, Hamburg: Rowohlt, S. 350 und 413) meint, dass die halbe Sekunde die Zeit ist, die das Gehirn braucht, um elf Millionen Wahrnehmungsbits auf zehn bis fünfzig Bewusstseinsbits zu reduzieren (exformieren), die sich als Karte für die elf Millionen Bits verwenden lassen. Was wir bewusst erleben, ist eine Simulation, deren Herstellung eine halbe Sekunde Zeit braucht. Es ist nicht zweckmäßig, uns ein Bild der Feinarbeit des Gehirns zu vermitteln, sondern ein auf das für uns Wesentliche verkürztes Bild der Außenwelt.

164 T. Nørretranders, 2002, S. 414.

165 Primäre sensorische Rindenareale befinden sich an der Schnittstelle zwischen Gehirn und Außenwelt. Sie sind so definiert, dass sie von der Welt außerhalb des Nervensystems nur eine Synapse weit entfernt sind, das heißt, sie empfangen über die Nervenbahnen der Sinnesempfindung Signale von Augen, Ohren und Haut und filtern daraus Grundqualitäten wie Farbe, Kontrast, Helligkeit, Lautstärke, Tonhöhe oder Lage im Raum heraus. Die primären motorischen Areale senden ihre Kommandos

die dasselbe Objekt bearbeiten, vorübergehende „Koalitionen“ ein und führen gemeinsam synchronisierte Schwingungen mit einer Frequenz von 40 Hertz aus. Neuronen, die Informationen von verschiedenen Objekten codieren, schwingen hingegen nicht synchron.

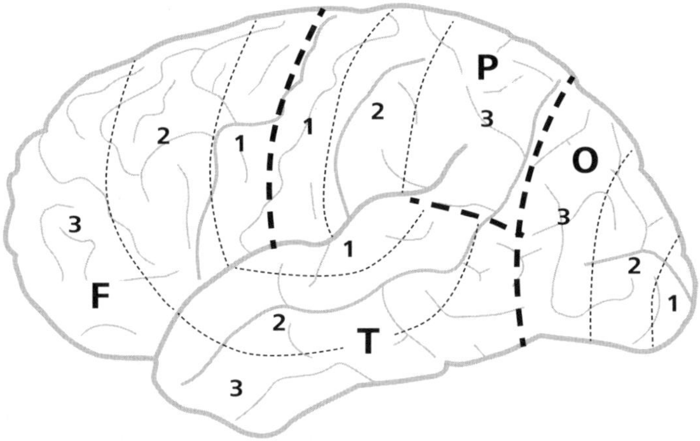

Die primären sensorischen Cortices mit ihren sekundären und tertiären Assoziationsarealen:
F = Frontallappen: primärer (1), sekundärer (2) und tertiärer (3) motorischer Cortex
P = Parietallappen: primärer (1), sekundärer (2) und tertiärer (3) sensorischer Cortex
T = Temporallappen: primärer (1), sekundärer (2) und tertiärer (3) auditorischer Cortex
O = Occipitallappen: primärer (1), sekundärer (2) und tertiärer (3) visueller Cortex

direkt an die motorischen Neuronen, welche die Muskeln und damit die Bewegungen einzelner Gliedmaßen steuern. Lebewesen mit überwiegend primären Cortexarealen sind rein sensomotorisch ausgerichtet und konzentrieren sich auf das Wahrnehmen und umgehende Reagieren. Die sekundären Cortexareale, die jeder Hauptsinnesmodalität zugeordnet sind, sind zwei Synapsen von der Außenwelt entfernt. Sie empfangen ihre Daten in erster Linie aus dem primären sensorischen Cortex, schicken ihrerseits Signale an diesen zurück und bilden mit ihm ein differenziertes Netz reziproker Verbindungen. Die sekundären sensorischen Areale integrieren die Daten aus dem primären Cortex zu höheren Ordnungen des Erkennens, beim Menschen zum Beispiel von Objekten und Gesichtern. Sie erkennen akustische Muster wie musikalische Themen oder gesprochene Sprache. Der sekundäre motorische (prämotorische) Cortex ist dem primären motorischen Cortex vorgeschaltet. Er überwacht ganze Bewegungsabläufe sowie Handlungspläne und stimmt das Handeln auf den jeweiligen Kontext ab.

Die tertiären Areale haben weder zu den peripheren Nerven noch zum primären Cortex direkte Verbindungen, sie sind vom unmittelbaren Einfluss der Außenwelt komplett abgeschnitten und von der Außenwelt am meisten entfernt. Sie sind nur mit dem sekundären Cortex, von dem sie eine große Menge an sensorischen und motorischen Daten aufnehmen, und mit anderen tertiären Regionen sowie mit subcorticalen Abschnitten des Gehirns (zum Beispiel Neocerebellum, limbisches System, Hippocampus) verbunden. Die tertiären Areale, vor allem im Stirn, Schläfen- und Scheitellappen, die das menschliche Gehirnvolumen dominieren, operieren jenseits der Sinnesmodalitäten, also modalitäts- und domänenübergreifend. Sie lenken und überwachen kognitive Prozesse, indem sie Impulse an die sekundären Areale zurücksenden. M. Donald, 2008, S. 179-182 und 197.

Wolf Singer hat als einer der ersten diese Schwingungen beobachtet.[166] Es handelt sich um relativ hochfrequente Gehirnwellen im Bereich der sogenannten Gammawellen[167]. Singer vermutet, dass die 40-Hertz-Oszillationen einen Bindungsmechanismus darstellen könnten, über den mehrere gleichzeitig aktive neuronale Schaltkreise durch ihre gemeinsame rhythmische Aktivität in Verbindung treten. Am eindeutigsten sind diese Rhythmen im visuellen System nachzuweisen, in dem Farbe, Form und Bewegungsmuster eines Reizes typischerweise drei recht unterschiedliche Regionen des visuellen Gehirns aktivieren, die infolge des Bindungsprozesses jedoch genau dasselbe zeitliche Oszillationsmuster aufweisen. Durch die gemeinsame Frequenz hebt sich der Schaltkreis als Gesamtheit von allen konkurrierenden Neuronen ab, die in ihren jeweils eigenen Rhythmus feuern und nicht Teil des im Gleichklang schwingenden Zellverbandes sind. Die 40-Hertz-Oszillationen halten nur so lange an, wie die Aufmerksamkeit sich auf das Objekt richtet, und scheinen in dem übergreifenden neuronalen Schaltkreis, der das Objekt erfasst, einen temporären Zusammenhalt herzustellen. Die einfachsten Formen der Bindung, die zum Beispiel der Abgrenzung von zwei Punkten im Raum zugrunde liegen, kommen noch ohne Aufmerksamkeit aus. Doch schon der einfachste Akt der Objekterkennung setzt – das fanden Francis Crick und Christof Koch heraus – eine aktive Zuwendung der Aufmerksamkeit voraus. Komplexe Bindungs-

166 Die 40-Hz-Synchronisierung entspricht – das zeigte Wolf Singer in den 1980er-Jahren – der visuellen Stimuluserkennung im Sehzentrum von Katzen. In weiteren Experimenten erwiesen sich die 40-Hz-Gamma-Kohärenzen als elektrophysiologisches Korrelat von Bewusstseinsprozessen beziehungsweise von bewussten Denkprozessen, wie gerichteter Aufmerksamkeit, Gesichter- und Spracherkennung, Aufgabenerfüllung, Arbeitsgedächtnis und Träumen. Die 40-Hz-Oszillation fällt in Vollnarkose weg, könnte also ein Korrelat von Bewusstsein sein. Die Gammawellen korrelieren übrigens nicht mit den Spikes an den Axonen, sondern mit einer postsynaptischen Aktivität an den Dendriten, also einer Aktivität, die nach der Informationsübertragung einsetzt. Die Gamma-Synchronität wird über die dendrodendritischen Verbindungen („gap junctions“) von corticalen Interneuronen fortgeführt, die sich wie ein einziges Neuron, ein Hyperneuron, verhalten, da sie eine Membran teilen und synchron feuern. Die Zahl der „gap junctions“ nimmt im Laufe der Entwicklung jedes Lebewesens ab. Im erwachsenen Gehirn sind sie nicht lokal fixiert, sondern entstehen und verschwinden. Nach Stuart Hameroff könnten die „gap junctions“ durch ihre Wiedergabe der Gamma-Synchronität das neuronale Korrelat des Bewusstseins darstellen. M. Friedrich, 2008: „Vom Neuron zum Qubit. Auf den Spuren des Bewusstseins“, Marburg: Tectum, S. 35-36.

167 Im Elektrorenzephalogramm (EEG) bezeichnet man als Gammawellen die Schwingungen von mehr als 25 Hz (Deltawellen: unter 4 Hz, Thetawellen: 3,5 bis 8 Hz, Alphawellen 8 bis 13 Hz, Betawellen 14 bis 30 Hz). Die von Singer beschriebene Gamma- Oszillation soll aus Feldpotenzialen zwischen 30 und 70 Hz bestehen, die aus lokalen und globalen Gehirnfeldern stammen und zu 40 Hz kohärieren.

prozesse scheinen somit in jedem Fall durch den Suchscheinwerfer der selektiven Aufmerksamkeit gesteuert.[168]

Im Kapitel über Aufmerksamkeit und Enkulturation wies ich darauf hin, dass wir von einer Sache bereits ein gewisses Maß an Kenntnis haben müssen, bevor wir unsere Aufmerksamkeit auf diese Sache ausrichten können. Das bedeutet: Ein Perzept dieser Sache muss schon irgendwann einmal in unserem Arbeitsspeicher vorhanden gewesen sein; die der Sache zuzuordnenden, aber in unterschiedlichen Modulen in verschiedenen Hirnregionen und unterschiedlich schnell ablaufenden sensorischen Elementarprozesse (wie Analyse von Farbe, Form, Bewegung und Orientierung) müssen in der Vergangenheit bereits irgendwie perzeptuell verbunden gewesen sein. Aufmerksamkeit und Wahrnehmung bedingen sich folglich gegenseitig und entwickeln sich von Geburt an gemeinsam: Wenn ein Kind geboren wird, ist sein rund 350 Gramm schweres Gehirn noch kaum strukturiert, während die Entwicklung zum Beispiel des Affenhirns bei der Geburt schon fast abgeschlossen ist. Beim Menschen kommt es nach der Geburt in den ersten vier Lebensjahren zu einer Verdreifachung des Gewichts (das erwachsene Gehirn wiegt dann zwischen 1.300 und 1.500 Gramm).[169]

Das Neugeborene kann folglich noch nicht über eine gerichtete Steuerung seiner Aufmerksamkeit verfügen. Es stehen ihm aber viele Verknüpfungsmöglichkeiten zwischen den in seinem Gehirn im Überfluss[170] angelegten Nervenzellen zur

168 Wolf Singer, Francis Crick und Christof Koch zitiert nach M. Donald, 2008, S. 196. Viele Wissenschaftler sind mittlerweile der Auffassung, dass die beschriebenen Bindungsschaltkreise wesentlich für bewusste Erfahrungen sein könnten.

169 A. Friederic, 1997: „Bewusstsein ist eine Frage der Definition“, in: Ulrich Schnabel und Andreas Sentker: „Wie kommt die Welt in den Kopf? Reise durch die Werkstätten der Bewusstseinsforscher“, Hamburg: Rowohlt, S 71. Manfred Spitzer (2008: „Pubertät im Kopf“, in: Nervenheilkunde 27, S. 674-678) weist unter Berufung auf neuroanatomische Studien von Paul Flechsig (1920: „Anatomie des menschlichen Gehirns und Rückenmarks auf myelogenetischer Grundlage“, Leipzig: Thieme) darauf hin, dass bei der Geburt zwar schon alle Nervenzellen und Nervenfasern vorhanden sind, jedoch die Nervenscheiden noch kaum myelinisiert (mit einer die Impulsübertragung verbessernden Fettschicht umhüllt) seien. Das Gehirn des Neugeborenen ist folglich nicht nur in kognitiver, sondern auch in neurobiologischer Hinsicht unreif. So wird zum Beispiel der präfrontale Cortex erst bei Erwachsenen voll myelinisiert. M. Donald (2008, S. 224): „Was kognitive Prozesse angeht, beginnt das Gehirn des Neugeborenen fast am Nullpunkt.“ Wenn Gehirn und Geist in die Welt treten, seien sie „als ein Fundus von Möglichkeiten in ein Meer des Chaos geworfen“.

170 Gerald Edelman (zitiert nach J. Searle, 2006: „Geist. Eine Einführung“, Frankfurt/M.: Suhrkamp, S. 214, Original 2004: „Mind. A Brief Introduction“, New York: Oxford University Press) zufolge sterben von dem Überfluss an Neuronen nach der Geburt bis zu 70 Prozent, nämlich die schlecht

Verfügung. Das hat den Vorteil, dass das Kind während seiner Gehirnentwicklung zahllose Umweltreize erhält. Jedes Neugeborene zeigt zudem eine ungerichtete Spontanmotorik seiner Gliedmaßen und Augen. Wenn ein Neugeborenes zum Beispiel mit seinen Händchen gestikuliert, wird dieses noch mehr oder weniger zufällige motorische Aktivitätsmuster von angeborenen Netzwerken von Nervenzellen ausgelöst. Gelingt es dem Säugling irgendwann zufällig, ein Glöckchen zum Erklingen zu bringen oder sogar zu ergreifen (wobei ihm sein ebenfalls angeborener Greifreflex zugutekommt), dann finden Rückkoppelungen über seine Sinnesorgane (Augen, Ohren, Tastsinn) an seinen Hirnstamm statt.[171]

Rückkopplungsvorgänge sind ein zentraler Bestandteil der Theorie der Selektion neuronaler Gruppen von Gerald Edelman. Diese Theorie soll erklären, wie es anatomisch getrennten (über das Gehirn verteilten) Nervenzellenverbänden (Modulen) gelingt, vorübergehend Koalitionen zu bilden und funktionell zusammenzuwirken, um ihre zunächst sowohl räumlich als auch zeitlich noch unkoordinierte Erfassung der Einzelmerkmale eines Objektes oder Ereignisses zu einem multimodalen[172] Perzept zu verbinden. Zwischen den Nervenzellenverbänden in Thalamus und Cortex, die an der ganzheitlichen Objekterkennung beteiligt sind, nimmt Edelman parallel verlaufende und zugleich „reentrante" (am Ursprungsort wieder eintretende) Nervenverbindungen an, die nach verschiedenen Zwischenschritten an der ursprünglichen Neuronenkarte[173], von der sie ausgingen, wieder eintreffen.[174]

angepassten Neuronen, ab. Die überlebenden Neuronen schließen sich zu größeren Verbänden oder auch Karten („maps") zusammen und wachsen zu globalen Kartennetzwerken heran.

171 Positronen-Emissions-Tomografie-Bilder (PET-Scans) von Gehirnen von Säuglingen zeigen nur im Hirnstamm und Hypothalamus sowie im somatosensorischen und cingulären Cortex Aktivität. Einige Monate später zeigen auch der ventromediale Schläfenlappen und die Amygdala Aktivität. A. Damásio, 2000: „Ich fühle, also bin ich. Die Entschlüsselung des Bewusstseins", List Verlag, S. 320. Original 1999: „The Feeling of What Happens. Body and Emotion in the Making of Consciousness", New York: Harcourt Brace.

172 Multimodal bedeutet: Information aus mehreren Sinnessystemen beinhaltend beziehungsweise verschiedene Sinnesmodalitäten übergreifend.

173 Karten („maps") sind Projektionen der Körperoberfläche oder des Sehraums auf die entsprechenden Felder des Cortex. Wir können im dem hier vorliegenden Zusammenhang die Karten auch als kognitive Module ansehen.

174 Gerald Edelman sieht sich selbst als „neuronalen Darwinisten": Bewusstsein sei evolutionär entstanden; bestimmte Neuronengruppen würden auf verschiedenen Organisationsniveaus vorteilhaft selektiert. Bewusstsein sei einfach eine besondere Form von physikalischem Geschehen, das sich aus der Struktur, das heißt der spezifischen biologischen Morphologie des Gehirns, ergebe. Diejenigen Synapsenverbände, die den Anforderungen von Bewertungssystemen (die Kerne des Hirnstamms und Hippocampus einschließen und die Aufmerksamkeit steuern) entsprechen, hätten eine größere

Bei den reentranten (man spricht auch von rekurrenten) Nervenverbindungen handelt sich von der neurophysiologischen Funktion her um neuronale Rückkoppelungsschleifen, in denen kreisende Erregungen zwischen den am aktuellen Perzept beteiligten Neuronengruppen über einen gewissen Zeitraum fortbestehen und die Aktivität dieser Neuronengruppen synchronisieren können (erkennbar an der gemeinsamen 40-Hertz-Oszillation und am simultanen Aufleuchten der beteiligten Regionen im Hirnscan). Die gleichzeitige Erregung einer spezifischen Koalition von Nervenzellenverbänden codiert ein spezifisches Perzept von einem Objekt oder Ereignis.

Wenn Koalitionen von Nervenzellengruppen gleichzeitig (über ihre reentranten Nervenbahnen) aktiv sind (man sagt auch: sie „feuern" gemeinsam), dann verstärken sich auch die synaptischen Verbindungen, die an dieser gemeinsamen Aktivität beteiligt sind. Das ist der Inhalt der Assembly-Theorie („cell assemblies" = funktionell zusammenwirkende Nervenzellenverbände) von Donald Hebb: Wenn zwei Nervenzellen über eine Zeit hinweg gemeinsam feuern, setzen Wachstums- und Stoffwechselprozesse in der Weise ein, dass das gemeinsame Feuern in Zukunft erleichtert wird.[175] Hebbs Theorie liefert eine Erklärung dafür, wie sich das Gehirn merken kann, welche Sinneseindrücke und gegebenenfalls Willkürhandlungen funktionell zusammengehören. Schritt für Schritt bilden sich auf der Grundlage des hebbschen Mechanismus immer präzisere Perzepte aus. Die erhöhte Bereitschaft von Nervenzellen, bei bestimmten Reizkonstellationen temporär spezifische Koalitionen einzugehen und gemeinsam zu feuern, ist das neurobiologische Korrelat von Wahrnehmungserwartungen. Je besser diese Wahrnehmungserwartungen eingeübt (die synaptischen Verbindungen verstärkt) sind, desto besser gelingt es auch dem Säugling, die Vielzahl von Sinneseindrücken zu zunehmend kohärenten multimodalen Einheiten, zu immer differenzierteren Gesamtbildern von Objekten und Ereignissen perzeptuell zusammenzubinden und auch seine Aufmerksamkeit auf diese Objekte oder Ereignisse auszurichten. Umgekehrt gibt es keine brauchbare

Chance, in die Generierung künftigen Verhaltens einbezogen zu werden. Edelman zitiert nach Marion Friedrich, 2008: „Vom Neuron zum Qubit. Auf den Spuren des Bewusstseins", Marburg: Tectum, S. 97-100.

175 Donald Hebb stellte diese Gedanken schon 1949 in seinem Buch „The Organization of Behavior" vor, zitiert nach Gerhard Roth, 1996: „Das Gehirn und seine Wirklichkeit. Kognitive Neurobiologie und ihre philosophischen Konsequenzen", Frankfurt/M.: Suhrkamp, S. 237-238. Die hohe Anpassungsfähigkeit der Synapsen gilt als wesentlicher Faktor, der die besondere Neuroplastizität des menschlichen Gehirns begründet. Dazu gehört auch, dass die synaptischen Verbindungen zwischen Nervenzellen langfristig geschwächt werden können, wenn sie nicht gemeinsam aktiv sind.

Aufmerksamkeitsausrichtung und Objekt- beziehungsweise Ereigniserkennung, solange der Säugling noch keine perzeptuellen Bindungsroutinen erlernt hat. In den Kapiteln über das Lernen und das Gedächtnis wird uns Hebbs Assembly-Theorie erneut beschäftigen.

Jetzt sollen uns noch einmal die schon erwähnten 40-Hertz-Oszillationen beschäftigen, welche das synchrone und verbindende Feuern von Nervenzellenverbänden („cell assemblies"), die auf die verschiedenen Eigenschaften eines Objekts spezialisiert sind, widerspiegeln. Der Thalamus steuert dabei die serielle Aufmerksamkeit (zum Beispiel im visuellen Feld) auf ein hervorstechendes Objekt nach dem anderen und hilft, die Koalition der für diesen visuellen Input zuständigen Neuronengruppen zu synchronisieren. Die 40-Hertz-Oszillationen entstehen – wie erwähnt – in thalamocorticalen Rückkoppelungsschleifen, die es sozusagen „technisch" möglich machen, dass die 40-Hertz-Schwingungen über eine gewisse Zeit anhalten. Das Gehirn benötigt beispielsweise zur präattentiven visuellen Informationsverarbeitung eine Mindestzeit („Rechenzeit") von 100 bis 200 Millisekunden, die der Zeitspanne des Ultrakurzzeitgedächtnisses entspricht, bevor dieses wieder zerfällt.[176] Wenn die Oszillation noch länger anhält, kann sich die Kopplungsstärke zwischen den beteiligten Nervenzellen (im Sinne von Hebbs Assembly-Theorie) verändern, denn die Verstärkung der Synapsen kann einen Zeitraum von bis zu einer Sekunde benötigen.[177]

Die Zeiträume synchronisierter neuronaler Aktivität von Nervenzellengruppen führen uns zu den „Gleichzeitigkeitsfenstern" von Ernst Pöppel. Pöppel zufolge legen Gehirne (ab einer bestimmten biologischen Entwicklungsstufe[178]) Gleichzeitigkeitsfenster von 30 bis 40 Millisekunden an. Was innerhalb dieser Spanne einläuft, werde vom Gehirn – so Pöppel – als gleichzeitig zusammenge-

176 F. Crick 1997: „Was die Seele wirklich ist: Die naturwissenschaftliche Erforschung des Bewusstseins", Hamburg: Rowohlt, S. 96-97; Original 1994: „The astonishing hypothesis. The scientific search for the soul", New York. Crick zufolge (S. 296) wird das Ultrakurzzeitgedächtnis durch kreisende Erregungen zwischen Neuronen unter anderem der Schicht 4 und 6 in V1 und Neuronen der Schicht 6 im Corpus geniculatum laterale aufrechterhalten. Wir kommen unten auf das Ultrakurzzeitgedächtnis zurück. Die notwendige „Rechenzeit" bedingt, dass das Bewusstsein der physikalischen Zeit um einige Hundert Millisekunden hinterherhinkt. Merlin Donald (2008, S. 98) weist darauf hin, dass das Bewusstsein Vorgänge von weniger als einer Zehntelsekunde so gut wie nicht registriert.

177 G. Roth, 1996, S. 237.

178 Anm. von U. B.

fasst.[179] Unter Normalbedingungen würden mehrere Gleichzeitigkeitsfenster zu einem Zeitraum von bis zu drei Sekunden zusammengefasst, sodass „die Gegenwart entsteht". Das Jetzt wäre somit kein Punkt, sondern würde eine Ausdehnung von etwa drei Sekunden besitzen. Es sieht so aus, als könnten wir bis zu dieser Grenze die Vielzahl von Wahrnehmungsereignissen zu gestalthaften Einheiten, das heißt zu ganzheitlichen Objekten oder Ereignissen, zusammensetzen und die Welt in einer seriellen Ordnung erleben. Wir haben demnach eine Art „Uhr im Kopf", die dafür sorgt, dass überall im Gehirn bekannt ist, wie spät es ist.[180]

Wenn wir Pöppel folgen, dann strömt unser Bewusstsein – anders als es uns subjektiv erscheint – nicht kontinuierlich dahin, sondern folgt aufgrund der biologischen Funktionseigenschaften unseres Gehirns einer hirneigenen Taktfrequenz. Ein Zeitfenster des Gehirns entspricht einer Oszillationsperiode, innerhalb deren die Verfügbarkeit von Information als gleichzeitig bewertet und damit die intra- und intersensorische Integration erreicht wird. Innerhalb solcher elementarer Integrationseinheiten kann keine Richtung der Zeit wahrgenommen werden. Ein zeitliches Vorher-Nachher kann erst dann wahrgenommen werden, wenn wenigstens zwei solcher Zeitfenster gegeben sind. Das System, das Gehirn, „verschluckt" gewissermaßen – wie Thomas Metzinger meint – den Verlauf der physikalischen Zeit.[181]

Die Strukturierung der raumzeitlichen „objektiven Wirklichkeit" mittels vom Gehirn angelegter Zeitfenster im Sinne Pöppels nennt Metzinger „temporale Codierung". Temporale Codierung synchronisiere – so Metzinger – die parallele Aktivität räumlich verteilter Eigenschaftsdetektoren (spezialisierter Module) und erzeuge serielle multimodale Wahrnehmungsgestalten, die er auch „repräsentationale Objekte" und „Ereignissequenzen" nennt. Nach Metzinger können wir Zeitfenster verschiedener Größe öffnen und auf diese Weise aufsteigende Hierarchien immer komplexerer repräsentationaler Ganzheiten, Szenen, Situationen und Episoden[182]

179 E. Pöppel, 1985: „Die Grenzen des Bewusstseins. Über Wirklichkeit und Welterfahrung", Stuttgart: Deutsche Verlagsanstalt, S. 40-43. Auf Seite 89 bezeichnet Pöppel den Dreisekundentakt als eine Netzwerkeigenschaft des neuronalen Gefüges. Daher könne man Ereignisse von drei Sekunden Dauer auch am exaktesten schätzen.

180 E. Pöppel, 1985, S. 56-63.

181 T. Metzinger: „Ganzheit, Homogenität und Zeitkodierung", in: T. Metzinger (Hg.), 2005: „Bewußtsein. Beiträge aus der Gegenwartsphilosophie", 5. Auflage, Paderborn: mentis, S. 613.

182 „Jede Episode setzt sich aus Hunderten von Perzepten zusammen, die durch einfachere Bindungsprozesse entstanden und zu kohärenten Blöcken verknüpft sind. Man kann dieses Verknüpfen als eine Art Meta-Bindungsprozess auffassen." M. Donald, 2008: „Triumph des Bewusstseins. Die

bilden. Mit variablen Zeitfenstern kann der Grad der Synchronisierung variiert werden, das heißt, Objekte können „mit mal dickerem und mal dünnerem Klebstoff, mal mehr und mal weniger deutlich aus dem Aktivitätshintergrund“ herausgehoben werden. Innerhalb der Zeitfenster ist die Zeit aufgehoben, sie sind in sich „atemporal“ und zeitlich homogen. Metzinger bringt die vom Gehirn erzeugte temporale Homogenität und Synchronizität innerhalb der Zeitfenster mit der noch unten zu besprechenden Homogenität manifester, subjektiv erlebter (phänomenaler) Qualitäten in Verbindung.[183]

Die von Pöppel propagierten gehirneigenen Jetztzeitfenster von drei Sekunden entsprechen in etwa der Zeitspanne, die das Kurzzeitgedächtnis erfassen kann. Selbst unter günstigsten Bedingungen sind wir außerstande, mehr als zwei bis fünfzehn Sekunden unserer Wahrnehmungserfahrung ins Kurzzeitgedächtnis aufzunehmen und innerhalb einiger Minuten wieder abzurufen. Wir haben in dieser Hinsicht den Tieren nichts voraus.[184] Mit Hilfe des Langzeitgedächtnisses und soziokultureller Memofunktionen können wir hingegen recht große Zeitfenster öffnen, die wir zudem mit anderen Menschen teilen können. Das menschliche Bewusstsein ist Merlin Donald zufolge mehr als „das vollauf mit dem aktuellen Reizangebot beschäftigte enge Aufmerksamkeitsfenster, als das wir es im Experimentallabor gewöhnlich behandeln“, es ist „ein breit angelegtes Regulierungssystem“. Das „eigentliche Wesen des Bewusstseins“ reiche „weit tiefer als der Strom der Sinneseindrücke. Die Zeitspanne und der Umweltausschnitt, die das Bewusstsein erfasst, sind im Allgemeinen wesentlich größer als in einem Erfahrungsmodus, der nur den unmittelbaren Moment oder kurze Episoden umfasst. Es entwickelt Modellvorstellungen der Wirklichkeit und erhält sie aufrecht, stellt Sinnzusammenhänge her und übt auf der mittelfristigen Zeitebene (in der Größenordnung von Stunden) eine unabhängige Kontrolle über unsere Denkprozesse aus [...].“ Das Bewusstsein überspanne als „einende Kraft [...] riesige Zeiträume und fügt die Erinnerungen an viele Ereignissequenzen zum Bildteppich eines Lebens zusammen, in dem nie ein massiver Bruch der Kontinuität eintritt und Identitätsempfinden, Orientierung in Raum und Zeit und Zielgerichtetheit niemals abhandenkommen.“ Das „zeitlich weiter ausgreifende Bewusstsein steuert auch die langsamen Symbolisierungsprozesse“, die

Evolution des menschlichen Geistes“, S. 217, Original 2001: „A mind so rare. The Evolution of Human Consciousness“, New York: W. W. Norton & Company

183 T. Metzinger, 2005, S. 611-618.

184 M. Donald, 2008, S. 19. Auf Seite 14 führt Donald aus, dass wir das Kurzzeitgedächtnis vor allem mit anderen Säugetieren, möglicherweise aber auch mit einigen anderen Tierarten teilen.

„viel Übersicht" benötigen und „unseren ausgefeilten mentalen Tätigkeiten zugrunde liegen, also etwa dem Erzählen von Geschichten, der symbolischen Interaktion mit anderen Menschen oder dem Schmieden von Zukunftsplänen".[185]

Fassen wir zusammen:

- Bei der perzeptuellen Bindung unterscheidet Merlin Donald eine schnelle Frühphase, bei der die modularen Spezialisten sofort und parallel die Einzelmerkmale eines Objekts herausarbeiten, und eine Phase von einer halben Sekunde, die der ganzheitlichen Erfassung von Objekten und Ereignissen dient und in der unterschiedlich lange Verarbeitungszeiten verschiedener Modalitäten synchronisiert werden.
- Dabei gehen die Nervenzellengruppen, die dasselbe Objekt bearbeiten, vorübergehende Koalitionen ein und oszillieren mit einer Frequenz von rund 40 Hertz.
- Die gleichzeitige Erregung einer spezifischen Koalition von Nervenzellenverbänden codiert ein einheitliches Perzept von einem Objekt oder Ereignis.
- Die Synchronisierung und gemeinsame Schwingung von anatomisch getrennten (über das Gehirn verteilten) Nervenzellengruppen ist das Ergebnis von Rückkoppelungsvorgängen und kreisenden Errregungen in reentranten (Rückkoppelungsschleifen bildenden) Nervenverbindungen zwischen den beteiligten Nervenzellen.
- Die ganzheitliche Objekterkennung setzt eine aktive Zuwendung der Aufmerksamkeit voraus. Aufmerksamkeit und Wahrnehmung bedingen sich gegenseitig und entwickeln sich von Geburt an gemeinsam.
- Wenn Koalitionen von Nervenzellengruppen über ihre reentranten Nervenbahnen gleichzeitig aktiv sind, verstärken sich ihre synaptischen Verbindungen (Donald Hebbs Assembly-Theorie).
- Die erhöhte Bereitschaft von Nervenzellen, bei bestimmten Reizkonstellationen temporär spezifische Koalitionen einzugehen und gemeinsam zu feuern, ist das neurobiologische Korrelat von Wahrnehmungserwartungen.
- Je besser Wahrnehmungserwartungen eingeübt sind, desto leichter gelingen die perzeptuelle Bindung der Vielzahl von Sinneseindrücken zu kohärenten

185 M. Donald, 2008: „Triumph des Bewusstseins. Die Evolution des menschlichen Geistes", Original 2001: „A mind so rare. The Evolution of Human Consciousness", New York: W. W. Norton & Company, S. 76, 81, 90, 98.

multimodalen Einheiten (Gesamtbildern von Objekten und Ereignissen) sowie die Aufmerksamkeitsausrichtung auf diese Objekte oder Ereignisse.

- Ernst Pöppel zufolge legt unser Gehirn kleine Gleichzeitigkeitsfenster von 30 bis 40 Millisekunden und größere Gleichzeitigkeitsfenster von bis zu drei Sekunden an, welche die Gegenwart des Gehirns repräsentieren.
- Unser Bewusstseinsstrom ist somit getaktet: Ein Gegenwartsfenster schließt sich dem vorangegangenen an, ihm folgen ein nächstes und in einer langen Reihe viele weitere. Jedes Zeitfenster entspricht einer Oszillationsperiode.
- Innerhalb der Gegenwartsfenster können wir Wahrnehmungsereignisse zu Gestalten zusammensetzen. Die Aneinanderreihung der Gegenwartsfenster lässt uns die Welt in einer seriellen Ordnung erleben.
- Thomas Metzinger zufolge können wir Zeitfenster verschiedener Größe öffnen und auf diese Weise aufsteigende Hierarchien immer komplexerer repräsentationaler Ganzheiten, Szenen und Situationen bilden.
- Die gehirneigenen Jetztzeitfenster von drei Sekunden entsprechen der Zeitspanne, die das Kurzzeitgedächtnis erfassen kann. Auf dieser Ebene scheint unser Gehirn ähnlich zu funktionieren wie das vieler Tiere.
- Wahrscheinlich ist es unter anderem unsere Fähigkeit, größere Zeitfenster zu öffnen, welche die spezifisch menschlichen Bewusstseinsformen ermöglicht.

Praktische Konsequenzen:
Wir erleben in der Regel die Vorgänge in uns selbst und das Geschehen um uns herum als eine Aneinanderreihung von mehr oder weniger kohärenten und überschaubaren Zuständen und Ereignissen, die aus der Vergangenheit kommen und sich über die Gegenwart in die Zukunft fortsetzen. Es sieht so aus, als würde diese übersichtlich und zeitlich gerichtet erscheinende Struktur unseres Erlebens dadurch möglich, dass unser Gehirn routinemäßig ständig neue Zeitfenster anlegt. Innerhalb dieser Zeitfenster kann sich die (vor allem im Wachzustand) nicht abreißende Flut neuronaler Elementarereignisse zu geordneten raumzeitlichen Strukturen verdichten. Je nach zeitlicher Ausdehnung dieser Fenster und Verfügbarkeit kultureller Kommunikations- und Memofunktionen können unterschiedliche Stufen bewusster Erfahrung erreicht werden, zum Beispiel nur einzelne umgrenzte Perzepte oder komplexe Zustände bis hin zu ganzen Ereignisketten einschließlich ihrer Kausalbeziehungen. Das bedeutet aber auch, dass unsere (zumindest komplexeren) bewussten Erfahrungen konstruierte Benutzerillusionen sind, welche aus dem Zusammenwirken von Organismus und sozialer Umwelt beziehungsweise

Gehirn und Kultur resultieren. Bernard J. Baars sieht die Konstruktionen unseres Wachbewusstseins als „eine sehr gute Näherung der wirklichen Welt“ an, die weit zutreffender ist als der unbearbeitete Input.[186] Zusätzlich haben wir dank der Sprache die Möglichkeit, unsere Wirklichkeitsversion im Austausch mit anderen Menschen zu überprüfen.

186 B. J. Baars, 1998: „Das Schauspiel des Denkens. Neurowissenschaftliche Erkundungen“, Stuttgart: Klett-Cotta, S. 179.

8. Interaktion, Lernen und die Rolle der Spiegelneuronen

Wenn unsere Welt vollkommen determiniert oder undeterminiert wäre, hätte es nach Auffassung von Ernst Pöppel[187] für Tiere und Menschen keinen Grund gegeben, irgendeine Form von individuellem Gedächtnis zu entwickeln. Das stammesgeschichtliche Gedächtnis sowie die angeborenen Reaktionen und automatischen Verhaltensweisen hätten ausgereicht, um zu überleben. Die höheren kognitiven (erkennenden) Operationen zeichnen sich aber gerade dadurch aus, dass sie nicht im Voraus programmiert worden sind. Der Erwerb neuer Verhaltensmuster und Fertigkeiten spielt im Tierreich bei der notwendigen Anpassung an die Umweltanforderungen eine große Rolle. Menschen und viele Tiere können sich durch Ausprobieren verschiedener Verhaltensprogramme und mit Hilfe kognitiver Mechanismen auf völlig neue Situationen einstellen. Das heißt, sie sind lernfähig.

Der Antrieb, mit der Welt in Kontakt zu treten, neue Erfahrungen zu machen und zu lernen, ist angeboren. Wir können ihn schon bei gesunden Jungtieren und Kleinkindern beobachten. Harald Schultz-Hencke, auf den ich unten noch genauer eingehen werde, sah diesen Antrieb als grundlegend an und bezeichnete ihn als „Intentionalität"[188]. Anfangs sind es die erwähnten, noch ganz ungerichteten Instinktbewegungen und Reflexe, die es – so rudimentär und primitiv sie auch sind – den vollkommen hilflosen neugeborenen Menschen- und Menschenaffenkindern ermöglichen, mit ihrer Umwelt in eine Interaktion zu treten und mit ihrem Verhalten Wirkungen zu erzielen. Zum Beispiel ruft das anfangs noch völlig ungerichtete Schreien des Säuglings die Mutter herbei. Bevor Menschenbabys die Gegenstände in ihrer Umwelt „begreifen" und „Begriffe" für sie verwenden können, müssen sie – ich habe Jean Piaget schon im Kapitel über das funktionale Verhalten in dieser Weise zitiert – erst einmal ausgiebigen praktisch-motorischen Umgang mit ihnen haben. So ist gemäß Piagets Entwicklungspsychologie der erste Lebensmonat im Wesentlichen mit der Übung der angeborenen Reflexe ausgefüllt. Im zweiten bis vierten Lebensmonat treten erste bedingte Reflexe und Gewohnheiten auf, die Piaget als Folge zufälliger, überwiegend noch auf den eigenen Körper bezogener

187 E. Pöppel, „Die Grenzen des Bewusstseins. Über Wirklichkeit und Welterfahrung"; Deutsche Verlagsanstalt, Stuttgart 1985, S. 89.

188 Der schon in der Scholastik gebräuchliche Begriff „Intentionalität" wurde durch Franz von Brentano für die neuere Philosophie wiederbelebt. Er hat durch Harald Schultz-Hencke auch Einzug in die psychoanalyische Terminologie gefunden. Eine ausführlichere Erläuterung findet sich im Online-Glossar.

Verhaltensweisen ansieht (wie zum Beispiel Daumenlutschen), die sich bewähren und durch permanente Wiederholung konserviert und stabilisiert werden. Außerdem lernt der Säugling in diesem Stadium, sein Sehen und Greifen zu koordinieren.[189]

Menschen und Menschenaffen müssen sich – anders als viele andere Spezies – fast alle motorischen, kognitiven, kommunikativen und sozialen Fähigkeiten nach der Geburt mühsam erwerben. Im vorangegangenen Kapitel erwähnte ich, dass das Gehirn des neugeborenen Menschenkindes noch völlig unreif ist. Die vegetative Steuerung funktioniert zwar schon, und es gibt die angeborenen Reflexe und ungerichteten Spontanbewegungen, die von vorvernetzten Neuronen im Hirnstamm und Rückenmark ausgehen, aber das Gros der im Überfluss vorhandenen Nervenzellen muss erst noch angemessen vernetzt und die synaptischen Verbindungen dieser Nervenzellen müssen erst noch trainiert werden. Die erste Verbindung mit der Außenwelt, der „Wirklichkeit", sind ungerichtete Spontanbewegungen des Neugeborenen. Durch diese angeborene Interaktion des Säuglings mit seiner Umwelt werden die ersten Rückkoppelungsschleifen ausgebildet: Bewährt sich ein Bewegungsmuster, werden die Synapsen der beteiligten Nervenzellen verstärkt. Die Wahrscheinlichkeit, dass diese neuronale Karte wiederholt wird, steigt. Bei gescheiterten Bewegungen dagegen werden die Synapsenverbindungen geschwächt.[190]

So finden die ersten neuronalen Gruppenselektionen[191] statt. Immer mehr Nervenzellen werden dank reentranter Rückkoppelungsschleifen in die Lage versetzt, gemeinsam mit einer Frequenz von 40 Hertz zu oszillieren und so ihre Aktivität zu synchronisieren. Durch die Synchronisierung werden neuronale Ereignisse in räumlich voneinander getrennten Gebieten im Gehirn miteinander korreliert und zu zunehmend komplexeren, differenzierteren und ganzheitlicheren

189 F. Buggle, 1993: „Die Entwicklungspsychologie Jean Piagets", 2. überarb. Aufl., Stuttgart: Kohlhammer, S. 51.

190 Nach Wolf Singer (1997: „Der Beobachter im Gehirn", in: H. Meier, D. Ploog, [Hg.]: „Der Mensch und sein Gehirn. Die Folgen der Evolution", S. 60) geht etwa ein Drittel der ursprünglich angelegten Nervenverbindungen unter.

191 Gerald Edelman und Giulio Tononi (1997: „Theorie der neuronalen Gruppenselektion", in: H. Meier, D. Ploog [Hg.]: „Der Mensch und sein Gehirn. Die Folgen der Evolution", S. 196-198) nennen drei fundamentale Mechanismen der Selektion von neuronalen Gruppen: 1. Variation und Selektion in der Entwicklung durch Zellteilung, -adhäsion und -migration, 2. Selektion durch erfahrungsabhängige Veränderung der synaptischen Verbindungen und 3. reziproke, reentrante Koppelung zwecks bidirektionalen oder rekurrenten Signalaustauschs zwischen Neuronen verschiedener Projektionsfelder.

Perzepten von Gegenständen, Personen oder Ereignissen verbunden.[192] Die gespeicherten Perzepte führen zu präziseren Wahrnehmungserwartungen und verbessern die Aufmerksamkeitssteuerung sowie die auf diese Perzepte gerichtete Motorik. Eine verbesserte Aufmerksamkeitssteuerung und Motorik erleichtern wiederum die Wahrnehmung und perzeptuelle Bindung. Je mehr Sinnesinformation zu sinnvollen Perzepten zusammengefasst und mit funktionaler Motorik verbunden werden kann, desto wirksamer kann der Säugling mit seiner Umwelt interagieren und seine Bedürfnisse befriedigen. Wenn ein Säugling zum Beispiel wiederholt die Erfahrung macht, dass auf sein Schreien hin die Mutter erscheint, lernt er aufgrund dieser rudimentären „Wirksamkeitserfahrung“ allmählich, sein Schreien gezielt zur Befriedigung seiner Bedürfnisse einzusetzen. Selbstwirksamkeit und Bedürfnisbefriedigung wiederum sind wichtige Lernmotivatoren.

Lernen zeigt sich generell in einer anhaltenden Veränderung des Verhaltens gegenüber speziellen Reizen oder Reaktionen aufgrund vorausgegangener Erfahrung mit ähnlichen Reizen oder Reaktionen.[193] Der primitivste Lernvorgang ist die Gewöhnung oder Habituation, das heißt das Uninteressantwerden desselben Reizes bei Wiederholung. Es handelt sich um einen nicht assoziativen Lernprozess, der auch bei Schnecken oder Seegurken vorkommt.[194] Die Lernvorgänge, die im Zusammenhang mit dem Bewusstsein interessant sind, sind assoziativ, das heißt mit der Herstellung oder Veränderung von neuronalen Verbindungen im Gehirn verbunden. Assoziationen sind Verbindungen im Gehirn, die von einem Ding zum anderen führen. Eine Erfahrung wird mit einer anderen assoziiert (= verbunden). Die vom Säugling zu leistende Ausbildung von Perzepten durch Zusammenbinden von ganz unterschiedlichen Sinneseindrücken zu ganzheitlichen Gestalten ist – wie ich oben ausgeführt habe – ein solcher Lernvorgang, der neurobiologisch auf der Ausbildung und Verstärkung von Verbindungen zwischen Nervenzellen beruht.

192 Wolf Singer (1997, ebd. S. 45, 54, 59) zufolge sind einzelne Neurone im Gehirn an der Repräsentation mehrerer Merkmale beteiligt. Eine Zelle kann also zu verschiedenen Zeitpunkten Mitglied unterschiedlicher, sich überlappender Neuronenpopulationen werden. Sie muss daher ihre funktionellen Partner sehr schnell wechseln können. Vermutlich erreicht das Gehirn die schnelle Synchronisierung über große intracerebrale Entfernungen hinweg, indem es die im Überschuss angelegten neuronalen Verbindungen nach passender Leitungsgeschwindigkeit auswählt.

193 M. Domjan, 2003: „Principles of learning and behavior“, 5th edition. Belmont: Thomson/ Wadsworth, S. 13.

194 F. Crick, 1997: „Was die Seele wirklich ist: Die naturwissenschaftliche Erforschung des Bewusstseins“, Hamburg: Rowohlt, S. 93, Original 1994: „The astonishing hypothesis. The scientific search for the soul“, New York: Scribner.

Es gibt in der individuellen Entwicklung (Ontogenese) von Lebewesen angeborene Phasen, die besonders „sensibel“ sind und in denen die Bereitschaft des Gehirns, eng begrenzte Inhalte besonders schnell, effektiv und unwiderruflich zu lernen, besonders hoch ist. Das Lernen in diesen Phasen wird „Prägung“ genannt. Es findet statt, ohne dass Belohnung oder Bestrafung eine Rolle spielen. Prägungen sind irreversibel und später nicht nachholbar. Das Gelernte wird auf Lebenszeit behalten; zumindest werden die durch Prägung erworbenen Auslöser auf Dauer bevorzugt. Es gibt grundsätzlich zwei Prägungsformen: Bei der „Objektprägung“ wird das Tier auf ein bestimmtes Objekt geprägt, etwa auf einen Artgenossen. Bei der „motorischen Prägung“ eignet sich das Tier bestimmte Bewegungsabfolgen an. Ein Beispiel dafür ist der Gesang bei manchen Vogelarten. Durch Konrad Lorenz wurde besonders die „Nachfolgeprägung“ bei Gänsen bekannt: Die Küken müssen nach dem Schlüpfen erst lernen, wer ihre Mutter ist. Im Experiment mit Küken, die im Brutbehälter von allen Geräuschen isoliert schlüpfen, kann man die Küken in Minutenschnelle auf einen Fußball oder – wie es Lorenz, der „Vater der Graugänse“, tat – auf einen Menschen prägen.[195] Bei der Prägung wird ein Schlüsselreiz im Gehirn fest mit einem Verhaltensprogramm „verdrahtet“.

Auch bei Menschen sprechen wir von „Prägung“, wenngleich aufgrund der hohen Plastizität des menschlichen Gehirns und der starken lebenslangen Beeinflussung des Menschen durch sein soziokulturelles Umfeld die Unwiderruflichkeit der Prägung nicht mit der von Tieren zu vergleichen ist. Den Begriff „Prägung“ wenden wir in Bezug auf Menschen im Sinne einer hohen Stabilität des einmal Erlernten an. Es gibt genetisch festgelegte sensible Perioden in der Entwicklung, in welchen das Kind für bestimmte Reize und den nachhaltigen Erwerb bestimmter Verhaltensweisen, die später nur schwer wieder verändert werden können, besonders empfänglich ist. Prägungsähnliche Lernprozesse sind beispielsweise der Spracherwerb (unter anderem das Lernen bestimmter Phoneme).[196] Der Erwerb der Muttersprache erfolgt scheinbar beiläufig und absichtslos. Patricia Kuhl hat in

195 Neben der Nachfolgeprägung wird unter anderem die Prägung der Präferenz für den Sexualpartner (zum Beispiel wurden Zebrafinken auf japanische Möven geprägt), die Prägung auf den eigenen Nachwuchs (zum Beispiel bei Ziegen), die Orts- oder Biotopprägung (unter anderem bei Lachsen und Meeresschildkröten) und die Nahrungsprägung (Bevorzugung bestimmter Nahrungsmittel nach unter Umständen nur einmaligem Genuss) beschrieben. D. Franck, 1985: „Verhaltensbiologie, Einführung in die Ethologie“, Stuttgart: Thieme.

196 R.Oerter, L. Montada (Hg.), 1995: „Wege in die Entwicklungspsychologie“, Band 1. Kindheit und Jugend, Weinheim: PVU, S. 1-42.

einer Reihe von Untersuchungen belegt[197], wie bereits Säuglinge Sprachlaute anhand der relativen Häufigkeit ihres Auftretens identifizieren und auf die Weise die Grundbausteine ihrer Muttersprache kennenlernen, und zwar lange bevor sie deren Bedeutung verstehen. Diese Art des Lernens, das wir zum Beispiel auch beim Erwerb motorischer Fähigkeiten wie der, aufrecht zu gehen, finden, wird in der Psychologie als „privilegiertes Lernen" bezeichnet. Die Abfolge der einzelnen Lernschritte wird beim privilegierten Lernen durch genetisch festgelegte Lernprogramme gesteuert. Dauerhafte assoziative Verbindungen im Gehirn lassen sich in den privilegierten Perioden besonders leicht herstellen.

Weitere Beispiele für sensible Phasen in der Ontogenese des Kindes sind zum Beispiel die Entwicklung von Intentionalität (Grundinteresse an der Welt), Urvertrauen, Reinlichkeitserziehung, Verzichtenlernen, Hergebenlernen, Beherrschung von Aggression, Autonomieentwicklung, Hingabe, Fürsorge, Verantwortung, Einstellung zur Sexualität, möglicherweise auch der Erwerb von Lernfähigkeit und Intelligenz insgesamt sowie von Musikalität. Den Erziehern fällt die Aufgabe zu, diese Zeitfenster zu nutzen, also einerseits das Kind nicht zu früh zu überfordern, aber auch nicht den geeigneten Zeitraum zu verpassen, Forderungen zu stellen und Grenzen zu setzen. Es gibt optimale Perioden für das Lernen, das sind längere Zeitspannen, in denen ein Kind auf gewisse Aspekte der Umwelt (etwa schichtspezifische Rollenverpflichtungen) besonders bereitwillig reagiert. Auch im weiteren Verlauf des Lebens bis ins hohe Alter werden wir mit Situationen oder Zeiträumen konfrontiert, die optimale Lernvoraussetzungen bieten. In der Psychotherapie sprechen wir von Entwicklungsaufgaben. Die optimalen Lernbedingungen während der Entwicklungsaufgaben sind allerdings nicht genetisch, sondern durch soziokulturelle Umstände (Eintritt in Berufsleben, Familiengründung, Berentung und ähnliche Herausforderungen) bedingt.

Das meiste lernen wir – wie die Muttersprache oder das Laufen – implizit. Implizites Lernen (und Wissen) zeichnet sich gegenüber explizitem Lernen dadurch aus, dass es nicht unter der aktiven Anwendung von Lernstrategien erfolgt und seine Inhalte nicht explizit gelehrt werden. Rolf Oerter[198] definiert implizites Lernen als nicht intentionales, nicht bewusstes und nicht verbalisierbares Lernen,

197 Unter anderem in: P. Kuhl, B. Conboy, D. Padden, T. Nelson, J. Pruitt, 2005: „Early speech perception and later language development: Implications for the 'critical period'", Language Learning and Development, 1, S. 237-264.

198 R. Oerter: „Einleitung zu 'Lernen en passant – implizites Lernen'", in: Unterrichtswissenschaft 3/2000, S. 194-196.

das auf einer unwillkürlichen Aufmerksamkeit beruht. Dieses implizite Lernen führt meist zu erfolgreichem Handeln und praktischer Handlungskompetenz[199], ohne dass man genau erklären kann, warum man genau so und nicht anders handelt. Das so erworbene implizite oder stille Wissen (englisch: „tacit knowledge"[200]) befähigt uns zum Beispiel, gesellig, humorvoll, anziehend, vertrauenerweckend, einfühlsam oder charismatisch zu sein. Implizites Lernen bewirkt keine explizite Regelkenntnis, sondern eine mehr gefühlsmäßige, ganzheitliche Reizverarbeitung, Situationserfassung und Gestaltwahrnehmung. Das Ergebnis sind Intuition und Gespür, Einfühlung und Improvisationsvermögen, nicht aber formalisierbare oder technisierbare Fähigkeiten, die man explizit und seriell (tue das und dann das) lehren könnte. Will man implizites Wissen vermitteln, muss man es vor allem immer wieder modellhaft und live vorführen.

Implizite Lernvorgänge finden auch statt, wenn wir uns neuen komplexen Situationen aussetzen, zum Beispiel in eine fremdartige Kultur reisen oder eine neue Beziehung eingehen. Wir lernen auf Reisen sehr viel Neues, worüber wir später den Daheimgebliebenen berichten können, ohne dass wir uns bewusst vorgenommen hätten, genau dieses oder jenes zu lernen. In gewisser Weise passiert bei einer Reise das, was auch ein Kleinkind erlebt, wenn es in seiner Welt aufwächst. All das Neue weckt auf natürliche Art seine/unsere Aufmerksamkeit und bewirkt eine anstrengungslose Konzentration, welche die Voraussetzung für jede Art von Lernen ist. Nicht bewusst intendiertes Lernen ist also keineswegs unaufmerksam. Implizit lernen wir nicht nur als Einzelne, sondern auch als Familien, Organisationen und Völker.

Je komplexer und undurchschaubarer die moderne Umwelt wird, in der wir zurechtkommen müssen, desto weniger ist diese Welt rational und regelhaft fassbar und desto mehr praxisbezogene Bedeutung kommt dem interaktiven impliziten Lernen in natürlichen Lernumgebungen zu (Learning by Doing, projektorientiertes Lernen, Lernen am Modell, Lernen von Sozialverhalten, Nachahmung des

199 G. H. Neuweg: „Mehr Lernen als man sagen kann: Konzepte und didaktische Perspektiven impliziten Lernens", in: Unterrichtswissenschaft 3/2000, S. 198-199.

200 Der Begriff des impliziten Wissens geht auf Michael Polanyi (1958: „Personal Knowledge", Routledge and Kegan Paul) zurück, der von „tacit knowing" im Sinne einer intuitiven Performanzregulation („knowing") sprach: „Wir wissen mehr, als wir zu sagen vermögen", und das meiste von dem, was wir wissen, können wir nicht sagen.

Lehrerverhaltens).[201] Implizites Lernen ist nicht auf den Hippocampus angewiesen, eine Großhirnstruktur an der Innen- und Unterseite der Schläfenlappen, die für das bewusste, explizite Lernen und die Überführung von Gedächtnisinhalten aus dem Kurzzeitgedächtnis in das deklarative (bewusst reproduzierbare) Langzeitgedächtnis unverzichtbar ist. So können selbst Menschen mit einer Beschädigung der expliziten Gedächtnisfunktionen noch immer implizit lernen.[202]

Das implizite Lernen hat gegenüber dem expliziten Lernen auch Nachteile. Implizit verarbeitete Information wird aufgrund der fehlenden Fokussierung der Aufmerksamkeit im Detail schlechter behalten und kann zu falschen Urteilen führen. Die Werbung bedient sich gerne dieser Form des beiläufigen Lernens, weil Konsumenten damit leichter beeinflusst werden können.[203] Der größte Nachteil des impliziten Lernens mittels der Massenmedien besteht darin, dass die Lerninhalte mangels semantischer Aufbereitung nicht in eine reflektierte Bedürfnis-, Wert- und Zielstruktur eingeordnet werden und schlimmstenfalls als unsortierter Informationsmüll (wie oft beim Fernsehen) unsere begrenzten kognitiven Kapazitäten blockieren. Individualisierungsleistungen, die in der Schule erbracht werden (kontinuierliche Wissensdiagnose, Herstellen optimaler Herausforderungsniveaus, frühzeitiges Erkennen von Lernschwierigkeiten und

201 Diese Auffassung vertritt Günther Dohmen (2001: „Das informelle Lernen. Die internationale Erschließung einer bisher vernachlässigten Grundform menschlichen Lernens für das lebenslange Lernen aller", Herausgeber: Bundesministerium für Bildung und Forschung, Referat Öffentlichkeitsarbeit, Bonn, S. 34-35).

202 Die Schädigung des Hippocampus bei Patienten mit Korsakow-Syndrom infolge chronischen Alkoholismus zeigte in Untersuchungen unter anderem zur semantischen Verarbeitung der Wortlisten eine starke Beeinträchtigung des expliziten Gedächtnisses dieser Patienten (gemessen mit direkten Gedächtnistests im Vergleich zu einer gesunden Kontrollgruppe). Die Korsakow-Patienten hatten jedoch nahezu normale implizite Lerneffekte, gemessen mit indirekten Gedächtnistests (P. Graf, L. Squire, G. Mandler, 1984: „The Information that Amnesic Patients Do Not Forget", Journal of Experimental Psychology: Learning, Memory, and Cognition 10, S. 164-178). Bei der Schädigung der Basalganglien kann hingegen noch explizit, nicht aber mehr implizit gelernt werden.

203 Die Werbepsychologie setzt dabei auf die wiederholte „kognitive Berieselung" der Adressaten und auf die Ausnutzung des „Mere-Exposure-Effektes", dessen Wirkung darin besteht, dass die pure Darbietungshäufigkeit eines Reizes die Einstellung des Adressaten gegenüber dem Reiz verbessert, also schon das wiederholte absichtslose, ja sogar unbemerkte Ausgesetztsein gegenüber einem Logo oder Markennamen genügt, um diese sympathisch zu finden, sofern keine anderen, widersprechenden Erfahrungsquellen wirksam werden. R. Zajonc, 1968: „Attitudinal effects of mere exposure", Journal of Personality and Social Psychology, Monograph Supplement, 9 (2, part 2), S. 1-27, zitiert nach Wolfgang Koschnick, 2004: FOCUS-Lexikon „Werbeplanung, Mediaplanung, Marktforschung, Kommunikationsforschung, Mediaforschung".

Bereitstellen von Hilfen), können die Massenmedien nicht leisten. Wer zum Beispiel das Fernsehen unselektiert konsumiert und/oder mit Werbung berieselt wird, lernt etwas, aber mit hoher Wahrscheinlichkeit nicht das, was er für die Lebensbewältigung benötigt.

Ein weiterer nicht bewusster assoziativer Lernvorgang ist das Priming (deutsch: „Bahnung"). Priming bezeichnet die Fähigkeit, dass wir Dinge schneller und besser wiedererkennen können, wenn wir sie zuvor nicht bewusst wahrgenommen haben: Wenn Reize in einem Experiment so präsentiert werden, dass die Versuchspersonen die Reize später nicht erinnern können, zum Beispiel aufgrund einer sehr kurzen (subliminalen) Darbietungszeit, ist die spätere Verarbeitung der gleichen oder ähnlicher Reize deutlich besser als bei einer Kontrollgruppe, welche zuvor keine bahnende Darbietung erhalten hatte. Norman Dixon und Anthony Marcel beispielsweise boten ihren Probanden Wörter wie zum Beispiel „Hund" dar, die aufgrund ihrer Darbietungskürze unter der Schwelle bewusster Wahrnehmung lagen und als bahnender Reiz („prime") dienten. Der Prime erleichterte die Identifikation von ein paar Sekunden später dargebotenen und dem Sinn nach verwandten Wörtern wie zum Beispiel „Welpe", die den Zielreiz („target") darstellten.[204]

In der Werbung wird der Priming-Effekt ausgenutzt, indem zum Beispiel zuerst ein Film gezeigt wird, in dem ein Auto durch die Wildnis fährt. Es folgen Werbungen für andere Produkte, dann kommt wieder in einem kurzen Spot das Auto, wie es durch eine belebte Stadt fährt. Erst bei einem dritten Werbefilm tauchen der Name der Automarke und des Autotyps auf. Durch diese Wiederholungen wird eine tiefere, unbewusste Verarbeitung der dargebotenen Informationen erreicht, die wiederum eine schnellere Wiedererkennung des Reizes verursacht und dazu führen soll, dass wir dieses Auto anderen vorziehen.[205]

Zu den nicht bewusst intendierten assoziativen Lernprozessen gehören auch Konditionierungen. Bei der klassischen Konditionierung[206] (Signallernen) löst ein unbedingter Reiz (zum Beispiel Essensgeruch) eine bedingte Reaktion oder

204 Zitiert nach Bernard J. Baars, 1997: „In the Theater of Consciousness. The Workspace of the Mind", New York: Oxford University Press, deutsch 1998: „Das Schauspiel des Denkens. Neurowissenschaftliche Erkundungen", Stuttgart: Klett-Cotta, S. 39.

205 Tjark Christian Freundt, 2006: „Emotionalisierung von Marken", Wiesbaden: GWV, zitiert nach Sina Kühnel, Hans J. Markowitsch, 2009: „Falsche Erinnerungen. Die Sünden des Gedächtnisses", Heidelberg: Spektrum, S. 50.

206 Zuerst beschrieben von dem russischen Physiologen Ivan Pavlov.

einen Reflex (zum Beispiel Speichelproduktion) aus. Der unbedingte Reiz wird nun mit einem bedingten Reiz (zum Beispiel einem Gongschlag) gepaart. Nach ein paar Wiederholungen reicht der bedingte Reiz (Gongschlag) aus, um den Reflex (Speichelproduktion) auszulösen. Bei der instrumentellen oder operanten Konditionierung[207] (Lernen am Erfolg) wird ein bestimmtes spontanes Verhalten mit einem bestimmten Reiz verknüpft. Zum Beispiel kann man in einer Box zwei Hebel installieren. Eine hineingesetzte Ratte erhält beim Herunterdrücken des einen Hebels Futter, beim Herunterdrücken des anderen nichts. Sie lernt schnell, denjenigen Hebel zu betätigen, der ihr Futter einbringt. In der ersten Hälfte des zwanzigsten Jahrhunderts war die Verhaltenstherapie fast vollständig von Konzepten beherrscht, welche sich auf die klassische und operante Konditionierung stützten. Seelische Krankheiten wurden im Wesentlichen als falsch gelerntes Verhalten verstanden und entsprechend behandelt. Das änderte sich erst, als Autoren wie Jean Piaget und Albert Bandura darauf bestanden, dass menschliches Verhalten nicht allein durch Reiz-Reaktions-Zusammenhänge erklärt werden kann.

Im Gegensatz zu anderen Lernpsychologen fragte sich Bandura, wie Verhaltensweisen speziell im sozialen und sprachlichen Bereich erlernt werden, und entwickelte sein Konzept des Modelllernens (beziehungsweise Imitationslernens). Der Lernende beobachtet das Verhalten anderer, das als Modell für das eigene Verhalten dient. Dazu ist es erforderlich, dass der Lernende, der bei Bandura „Beobachter" („observer") heißt, seinem Modell oder Leitbild („model") Aufmerksamkeit zuwendet. Wir erinnern uns an Merlin Donalds These, dass die Fähigkeit zur Aufmerksamkeitszuwendung ein wesentliches Ergebnis der frühkindlichen Enkulturation (Sozialisation) ist und zugleich eine wesentliche Voraussetzung dafür, dass ein Kind weitere soziokulturelle Lernprozesse vollziehen kann.[208] Bei ausreichend intensiver (ausreichend motivierter) Aufmerksamkeit („attention") wird das am Modell beobachtete Verhalten nach Bandura so im Gedächtnis gespeichert („retention"), dass es bei Bedarf schnell und problemlos abgerufen werden kann. Entscheidend für einen bleibenden Lerneffekt sind die konkrete Ausführung („performance") und die Verstärkung der beobachteten und imitierten Verhaltensweisen. Am Modell lernende Kind oder Erwachsene müssen das imitierte Verhalten aktiv umsetzen und damit gute Erfahrungen im Sinne ihrer Erwartungen (zum Beispiel

207 Von Edward Thorndike (1898) zuerst beschrieben und von John Watson und Burrhus Frederic Skinner im Rahmen des Behaviorismus weiterentwickelt.

208 Wir werden uns unten noch mit der Frage auseinandersetzen, wodurch die Ausrichtung der Aufmerksamkeit motiviert wird.

eine Belohnung oder ein Erfolgserlebnis; Bandura spricht von „external incentive") machen.

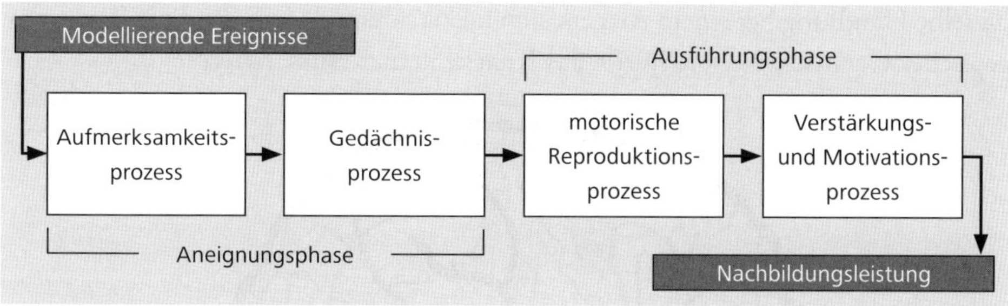

Lernen am Modell nach Bandura

Modelllernen kann implizit, also beiläufig, oder mit bewusster Absicht erfolgen. Bestimmte Voraussetzungen begünstigen es. So ist eine Ähnlichkeit zwischen Modell und Beobachter vorteilhaft. Je intensiver die emotionale Beziehung zwischen Beobachter und Modell ist, desto höher ist die Wahrscheinlichkeit der Verhaltensnachahmung. Die erwarteten Konsequenzen des modellierten Verhaltens müssen positiv sein. Personen mit einem höheren sozialen Status und mehr sozialer Macht als der Beobachter werden eher nachgeahmt als Personen mit gleichem oder niedrigerem Status und gleich viel oder weniger Macht. Das lerntheoretische Konzept des Modelllernens hat eine Reihe von Gemeinsamkeiten mit dem psychodynamischen (psychoanalytisch-tiefenpsychologischen) Konzept der Identifikation: Teilaspekte eines emotional bedeutsamen anderen, insbesondere der Eltern, werden verinnerlicht und zu Teilaspekten des eigenen Selbst(-bildes). Kinder imitieren auch überflüssige, mitunter dysfunktionale Handlungen ihrer erwachsenen Vorbilder und identifizieren sich mit negativen Teilaspekten ihrer Eltern.

Eine folgenschwere Besonderheit der Menschenkinder besteht darin, dass sie – anders als Menschenaffen – zur Überimitation ihrer sozialen Umgebung neigen, selbst dann, wenn man ihnen zuvor ausdrücklich sagt, dass dies nicht von ihnen erwartet wird.[209] Vieles spricht dafür, dass die starke angeborene Nachahmungsbereitschaft mit sogenannten „Spiegelneuronen" zusammenhängt. Die Besonderheit der äußerlich nicht von anderen Nervenzellen unterscheidbaren Spiegelneuronen liegt in ihrer besonderen Funktion: Die erst Anfang der 1990er-Jahre zufällig bei Laboraffen im

209 D. Lyons, A. Young, F. Keil, 2007: „The hidden structure of overimitation", www.pnas.org/content/104/50/19751.full.pdf+html [30.05.2013].

sogenannten F5-Areal ihres prämotorischen Cortex (der für Bewegungen zuständig ist[210]) entdeckten Spiegelneurone sind nämlich nicht nur dann aktiv, wenn diese Tiere eine bestimmte Handlung ausführen, sondern auch dann, wenn die Affen dieselbe Handlung bei einem Artgenossen beobachten oder ein für diese Bewegung typisches Geräusch, beispielsweise das Knacken einer Nuss, hören.[211]

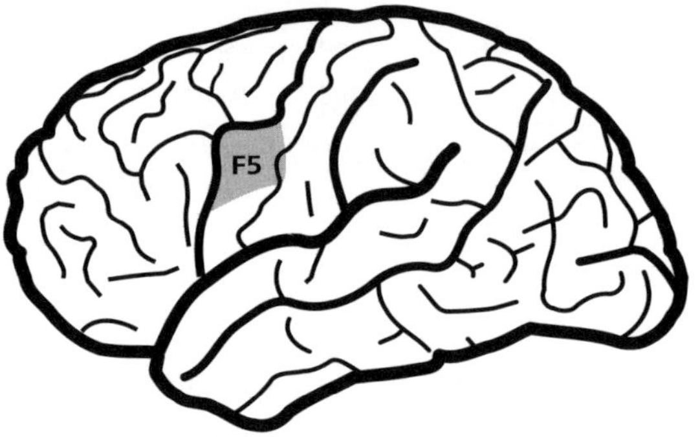

Lokalisation der Area F5 im rostralen ventralen prämotorischen Cortex

Mit funktionellen Magnetresonanztomografen (fMRT), welche die Aktivität ganzer Hirnareale durch farbliche Differenzierung abbilden, können in Minutenschnelle auch im menschlichen Gehirn Aktivitäten lokalisiert werden, welche die Hirnforscher auf Spiegelneuronen zurückführen, unter anderem im sprachverarbeitenden Broca-Areal des prämotorischen Cortex, das dem F5-Areal entspricht. Eine Fülle von experimentellen Daten legt nahe, dass Spiegelneuronen auch in anderen Hirnregionen aktiv sind.[212] Bei den Spiegelneuronen handelt es sich gene-

210 Eine punktuelle elektrische Reizung im Bereich des prämotorischen Cortex kann dazu führen, dass ein komplexes Handlungsprogramm ausgeführt wird. Die dort lokalisierten Nervenzellen sind wahrscheinlich Teil eines neuronalen Netzwerks, welches den Handlungsablauf plant und initiiert.

211 V. Gallese, L. Fadiga, L. Fogassi, G. Rizzolatti, 1996: „Action recognition in the premotor cortex“, Brain, Vol. 119, No. 2, 593-609. C. Keysers, E. Kohler, M. A. Umilt, L. Nanetti, L. Fogassi, V. Gallese, 2003: „Audiovisual mirror neurons and action recognition“, in: Exp. Brain Res., 153, 628-636.

212 Nach Aussage von Christian Keysers finden sich Spiegelneuronen auch im insulären Cortex, der sowohl mit höheren Cortexgebieten als auch mit der Amygdala in Verbindung steht und in dem Gefühle verarbeitet werden, und im sekundären somatosensorischen Cortex, der Berührungen registriert (http://www.zeit.de/2004/18/M-Hirnforschung) [30.05.2013]. Keysers stützt sich auf eigene Untersuchungen, bei denen mit einem Kernspintomografen sichtbar gemacht wurde, was im Kopf von Versuchspersonen passiert, während diese zum Beispiel einen Kuss oder ein gerade zerreißendes Papier hören. An einem späteren Versuchstag wurden die Probanden mit Geräusche ausblendenden Kopfhörern versehen. In der fMRI-Röhre manipulierten sie jetzt selbst einen

rell – wie Joachim Bauer darlegt – um „Nervenzellen, die im eigenen Körper ein bestimmtes (Verhaltens-)Programm realisieren können, die aber auch dann aktiv werden, wenn man beobachtet oder auf andere Weise miterlebt, wie ein anderes Individuum dieses Programm in die Tat umsetzt". Dabei erfolge „der Vorgang der Spiegelung [...] simultan, unwillkürlich und ohne jedes Nachdenken".[213] Laut Bauer können Spiegelneuronen „beobachtete Teile einer Szene zu einer wahrscheinlich zu erwartenden Gesamtsequenz ergänzen"[214], das heißt, mit ihrer Hilfe ist es möglich, die Absicht oder das Ziel einer Handlung der Artgenossen vorauszusehen. Dabei reichen nur wenige Zeichen, um die wahrgenommenen Bewegungen anderer in kürzester Zeit sozusagen vorausschauend zu Ende zu führen. So können wir erahnen, was unser Gegenüber als Nächstes tun wird.[215]

Bereits wenige Tage nach der Geburt zeigen Säuglinge erste Aktionen der Spiegelung im Kontakt mit ihren Eltern. Bestimmte Handlungen, wie die Zunge herausstrecken oder die Lippen zusammenspitzen, imitiert das Baby schon nach wenigen Tagen.[216] Auch Gesprochenes versucht das Kind bald in seiner eigenen Lautbildung

Gegenstand mit den Lippen oder zerrissen ein Papier. Ein Vergleich der Hirnaktivitäten beim reinen Geräuschhören und beim Selber-Tun zeigte, dass bei gleichen Handlungen, die mit gleichen Körperteilen durchgeführt werden, stets auch die gleichen Gebiete im linken prämotorischen Kortex ansprangen. Die Areale für Tätigkeiten mit der Hand und dem Mund erwiesen sich dagegen klar als räumlich voneinander getrennt (Current Biology 16: 1824-1829, 2006, Abstract). Tania Singer lokalisiert das Spiegelneuronensystem beim Menschen im Scheitel- und Stirnlappen, genauer im inferioren parietalen Lobus (IPL), im ventralen prämotorischen Cortex (PMC) und im posterioren inferioren frontalen Gyrus (IFG). Dem liegt ein Experiment von Singer et al. (T. Singer, B. Seymour, J. O'Doherty, H. Kaube, R. J. Dolan, C. D. Frith, 2004: „Empathy for pain involves the affective but not sensory components of pain", in: Science 303, 1157-1162) zugrunde, bei welchem Lebensgefährten von 16 Frauen kleine Stromschläge versetzt wurden. Die Frauen konnten dies beobachten. Ihr Gehirn zeigte Aktivitätsmuster, als hätten sie selbst den Schmerz erlitten. Die Aktivität war desto stärker, je emphatischer die Probandin laut eines Fragebogens war. Ein anderes Experiment hatte bereits gezeigt, dass besagte Reaktionen ausblieben, wenn der Beobachter die „gepeinigte" Person unsympathisch fand.

213 J. Bauer, 2005: „Warum ich fühle, was du fühlst. Intuitive Kommunikation und das Geheimnis der Spiegelneurone", Hamburg: Hoffmann und Campe, S. 23, 26.

214 J. Bauer, 2005, S. 31.

215 Es wäre naiv, die hier beschriebenen komplexen Leistungen allein auf die „Intelligenz" einzelner Spiegelneuronen zurückzuführen. Die Spiegelneuronen sind nach Bauer als eingebunden in größere Nervenzellennetzwerke, unter anderem in den Assoziationscortices, anzusehen.

216 Andrew Meltzhoff und Keith Moore haben schon 1977 („Imitation of Facial and Manual Gestures by Human Neonates", 198, SCI, 75-78) die frühen Nachahmungen durch Neugeborene wissenschaftlich nachgewiesen. Tania Singer (2006: „The neuronal basis and ontogeny of empathy and mind reading: Review of literature and implications for future research", in: Neuroscience and

nachzuahmen. Sein Gehirn reagiert aber auch auf Gesten und Gesichtsausdrücke, die es selbst noch gar nicht ausführen kann. Wenn durch Beobachten einer Handlung dieselben Potenziale in denselben Hirnarealen ausgelöst werden wie die, welche eine eigene gleichartige Handlung begleiten würden, spricht man von einer „internen Simulation“[217]. Genau diese zunächst nur sensorische Aktivität der Spiegelneuronen könnte für das sensomotorische Imitationslernen von Säuglingen wesentlich sein. Durch die Doppelfunktion der Spiegelneuronen, sowohl in sensorische als auch in motorische Vorgänge eingebunden sein zu können, könnte diesen Nervenzellen eine Schlüsselrolle bei der Umsetzung der Wahrnehmung bestimmter Bewegungsabläufe anderer in vergleichbare eigene Bewegungen zukommen.[218]

Wechselseitige Spiegelungen zwischen Mutter und Neugeborenem sind nicht nur für das Imitationslernen bedeutsam. Sie stellen geradezu ein emotionales Grundbedürfnis und eine wesentliche Bedingung für die emotionale Entwicklung des Kindes dar. Haben Sie das Bild vor Augen, wie eine Mutter ihr Kind füttert?

Biobehavioral Reviews, 30, 855-863) reagieren Neugeborene verstärkt auf das Weinen eines anderen Neugeborenen.

217 Der Begriff der internen Simulation geht auf Vittorio Gallese, einen der Pioniere der Erforschung der Spiegelneuronen, zurück (V. Gallese et al., 1996: „Action recognition in the premotor cortex“, in: Brain, Vol. 119, Nr. 2, 593-609). Julie Grèzes und Jean Decety (2001: „Functional anatomy of execution, mental simulation, observation, and verb generation of actions: A meta-analysis“, in: Hum. Brain Map, 12, 1-19) postulieren auf der Grundlage ihrer Auswertung psychologischer Experimente und von Untersuchungen mit bildgebenden Verfahren ein neuronales Netzwerk im inferioren Parietallappen und im inferioren frontalen Gyrus, das auf die Beobachtung von Handlungsabläufen spezialisiert ist („Action Observation Network“ = AON), zugleich aber auch an der Simulierung und Ausführung von Handlungen sowie an der Verbalisierung von Handlungen beteiligt ist. Die Autoren sehen eine starke Überlappung der für die Beobachtung und die Ausführung von Handlungen zuständigen Cortexareale und Nervenzellen.

218 Die starke Überlappung der für die Beobachtung und die Ausführung von Handlungen zuständigen Cortexareale sehen Giacomo Rizzolatti and Laila Craighero (2004: The mirror-neuron system. Annu. Rev. Neurosci., 27, 169-192) im Zusammenhang mit den Spiegelneuronen, die nach ihrer Meinung ein System bilden („Mirror Neuron System“ = MNS), das „sowohl beim Verstehen von Handlungsabläufen als auch bei der Nachahmung eine grundlegende Rolle zu spielen scheint“. Im Hinblick auf die klinische Anwendung der Erkenntnisse über Spiegelneuronen berichten Ferdinand Binkofski und Giovanni Buccino (2006: „Der Nachmacher-Effekt“, in: Gehirn & Geist 10/2006, 41-43) von Erfolgen bei der Rehabilitation von gelähmten Schlaganfallpatienten. Die Patienten schauten Videofilme an, die jene Bewegungsabläufe zeigten, die sie selbst trainieren mussten, um ihre verloren gegangenen motorischen Funktionen zurückzugewinnen. Erst nach dem Video erfolgte jeweils die eigentliche Krankengymnastik, also das aktive Üben dieser Bewegung. Die Patienten, welche das Video gezeigt bekamen, hatten nach 40 Tagen derartigen Trainings im Schnitt bessere Ergebnisse als eine Vergleichsgruppe ohne Videounterstützung. Binkofski und Buccino führen diese Erfolge auf die innere Simulation von Spiegelneuronen zurück.

Sie führt den Löffel an den Mund des Säuglings, und wenn das Kind seinen Mund öffnet, tut es die Mutter ihm gleich. Wenn das Kind zu schmatzen beginnt, sich die Lippen leckt und einen Laut von sich gibt, macht die Mutter dasselbe. Die Mutter bestätigt auf diese Weise intuitiv die erwünschten Bewegungen des Kindes. Laut Bauer zeigen „alle entwicklungspsychologischen Daten", dass das Kind seine angeborenen Spiegelneuronen dann besonders gut „entwickeln kann, wenn es selbst die Erfahrung von empathischer Einfühlung durch andere macht. Das heißt: Kinder müssen vom ersten Tag an einfühlsame und liebevolle Behandlung durch ihre Bezugspersonen erfahren, und genau diese Behandlung ist das ideale Training für die Spiegelneuronen des Säuglings und des Kleinkindes. Und wenn diese einfühlsame Behandlung stattfindet, dann kann das Kind selbst irgendwann, etwa im dritten bis vierten Lebensjahr (wenn die Spiegelneuronen voll entwickelt sind), Empathie entwickeln."[219] Diese wird beispielsweise sichtbar, wenn ein Kind anfängt, seine Mutter zu trösten.

Unter den günstigen Bedingungen wechselseitiger Spiegelung lernen Kinder mit Hilfe ihrer Spiegelneuronen folglich rasch, die Gestik, Mimik und phonetischen Äußerungen ihrer Beziehungspersonen (zum Beispiel „Aah" als Ausdruck der Freude und „Ooh" als Ausdruck des Staunens oder Lachen, Jauchzen, Seufzen, Weinen und natürlich Wörter) nachzuahmen, ohne zunächst die Bedeutung dieser Äußerungen zu verstehen. Sobald sie selbst mimisches, gestisches oder phonetisches Ausdrucksverhalten zeigen, werden sie wiederum von ihrer Umgebung gespiegelt, besonders wenn das, was die Kinder zum Ausdruck bringen, den Erwachsenen situativ und im Rahmen kulturspezifischer Regeln passend erscheint. Sie gratifizieren und verstärken damit selektiv das kindliche Ausdrucksverhalten. Insbesondere dann, wenn das Kind mit einem bestimmten bei den Erwachsenen abgeschauten Ausdrucksverhalten erwünschte Effekte erzielt, wird es dieses wiederholen und sich allmählich die soziokulturelle und emotionale Bedeutung dieses Ausdrucksverhaltens erschließen. Umgekehrt werden laut Bauer „Angst, Anspannung und Stress die Signalrate der Spiegelneurone massiv reduzieren".[220] Fortgesetzte Lieblosigkeit und Traumatisierung könnten sogar die kindlichen Spiegelneuronen zerstören.

219 J. Bauer in Bayern 2 Radio Wissen: „Spiegelneurone – Wie kleinste Teilchen die menschliche Kommunikation steuern".

220 J. Bauer 2005, S. 34.

Wenn unter günstigen Umständen im dritten bis vierten Lebensjahr die Spiegelneuronen voll entwickelt sind, steht dem Kind ihr volles Funktionsspektrum zur Verfügung: Das Kind kann dann nicht nur Bewegungen anderer nachahmen, die Absicht in der Bewegung anderer voraussehen, ihr emotionales Ausdrucksverhalten richtig interpretieren und das eigene Ausdrucksverhalten funktionell einsetzen, sondern darüber hinaus – das ist die wohl faszinierendste Leistung, die man den Spiegelneuronen zuschreibt – intuitiv verstehen, was andere bewegt, indem es „die Handlungsabsichten, Empfindungen und Gefühle eines anderen Menschen" in sich selbst „spüren" kann. Daher sieht Bauer in den Spiegelneuronen „ein Nervenzellensystem für Mitgefühl und Empathie" und „das neuronale Format für einen überindividuellen, intuitiv verfügbaren, gemeinsamen Verständnisraum".[221] Vittorio Gallese sieht in den Spiegelzellen sogar die Container für das „gemeinsame Vielfache" („shared manifold") einer soziokulturellen Gemeinschaft und das neuronale Korrelat für soziale Identität („S-identity").[222]

Die im Vergleich zu Menschenaffen und anderen Tieren überlegene Lernfähigkeit von Menschen beruht nach Michael Tomasello im Wesentlichen auf der ausgeprägten menschlichen Fähigkeit und Bereitschaft zum sozialen Imitationslernen. Tomasello und sein Team haben Kleinkinder mit Menschenaffen verglichen.[223]

221 J. Bauer, 2005, S. 44, 47, 86, 106. Mirella Dapretto, Mari Davies, Jennifer Pfeifer, Ashley Scott, Marian Sigman, Susan Bookheimer und Marco Iacoboni (2005: „Understanding Emotions in Others: Mirror Neuron Disfunction in Children with Autism Spectrum Disorders", in: Nature Neuroscience 9, 28-30) konnten durch Untersuchungen mit funktioneller Magnetresonanztomografie nachweisen, dass bei autistischen Kindern im Gegensatz zu gesunden Kindern die Spiegelneuronen im Gyrus frontalis inferior keine Aktivität zeigten, wenn die Kinder den emotionalen Ausdruck anderer nachahmten und beobachteten. Die Autoren erklären sich die sozialen Defizite (unter anderem den Mangel an Empathie) beim Autismus mit der Dysfunktionalität des Spiegelneuronensystems.

222 V. Gallese, 2003: „The roots of empathy: The shared manifold hypothesis and the neural basis of intersubjectivity", in: Psychopathology, 36, 171-180.

223 Esther Herrmann, Joseph Call, Maria Victoria Hernández-Lloreda, Brian Hare und Michael Tomasello (2007: „Humans have evolved specialized skills of social cognition: The cultural intelligence hypothesis", in: Science 317, 1360-1366) testeten 105 Kleinkinder im Alter von zwei Jahren, die mit Menschenaffen noch auf einem Level sind. Als Vergleich dienten 106 Schimpansen und 32 Orang-Utans in Uganda, im Kongo und auf Borneo. Für die Studie versteckten die Wissenschaftler Leckerbissen unter einem von mehreren Bechern und schoben diese wie bei einem Hütchenspiel hin und her. Die Kleinkinder und die Menschenaffen sollten dann herausfinden, wo sich die Leckerei befindet. Die Schimpansen schnitten dabei besser ab. Das galt auch für einen Test, bei dem die Forscher den Kindern und den Menschenaffen einen Stock gaben und außerhalb ihrer Reichweite eine Belohnung platzierten. Während die Schimpansen sich das Futter sofort mit Hilfe des Stocks holten, spielten die Kinder nur mit dem Werkzeug, ohne es zu nutzen.

Die Affen schnitten bei manchen Aufgaben besser ab als die Kinder. Tomasello hält Kinder daher nicht generell für intelligenter als Affen. Erst als es darum ging, Hinweise zu deuten und mit dem Studienleiter nonverbal zu kommunizieren, um an eine Belohnung zu kommen, offenbarte sich die spezielle Intelligenz der Menschenkinder. Die Forscher zeigten mit Gesten, wo eine Belohnung zu finden war. Kinder deuteten solche Hinweise besser als Schimpansen und Orang-Utans. Auch vorgeführte Handlungen imitierten sie besser. Die Menschenaffen versuchten hingegen immer, ihren eigenen Weg zu finden. Ohne Gemeinschaft, in der wir voneinander nachahmend lernen, gäbe es keinen geistigen Fortschritt. Tomasello meint sogar, dass ein Mensch auf einer einsamen Insel ohne Mitmenschen und Kultur immer auf Affenniveau bleiben würde, da er von keinem lernen kann.

Warum verfügen Affen trotz ihrer nachgewiesenen Spiegelneuronen in sehr viel geringerem Maße als Menschen über die Fähigkeit zum sozialen Imitationslernen?[224] Das mag mit ihrem relativ zum Körper kleineren Neocortex[225] und der im

224 Elisabetta Visalberghi und Dorothy Fragaszy (1990: „Do monkeys ape?“, in: S. T. Parker, K. R. Gibson (Eds.): „'Language' and intelligence in monkeys and apes“, Cambridge: Cambridge University Press, S. 247-273) kommen nach eigenen Versuchsreihen und Literaturstudien zum Schluss, dass Kapuzineraffen, obwohl sie geschickte und aufmerksame Tiere sind, aus eigenem Antrieb Werkzeuge nutzen und großes Interesse an ihren Artgenossen zeigen, nicht durch Nachahmung lernen. Bei einem der Versuche hatten die Kapuzineraffen reichlich Gelegenheit zu sehen, wie ein erfahrener „Lehrer“ aus ihren eigenen Reihen mit einem Stock ein begehrtes Nahrungsmittel aus einer durchsichtigen Röhre schob. Die Tiere richteten ihre visuelle Aufmerksamkeit aber nicht auf die entscheidenden Handgriffe, wie durch Filmaufnahmen nachzuweisen war. Als man die Tiere dann mit den Objekten allein ließ, zeigten sie nur in fünf bis zehn Prozent der Fälle ein Verhalten, das in Richtung der vorgeführten Muster ging. Aber nicht einmal diese kleine Zahl ähnlicher Aktivitäten ging auf Imitationslernen zurück: Auch die Affen, die keine Gelegenheit hatten, dem „Lehrer“ zuzusehen, führten von allein die betreffende Handlung durch. Michael Tomasello (2006: „Die kulturelle Entwicklung des menschlichen Denkens. Zur Evolution der Kognition“, Frankfurt/M.: Suhrkamp) vertritt die Ansicht, dass wir bei Menschenaffen fälschlicherweise Imitationslernen unterstellen, obwohl in Wirklichkeit einfachere Formen des Lernens wirksam sind. Möglichweise versorgt ein Affe, der vor den Augen anderer Affen mit Steinen Nüsse knackt, seine Artgenossen nur mit einer ganzen Reihe von neuen „Lehrmaterialien“ und somit günstigen Lernumständen für eine Problemlösung, die letztlich zum Beispiel nur auf Versuch und Irrtum beruht.

225 Der Neocortex ist der stammesgeschichtlich jüngste Teil der Großhirnrinde. Die Größenzunahme des Neocortex des Menschen gegenüber dem von Primaten (= „Herrentiere“: Menschen, Menschenaffen und Halbaffen) kommt fast ausschließlich den tertiären Cortexfeldern zugute, während die primären und sekundären sensorischen beziehungsweise motorischen Rindenfelder (also die Bereiche des Neocortex, die von den Sinnesorganen beziehungsweise den motorischen Neuronen, welche die Muskeln steuern, nur eine oder zwei Synapsen entfernt sind) sich bei Menschen und Menschenaffen nicht wesentlich unterscheiden. M. Donald, 2008: „Triumph des Bewusstseins. Die Evolution des

Vergleich zum Menschen geringeren Neuroplastizität ihres Gehirns zu tun haben. Wichtiger scheinen mir allerdings die Unterschiede in der Lernmotivation. Bei Tieren ist diese hauptsächlich durch biologische Antriebe (Hunger, Sexualität), Konditionierungen (Belohnung und Strafe), Spiel- und Imitationslust motiviert.[226] Menschen sind darüber hinaus hochgradig für soziokulturelle Motivationssysteme empfänglich, welche symbolisch beziehungsweise sprachlich vermittelt werden und die bewusste, willentliche, ausdauernde und von ständigen äußeren Belohnungsanreizen unabhängige Aufmerksamkeitssteuerung ermöglichen. Die angeborene hohe Bereitschaft zum sozialen Lernen und zur Überimitation macht Menschenkinder so ungemein lernfähig, aber damit auch so vulnerabel für ungünstige Vorbilder.

Fassen wir zusammen:

- Der Antrieb zu lernen ist angeboren.
- Ungerichtete Instinktbewegungen und Reflexe ermöglichen dem Säugling die ersten Interaktionen und Wirkungserfahrungen in seiner Umwelt.
- Durch die angeborene Interaktion des Säuglings mit seiner Umwelt werden die ersten Rückkoppelungsschleifen ausgebildet. Was sich bewährt, wird synaptisch verstärkt.
- Lernen zeigt sich generell in einer anhaltenden Veränderung des Verhaltens gegenüber speziellen Reizen oder Reaktionen aufgrund vorausgegangener Erfahrung mit ähnlichen Reizen oder Reaktionen.
- In angeborenen sensiblen Entwicklungsphasen können eng begrenzte Inhalte besonders schnell, effektiv und unwiderruflich gelernt werden (Prägung). Bei der Prägung wird ein Schlüsselreiz im Gehirn fest mit einem Verhaltensprogramm „verdrahtet".

menschlichen Geistes", Stuttgart: Klett-Cotta, S. 179-182, Original 2001: „A mind so rare. The Evolution of Human Consciousness", New York: W. W. Norton & Company.

226 Einige Beispiele (M. Donald, 2008, S. 151-152): Menschenaffen können lernen, einen Joystick zu bedienen, mit dem sie durch ein Labyrinth auf dem Computermonitor navigieren. Sie üben aber normalerweise nicht aus eigenem Antrieb, um ihre Leistungen zu verbessern. Menschenkinder beginnen hingegen schon früh, Verhaltensweisen durch Übung und Selbstbeobachtung zu verfeinern, und zwar oft ohne dass sie entsprechende Impulse von außen bekommen. Paviane versuchen oft, mit Wurfgeschossen ein Ziel zu treffen, üben aber nie, um diese Fertigkeiten zu vervollkommnen. Üben und Überprüfen sind – anders als bei Menschen – offensichtlich nicht funktional verbunden, obwohl die notwendigen Einzelfähigkeiten durchaus vorhanden zu sein scheinen.

- Der Begriff „Prägung“ bezeichnet beim Menschen Lernvorgänge in genetisch festgelegten sensiblen Perioden in der Kindesentwicklung, die zu einer hohen Stabilität des einmal Erlernten (beispielsweise der Spracherwerb) führen.
- Implizites Lernen zeichnet sich gegenüber explizitem Lernen dadurch aus, dass es nicht unter der aktiven Anwendung von Lernstrategien erfolgt und seine Inhalte nicht explizit gelehrt werden können.
- Das implizite Lernen führt meist zu erfolgreichem Handeln und praktischer Handlungskompetenz, die auf gefühlsmäßiger, ganzheitlicher Reizverarbeitung, Situationserfassung und Gestaltwahrnehmung beruht.
- Will man implizites Wissen vermitteln, muss es modellhaft und live vorgeführt werden.
- Implizite Lernvorgänge finden in neuen komplexen Situationen statt.
- Implizit lernen können einzelne Menschen, Familien, Organisationen und Völker.
- Der Nachteil des impliziten Lernens besteht in der Detailungenauigkeit, die zu falschen Urteilen führen kann, der Möglichkeit nicht bewusster Beeinflussung und insbesondere mittels der Massenmedien in der Überflutung mit Information.
- Priming bezeichnet das Phänomen, dass ein nicht bewusster bahnender Reiz („prime“) die nachfolgende Verarbeitung eines Zielreizes („target“) verbessert.
- Menschen zeichnen sich über das Lernen durch klasssiche und operante beziehungsweise instrumentelle Konditionierung hinaus in besonderer Weise durch die Fähigkeit zum Lernen am Modell aus.
- Für das Modelllernen ist eine besondere soziokulturell vermittelte Aufmerksamkeitsausrichtung des lernenden Beobachters auf sein Modell oder Leitbild entscheidend.
- Das Konzept des Modelllernens hat Gemeinsamkeiten mit dem psychodynamischen Konzept der Identifikation, welche die Verinnerlichung von Teilaspekten eines emotional bedeutsamen anderen bezeichnet.
- Spiegelneuronen scheinen eine zentrale Rolle beim Imitationslernen zu spielen. Diese spezialisierten Nervenzellen können im eigenen Körper sowohl ein bestimmtes (Verhaltens-)Programm realisieren als auch dann reagieren, wenn man miterlebt, wie ein anderes Individuum dieses Programm in die Tat umsetzt.
- Diese sensorische und motorische Doppelfunktion der Spiegelneuronen scheint entscheidend dazu beitragen, dass wir die Bewegungen anderer

nachahmen, die Absicht in der Bewegung anderer voraussehen, ihr emotionales Ausdrucksverhalten richtig interpretieren und unser eigenes Ausdrucksverhalten funktionell einsetzen können.

- Darüber hinaus sollen wir mit Hilfe der Spiegelneuronen intuitiv verstehen können, was andere bewegt, indem wir die Handlungsabsichten, Empfindungen und Gefühle eines anderen Menschen in uns selbst spüren können.
- Die hohe angeborene Bereitschaft zum sozialen Imitationslernen in der Gemeinschaft dürfte ein wesentlicher Grund für die im Vergleich zu den Tieren überlegenen geistigen Leistungen der Menschen sein.
- Unsere hohe Bereitschaft zum sozialen Imitationslernen hängt wahrscheinlich auch mit unserer Empfänglichkeit für soziokulturelle Motivationssysteme zusammen, die uns eine von ständigen äußeren Belohnungsanreizen unabhängige Aufmerksamkeitssteuerung ermöglichen.

Praktische Konsequenzen:
Im Kapitel über Interaktion und Lernen sind die Unbewusstheit und Unabsichtlichkeit impliziter und sozial imitierender Lernvorgänge deutlich geworden. Ohne besondere Anstrengung lernen wir sehr wichtige Dinge, die uns befähigen, in dem soziokulturellen Umfeld, in dem wir groß geworden sind, zurechtzukommen. Unser Gehirn ist offensichtlich so konstruiert, dass wir von frühester Kindheit an geradezu gezwungen sind, unsere soziale Umwelt zu imitieren; die Spiegelneuronen springen automatisch an, ob wir nun wollen oder nicht. Derartige Mechanismen erleichtern uns zwar das Lernen, führen aber auch zu einer Tendenz, gegenüber den Ergebnissen unseres impliziten Lernens, zum Beispiel gegenüber unseren nachahmend erworbenen Vorlieben, Abneigungen, Gewohnheiten, Überzeugungen und Motivationen, allzu unkritisch zu sein. Das implizit Gelernte erscheint uns so selbstverständlich, dass wir oft selbst dann noch an unseren Glaubenssätzen, Denk- und Verhaltensmustern festhalten, wenn sie sich schon lange nicht mehr als geeignet erweisen, wichtige aktuelle Lebensanforderungen zu bewältigen. Nicht selten werden Menschen oder ganze Systeme hierdurch krank. Aufgabe von Psychotherapie, Beratung oder Coaching ist es dann, dysfunktionale Denk-, Verhaltens-, Bindungs- und Beziehungsmuster sowie unbewusste Motivationen, die diesen Mustern zugrunde liegen, zu erkennen und zu verändern.

9. Tiefe der Informationsverarbeitung und Intentionalität

Wir haben uns im Kapitel über Exformation und Gestalt mit dem Begriff der logischen Tiefe beschäftigt: Das, was bei der exformierenden Informationsverarbeitung an Informationsmenge gewollt verloren geht, wird an logischer Tiefe gewonnen. Die logische Tiefe einer Information oder Nachricht entspricht dem Informationsverarbeitungsaufwand, der dem Empfänger dieser Information oder Nachricht erspart bleibt, weil er ihn selbst im Hinblick auf einen bestimmten Nutzen der Information nicht noch einmal leisten muss. Das vorliegende Buch ist ein Beispiel für logische Tiefe: Sein von mir erhoffter Wert liegt in den gewaltigen Informationsmengen, die es wegen der Maßgabe praktischer Relevanz nicht enthält, die ich aber, um ihre praktische Relevanz einzuschätzen, gründlich durcharbeiten musste. Dem Begriff der logischen Tiefe möchte ich den Begriff der „Verarbeitungstiefe" (englisch: „depth of processing") gegenüberstellen, den Fergus Craik und Robert Lockhart geprägt haben[227]. Craik und Lockhart unterschieden zwischen einer seichten Verarbeitung („shallow processing") und einer tiefen Verarbeitung („deep processing"), um zu erklären, wie Erinnerungen gebildet werden.

Kommen wir zur Veranschaulichung der Verarbeitungstiefe auf unser Cocktailparty-Beispiel zurück. Nehmen wir den Fall an, dass wir uns auf einer Party begegnen, uns angeregt über Exformation und Bewusstsein unterhalten und darüber völlig den üblichen Flirt und Small Talk vergessen. In einem solchen Fall würden wir zum Beispiel die Hintergrundmusik und die Qualität der gereichten Tapas nur oberflächlich verarbeiten. Wir könnten uns später vielleicht noch vage daran erinnern, dass Jazzmusik gespielt wurde und die gegrillten Scampi lecker schmeckten, an mehr aber auch nicht. Bei einer seichten Verarbeitungstiefe wird nämlich Craik und Lockhart zufolge nur die Oberflächenstruktur einer Information gespeichert. Eine tiefe Verarbeitung würde hingegen zum Beispiel hinsichtlich der von uns mit Leidenschaft geführten Diskussion darüber stattfinden, inwieweit Exformation wesentliche Aspekte des Bewusstseinsphänomens erklären kann. Wir würden uns möglicherweise noch lange an die provozierenden Thesen eines weiteren Gesprächspartners erinnern, vielleicht eines renommierten Spezialisten auf diesem Gebiet, die uns irritiert, aber auch sehr neugierig gemacht haben.

227 F. I. Craik, R. S. Lockhart, 1972: „Levels of processing: A framework for memory research. Journal of Verbal Learning and Verbal Behavior", Bd. 11, 671-684.

Es ist – wie das Beispiel demonstrieren soll – für die Verarbeitungstiefe wichtig, in welchem Maße die dargebotene Information für uns emotional bedeutsam ist („involvement") und inwieweit wir durch die Information selbst oder den Vermittler der Information dazu angeregt werden, uns mit ihr aktiv auseinanderzusetzen. Je mehr mentale Operationen[228] wir in Bezug auf einen Inhalt vornehmen, desto tiefer verarbeiten wir die Information und desto höher ist unsere Gedächtnisleistung. Wenn wir bei anderen (zum Beispiel bei Patienten oder Kunden) die Verarbeitungstiefe und Erinnerbarkeit einer Botschaft verbessern wollen, dann müssen wir Neugier für die Botschaft wecken, den Nutzen und die Praxisrelevanz deutlich machen sowie den Adressaten motivieren, über die Botschaft nachzudenken, assoziative Querbezüge zu Gedächtnisinhalten herzustellen und idealerweise handelnd aktiv zu werden.

Wie stehen logische Tiefe und Verarbeitungstiefe (die beiden Konzepte sind meines Wissens unabhängig voneinander entstanden) miteinander in Beziehung? In beiden Fällen wird Energieressourcen beanspruchende („teure") neuronale Arbeit geleistet und aus der Fülle potenziell verfügbarer Information eine Auswahl getroffen. Das resultierende Destillat des Verarbeitungsprozesses enthält in beiden Fällen eine im Vergleich zum Rohdatenangebot stark reduzierte Informationsmenge, die sich durch eine höhere Strukturiertheit und Verwertbarkeit auszeichnet. Logisch vertiefte Information kann direkt genutzt werden, um zum Beispiel etwas in Worten und Bildern auszudrücken oder um rasch das Ziel im Basar zu erreichen. Je mehr Verarbeitungsebenen bei der Erzeugung logischer Tiefe involviert sind, desto nachhaltiger kann die Information aber auch im Gedächtnis abgespeichert und für eine spätere bewusste oder nicht bewusste Nutzung bereitgehalten werden.

228 Beispiele für mentale Operationen, welche die Verarbeitungstiefe erhöhen:
- Vergleichen zweier oder mehrerer Begriffe oder Zahlen
- Schätzen eines Wertes
- Bilden von Assoziationen
- Abrufen einer Vergleichsinformation aus dem Langzeitgedächtnis
- Verknüpfen von Wörtern
- Generieren eines mentalen Vorstellungsbildes
- Sprechen und Schreiben
- Handlungsalternativen entwerfen
- Prognosen erstellen
- logisches Schlussfolgern
- Argumente finden
- Sachverhalte bewerten.

Möglicherweise stellen logische Tiefe und Verarbeitungstiefe nur zwei unterschiedliche Sichtweisen auf dieselbe Klasse von Vorgängen dar.[229]

Ein gewaltiger Exformations- und Vertiefungsprozess in der Auseinandersetzung mit der Komplexität unserer (Um-)Welt hat bereits in unserer stammesgeschichtlichen Vergangenheit stattgefunden. Das biologische Ergebnis von zahllosen evolutionären Exformationsprozessen sind die Erbanlagen der verschiedenen Spezies und Individuen, welche zum einen die Vielzahl bewährter Algorithmen für gelingende Anpassung an die Umwelt beziehungsweise an eine Vielzahl von Umweltnischen enthalten. Zum anderen spiegeln sie indirekt auch die unvorstellbar große Zahl von der Evolution verworfener (exformierter) Anpassungsversuche wider. Auch die Persönlichkeitsentwicklung eines jeden menschlichen Individuums kann als aufwendiger (tiefer) Exformationsprozess verstanden werden, der viele Adaptationsversuche, die sich nicht bewährt haben, ausgesondert hat.

Die individuelle Entwicklung der Persönlichkeit findet in dem stets einzigartigen Raum von Möglichkeiten statt, der sich an der Schnittstelle von individuellen Erbanlagen einerseits und physikalischen, raumzeitlichen sowie soziokulturellen Umweltbedingungen andererseits auftut. Aus der Fülle der möglichen Entwicklungspfade wird nur ein Teil faktisch. Wer oder was aber entscheidet, was faktisch wird? Nach allem, was wir aus der Quantenphysik, Chaos- und Systemtheorie wissen, ist die Interaktion zwischen Individuum und Umwelt (die ja selbst im Wesentlichen aus anderen Individuen besteht) und damit der Verlauf der Entwicklung in dem ausgedehnten multifaktoriellen Möglichkeitenraum, in dem wir leben, nicht streng determiniert. Es gibt in der Persönlichkeitsentwicklung keine strenge Zwangsläufigkeit. Die Zukunft ist – wie Karl Popper feststellte[230] – grundsätzlich offen. Entwicklung bedeutet, dass ständig Möglichkeiten verworfen, das heißt exformiert werden, ohne dass es eine empirisch eindeutig identifizierbare übergeordnete Struktur oder Instanz innerhalb oder außerhalb des Gehirns gäbe, welche sagt, wo es langgeht.

Wer oder was also leitet uns? Die Versuchung ist groß, an dieser Stelle Gott ins Spiel zu bringen. Aber lassen Sie uns so weit wie möglich den Weg wissenschaftlicher

229 Einen großen Teil der exformierenden Prozesse, die logische Tiefe und Verarbeitungstiefe erzeugen, bekommen wir bewusst gar nicht mit, wie zum Beispiel die oben schon erwähnten Wahrnehmungsfilter und Abstraktionen gemäß den Gestaltgesetzen.

230 K. R. Popper, K. Lorenz, 1985: „Die Zukunft ist offen“, herausgegeben von Franz Kreuzer, München: Piper.

Empirie fortsetzen und uns voreiliger Spekulationen enthalten. Jeder von uns ging und geht unbeirrbar seinen Weg, aber wir gehen ihn mit recht unterschiedlicher Verarbeitungstiefe. Menschen zeichnen sich insgesamt gegenüber anderen Spezies durch eine ungleich höhere Verarbeitungstiefe aus. Aber auch zwischen den verschiedenen menschlichen Individuen, insbesondere wenn sie aus unterschiedlichen Kulturen kommen, bestehen erhebliche Unterschiede in der Verarbeitungstiefe. Manche Menschen setzen sich mit den Dingen und Informationen unserer Welt nur oberflächlich auseinander. Sie lernen, sich an ihre soziokulturelle Umgebung anzupassen und ihre Bedürfnisse sozial verträglich zu befriedigen, ohne ein Verlangen zu zeigen, darüber hinaus etwas von der Welt zu verstehen oder zu erfahren. Andere ergründen die Welt in einem mitunter qualvollen Suchen nach Wahrheit und begeben sich auf dieser Suche unter Umständen in Grenzsituation menschlicher Erfahrungsmöglichkeiten, erlegen sich aus religiösen Gründen strenge Askese auf oder setzen sich Extremsportarten oder sexuellen Ausschweifungen aus, konsumieren halluzinogene Drogen oder nehmen an lebensgefährlichen Einsätzen in Katastrophen- oder Kriegsgebieten teil.

Die erheblichen individuellen Unterschiede, sich mit der (Um-)Welt auseinanderzusetzen, treten schon bei jungen Tieren (gut zu beobachten an Haustieren) und noch deutlicher bei unseren Kindern in Erscheinung. Jungtiere und Kinder kommen mit ganz unterschiedlichen angeborenen Temperamenten zur Welt. Diese frühe Tendenz, mit der (Um-)Welt in Kontakt zu treten und sie voll Neugier zu explorieren, die wir oben schon als Intentionalität bezeichnet haben (siehe auch Online-Glossar), führte Harald Schultz-Hencke auf einen angeborenen und individuell unterschiedlich stark ausgeprägten Grundantrieb zurück, den er „intentionales Antriebserleben“ nannte.[231] Dieser natürliche, instinkthafte, explorative und Kontakt suchende Antrieb muss durch die Erziehung wohlwollend gespiegelt werden. Sind die Eltern oder Pflegepersonen nicht in der Lage, den intentionalen Antrieb des Säuglings mit entsprechender Zuwendung und Resonanz zu begegnen, kann es passieren, dass dieser Antrieb unwiederbringlich gehemmt wird.[232] Es liegt auf der Hand, dass sich eine intentionale Antriebsstörung auf die Verarbeitungstiefe

231 H. Schultz-Hencke, 1951: „Lehrbuch der analytischen Psychotherapie“, Stuttgart: Thieme, S. 67.

232 Schultz-Hencke sah die Hemmung des intentionalen Antriebserlebens als Ursache der „schizoiden Neurosenstruktur“ an. Die schizoide Neurosenstruktur zeichnet sich nach Schultz-Hencke durch eine außerordentlich tief gehende Kontaktgestörtheit und ein grundlegendes Misstrauen gegenüber den Mitmenschen sowie eine daraus resultierende Unverbindlichkeit in den Beziehungen oder gar eine schroffe Distanz zum sozialen Umfeld aus. Häufig konzentrieren die Menschen mit einer schizoiden Kontaktstörung ihre Verarbeitungstiefe auf sehr begrenzte Spezialgebiete, in denen sie echten

auswirkt, mit welcher ein betroffener Mensch dem Informationsangebot aus seiner soziokulturellen Umwelt zukünftig begegnen wird.

Wenn wir von den schweren Beeinträchtigungen oder Einseitigkeiten der Verarbeitungstiefe einmal absehen, können wir feststellen, dass vieles von dem, was ich oben als Teilaspekte des Bewusstseinsphänomens vorgestellt habe, für logische Tiefe und Verarbeitungstiefe konstituierend ist: Wachheit, Exformation, enkulturierte Aufmerksamkeit und Interaktion. Die angeborene Intentionalität, die auch Tiere zeigen, wird beim Menschenkind durch die Erziehung zu einer sozial motivierten Lernbereitschaft ausgeformt, welche eine Verarbeitungstiefe aufweist, die sich rein biologisch nicht mehr erklären lässt. Aufgrund der totalen Hilflosigkeit des Kleinkindes und der völligen Abhängigkeit von den Pflegepersonen kommt bei Menschen (und Primaten) dem Aspekt der Bindung eine besondere Bedeutung zu, der uns möglicherweise einer Erklärung für die spezifisch menschliche Motiviertheit näher bringt.

Fassen wir zusammen:

- Die Verarbeitungstiefe ist ein Maß für die Intensität einer aktiven, emotional engagierten mentalen Auseinandersetzung mit Information.
- Je mehr mentale Operationen in Bezug auf einen Inhalt vorgenommen werden, desto tiefer wird die Information verarbeitet und desto höher ist die Gedächtnisleistung.
- Der Begriff der Verarbeitungstiefe ist dem Begriff der logischen Tiefe gegenüberzustellen.
- In beiden Fällen wird neuronale Arbeit geleistet und aus der Fülle potenziell verfügbarer Information eine Auswahl getroffen.
- In beiden Fällen wird die Informationsmenge gegenüber dem Rohdatenangebot stark reduziert, höher strukturiert, besser verwertbar und erinnerbar.
- Möglicherweise stellen logische Tiefe und Verarbeitungstiefe nur zwei unterschiedliche Sichtweisen auf dieselbe Klasse von Vorgängen dar.
- Die individuelle Entwicklung der Persönlichkeit findet in einem einzigartigen Raum von Möglichkeiten der Interaktion mit der Umwelt und der Anpassung an die Umwelt statt.

sozialen Begegnungen ausweichen können, in denen sie allerdings beachtliche Detailkenntnisse erwerben, die sie aber nicht sozial integrieren können (zum Beispiel Hacker von Computern).

- Aus der Fülle der möglichen Entwicklungspfade können stets nur einige wenige faktisch werden.
- In der individuellen Persönlichkeitsentwicklung werden ständig Möglichkeiten verworfen (exformiert), es gibt aber keine empirisch nachweisbare Instanz, die entscheidet, wo es langgeht.
- Die individuelle Entwicklung ist wahrscheinlich nicht streng determiniert.
- Es scheint angeborene Grundantriebe zu geben, von denen Harald Schultz-Hencke das „intentionale Antriebserleben" als das ursprünglichste und grundlegendste für den Weltbezug ansah.
- Die natürliche Intentionalität, das instinkthafte Explorations- und Kontaktherstellungsbedürfnis, von Säuglingen muss durch die Pflegepersonen wohlwollend gespiegelt werden.
- Bei mangelnder elterlicher Resonanz kann der intentionale Antrieb unwiederbringlich gehemmt werden.
- Eine intentionale Antriebsstörung wirkt sich auf die Verarbeitungstiefe aus.
- Die im Tierreich einzigartige Verarbeitungstiefe, mit der Menschen Informationen verarbeiten, ist durch rein biologische Motivationssysteme nicht mehr zu erklären.

Praktische Konsequenzen:

Unsere naturgegebene Intentionalität, unsere Neugier und unsere Fähigkeit, unsere Aufmerksamkeit mal auf den einen und mal auf den anderen Gegenstand zu fokussieren, sowie die besondere menschliche Verarbeitungstiefe sind wesentliche Voraussetzungen für differenzierte Lernprozesse, für eine komplexe Gedächtnisbildung und wahrscheinlich auch für das Maß an Bewusstheit, das wir für bestimmte Aspekte der Welt und für uns selbst entwickeln können. Nicht nur die angeborene Neugier unserer Kinder muss auf jede nur erdenkliche Weise ermutigt und gefördert werden, auch wir Erwachsenen, die wir allzu oft und in redundanter Weise nur noch auf unsere immer wieder gleichen Probleme, Ängste und gewohnheits- oder suchtmäßigen Vorlieben eingeengt sind, müssen erst wieder lernen, mit offenen und staunenden Kinderaugen durch die Welt zu gehen und uns von ihrer Vielfalt emotional berühren zu lassen.

10. Bindung und menschliche Motivation

Woher rührt die im Tierreich einzigartige Bereitschaft von Menschenkindern, sich dem äußerst langwierigen und mühseligen soziokulturellen Lern-, Anpassungs- und Formungsprozess zu unterwerfen, den ihre Eltern und später die Kindergartenerzieher und Lehrer, die allesamt als Agenten der Gemeinschaft wirken, an sie herantragen? Wie kommt es, dass Kinder schon bald selbst anfangen, sich diesen soziokulturellen Schatz an Fertigkeiten, Wissen und Werten selbst und gegenseitig beizubringen, dass sie sich dabei gegenseitig fordern, fördern, begrenzen und formen? Zu einem guten Teil lässt sich die Lernbereitschaft aus den in den vorangegangenen Kapiteln erwähnten natürlichen neuronalen Spiegel- und Imitationsmechanismen sowie den intentionalen Explorations- und Kontaktherstellungsinstinkten von Neugeborenen erklären, die jedoch auch Jungtiere zeigen. Beim Menschen muss es aber darüber hinaus noch ein besonderes Motivationssystem geben.

Viele neugeborene Tiere, insbesondere aber Primaten- und Menschenkinder, sind bei der überlebenswichtigen Sicherstellung von Nahrungs- und Flüssigkeitsaufnahme, beim Schutz vor Feinden und schädlichen Umweltfaktoren auf ihre Eltern angewiesen. Die völlig nackten Menschenbabys benötigen zudem in besonderer Weise den Schutz vor Unterkühlung und sind auf Jahre total von der Fürsorge ihrer Eltern abhängig. Die Mutter und gegebenenfalls auch der Vater oder andere Fürsorger stellen sich idealerweise ganz auf die physiologischen Bedürfnisse und natürlichen Rhythmen (zum Beispiel Schlaf-Wach-Rhythmus) ihrer neugeborenen Kinder ein. Neben der Sicherstellung physischer Notwendigkeiten spielt auch die sinnliche Erfahrung von spiegelndem Körperkontakt mit der Mutter oder anderen Bezugspersonen eine große Rolle.

Es war das große Verdienst von Rene Spitz, zu erkennen und zu beschreiben, dass Kinder, die zwischen ihrem sechsten und achten Lebensmonat von ihren Müttern getrennt wurden und deren Anlehnungswünsche im Waisenhaus nicht mehr angemessen befriedigt werden konnten, eine „anaklitische Depression“ (vom griechischen „anaklinein“ = „sich anlehnen“) entwickelten.[233] Nach der Trennung von der Mutter zeigten die Kinder in den ersten zwei Monaten ein weinerliches Verhalten. Danach wich die Weinerlichkeit einer Kontaktverweigerung. Die Kinder nahmen nicht mehr am Leben ihrer Umwelt teil. Auf Annäherung von Erwachsenen reagier-

233 R. Spitz, 1976: „Vom Säugling zum Kleinkind. Naturgeschichte der Mutter-Kind-Beziehungen im ersten Lebensjahr“, 5. Aufl., Stuttgart: Ernst Klett, S. 281 ff.

ten die Kinder anfänglich mit Ablehnung oder einer verzweifelten Anklammerung an die Erwachsenen. Weitere Symptome waren Appetitlosigkeit, Gewichtsabnahme, Schlaflosigkeit und erhöhte Krankheitsanfälligkeit. Nach etwa drei Monaten pflegten die Kinder „mit weit geöffneten, ausdruckslosen Augen dazuliegen oder dazusitzen, mit erstarrtem, unbeweglichem Gesicht und abwesendem Ausdruck, wie in einer Betäubung". Auch die Entwicklung der Kinder war blockiert.

In noch schwereren Fällen, in denen Kinder bereits ab ihrem vierten Lebensmonat jede individuelle Betreuung entbehren oder im ersten Lebensjahr im Säuglingshaus länger als fünf Monate ohne persönliche mütterliche Zuwendung auskommen mussten, stellte Rene Spitz das Krankheitsbild des Hospitalismus fest. Die Kinder zeigten einen zunehmenden Verfall. Sie wurden völlig passiv, ihr Gesichtsaudruck wurde leer und schwachsinnig. Der durchschnittliche Entwicklungsquotient dieser Kinder stand am Ende des zweiten Lebensjahres bei nur 45 Prozent der Norm. Wenn der Mangel an affektiver Zuwendung bis ins zweite Lebensjahr hinein andauerte, erhöhte sich die Sterblichkeitsquote.[234] Die meisten der 90 Kinder, die ein solches Schicksal erlitten und von Spitz beobachtet wurden, konnten im Alter von vier Jahren weder sitzen, stehen, laufen noch sprechen. 24 Kinder starben im ersten Lebensjahr infolge der langen Entbehrung mütterlicher Zuwendung, und im zweiten Lebensjahr starben weitere vier Kinder. Die Schäden, welche die überlebenden Kinder erlitten und welche in schwächerem Ausmaß auch in Familien auftreten können, in denen Kleinkindern ein Mindestmaß an liebevoller mütterlicher Zuwendung vorenthalten wird, sah Spitz als irreparabel an.

Die Untersuchungen von Spitz haben John Bowlby, den Begründer der Bindungstheorie, stark beeinflusst. Bowlby betrachtete Mutter und Säugling als sich wechselseitig beeinflussende Akteure in einem sich selbst regulierenden System, was empirisch inzwischen gut belegt ist. Nach Bowlby stellt Bindung ein grundlegendes, genetisch verankertes motivationales System dar, das zwischen der primären Bezugsperson und dem Säugling nach der Geburt aktiviert wird.[235] Eine Grundannahme der Bindungstheorie ist, dass der Säugling instinktiv die Nähe zu seiner Mutter und nach Sicherheit, Schutz und Geborgenheit sucht. Der Säugling signalisiert sein Nähesuchen durch Blickkontakt zur Mutter und dadurch, dass er ihr nachfolgt und körperlichen Kontakt mit ihr herstellt. Dabei ist das Kind ein

234 R. Spitz, 1976, S. 292.

235 J. Bowlby, 1950: „Maternal Care and Mental Health", London: Jason Aronson.

aktiver Interaktionspartner, der seine Bedürfnisse nach Nähe und Schutz mitteilt, wenn sie auftauchen.

Mary Ainsworth ist der Frage nachgegangen, welche Qualität das Pflegeverhalten der Mutter oder anderer Bezugspersonen haben muss, damit es beim Kind zu einer Erfahrung von sicherer Bindung führt. Ainsworth sieht als grundlegend für die kindliche Erfahrung sicherer Bindung ein „feinfühliges Verhalten" der Mutter an, das sich dadurch auszeichnet, dass die Mutter oder eine Pflegeperson in der Lage ist, die Signale des Kindes (zum Beispiel sein Weinen) zeitnah wahrzunehmen, sie richtig zu interpretieren (zum Beispiel als Suche nach Nähe und Körperkontakt) und sie auch angemessen, das heißt einfühlsam und prompt, zu befriedigen. Bei der Feinfühligkeit geht es um die Vermittlung des Gefühls an das Kind, verstanden, ermutigt, emotional unterstützt und getröstet zu werden.[236] Aus vielen Interaktionserlebnissen, in denen sich Mutter und Säugling voneinander trennen und wieder Nähe zueinander herstellen, bildet der Säugling im Laufe des ersten Lebensjahres einen Prototyp für die Bildung späterer Beziehungen in Form von Verhaltensmustern und Erwartungen bezüglich des Verhaltens wichtiger Bezugspersonen sowie damit verbundene Affekte aus, welche Bowlby „innere Arbeitsmodelle" („inner working models") nennt.

Für jede einzelne Bezugsperson entwickeln sich unterschiedliche Arbeitsmodelle, die im Laufe der Entwicklung stabiler und zu sogenannten „Bindungsrepräsentationen" werden. Sie determinieren, inwieweit jemand Nähe und Sicherheit erwartet und sich selbst der Zuwendung, der Liebe und Aufmerksamkeit wert fühlt, also Nähe zulassen kann. Sie formen ebenfalls die spätere Organisation der Persönlichkeit und des Selbst, der Gedanken und der Sprache, der Aufmerksamkeit und des Gedächtnisses, die emotionalen und sozialen Regulationsprozesse sowie die Strategien des Umgangs mit den Bindungspersonen. Die Arbeitsmodelle und Bindungsrepräsentationen enthalten ferner Erwartungen in Bezug auf die Vertrauenswürdigkeit der Umwelt und Vorstellungen darüber, wie akzeptabel und liebenswert man in den Augen seiner Bezugspersonen ist. Im Lauf des Lebens können sich die Bindungsrepräsentationen noch durch entsprechende bedeutungsvolle Bindungserfahrungen mit anderen Bezugspersonen oder durch einschneidende Erlebnisse wie Verluste und andere

236 M. Ainsworth, 1977: „Skalen zur Erfassung mütterlichen Verhaltens: Feinfühligkeit versus Unempfindlichkeit gegenüber den Signalen des Babys", in: K. E. Grossmann (Hg.): „Entwicklung der Lernfähigkeit", München: Kindler, S. 96-107.

traumatische Erfahrungen in eine unsichere oder sichere Richtung der Bindung verändern.

Die Bindungsforschung erfasst die Bindungsqualität bei Kleinkindern mit dem „Fremde-Situation-Test" von Mary Ainsworth und Silvia Bell. „Sicher gebundene Kinder" zeigen deutliches Bindungsverhalten nach der ersten wie auch nach der zweiten Trennung von der Mutter. Sie rufen nach der Mutter, folgen ihr nach, suchen sie über längere Zeit, weinen schließlich und sind deutlich gestresst. Auf die Wiederkehr der Mutter reagieren sie mit Freude. Sie strecken die Ärmchen aus, wollen getröstet werden, suchen Körperkontakt, können sich aber nach kurzer Zeit wieder beruhigen und sich erneut dem Spiel zuwenden. „Unsicher-vermeidend gebundene Kinder" reagieren auf die Trennung nur mit wenig Protest und zeigen auch kein deutliches Bindungsverhalten. Sie bleiben in der Regel an ihrem Platz, spielen weiter, wenn auch mit weniger Neugier oder Ausdauer. Sie reagieren auf die Rückkehr der Mutter eher mit Ablehnung und wollen nicht auf den Arm genommen und getröstet werden. In der Regel kommt es auch zu keinem intensiven Körperkontakt. „Unsicher-ambivalent gebundene Kinder" zeigen nach den Trennungen den größten Stress und weinen heftig. Nach der Rückkehr der Mutter können sie von dieser kaum beruhigt werden. Wenn die Kinder von ihren Müttern auf den Arm genommen werden, drücken sie einerseits den Wunsch nach Körperkontakt und Nähe aus, während sie sich andererseits gleichzeitig aggressiv gegenüber der Mutter verhalten (Strampeln mit den Beinen, Schlagen, Stoßen oder Sichabwenden).[237]

Die Bindungstheorie wird uns unten noch im Zusammenhang mit den objektbeziehungstheoretischen Vorstellungen über die Ausbildung des Selbst beschäftigen. Im Augenblick geht es mir aber darum, anhand der Beobachtungen und Arbeiten von Spitz, Bowlby und Ainsworth die Totalität aufzuzeigen, in welcher das seelische und körperliche Überleben eines Kindes nicht nur auf die physische Präsenz der Mutter oder einer Ersatzperson angewiesen ist, sondern ganz besonders auch auf die Qualität ihrer Zuwendung und Pflege. Kein anderes Lebewesen ist so gänzlich und für einen so langen Zeitraum von anderen abhängig wie das Menschenkind. Kein anderes Lebewesen entwickelt so rasch ein differenziertes Instrumentarium an Verhaltensweisen, um auf seine soziale Umwelt wirksam Einfluss zu nehmen. Der menschliche Säugling und seine Mutter beziehungsweise der Säugling und seine Familie beeinflussen sich – eingebettet in einen wie auch immer gearteten

237 M. D. S. Ainsworth, S. M. Bell, 1970: „Attachment, exploration, and separation: Illustrated by the behavior of one-year-olds in a strange situation", Child Development, 41, 49-67.

soziokulturellen Kontext – von Anfang an in intensiver Weise gegenseitig. Sie entwickeln und verändern sich in dieser innigen Wechselwirkung gemeinsam und etablieren ein stets einzigartiges und niemals auch nur annähernd voraussagbares Beziehungsgefüge. Bei keinem anderen Lebewesen führt die intensive Interaktion des Säuglings mit seinen Eltern zu einem derart komplexen und nachhaltigen Lernen am Modell (im Kapitel über Interaktion und Lernen war schon die Rede von der spezifisch menschlichen Tendenz zur Überimitation und Überidentifikation).

Die langjährige Totalabhängigkeit des Menschenkindes, seine hochgradige angeborene Bindungs-, Interaktions- und Imitationsbereitschaft, gepaart mit dem hohen Maß an Plastizität seines Gehirns, machen es so überaus empfänglich für die Fülle der Signale und Informationen, die von den Eltern oder deren Ersatzpersonen an es herangetragen werden. „Wir sind", schreibt Merlin Donald, „Kulturwesen, die aufgrund der spezifischen Struktur ihres Bewusstseins Zuflucht und Trost im Miteinander suchen. Die Enge der Verbindungen, die wir miteinander eingehen, und das Ausmaß, in dem wir voneinander zu lernen vermögen, sind einzigartig."[238]

So erweist sich das, was zunächst wie eine schwere Benachteiligung des menschlichen Säuglings innerhalb des Tierreichs erscheint, nämlich seine absolute Nacktheit, Schutzlosigkeit und Hilflosigkeit sowie seine für viele Jahre gänzliche Angewiesenheit auf seine Eltern, als ein Selektionsvorteil, der den Säugling zu ungewöhnlichen kognitiven und soziokulturellen Lern- und Entwicklungsleistungen prädestiniert. Dieser soziokulturelle Lern- und Entwicklungsprozess, für den Menschenkinder wie geschaffen erscheinen, ermöglicht die Verarbeitung von erstaunlich komplexer Information, die zu beeindruckenden Kompetenzen ausgeformt wird. Noch erstaunlicher ist, dass dieser Prozess – in unplanbarer und aus der reinen Erbanlage nicht allein erklärbarer Weise – einzigartige und unverwechselbare Persönlichkeiten hervorbringt, das heißt autonome und dennoch (zum Glück meistens) sozial eingebundene Kraftzentren einer differenzierten Willensbildung. Diese Willenssubjekte können ihrerseits – im Kleinen oder Großen – zu Taktgebern der Weiterentwicklung jener Kulturen, deren Produkt sie ursprünglich waren, avancieren.

Kommen wir auf die im Kapitel über funktionales Verhalten angesprochene Aktivierungstheorie von Jeffrey Gray zurück, nach der das Verhalten von Tieren und

238 M. Donald, 2008: „Triumph des Bewusstseins. Die Evolution des menschlichen Geistes", Stuttgart: Klett-Cotta, S. 265.

Menschen grundlegend von zwei angeborenen komplementären Antriebssystemen, dem BAS (Behavioral Activation System) und dem BIS (Behavioral Inhibition System) bestimmt wird. Auf der Grundlage von BAS und BIS hat Gray das folgende Persönlichkeitsmodell entworfen:

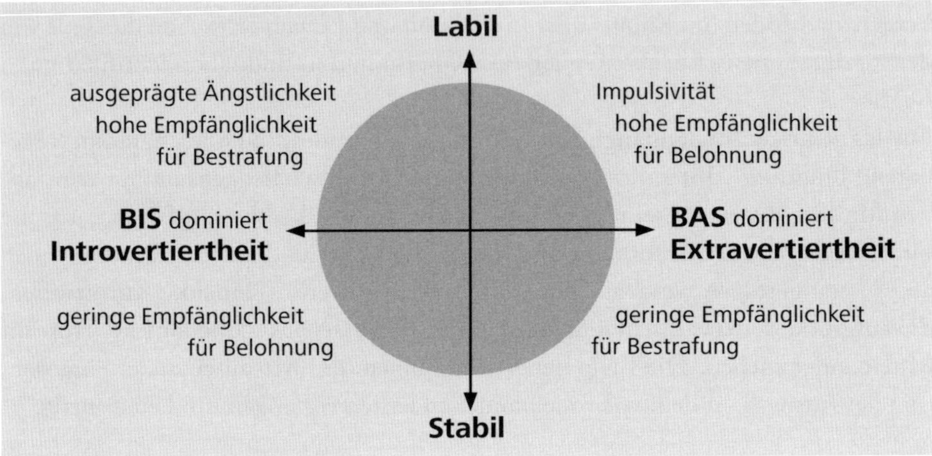

Persönlichkeitsmodell von Jeffrey Gray

Als die eigentlichen biologisch fundierten Persönlichkeitsfaktoren sieht Gray Ängstlichkeit und Impulsivität. Wenn wir Grays Modell mit den inneren Arbeitsmodellen von Bowlby verbinden, liegt der Schluss nahe, dass – je nachdem, welche Bindungserfahrungen Kinder machen – sich ihr angeborenes, entweder mehr BAS-dominiertes oder eher BIS-dominiertes Temperament zu einer mehr labilen oder eher stabilen Persönlichkeit ausformt. Erfahrungen sicherer Bindung begründen eine stabile Motivationsstruktur der Persönlichkeit, sei es entweder in Richtung einer größeren Introvertiertheit oder einer größeren Extravertiertheit, immer aber relativ unabhängig von äußeren Motivatoren wie Belohnung oder Bestrafung. Wenn Kinder solide Bindungsrepräsentationen (Erfahrungen sicherer Bindung) und – wie ich unten noch ausführen werde – stabile und kohärente „Objekt- und Selbstrepräsentanzen" erwerben können, dann steigt ihre Chance, als Erwachsene eine stabile Motivationsstruktur aufzuweisen. Solche Menschen sind dann in der Lage, beständig ihren Weg zu gehen. Einige sind weder durch Verführung noch durch Schreckensszenarios von ihrem Weg abzubringen.

Unsichere Bindungserfahrungen bewirken hingegen, dass ein Mensch nicht in dem Maß über stabile und gute (sichere) innere Bilder verfügt, wie sie bei der sicheren Bindung angenommen werden. Bei unsicherer Bindung kann das Kind nicht zugleich Intimität erfahren und seine Autonomie entwickeln. Es kann die physische Nähe zur Mutter nur aufrechterhalten, wenn Intimität oder Autonomie verloren gehen. Die Identifikation eines solchen Kindes mit seinen primären Vorbildern und deren Werten und Motivationen wird daher inkonsistent, widersprüchlich oder ambivalent bleiben. Eine wirklich stabile und autonome Motivationsstruktur kann sich so nicht ausreichend entwickeln. Die Betroffenen bleiben in ihrem Leben verstärkt auf äußere Bestätigungs-, Motivations- und Kontrollinstanzen angewiesen. Aufgrund ihrer hohen Bestrafungs- beziehungsweise Belohnungsempfänglichkeit sind sie leicht beeinflussbar, zum Beispiel von Werbung, politischer oder religiöser Agitation. Dem Lebensweg dieser Menschen fehlt dann oft auch eine klare Ausrichtung, die von einem Gefühl innerer Bestimmung geleitet wird.

Wenn solche Menschen allerdings zu wirklich Suchenden (und nicht nur zu Süchtigen) werden, zeichnet sie eine besondere Offenheit und Empfänglichkeit für das ihnen Unbekannte aus. Finden diese Menschen – meist nach einem mühevollen Suchprozess – ein ihnen gemäßes motivationales Fundament, können sie zu besonders kraftvollen Impulsgebern für den Prozess soziokultureller Willensbildung und Lebensausrichtung werden und andere mit ihrem Enthusiasmus und/oder Charisma mitreißen.

Fassen wir zusammen:

- Kinder, deren Anlehnungswünsche im ersten und zweiten Lebensjahr stark vernachlässigt werden, entwickeln eine anaklitische Depression mit – je nach Ausmaß und Dauer der Deprivation – schweren Beschädigungen ihrer Entwicklung.
- In den schwersten Fällen zeigt sich das Krankheitsbild des Hospitalismus mit körperlichem und seelisch-geistigem Verfall der Kinder und einer erhöhten Sterblichkeitsquote.
- Die Bindungstheorie versteht Bindung als ein grundlegendes, genetisch verankertes motivationales System, das zwischen der primären Bezugsperson und dem Säugling nach der Geburt aktiviert wird.
- Der Säugling sucht instinktiv die Nähe zu seiner Mutter, strebt nach Sicherheit, Schutz und Geborgenheit. Dabei ist das Kind ein aktiver Interaktionspartner, der seine Bedürfnisse nach Nähe und Schutz mitteilt, wenn sie auftauchen.
- Nach Mary Ainsworth ist für die kindliche Erfahrung sicherer Bindung ein feinfühliges Verhalten der Mutter grundlegend, das sich dadurch auszeichnet,

dass die Mutter oder eine Pflegeperson in der Lage ist, die Signale des Kindes zeitnah wahrzunehmen, angemessen zu interpretieren und zu befriedigen.
- Für jede wichtige Bezugsperson entwickelt das Kind ein inneres Arbeitsmodell, das dem Kind erlaubt vorauszusehen, inwieweit es Nähe, Sicherheit, Liebe und Aufmerksamkeit erwarten und sich dieser Zuwendung wert fühlen darf.
- Bindungserfahrungen formen die spätere Organisation der Persönlichkeit, der Gedanken und der Sprache, der Aufmerksamkeit und des Gedächtnisses, die emotionalen und sozialen Regulationsprozesse sowie die Strategien des Umgangs mit den Bindungspersonen.
- Im Lauf des Lebens können sich die Bindungsrepräsentationen durch bedeutungsvolle Bindungserfahrungen mit anderen Bezugspersonen oder durch einschneidende Erlebnisse in eine unsichere oder sichere Richtung der Bindung verändern.
- Die langjährige Totalabhängigkeit des Menschenkindes macht es so überaus empfänglich für die Fülle der Signale und Informationen, die von den Eltern oder deren Ersatzpersonen an es herangetragen werden.
- Grays Persönlichkeitsmodell und Bowlbys innere Arbeitsmodelle legen zusammen den Schluss nahe, dass Erfahrungen sicherer Bindung eine stabile Motivationsstruktur der Persönlichkeit begründen, die relativ unabhängig von äußeren Motivatoren wie Belohnung oder Bestrafung ist.
- Unsichere Bindungserfahrungen bewirken hingegen, dass ein Mensch verstärkt auf äußere Bestätigungs-, Motivations- und Kontrollinstanzen angewiesen bleibt und leicht beeinflussbar ist.
- Bindungsunsicherheit induziert idealerweise Suchprozesse nach einer geeigneten motivationalen Quelle.

Praktische Konsequenzen

Menschenkinder sind wie keine andere Spezies durch das soziokulturelle Umfeld, in dem sie aufwachsen, formbar. Erziehung und Kultur programmieren dem lange total abhängigen Kind in einem langwierigen Prozess ein, was es zu tun, wahrzunehmen, zu denken, zu fühlen und zu wollen hat. Unser individuelles Bewusstsein ist folglich von Natur aus nicht einfach da, sondern es wurde bei jedem von uns mit einem großen kollektiven Aufwand hergestellt und wird auch im Erwachsenenleben von der Kultur, in der wir leben, immer weiter ausgeformt und abgeschliffen. Wir sind folglich hochgradig manipulierbar, im Positiven wie im Negativen. Allerdings ist das Ergebnis der soziokulturellen Programmierung, Formung und Manipulation

– anders als bei intelligenten Maschinen – im Einzelnen nie berechenbar oder voraussagbar. Das Bewusstsein von Individuen oder Kollektiven entfaltet eine Eigengesetzlichkeit, eine gewisse Unabhängigkeit von seinen eigenen Ausgangs- und Entstehungsbedingungen. Diese Unabhängigkeit kann so weit gehen, dass wir unser eigenes Bewusstsein und die Faktoren, die es hervorgebracht haben, hinterfragen und unsere Bewusstseinsentwicklung – wenigstens ansatzweise – in die eigene Hand nehmen.

11. Repräsentation und Gedächtnis

Lebewesen zeichnen sich unter anderem dadurch aus, dass sie auf ihre Umwelt reagieren. Nicholas Humphrey glaubt – wie wir im Kapitel 1 über Nervensystem und Reizverarbeitung erfahren haben –, dass am Anfang der Evolution zunächst nur die Grenzoberflächen von Organismen auf Umgebungsreize reagierten. Diese Reaktionen waren genetisch fest programmiert, unmittelbar und zwangsläufig. Höhere Tiere und Menschen haben dagegen – wie im Kapitel über Informationsverarbeitung und Nervensystem dargestellt – die Fähigkeit, je nach Situation auf verschiedene Reize sofort, verzögert oder gar nicht zu reagieren.[239] Zwischen die Reize aus der Umwelt und die verzögerte Verhaltensreaktion muss folglich etwas geschaltet sein, das nicht unmittelbar an die Reize und ihre sinnliche Registrierung gekoppelt ist. Die Funktionen, die uns befähigen, auf die Flut der auf uns einwirkenden Reize differenziert zu reagieren, müssen Reize unterscheiden und zugleich die gemeinsamen oder unterschiedlichen Quellen dieser Reize identifizieren können. Sie müssen zu diesem Zweck ein wie auch immer geartetes Modell dieser Reizquellen (der Objekte) sowie einen Bewertungsmaßstab beinhalten, auf welche Reize und Reizquellen bevorzugt die Aufmerksamkeit auszurichten ist. Schließlich bedarf es einer Auswahl verschiedener Verhaltensprogramme, über welche der Organismus verfügt, und einer Entscheidungsfunktion, welches dieser Programme bei welcher Reizkonstellation zu welchem Zeitpunkt zur Anwendung kommt.

Relativ früh entwickelte sich in Lebewesen – so Humphrey – ein zentraler Ort, an dem solche Handlungsmuster bereitgehalten wurden und abgerufen werden konnten. Das materielle Substrat dieses Ortes „bestand aus Nervengewebe, das sich in den höheren Organismen in einem Ganglion oder Gehirn sammelte“. Ein „prototypischer Geist“ begann für Humphrey mit dem Erwerb der Fähigkeit, „handlungsbezogene Repräsentationen eigener körperlicher Umweltreizreaktionen zu speichern – und womöglich auch abzurufen und zu beeinflussen“. Erst mit einer solchen Speicherfunktion hätten die Umweltvorgänge Bedeutung bekommen, „begannen

239 Die Fähigkeit zum Reaktionsaufschub ist ein Indiz für das Wirken eines Kurzzeitgedächtnis- beziehungsweise Arbeitsgedächtnissystems, welches Donald Hebb mit Bewusstsein gleichsetzte. Bewusstsein wäre demnach die Säugetieren vorbehaltene Fähigkeit, ungeachtet der aktuellen Umweltreize eine Vorstellung oder ein Bild für eine gewisse Zeit in einem Zwischenspeicher lagern zu können. M. Donald, 2008: „Triumph des Bewusstseins. Die Evolution des menschlichen Geistes“, S. 136, Original 2001: „A mind so rare. The Evolution of Human Consciousness“, New York: W. W. Norton & Company.

Vorgänge an der Oberfläche lebender Organismen für ein Individuum zu existieren". Während es für einfache Organismen nur um „reine Sinnesempfindungen"[240] gehe, also um die Frage, ob ein bestimmter Reiz im Inneren des Organismus (hinsichtlich des Überlebens) positive oder negative physiologische Veränderungen bewirkt, komme es für höhere Organismen immer stärker auf die Wahrnehmung dessen an, was da draußen jenseits „subjektiver Empfindungszustände" tatsächlich vor sich geht. Der Sinnesreiz und die von ihm ausgelöste neuronale Reaktion im Gehirn würden zum „Zeichen" für etwas „objektiv Bestehendes" in der Außenwelt.[241]

Laut Humphrey werden die reinen Sinnesempfindungen in „analoger" Form, das heißt unmittelbar körpernah und auf die Gegenwart beschränkt, verarbeitet: Für „den Prozess der Repräsentation durch die Sinnesempfindung braucht es nicht viel mehr als eine innere Kopie des physischen Reizes, während er auf die Körperoberfläche einwirkt. Zum Prozess der Wahrnehmungsrepräsentation hingegen gehört schon eher so etwas wie eine ausgeführte Geschichte davon, was der Reiz über die Vorgänge in der Außenwelt aussagt."[242] Diese „digitale" Verarbeitung von bewusstseinsfähigen Wahrnehmungen entspricht – so Niels Birbaumer und Robert Schmidt – in etwa dem Kurzzeitgedächtnis und erklärt ihre sehr geringe Kapazität von gerade mal zwei bis zweieinhalb Bit[243].

Merlin Donald betont, dass unser Nervensystem selbst natürlich keine Symbole wie Zahlen oder Worte enthält, sondern primär „in einem nicht symbolischen, ganzheitlichen oder analogen Modus" arbeitet und „dabei „dem Prinzip der ungefähren Wiedererkennung" folgt. Es funktioniere wie eine „auf eine lange Belichtungszeit eingestellte astronomische Kamera", die nur passiv empfangen kann. Im analogen Modus entstünden bloße „Abdrücke im Nervensystem". Dagegen erzeuge der „sym-

240 Robert Kirk (1994: „Raw Feeling: A Philosophical Account of the Essence of Consciousness", New York: Oxford University Press) spricht von „raw feeling" („purem Empfinden") und bezeichnet damit Vorgänge, die sich abspielen, wann immer wir einen unserer Sinne gebrauchen.

241 N. Humphrey, 1997: „Die Naturgeschichte des Ich", München: Knaur, S. 47-50, Original 1992: „A History of the Mind. Evolution and the Birth of Consciousness".

242 N. Humphrey, 1997, S. 130-131. Im Kapitel über Proto-Selbst, Kernbewusstsein und Ich-Mitte werde ich António Damásios These besprechen, dass, wenn wir uns mit einem Objekt befassen, unser Gehirn auf einer nicht sprachlichen Ebene eine Art „Bericht" über Veränderungen im Proto-Selbst erzeugt, das heißt darüber, wie dieses Objekt ursächlich auf unseren Organismus einwirkt und was sich infolge der Veränderung unseres Organismus durch das Objekt in verschiedenen Regionen unseres Gehirns ereignet.

243 N. Birbaumer, R. Schmidt, 2006: „Biologische Psychologie", Heidelberg: Springer.

bolbasierte Modus“ (mit welchem wir uns unten noch beschäftigen werden und welcher der bewussten Wahrnehmung zugrunde liegen soll) offensiv und aktiv „ein scharf konturiertes, abstraktes Universum“, das wir weitgehend selbst erschaffen.[244]

Auch Gerhard Roth sieht, dass „bestimmte Prozesse, die in einem Nervensystem ablaufen, einen systematischen Bezug zu Prozessen in der Außenwelt des Nervensystems besitzen“. Roth unterscheidet zwei Möglichkeiten:

1. dass „Repräsentant und Repräsentat bestimmte formale Ähnlichkeiten, zum Beispiel hinsichtlich der räumlichen oder zeitlichen Relationen, haben, wie dies bei den sogenannten ‘primären Karten’ in den sensorischen Systemen des Gehirns der Fall ist“ (was in etwa Humphreys Sinnesempfindungen und Donalds passiven Abdrücken im Nervensystem, also der analogen Verarbeitungsweise, entspricht),
2. dass Repräsentant und Repräsentat keine Ähnlichkeit haben müssen und die Stellvertretung „abstrakt“ erfolgt, „wie zum Beispiel die ‘Repräsentation’ von Außenweltprozessen in Symbolen, Sätzen oder Gedanken“, das, was „andere Autoren unter ‘kognitiven Karten’ oder ‘kognitiven Modellen’ verstehen“ (und was einer digitalen oder symbolbasierten Verarbeitung entspricht).[245]

Im Gedächtnis werden all jene Verknüpfungen niedergelegt, die sich irgendwann einmal bewährt haben, also vor allem auch jene, welche eine Einwirkungsmöglichkeit auf die Umwelt eröffnen. Viele Merkmale werden deshalb zusammengebunden, weil es im Lichte der Vorerfahrung Sinn ergibt.

244 M. Donald, 2008, S. 165-167. Der analoge Modus der Wiedererkennung könne sehr eingeschränkt auf einem digitalen Computer simuliert werden. Dazu bediene man sich einer assoziativen, konnektionistischen Strategie, bei der virtuelle Neuronen künstliche Netze bilden und nach dem Zufallsprinzip miteinander verschaltet sind. Die Netzwerke verändern sich durch Erfahrung, sie lernen durch Mustererkennung dazu und speichern Erinnerungen, ohne sie mittels expliziter Symbole zu definieren. Sie erzeugen lediglich Eindrücke, die festgehalten werden. Die zwei wichtigsten kognitionswissenschaftlichen Unterdisziplinen spiegeln in der unterschiedlichen Weise, wie sie die Realität repräsentieren und künstliche Intelligenz konstruieren, die beiden Modi der Informationsverarbeitung wider: Wenn zum Beispiel Gesichter erkannt werden sollen, lernt das künstliche neuronale Netzwerk relativ einfach dadurch, dass ihm eine Reihe von Gesichtern mehrmals dargeboten wird. Es filtert gleichbleibende Umweltaspekte, die mit dem Objekt zu tun haben, heraus, indem es einfache korrigierende Rückmeldungen (Belohnung, Bestrafung) erhält und seine Erfahrungen in Form von stabilen Verschaltungsmustern (Schemata) speichert. Erkennen beruht in diesem Fall auf Vertrautheit und auf Übereinstimmung von Reaktionen.

245 G. Roth, 1996: „Das Gehirn und seine Wirklichkeit. Kognitive Neurobiologie und ihre philosophischen Konsequenzen“, Frankfurt/M.: Suhrkamp, S. 30.

Ob einfache oder komplexe Repräsentationen, immer besteht das neurobiologische Substrat in erfahrungsabhängig veränderbaren (neuroplastischen) corticalen Ordnungsstrukturen in Form von spezifischen synchronisierbaren Netzwerken von Neuronen und Nervenzellenverbänden, die dank reentranter Rückkoppelungsschleifen ihre Aktivität synchronisieren und damit verschiedene neuronale Ereignisse im Gehirn über weite intracerebrale Strecken miteinander in Beziehung setzen können. Die Verbindung zwischen Nervenstrukturen und koordinierter neuronaler Aktivität auf der einen Seite und der „Wirklichkeit" auf der anderen Seite ist allerdings keine Eins-zu-eins-Abbildung. Je höher ein Gehirn entwickelt ist, desto stärker baut es eine in sich geschlossene, quasi autonome Innenwelt auf, in welcher der jeweils aktuelle Input der eingehenden Sinnesdaten eine immer untergeordnetere Rolle spielt.[246] Wenn wir als erwachsene Menschen etwas wahrnehmen, so rekonstruieren wir vor allem unsere eigene perzeptuelle Vergangenheit, das heißt unsere interne Konzeptualisierung der Außenwelt. Roth: „Was wir bewusst sehen, sind 'Gedächtnisbilder'."[247] Entscheidend für Wahrnehmungsprozesse ist, dass die von sensorischen Inputs induzierten neuronalen Erregungsmuster auf bereits vorhandene neuronale Karten und Repräsentationen bezogen werden; nur so erhält eine Wahrnehmung eine Bedeutung (worauf unten noch einzugehen sein wird). Die affektive Bewertung und Bedeutung wiederum beeinflussen die Aufmerksamkeit, die Verarbeitungstiefe und damit die Gedächtnisleistung.

Jeder neue Sinneseindruck hinterlässt neuronale Spuren im Gehirn, aber nicht jeder Sinnesreiz verändert durch Veränderung der Synapsenverbindungen nachhaltig die Struktur des Gehirns. Wir können hinsichtlich der Dauerhaftigkeit der Speicherung grob zwischen drei Informationsspeichern unterscheiden:

- dem sensorischen Gedächtnis oder Ultrakurzzeitgedächtnis,
- dem Kurzzeit- und Arbeitsgedächtnis,
- dem Langzeitgedächtnis.[248]

Die meisten Informationen, die wir über unsere Sinne wahrnehmen, sind flüchtig. Visuelle Informationen verfallen schon nach Bruchteilen einer Sekunde. Akustische

246 Zur Erinnerung: Schätzungsweise nur ein Tausendstel aller Verbindungsfasern im Gehirn dienen Input und Output, das heißt dem Informationsaustausch des Gehirns mit dem übrigen Körper und via Sinnessysteme mit der Außenwelt.

247 G. Roth, 1996: „Das Gehirn und seine Wirklichkeit. Kognitive Neurobiologie und ihre philosophischen Konsequenzen", Frankfurt/M.: Suhrkamp, S. 266.

248 S. Kühnel, H. J. Markowitsch, 2009: „Falsche Erinnerungen. Die Sünden des Gedächtnisses", Heidelberg: Spektrum, S. 26.

Informationen überleben deutlich länger. Untersuchungen von George Sperling[249] und später Chris Darwin[250] zeigten, dass das visuelle sensorische Gedächtnis oder – wie es auch heißt – ikonografische (bildliche) Ultrakurzzeitgedächtnis (als Urskizze ähnlich dem Nachwirken eines Bildes beim Ausschalten des Lichtes) Sehinformationen nur für etwa 15 Millisekunden speichern kann.[251] Das auditorische sensorische Gedächtnis oder echoische Ultrakurzzeitgedächtnis (wie ein Echo des Gehörten) kann hingegen Hörinformationen bis etwa zwei Sekunden bewahren. Bedeutsam sind diese modalitätsspezifischen Ultrakurzspeicher deshalb, weil sie einerseits kurzfristig weitaus mehr Informationen aufnehmen können als das Arbeitsgedächtnis und weil sie andererseits aus der Fülle sensorischer Daten bereits eine radikale Auswahl treffen. Sie trennen schon präattentiv, also ohne Aufmerksamkeitsausrichtung, Wichtiges von Unwichtigem. Informationen, die nicht vom Kurzzeitgedächtnis weiterverarbeitet werden, zerfallen und sind damit unwiederbringlich verloren.

Nur ein kleiner Teil der sinnlich erfassten Information gelangt vom Ultrakurzzeitgedächtnis in das Kurzzeitgedächtnis, das Autoren wie Gerhard Roth, Merlin Donald und Bernard J. Baars eng mit dem Bewusstsein verbunden sehen (und Christof Koch ist kein Fall bekannt, bei dem bei Verlust des Kurzzeitgedächtnisses noch Bewusstsein vorhanden gewesen wäre[252]). Im Kurzzeitgedächtnis wird etwas neu Gelerntes für einen Zeitraum von einigen Sekunden bis maximal ein paar Minuten bereitgehalten, bevor es nach und nach im Langzeitgedächtnis verankert werden kann. Das Kurzzeitgedächtnis arbeitet seriell; seine Inhalte müssen sich nach

249 Sperling, 1960: „The information available in brief visual presentations", Psychol. Monographs 74, 1-29. Sperling untersuchte den Zerfall von Informationen im visuellen Gedächtnissystems mit der sogenannten Teilberichtmethode („partial report"), bei der Versuchspersonen eine Anordnung von Buchstaben in verschiedenen Zeilen dargeboten wird, wovon beim Abruf immer nur einzelne Zeilen wiedergegeben werden sollen.

250 C. J. Darwin et al. 1972: „An auditory analogue of the Sperling partial report procedure: Evidence for brief auditory storage. Cognit Psychol 3, 255-267.

251 Francis Crick (1997: „Was die Seele wirklich ist: Die naturwissenschaftliche Erforschung des Bewusstseins", Hamburg: Rowohlt, S. 296, Original 1994: „The astonishing hypothesis. The scientific search for the soul", New York: Scribner) vertritt die Hypothese, dass die Neuronen der Schicht 6 (besonders gut untersucht in V1 und CGL, zwischen denen die rückwärts zu Schicht 6 des CGL gerichteten Axone zehnmal häufiger vorhanden sind als die vorwärts gerichteten zu Schicht 4 von V1) maßgeblich am Ultrakurzzeitgedächtnis beteiligt sind, das durch kreisende Erregungen aufrechterhalten wird und Voraussetzung für bewusstes visuelles Erleben ist.

252 U. Schnabel, A. Sentker, 1997: „Wie kommt die Welt in den Kopf? Reise durch die Werkstätten der Bewußtseinsforscher", Hamburg: Rowohlt, S. 184.

dem Der-Gewinner-nimmt-alles-Prinzip gegen konkurrierende Inhalte durchsetzen. Daher ist die Menge an Informationen, die gleichzeitig im Kurzzeitgedächtnis gehalten werden kann, sehr begrenzt. Zur genaueren Untersuchung hat George Miller Wissenseinheiten, auch „Chunks“ genannt, zu Blöcken zusammengestellt. Ein Chunk beinhaltet beispielsweise ein Wort oder eine Zahl oder auch eine kleine Folge von Buchstaben oder Zahlen. Miller kam 1956 zu dem Schluss, dass wir insgesamt sieben Chunks vorübergehend im Kurzzeitgedächtnis speichern können. Heute geht Nelson Cowan sogar von nur vier Chunks aus, die zeitgleich im Kurzzeitgedächtnis bereitgehalten werden können.[253]

1974 führten Alan Baddeley und Graham Hitch den Begriff des Arbeitsgedächtnisses ein.[254] Das Besondere am Arbeitsgedächtnis ist, dass es nicht nur die Verarbeitung neuer Informationen berücksichtigt, sondern diese in einen Zusammenhang mit aufgerufenen älteren Wissenseinheiten stellt. Damit stellt das Arbeitsgedächtnis eine Verbindung zwischen dem Kurzzeitgedächtnis und dem Langzeitgedächtnis dar. Merlin Donald vermutet, dass das Arbeitsgedächtnis auf der Basis einer Ausdehnung des zeitlichen Rahmens der evolutionsgeschichtlich älteren Bindungsmechanismen entstand, wodurch nicht nur einzelne Objekte, sondern ganze Ereignisse wahrgenommen werden konnten. Donald hält fest: „Man stellt sich das Arbeitsgedächtnis am besten als die zweite Funktionsebene des Bewusstseins vor. Es baut folgerichtig auf der ersten Ebene der Bindungsprozesse auf und bringt einige neue Eigenschaften ins Spiel, die der Bindung zugutekommen.“ Das qualitativ Neue am Kurzzeitarbeitsgedächtnis sei, so Donald, dass es ein aktiver Speicherungsprozess sei und „die elementaren Exekutivfunktionen wie Bewertung, Reizselektion, Problemlösung und Reaktionsauswahl“ ausübe, also genau das, was „wir von der fortgeschrittenen, koordinierten Informationsverarbeitung bei Säugetieren erwarten“.[255]

Man könnte geneigt sein, sich das Arbeitsgedächtnis in einem anatomisch umschriebenen Zentrum im Gehirn vorzustellen, in welchem alle Informationen zusammenlaufen. Wenngleich bildgebende Verfahren und Läsionsuntersuchungen die Bedeutung des präfrontalen Cortex hervorheben, betont Gerhard Roth, dass

253 N. Cowan, 2001: „The magical number 4 in short-term memory: A reconsideration of mental storage capacity“, in: Behavioral and Brain Sciences, 24, 87-114.

254 A. D. Baddeley, G. Hitch, 1974: „Working memory“, in: G. H. Bower (Ed.): „The Psychology of Learning and Motivation“, Vol. 8, 647-667, Hillsdale: Erlbaum.

255 M. Donald, 2008: „Triumph des Bewusstseins. Die Evolution des menschlichen Geistes“, Stuttgart: Klett-Cotta, S. 199-201.

kein Neuronenverband alle Details und Bedeutungen eines Gegenstands, wie zum Beispiel eines Stuhls, gleichzeitig repräsentieren kann. Vielmehr findet die vollständige Repräsentation des Stuhls in einer Vielzahl von Zellverbänden statt, die über das Gehirn verteilt sind. Nirgendwo gibt es – auch wenn es unserer subjektiven Erfahrung und Intuition widerspricht – ein Zentrum des Arbeitsgedächtnisses oder Bewusstseins.[256]

Die vielen kleinen Lernschritte, welche das bewusste Kurzzeit- und Arbeitsgedächtnis mit Mühe bewältigt, werden vom Langzeitgedächtnis zu erstaunlichen Gesamtleistungen integriert. Denken wir zum Beispiel an das scheinbar mühelose Auswendigspielen einer Sonate auf dem Klavier oder das Erlernen einer Fremdsprache. Erfolgreiche Lernprozesse zeichnen sich dadurch aus, dass wir für eine komplexe Leistung wie zum Beispiel das Klavierspielen das bewusste Kurzzeitgedächtnis nicht mehr beanspruchen müssen; die Aufgabe können wir weitgehend ohne bewusste Kontrolle und mit einer relativ sparsamen Gehirnaktivität ausüben. Das Langzeitgedächtnis umfasst im Wesentlichen folgende Unterformen (in Klammern die hauptsächlich zuständigen Gehirnregionen):

- das prozedurale Gedächtnis (supplementärer motorischer und prämotorischer Cortex, Basalganglien und Kleinhirn): Bewegungsabläufe, die man erlernt und die man dann weitgehend unbewusst abrufen kann, zum Beispiel schwimmen oder ein Instrument spielen,
- das episodische Gedächtnis (Einspeicherung über das limbische System, Abspeicherung in polymodalen Assoziationscortices im Schläfenlappen und Scheitellappen, Abruf über den temperofrontalen Cortex): persönliche, kontext- und affektbezogene, biografische Ereignisse und Erlebnisse, zum Beispiel die erste Liebesbeziehung oder ein Unfall,
- das semantische Gedächtnis (Einspeicherung über das limbische System und den Cortex, Abspeicherung in polymodalen Assoziationsgebieten des Schläfenlappens, Abruf über temperorofrontalen Cortex): Allgemein-, Welt-, Schul- und Faktenwissen, Dinge, die wir bewusst lernen mussten (zum Beispiel die Staaten der EU, Englischvokabeln, chemische Formeln) und die wir über Sprache wiedergeben können.[257]

256 G. Roth, 1996: „Das Gehirn und seine Wirklichkeit. Kognitive Neurobiologie und ihre philosophischen Konsequenzen", Frankfurt/M.: Suhrkamp, S. 253-254.

257 S. Kühnel, H. J. Markowitsch, 2009: „Falsche Erinnerungen. Die Sünden des Gedächtnisses", Heidelberg: Spektrum, S. 23.

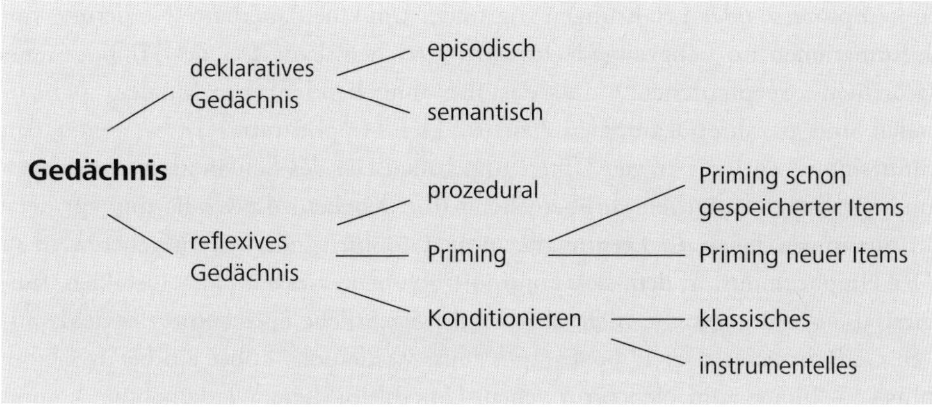

Gedächtnisformen nach Hans J. Markowitsch[258]

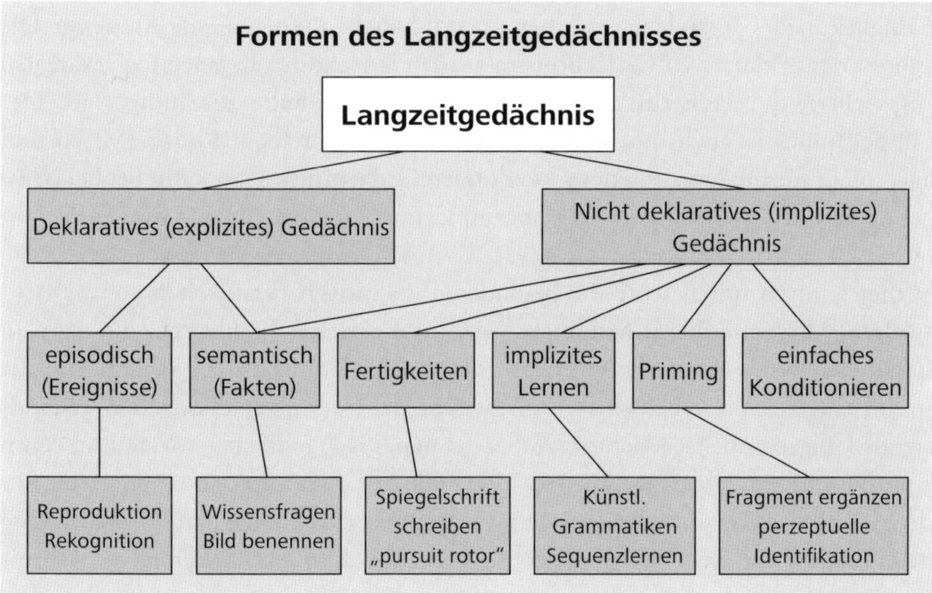

Gedächtnismodell von Daniel Schacter et al. (2000)[259]

Das episodische und das semantische Gedächtnis werden als deklarative oder explizite Gedächtnisformen bezeichnet. Es handelt sich um Gedächtnisinhalte, an die man sich bewusst erinnern kann oder will. Ihnen liegen in der Regel bewuss-

258 H. J. Markowitsch, 1992: „Neuropsychologie des Gedächtnisses“, Göttingen: Hogrefe.

259 D. L. Schacter, A. D. Wagner, R. L. Buckner, 2000: „Memory systems of 1999“, in: E. Tulving, F. I. M. Craik (Eds.): „Handbook of memory“, New York: Oxford University Press.

te Lernprozesse oder Erfahrungen zugrunde. Um eine dauerhafte Codierung von Informationen im Langzeitgedächtnis zu erreichen, bedarf es des Hippocampus (wörtlich: „Seepferdchen") und des ihn umgebenden entorhinalen, perirhinalen und parahippocampalen Cortex. Der Hippocampus ist weit von den Sinnesinputs entfernt an der Unter- und Innenseite des Schläfenlappens gelegen und speichert vermutlich vorübergehend (für Wochen) die Codierung für neue Erinnerungen, bevor die Lerninhalte an die Großhirnrinde weitergegeben werden. Der Hippocampus, in dem sich kontinuierlich neue Nervenzellen ausbilden, fungiert also als Organisator, nicht aber als der eigentliche Speicherort des deklarativen Gedächtnisses. Der Hippocampus muss wiederholt – über ein bis drei Jahre hinweg – Inputs zum Neocortex geben. Unterbleibt diese Wiederholung, kommt es zum üblichen Vergessen.[260] Die Zerstörung des Hippocampus führt zur schweren Beeinträchtigung des Erinnerungsvermögens (retrograde Amnesie) und der Fähigkeit, neues Wissen zu erwerben und zu behalten (anterograde Amnesie). Die Inhalte des deklarativen Gedächtnisses werden letztendlich in jenen Cortexarealen gespeichert, die auch für die Wahrnehmung der Inhalte zuständig sind. Der Hippocampus ist nicht notwendig zum Abrufen von reinem Routinewissen und auch nicht für die Nutzung des prozeduralen Gedächtnisses. So kann bei beidseitiger operativer Entfernung des Hippocampus implizit weiter gelernt werden.

Walter Kintsch untersuchte die besonderen kognitiven Fertigkeiten von Schachspielern, Mathematikern, Militärstrategen und anderen Fachleuten, die dann in Expertensysteme (Unterdisziplin der Informatik) einfließen. Er schlägt vor, die spezifische Art von Arbeitsgedächtnis, welche die Grundlage dieses Sachverstands ist, als Langzeitarbeitsgedächtnis zu bezeichnen. Nach jahrelangem Training kann zum Beispiel ein Schachgroßmeister eine Fülle bekannter Spielsituationen mit fast der gleichen Geschwindigkeit aus dem Gedächtnis abrufen, die man normalerweise beim Zugriff auf das Kurzzeitgedächtnis erreicht. Das Langzeitarbeitsgedächtnis lässt sich aber nicht dem sinnesnahen Kurzzeitgedächtnis zuordnen, da ihm dessen lebhafte, direkte Qualität fehlt. Das Langzeitarbeitsgedächtnis übt nach Merlin Donald eine Steuerfunktion aus und greift unmittelbar in das aktuelle Verhalten ein. Damit unterscheidet es sich deutlich von den lückenhaften, eher locker gefügten und nur mit Verzögerung mobilisierbaren Inhalten des Langzeitgedächtnisses.

260 F. Crick, 1997: „Was die Seele wirklich ist: Die naturwissenschaftliche Erforschung des Bewusstseins", Hamburg: Rowohlt, S. 114, 120; J. Eccles, 1989: „Die Evolution des Gehirns – Die Erschaffung des Selbst", München: Piper, S. 270; G. Roth, 1996: „Das Gehirn und seine Wirklichkeit. Kognitive Neurobiologie und ihre philosophischen Konsequenzen", Frankfurt/M.: Suhrkamp, S. 209.

Es scheint von dem „Furcht einflößend engen 15-Sekunden-Zeitfenster“ der Laborexperimente nicht begrenzt.[261]

Das nicht deklarative, implizite Gedächtnis umfasst Gedächtnisinhalte, die ohne bewusste Intention und ohne Anwendung von Lernstrategien gelernt werden und nicht bewusst willentlich abgerufen werden können. Es handelt sich um Handlungskompetenzen, wie sie zum Beispiel zum Laufen notwendig sind, um ein Gewusst-wie, ohne dass man sagen könnte, wie man es genau macht.[262] Zum impliziten Gedächtnis gehört ferner das, was durch das bereits erwähnte Priming und durch Konditionierungen entsteht. Schließlich ist noch das perzeptuelle Gedächtnis anzusprechen, das zwischen impliziten und expliziten Gedächtnis anzusiedeln ist. Wenn wir zum Beispiel ein Lied schon nach wenigen Takten erkennen oder einen uns bekannten Menschen schon von Weitem identifizieren können, ohne dass uns der Name des Liedes oder des Menschen einfällt, dann zeigt sich das perzeptuelle Gedächtnis. Wir sind uns zwar bewusst, dass wir die Melodie oder die Person kennen, die Benennung erfolgt aber erst unter Zugriff auf das deklarative Gedächtnissystem. Dadurch wirkt das perzeptuelle Gedächtnis wie eine Verbindungsstation zwischen dem unbewussten Gedächtnis und den bewussten Wissenssystemen.

Hinderk Emrich sagte 2001 anlässlich seines Vortrags „Neurowissenschaften als Herausforderung für die Psychotherapie“ bei den 51. Lindauer Psychotherapiewochen: „Erinnerung funktioniert nicht nach dem Prinzip des Zugreifens auf Festplatten, sondern erfolgt durch ein konstruktives Wiedererschaffen von Vergangenheit.“ Im Gehirn sind die Orte der Rechenoperationen und die der Speicherung nicht getrennt wie im PC. Bestimmte Neuronen und Neuronengruppen repräsentieren nicht exklusiv nur ein Objekt oder einen Sachverhalt, sondern sind an der Repräsentation gleich mehrerer Perzepte und Konzepte beteiligt. Aufgrund dieser Überlappungen und Unschärfen („fuzzy logic“), aufgrund der hochgradigen synaptischen Vernetztheit der Nervenzellen und Zellverbände sowie der zahllosen Rückkoppelungsschleifen ist unser Gedächtnis, wie Marion Friedrich schreibt, „nicht streng replikativ, sondern erlaubt der Wahrnehmung, die Erinnerung zu

261 Zitiert nach Merlin Donald, 2008: „Triumph des Bewusstseins. Die Evolution des menschlichen Geistes“, Stuttgart: Klett-Cotta, S. 57-59.

262 G. H. Neuweg: „Mehr lernen als man sagen kann: Konzepte und didaktische Perspektiven impliziten Lernens“, in: Unterrichtswissenschaft 3/2000, 198-199.

verändern, und der Erinnerung, Wahrnehmung zu verändern“[263]. Francis Crick erkennt in den Nervennetzen „Hologramm-Eigenschaften“, das heißt, mehrere Bilder können in Überlagerung gespeichert werden, und es reicht ein beliebiger Teil, um das ganze Bild abzurufen.[264]

Im Laufe unseres Lebens bilden wir – worauf Sina Kühnel und Hans J. Markowitsch hinweisen – sehr große, untereinander oft verbundene semantische Netze aus. „Diese Netze beschränken sich nicht nur auf die semantischen Gedächtnisinhalte, sondern sie verbinden diese auch mit [...] dem episodischen Gedächtnis. Dies führt zu teilweise sehr seltsam anmutenden Gesprächen, da es immer wieder Eckinformationen gibt, die uns im Laufe eines Gespräches von einer Thematik zur nächsten führen. Dadurch kann es schon einmal passieren, dass eine Unterhaltung über die Funktionsweise eines Automotors über Motorsport hin zur Übertragung des letzten Rennens und zu den Ereignissen an diesem Tag führt. [...] Große Plattformen im Internet, wie beispielsweise Wikipedia, funktionieren nach einem vergleichbaren Prinzip: Ein Suchwort führt uns zum nächsten und nächsten, bis wir bei einem völlig anderen Thema ankommen.“[265] Ähnlich verhält es sich mit unserem freien assoziativen Denken.

Wahrscheinlich würden wir uns in einem unaufhörlichen assoziativen, tagträumerischen und tranceartigen Gedankenstrom verlieren, wenn uns nicht ein kulturgegebenes „externes Gedächtnisfeld“ zur Verfügung stünde. Als „externes Gedächtnisfeld“ bezeichnet Merlin Donald den „Schauplatz, auf dem externe Symbole präsentiert werden“, und es „umfasst sämtliche Materialien und Medien“, die als „Schnittstelle zwischen Gehirn und Symbol“ verwendet werden und „in den Brennpunkt meiner Aufmerksamkeit rücken“ können, zum Beispiel ein Laptop, Textausdrucke, Bücher oder eine Pinnwand. Letztere erlauben es, im Arbeitsgedächtnis nicht nur einzelne Buchstaben oder Sätze, sondern umfassende und scharf umrissene „gedankliche Gebilde wie etwa Hypothesen, Argumente, Schlussfolgerungen, Themen oder auch Schaubilder“ präsent zu halten. Wir „können jetzt Vorstellungen auf dem externen Gedächtnisfeld ausbreiten und sie, fast als

263 M. Friedrich, 2008: „Vom Neuron zum Qubit. Auf den Spuren des Bewusstseins“, Marburg: Tectum, S. 100.

264 F. Crick, 1997: „Was die Seele wirklich ist: Die naturwissenschaftliche Erforschung des Bewusstseins“, Hamburg: Rowohlt, S. 229.

265 S. Kühnel, H. J. Markowitsch, 2009: „Falsche Erinnerungen. Die Sünden des Gedächtnisses“, Heidelberg: Spektrum, S. 53.

wären sie materielle Objekte in einem Laboratorium, untersuchen, klassifizieren, vergleichen und mit ihnen experimentieren. Wir können Gedanken, wenn sie [anschaulich und fortwährend verfügbar] in der Außenwelt präsentiert werden, viel leichter zu komplexen Argumenten zusammenfügen, als wenn sie nur in unserem biologisch fundierten Gedächtnis vorliegen."[266]

Das Bewusstsein agiert also – so Donald – zwischen zwei Systemen der Repräsentation, von denen sich das eine im Kopf und das andere in der Außenwelt befindet. „Eine Vergrößerung des Gehirns allein hätte niemals zu einem derart revolutionären kognitiven Wandel führen können. Denn die „biologischen Gedächtnisspuren des Gehirns, die sogenannten Engramme [...] sind unbeständig [...], lassen sich im Bewusstsein nicht langfristig präsent halten und sind nicht leicht aufzufinden und abzurufen." Hingegen sind Exogramme, das heißt externe Symbole, „mit stabilen, dauerhaften und im Prinzip beliebig erweiterbaren Erinnerungsspeichern verknüpft", die sich besser durchsuchen und abrufen sowie „immer wieder von neuem umstrukturieren und dem Bewusstsein erheblich leichter darbieten lassen".[267] Die Kultur und ihre Symbole prägen also Donald zufolge die Art und Weise, wie „wir unsere Erinnerungen codieren und abspeichern", und geben „uns ein umfassendes System von Adressierungen und Gedächtnistechniken an die Hand, mit dessen Hilfe wir gezielt auf die Erinnerungen zugreifen können".[268] Wir kommen im Kapitel 20 auf die externen Gedächtnistechniken und den Einfluss, den sie nach Donald auf unsere Hirn- und Bewusstseinsfunktionen haben, zurück.

Abschließend möchte ich noch auf den Begriff „kulturelles Gedächtnis" eingehen, der von Jan und Aleida Assmann stammt. Das kulturelle Gedächtnis umfasst nach ihrer Definition den archäologischen und schriftlichen Nachlass der Menschheit, das heißt „die über Generationen, in jahrhunderte-, ja teilweise jahrtausendelanger Wiederholung gehärteten Texte, Bilder und Riten, die unser Zeit- und Geschichtsbewusstsein, unser Selbst- und Weltbild prägen".[269] Das kulturelle Gedächtnis ermögliche dem Individuum einen Sinn stiftenden Lebensentwurf nach historischen, religiösen, mythischen oder philosophischen Vorbildern. Aleida Assmann weist – ähnlich wie Donald – auf die Bedeutung „externer

266 M. Donald, 2008, S. 297.

267 M. Donald, 2008, S. 298.

268 M. Donald, 2008, S. 178.

269 J. Assmann, 2006: „Thomas Mann und Ägypten. Mythos und Monotheismus in den Josephsromanen", München: Beck, S. 70.

Speichermedien und kultureller Praktiken" als Träger des kulturellen Gedächtnisses hin: „Mit dem wandelnden Entwicklungsstand der Medien wird auch die Verfasstheit des Gedächtnisses mitverändert." Vom kulturellen Gedächtnis grenzt Assmann das „kommunikative Gedächtnis" ab. Es beruhe auf mündlicher Überlieferung der vorangegangenen drei Generationen und sei – anders als das theoretisch unbegrenzte kulturelle Gedächtnis – auf etwa 80 Jahre begrenzt. Nach Assmann bilden das kommunikative und das kulturelle Gedächtnis zusammen das kollektive Gedächtnis.[270]

Fassen wir zusammen:

- Bei höheren Organismen werden Sinnesreize und die von ihnen ausgelösten neuronalen Reaktionen im Gehirn zum Zeichen für etwas objektiv Bestehendes in der Außenwelt.
- Das Zeichen (Repräsentant) und das Bestehende in der Außenwelt (Repräsentat, also das, was durch das Zeichen repräsentiert wird) können sich hinsichtlich räumlicher oder zeitlicher Relationen ähnlich sein (wie zum Beispiel die retinotope Kartierung visueller Inputs in der primären Sehrinde) oder unähnlich (wie zum Beispiel bei der Repräsentation von Außenweltprozessen in Form von Symbolen, Sätzen oder Gedanken).
- Unser Gehirn baut eine in sich geschlossene, quasi autonome Innenwelt auf, in welcher der jeweils aktuelle Input der eingehenden Sinnesdaten eine überraschend untergeordnete Rolle spielt.
- Wenn wir etwas wahrnehmen, rekonstruieren wir vor allem unsere perzeptuelle Vergangenheit, das heißt unsere interne Konzeptualisierung der Außenwelt. Was wir bewusst sehen, sind hauptsächlich Gedächtnisbilder.
- Die modalitätsspezifischen (zum Beispiel visuellen oder auditorischen) Ultrakurzspeicher (bis maximal zwei Sekunden) trennen schon präattentiv Wichtiges von Unwichtigem.
- Im seriell organisierten Kurzzeitgedächtnis wird etwas neu Gelerntes, das sich nach dem Der-Gewinner-nimmt-alles-Prinzip durchsetzen muss, maximal ein paar Minuten bereitgehalten.
- Die Menge an Informationen, die zur gleichen Zeit im Kurzzeitgedächtnis gehalten werden kann, ist sehr begrenzt.

270 A. Assmann, 1999: „Erinnerungsräume. Formen und Wandlungen des kulturellen Gedächtnisses", München: Beck, S. 19.

- Das Arbeitsgedächtnis stellt eine Verbindung zwischen dem Kurzzeitgedächtnis und dem Langzeitgedächtnis dar und übt elementare Exekutivfunktionen wie Bewertung, Reizselektion, Problemlösung und Reaktionsauswahl aus.
- Es gibt im Gehirn nirgendwo ein anatomisches Zentrum des Arbeitsgedächtnisses oder Bewusstseins.
- Das Langzeitgedächtnis umfasst das prozedurale Gedächtnis (routinierte Bewegungsabläufe), das episodische Gedächtnis (biografische Ereignisse) und das semantische Gedächtnis (Faktenwissen).
- Das episodische und das semantische Gedächtnis werden als deklarative oder explizite Gedächtnisformen bezeichnet, denen bewusste Lernprozesse zugrunde liegen und die auch willentlich bewusst erinnert werden.
- Um eine dauerhafte Codierung von Informationen im Langzeitgedächtnis zu erreichen, bedarf es des Hippocampus.
- Das Langzeitarbeitsgedächtnis bezeichnet den Sachverstand, der von Experten nach jahrelangem Training (zum Beispiel von einem Schachgroßmeister) erworben wurde und fast mit der gleichen Geschwindigkeit aus dem Gedächtnis abrufen werden kann, die man normalerweise beim Zugriff auf das Kurzzeitgedächtnis erreicht.
- Das nicht deklarative implizite Gedächtnis umfasst ohne bewusste Intention und ohne Anwendung von Lernstrategien gelernte Gedächtnisinhalte, die man auch nicht bewusst abrufen kann. Es handelt sich um Handlungskompetenzen, wie sie zum Beispiel beim Laufen gebraucht werden, um ein Gewusst-wie, ohne sagen zu können, wie man es genau macht.
- Zum impliziten Gedächtnis gehören ferner das Priming und Konditionierungen.
- Das perzeptuelle Gedächtnis ist zwischen implizitem und explizitem Gedächtnis anzusiedeln. Ein Beispiel dafür ist das Erkennen eines Lieds schon nach wenigen Takten, ohne dass einem der Name des Liedes einfällt.
- Im Gehirn sind bestimmte Neuronen und Neuronengruppen an der Repräsentation gleich mehrerer Perzepte und Konzepte beteiligt. Aufgrund dieser Überlappungen und Unschärfen kann die Wahrnehmung die Erinnerung verändern und die Erinnerung die Wahrnehmung verändern.
- Semantische Netze verbinden semantische Gedächtnisinhalte mit dem episodischen Gedächtnis. Dadurch führt uns ein Gedanke oder ein Wort zum nächsten und wieder zum nächsten Gedanken oder Wort, bis wir bei einem völlig anderen Thema ankommen.

- Als externes Gedächtnisfeld bezeichnet Donald sämtliche Materialien und Medien, die es uns erlauben, im Arbeitsgedächtnis nicht nur einzelne Buchstaben oder Sätze, sondern umfassende und scharf umrissene gedankliche Gebilde wie etwa Hypothesen, Argumente, Schlussfolgerungen, Themen oder auch Schaubilder präsent zu halten.
- Das kulturelle Gedächtnis umfasst nach Assmann und Assmann den archäologischen und schriftlichen Nachlass der Menschheit, der – viel stärker, als es die mündliche Überlieferung von Generation zu Generation vermag – unser Zeit- und Geschichtsbewusstsein sowie unser Selbst- und Weltbild prägt.

Praktische Konsequenzen

Das Kapitel „Repräsentation und Gedächtnis“ macht erneut deutlich, wie stark wir in einer biologisch und kulturell konstruierten Wirklichkeitsillusion leben. Wenn wir – vermeintlich hier und jetzt – in die Welt sehen, sehen wir vor allem etwas aus unserer Vergangenheit und unsere darauf basierenden Erwartungen. Das meiste, was unsere Sinne innerhalb der Jetztzeitfenster erfassen, wird ohnehin von unserer bewussten Wahrnehmung und von unseren dauerhafteren Gedächtnisspeichern ferngehalten. Wenn wir etwas wirklich Neues erfahren und lernen wollen, sind wir auf die Hilfe anderer angewiesen.

12. Erinnern, Kontext und emotionales Gedächtnis

Unsere Erinnerungen und Erfahrungen machen einen großen Teil dessen aus, wer oder was wir zu sein glauben. Die Neuroplastizität unseres Gehirns ermöglicht, dass wir unser ganzes Leben lang neue Informationen speichern, unser Gedächtnis erweitern und unsere Persönlichkeit weiterentwickeln. Im Laufe des Lebens verändert sich allerdings die Fähigkeit, Erinnerungen wieder abzurufen. Wenn wir im Gedächtnis eingespeicherte Information abrufen, wird die jeweilige Information stets im jeweiligen aktuellen Zusammenhang erinnert. So macht es zum Beispiel einen Unterschied, ob sich ein Mensch, wenn er alleine ist und unter einem Gefühl von Einsamkeit und Traurigkeit leidet, an Erlebnisse aus dem Zweiten Weltkrieg erinnert oder ob er dieselben Erinnerungen in der kameradschaftlichen Atmosphäre eines Treffens von Kriegsveteranen wachruft.

Sina Kühnel und Hans J. Markowitsch weisen darauf hin, dass wir „Erlebnisse, vor allem die, die unsere Person direkt betreffen, zusammen mit der jeweiligen Gefühlslage, in der wir uns zu der Situation befinden", abspeichern. Das führe „dazu, dass wir eher an traurige Erfahrungen denken, wenn wir uns sowieso schon in einer niedergeschlagenen Stimmung befinden. Dafür denken wir an erfreuliche Erfahrungen, wenn wir uns ausgeglichen fühlen und eher in einer fröhlichen Stimmung sind." Stimmt die Gemütslage der Abrufsituation mit einer früher erlebten Erfahrungen überein, „fällt uns der Abruf der Erinnerung leichter, als wenn wir uns in einer traurigen Stimmung befinden und versuchen, eine Information abzurufen, die in einem fröhlichen Zusammenhang abgespeichert wurde".[271]

Es gibt folglich eine starke Wechselwirkung zwischen einem Abrufreiz oder einer ganzen Abrufsituation und der durch diese „cues" („Hinweissignale") ausgelösten Aktivierung von Gedächtnisinhalten und Erinnerungen. Die situative Bedingung, welche eine bestimmte Erinnerung aktuell auslöst (zum Beispiel eine vom Experimentator an eine Versuchsperson gestellte Frage), scheint die Qualität dieser Erinnerung entscheidend zu beeinflussen.[272] Die bestehenden Gedächtnisinhalte

271 S. Kühnel, H. J. Markowitsch, 2009: „Falsche Erinnerungen. Die Sünden des Gedächtnisses", Heidelberg: Spektrum, S. 45.

272 Aufgrund empirischer Untersuchungen kam Endel Tulving zu dem Schluss, dass ein bewusstes Erinnerungserlebnis von den Merkmalen des externen Abrufhinweises („cue") abhängt. Daniel Schacter, Weggefährte von Tulving, fügte hinzu: „Wenn wir uns erinnern, vervollständigen wir ein (von außen an uns herangetragenes) Muster mit der besten Entsprechung, die im Gedächtnis

werden mit den Informationen des neuen aktuellen Kontextes verknüpft und anschließend wieder gespeichert. So kann einmal erworbenes Wissen immer wieder aufgefrischt werden, damit die jeweiligen komplexen Reizkonstellationen in der Umwelt in ein gültiges raumzeitliches Bezugssystem eingeordnet und richtig interpretiert werden können. Damit geht auch eine Aktualisierung unseres Repertoires an Verhaltensalternativen einher, das erlaubt, situationsgerecht und flexibel zu reagieren.

Kühnel und Markowitsch bezeichnen die wiederholte Einspeicherung als „Rekonsolidierung". Diese „führt einerseits zu einer weiteren Festigung der alten Information, andererseits wird die alte Information durch die aktuelle Situation aber auch verändert". Beispielweise kann sich die emotionale Färbung einer Erinnerung durch wiederholten Abruf und erneute Einspeicherung ändern. Dieser Effekt wird unter anderem in der Psychotherapie genutzt, wenn es darum geht, früher Erlebtes und Gelerntes in einem neuen Licht zu sehen. Die Rekonsolidierung kann allerdings auch eine ursprünglich einmal gespeicherte Information „bis zur Unkenntlichkeit" verändern und so „falsche Erinnerungen" erzeugen, „ohne dass es uns bewusst würde".[273] Die Kontextabhängigkeit von Erinnerungen kann so weit gehen, dass es unter bestimmten Umständen nicht mehr gelingt, sich zu erinnern, nämlich dann, wenn der aktuelle emotionale und kognitive Zustand allzu sehr von dem Zustand zum Zeitpunkt der ursprünglichen Gedächtnisbildung abweicht.

Eine solche Abweichung sehen Kühnel und Markowitsch als einen wichtigen Grund an, warum wir als Erwachsene in der Regel unfähig sind, Erlebnisse aus den ersten drei Lebensjahren abzurufen. Wir haben uns seit unserer frühen Kindheit so gravie-

vorrätig ist. Wir richten keinen Scheinwerfer auf ein eingespeichertes Bild." Erinnerung reproduziert folglich keine Eins-zu-eins-Wiedergabe einer intern irgendwo eingespeicherten und aktuell aktivierten Information („Engramm"). Michael Watkins, ebenfall Kollege von Tulving, spricht wegen der starken Kontextabhängigkeit der Erinnerung sogar von „cuegram" statt von „Engramm". G. Echterhoff, 2004: „Das Außen des Erinnerns: Was vermittelt individuelles und kollektives Gedächtnis?", in: A. Erll, A. Nünning (Hg.): „Medien des kollektiven Gedächtnisses. Konstruktivität-Historizität-Kulturspezifität", Berlin: De Gruyter.

273 S. Kühnel, H. J. Markowitsch, 2009: „Falsche Erinnerungen. Die Sünden des Gedächtnisses", Heidelberg: Spektrum, S. 48. Kühnel und Markowitsch verweisen auf ein erstaunliches Beispiel falscher Erinnerungen: Der Historiker Helmut Schnatz untersuchte die Berichte von Überlebenden der Bombenangriffe auf Dresden im Februar 1945 und verglich diese mit deutschen und alliierten Quellen. Schnatz sieht es im Ergebnis seiner Auswertung als eindeutig belegt an, dass es die Tieffliegerangriffe in Dresden, welche viele damalige Augenzeugen vermeintlich miterlebt haben und immer noch vor ihrem inneren Auge sehen, nicht gegeben haben kann.

rend verändert, dass wir uns die damalige Situation nicht mehr vorstellen können. Als eine weitere Ursache für diese frühkindliche Amnesie vermuten Kühnel und Markowitsch, „dass sich unser Gehirn in diesen frühen Jahren noch erheblich weiterentwickelt und umstrukturiert. Bei unserer Geburt sind unsere Nervenzellen bereits sehr stark untereinander vernetzt. Bis zum Ende des dritten Lebensjahres steigt die Dichte der Vernetzung an. Danach dünnt sich das Netz wieder aus [...], um dann für unser restliches Leben relativ stabil zu bleiben." Es bleiben somit nur diejenigen Verbindungen übrig, die wir regelmäßig nutzen. Alle anderen Verbindungen und damit auch das, was wir früh erlebt haben, gehen verloren.[274] Außerdem soll im ersten Lebensjahr der Hippocampus einfach noch nicht genügend ausgereift sein, um eine dauerhafte Codierung von expliziten Informationen im episodischen Langzeitgedächtnis zu erreichen.[275]

Anders als der Hippocampus ist die ihm in der Tiefe des Schläfenlappens benachbarte Amygdala bei Säuglingen schon wenige Monate nach der Geburt aktiv.[276] Die Amygdala (deutsch: „Mandelkern") gilt als die für unser emotionales Gedächtnis und für unsere Sofortreaktion auf potenziell gefährliche sensorische Inputs wichtigste neuronale Strukur[277] (vgl. Behavioral Inhibition System, BIS, und „Flight-Fight-

274 S. Kühnel, H. J. Markowitsch, 2009, S. 66-67.

275 Postuliert unter anderem von Lynn Nadel und Stuart Zola-Morgan (1984: „Infantile amnesia: a neurobiological perspective", in: M. Moscovitch (Ed.): „Infant memory", S. 145-172, New York: Plenum Press). Entgegen dieser Mainstream-Annahme, dass der Hippocampus postnatal erst langsam heranreifen muss, gibt es Hinweise, dass sich der Hippocampus bei Primaten vielleicht sogar früher als der Neocortex entwickelt (zum Beispiel bei Adele Diamond, 1990: „The development and neural bases of memory functions as indexed by the AB and delayed response tasks in human infants and infant monkeys", in: Annals of the New York Academy of Sciences, 608, 267-317).

276 Die Amygdala umfasst die Brodmann-Areale 27, 28, 34, 35 und 36 und unterhält Verbindungen zum Hirnstamm, zum orbitofrontalen Teil des präfrontalen Cortex, zum visuellen und auditorischen Assoziationscortex, zur Insel (= gustatorischer Cortex) und zum Hippocampus. Sie erhält Eingänge vom olfaktorischen System und vom Thalamus. Sie projiziert ihrerseits zum medialen Thalamus, Septum, Hypothalamus, zentralen Höhlengrau des Mittelhirns und Locus coeruleus der retikulären Formation. G. Roth, 1996: „Das Gehirn und seine Wirklichkeit. Kognitive Neurobiologie und ihre philosophischen Konsequenzen", Frankfurt/M.: Suhrkamp, S. 199. PET-Bilder von Gehirnen von Neugeborenen zeigen nur im Hirnstamm, im Hypothalamus sowie im somatosensorischen und cingulären Cortex eine Aktivität. Einige Monate später sind auch der ventromediale Schläfenlappen und die Amygdala aktiv. A. Damásio, 2000: „Ich fühle, also bin ich. Die Entschlüsselung des Bewusstseins", München: List Verlag, Original 1999: „The Feeling of What Happens. Body and Emotion in the Making of Consciousness", New York: Harcourt Brace.

277 Von außen kommende Reize werden über den anterioren Thalamus zur Amygdala geleitet. Auch Informationen über den Zustand des Organismus erreichen die Amygdala. In Gefahrensituationen gibt es zwei Schaltkreise, einen schnellen für die (das Überleben sichernde) Sofortreaktion und einen

Freeze-System", FFFS, von Jeffrey Gray, die im Kapitel über funktionales Verhalten und Bewusstsein besprochen wurden und ebenfalls durch die Amygdala angesteuert werden sollen[278]). Dank der Amygdala können wahrscheinlich schon Säuglinge emotional bedeutsame Erfahrungen speichern, zum Beispiel Bindungserfahrungen, ohne dass es (vom Hippocampus abhängige) episodische Gedächtnisinhalte gäbe, die mit diesem emotionalen Gedächtnis korreliert wären. Die Amygdala dient generell der Speicherung von Gedächtnisinhalten, die uns emotional sehr bewegen. Sie ist vor allem für die negative emotionale Bewertung von Erfahrungen zuständig und spielt eine zentrale Rolle für Gefühle wie Furcht und Aggression. So wird verständlich, dass Menschen mit sehr frühen schmerzvollen oder sogar traumatischen Erfahrungen mit starken Affekten (zum Beispiel Angst, Aggression oder Verzweiflung) auf bestimmte aktuelle Situationen reagieren, ohne dass diese massive Reaktion durch die Qualität der heutigen Trigger-Situation rational begründet erscheint. Diese Menschen können verständlicherweise auch keine biografischen Erinnerungen zur Begründung ihrer überschießenden Affekte liefern.

Man könnte angesichts des mit der Amygdala verbundenen seelischen Leidens zu dem Schluss kommen, dass uns die Amygdala keine wirklich guten Dienste leistet. Doch das Gegenteil ist der Fall: Die Amygdala ermöglicht eine intuitive, vorrationale Gefahrenvermeidung. Patienten mit einer beidseitig zerstörten Amygdala sind unfähig, riskante Situationen mit Furcht zu verbinden, wodurch sie nahezu lebensuntüchtig werden, obwohl sie durchaus bei Verstand sind.[279] Die Amygdala schützt uns also – ohne dass es einer bewussten Analyse bedarf – vor Fehlreaktionen in gefährlichen Situationen. Eine beidseitig nicht funktionierende Amygdala führt dazu, dass Patienten nicht mehr in der Lage sind, verschiedenen Informationen eine unterschiedliche Wertigkeit zu geben. Betrachten solche

langsameren für die Bewertung und Analyse einer Situation. Die schnelle Verbindung über Thalamus und Amygdala umgeht den Cortex und damit das Bewusstsein. Angstlernen (Konditionierung) ist daher auch ohne Cortex möglich ist. Der langsamere (bewusste) Schaltkreis analysiert und vergleicht unter Nutzung von cortikalen und hippocampalen Gedächtnisinhalten. Die Amgydala löst Angst- und Stressreaktionen über Kerne des Hirnstamms, über den Hypothalamus und das basale Vorderhirn aus. J. LeDoux, 1998: „Fear and the brain: where have we been, and where are we going?" Biological Psychiatry, 44, 1229-1238; J. LeDoux, 2000: „Emotion circuits in the brain. Annual Review of Neuroscience", 23, 155-184.

278 J. Gray, N. McNaughton, 2000: „The Neuropsychology of Anxiety: An Enquiry into the Functions of the Septo-Hippocampal System", Oxford Psychology Series No. 33, Oxford: Oxford University Press.

279 G. Roth, 1996: „Das Gehirn und seine Wirklichkeit. Kognitive Neurobiologie und ihre philosophischen Konsequenzen", Frankfurt/M.: Suhrkamp, S. 299.

Patienten einen Film, in dem eine Frau ermordet wird, erinnern sie sich später nicht nur an den Mord, sondern mit derselben Gewichtung auch daran, dass die Frau ein geblümtes Kleid getragen hat.[280] Außerdem ist die Amygdala unentbehrlich, um bei anderen Menschen den Gesichtsausdruck von Furcht zu erkennen und um damit selbst auf Furcht konditioniert zu werden und Furcht ausdrücken zu können.[281]

Untersuchungen an Affen, die in hochgradig organisierten sozialen Gruppen mit stabilen hierarchischen Beziehungen und komplexen Formen sozialer Kommunikation über den Gesichtsausdruck leben, legen die Annahme nahe, dass die Amygdala und benachbarte Hirnregionen für das sozial verträgliche Verhalten von Primaten, insbesondere für die Aufrechterhaltung sozialer Bindungen, unverzichtbar sind. Eine beidseitige Entfernung der Amygdala führt zur Abnahme kooperativen Sozialverhaltens bis hin zu sozialer Isolation und zu Hemmungsverlust.[282] Beim Menschen konnte mit Hilfe funktioneller MRT-Untersuchungen eine Aktivierung in der Amygdala beobachtet werden, wenn Probanden die ihnen präsentierten Gesichter als nicht vertrauenswürdig einschätzten.[283] Patienten mit bilateraler Amygdala-Läsion schätzen im Vergleich zu Gesunden andere Menschen als vertrauenswürdiger ein.[284] Insgesamt imponiert die Amygdala als Schlüsselstruktur, die in Kooperation mit anderen subcorticalen und corticalen Gehirnstrukturen unser emotionales und soziales Gedächtnis organisiert und auch beim kontextspezifischen Abruf emotionaler Gedächtnisinhalte eine zentrale Rolle spielt.

Die elektrische Reizung der Amygdala ruft typische Furchtreaktionen hervor, wie zum Beispiel Herzschlagbeschleunigung, Blutdrucksteigerung, Angststarre,

280 S. Kühnel, H. J. Markowitsch, 2009: „Falsche Erinnerungen. Die Sünden des Gedächtnisses", Heidelberg: Spektrum, S. 22.

281 A. Damásio, 2000: „Ich fühle, also bin ich. Die Entschlüsselung des Bewusstseins", München: List Verlag, S. 76, und R. Adolphs et al., 1999: „Recognition of facial emotion in nine individuals with bilateral amygdala damage", in: Neuropsychologia, 1999 Sep; 37 (10), 1111-1117.

282 A. Kling, 2002: „Neurological correlates of social behavior", in: Ethology and Sociobiology, Volume 7, Issues 3-4, 1986, 175-186, und D. G. Amaral, 2002: „The primate amygdala and the neurobiology of social behavior: implications for understanding social anxiety", in: Biological Psychiatry, Vol. 51, Issue 1, 2002, 11-17.

283 J. Winston, B. A. Strange, J. O'Doherty, R. J. Dolan, 2002: „Automatic and intentional brain responses during evaluation of trustworthiness of faces", in: Nature Neuroscience, 5, 277-283.

284 R. Adolphs, D. Tranel, A. R. Damásio, 1998: „The Human Amygdala in Social Judgment", in: Nature 393, 470-474.

Potenzierung der Schreckreaktion oder Ausschüttung von Stresshormonen. Insbesondere die tierexperimentellen Arbeiten von Joseph LeDoux und seinen Mitarbeitern untermauern die Annahme einer besonderen Rolle der Amygdala beim Erlernen und bei der Generierung von Furchtreaktionen. LeDoux betont die mögliche Bedeutung des thalamoamygdalären Systems für das Verständnis phobischer Störungen. So könnte der erwähnte schnelle Weg über den Thalamus zur Amygdala mitverantwortlich für die rasche, unbewusste und ungenaue Verarbeitung von (potenziell) Furcht auslösenden Stimuli und die damit einhergehenden schwer kontrollierbaren Verhaltensreaktionen sein.[285] Patienten mit Angststörungen und ängstliche Personen scheinen im Vergleich zu Gesunden eine Hyperaktivität der Amygdala in Reaktion auf bedrohungsrelevante Reize aufzuweisen.[286] So zeigen zum Beispiel Sozialphobiker eine gesteigerte Amygdala-Aktivierung als Reaktion auf ärgerliche Gesichtsausdrücke selbst dann, wenn die experimentellen Bedingungen gerade die Nichtbeachtung des Gesichtsausdrucks vorsehen.[287] Selbst wenn Phobiker von den für sie bedrohlichen Reizen durch schwierige Aufgaben abgelenkt werden, wird bei ihnen die Amygadala immer noch aktiviert. So zeigen zum Beispiel Sozialphobiker beziehungsweise sozial ängstliche Probanden eine verstärkte (und für sie nachteilige) initiale Aufmerksamkeitszuwendung für bedrohliche Gesichter.[288]

Die Amygdala ist – besonders in der vulnerablen Phase der frühen Kindheit, in der das Kind extrem viel Neues lernen und sich rasch entwickeln muss – sehr empfindlich gegenüber Stresshormonen, insbesondere gegenüber Glucocorticoiden und dem Corticotropin-Releasing-Hormone (CRH). Widrige Kindheitserfahrungen gehen mit hohen Konzentrationen zirkulierender Glucocorticoide und CRH einher und können dauerhafte strukturelle und funktionelle Veränderungen in der Amygdala bewirken. Bei lang anhaltendem Stress kann es zu einer

285 J. LeDoux, 1998: „Fear and the brain: where have we been, and where are we going?“ Biological Psychiatry, 44, 1229-1238; J. LeDoux, 2000: „Emotion circuits in the brain. Annual Review of Neuroscience“, 23, 155-184.

286 T. Straube, W. Miltner, 2006: „Zentralnervöse Korrelate der Verarbeitung bedrohungsrelevanter Reize bei Phobikern und Gesunden“, in: Psychologische Rundschau, 57, 3, 176 -186, Göttingen: Hogrefe Verlag. Straube und Miltner beziehen sich auf Untersuchungen von Birbaumer, Grodd, Diedrich, Klose, Erb, Lotze, Schneider, Weiss und Flor, 1998; Liberzon, Taylor, Amdur, Jung, Chamberlain, Minoshima, Koeppe und Fig, 1999; Furmark, Tillfors, Marteinsdottir, Fischer, Pissiota, Langstrom und Fredrikson, 2002; Bishop, Duncan und Lawrence, 2004.

287 T. Straube, W. Miltner, 2006. Straube und Miltner verweisen auf Untersuchungen von Stein, Goldin, Sareen, Zorrilla und Brown, 2002; Straube, Kolassa, Glauer, Mentzel und Miltner, 2004.

288 T. Straube, W. Miltner, 2006. Straube und Miltner verweisen auf Untersuchungen von Mogg und Bradley, 2002; Mogg, Philippot und Bradley, 2004; Pishyar, Harris und Menzies, 2004.

Volumenzunahme der Amygdala und sogar zur Nervenzellatrophie oder zum Zelltod und damit wieder zu einer Volumenabnahme kommen. Die Amygdala, die selbst CRH produziert, aktiviert ihrerseits das Stresshormone produzierende Hypothalamus-Hypophysen-Nebennierenrinden-System und senkt die Schwelle für Furcht- und Angstreaktionen. Die Amygdala ist selbst nur Teil eines größeren neuronalen Netzwerkes, nämlich des limbischen Systems[289]. Der Effekt einer hyperaktiven Amygdala bleibt auch dann erhalten, wenn sich die emotionalen Lebensbedingungen für das Kind verbessern. Traumatische Erfahrungen erhöhen übrigens nicht nur bei Kindern, sondern auch bei Erwachsenen anhaltend die Bereitschaft der Amygdala, auf emotional bedeutsame Reize zu reagieren.[290]

Fassen wir zusammen:

- Wir erinnern uns an eine traurige Erfahrungen leichter, wenn wir uns in einer traurigen Stimmung befinden, und an eine erfreuliche Erfahrungen, wenn wir in einer fröhlichen Stimmung sind.
- Generell gibt eine starke Wechselwirkung zwischen der Qualität eines Abrufreizes („cue") und der von ihm ausgelösten Aktivierung von Gedächtnisinhalten und Erinnerungen.

289 Das limbische System umfasst eine Reihe von Hirnstrukturen (je nach Autor bis zu 50), die um die lebenserhaltenden vegetativen Zentren des Hirnstamms (verlängertes Mark, Brücke und Mittelhirn) herum angeordnet sind und sich damit in einer zentralen Position des Gehirns zwischen dem Hirnstamm und dem für höhere kognitive Funktionen zuständigen Neocortex befinden. Das limbische System umfasst – je nach Autor – cortical: Hippocampus, Gyrus parahippocampalis, Gyrus dentatus, anteriorer cingulärer Cortex sowie bei manchen Autoren auch insulärer, olfaktorischer, orbitofrontaler und präfrontaler Cortex, subcortical: Amygdala, Septumkerne, ventrales Striatum (Nucleus accumbens, basales Vorderhirn), im Diencephalon: Mamillarkörper, Habenula, Teile des Thalamus, Nucleus praeopticus, Hypothalamus, im Hirnstamm: Kerne des zentralen Höhlengraus, ventrales tegmentales Areal, Kerne der Formatio reticularis (Locus coeruleus, Raphé-Kerne, parabrachiale Kerne) und Substantia nigra. Die limbischen Kerngebiete sind über zahlreiche Nervenbahnen untereinander und mit anderen Hirnarealen verbunden. Das limbische System ist wie ein Filter, der relevante Informationen aussortiert, mit einer emotionalen Bewertung versieht, sie bündelt und zur Speicherung im episodischen Gedächtnis weiterleitet. Es ist der Flaschenhals für das biografisch-episodische Gedächtnis und hat auch die Funktion eines Zensors. Siehe auch Online-Glossar.

290 N. Tottenham, M. Sheridan, 2009: „A Review of Adversity, The Amygdala and the Hippocampus: A Consideration of Developmental Timing", in: Frontiers of Human Neuroscience, 3, 68. Auch der Hippocampus kann durch Stress geschädigt werden, wahrscheinlich nicht aber so nachhaltig wie die Amygdala.

- Jedes erneute Abrufen von Gedächtnisinhalten bewirkt eine Wiederholung der Einspeicherung und damit eine weitere Festigung (Rekonsolidierung) der alten Information, aber auch ihre Veränderung.
- Durch die wiederholte Rekonsolidierung kann sich die ursprüngliche Information bis zur Unkenntlichkeit verändern und falsche Erinnerungen erzeugen.
- Wenn der aktuelle (erwachsene) emotionale und kognitive Zustand allzu sehr von dem Zustand zum Zeitpunkt der ursprünglichen Gedächtnisbildung (zum Beispiel in den ersten Lebensmonaten) abweicht, gelingt es nicht mehr, sich zu erinnern (frühkindliche Amnesie).
- Anders als der Hippocampus ist die Amygdala bei Säuglingen schon wenige Monate nach der Geburt aktiv, wodurch wahrscheinlich schon Säuglinge emotional bedeutsame Erfahrungen speichern können.
- Die Amygdala dient generell der Speicherung von Gedächtnisinhalten, die uns emotional sehr bewegen. Sie ist vor allem für die negative emotionale Bewertung von Erfahrungen zuständig.
- Die Amygdala ermöglicht eine intuitive, vorrationale Gefahrenvermeidung und schützt uns vor Fehlreaktionen in gefährlichen Situationen.
- Die Amygdala ist auch für das sozialverträgliche Verhalten von Primaten und beim Menschen für die Einschätzung der Vertrauenswürdigkeit von Gesichtern wichtig.
- Insgesamt spielt die Amygdala für unser emotionales und soziales Gedächtnis sowie beim Erlernen und bei der Generierung von Furchtreaktionen eine Schlüsselrolle.
- Patienten mit Angststörungen und traumatischen Erfahrungen sowie allgemein ängstliche Personen scheinen im Vergleich zu Gesunden eine erhöhte Reaktivität der Amygdala aufzuweisen.

Praktische Konsequenzen

In diesem Kapitel über die Kontextabhängigkeit unserer Erinnerungen wurde deutlich, dass Erinnern eine schöpferische Tätigkeit ist, mit der wir die Realität rekonstruieren, statt sie einfach aus einer digitalen Datenbank hervorzuholen. Unsere Gedächtnisleistungen scheinen weniger verlässlich, als wir gemeinhin glauben. Viele, vor allem deklarative Gedächtnisinhalte verändern sich mit der Zeit, sind zeitweise nicht mehr abrufbar oder gehen gänzlich verloren. Daher bedienen wir uns gerne der Wiederholung in Form von Reimen, Alliterationen, Rhythmen und leicht zu merkenden Grundsätzen, um die Zuverlässigkeit unseres Gedächtnisses zu verbessern. In unserem (von der Amygdala abhängigen) emotionalen Gedächtnis können sich hingegen alte Negativerfahrungen hartnäckig erhalten und irrationale, im aktuellen Kontext völlig unangemessene und dysfunktionale Ängste hervorrufen. In solchen Fällen dürfen wir nicht „auf unsere Amygdala hören“, wenn sie uns auch in vielen anderen Kontexten durchaus gute Dienste erweist.

13. Affektive Bewertung

Der Begriff „Affekt" leitet sich vom lateinischen „affectus" (= Leidenschaft, Gemütsverfassung) ab. Er wird oft, vor allem im Englischen, synonym mit dem Begriff „emotion" verwendet.[291] Affekte und Emotionen haben uns in diesem Buch bereits im Zusammenhang mit der Aufmerksamkeitssteuerung und der Verarbeitungstiefe, dem Lernen (vor allem Nachahmungslernen) und zuletzt dem emotionalen Gedächtnis beschäftigt. Ich habe ferner Konzepte von Jeffrey Gray besprochen: zum einen das „Behavioral Activation System" (BAS, die „Go-Funktion"), das Gray für das Annährungsverhalten von Lebewesen hin zu einem attraktiven Stimulus verantwortlich macht, zum anderen das „Behavioral Inhibition System" (BIS = „Stop-Funktion"), das bei angeborenen Furchtreizen, Bestrafung und ungewöhnlichen neuen Reizen vorsichtiges Verharren mit erhöhter Aufmerksamkeit auslöst; daneben nimmt Gray ein „Flight-Fight-Freeze-System" (FFFS) an, das auf existenziell bedrohliche Reize entweder mit Aggression, Flucht oder Erstarrung reagiert. Diese drei Systeme stellen eine archaische Form affektiver Reaktionsmuster dar.

Generell können wir Affekte als angeborene Reaktionsmuster verstehen, welche

- mit bestimmten neurohormonellen und physiologischen (vegetativen) Veränderungen im Organismus einhergehen[292],
- die Aufmerksamkeitsausrichtung, die Sensitivität der Sinnesorgane und damit die Wahrnehmung sowie die Gedächtnisbildung beeinflussen[293],

291 Im Deutschen wird mit dem Begriff „Affekt" die Wucht, Impulsivität, Unausweichlichkeit, Irrationalität und potenzielle Dysfunktionalität einer Gefühlsreaktion betont. Auch der Begriff der „Emotion" enthält das affektive Moment, wird aber – vor allem innerhalb der wissenschaftlichen Emotionstheorien – im Zusammenhang mit der kognitiven Bewertung der emotionsauslösenden Situation gesehen. Emotionen stehen auch mehr als Affekte unter willentlicher Kontrolle.

292 Stanley Schachter (1964: „The interaction of cognitive and physiological determinants of emotional state", in: L. Berkowitz, [Ed.]: „Advances in Experimental Social Psychology", S. 49-79. New York: Academic Press) nahm in seiner „Zwei-Faktoren-Theorie" der Emotion an, dass die unspezifische physiologische Erregung, die bei Versuchspersonen zum Beispiel mit einer Adrenalininjektion künstlich hervorgerufen werden kann und unter anderem mit einer erhöhten Herzfrequenz einhergeht, die Intensität der Emotion bestimmt, während die Qualität der Emotion durch kognitive Faktoren (siehe unten) geprägt ist.

293 Rene Spitz (1972: „Eine genetische Feldtheorie der Ich-Bildung", Frankfurt: Fischer) war sogar der Meinung, „dass 1. keine Gedächtnisspur im psychischen System gespeichert werden kann, ohne dass an irgendeinem Punkt der Affekt daran beteiligt ist; 2. dass Wahrnehmung im Sinne der Möglichkeit, dass das Wahrgenommene bewusst wird, nicht ohne die Intervention des Affekts stattfinden kann." Und: „Damit das Neugeborene überhaupt die Grenze zum Bewusstsein überschreiten kann, muss der Affekt die Wahrnehmung beschleunigen. Die Wahrnehmung kann erst zu

- präattentiv sensorische Inputs aus der Außenwelt oder aus dem Körperinneren (zum Beispiel Schmerzen) auswerten und ihnen Bedeutungen verleihen[294],
- sich über ein bipolares Kontinuum von negativen über neutrale zu positiven Werten (von unlustvoll bis lustvoll, von aversiv bis appetitiv, bestrafend bis belohnend, bei Menschen auch von „böse" bis „gut"[295]) erstrecken,
- biologische Triebregungen und andere Grundbedürfnisse[296] in Motivationen (zum Beispiel Unlust oder Spannung loszuwerden und Lust herbeizuführen), in Handlungsbereitschaften und schließlich in konkretes Verhalten (vor allem auch in spontanes mimisches und gestisches Ausdrucksverhalten[297]) umsetzen,

existieren beginnen, nachdem der Affekt ihr Dauer, biologische Zeit gegeben hat. Erst dann kann sich eine Kohäsion als Band zwischen Wahrnehmung und Affekt entwickeln."

294 Vgl. auch die Kapitel „Aufmerksamkeit und Enkulturation" sowie „Präattentive Aufmerksamkeitssteuerung und Modularität". Gerald Edelman und Giulio Tononi (1997: „Neuronaler Darwinismus" in: H. Meier, D. Ploog [Hg.]: „Der Mensch und sein Gehirn. Die Folgen der Evolution", München: Piper, S. 202) sprechen von Werten als Selektionsmaßstäben, die dem Organismus Vorteile in seiner Umwelt bringen. Wertsysteme bewirken, dass Ereignisse, die für den ganzen Organismus bedeutsam sind, sich in lokalen Veränderungen neuronaler Aktivität oder Plastizität auswirken. Wertsysteme sind lokale Neuronengruppen, die diffus projizieren, zum einen tonische Entladungen zeigen, die mit lang dauernden Verhaltensdispositionen korrelieren, zum anderen phasische Entladungen zeigen, die durch äußere Ereignisse ausgelöst werden und über angeborene und erworbene Faserverbindungen und neuromodulatorische Substanzen eine globale neuronale Aktivität und Erregbarkeit der Zielzellen bewirken. Nach Gerhard Roth (1996: „Das Gehirn und seine Wirklichkeit. Kognitive Neurobiologie und ihre philosophischen Konsequenzen", Frankfurt/M.: Suhrkamp, S. 241) kann der Prozess der Bedeutungserzeugung in konvergenter (bereits bestehende Informationen zusammenfügender), divergenter (auf weitere informationsverarbeitende Zentren verteilender) und paralleler (in separaten Verarbeitungsbahnen weitergeführter) Weise erfolgen. Dadurch resultiert ein von der sensorischen Peripherie zu den corticalen Zentren hin stark anwachsendes Netzwerk von beteiligten Nervenzellen.

295 Otto Kernberg schreibt (1988: „Objektbeziehungen und Praxis der Psychoanalyse", 3. Aufl., Stuttgart: Klett-Cotta , S. 107): „Die [menschlichen] Affekte repräsentieren angeborene Dispositionen für eine subjektive Erfahrung in der Dimension von Lust und Unlust. [...] Affekte und kognitive Funktionen entwickeln sich zunächst gemeinsam, um sich erst viel später zu spezifischen, reiferen kognitiven Funktionen mit komplexen Implikationen zu differenzieren. Lustvolle und unlustvolle Affekte sind die hauptsächlichen Motivations- und Triebsysteme, welche die intrapsychische Erfahrung organisieren. Libido und Aggression [...] repräsentieren die Gesamtorganisation der Triebsysteme in der allgemeinen Polarität von 'gut' und 'böse'."

296 Als menschliche Grundbedürfnisse gelten zum Beispiel nach Seymur Epstein (1991: „Cognitive-experiental self-theory: An integrative theory of personality", in: R. C. Curtis [Ed.]: „The relational self: Theoretical convergences in psychoanalysis and social psychology", New York: Guilford, S. 111-137): Orientierung und Kontrolle, Lust und Unlustvermeidung, Bindung sowie Selbstwerterhöhung.

297 Die „neurokulturelle Emotionstheorie" von Paul Ekman (1999: „Facial expressions", in: T. Dalgleish, M. Power [Eds.]: „Handbook of cognition and emotion", New York: Wiley, S. 301-320) besagt, dass Basisemotionen wie Ärger, Ekel, Furcht, Freude, Traurigkeit und Überraschung durch ein

- den Organismus auf das Reizobjekt hin oder von ihm weg orientieren (vgl. BAS, BIS und FFFS),
- eine muskuläre und neurovegetative Abfuhr von Triebspannung ermöglichen,
- auf phylogenetischen, das heißt primär nicht vom individuellen Lebewesen selbst erworbenen Gedächtnisinhalten beruhen, aber durch Lernprozesse (zum Beispiel Konditionierungen oder kognitive Umstrukturierung) und – daraus resultierend – durch veränderte Erwartungen, Antizipationen und Ziele moduliert werden können[298],
- zumindest bei Menschen (über introspektive Mitteilungen verifizierbar) mit subjektiven Qualitäten der Situations- und Selbstempfindung/-wahrnehmung (Gefühlen) sowie mit bestimmten Denkinhalten (Kognitionen und Vorstellungen) einhergehen (womit wir uns unten noch zu beschäftigen haben).

Jaak Panksepp fand bei Untersuchungen an Säugetieren, bei denen er verschiedene subcorticale Gehirnareale elektrisch stimulierte, sieben grundlegende affektive beziehungsweise emotionale Systeme, die vielen Arten gemeinsam sind und die, wenn sie aktiviert werden, alte, aus der stammesgeschichtlichen Vergangenheit herrührende Verhaltensszenarien auszulösen scheinen. Panksepp unterscheidet:

1. ein generelles appetitives Motivations-, Such- und Erwartungssystem,
2. ein Wut-/Ärgersystem,
3. ein Furcht-/Angstsystem,
4. ein Lust-/Sexualitätssystem,

spezifisches Gefühl, spezifische physiologische Veränderungen und einen spezifischen mimischen Ausdruck charakterisiert sind. Wird eine Basisemotion ausgelöst, so wird das dazugehörige genetisch verankerte Mimikprogramm aktiviert mit der unwillkürlichen Tendenz, den charakteristischen mimischen Ausdruck zu zeigen. Emotionale Gesichtsausdrücke werden in verschiedenen Kulturkreisen nahezu übereinstimmend interpretiert. Der Gefühlsausdruck kann teilweise willentlich kontrolliert werden und folgt dabei kulturspezifischen Darstellungsregeln, zum Beispiel keine Wut zu zeigen oder Trauer in der Öffentlichkeit zu verbergen.

298 Edmund Rolls (2005: „Emotion explained“, New York: Oxford University Press) definiert beispielsweise Emotionen als Zustände, die durch Belohnungen oder Bestrafungen ausgelöst werden. Belohnungen und Bestrafungen können als Verstärker definiert werden. Zu unterscheiden ist zwischen primären, ungelernten Verstärkern und sekundären, durch Assoziationen mit primären Verstärkern gelernten Verstärkern. Eine wichtige Rolle spielen nach diesem Modell die Amygdala und der orbitofrontale Cortex. Die Amygdala soll an der Entstehung von Assoziationen zwischen Reizen und Belohnung beziehungsweise Bestrafung entscheidend beteiligt sein. Der orbitofrontale Cortex hingegen wird vor allem mit der Speicherung des Belohnungswertes primärer Verstärker, aber auch mit der Neu- und Umbewertung von Verstärkern assoziiert. Über Verbindungen zum Hypothalamus, zum Hirnstamm und zu den Basalganglien werden die autonomen und motorischen Reaktionen ausgelöst.

5. ein Fürsorgesystem,
6. ein Panik-/Trennungssystem,
7. ein Spiel-/Freudesystem.[299]

Affekte stellen nach Panksepp eine Auswahl verschiedener intrinsischer biologischer Bewertungsmaßstäbe und Verhaltensbereitschaften dar, die in der spezifischen neuronalen Organisation von stammesgeschichtlich alten (subcorticalen, insbesondere den Hypothalamus und den Hirnstamm betreffenden) Teilen des Gehirns genetisch angelegt sind. Für ihn sind die sieben affektiven Grundzustände aus der Evolution der Gehirne hervorgegangene, „innerlich erlebte Indikatoren der Nützlichkeit im Hinblick auf das Überleben"; sie repräsentieren „fundamentale komplexe und kausal wirksame Prozesse", die „alltägliche Handlungen mit Werten" ausstatten und „viele Verhaltenswahlmöglichkeiten" regulieren. Panksepp nimmt an, dass auch Tiere „innerlich erlebte Gefühle haben, die Konsequenzen für ihr Verhalten haben" und ihnen helfen, „erfolgreich durch die Welt zu navigieren".[300]

Auf der subcorticalen Ebene, die Panksepp als die primäre Ebene ansieht, unterscheiden sich Säugetiere und Menschen nicht grundsätzlich, weil aufgrund der Grundbedürfnisse, die ihre Vorfahren miteinander teilten, die Evolution ihrer Gehirne größtenteils konvergent verlaufen ist.[301] Wir stehen in unserem affektiven Grunderleben – so Panksepp – anderen Säugetieren vielleicht näher,

299 J. Panksepp, 2001: „The Neuro-Evolutionary Cusp Between Emotions and Cognitions: Implications for Understanding Consciousness and the Emergence of a Unified Mind Science", in: Evolution and Cognition, Vol. 7, 2, 141-163. Panksepp benennt exakt die subcorticalen Gehirnstrukturen und Neurotransmitter, welche mit dem jeweiligen emotionalen Grundsystem assoziiert sind. Das generelle Motivationssystem beispielsweise ist nach Auffassung von Panksepp mit dem dopaminergen Belohnungssystem assoziiert, zu dem vor allem der Nucleus accumbens und das ventrale tegmentale Areal gezählt werden. Einige neuronale Strukturen sind an verschiedenen Emotionssystemen beteiligt. So ist beipielsweise das periaquäduktale Grau (PAG) Bestandteil aller Emotionssysteme, die Amygdala und der Hypothalamus spielen sowohl im Wut- als auch im Furcht- und im Lustsystem eine Rolle, der anteriore cinguläre Cortex ist Teil des Panik- und des Fürsorgesystems.

300 Panksepp untermauert diese Annahme mit der großen Zahl von empirischen Annäherungs- und Vermeidungstests und den Studien zur Stimuluspräferenz, die an Tieren durchgeführt wurden, sowie mit den Gemeinsamkeiten der Neuroanatomie und Neurochemie, die den Affekten von Menschen und Säugetieren zugrunde liegen (Panksepp, 2001).

301 Panksepp (2001) bezieht sich auf Untersuchungen an Menschen, die bei elektrischer Stimulation ihrer emotionalen Gehirnsysteme „von einem Drang berichten, zu handeln, und ein Gefühl beschreiben, dass ihre emotionalen Erfahrungen zu ihrem Selbst gehören und diesem ganz und gar nicht fremd sind".

als viele von uns meinen. Allerdings ist die Affektregulation kein ausschließlich subcorticaler Prozess. Vielmehr arbeiten Emotionen und die denkende Verarbeitung über enge Rückkoppelungen zusammen; das heißt, vom Neocortex her beeinflussen Gedächtnisfunktionen und Kognitionen – beim Menschen mit seinem besonders ausgeprägten präfrontalen Cortex auch übergeordnete soziokulturell geprägte Metakognitionen (vgl. Kapitel 29), Ziele und Pläne – die subcorticalen Gehirnstrukturen. Dieser Top-down-Prozess wird unter anderem vermittelt vom Hippocampus und von der Amygdala, die als die wesentlichen Bewertungsstrukturen des limbischen Systems (siehe auch Online-Glossar) gelten. Umgekehrt bleiben viele unserer kognitiven Aktivitäten und scheinbar rein verstandesmäßigen Entscheidungen dem bottom-up gerichteten Einfluss von subcorticalen Faktoren unterworfen.[302]

Die Bottom-up- und Top-down-Wechselwirkungen zwischen subcorticalen und corticalen Strukturen sind in der folgenden Abbildung stark schematisiert dargestellt.

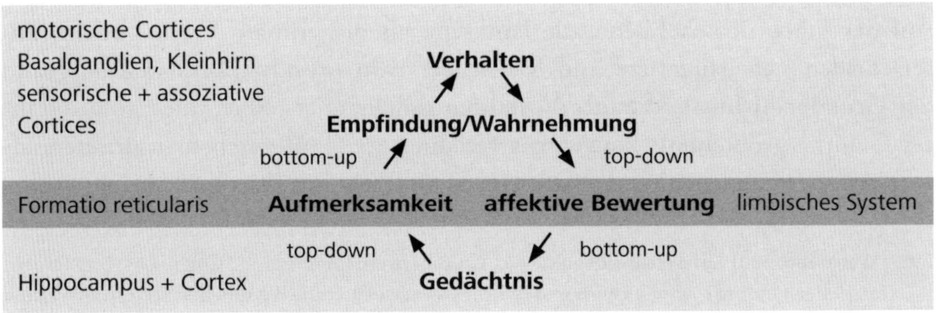

Kreislauf zwischen Verhalten, Wahrnehmung, Bewertung, Gedächtnis und Aufmerksamkeit, modifiziert nach Gerhard Roth[303]

Die meisten Emotionstheorien stimmen darin überein, dass biologisch angelegte Affektsysteme angeborene Grundbewertungen vornehmen, die durch individuelle Lernprozesse differenziert und überformt werden. António Damásio definiert zwar Emotionen überwiegend körperlich-physiologisch: „Nach meiner Ansicht liegt das Wesen des Gefühls in zahlreichen Veränderungen von Körperzuständen, die in unzähligen Organen durch Nervenendigungen hervorgerufen werden.“ Er

302 Vgl. auch Kapitel 31. Für John Eccles (1989: „Die Evolution des Gehirns – Die Erschaffung des Selbst“, München: Piper, S. 173) stellen die Bahnen zwischen dem limbischen System und dem Neocortex ein wesentliches Bindeglied für das bewusste Erleben von Affekten und Emotionen dar.

303 G. Roth, 1996: „Das Gehirn und seine Wirklichkeit. Kognitive Neurobiologie und ihre philosophischen Konsequenzen“, Frankfurt/M.: Suhrkamp, S. 241.

erkennt aber auch an, dass Emotionen und Konditionierungen zusammenwirken und ihre „Allgegenwart" alles „mit den fundamentalen Werten der homöostatischen Regulation: Belohnung und Bestrafung, Lust und Schmerz, Annäherung und Rückzug, persönlicher Vorteil und Nachteil, gut im Sinne des Überlebens, böse im Sinne des Todes", verknüpft.[304]

Damásio unterscheidet primäre Gefühle (Affekte), die nach seiner Meinung im Wesentlichen unter Beteiligung von Amygdala und Hypothalamus zustande kommen, und sekundäre Gefühle, welche er mit den frontalen Cortices korreliert und mit einer erweiterten Bedeutung und mit einer gedanklichen Fassung versehen sieht.[305] Auch Panksepp beschreibt eine Klasse von Emotionen, die durch die Beteiligung höherer kognitiver Prozesse entstehen, wie beispielsweise Scham, Schuld, Empathie oder Eifersucht, und an deren Verarbeitung corticale Regionen beteiligt sind. Zu den sekundären, durch komplexe kognitive Bewertungen affektiver Zustände entstehenden Emotionen können auch Stolz, Dankbarkeit, Sehnsucht, Verlegenheit, Reue und Verachtung gezählt werden. Mit der kognitiven Bewertung ist – worauf Joseph LeDoux[306] hinweist – in der Regel eine symbolische Informationsverarbeitung beziehungsweise eine semantische (sprachliche) Verschlüsselung dieser Information verbunden.

Wie groß der Einfluss der kognitiven Bewertung auf Emotionen ist, zeigten Stanley Schachter und Jerome Singer mit einem eindrucksvollen Experiment[307]: Sie injizierten Versuchspersonen Adrenalin und behaupteten, sie würden ein neues Medikament zur Testung der Sehstärke verabreichen. Die Adrenalininjektionen hatten bei den Versuchspersonen die bekannten Wirkungen, wie höhere Herzfrequenz, schnellere Atmung, verstärkte Durchblutung von Muskeln und Gehirn. Eine Kontrollgruppe erhielt Kochsalzinjektionen, die keinen dieser Effekte zur Folge hatten. Einen Teil der Versuchspersonen klärte man über die zu erwartenden Adrenalinwirkungen wahrheitsgemäß auf. Nach der Injektion warteten die Probanden zusammen mit einer angeblichen weiteren Versuchsperson, die aber

304 A. R. Damásio, 2000: „Ich fühle, also bin ich – Die Entschlüsselung des Bewusstseins", München: List, S. 77.

305 A. R. Damásio, 1997: Descartes' Irrtum: Fühlen, denken und das menschliche Gehirn", München: List, S. 184 ff.

306 J. LeDoux, 1989: „Cognitive-emotional interactions in the brain", in: Cognition and Emotion, 3, 267-289.

307 S. Schachter, J. Singer, 1962: „Cognitive, social and physiological determinants of emotional state", in: Psychol. Rev. 69, 379-407. An dem Experiment nahmen insgesamt 184 College-Studenten teil.

in Wirklichkeit von den Experimentatoren beauftragt war, sich in zwei unterschiedlichen Weisen zu verhalten, einmal gut gelaunt und spielerisch und einmal ärgerlich. Der emotionale Zustand der Versuchspersonen wurde sowohl durch Beobachtung Dritter als auch durch Selbsteinschätzung der Versuchspersonen bestimmt.

Insgesamt zeigten sich die Versuchspersonen, die Adrenalin erhalten hatten, emotionaler, das heißt, dass die Intensität von Emotionen offensichtlich mit der körperlichen Erregung korreliert. Die Probanden, die nicht auf die zu erwartenden Adrenalinwirkungen vorbereitet worden waren, passten ihr emotionales Verhalten dem „Komplizen" der Versuchsleiter an, je nachdem, ob er gute Laune oder Ärger mimte. Diejenigen, die wussten, welche Wirkungen infolge der Injektion zu erwarten waren, zeigten keine emotionalen Reaktionen, denn sie konnten ihre Empfindungen den physiologischen Effekten des Adrenalins zuschreiben. Schachter resümiert: „Kurz, exakt derselbe physiologische Zustand – ein durch Adrenalin induzierter Erregungszustand des sympathischen Systems – kann sich als Ärger, Euphorie, Vergnügen, Angst oder, wie bei den eingeweihten Versuchspersonen, überhaupt nicht als Stimmung oder Emotion manifestieren. [...] Wenn wir kognitive Annahmen hinzufügen, können wir die Bedingungen spezifizieren und manipulieren, unter denen eine Adrenalin-Injektion zu einem emotionalen Zustand führt oder nicht, und können vorhersagen, welche Emotion auftreten wird."

Zum Abschluss dieses Kapitels sei noch die „kognitiv-motivational-relationale Theorie der Emotionen" von Richard Lazarus vorgestellt. Lazarus verweist darauf, dass Menschen, die kognitivsten aller Lebewesen, zugleich auch die emotionalsten zu sein scheinen. Er vermutet, dass sich das Gehirn höherer Lebewesen einschließlich des Menschen im Dienst von Emotionen entwickelt hat. Um in einer komplexen Umwelt die für ein spezifisches Anpassungsproblem jeweils entscheidende Kernbedeutung zuverlässig zu identifizieren, muss die Umwelt laufend nach ihrer aktuellen Bedeutung für das eigene Wohlergehen bewertet werden. Die Auslöser von Emotionen sind also auch für Lazarus weniger konkrete Ereignisse oder Situationen, sondern vor allem die Bedeutungen, die Ereignissen oder Situationen durch Bewertungsprozesse zugeschrieben werden. Idealerweise schränken emotionale Impulse die Vielfalt der Verhaltensmöglichkeiten nicht ein, sondern ermöglichen unter bestimmten Umständen sogar Verhaltensweisen, die dem ursprünglich affektiv angeregten Handlungsimpuls zuwiderlaufen (der Ängstliche zeigt zum Beispiel auf einmal einen Mut, der ihn selbst überrascht).

Für Lazarus sind menschliche Emotionen „organisierte kognitiv-motivational-relationale Konfigurationen, deren Status sich mit Änderungen der Person-Umwelt-Beziehung, wie sie wahrgenommen und bewertet wird, ändert".[308] Die Emotionstheorie von Lazarus ist motivational, weil Emotionen bei Menschen mit langfristigen Zielen und Werten sowie den Bemühungen, diese zu realisieren, zu tun haben. Nur wenn durch die wahrgenommene Person-Umwelt-Beziehung die Erreichung unserer Ziele oder Werte bedroht oder überraschend erleichtert wird, entstehen nach Lazarus Emotionen. Die Theorie ist kognitiv, weil in ihr Bewertungsprozesse eine entscheidende Rolle spielen. Es handelt sich um Prozesse, welche als Bewertungskomponenten erstens die Zielrelevanz und zweitens die Zielkongruenz der wahrgenommenen Person-Umwelt-Beziehung, drittens die Art der Ich-Beteiligung (zum Beispiel die Auswirkungen auf das eigene Ansehen und die Selbstachtung), viertens die Frage des Verschuldens oder Verdiensts sowie fünftens erkennbare Bewältigungsmöglichkeiten und sechstens Zukunftserwartungen bewerten. Die Theorie ist relational, weil sich diese Bewertungsprozesse nicht einseitig auf Merkmale der Person oder Merkmale der Umwelt beziehen, sondern auf die Beziehung zwischen beiden.

Die Aufgabe der ersten drei Bewertungskomponenten (Zielrelevanz, Zielkongruenz und Ich-Beteiligung) ist es einzuschätzen, ob und in welcher Weise die wahrgenommene Person-Umwelt Beziehung für das eigene Wohlergehen bedeutsam ist. Die Überprüfung der Zielrelevanz entscheidet darüber, ob die Person überhaupt mit einer Emotion reagiert oder nicht. Erweist sich die Person-Umwelt-Beziehung als irrelevant für persönliche Ziele, entsteht keine Emotion. Wird sie als relevant gewertet, dann nimmt die Intensität der Emotion mit Bedeutung des Zieles zu. Das heißt, starke Emotionen beruhen auf starken Bedürfnissen und wichtigen Zielen. Die Bewertung der Zielkongruenz bestimmt, ob die Emotion positiv oder negativ erlebt wird. Eine zielkongruente Bewertung führt zu positiven, eine zielinkongruente Bewertung zu negativen Emotionen.

Welche Art von Emotion genau entsteht, hängt nach Lazarus von der Art der Ich-Beteiligung ab.[309] Für die Entstehung von Ärger hält es Lazarus beispielsweise für erforderlich, eine (zielinkongruente) Person-Umwelt-Beziehung als Bedrohung

308 R. Lazarus, 1991: „Emotion and adaptation", New York: Oxford University Press, S. 38.

309 Lazarus (1991) unterscheidet sechs Aspekte der Ich-Identität:
- Selbstachtung und soziale Achtung
- moralische Werte
- Ich-Ideale
- grundlegende Werte und Ansichten
- Wohlergehen nahestehender Personen
- Lebensziele.

der Selbstachtung oder sozialen Achtung einzuschätzen; das Gefühl von Schuld soll nach Lazarus die Bewertung voraussetzen, moralische Werte verletzt zu haben. Scham dagegen beruht auf einer Bewertung, einem eigenen Ich-Ideal nicht gerecht geworden zu sein. Die weiteren Bewertungskomponenten, zum Beispiel ob Verschulden oder Verdienst vorliegen, differenzieren die negativen und positiven Emotionen weiter. Der Ärger über eine andere Person setzt eine Bewertung voraus, dass diese Person den ärgerlichen Umstand verschuldet hat. Für das Gefühl von Schuld oder Scham muss der eigenen Person ein Verschulden zugeschrieben werden. Traurigkeit entsteht, wenn man niemanden die Schuld an einem Verlust geben kann (ansonsten tritt eher Ärger auf). Stolz empfinden wir, wenn wir oder andere uns ein Verdienst zuschreiben. Die Beispiele zeigen, wie stark Lazarus' Bewertungskomponenten soziokulturell geprägt sind.

Kernstück der kognitiv-motivational-relationalen Theorie von Lazarus sind dreizehn „core relational themes" (Kernthemen der Person-Umwelt-Beziehung), mit denen sich das Ergebnis der dargestellten Bewertungsprozesse auf der Basis der genannten Bewertungskomponenten zusammenfassen lässt.[310] Für jede Emotion gibt es, wie die folgende Tabelle zeigt, ein für diese Emotion spezifisches Kernthema.

Emotion	**Kernthematik im Rahmen der Person-Umwelt-Beziehung** („core relational theme")	**Bewertungskomponenten** (Die erste Komponente „1. relevant" ist bei allen Emotionen erfüllt, weil ja ansonsten keine Emotion ausgelöst würde; sie wird im Folgenden nicht noch einmal überall explizit aufgeführt.)
Freude und Glück	Fortschritt in Richtung Zielrealisierung	2. kongruent 6. positive Zukunftserwartung
Stolz	Selbstwertstärkung durch Wertschätzung eigener Leistungen und Qualitäten	2. kongruent 3. Erhöhung der Selbst- oder sozialen Achtung 4. eigener Verdienst

310 „Diese Themen sind Universalien menschlichen Erlebens; sie sind angeborene Auslöser der betreffenden Emotionen, wurden über Jahrhunderte hinweg in ähnlicher Form beobachtet und spiegeln eine Art urzeitliche Weisheit wider" (R. S. Lazarus, 1991: „Progress on a cognitive-motivational-relational theory of emotion" in: American Psychologist, 46, 819-834). „Wenn eine Person seine bzw. ihre Beziehung zur Umwelt in einer ganz bestimmten Weise bewertet, dann resultiert immer die zu dieser Bewertung gehörende Emotion." (C. A. Smith, R. S. Lazarus, 1990: „Emotion and Adaptation" in: L. A. Pervin [Ed.]: „Handbook of Personality: Theory and research", S. 624, New York: Guilford.)

Liebe und Zuneigung	(gegenseitige) Zuneigung wünschen oder erleben	2. kongruent 3. Wunsch nach gegenseitiger Anerkennung
Erleichterung („relief")	eine bedrohliche Situation hat sich gebessert oder aufgelöst	2. Rückgang von Inkongruenz beziehungsweise Wandel zur Kongruenz
Scham	Scheitern am Ich-Ideal	2. inkongruent 3. Verstoß gegen ein Ich-Ideal 4. eigenes Verschulden
Traurigkeit	Verlust	2. inkongruent 3. Verlust in Bezug auf ein Ich-Ideal 4. weder eigenes noch Fremdverschulden 5. Verlust kann nicht rückgängig gemacht werden
Neid	Wunsch nach etwas, was andere besitzen	2. inkongruent 3. Was andere besitzen, betrifft einen Mangel in Bezug auf ein Ich-Ideal
Eifersucht	drohender Verlust der Zuneigung durch einen Dritten	2. inkongruent 3. Verlust der Zuneigung bedroht ein Ich-Ideal 4. Fremdverschulden
Ekel	unverdauliches Objekt oder Idee	2. inkongruent 3. Bedrohung eines Ich-Ideals durch eine „giftige Idee"
Furcht	unmittelbare konkrete Gefahr für den Körper	2. inkongruent, Bedrohung meiner Unversehrtheit
Angst	unbestimmte, existenzielle Bedrohung	2. inkongruent 3. Schutz der Ich-Identität vor existenziellen Bedrohungen
Schuld	Überschreitung moralischer Imperative	2. inkongruent 3. eine moralische Überschreitung regeln 4. eigenes Verschulden
Ärger	Angriff oder Beleidigung gegen mich	2. inkongruent 3. Beschädigung der Selbst- und sozialen Achtung 4. Fremdverschulden

Emotionen, Kernthemen und Bewertungskomponenten nach Lazarus

Neben dem Ergebnis des Bewertungsprozesses machen nach Lazarus weitere Komponenten eine Emotion aus, nämlich eine für jede Emotion charakteristische subjektive Erlebensqualität (ein Gefühl), motorisch-physiologische Veränderungen des Muskeltonus, der Körperhaltung und des Gesichtsausdrucks, eine emotionsspezifische Handlungstendenz sowie physiologische Veränderungen, die mit der Aktivierung der jeweiligen Handlungstendenz einhergehen und dazu dienen, die durch die Handlungstendenz motivierten adaptiven Bewältigungsaktivitäten aufzunehmen und aufrechtzuerhalten.[311] Die emotionsspezifischen Handlungstendenzen kommen nicht notwendigerweise zur Ausführung, sondern können unter günstigen Umständen unterdrückt und durch Bewältigungsstrategien ersetzt werden, die zielkongruentere Person-Umwelt-Beziehungen versprechen. Lazarus unterscheidet problemorientierte und emotionsorientierte Bewältigungsstrategien. Problemorientierte Bewältigungsbemühungen zielen auf konkrete Verbesserungen der Person-Umwelt-Beziehung. Emotionsorientierte Bewältigung zielt dagegen auf eine Veränderung der subjektiven Sichtweise der Person-Umwelt-Beziehung ab, ohne handelnd in diese Beziehung einzugreifen.

Fassen wir zusammen:

- Die Begriffe „Affekt" und „Emotion" werden oft synonym verwendet.
- Wenn wir von Affekten sprechen, betonen wir das Biologisch-Instinkthafte einer Gefühlsreaktion, ihre motivationale Wucht, Impulsivität, Irrationalität und potenzielle Dysfunktionalität.
- Menschen und Tieren scheinen folgende angeborene fundamentale affektive Bewertungssyteme gemeinsam zu sein: ein generelles appetitives Motivations-/Such-/Erwartungssystem, ein Wut-/Ärgersystem, ein Furcht-/Angstsystem, ein Lust-/Sexualitätssystem, ein Fürsorgesystem, ein Panik-/Trennungssystem und ein Spiel-/Freudesystem.
- Wenn wir von Emotionen sprechen, haben wir die soziokulturelle Überformung und (wenigstens partielle) kognitive Kontrollierbarkeit und Veränderbarkeit affektiver Bewertungsprozesse im Auge.
- Affekte und Emotionen werten präattentiv Informationen aus der Außenwelt oder aus dem Körperinneren aus und geben ihnen Bedeutungen.

311 C. A. Smith, R. S. Lazarus, 1990, S. 623.

- Sie gehen mit neurohormonellen und physiologischen (vegetativen) Veränderungen im Organismus einher, die in vielen Fällen einer Aktivierung entsprechen.
- Diese Aktivierung schafft im Organismus die physischen Voraussetzung, dass eine adaptive Bewältigungsaktivität, welche der Trieb- und Bedürfnisbefriedigung sowie der Erreichung von Zielen dient, aufgenommen werden kann.
- Affekte und Emotionen beeinflussen die Aufmerksamkeitsausrichtung, die Sensitivität der Sinnesorgane und damit die Wahrnehmung sowie die Gedächtnisbildung.
- Affekte und Emotionen gehen zumindest beim Menschen mit subjektiven Erlebensqualitäten (Gefühlen) sowie mit bestimmten Denkinhalten (Kognitionen und Vorstellungen) einher.
- Die meisten Emotionstheorien stimmen darin überein, dass biologisch angelegte Affektsysteme angeborene Grundbewertungen vornehmen, die durch individuelle Lernprozesse differenziert und überformt werden.
- Durch die Beteiligung höherer kognitiver Prozesse entstehen Emotionen wie zum Beispiel Scham, Schuld, Empathie, Eifersucht, Stolz, Dankbarkeit, Sehnsucht, Verlegenheit, Reue und Verachtung.
- Durch die kognitive Bewertung kann sich derselbe physiologische Zustand – zum Beispiel ein durch Adrenalin induzierter Erregungszustand des sympathischen Systems – als Ärger, Euphorie, Vergnügen, Angst oder überhaupt nicht als Stimmung oder Emotion manifestieren.
- Wichtige kognitive Bewertungskomponenten sind nach Lazarus die Zielrelevanz, Zielkongruenz und die Art der Ich-Beteiligung bei einer wahrgenommenen Person-Umwelt-Beziehung.
- Die Zielrelevanz entscheidet darüber, ob die Person überhaupt mit einer Emotion reagiert oder nicht.
- Die Zielkongruenz bestimmt, ob die Emotion positiv oder negativ erlebt wird.
- Welche Art von Emotion genau entsteht, hängt von der Art der Ich-Beteiligung ab. Scham zum Beispiel beruht auf einer Bewertung, einem eigenen Ich-Ideal nicht gerecht geworden zu sein.
- Auch die Frage nach Verschulden oder Verdienst ist wichtig. Beispielsweise setzt der Ärger über eine andere Person eine Bewertung voraus, dass diese Person den ärgerlichen Umstand verschuldet hat. Auch für das Gefühl von Schuld oder Scham muss der eigenen Person ein Verschulden zugeschrieben werden.

Praktische Konsequenzen

Affekte und Emotionen spielen für unser bewusstes Erleben eine hervorragende Rolle. Denn affektive Bewertungsprozesse entscheiden darüber, wem oder was wir Aufmerksamkeit schenken, was wir wahrnehmen und erinnern. Unsere Affekte und Emotionen haben eine enorme Auswirkung auf unser Leben, die meist positiv, mitunter aber auch schädlich ist. Trotz der „Durchschlagskraft“ von Affekten und Emotionen sind wir ihnen nicht machtlos ausgeliefert, sondern können unsere emotionalen Reaktionsmuster durch tapferes Verhaltenstraining und Arbeit an unseren oft nicht bewussten kognitiven Bewertungsroutinen verändern. Dazu müssen allerdings die übergeordneten Motivationen und Ziele klar werden. Dazu benötigen wir die Unterstützung anderer.

Praktisch bedeutsam scheint mir auch das dargestellte Zusammenwirken von subcorticalen und corticalen Bewertungsprozessen zu sein. Normalerweise interagieren die beiden Prozessrichtungen (bottom-up und top-down) miteinander und ermöglichen so die differenzierte Bewertung des jeweiligen aktuellen Kontexts und der Situation. Idealerweise hält sich die angeborene biologische subcorticale Spontaneität unseres Fühlens und Handelns mit der kulturell antrainierten neocorticalen Reflektiertheit und Kontrolliertheit die Waage, und es eröffnet sich ein breites Spektrum flexibler Alternativen des Verhaltens und Selbstausdrucks. Das beste Training für diese erstrebenswerte Balance ist die aktive Teilnahme an verschiedenen sozialen Gemeinschaften (Familie, Firma, Gemeinde, Vereine, Parteien und so weiter) oder – falls man sich in diesen natürlichen sozialen Kontexten schwertut – die Teilnahme an den vielfältigen (professionellen therapeutischen) Angeboten zur Selbsterfahrung und/oder zum Einüben sozialer, emotionaler und kommunikativer Kompetenz in der Gruppe.

14. Konsistenz, Kongruenz und Kohärenz

Je differenzierter ein Lebewesen seine Umwelt und sich selbst bewusst wahrnehmen und erkennen kann, desto wichtiger wird es, dass es die Flut der ständig wechselnden Sinneseindrücke und die Fülle der von seinem Gehirn verarbeiteten (und von ihm selbst erzeugten) Informationen von lähmenden Widersprüchen, Konflikten und Dissonanzen freihält. Schon auf den unteren Stufen der Informationsverarbeitung sorgt unser Gehirn für Widerspruchsfreiheit oder Konsistenz. Wenn man zum Beispiel einem Auge Video-Inputs anbietet, die gegenüber dem anderen Auge um Sekundenbruchteile verzögert sind, wenn man also eine Rivalität der Sehfelder erzeugt, unterdrückt das Sehsystem ein Bild zugunsten des anderen. Zugunsten der widerspruchsfreien Wahrnehmung wird einfach ein Kanal neuronal unterdrückt.[312] Wir erinnern uns auch an die im Kapitel über Exformation und Gestalt besprochenen Kippfiguren der Gestaltpsychologie (zum Beispiel die Abbildung der Vase, die zugleich das Profil zweier Gesichter darstellt), bei denen man immer nur eine Figur, also entweder Gesichter oder Vase, wahrnehmen kann. Es kann sich – um Widersprüche zu vermeiden – immer nur jeweils eine von beiden Interpretationsmöglichkeiten in unserem Bewusstsein durchsetzen.

Wir haben uns im vorangegangenen Kapitel mit Affekten und Emotionen beschäftigt, die als Ergebnis eines teils angeborenen biologischen (subcorticalen), teils erlernten (neocorticalen) Bewertungsprozesses verstanden werden können. Positive (subjektiv lustvoll erlebte) Emotionen zeigen eine Wertung innerer oder äußerer Sinnesdaten als kongruent mit aktuell aktivierten Triebzielen und anderen wichtigen Bedürfnissen an. Negative Affekte und Emotionen sind Ausdruck einer durch

312 B. J. Baars, 1997: „In the Theater of Consciousness. The Workspace of the Mind", New York: Oxford University Press, deutsch 1998: „Das Schauspiel des Denkens. Neurowissenschaftliche Erkundungen", Stuttgart: Klett-Cotta, S. 151. Marion Friedrich (2008: „Vom Neuron zum Qubit. Auf den Spuren des Bewusstseins", Marburg: Tectum, S. 59) spricht davon, dass eine „unmögliche" Information – entsprechend den vergangenen Erfahrungen des Individuums – unterdrückt und in eine „mögliche" Wahrnehmung beziehungsweise Wirklichkeitskonstruktion umgewandelt wird. „Bei psychisch auffälligen oder mit Bewusstsein beeinflussenden Drogen vorbehandelten Personen scheint dieser Mechanismus der Deutung der Wahrnehmungen nicht mehr adäquat zu funktionieren – sie halluzinieren, entwickeln Wahnvorstellungen und andere Auffälligkeiten." Die Überprüfung der Angepasstheit der Wahrnehmungsselektion und Wirklichkeitskonstruktion an die real gegebene Außenwelt durch Falsifizierungsmechanismen scheint nicht mehr zu funktionieren. Ein Psychotiker findet nicht mehr das richtige Maß und nicht mehr den richtigen Moment, wenn es darum geht, eine konsistente Wahrnehmungskonstruktion und das bisherige Selbst- und Weltbild beizubehalten oder sich im Sinne der Akkomodation, das heißt der Korrektur der bisherigen Wahrnehmungsweisen und des Selbst- und Weltbildes, zu adaptieren.

die Bewertungssysteme festgestellten Inkongruenz zwischen einem Istwert und einem Sollwert. Affekte und Emotionen sind zugleich auf die Überwindung der Inkongruenz ausgerichtet. Denn eines ihrer wesentlichen Merkmale ist die physiologische (vegetative), sensorische und psychomotorische Aktivierung. Diese auch von außen erkennbare Aktivierung hat zum einen eine kommunikative Ausdrucksfunktion, welche der Umgebung den affektiven Zustand des Individuum sowie dessen Handlungsbereitschaften oder Handlungshemmungen signalisiert. Zum anderen stellt die Aktivierung die Voraussetzungen im Organismus her, um Handlungsbereitschaften in konkretes Verhalten umzusetzen.

Der Affektausdruck sowie das konkrete affektgeleitete Verhalten oder auch Handlungshemmungen dienen biologisch dazu, den Organismus der Befriedigung seiner Triebziele näher zu bringen. Beispielsweise kann eine aggressive Gebärde Feinde einschüchtern und vertreiben; Furcht bewahrt ein Lebewesen vor Gefahr; Lust und Sexualität bewirken die Annäherung an einen Geschlechtspartner und sichern die Fortpflanzung. Auch die kulturell überformten menschlichen Emotionen induzieren in der Regel sinnvolle Kommunikationsformen, Verhaltensweisen, Hemmungen und idealerweise Lernprozesse, die uns der Erfüllung unserer Bedürfnisse und Ziele näher bringen, also in Richtung von mehr Kongruenz von Ist- und Sollwert gehen, wie die zwei folgenden Beispiele zeigen sollen. Schuld- oder Schamgefühle haben die Funktion, für andere erkennbare Reue zu zeigen, durch diese innere Bestrafung (Gewissensbisse) einer Bestrafung oder Ächtung durch andere vorzubeugen, etwas wiedergutzumachen, uns von einem gesellschaftlich unerwünschten Verhalten nachhaltig abzuhalten und damit letztlich Bindungen und soziale Zugehörigkeiten zu bewahren. Trauer(arbeit) hat die Funktion, dass wir etwas oder jemand Verlorengegangenes wirklich ganz aufgeben können, um so offen zu werden für neue, möglicherweise geeignetere Objekte für unsere Liebe, Bedürftigkeit oder Sehnsucht.

In der Regel treten negative Affekte und Emotionen auf, wenn sich unsere Erwartung, dass ein wichtiges Bedürfnis befriedigt wird, nicht erfüllt. Wenn wichtige Bedürfnisse kongruent mit unseren Erwartungen befriedigt werden, erleben wir in der Regel positive Affekte und Emotionen. Gar nicht so selten können wir allerdings auch beobachten, dass Menschen erst dann zufrieden sind, wenn ihre negativen Erwartungen (zum Beispiel: „Ich bin ein Pechvogel“) wieder einmal bestätigt wurden. Es gibt offensichtlich ein übergeordnetes Bedürfnis, dass unsere Erwartungen, seien sie nun optimistisch oder pessimistisch, erfüllt werden. Denn wenn unsere Wahrnehmungen unseren Erwartungen entsprechen, erleben wir Konsistenz (Widerspruchsfreiheit). In einem begrenzten und individuell recht unterschiedlichen Maß lassen wir uns gerne positiv überraschen. Aber wenn unsere Wahrnehmungen allzu stark von unseren Erwartungen, die ja immerhin unsere Erfahrungen und anerzogenen Überzeugungen widerspiegeln, abweichen, trauen wir sprichwörtlich unseren Augen und Ohren nicht und erleben Stress, selbst wenn das Wahrgenommene an sich positiv ist. Klaus Grawe sprach von „Inkonsistenzspannung".[313]

Das Kongruenz- oder Konsistenzprinzip geht mit einem weiteren Grundprinzip bewusster Erfahrung einher: dem Prinzip der Kohärenz (vom lateinischen „cohaerere" = „zusammenhängen", oder „cohaerentia" = „Zusammenhang"). In der Linguistik bezeichnet „Kohärenz" die Zusammengehörigkeit der Inhalte eines Textes, die alle zusammen ein logisch verständliches und sinnhaftes Ganzes bilden. In ähnlicher Weise versteht man in der psychiatrischen Diagnostik unter der Kohärenz des Denkens, dass der formale Ablauf des Denkens eines Patienten – unabhängig von seinem speziellen Inhalten – logisch geordnet und sinnvoll zusammenhängend erscheint. Bei Patienten mit psychiatrischen Erkrankungen wie organischem Psychosyndrom[314], Schizophrenie oder Manie kann die Kohärenz des Denkens verloren gehen; die Patienten wirken in ihrem Denken auffallend ungeordnet, durcheinander, sprunghaft oder zerfahren. Zugleich können Menschen, die aufgrund

313 K. Grawe, 2004: „Neuropsychotherapie", Göttingen: Hogrefe, S. 318. Grawe sieht den anterioren cingulären Cortex (ACC), der auf dem Balken oder Corpus callosum im vorderen Bereich wie ein Gürtel (lateinisch: „cingulum") liegt, als „eine Art von Überwachungssystem" und „Konfliktmonitor" an, der „immer dann aktiv [wird], wenn irgendeine Art von Inkonsistenz in gleichzeitig ablaufenden [neuronalen] Prozessen auftritt" (S. 311 ff.). Der ACC spielt nach Grawe eine wichtige Rolle für das bewusste Erleben von Emotionen (S. 149). Ich hatte im Kapitel „Aufmerksamkeit und Enkulturation" auf Jeffrey Grays Modell eines „Komparators" hingewiesen, der eintreffende Sinnesdaten mit Wahrnehmungserwartungen vergleicht. Marion Friedrich (2008: „Vom Neuron zum Qubit. Auf den Spuren des Bewusstseins", Marburg: Tectum, S. 59, 60) weist darauf hin, dass normalerweise nicht kompatible Sinnesdaten von der Komparatorstruktur herausgefiltert werden. „Das Unerwartete wird nur dann wahrgenommen", so Friedrich, „wenn der Korrekturmechanismus, der bestehende Hypothesen fortlaufend mit externen Informationen vergleicht, die Abänderung der nun unpassenden beziehungsweise falsifizierten internen Hypothesen veranlasste." Wenn „das interne Weltbild nicht konsistent genug" und die „Zensurleistung" durch die Hippocampus-Cortex-Achse ungenügend ist, können „Anfechtungen von außen", also unerwartete Sinneseindrücke, nicht mehr ausgeblendet werden. Es kommt zur Überflutung mit Angst. Denn das Komparatorsystem versetzt den Organismus bei unerwarteten Informationen in einen Aufruhrzustand. Dieser kann zum Beispiel mit Psychopharmaka behandelt werden, welche die Erregbarkeit des Hippocampus hemmen.

314 Ein Organisches Psychosyndrom ist nach ICD-10 (F07) als „Persönlichkeits- und Verhaltensstörung aufgrund einer Krankheit, Schädigung oder Funktionsstörung des Gehirns" definiert.

von neurologischen oder psychiatrischen Erkrankungen unter „Filmrissen", zum Beispiel Gedächtnis- oder Wahrnehmungsstörungen, leiden, geradezu verzweifelt darum kämpfen, in ihrer bewussten Erfahrung so viel Kohärenz und Konsistenz wie möglich und damit Stabilität zu bewahren.

Im Kapitel über Informationsverarbeitung und Modularität erwähnte ich bereits die sogenannten Split-Brain-Patienten, die in der Regel unter schwersten cerebralen Krampfanfällen leiden und bei denen die beiden Hirnhälften operativ voneinander getrennt werden, um epileptische Krampfpotenziale daran zu hindern, von einer Hirnhemisphäre auf die andere Hemisphäre überzugreifen. Wolf Singer und Manfred Spitzer berichten von Versuchen mit Split-Brain-Patienten, bei denen durch eine spezielle experimentelle Versuchsanordnung nur der nicht sprachlichen, in der Regel rechten Gehirnhälfte eine Aufgabe gegeben wird. Erst bei der Ausführung der gestellten Aufgabe bekommt auch die für Sprache zuständige linke Gehirnhälfte die Information über die angemessene Ausführung dieser Aufgabe, ohne allerdings irgendetwas von der Aufgabenstellung zu wissen. Wenn die Patienten gefragt werden, warum sie so gehandelt haben, geben sie in aller Regel sinnvoll erscheinende rationale Gründe an, die aber nichts mit dem eigentlichen Auftrag zu tun haben.[315]

Gerhard Roth ist der Meinung, dass die Fähigkeit von Split-Brain-Patienten, Begründungen für ihr eigenes Handeln zu erfinden, nicht weit entfernt ist von der Art und Weise, wie auch Gesunde ihr eigenes Handeln verstehen: „Das Ich konfabuliert, das heißt, es liefert aus Sicht des Beobachters Pseudoerklärungen, und zwar solche, die dem Selbstwertgefühl und den Erwartungen der sozialen Umgebung am besten entsprechen."[316] Roth zufolge müssen wir ständig „Geschichten" erfinden, weil wir „all unser Fühlen, Denken und Handeln vor uns selbst und insbesondere auch vor den anderen sprachlich-logisch rechtfertigen müssen". Wir glauben in aller Regel an diese Geschichten und versuchen, auch „unsere Mitmenschen von ihnen zu überzeugen [...]. Durch diesen Zwang zur sprachlichen Legitimation vor sich und den Mitmenschen lässt sich die radikale Verbiegung und Uminterpretation bis

315 W. Singer, 2003: „Bindungsprobleme. Neurobiologische Überlegungen", Köln: Supposé-Verlag, und „Ein neues Menschenbild?", Frankfurt/M.: Suhrkamp. M. Spitzer, 2004: „Selbstbestimmen. Gehirnforschung und die Frage: ‚Was sollen wir tun?'", Heidelberg: Spektrum.

316 G. Roth, 2003: „Wie das Gehirn die Seele macht", in: G. Schiepek (Hg.): „Neurobiologie der Psychotherapie", Stuttgart: Schattauer, S. 38.

hin zum krassen Leugnen des Offensichtlichen im Handeln erklären, die Menschen jeweils bei den anderen beobachten."[317]

Klinische Beispiele für verzweifeltes Bemühen um Kohärenz bis hin zur Leugnung des Offensichtlichen sind die bizarren Wahnsysteme, mit denen sich schizophrene Patienten den Verlust ihres kohärenten Erlebens zu erklären versuchen, oder die Konfabulationen von Patienten mit Korsakow-Syndrom, welche ihre irreversible Gedächtnisschädigung infolge langjährigen Alkoholabusus mittels einfallsreicher Fantasiegeschichten zu überspielen versuchen. Roth berichtet ferner von Patienten, die nach einem Schlaganfall[318] halbseitig gelähmt waren und zusätzlich an einer Anosognosie (einer Unfähigkeit, die eigene Krankheit zu erkennen, ein fehlendes Gewahrsein oder eine Leugnung der eigenen krankhaften Defizite) litten. Die Patienten versuchten, von ihrer Störung abzulenken, indem sie ihr Defizit in zum Teil bizarrer Weise wegrationalisierten (ein Patient behauptete, drei Hände zu haben; andere meinten, man hätte ihnen über Nacht ein neues Bein angenäht) oder Pseudoerklärungen erfanden (zum Beispiel: „Ich bin zu müde, um meinen Arm zu heben").[319]

Bei Gesunden lässt sich das Herstellen von Kohärenz mit dem professionellen Schneiden von Filmen vergleichen: Aus einer großen Menge Filmmaterials mit einer Vielzahl von Details wird nur ein Teil kunstvoll zu einem in sich schlüssigen Ganzen zusammengesetzt, das für uns als Zuschauer die Geschlossenheit des Erlebens gewährleistet. Einen gut gemachten Film erleben wir als einen fließenden Erzählstrom, in dem kein störender Bruch der Kontinuität eintritt, nie die Orientierung in Raum und Zeit verloren geht und der frei von sinnlichen und kognitiven Dissonanzen über verschiedene Sinnesmodalitäten hinweg das Gleiche zum Ausdruck bringt. Wenn Ereignisse nicht nur zu einem flüchtigen Moment der Verwirrung, sondern zu einer stabilen bewussten Erfahrung werden sollen, müssen sie wahrscheinlich eine ausreichende innere Kohärenz aufweisen, sie müssen von uns in einen sinnvollen Zusammenhang mit uns schon bekannten Dingen eingeordnet werden können.

317 G. Roth, 2001: „Fühlen, Denken, Handeln", Frankfurt/M.: Suhrkamp, S. 370 ff.

318 Durch den Schlaganfall wurden der Parietallappen (meisten rechts) und/oder die frontalen Areale 8, 9 und 46 sowie der vordere Gyrus cinguli beschädigt.

319 G. Roth, 1996: „Das Gehirn und seine Wirklichkeit. Kognitive Neurobiologie und ihre philosophischen Konsequenzen", Frankfurt/M.: Suhrkamp, S. 216-217.

Merlin Donald meint: „Unsere bewussten Erfahrungen heben sich durch ihre Kohärenz deutlich vom unbewussten Erleben ab, in dem Vorstellungen und Bilder in heillosem Durcheinander koexistieren können, ohne dass es eine Kraft gibt, die auf Ordnung drängt.“[320] Klaus Grawe zufolge hat der nicht bewusste, der „implizite Funktionsmodus“ eine viel größere „Inkonsistenztoleranz“ als das Bewusstsein. Auf der nicht bewussten Ebene könnten widersprüchliche Informationen gleichzeitig und parallel verarbeitet werden. Aber je größer die Diskrepanz oder Dissoziation (Abgespaltenheit voneinander) parallel und nicht bewusst ablaufender Prozesse sei, desto weniger wirksam seien sie hinsichtlich der „Zielverfolgung im bewussten Funktionsmodus“.[321]

Kohärenz und Konsistenz sind keine exklusiven Merkmale menschlichen Bewusstseins. Auch das Verhalten von höheren Säugetieren und vielen Vogelarten, die in der Lage sind, ein Ziel über längere Zeit hinweg zu verfolgen, vermittelt nach Merlin Donald „den Eindruck, dass ihr Erleben eine grundsätzliche Kohärenz aufweist“.[322] Die Konsistenz- und Kohärenzanforderungen an uns Menschen sind allerdings ungleich höher als die an Tiere, da wir ständig im Spannungsfeld zwischen unserer angeborenen biologischen Natur und unserer erworbenen kulturellen Identität leben. Dieser Antagonismus von mächtigen tierhaften Antrieben im Sinne von Sigmund Freuds „Es“ und der uns im Sozialisationsprozess antrainierten Motivationen im Sinne von Freuds „Über-Ich“ und „Ich-Ideal“[323] begründet zwar die überragende Leistungsbereitschaft und Leistungsfähigkeit von uns Menschen, setzt uns aber zugleich – individuell und kollektiv – einem lebenslangen unausweichlichen Inkonsistenzdruck aus, der uns erhöht störanfällig macht. Wir leben heute zudem in einer Zeit, in der uns ein einzigartiges Maß an Freizügigkeit und ungehindertem Zugang zu weltweiter Information garantiert wird und in der sich ein beispielloser Pluralismus von Kulturen, Weltanschauungen und Lebensformen entfalten konnte. Damit fehlen aber auch zunehmend allgemein verbindliche Werte und Orientierungen. Die globale Orientierungslosigkeit verstärkt den Inkonsistenzdruck, der auf jedem Einzelnen von uns lastet, und damit unsere Störanfälligkeit.

320 M. Donald, 2008: „Triumph des Bewusstseins. Die Evolution des menschlichen Geistes“, Original 2001: „A mind so rare. The Evolution of Human Consciousness“, New York: W. W. Norton & Company, S. 207, 230.

321 K. Grawe, 2000: „Psychologische Therapie“, 2. Aufl., Göttingen: Hogrefe, S. 430-431.

322 M. Donald, 2008: „Triumph des Bewusstseins. Die Evolution des menschlichen Geistes“, Stuttgart: Klett-Cotta, S. 128.

323 S. Freud, 1923: „Das Ich und das Es“, Leipzig, Wien, Zürich: Internationaler Psychoanalytischer Verlag.

Für Klaus Grawe ist folgerichtig das Konsistenzprinzip mehr als nur irgendein Bedürfnis. Es ist für ihn „ein grundlegendes Erfordernis des Funktionierens von Systemen“. Die Kernannahme der Konsistenztheorie von Klaus Grawe ist, „dass unser psychisches System so beschaffen ist, dass es Konsistenz anstrebt und Inkonsistenz vermeidet“.[324] Die wichtigste Inkonsistenz ist nach Grawe die „Inkongruenz zwischen motivationalen Zielen und realen Wahrnehmungen“, wobei sich die motivationalen Ziele auf die schon erwähnten vier Grundbedürfnisse von Seymur Epstein – Orientierung/Kontrolle, Lustgewinn/Unlustvermeidung, Bindung und Selbstwerterhöhung/-schutz – beziehen.[325] Im Ringen um Konsistenz spielen nach Grawe „Annäherungsschemata“ und „Vermeidungsschemata“ eine zentrale Rolle. Annäherungsschemata sind (überwiegend nicht bewusste) Verhaltensroutinen, die geeignet sind, erwünschte Zustände im Sinne der Erfüllung der genannten Grundbedürfnisse herzustellen. Vermeidungsschemata haben die Funktion, ein Individuum vor Verletzungen und Bedrohungen zu schützen oder eine schmerzvolle Enttäuschung von Grundbedürfnissen zu verhindern.[326]

Unter Berufung auf William Powers' „Kontrolltheorie“ sieht Grawe unser Verhalten nicht etwa darauf ausgerichtet, einen bestimmten objektiven Umgebungszustand zu erzeugen, sondern – ganz im Sinne des Konsistenzprinzips – als ein Mittel, subjektive Wahrnehmungen (und Empfindungen) ganz bestimmter Qualität zu erzeugen. Powers konzipierte eine Hierarchie von Signalverarbeitungsebenen, die von den einfachsten Sinnesreizen bis zu der höchsten Ebene, der Systemebene, reicht. Auf dieser höchsten Regulationsebene geht es nach Grawe um „intentionale Sollwerte“ und Leitmotive wie Selbstverwirklichung oder Selbstschutz, „für die Menschen in der Regel am wenigsten Bewusstsein haben“.[327] Die jeweils höhere

324 K. Grawe, 2004: „Neuropsychotherapie“, Göttingen: Hogrefe, S. 311, 325.

325 Vgl. auch Fußnote 296.

326 Seymur Epstein (1982: „Conflict and stress“, in: S. Goldberg, S. Bresnitz [Eds.]: „Handbook of stress“, S. 49-68, New York: Free Press), der experimentelle Konfliktforschung durchführte, unterscheidet:

- Annäherungs-Annäherungs-Konflikte (Wahl zwischen zwei gleich attraktiven Alternativen)
- Annäherungs-Vermeidungs-Konflikte (Verlangen versus Furcht)
- Vermeidungs-Vermeidungs-Konflikte (Wahl zwischen zwei gleich aversiven Alternativen)
- doppelte Annäherungs-Vermeidungs-Konflikte (zwei begehrte Zielobjekte, die gleichzeitig gefürchtet werden)
- Vermeidungs-Annäherungs-Konflikte (normal Überwiegen der Vermeidungskomponente, aber durch eine aktuelle Versuchungssituation kommt man plötzlich dem Ziel ganz nah).

327 William Powers zitiert nach Klaus Grawe, 2000: „Psychologische Therapie“, 2. Aufl., Göttingen: Hogrefe, S. 181-187, 194. Grawe bezieht sich auf Powers Bücher „Behavior: The Control of Perception“ (1973, New York: Aldine) und „Living Control Systems: Selected papers of William T. Powers“

Regulationsebene gibt der jeweils niedrigeren Ebene ein Referenzsignal als Sollwert vor. Bei Inkongruenz des sensorisch wahrgenommenen Istsignals vom Sollwert, der von der übergeordneten Regulationsebene als Wahrnehmungserwartung vorgegeben wird, werden auf der untergeordneten Ebene Verhaltensbereitschaften aktiviert, die aufgrund biologisch festgelegter Programme oder lebensgeschichtlicher Erfahrung geeignet erscheinen, die Inkongruenz zu verringern. Einfacher gesagt: Unsere Wahrnehmungen und unsere ganze psychische Aktivität sind – was uns jetzt nicht mehr überrascht – nicht etwa auf Objektivität ausgerichtet, sondern darauf, eine subjektive Wirklichkeit im Sinne unserer eigenen Ziele[328] und vor allem im Sinne der Konsistenzbewahrung zu erzeugen.

Zum Abschluss dieses Kapitels möchte ich noch einen Extremfall der Erzeugung subjektiver Wirklichkeit ansprechen. Es gibt Menschen, die ein erträgliches Maß an Konsistenz nur noch dadurch herstellen können, dass sie permanent, systematisch und automatisch, also ohne bewusstes Wissen und Wollen, beunruhigende oder bedrohliche Wahrnehmungen nicht mehr zulassen oder gänzlich ausblenden oder von ihnen scheinbar überhaupt nicht mehr emotional berührt werden. In

(1989, Teil II 1992, Gravel Switch: Control Systems Group). Auf der untersten Regulationsebene entsteht nach Powers ein Signal erster Ordnung durch die Stimulation von Sinnesrezeptoren, über die wir sensorisch mit der Umwelt, auf die wir zugleich durch Muskelbewegungen einwirken können, in Kontakt stehen. Eine Empfindung, ein Signal zweiter Ordnung (zum Beispiel der Geschmack von Zitronenlimonade), entsteht erst durch die neuronale Verarbeitung durch spezialisierte Zellen. Signale dritter Ordnung transformieren Empfindungen zu Konfigurationen, indem sie invariante Beziehungen abstrahieren und zu ganzheitlichen Gestaltwahrnehmungen (zum Beispiel die Wahrnehmung eines Stuhls) zusammenfassen. Konfigurationen sind verbunden mit Wahrnehmungserwartungen, die aus fragmentarischen Reizmustern die vollständige Gestalt erkennen lassen. Neuronale Signale vierter Ordnung beziehen sich auf Veränderungen von Konfigurationen und werden als Bewegung wahrgenommen. Das alles erinnert an das, was ich in den vorangegangenen Kapiteln über Informationsverarbeitung und Wahrnehmung ausgeführt habe. Hierüber sieht Powers weitere (höhere) Regulationsebenen: 5. Sequenzen (bestimmte Reihenfolgen, zum Beispiel von Tönen bei einer Melodie), 6. Herstellen zeitlicher oder kausaler Beziehungen zwischen Sachverhalten (Speicherung im Gedächtnis unter anderem durch Konditionierung), hierher gehören auch Assoziationen, 7. Programmebene: Ausrichtung von verschiedenen Handlungen auf ein gemeinsames Ziel, hierarchisch-sequenzielle Struktur des Handlungsablaufs mit Verzweigungen, an denen logisch-rationale Entscheidungen stattfinden, 8. Ebene der Prinzipien (zum Beispiel: Sei ein netter Mensch) und 9. Systemebene (zum Beispiel Selbstverwirklichung oder Selbstschutz). In der Psychotherapie gibt es nach Grawe verschiedene Konzepte zu intentionalen Sollwerten, zum Beispiel Adlers „Leitmotive“, Bernes „Lebensskript“, Ellis und Becks „irrational beliefs“ und Youngs „early maladaptive schemas“.

328 Was wir als unsere eigenen Ziele erleben, ist im Wesentlichen ein Produkt des Enkulturationsprozesses, den wir durchlaufen haben.

der psychodynamischen Psychotherapie sprechen wir von Abwehrmechanismen, zum Beispiel von Verleugnung, Spaltung, Affektisolierung oder Dissoziation und – wenn Erinnerungen betroffen sind – von Verdrängung. Die von Powers beschriebenen Kontrollmechanismen bewirken in diesem Fall einen völlig dysfunktionalen Wirklichkeitsbezug.

Langfristig führt Verdrängung – so Grawe – fast zwangsläufig zu mehr Inkonsistenzspannung. Denn wenn das höchste Ziel eines Menschen nur noch der Selbstschutz ist, wirken sich seine Vermeidungsschemata so lähmend aus, dass kaum mehr eine aktive Teilnahme am Leben und damit keine wirkliche Bedürfnisbefriedigung möglich ist. Es überrascht nicht, dass für Grawe das Konsistenzprinzip eines der wichtigsten Erklärungsmodelle für psychische Erkrankungen ist. Werden wichtige und aktivierte motivationale Ziele laufend verfehlt, kann die Inkonsistenzspannung sogar zu „einer Systemdesorganisation und einem Systemzusammenbruch“ führen.[329]

Fassen wir zusammen:

- Systeme, die Information aus ihrer Umwelt verarbeiten und Entscheidungen treffen müssen, welches Verhaltensprogramm aus einer Reihe von Alternativen aktiviert und welches gehemmt werden soll, um wichtige Ziele, zum Beispiel die Sicherung des Überlebens oder die Befriedigung anderer Bedürfnisse, zu erreichen, dürfen nicht durch innere Widersprüche und Konflikte (Inkonsistenz) gelähmt werden.
- Schon auf den unteren Stufen der Informationsverarbeitung sorgen unsere Sinnessysteme und unser Gehirn für Eindeutigkeit, indem sie zum Beispiel widersprüchliche oder störende Sinnesdaten unterdrücken.
- Wenn unsere Wahrnehmungen unseren Erwartungen und/oder Bedürfnissen entsprechen, erleben wir Konsistenz (Widerspruchsfreiheit).
- Wenn unsere inneren Bewertungssysteme eine Inkongruenz zwischen einem wahrgenommenen Istwert und einem von unseren Antrieben, Bedürfnissen oder Erwartungen vorgegebenen Sollwert feststellen, erleben wir Stress, Inkonsistenzspannung sowie negative Affekte und Emotionen.
- Die biologische Funktion von Affekten ist, einen Organismus der Befriedigung seiner Triebziele näher zu bringen und sein Überleben zu sichern.

329 K. Grawe, 2004: „Neuropsychotherapie“, Göttingen: Hogrefe, S. 324-433.

- Auch unsere kulturell überformten menschlichen Emotionen aktivieren in der Regel sinnvolle Kommunikationsformen und Verhaltensweisen in Richtung auf Bedürfnisbefriedigung, also in Richtung von mehr Kongruenz von Ist- und Sollwert.
- Wenn Ereignisse nicht nur ein flüchtiger Moment der Verwirrung bleiben, sondern zu einer stabilen bewussten Erfahrung werden sollen, müssen sie wahrscheinlich eine ausreichende innere Kohärenz aufweisen, das heißt, sie müssen von uns in einen sinnvollen Zusammenhang mit uns bekannten Dingen eingeordnet werden können.
- Viele bizarre Symptome bei neurologischen und psychiatrischen Erkrankungen können als verzweifelter Versuch der Patienten verstanden werden, trotz massiver Gedächtnis- und Wahrnehmungsstörungen so viel Kohärenz und Konsistenz wie möglich in ihrer bewussten Erfahrung zu bewahren.
- Nach Grawe ist die klinisch wichtigste Inkonsistenz die Inkongruenz zwischen hierarchisch geordneten motivationalen Zielen und realen Wahrnehmungen.
- Auf der nach Powers höchsten motivationalen Ebene, der Systemebene, geht es um Selbstverwirklichung und Selbstschutz.
- Wenn das, was wir wahrnehmen, mit dieser übergeordneten Regulationsebene nicht kongruent ist, werden auf den untergeordneten Ebenen Verhaltensbereitschaften aktiviert, welche die Inkongruenz verringern.
- Unsere ganze Aktivität ist natürlicherweise darauf ausgerichtet, dass wir Wahrnehmungen machen, die mit unseren übergeordneten Zielen, zu denen wir in der Regel nur begrenzten bewussten Zugang haben, konsistent sind.
- Das gilt auch für übertriebene neurotische Selbstschutz- und Vermeidungsziele, die uns vom Leben und einer angemessen Bedürfnisbefriedigung abhalten.
- Im Extremfall erfassen wir mit unserer Wahrnehmung nicht mehr Realität, sondern schließen uns – zum Beispiel um einen völligen Systemzusammenbruch auszuweichen – mit Hilfe von Abwehroperationen wie Verleugnung, Spaltung, Affektisolierung und Verdrängung in eine hochgradig dysfunktionale subjektive Pseudorealität ein.

Praktische Konsequenzen

Unsere Sinnessysteme, unser Gehirn und unsere psychischen Funktionen zeigen die Tendenz, ein möglichst hohes Maß an Kongruenz zwischen unseren Bedürfnissen und Erwartungen und unseren Wahrnehmungen sowie ein möglichst hohes Maß an Konsistenz und Kohärenz unseres Erlebens sicherzustellen. Inkongruenz,

Inkonsistenz und Inkohärenz erleben wir subjektiv oft als seelisches Leiden. Kongruenz, Konsistenz und Kohärenz gehen hingegen mit positiven Emotionen einher oder werden von uns sogar als Glückszustand erfahren. Das bewusste Streben der meisten Menschen dürfte auf Kongruenz, Konsistenz und Kohärenz zielen; dieses Anliegen wird auch von den meisten Psychotherapiemethoden und anderen Hilfsangeboten unterstützt. Wenn es uns aber trotz aller Anstrengungen nicht gelingt, die Inkonsistenzspannung, von der Grawe spricht, loszuwerden, dann erleben wir das in der Regel als Unglück. Dabei vergessen wir jedoch, dass ein hohes Maß an Inkonsistenz uns Menschen in unserer Doppelbestimmung als Natur- und Kulturwesen wesenseigen ist. Inkonsistenzspannung kann sich kulturell äußerst fruchtbar auswirken, ist sie doch eine Quelle für unser schöpferisches Potenzial, für unser Engagement und für unsere höheren Bewusstseinsleistungen. Ein gewisses Maß an Inkonsistenzspannung dürfte also soziokulturell durchaus „gewollt" sein (vgl. auch Kapitel 31 über Willensfreiheit und Verantwortung).

Es kann in unserem Leben folglich nicht ernsthaft darum gehen, die uns Menschen schicksalhaft auferlegte Inkonsistenzspannung einfach nur loszuwerden, zum Beispiel indem wir im Mainstream mitschwimmen, uns jedem Trend und jeder Modeströmung anpassen, Drogen und Alkohol konsumieren oder – wie es heute zunehmend geschieht – uns mit Internetspielen, Pornografie und anderen Surrogaten betäuben. Fragwürdig scheinen mir auch die vielen einfachen Rezepte aus dem breiten Angebot von Büchern, Workshops und Organisationen, die mit einem wie auch immer gearteten Glücksversprechen werben. Biologisch und kulturell gesehen sind wir nicht auf dieser Welt, um ständig glücklich zu sein, sondern, wie ich glaube, um kollektiv zu überleben. Anleitungen zum persönlichen Glück scheinen mir daher auf längere Sicht eher als Anleitungen zum Unglücklichsein geeignet. Die Herausforderung unseres Daseins besteht meines Erachtens darin, die unausweichliche menschliche Inkonsistenzspannung, das heißt konkret: unser Leiden, in ein Konsistenz- und Kohärenzerleben höherer Ordnung zu transformieren. Unser Bewusstsein befähigt uns auf seinen fortgeschrittenen Entwicklungsstufen dazu, uns von unseren enkulturierten Selbstkonzepten sowie unseren habituellen Denkmustern nach und nach wieder zu distanzieren und unser Erleben und Wollen, auch unser Mühen und Leiden in übergeordnete Sinnzusammenhänge einzubetten.

15. Proto-Selbst, Kernbewusstsein und Ich-Mitte

Wenn ein Lebewesen mit seiner Umwelt in Kontakt tritt, zum Beispiel beim Kontakt mit Artgenossen oder Feinden, bei der Einverleibung von Objekten, bei Verletzungen oder einfach nur bei einer Positionsveränderung im Raum, finden physiologische Veränderungen in seinem Organismus statt, zum Beispiel Reizungen von Nervenzellen, eine Ausschüttung von Botenstoffen (Hormonen, Neurotransmittern), Veränderungen der Blutchemie, die Veränderung der Herzfrequenz und der Durchblutung verschiedener Gewebe sowie Gewebereaktionen. Wie ich im Kapitel 1 über Informationsverarbeitung und Nervensystem schon erwähnte, gibt es in fast allen Geweben des Körpers Sinnesrezeptoren (Enterozeptoren, Propriozeptoren und Nozizeptoren), die über afferente (zum Gehirn hinführende) Nervenbahnen mit spezialisierten Arealen des tierischen oder menschlichen Gehirns verbunden sind und diese über die Vorgänge und Veränderungen im Organismus informieren. Dieses Informiertsein des Gehirns ist jedoch noch weit von einem metakognitiven[330] Bewusstsein im Sinne von „ich weiß, was in mir vor sich geht" entfernt.

Das Gehirn wiederum steuert über efferente (vom Gehirn wegführende) Nervenbahnen des sogenannten vegetativen Nervensystems lebenswichtige Prozesse des Organismus wie zum Beispiel Verdauung, Stoffwechsel, Herzschlag, Atmung, Blutdruck, Durchblutung oder Wärmeregulation. Die vegetative Steuerung erfolgt über angeborene, automatisierte Mechanismen, die auch als „autonom" bezeichnet werden, weil sie nicht dem Willen und Bewusstsein des Lebewesens unterworfen sind. Über das Gehirn werden auch Verhaltensprogramme ausgelöst, die das Überleben sichern. António Damásio nennt diese auf Selbsterhaltung programmierte Repräsentation und Steuerung der Lebensprozesse des Organismus im Gehirn „Proto-Selbst". Er versteht das Proto-Selbst als eine nicht bewusste Sammlung von neuronalen Mustern, die den physischen Zustand des Organismus in seinen vielen Dimensionen fortlaufend an vielen Stellen des Gehirns abbilden und regulieren.[331]

330 Der Begriff der Metakognition wird uns später noch beschäftigen. Er wird auch im Online-Glossar erklärt.

331 A. R. Damásio, 2000: „Ich fühle, also bin ich. Die Entschlüsselung des Bewusstseins", München: List Verlag, S. 187-190, Original 1999: „The Feeling of What Happens. Body and Emotion in the Making of Consciousness", New York, Harcourt Brace. Damásios Proto-Selbst verfügt über kein Wahrnehmungsvermögen und über kein Wissen. Die Funktionen des Proto-Selbst sind nicht in einer oder mehreren Gehirnregionen lokalisert (kein Humunkulus), sondern sie sind das Ergebnis der Interaktion zwischen vielen Regionen im Hirnstamm (der Afferenzen aus dem Rückenmark, dem

Das Informiertsein des Gehirns über den Zustand des inneren Milieus, der inneren Organe, des Gleichgewichtssystems und des Bewegungsapparates liegt in Form der schon erwähnten neuronalen Karten im Gehirn vor. Der Organismus als Einheit wird in jenen Strukturen des Gehirns abgebildet (kartiert), die – so Damásio – „das Leben des Organismus regulieren und seine inneren Zustände fortlaufend signalisieren". Auch die Objekte sind im Gehirn repräsentiert, „und zwar in den sensorischen und motorischen Strukturen, die durch die Interaktion des Organismus mit dem Objekt aktiviert werden". Menschen und viele Tiere können sich merken, wie sich ihr Organismus im Kontakt mit der Umwelt verändert hat. Sie entwickeln daher nicht nur eine zunehmend differenzierte innere Landkarte ihrer Umwelt, sondern auch eine Repräsentation ihres eigenen Organismus und seiner Zustände in Abhängigkeit von der Umwelt. Damásio hält fest: „Die sensomotorischen Karten, die das Objekt betreffen, rufen Veränderungen in den Karten hervor, die den Organismus betreffen." Die Repräsentation von Organismus und Objekten im Gehirn nennt Damásio „Karten erster Ordnung".

Wenn wir uns mit einem Objekt befassen, erzeugt – so Damásio – unser Gehirn auf einer nicht sprachlichen Ebene eine Art „Bericht" über Veränderungen im Proto-Selbst, das heißt darüber, wie dieses Objekt ursächlich auf unseren Organismus einwirkt und was sich infolge der Veränderung unseres Organismus durch das Objekt in verschiedenen Regionen unseres Gehirns ereignet.[332] Die Information über die kausale Beziehung zwischen einem Objekt (selbst wenn es nur ein erinnertes Objekt ist) und dem Organismus wird nach Damásio im Gehirn in „Karten zweiter Ordnung" repräsentiert. Nun stehen wir ja kontinuierlich mit unserer Umwelt und mit den Repräsentationen dieser Umwelt in unserem Gehirn in Kontakt und Interaktion. Wir erinnern uns, dass komplexere Wahrnehmungseinheiten nur innerhalb von Zeitfenstern in der Größenordnung von 30 Millisekunden bis einigen Sekunden, in denen spezialisierte Netzwerke von Nervenzellen synchron oszillieren, möglich sind. Damásio spricht folgerichtig von einer endlosen Folge von „Pulsschlägen", die durch Objekte ausgelöst werden. Die Pulsschläge verändern ihrerseits jedes Mal das Proto-Selbst. Das durch ein Objekt gerade veränderte Proto-Selbst ist Ausgangspunkt für die nächste Interaktion mit demselben oder

Trigeminus, dem Vaguskomplex, der Area postrema, den reticulären Kernen, den monoaminergen und cholinergen Kernen erhält), im Hypothalamus, im basalen Vorderhirn, im insulären, medialen und parietalen Cortex sowie in den Cortexfeldern S2.

332 A. R. Damásio, 2000, S. 204-205.

einem neuen Objekt. Die kontinuierliche Folge pulsierender Veränderungen des Proto-Selbst erzeugt nach Damásio das „Kernbewusstsein" oder „Kern-Selbst".[333]

Damásios Kernbewusstsein beziehungsweise Kern-Selbst[334] stellt die unterste Stufe von Bewusstsein dar. Kernbewusstsein ist ein noch durch und durch körperliches, sinnliches und empfindungsmäßiges Phänomen. Damásios Begriffe des Kernbewusstseins und Kern-Selbst sind mit Merlin Donalds Begriff der „Ich-Mitte" verwandt: „In die Ich-Mitte fließen die vielen verschiedenen 'Kartierungen' des Körpers ein, mit denen unser Gehirn operiert." Die körperliche Ich-Mitte führt – so Donald – als „einigende Kraft" alle Karten, die ansonsten isoliert voneinander existieren würden, zusammen. Sie „ist Ausgangsbasis der höher entwickelten Kognitionen" und „Ausdruck der Identität". „Sämtliche bewussten Erfahrungen gehen in die Ich-Mitte ein, und zwar nicht auf einer abstrakten oder begrifflichen Ebene, sondern in Form von unmittelbaren Wahrnehmungsdaten, von Bausteinen des direkten Erlebens." (Humphrey würde von „reinen Empfindungen" sprechen.) Vor allem auch unsere Gefühlszustände haben – so Donald weiter – einen „präzisen Bezug zum Körpermodell der Ich-Mitte", was in Wendungen wie: „Mir wurde warm ums Herz", oder: „Meine Füße sind schwer wie Blei", zum Ausdruck kommt. „Wie wir die Außenwelt erleben, hängt", so Donald, „auf Innigste mit der Verkörperung unseres Selbst zusammen. [...] Theoretisch gesehen ist unser Bewusstsein vielleicht sogar körperbezogener, als uns lieb ist. Seine körperliche Verankerung ist eine

333 A. R. Damásio, 2000, S. 208-213. Der Sitz des Kernbewusstseins ist nicht an einer bestimmten Stelle im Gehirn lokalisiert, sondern an vielen verschiedenen Stellen, die miteinander in Interaktion stehen. Da nicht viele Hirnstrukturen in der Lage sind, Informationen aus mehreren Gehirngebieten zu empfangen, kommen nach Damásio nur die Colliculi superiores (die zwillingshügeligen Strukturen im hinteren Teil des Mittelhirns, auch „Tectum" genannt), der Thalamus, einige präfrontale Rindenfelder und die gesamte Region des cingulären Cortex in Betracht. Diese Gehirnstrukturen können nur in Wechselwirkung miteinander Bewusstsein hervorbringen.

334 Auch Heinz Kohut (1977: „The Restoration of the Self", deutsch, 1981: „Die Heilung des Selbst", Frankfurt/M.: Suhrkamp) und Daniel Stern (1992: „Die Lebenserfahrung des Säuglings", Stuttgart: Klett-Cotta) verwenden den Begriff des Kern-Selbst viel umfassender als Damásio. Kohut versteht das Kern-Selbst als eine „Struktur", welche „die Grundlage für unser Gefühl [ist], dass wir ein unabhängiger Mittelpunkt von Antrieb und Wahrnehmung sind, ein Gefühl, das mit unseren zentralsten Strebungen und Idealen und unserer Erfahrung integriert ist, dass unser Körper und Geist eine Einheit im Raum und ein Kontinuum in der Zeit darstellen" (S. 155). Stern spricht von einem „sense of a core self". Dieses Gefühl des Kern-Selbst ensteht laut Stern zwischen dem dritten bis neunten Lebensmonat und umfasst vier Komponenten: 1. die Erfahrung der eigenen Urheberschaft von Aktivität („sense of agency"), 2. die Erfahrung von eigenen Affekten („sense of affectiviy"), 3. die Erfahrung von physischer Ganzheit („sense of coherence") und 4. die Erfahrung von Identität über die Zeit („sense of continuity").

Grundtatsache des mentalen Lebens. Das Bewusstsein kommt ohne ein solides körperliches Fundament des Identitätsempfindens nicht aus, ganz gleich, wie raffiniert seine symbolischen Operationen und Kunstgriffe auch sein mögen."[335]

Damásios Kernbewusstsein beziehungsweise Kern-Selbst und Donalds Ich-Mitte kommen ohne Sprache aus und können daher ohne Weiteres auch höheren Tieren zugestanden werden. Für Nicholas Humphrey steht und fällt die Bewusstseinsfähigkeit von Tieren mit der Kapazität ihrer Gehirne und Nervensysteme, Rückkoppelungsschleifen mit einer Nachhallaktivität von „nennenswerter Lebensdauer" zu etablieren. Humphrey glaubt: „Bevor Bewusstsein in die Welt trat, hatten die sensorischen Reaktionen keine zeitliche Existenz."[336] Auch Humphrey bezieht sich hier offensichtlich auf die notwendigen Zeitfenster, die – wie bereits erwähnt – einer gewissen Dauer synchronisierter Aktivität von größeren Nervenzellenverbänden entsprechen. Wie Damásio und Donald besteht auch Humphrey darauf, dass Bewusstsein „an Körper gebunden" ist, die sich darüber hinaus dadurch auszeichnen, dass sie „an sich selbst interessiert sind".[337] Ich denke hier an die ausgiebige Körperpflege vieler Tierarten, die – über eine rein biologische Notwendigkeit zur Selbsterhaltung hinausgehend – Ausdruck einer lustvollen Selbsterforschung ist und zu einer wie auch immer gearteten Selbstrepräsentation im Sinne von Damásios Kernbewusstsein führt.

Fassen wir zusammen:

- Damásio nennt die auf Selbsterhaltung programmierte Repräsentation und Steuerung der grundlegenden Lebensprozesse des Organismus im Gehirn „Proto-Selbst".
- Sowohl der eigene Organismus als auch die Objekte der Umwelt sind nach Damásio im Gehirn als Karten erster Ordnung repräsentiert.

335 M. Donald, 2008: „Triumph des Bewusstseins. Die Evolution des menschlichen Geistes", S. 143-146. Donald hat den „sehr alten experimentalpsychologischen Begriff der perzeptuellen 'Ich-Mitte'" von William James und Gordon Allport übernommen. Donald weist darauf hin, dass neurologische Patienten ausgeprägte Bewusstseinsstörungen erleiden, wenn sie auch nur ansatzweise von körperbezogenen Feedback-Systemen abgeschnitten sind.

336 N. Humphrey, 1997: „Die Naturgeschichte des Ich", München: Knaur, S. 269, Original 1992: „A History of the Mind. Evolution and the Birth of Consciousness", New York: Copernicus.

337 N. Humphrey, 1997, S. 267.

- In den Karten zweiter Ordnung ist die noch ohne Sprache auskommende Erfahrung repräsentiert, wie sich das Proto-Selbst durch den Kontakt mit den Objekten der Umwelt oder auch erinnerten Objekten verändert hat.
- Kernbewusstsein entsteht nach Damásio durch eine endlose Folge von pulsierenden Veränderungen des Proto-Selbst durch den Kontakt mit Objekten.
- Die körperliche, sinnliche und empfindungsmäßige Grundbeschaffenheit von Bewusstsein kommt auch in Donalds Begriff der Ich-Mitte zum Ausdruck, in dem die vielen verschiedenen Kartierungen des Körpers zu einem einheitlichen bewussten Erleben zusammengefasst werden.
- Für Humphrey ist Bewusstsein an Körper gebunden, die an sich selbst interessiert sind. Die Bewusstseinsfähigkeit von Tieren steht und fällt mit der Fähigkeit ihrer Nervensysteme, Rückkoppelungsschleifen mit einer Nachhallaktivität von nennenswerter Lebensdauer zu etablieren.
- Eine von Sprache unabhängige Form von Kernbewusstsein haben wahrscheinlich auch höhere Tiere.

Praktische Konsequenzen

Die höheren menschlichen Bewusstseinsebenen sind zwar stark an Sprache und – wie wir unten noch sehen werden – an Metakognitionen (vgl. Kapitel 29) gebunden, unser Bewusstsein ist jedoch entwicklungsgeschichtlich, also von seinem biologischen Ursprung her, ein sinnliches und körpernahes Phänomen. Wenn wir unser Bewusstsein verändern und weiterentwickeln wollen, wird uns das am besten gelingen, wenn wir an ihm nicht nur mittels intellektueller Einsicht arbeiten, sondern auch unseren Körper einbeziehen. Eine Reihe moderner Psychotherapieschulen sowie geistlicher und ganzheitsmedizinischer Traditionen bedienen sich eines breiten Spektrums körperbezogener Übungen, zum Beispiel Atem-, Meditations- und Massagetechniken, Selbstempfindungs- und Bewegungsübungen, Tanzen, Singen, Trommeln und Fasten. Auch der therapeutische und kultische Einsatz von Drogen ist hier zu erwähnen.

16. Die Grenze zwischen tierischem und menschlichem Bewusstsein

Die meisten der bisher besprochenen Aspekte von Bewusstsein – Informationsverarbeitung, Wahrnehmung, Wachheit, funktionales Verhalten, Exformation, Gestalt, präattentive Aufmerksamkeitssteuerung, perzeptuelle Bindung, Interaktion und Lernen, Repräsentation und Gedächtnis, Antriebe und Motivation, emotionales Gedächtnis, affektive Bewertung, Erzeugung von Konsistenz und Kohärenz, Proto-Selbst und Kernbewusstsein – betreffen vom Grundsatz her sowohl das Bewusstsein von Menschen als auch das von höheren Tieren, deren Sinnesphysiologie mit der unseren weitgehend identisch ist. Die bisher besprochenen Bewusstseinsleistungen sind – wie Merlin Donald betont – eine im Laufe der Evolution entstandene „Eigenschaft eines lebendigen Organismus", ein „Teil der biologischen Welt", ein „Teil der Natur".[338] Sie müssen zwar im Kontakt mit der natürlichen Umwelt erst eingeübt und ausgestaltet werden, entfalten sich aber auch ohne spezifische Instruktionen und Dressuren einer Kultur und ohne eine besondere Willensanstrengung. Donald geht aufgrund des heutigen Wissens über die Evolution des Gehirns davon aus, „dass unser Grundgefühl des Menschseins sich in seiner Qualität wahrscheinlich nicht wesentlich vom Daseinsgefühl eines beliebigen Primaten unterscheidet".[339]

Lassen Sie mich den Grenzbereich zwischen biologischen und kulturellen Bewusstsein genauer betrachten, bevor wir uns jenen Bewusstseinsleistungen widmen, die ganz auf Enkulturation angewiesen und uns Menschen vorbehalten sind. Wir neigen generell dazu, anderen Lebewesen ein uns vergleichbares Bewusstsein zuzusprechen, wenn sie sich in den meisten Situationen ungefähr so verhalten wie wir. Am stärksten trifft das auf die mit uns genetisch sehr eng verwandten Schimpansen (nur 1,5 Prozent des Erbgutes unterscheiden sich) zu, die auch anatomisch ein dem unseren sehr ähnliches Gehirn haben. Für praktisch jedes bekannte Areal des menschlichen Gehirns (auch zur sogenannten Sprachregion) lässt sich im Schimpansengehirn eine Entsprechung finden.[340] So überrascht es nicht, dass

338 M. Donald, 2008: „Triumph des Bewusstseins. Die Evolution des menschlichen Geistes", S. 106; Original 2001: „A mind so rare. The Evolution of Human Consciousness", New York: W. W. Norton & Company.

339 M. Donald, 2008, S. 305.

340 M. Donald, 2008, S. 121-122. Donald weist darauf hin, dass die Gehirnentwicklung von den primitiveren Affen über die Menschenaffen zum Menschen hin durch starke Volumenzunahme des Neocortex, insbesondere des präfrontalen Cortex, sowie des Hippocampus, Kleinhirns und der

Schimpansen ein Bindungs- und Sozialverhalten zeigen, das verblüffende Parallelen zu dem unseren hat. Sie können zudem im Unterschied zu den Gorillas und Orang-Utans nachdenklich sein, sie planen ihr Handeln zum Beispiel in Form geistigen Probehandelns und scheinen sogar ihre eigene Identität im Spiegel zu erkennen.[341] Es sieht so aus, als hätten sie auch ein Bewusstsein für ihre Körperidentität und eigene Existenz. Zweifelhaft ist allerdings, ob sie ein Bewusstsein einer andauernden Identität, eines Ich, und einer eigenen Geschichte haben. Zumindest gibt es dafür keine äußeren Anzeichen.

Wo und wie also ziehen wir in dem von Charles Darwin postulierten evolutionären Kontinuum vom Tier zum Mensch die Grenze? Lew Wygotski sprach von einer „Zone der nächsten Entwicklung" und verstand darunter jene Fertigkeiten, die im Moment noch knapp außerhalb der Möglichkeiten eines Kindes liegen und die dann von Eltern und Lehrern gezielt gefördert werden sollen, um die Entwicklung des Kindes möglichst wirksam zu fördern. Merlin Donald überträgt dieses auf die individuelle Ontogenese bezogene Konzept Wygotskis auf die stammesgeschichtliche Evolution der kognitiven Fähigkeiten des Menschen. Nach heutiger Auffassung begann die Entwicklungslinie zum Homo sapiens sapiens im Miozän[342], ausgehend von einer letzten gemeinsamen Vorfahrenpopulation mit den Schimpansen, die in Aussehen, Gehirngröße und kognitiven Fähigkeiten den heutigen Schimpansen sehr ähnlich gewesen sein dürfte. Donald meint: „Die Funktionen, die am ehesten auf Selektionsdruck ansprechen, liegen knapp jenseits der Fähigkeiten, über die eine Spezies bereits verfügt; das heißt, dass nur einige wenige Mitglieder der Spezies in diesen Aspekten lernbereit sein werden." Donald spricht von einer „Zone

Basalganglien, zudem durch eine verstärkte Verschaltung vor allem zwischen präfrontalem Cortex und Neocerebellum gekennzeichnet ist. Es gibt also keine neuartigen oder zusätzlichen Gehirnmodule, welche den Menschen gegenüber den anderen Primaten auszeichnen würden. Privilegiert sind wir im Tierreich nur durch das Volumen unseres Gehirns im Verhältnis zum Körpergewicht. Wenn wir Menschenaffen wären, müssten wir mit nur gut der Hälfte unserer Neuronen auskommen.

341 Der bekannteste Test für das Selbsterkennen bei Primaten und Kleinkindern stammt von Gordon Gallup (1977: „Self-recognition in primates: A comparative approach to the bidirectional properties of consciousness", in: American Psychologist, 32, 329-337): Menschenkindern und Affen wird eine Farbmarkierung auf die Stirn aufgemalt, und anschließend wird beobachtet, ob sie beim Betrachten des eigenen Spiegelbildes erkennen, dass sich dieser Fleck auf ihrer eigenen Stirn befindet, das heißt, dass das Kind oder Tier diesen zum Beispiel wegzuwischen versucht (Rouge-Test). Menschenkinder bestehen diesen Test typischerweise im zweiten Lebensjahr. Auch andere Spezies bestehen den Spiegeltest regelmäßig, insbesondere Schimpansen, Oran-Utans und Delfine. Isoliert aufgewachsene Affen erkennen sich allerdings nicht.

342 Das Miozän begann vor etwa 23 Millionen Jahren und endete vor etwa fünf Millionen Jahren.

der nächstmöglichen Evolutionsschritte, an der jene Urahnen ansetzten, um zu Hominiden zu werden".[343]

Wenn wir uns die heute sichtbaren Unterschiede zwischen Menschen und Menschenaffen genau ansehen, lässt sich nach Donald vielleicht der stammesgeschichtliche „Punkt markieren, an dem die Herausbildung der spezifisch menschlichen Kognition begonnen haben könnte". Donald führt eine Reihe von Beispielen für den Grenzbereich, „die Zone der nächstmöglichen Evolutionsschritte" für die Menschenaffen, auf, von denen hier nur einige wenige genannt seien. Da ist unter anderem die Fähigkeit zur „Imitation mit dem gesamten Körper": Wild lebende Orang-Utans imitieren Menschen, indem sie zum Beispiel ein Boot losbinden und versuchen, darin zu paddeln. Sie sind bei der Nachahmung der Handlungsfolge aber nicht sonderlich geschickt, und Donald vermutet, dass das daran liegen könnte, dass „sie nicht den Impuls verspüren, sie zu üben oder das eigene Verhalten selbstkritisch zu überprüfen. Sie scheinen außerstande zu sein, auf die Einzelheiten der imitierten Sequenz konzentriert zu bleiben und sie sich einzuprägen; oft begreifen sie auch den Zusammenhang zwischen einzelnen Handlungsschritten, die sie nachzuahmen versuchen, und ihren Konsequenzen nicht."[344] Ein Zwergschimpanse, der von Menscheneltern wie ein eigenes Kind aufgezogen wurde, schafft hingegen solche Aufgaben spielend. Er kann sogar einfache Steinwerkzeuge herstellen und

343 M. Donald, 2008, S. 146-147. Donald zitiert L. S. Wygotski, 1978: „Mind and society: The development of higher psychological processes", Cambridge: Harvard University Press. Daniel C. Dennett (1994: „Philosophie des menschlichen Bewusstseins", Hamburg: Hoffmann und Campe, S. 244-245, Original 1991: „Consciousness explained", Boston: Little, Brown) weist auf den „Baldwin-Effekt" hin, benannt nach dem Psychologen und Evolutionstheoretiker James Mark Baldwin (1861–1934): Wenn ein Individuum einer Population aufgrund seiner besonderen genetischen Ausstattung zu einem Verhalten befähigt ist, das seine Überlebens- und Fortpflanzungschancen erhöht, haben die anderen Mitglieder der Population, deren genetische Ausstattung der des besonders bevorzugten Individuum ähnlich ist, die Chance, dank der Plastizität ihrer Gehirne, dieses vorteilhafte Verhalten zu lernen. Sie haben gegenüber denen, die genetisch nicht prädisponiert sind, das vorteilhafte Verhalten erlernen zu können, deutliche Überlebensvorteile. Aufgrund des neuen Selektionsdrucks wird nach einigen Generationen ein großer Teil der Population mit dem vorteilhaften Verhalten ausgestattet sein. Zudem werden sich genetisch generell jene Individuen mit ausreichender Plastizität durchsetzen.

344 M. Donald, 2008, S. 152. Donald bezieht sich auf Beobachtungen von Anne Russon (R. Byrne, A. Russon, 1998: „Learning by imitation: A hierachical approach", in: Behavioral and brain sciences, 21, 667-722). Vgl. auch Fußnote 216 und 218.

gezielt einsetzen, was er, wie viele weitere Fertigkeiten, durch bloße Nachahmung gelernt hat.[345]

Weitere eindrucksvolle Beispiele für Donalds Theorie der Zone der nächstmöglichen Evolutionsschritte sind die „Perspektivenübernahme" sowie das „Gedankenlesen". Gemeint ist die Fähigkeit, ein Gegenüber über längere Zeit zu beobachten, sich klarzumachen, dass es bestimmte Dinge weiß, und daraus Vorhersagen zu dessen Verhalten abzuleiten. So können Menschenaffen einander auf einfache und konkrete Weise täuschen (zum Beispiel kann ein Affenmännchen einen Alarmruf ausstoßen, um zu erreichen, dass ihm überlegene Rivalen die Flucht ergreifen und es an das Futter herankommt). Diese Affen scheinen folglich eine Außenperspektive auf die eigenen kognitiven Operationen einzunehmen, sodass sie die eigenen Handlungen zu bestimmten Merkmalen im Verhalten von anderen in Beziehung setzen und sich diese Zusammenhänge merken können.[346] Menschenaffen können sogar pädagogische Fähigkeiten erwerben und bewusst den Lernprozess eines Lernenden steuern. Zwar zeigen Menschenaffen in freier Wildbahn wenig instruktives Verhalten, bei enkulturierten Menschenaffen lassen sich aber pädagogische Prozesse zweifelsfrei nachweisen.[347]

345 M. Donald, 2008, S. 153. Donald bezieht sich dabei auf Duane Rumbaugh (1974: „Language learning by a chimpanzee: The Lana project", New York: Academic Press) und Susan Savage-Rumbaugh (1986: „Ape language: From conditioned response to symbol", New York: Columbia University Press), die den Zwergschimpansen Kanzi aufgezogen und ihm ein Repertoire von mehreren Hundert Symbolen beigebracht haben. Kanzi erkennt Gegenstände und Personen auf Fotos, zeigt auf Objekte und versteht in normalen Tempo gesprochene englischsprachige Sätze, die er nie zuvor gehört hat, wie etwa: „Bringe den Staubsauger nach draußen", oder: „Gib Pinky zu trinken." Er versteht viele Substantive, Verben und Präpositionen und erfasst sogar in gewissen Grenzen die Bedeutung der Wortstellung (Beispiel „John küsst Kate"), hat aber Probleme mit Nebensätzen.

346 M. Donald, 2008, S. 153-154. Donald bezieht sich auf viele Beispiele von Täuschungsmanövern, die unter anderem die Primatenforscher Richard Byrne und Andrew Whiten (1988: „Machevellian intelligence: Social expertise and the evolution of intellect in monkeys, apes, and humans", New York: Oxford University Press, und 1997: „Machevellian intelligence II: extension and evaluations", New York: Cambridge University Press) bei Affen beobachtet haben.

347 M. Donald, 2008, S. 154-155. Donald bezieht sich dabei auf David Premack (1976, 1987, 1993) und auch auf die schon erwähnten „Eltern" von Kanzi, Duane Rumbaugh und Susan Savage-Rumbaugh. Schon Anfang der 1970er-Jahre brachte das Ehepaar Premack (1971: „Language in Chimpanzee?", in: Science 172, 808-822) der Schimpansin Sarah die Verwendung von Plastikzeichen bei, mit deren Hilfe Sarah nicht nur einen Sprachschatz erwarb, sondern auch Fragen zum Beispiel mit „wer", „was", „warum" oder „wo" oder Verneinungen ausdrücken konnte. Das überraschendste Ergebnis war aber die Fähigkeit von Sarah, logische Mengenzuordnungen vorzunehmen. Beispielweise war Sarah in der Lage, eine Melone dem Mengenbegriff der Früchte oder dem der Nahrung oder dem der runden Gegenstände zuzuordnen.

Gesellig lebende Primaten weisen zudem auch unter natürlichen Lebensbedingungen eine Reihe von differenzierten sozialen Fähigkeiten auf, die bei anderen Tieren in dieser Form nicht nachweisbar sind. Wie wir Menschen widmen Menschenaffen einen großen Teil ihrer Aufmerksamkeit der sozialen Interaktion, die somit einen Großteil ihrer Bewusstseinskapazitäten in Beschlag nimmt. Menschenaffen pflegen eine Vielzahl unterschiedlicher Beziehungen zu anderen Gruppenmitgliedern, erinnern sich an feine Details weit zurückliegender Begegnungen und entwickeln sogar ein mentales Modell der Gruppenstruktur. Sie wissen, wer das ranghöchste Tier der Gruppe ist, wer sich gerade mit wem gut versteht und welche Bündnisse der Vergangenheit angehören. Sie können ihre Bündnispartner wechseln und ihre Strategien entsprechend den neuesten Informationen über Gruppenfehden und Cliquenbildungen anpassen. Sie können also komplizierte soziale Gefüge durchschauen und dieses Wissen auch nutzen.[348]

Am deutlichsten ist die Grenze zwischen Mensch und Menschenaffen bei der Hervorbringung von Symbolen. Donald stellt fest: „Eine Symbole verwendende Kultur kann tiefgreifenden Einfluss auf den Geist eines Primaten ausüben und ihn umformen." Dadurch sind „enkulturierte, das heißt unter Menschen lebende Menschenaffen zu Dingen im Stande, die man ihnen eigentlich gar nicht zutrauen würde": Sie verstehen „bis zu einem gewissen Grad gesprochene Sprache" und verhalten „sich in mancher Hinsicht, als gehörten sie einer anderen Spezies" als der ihrer wild lebenden Artgenossen an. Menschenaffen haben aber „nie die Neigung erkennen lassen, eine eigene gemeinsame Symbolkultur aufzubauen".[349] Affen können zwar eine ikonische Gebärdensprache erwerben, bei der eine Geste gleichnishaft für eine andere Handlung steht. Aber: „Die spontane, nicht von außen initiierte Schaffung neuer Ausdrucksmöglichkeiten ist selbst bei enkulturierten Menschenaffen nie überzeugend nachgewiesen worden."[350] Donald verweist auf eine noch nicht abgeschlossene Kontroverse unter Primatologen, Psychologen und Linguisten, inwieweit Menschenaffen „Protosymbole" wirklich erfinden können, und räumt ein, dass Menschenaffen, „was Gesten angeht, zumindest nicht allzu weit von diesem Schritt entfernt" sind.

348 M. Donald, 2008, S. 139-140. Donald bezieht sich auf Untersuchungen von Richard Byrne und Andrew Whiten (siehe oben).

349 M. Donald, 2008, S. 219-220.

350 M. Donald, 2008, S. 155.

Wie groß das geistige Potenzial von Menschenaffen ist, zeigte sich unter anderem auch durch die Arbeit von Beatrice und Allan Gardner.[351] Die beiden Forscher lehrten die Schimpansin „Washoe" die amerikanische Taubstummensprache ASL. Washoe erlernte mehr als 130 Zeichen und konnte diese zu insgesamt 245 sinnvollen Kombinationen (in Sätzen bis zu vier Wörtern) zusammenfügen. Washoe erfand – darin lag die eigentliche Überraschung – sogar einige neue Zeichen selbst, zum Beispiel ein kräftiges Schütteln der geöffneten Hand, um „hurry" auszudrücken. Washoe führte sogar hin und wieder Selbstgespräche, sie machte zum Beispiel das Zeichen für „hurry", als sie eiligst zu ihrem Töpfchen unterwegs war. Roger Fouts und Randall Rigby[352] berichten, dass Schimpansen ASL sogar untereinander verwenden. Aber inhaltlich geht es – worauf John Eccles hinweist – fast ausschließlich um (pragmatische) Forderungen nach Nahrung oder Zuwendung, nicht – wie bei Menschenkindern – darum, etwas über die Welt erfahren zu wollen. Schon ab zwei Jahren sind Menschenkinder Schimpansenkindern voraus. Washoe, die selbst wie eine menschliche Tochter aufwuchs und zu einer fähigen Zeichengeberin wurde, brachte ihren eigenen Jungen keine Zeichensprache bei.[353]

Affen haben also allem Anschein nach kein intrinsisches Bedürfnis, unsere Sprache zu erlernen, geschweige denn, diese weiterzuvermitteln. Warum sollten sie auch? Ihre natürliche Umwelt benötigt keine menschliche Sprache. Affen leben streng hierarchisch miteinander, jeder kennt seine Rolle, es gibt nichts zu diskutieren. Affen erwerben unsere Sprache – wenn überhaupt – nur rudimentär, sehr mühsam und nur unter intensiver und geduldiger Instruktion und durch ständige Belohnung ihrer Lernerfolge. Menschenkinder hingegen lernen, wenn sie nicht taub sind, in einem sprechenden Umfeld auch ohne direkte Anleitung und Belohnung sprechen. Sie sind für Donald „von klein auf höchst innovativ [...] sowohl beim Artikulieren ihrer Intentionen als auch beim Ersinnen von dyadischen Interaktionen, etwa von Spielen".[354] Denken wir nur an ein spielendes Kind, das aus eigenem Antrieb zum ersten Mal ein Stück Holz stellvertretend für eine Lokomotive benutzt. In solchen Akten, in denen etwas für etwas anderes steht, findet der eigentliche kognitive „Quantensprung" vom sprachlosen biologischen Bewusstsein hin zur

351 B. und A. Gardner, 1971: „Two-way Communication with an Infant Chimpanzee", in: A. Schrier, F. Stollnitz (Eds.): „Behavior of Non-human Primates", New York, London: Academic Press.

352 R. Fouts, R. Rigby, 1975: „Man-Chimpanzee Communication", in: „How Animals Communicate", Bloomington: Indiana University Press.

353 J. Eccles, 1989: „Die Evolution des Gehirns – Die Erschaffung des Selbst", München: Piper, S. 136.

354 M. Donald, 2008, S. 156.

Symbolisierungsfähigkeit statt, die den exklusiv menschlichen Bewusstseins- und Kulturleistungen zugrunde liegt.

Ich erwähnte in den vorangegangenen Kapiteln bereits die hohe Empfänglichkeit von uns Menschen für die Enkulturation und unsere einzigartige Motivierbarkeit. Wir entwickeln höhere Bewusstseinszustände erst voll in einer geeigneten soziokulturellen Umgebung. „Wir sind", so Donald, „Abkömmlinge einer kulturellen Revolution, die unsere geistigen Möglichkeiten fortwährend erweitert und uns zu Höchstleistungen treibt, die ursprünglich eigentlich gar nicht in uns angelegt waren."[355] Mit dem Spracherwerb, der dadurch möglichen Vernetzung vieler Gehirne sowie der Erschaffung virtueller Wirklichkeiten haben wir uns aus dem biologisch-evolutionären ontischen Naturgeschehen herausgehoben. Mit etwa vier Jahren wird ein Kind zum Beispiel fähig, „eigene Geschichten zu erfinden, und beginnt, sein eigenes Leben aktiv in der Erinnerung festzuhalten, die verschiedenen Ereignisse darin zeitlich einzuordnen und ein umfassendes mentales Modell der eigenen Biografie zu entwickeln".[356] „Schriftlich fixierte Symbole geben uns die Möglichkeit, Ideen aus ihrem spezifischen Kontext zu lösen und von den konkreten Situationen, denen sie entstammen, zu abstrahieren. Der Denkende kann auf diesem Weg allgemeine Prinzipien erkennen und herausfiltern, die ihm ansonsten verborgen bleiben würden."[357] Die Tragweite der Symbolbildung und des Spracherwerbs wird uns im folgenden Kapitel noch genauer beschäftigen.

Fassen wir zusammen:

- Die Grenze zwischen tierischem und menschlichem Bewusstsein ist nicht scharf.
- Menschenaffen widmen einen großen Teil ihrer Aufmerksamkeit der sozialen Interaktion, pflegen eine Vielzahl unterschiedlicher Beziehungen zu anderen Gruppenmitgliedern und können komplizierte soziale Gefüge durchschauen und dieses Wissen nutzen.
- Insbesondere das Bindungs- und Sozialverhalten von Schimpansen zeigt verblüffende Parallelen mit unserem. Schimpansen können zudem nachdenklich sein, ihr Handeln in Form geistigen Probehandelns planen und ihre eigene Identität im Spiegel erkennen.

355 M. Donald, 2008, S. 220.

356 M. Donald, 2008, S. 288.

357 M. Donald, 2008, S. 295.

- Wahrscheinlich haben sie auch eine Art Bewusstsein für ihre Körperidentität und eigene Existenz.
- Es gibt allerdings keine äußeren Anzeichen, dass sie ein Ich-Bewusstsein und ein autobiografisches Bewusstsein haben.
- Donald sieht die Schimpansen in der „Zone der nächstmöglichen Evolutionsschritte" in Richtung der Herausbildung menschenähnlicher Kognitionen.
- In diesem Grenzbereich sieht Donald unter anderem die Fähigkeit zur Imitation mit dem gesamten Körper, die bei enkulturierten Zwergschimpansen bis hin zur Herstellung und Nutzung einfacher Werkzeuge geht.
- Weitere Beispiele für Donalds Theorie der Zone der nächstmöglichen Evolutionsschritte sind die Perspektivenübernahme, das Gedankenlesen, die Fähigkeit, ein Gegenüber über längere Zeit zu beobachten, daraus Vorhersagen auf dessen Verhalten abzuleiten, sich gegenseitig zu täuschen, und pädagogische Fähigkeiten.
- Am deutlichsten ist die Grenze zwischen Mensch und Menschenaffen bei der Hervorbringung von Symbolen.
- Affen können zwar eine ikonische Gebärdensprache erwerben, bauen aber keine eigene gemeinsame Symbolkultur auf.
- Die Spezies Mensch hat sich mit der Symbolbildung, dem Spracherwerb, der hierdurch möglichen Vernetzung vieler Gehirne sowie der Erschaffung virtueller Wirklichkeiten und von Kultur aus dem rein biologisch-evolutionären Naturgeschehen herausgehoben.

Praktische Konsequenzen

Dieses Kapitel unterstreicht die Sonderstellung des soziokulturell vermittelten, symbolbasierten menschlichen Bewusstseins innerhalb des Tierreichs. Es wird zugleich aber auch deutlich, wie weit das biologische Bewusstsein reicht, wie sehr wir Menschen in unserem unmittelbaren Empfinden und Erleben wahrscheinlich anderen höheren und sozial lebenden Tieren, vor allem den Menschenaffen, nahestehen. Für Donald sind wir „tief drinnen [...] nach wie vor Primaten".[358] Viele Haustierhalter fühlen intuitiv diese Nähe und Verwandtschaft. Umso mehr erstaunt die verbreitete emotionale Indifferenz gegenüber der Massentierhaltung und der entseelten industriellen Fleischproduktion. Es findet eine weitgehende kollektive Verleugnung des Leidens zahlloser Tiere statt, deren jeweiliges

358 M. Donald, 2008, S. 126.

Einzelschicksal nach einer mit allen technischen Mitteln forcierten Aufzucht in fließbandmäßig organisierten Tötungsfabriken ein ökonomisch optimiertes Ende findet.

17. Mimesis, Symbolbildung und Spracherwerb

Selbst die intelligentesten Menschenaffen geben ihr erworbenes Wissen nicht oder nur sehr eingeschränkt an ihre Artgenossen weiter. Jede Affengeneration beginnt ihre Lernprozesse wieder von Neuem, weil das Wissen, das die Zeitgenossen und Vorfahren dieser Affen erworben haben, zum großen Teil in jedem dieser Tiere eingeschlossen bleibt und mit diesem stirbt. Menschliches Lernen erfolgt hingegen über Generationen hinweg als kumulative Modifikation und Verbesserung von bereits erworbenen Fertigkeiten und Kenntnissen. Diesen Effekt, einmal Gelerntes über Generationen hinweg zu kumulieren, bezeichnet der schon in Kapitel 8 erwähnte Michael Tomasello als „Wagenhebereffekt".[359] Wie und wann überwanden unsere menschenähnlichen Vorfahren die gigantische Verschwendung von Erfahrungswissen, die in der Natur stattfindet? Wie gelang es ihnen, komplexe Handlungen in der Gruppe, für die es keine biologisch vorgegebenen Programme gab, erfolgreich zu vollziehen und erworbene Fähigkeiten und Fertigkeiten an die nachfolgenden Generationen weiterzugeben?

Merlin Donald sieht die Anfänge des „großen Ausbruchs der Hominiden aus dem Nervensystem" vor etwa vier Millionen Jahren, „als die Spezies Homo auf der Erde erschien. Die frühen Hominiden lebten in Gruppen und hatten ihre Stützpunkte, von denen aus sie loszogen, um zu jagen und essbare Pflanzen zu sammeln. Archäologische Funde von Jagdlagern [...] und von dauerhaft in Gang gehaltenen Feuerstellen weisen auf einen [...] starken Gruppenzusammenhalt" und auf kulturelle Strategien zur „Erinnerungsspeicherung und zum Lösen von Problemen" hin.[360] Donald glaubt zwar nicht, dass unsere menschenähnlichen Vorfahren vor vier Millionen Jahren schon über eine Sprache verfügten, er nimmt aber an, dass sie im Rahmen ihres starken Gruppenzusammenhalts ihre Aufmerksamkeit immer besser gemeinsam ausrichten, soziale Strukturen aufbauen und sich untereinander immer wirksamer austauschen konnten.

Als entscheidend für den „Übergang von unseren Primatenahnen zum Menschen" sieht Donald die Entwicklung einer ganz neuen, im Tierreich beispiellosen kognitiven Fähigkeit an, die er „Mimesis" (griechisch: „Nachahmung", siehe auch Online-Glossar) nennt. Mimesis ermögliche – so Donald – „das Reinszenieren

359 M. Tomasello, 2002: „Die kulturelle Entwicklung des menschlichen Denkens. Zur Evolution der Kognition", Frankfurt/M.: Suhrkamp, S. 50 ff.

360 M. Donald, 2008, S. 271.

von Situationen, Körpersprache, präzise Nachahmung (gut für die Einübung von Fertigkeiten) und Gestik". Mimesis sei der „erste Schritt hin zu verteilten Wissens-Netzwerken, welche die Handlungen von Gruppenmitgliedern koordinierten" [361], gewesen. Donalds Mimesiskonzept geht folglich weit über die oben angesprochenen Nachahmungsfähigkeiten von Menschenaffen[362] und über das, was wir uns aus der sensorischen und motorischen Doppelfunktion von Spiegelneuronen erklären können, hinaus. Die mimetischen „Handlungsmetaphern" haben nach Donald zunehmend als „kultureller Ausdrucksmodus" gedient und „die gemeinsame mentale Ausrichtung einer Gruppe konsolidieren" können.[363] Unsere menschenähnlichen Vorfahren seien schließlich aus dem solipsistischen Eingeschlossensein in das eigene Nervensystem – einem Schicksal, das alle Tiere teilen – ausgebrochen, indem sie nach und nach eine „symbolische Kultur" hervorbrachten und ihre „kognitiven Aktivitäten auf viele Gehirne" verteilen konnten.[364]

Die Entwicklung mimetischer Fähigkeiten ist nicht nur ein fernes, hypothetisches, prähistorisches Phänomen, das die stammesgeschichtliche Voraussetzung für den späteren Erwerb der menschlichen Sprache und Kultur schuf, auch die ontogenetische Sprachentwicklung jedes unserer Kinder führt nach Donald über die Mimesis. Diese sei „die erste Schicht in der Kultur, mit der Kinder in Berührung kommen", und sie eigne sich vorzüglich, um „mit dem Kleinkind implizites, nicht formalisiertes Wissen auszutauschen".[365] Die Verzahnung des Aufmerksamkeitssystems mit anderen Menschen erfolge schon von früher Kindheit an „über Kanäle wie Blickkontakt, Stimmäußerungen und Berührungen, die an eingespielten Interaktionsmustern wie Begrüßungen, Umarmungen und Spielen beteiligt sind" und in die „das Kind als aktiver Teilnehmer einbezogen sein" müsse. „Am Beginn steht meist das gegenseitige Nachahmen von Kind und Mutter." Dieses „So-tun-als-ob" übe „Muster des gemeinsamen Beobachtens, Anteilnehmens, Empfindens und Erinnerns" ein. Die Mechanismen der Aufmerksamkeitskopplung würden schließlich so subtil, dass das Kind sogar die Intentionen von Gruppen registrieren kann. „Solche kognitiven Muster werden dadurch, dass Erwachsene sie bei der Anleitung von Kindern wiederholen, von einer Generation an die nächste weitergegeben. Dieser auf viele mentale Systeme verteilte pädagogische Prozess bildet eine Art kulturelles Gedächtnis,

361 M. Donald, 2008, S. 275.

362 Vgl. vorangegangenes Kapitel.

363 M. Donald, 2008, S. 271-272.

364 M. Donald, 2008, S. 160.

365 M. Donald, 2008, S. 274.

in dem das gewaltige Geflecht aus sozialen Bindungen und gemeinsamem Handeln und Empfinden gespeichert ist, das der tiefgreifenden Enkulturation jedes Kindes zugrunde liegt."[366]

Weiter heißt es bei Donald: „Sämtliche Nuancen von Blick, Gestik, Tonfall oder Mimik nehmen eine kulturell geprägte Bedeutung an und liefern, sofern das Kind sie zu entschlüsseln vermag, Hinweise darauf, wie Wahrnehmungen einzuordnen sind. Das Kind lernt, die Signale zu dechiffrieren, einzuschätzen und auf sie zu reagieren." Diese Fertigkeiten, die sich grundlegend von den Lernfähigkeiten von Säugetieren unterscheiden und dem Kind helfen, „sich im Labyrinth der Kultur zurechtzufinden" und in ihm zu überleben, gebe es später an seine eigenen Kinder weiter. „Schon in den ersten anderthalb Jahren beginnt [das Kind außerdem] zu lernen, das eigene Handeln unter Berücksichtigung der Perspektive anderer zu prüfen und seine Folgen abzuschätzen; man kann gar nicht genug betonen, wie bedeutsam diese vielseitig einsetzbare metakognitive Fertigkeit ist."[367]

Wie aber kommt es, dass sich Menschenkinder – anders als Schimpansen und andere höhere Tiere – so genau an das Vorbild ihrer Lehrer halten? Tomasello glaubt, dass Menschenkinder schon ab dem neunten Lebensmonat die Intentionalität (siehe auch Online-Glossar) anderer auf der Basis ihrer eigenen Intentionalität verstehen können. Kulturvermitteltes menschliches Lernen wird im Unterschied zu tierischem oder bloß individuellem Lernen „durch eine einzige besondere Form sozialer Kognition ermöglicht, nämlich durch die Fähigkeit [von Menschen], Artgenossen als ihnen ähnliche Wesen zu verstehen, die ein intentionales und geistiges Leben haben wie sie selbst [siehe auch Kapitel 28 über Metarepräsentanzen und Mentalisierung]. Dieses Verständnis ermöglicht es ihnen, sich in die geistige Welt einer anderen Person hineinzuversetzen, sodass sie nicht nur vom anderen, sondern auch durch den anderen lernen können." Menschenkinder erkennen das Handlungsziel ihres Lehrers und wollen alles ganz genauso machen wie er. Da ihr Lernen „konsensabhängig" sei, würden sie allerdings auch die Fehler ihrer Lehrer übernehmen.[368]

366 M. Donald, 2008, S. 267.

367 M. Donald, 2008, S. 268.

368 M. Tomasello, 2002: „Die kulturelle Entwicklung des menschlichen Denkens. Zur Evolution der Kognition", Frankfurt/M.: Suhrkamp, S. 15.

Schimpansen hingegen können – so Tomasello – ihre Artgenossen überhaupt nicht direkt nachahmen. Wenn sie sich von anderen Schimpansen beispielsweise die Technik abschauen, mit einem Stock Termiten aus ihrem Bau zu angeln, so schauten sie sich genau genommen gar nicht die Technik ab, wie andere den Stock benutzen, sondern nur die Grundidee, dass man einen Stock verwenden kann. Wie genau der Stock zu verwenden sei, also die Technik, müsse dann jeder Schimpanse ganz allein auf seine eigene individuelle Weise herausfinden. Denn die Absichten der Artgenossen seien den Schimpansen im Grunde genommen gleichgültig – mit Ausnahme von Konkurrenzsituationen, in denen sie Leckerbissen voreinander verstecken, weil sie verstehen, dass die anderen sie auch begehren. Ihr Verhalten würde von ihrem egoistischen Interesse an dem begehrten Gegenstand konditioniert. Weil ein „Umgangsverhältnis" mit anderen Schimpansen im Sinne einer wechselseitigen Bedürfnisorientierung fehle, forme sich die soziale Beziehung zwischen Schimpansen zu keinem referenziellen, auf einen gemeinsamen Gegenstand bezogenen Dreieck. Schimpansen seien daher zwar lernfähig, aber nicht – wie Menschen – belehrbar. Nur Menschen könnten wirklich unterrichten und unterrichtet werden, weil sie unabhängig von ihren jeweiligen aktuellen Bedürfnissen zu einer gemeinsamen Ausrichtung ihrer Aufmerksamkeit auf einen Gegenstand fähig sind.[369]

Alle Errungenschaften menschlicher Kultur wären also nicht möglich gewesen ohne die außerordentlich hohe angeborene Bereitschaft von Menschenkindern, erwachsene Vorbilder in ihrem Verhalten nachzuahmen und zu modellieren. Kinder beobachten die Kommunikation in ihrer Umgebung genau und „lassen sich während der sogenannten sensiblen Phase des Spracherwerbs leicht von sprachbezogenen Verhaltensweisen in den Bann schlagen".[370] Peter Jusczyk konnte zeigen, dass Kinder bereits mit acht Monaten – also schon lange, bevor sie den Sinn des Gesagten verstehen – feine akustische Merkmale von Sprachäußerungen, zum Beispiel das durchschnittliche Intervall zwischen Sprechpausen und die Textur des Sprechstroms, registrieren können. Wenn das, was sie hören, von dem abweicht, was sie zu hören erwarten, fokussieren sie ihre Aufmerksamkeit darauf. Später nutzen sie dieses Wissen als „Aufmerksamkeitsanker", wobei „ihnen der Tonfall des Sprechers signalisiert, worauf sie achten sollen".[371] Lew Wygotski hatte schon in den 1930er-Jahren beobachtet, dass Kinder immer zuerst die äußeren Aspekte von

369 M. Tomasello, 2002, S. 50-52, 78.

370 M. Donald, 2008, S. 249.

371 P. W. Jusczyk, 1997: „The discovery of spoken language", Cambridge: MIT Press, zitiert nach M. Donald, 2008, S. 247.

Sprache nachahmen. Anfangs gibt es bei ihnen noch keine innere Rede oder andere stumme Formen symbolischen Denkens. Kinder spielen vielmehr ihr beginnendes symbolisches Denken zuerst im Handeln durch und verinnerlichen es erst später.[372]

Babys ahmen das, was sie wahrnehmen, zunächst in akkomodatorischer, das heißt sich an die Umwelt anpassender Weise nach. Ihrem anfänglich noch gänzlich spontanen Lallen folgt eine Phase zunehmender Differenzierung von Phonemen. Sie passen ihre Lautbildungen an das an, was sie in ihrem sozialen Umfeld hören, ohne dass ihre Lautäußerungen schon eine semantische Funktion hätten. Wohl aber haben ihre erfolgreich nachgeahmten Lautäußerungen von Anfang an eine pragmatische Funktion, rufen sie doch in der Regel bedürfnisbefriedigende Reaktionen – zum Beispiel vermehrte Zuwendung oder gar den begeisterten Jubel der ganzen Familie und andere Erfahrungen von Selbstwirksamkeit – hervor. Die positive Reaktion des sozialen Umfelds auf die akkomodatorisch nachahmenden, phonetisch zunehmend korrekt, aber noch ohne eigentlichen Sinn und Verstand gebildeten Wörter des Babys beruht größtenteils auf einem Missverständnis, das nur im Rahmen einer Sprachkultur entstehen kann: Das soziale Umfeld glaubt, dass das Phoneme nachahmende Kind bereits etwas vom Wortsinn verstehe. Dieser Irrtum und die mit ihm verbundene Begeisterung des sozialen Umfelds des Kindes wirkt sich als Verstärker auf sein spielerisches Nachahmen der Erwachsenensprache aus. Sein Interesse und seine Aufmerksamkeit für Sprache werden gefördert. Wie kommt es aber nun zur semantischen Besetzung der Phoneme?

Im Kapitel über Repräsentation und Gedächtnis war davon die Rede, dass bei den primären sensorischen Karten im Gehirn Repräsentant und Repräsentat bestimmte formale Ähnlichkeiten haben (zum Beispiel hinsichtlich der räumlichen Relationen) und dass bei Symbolen Repräsentant und Repräsentat keine Ähnlichkeit haben müssen und die Stellvertretung abstrakt erfolgt. Jean Piaget unterscheidet drei Symboltypen:

1. Das Phonem oder Symbol in seiner Funktion als das Bezeichnende oder Signifikant ist dem Signifikandum, das heißt, der realen Sache oder Relation, die es bezeichnen soll, ähnlich.

372 L. S. Wygotzki, 1964: „Denken und Sprechen“, Berlin: Akademie-Verlag, russisches Original 1934, zitiert nach M. Donald, 2008, S. 262. Donald (2008, S. 268-269) weist darauf hin, dass in völliger Isolation aufwachsende Menschen keine Sprache und auch keine Form des symbolischen Denkens entwickeln: „Die frühe Einprorammierung von grundlegenden Funktionsmustern der Aufmerksamkeit und des Arbeitsgedächtnisses ist eine unabdingbare Voraussetzung nicht nur für den Spracherwerb, sondern auch für die spätere Entfaltung eines typisch menschlichen Bewusstseins.“

2. Phoneme oder Symbole sind sozial durch Konvention mehr oder weniger willkürlich festgelegt und dem Signifikandum nicht ähnlich.
3. Phoneme oder Symbol bezeichnen etwas Abstraktes und Unanschauliches.[373]

Beispiele für den ersten Typ sind die lautmalerischen Bezeichnungen „Kuckuck" oder – in der Babysprache – „Wauwau", welche die Laute dieser Tiere nachahmen. Man kann sich leicht vorstellen, dass auch entwicklungsgeschichtlich die ersten Bezeichnungen, die unsere Vorfahren für verschiedene Tiere benutzten, in der phonetischen Nachahmung ihrer verschiedenartig klingenden Laute bestand.[374] Im visuellen und haptischen Bereich sind es Spielzeuggegenstände, zum Beispiel Puppen, Spielzeugautos oder Spielzeugtiere, mit denen das Kind sich sensomotorisch übend hantiert und die es zunehmend mit ähnlich aussehenden Dingen in der realen Umwelt oder sich ähnlich anfühlenden Dingen (wie zum Beispiel dem weichen Fell von Tieren) in Verbindung bringen kann. Mit solchen Spielsachen trainiert das Kind seine Fähigkeit, einen leicht verfügbaren und leicht handhabbaren Gegenstand stellvertretend für einen anderen, schwerer oder nicht erreichbaren oder nicht handhabbaren Gegenstand (zum Beispiel ein Flugzeug) zu benutzen. Eine ähnliche Funktion haben auch die Übergangsobjekte im Sinne von Donald Winnicott[375], zum Beispiel ein Teddy, mit dessen Hilfe sich ein Kind in Abwesenheit der Mutter selbst zu trösten vermag. Später werden nach Piaget die akkomodatorischen Nachahmungsspiele des Babys zunehmend von assimilatorischen

373 F. Buggle, 1993: „Die Entwicklungspsychologie Jean Piagets", 2. überarb. Aufl., Stuttgart: Kohlhammer, S. 65. Zeichen- und sprachwissenschaftlich werden seit Ferdinand de Saussure (1857–1913) zwei Grundelemente eines Zeichens (französisch: „signe linguistique") unterschieden: „Signifikant" und „Signifikat". Der Signifikant (das Bezeichnende, französisch: „signifiant", auch der Zeichenkörper) ist die materielle, ausdrückbare Form, zum Beispiel das Schriftbild oder Lautbild des Wortes „Buch", das auf einen Inhalt, auf das Signifikat (das Bezeichnete, französisch: „signifié") verweist. Erst ein durch gesellschaftliche Konvention entstandener Code stellt die Relation zwischen Signifikant und Signifikat her.

374 Wir verwenden in unserer Sprache noch immer viele lautmalerische Ausdrücke wie zum Beispiel „knacken" oder „zischen", welche die hörbaren Phänomene, die sie bezeichnen, einfach nachahmen.

375 D. W. Winnicott, 1969: „Übergangsobjekte und Übergangsphänomene. Eine Studie über den ersten, nicht zum Selbst gehörenden Besitz", in: Psyche Nr. 23 (englische Erstveröffentlichung als Vortrag, 1951). Das Übergangsobjekt wird laut Winnicott ab dem sechsten Lebensmonat bedeutungsvoll. Wenn ein Kind zum Beispiel ein Kuscheltier als Übergangsobjekt hat, so gibt es ihm die Eigenschaften der Mutter, die es gerade braucht, als ob das Kuscheltier lebendig wäre. Als äußeres Objekt ist das Übergangsobjekt real, zugleich ist es auch ein inneres Objekt, das sich das Kind nach seinen Bedürfnissen erschaffen hat. Somit ist das Übergangsobjekt zugleich Einbildung und Realität. Dauert die Trennung von der Mutter zu lange, verliert das Übergangsobjekt seine beruhigende Funktion für das Kind.

Symbolspielen ergänzt, wenn das Kind zum Beispiel – wie oben dargestellt – ein Stück Holz mit viel Fantasie stellvertretend für eine Lokomotive verwendet. Das Kind wird mit dieser Stellvertreterfunktion unabhängiger von den realen Objekten oder Ereignissen.[376]

Gehen wir in Gedanken noch einmal einige Millionen Jahre zurück zu unseren hominiden Vorfahren. Auf welche Weise könnten sie die für uns Menschen so überaus wichtige Symbolfunktion, das heißt die Nutzung der Möglichkeit der Stellvertretung von etwas für etwas anderes, entdeckt oder erfunden haben? Vielleicht begann es mit dem Phänomen, das wir kennen, wenn wir von Weitem oder bei schlechten Lichtverhältnissen einen Gegenstand, zum Beispiel einen großen Stein, als ein Tier oder einen Menschen verkennen. Verkennungen beruhen ja – wie ich im Kapitel über Exformation und Gestalt ausgeführt habe – auf der angeborenen Tendenz unserer Wahrnehmungssysteme, Ambiguitäten zu vermeiden und selbst bei dürftiger oder widersprüchlicher Bildinformation eindeutige und prägnante Wahrnehmungsgestalten zu erzeugen (die wiederum Wahrnehmungserwartungen entsprechen, die sich früher schon bewährt haben). So wird bei einbrechender Dunkelheit aus einer groben visuellen Umrissinformation, die eigentlich alles oder nichts bedeuten kann, plötzlich ein intensives, subjektiv sehr real erscheinendes und affektgeladenes Erleben, zum Beispiel eines angriffsbereiten Tiers. Mit dieser Verkennung und affektiven Reaktion geht eine Kampf- oder Fluchtbereitschaft einher. Wenngleich sich ein solcher Automatismus unter unseren heutigen Lebensbedingungen meist als unnötig oder nachteilig erweisen wird, hat er unseren stammesgeschichtlichen Vorfahren sicher oft das Leben gerettet.

Stellen wir uns eine Gruppe hungriger hominider Jäger vor, die schon den ganzen Tag vergeblich auf Beute aus waren. Mit von der Dämmerung und vom Hunger getrübtem Wirklichkeitssinn meinen sie, die Silhouette eines von ihnen ersehnten Beutetieres erkennen zu können. Doch beim Heranpirschen stellen sie enttäuscht fest, dass es sich nur um einen Baumstumpf handelt. Nehmen wir nun weiter an, die Hominiden seien in ihrer kognitiven Entwicklung so weit fortgeschritten, dass sie sich der Tatsache ihrer Verkennung, der Verschiedenheit von verkanntem Gegenstand und vermeintlichem Tier und darüber hinaus der Ähnlichkeit, die der Verwechslung zugrunde lag, gewahr werden und sie im Gedächtnis behalten können. Dann ist es nur noch ein kleiner Schritt, diese Erfahrung zu nutzen, um die verkannten Gegenstände stellvertretend oder als Surrogat für etwas zu verwenden,

376 F. Buggle, 1993, S. 29, 65.

das unsere hominiden Vorfahren vermissten, zum Beispiel Verstorbene oder Tiere, die als Nahrungsquelle überlebenswichtig waren, aber infolge von Veränderungen der natürlichen Umwelt vielleicht nicht mehr zu finden waren.

Unsere urzeitlichen Vorfahren müssen irgendwann begonnen haben, Gegenstände zu verändern, um sie den realen Vorbildern ähnlicher zu machen, und schufen so die ersten Skulpturen und Bildnisse. Vielleicht waren die ersten Kunstwerke aber auch nur Zufallsprodukte einer planlosen Manipulation der Umgebung, vergleichbar mit dem noch ungerichteten Schmieren mit Farben, das kleine Kinder noch ohne Intention, etwas darstellen zu wollen, sondern einfach nur aus Freude an der eigenen Bewegung und den Spuren dieser Bewegung auszuführen scheinen. Mitunter entdecken Kinder erst im Nachhinein die Ähnlichkeiten zwischen ihren ersten bildlichen Schöpfungen und den Dingen, die sie schon kennen, und damit die Bedeutung ihrer Produktionen. Georges-Henri Luquet nannte das „zufälligen Realismus" als erste Phase der Entwicklung von Kinderzeichnungen, die etwa im Alter von zwei bis drei Jahren stattfindet.[377]

Das Erkennen der Ähnlichkeit von einfachen, leicht erreichbaren, leicht manipulierbaren und handhabbaren sowie leicht transportierbaren Dingen mit komplexen, schwer erreichbaren und schwer kontrollierbaren Dingen scheint einen wesentlichen kognitiven Fortschritt zu markieren, der für die Symbolbildung grundlegend ist. Es handelt sich um die Fähigkeit, von der Komplexität der konkreten Lebenswirklichkeit mit ihrer unendlichen Vielfalt von Formen, Größenverhältnissen, Farbnuancen und Texturen (Oberflächenbeschaffenheiten), die in den primären sensorischen Karten des Gehirns als reine Sinneseindrücke in analoger Weise verarbeitet werden, exformativ zu abstrahieren und die un-

377 G.-H. Luquet, 1927: „Le Dessin enfantin", Paris: Alcan. 2001 ins Englische übersetzt mit dem Titel: „Children's Drawings" mit einer Einführung von Alan Costall, London: Free Association Books. Luquet formulierte ein aus vier Phasen bzw. Stufen bestehendes Entwicklungsmodell, in dem sich die einzelnen Phasen durchaus überschneiden können:

1. Zufälliger Realismus (ca. 2–3 Jahre).
2. Fehlerhafter Realismus (ca. 3–5 Jahre) mit der „Unfähigkeit zur Synthese". Das Kind lässt sich so sehr auf ein einzelnes wichtiges Detail ein, dass es dabei die bereits gezeichneten anderen Bildelemente und den darzustellenden Gesamtzusammenhang aus den Augen verliert. Besonders wichtige Dinge werden oft überdimensional groß gezeichnet (Bedeutungsgröße).
3. Intellektueller Realismus (ab ca. 5 Jahren). Das Kind versucht, alle wichtigen Details eines Gegenstandes zu zeichnen, unabhängig davon, ob diese nur aus einem bestimmten Blickpunkt aus sichtbar sind bzw. ob sie überhaupt gesehen werden können.
4. Visueller Realismus (ab ca. 8 Jahren). Das Kind zeichnet, was von einem bestimmten Blickpunkt aus tatsächlich sichtbar ist.

endliche Informationsfülle in eine endliche, digitale Information zu überführen. Tor Nørretranders vergleicht die kulturbasierte Exformationsleistung mit der Veränderung eines natürlichen Geländes durch den Menschen: „Legt man einen asphaltierten Platz an, beseitigt man die Information über das Gelände, das sich vorher dort befand; dieser neu geschaffene Bezirk der Erdoberfläche ist leichter zu beschreiben."[378] Er enthält – wie die Objekte, Bilder und Symbole, die wir stellvertretend für die natürliche Vielfalt der Erscheinungsformen in der Welt benutzen – sehr viel weniger Information als die ursprüngliche Form und lässt sich darüber hinaus praktisch besser nutzen.

Der eigentliche kognitive Quantensprung bestand also darin, dass es den Hominiden möglich wurde, in der Natur normalerweise multimodal, polyperspektivisch und dreidimensional vorkommende Objekte auf monomodale, monoperspektivische und (bei Zeichnungen) zweidimensionale Darstellungen zu reduzieren und diese Abstraktion stellvertretend für eine ganze Klasse von Erscheinungsformen der jeweiligen Objekte zu verwenden. Bei diesem Entwicklungsschritt musste im Grunde genommen nichts Neues erfunden werden, denn die angeborenen Mechanismen der Gestaltwahrnehmung leisten ja schon präattentiv genau diese Abstraktion und Exformation, indem sie die Fülle ähnlicher Erscheinungsformen an eine begrenzte Zahl idealtypischer Formerwartungen anpassen. Der entscheidende Schritt in Richtung Symbolbildung bestand wohl schon damals und besteht auch heute noch darin, dass das Menschenkind – anders als das Affenjunge – seine praktische sensomotorische Intelligenz (im Sinne Piagets, also das zugleich Wahrnehmung und Bewegung einübende Hantieren mit den Objekten seiner Umgebung) spontan und lustvoll auf die beschriebene Stellvertreterfunktion eines leicht erreichbaren Objektes für ein entferntes Objekt ausdehnt.[379] Mit der motorischen Nachahmung beginnt die Unabhängigkeit des Menschen von der realen Präsens des Nachgeahmten.

378 T. Nørretranders, 2002, S. 543. Kultur und Zivilisation sind linear, gleichförmig, leicht vorauszusagen, arm an zufälliger Information. Sie halten Information von unserem Leben fern. „Eine schnurgerade, ebene Autobahn enthält viel weniger Information als eine Gasse mit Kopfsteinpflaster. Legt man einen asphaltierten Platz an, beseitigt man die Information über das Gelände, das sich vorher dort befand; dieser neu geschaffene Bezirk der Erdoberfläche ist leichter zu beschreiben."

379 Interessant ist in diesem Zusammenhang, dass Max Wertheimer Intelligenz als Ausweitung der unumkehrbaren Wahrnehmungsstrukturen (= Gestalten), welche die Wahrnehmungen regieren, auf immer weitere Bereiche ansah. F. Buggle, 1993, S. 56.

Fassen wir zusammen:

- Donald sieht den Übergang von unseren Primatenahnen zum Menschen in der Entfaltung ungewöhnlich ausgeprägter mimetischer Fähigkeiten, die auch schon bei Säuglingen nachweisbar sind und weit über die Nachahmungsfähigkeiten von Menschenaffen hinausgehen.
- Mimetische Fähigkeiten bestehen darin, dass Fertigkeiten, Gesten und Körpersprache imitiert sowie Situationen reinszeniert werden können. Es wird damit möglich, Wissensnetzwerke zu etablieren, welche auf viele Gehirne verteilt und geeignet sind, die Handlungen von Gruppenmitgliedern zu koordinieren und gemeinschaftlich auszurichten.
- Donald zufolge erlaubte die Mimesis unseren hominiden Vorfahren, eine symbolische Kultur hervorzubringen und so aus ihrer solipsistischen Eingeschlossensein in das eigene Nervensystem auszubrechen.
- Diese Mimesis sei die erste Schicht in der Kultur, mit der Kinder in Berührung kommen. Sie vermittele ihnen implizites, nicht formalisiertes Wissen und verzahne über Kanäle wie Blickkontakt, Stimmäußerungen und Berührungen ihr Aufmerksamkeitssystem mit dem der Erwachsenen.
- Am Beginn stehe meist das gegenseitige Nachahmen von Kind und Mutter. Dieses So-tun-als-ob übe Muster des gemeinsamen Beobachtens, Anteilnehmens, Empfindens und Erinnerns ein.
- Die Mechanismen der Aufmerksamkeitskopplung würden schließlich so subtil, dass das Kind sogar die Intentionen von Gruppen registrieren kann.
- Kognitive Muster dieser Art würden von einer Generation an die nächste weitergegeben und bildeten ein kulturelles Gedächtnis, in dem das gewaltige Geflecht aus sozialen Bindungen und gemeinsamem Handeln und Empfinden gespeichert ist.
- Tomasello glaubt, dass Menschenkinder schon ab dem neunten Lebensmonat die Intentionalität anderer, also Handlungsabsichten, auf der Basis ihrer eigenen Intentionalität verstehen können.
- Tomasello sieht die menschentypische Intentionalität als Basis für den „Wagenhebereffekt", nämlich die Fähigkeit, einmal Gelerntes über Generationen hinweg zu einem kulturellen Schatz an Wissen und Fertigkeiten anzuhäufen, den ein Individuum niemals alleine erwerben könnte.
- Da das Lernen von Menschenkindern konsensabhängig ist, laufen sie Gefahr, die Fehler ihrer Lehrer zu übernehmen.

- Schimpansen bleiben hingegen die Absichten ihrer Artgenossen weitgehend verschlossen. Ihr Verhalten wird überwiegend von ihrem egoistischen Interesse an begehrten Gegenständen konditioniert.
- Den sozialen Beziehungen zwischen Schimpansen fehlt ein referenzielles, auf einen gemeinsamen Gegenstand bezogenes Dreieck.
- Schimpansen können so gut wie nicht unterrichten und unterrichtet werden, weil sie zu keiner gemeinsamen Ausrichtung ihrer Aufmerksamkeit auf einen Gegenstand unabhängig von ihren jeweiligen aktuellen Bedürfnissen fähig sind.
- Die ontogenetische Sprachentwicklung von Kindern führt nach Donald über die Mimesis. Kleine Kinder ahmen immer zuerst die äußeren Aspekte von Sprache in akkomodatorischer, das heißt sich an die Umwelt anpassender Weise nach. Sie passen ihre Lautbildungen an das an, was sie in ihrem sozialen Umfeld hören, ohne dass ihre Lautäußerungen schon eine semantische Funktion hätten.
- Der Anfang der Symbolbildung zeichnet sich noch durch die Ähnlichkeitsbeziehung zwischen Bezeichnendem (dem Signifikant, das ein Phonem, eine bildhafte Darstellung oder ein Gegenstand sein kann) und dem Bezeichneten (dem Signifikandum, also dem realen Objekt) aus.
- Das Erkennen der Ähnlichkeit von einfachen, leicht erreichbaren und leicht handhabbaren Dingen mit komplexen, schwer erreichbaren und schwer kontrollierbaren Dingen scheint für die Symbolbildung grundlegend.
- Den Beginn der Entwicklung der Symbolbildungsfähigkeit markiert jener Punkt, an dem das Menschenkind sich nicht mehr nur mit dem praktisch übenden, sensomotorischen Hantieren mit den Objekten in seiner Umwelt zufriedengibt, sondern darüber hinaus – anders als das Affenjunge – diese Objekte auch stellvertretend für etwas anderes, was es bereits kennt, verwendet.
- Die Symbolbildung ist eine Exformationsleistung, bei der ein in der Natur normalerweise multimodal, polyperspektivisch und dreidimensional vorkommendes Objekt auf eine monomodale, monoperspektivische und (bei Zeichnungen) zweidimensionale Darstellung reduziert wird und diese Abstraktion stellvertretend für eine Vielzahl von Erscheinungsformen dieses Objektes Verwendung findet.

Praktische Konsequenzen

Mit der zuerst noch ungerichteten motorischen und phonetischen Nachahmung des Wahrgenommenen und der später zunehmend stellvertretenden Verwendung von Lauten, Objekten und bildhaften Darstellungen wird es dem Menschenkind möglich, eine Art von Verdoppelung der von ihm wahrgenommenen Welt vorzunehmen. Das Kleinkind schafft sich innerhalb seines motorischen Wirkungsfeldes seine eigene miniaturisierte Zweitwelt, die es nach Belieben anfassen (begreifen), manipulieren und lautbildend begleiten kann. Diese Zweitwelt, die schon erste Merkmale von Distanziertheit und Unabhängigkeit von den äußeren Objekten und Ereignissen aufweist, bereitet den für die Bewusstseinsleistungen des Menschen so überaus bedeutsamen inneren Raum vor, in dem die Außenwelt symbolisch repräsentiert ist. In diesem inneren Raum finden jene symbolbasierten mentalen Operationen statt, ohne die es dem Menschengeschlecht nie gelungen wäre, die äußere Welt zu verändern und eine derart atemberaubende Kulturgeschichte in Gang zu setzen.

In der psychodynamischen Psychotherapie spielt der mentale Binnenraum eine große Rolle. So ist es ein wichtiges Kriterium bei der Einschätzung des Strukturniveaus[380] eines Patienten, in welchem Maße ein seelischer Binnenraum entwickelt ist. In diesem innerseelischen Raum können zum Beispiel die Risiken und Konsequenzen des eigenen Handelns sowie die Reaktionen anderer vorausgesehen, Konflikte innen statt außen ausgetragen, innere Dialoge geführt und Wunschvorstellungen partiell befriedigt werden.

380 Das Strukturniveau ist in der Operationalisierten Psychodynamischen Diagnostik (OPD) ein Maß für den Reifegrad der psychischen Funktionen, vor allem hinsichtlich der Fähigkeiten, die ein Mensch erwerben muss, um den Anforderungen im Kontakt mit anderen Menschen gewachsen zu sein und sich selbst zu steuern. Wir kommen im Kapitel 27 auf das Strukturniveau zurück.

18. Symbolbasierte Informationsverarbeitung

Es war in den vorangegangenen Kapiteln schon viel von analoger und digitaler (beziehungsweise symbolbasierter) Informationsverarbeitung die Rede. Die meisten Erfahrungen werden vom Nervensystem in einem analogen, nicht symbolischen Modus verarbeitet und abgebildet, das heißt in den Worten von Merlin Donald: in Form von Wahrnehmungseindrücken, oder, wie es Nicholas Humphrey ausdrückt, als „reine Sinnesempfindungen". Diese analogen Abbildungen oder Abdrücke im Nervensystem sieht Donald als die elementare Form von Bewusstsein an, über die auch Tiere die Außenwelt intuitiv erfassen können. Tiere könnten allerdings nicht willentlich und gezielt auf ihre Erinnerungsspeicher zugreifen. Sie seien zwar in der Lage, durch einfaches Wahrnehmungslernen Eindrücke von der Außenwelt immer weiter auszudifferenzieren und innerhalb einer begrenzten Zahl von vorgegebenen Optionen angemessen zu reagieren, sie kämen aber über diese Methode, Eindrücke zu bilden, nicht hinaus. Selbst intelligente Tiere mit einem großen Nervensystem, einer hoch entwickelten Mustererkennung und einem hohen Grad an Intelligenz seien nicht Agierende, sondern immer nur Reagierende. Die Effizienz symbolischer Systeme sei ihnen verschlossen, der Aufruf von Erinnerungen erfolge rein als Reaktion auf Reize, die Assoziationen hervorrufen.[381]

Tiere erfassen die Information über die Objekte in ihrer Umwelt in einer Weise, die sie befähigt, sich im Rahmen der Anforderungen, welche ihre natürliche Umgebung an sie stellt, funktional zu verhalten (was dem im Kapitel über funktionales Verhalten erwähnten Zugriffsbewusstsein von Ned Block entspricht). Donald bezweifelt, dass Tiere darüber hinaus „über ein detailliertes deklaratives Wissen über die Welt verfügen. Ihr Wissen bleibt implizit, weil sie es nicht in Form symbolischer Repräsentationen deklarieren, das heißt zum Ausdruck bringen können. Sie sind nicht in der Lage, ihre Erfahrungen in abstrakte Kategorien einzuordnen und sie später im Bewusstsein als Erinnerungen zu re-präsentieren. Vielmehr bewegen sie sich in einem Strom von rein phänomenalen Erfahrungsepisoden, zu dem sie keine mentale Distanz einnehmen können. Ihr Erleben verläuft innerhalb sehr eng gesteckter Grenzen."[382]

381 M. Donald, 2008: „Triumph des Bewusstseins. Die Evolution des menschlichen Geistes", S. 166, 171-172; Original 2001: „A mind so rare. The Evolution of Human Consciousness", New York: W. W. Norton & Company.

382 M. Donald, 2008, S. 129.

Wir Menschen hingegen können scheinbar willentlich auf unsere Gedächtnisspeicher zugreifen. An dieser Selbstauslösung („autocuing“) von Gedächtnisinhalten, die auch für unsere Aufmerksamkeitssteuerung bedeutsam ist, sind – so vermutet Donald – Symbole beteiligt, die als „ein dem Bewusstsein zugängliches Kürzel [...] Erinnerungs-'Pakete' mobilisieren können“. Die Kultur und ihre Symbole prägten „die Art und Weise, in der wir unsere Erinnerungen codieren und abspeichern“, und gäben „uns ein umfassendes System von Adressierungen und Gedächtnistechniken an die Hand, mit dessen Hilfe wir gezielt auf die Erinnerungen zugreifen können. Der willentliche Erinnerungsabruf ist der Schlüssel zum Symbolsystem der Kultur.“ Denn wir Menschen könnten keinen Wortschatz erwerben und verwenden, wenn wir nicht unter Tausenden von Worten in unserem Gedächtnis in Sekundenbruchteilen das richtige auswählen könnten. Die willentliche Aktivierung des eigenen Gedächtnisses („autocuing“) ist also eine Voraussetzung für Sprache. Die Sprache wiederum benötigen wir, damit wir uns einer Sache im vollen Umfang bewusst sein können.[383]

So schlagen wir Menschen eine Brücke zwischen zwei Welten. Zum einen verfahren wir im direkten Erleben analog, zum anderen operieren wir, eingebettet in das Gefüge unserer Kultur, mit Symbolen. Symbolbezogene Fertigkeiten waren aber in unserer ursprünglichen biologischen Grundausstattung ebenso wenig vorhanden wie bei den Tieren. Erst durch die intensive kulturelle Programmierung ahmen Kleinkinder – anfangs noch gedanken- und absichtslos – die Gesten und Laute ihrer sozialen Umgebung mimetisch nach. Um beim Spracherwerb „unterscheiden zu können, was ein Wort bedeutet“, muss ein Kind – so Donald – zunächst „nach Hinweisen Ausschau halten, die Aufschluss über die Intentionen anderer geben. Unterstützende Elemente sind dabei Zeigen, Blickkontakt, Gestik und Lautäußerungen.“[384] Außerdem entdecken Kinder nach und nach, dass sie mit ihren Gesten (die gewöhnlich gleichnishaft für eine andere Handlung stehen) und Lauten Wirkungen in ihrer Umgebung erzielen können. Wenn die noch primitiven symbolischen Ausdrucksformen des Kindes zu einem Verhalten der Pflegepersonen führt, das seine Bedürfnisse befriedigt, wird es diese erfolgreichen Gesten und Laute wiederholen und sie irgendwann gezielt für seine Willensäußerungen einsetzen.

383 M. Donald, 2008, S. 150-151, 128. Donald weist auf Seite 151 darauf hin, dass Menschenaffen sich nur ganz bestimmte Arten von Symbolsystemen aneignen können. Gebärdensprache fällt ihnen schwerer, als auf auf einer Tafel vorgegebene Symbole zu zeigen, denn das Zeigen erfordert weniger interne Selbstinitiierung.

384 M. Donald, 2008, S. 284.

Die Lautäußerungen des Kindes zielen dann zunächst „darauf, in einem einzigen Symbolisierungsakt ein ganzes Ereignis darzustellen“, wie zum Beispiel kindliche Einwortsätze wie „Ball“, was sowohl „hol den Ball“ als auch „das sieht aus wie ein Ball“ bedeuten kann. Diese Einwortsätze sind mehrdeutig, und das vom Kind Intendierte lässt sich nur aus der Intonation, der Gestik und dem Kontext erschließen. Am Beginn der Sprachentwicklung „stehen also Sätze, die nur implizit gegeben sind, und das Kind lernt mit der Zeit, ganze Sätze zu äußern und so den gemeinten Sinn präziser zu fassen“.[385] Zu diesem Zweck geben wir unseren Kindern ja ständig Feedback; wir gratifizieren und verstärken genau jene Lautäußerungen, Gesten und Handlungen, die in Richtung der uns von unserer Kultur gegebenen semantischen, syntaktischen und pragmatischen Regeln gehen. Donald: „Bei Individuen wie auch in Gruppen entwickelt sich die Sprache durch fortschreitende Ausschaltung von Mehrdeutigkeit, von impliziten hin zu expliziten Sätzen.“ Dabei „wachsen Wortschatz und Regelrepertoire explosionsartig an“. Insgesamt führt der Erwerb der Sprache „zur Ausdifferenzierung der Erfahrung. Sie verfeinert den Denkprozess und bettet ihn in kulturell vorgegebene Algorithmen ein, die zunehmend präzisiert werden.“ Worte und Sätze „definieren Wirklichkeit. Sie bündeln die Aufmerksamkeit. Sie schärfen die Wahrnehmung dessen, was sie bezeichnen.“[386]

Ich möchte Sie, liebe Leserin, lieber Leser, an dieser Stelle bitten, einen Moment innezuhalten und sich im Folgenden die Tragweite der Aussagen von Donald für unser menschliches Selbstverständnis zu vergegenwärtigen: Offensichtlich gelingt es der Kultur meisterhaft, unsere angeborenen biologischen Antriebskräfte (Donald: „Triebkräfte in den Tiefen der Psyche“) an ihre kollektiven Zwecke und Anforderungen anzupassen. Die Kultur treibt unser „Bewusstsein fortwährend an den Rand seiner Möglichkeiten, sodass diese sich beständig erweitern“. Bei keinem anderen Lebewesen lassen sich Teilfertigkeiten so gut trainieren wie beim Menschenkind. Wir Menschen habe eine erstaunliche intrinsische Bereitschaft, uns selbst zu programmieren, uns selbst zu überprüfen und – wie Donald sagt – „praktisch jeden in der Kultur existenten Algorithmus in [unserem] Gehirn zu installieren und ihn zu automatisieren“.[387]

„Sobald wir die symbolischen Konventionen unserer Kultur verinnerlicht haben, sind wir im semantischen Raum niemals mehr wirklich allein [...]. Der große Bruder

385 M. Donald, 2008, S. 284-285.

386 M. Donald, 2008, S. 285-286.

387 M. Donald, 2008, S. 159, 271.

namens Kultur hat uns in der Hand, weil er schon früh in uns eindringt. [...] Die Kultur (dieses Geflecht aus Gewohnheiten, Gebräuchen und Überzeugungen) prägt unser Fühlen, Denken und Wollen, solange wir leben. [...] Die Quintessenz des Menschseins (unsere Obsession und unausweichliches Schicksal) ist, dass wir uns ganz in das kulturelle Kollektiv hineingeben und uns seiner ungeheuren strukturierenden Kraft [über die wir keinerlei Kontrolle haben] aussetzen." Die Kultur greift „in die semantischen Räume des individuellen Gehirns ein, die zu Beginn unseres Lebens noch undifferenziert sind. Unsere Identität bildet sich somit nach Maßgabe der Kultur heraus und ist weitgehend von kulturell vorgegebenen Vorstellungen beeinflusst." Wir sind „ohne Kultur nicht vollständig" und „leben in Symbiose mit ihr, unserer kollektiven Schöpfung. [...] Sie formt und gestaltet unseren Geist wie ein Töpfer ein Stück Ton."[388]

Für Donald besteht das „große Paradox des menschlichen Daseins [...] darin, dass wir einerseits Individualisten und andererseits, um unsere Individualität zur Entfaltung bringen zu können, fast vollständig auf die Kultur angewiesen sind." Wir haben „eine existenzielle Abhängigkeit von unseren kollektiven Speichersystemen entwickelt".[389] Für Donald ist die symbolbasierte Kultur „nicht nur unser bester Freund, sondern auch unser ärgster Feind", denn sie bedroht unsere mentale Autonomie. „Sie kann uns die Freiheit nehmen, bestimmte Arten von Gedanken überhaupt nur zu denken. Wir können, selbst wenn unsere Kultur uns viel individuellen Freiheitsraum einzuräumen scheint, nur wenige unsere Ideen und Erfahrungen wirklich unser eigen nennen, denn sie sind von unserer Kultur immer schon gründlich gesiebt und gefiltert worden." Donald nennt den menschlichen Geist ein „Hybridprodukt aus Biologie und Kultur".[390] Die „Hybridnatur [...] ist unser Schicksal. Wir bleiben zwar als Einzelne unterscheidbar, sind aber niemals ganz autonom. [...] Wir sind, bis in die Struktur unseres Bewusstseins hinein, Kollektivwesen [...], Teil eines kollektiven Prozesses [...]".[391]

Hier zeigt sich wieder die Benutzerillusion, die ich oben schon mehrfach angesprochen habe: Weil die kollektiv angelieferten Symbole „als Kristallisationskerne einen derart starken Einfluss auf unser Erleben ausüben, erliegen wir", so Donald, „der Täuschung, sie seien die Urquelle dieses Erlebens". Aber: „Für sich genom-

388 M. Donald, 2008, S. 281, 289, 290.

389 M. Donald, 2008, S. 16.

390 M. Donald, 2008, S. 11-12.

391 M. Donald, 2008, S. 308-309.

men wohnt einem Symbol keinerlei Bedeutung inne. Seine Bedeutung gründet [vielmehr] in einer weit tiefer liegenden [analogen] Schicht; ohne diesen Unterbau würde unsere Symbolwelt in einem luftleeren Raum schweben." Denn „Symbole können nur existieren, weil die urwüchsige analoge Schicht unseres Geistes dafür die Grundlage schafft. [...] In Symbolen codierte Gedanken mögen zwar autonom erscheinen, doch dieser Eindruck leitet sich in Wirklichkeit allein aus dem dahinter stehenden, nicht auf Symbole angewiesenen Apparat ab." Also: „Falls wir über so etwas wie kognitive Autonomie verfügen, dann speist sie sich in erster Linie aus jener tiefen Schicht des Geistes, die nicht mit Symbolen operiert." Die „am tiefsten reichenden Wurzeln des menschlichen Bewusstseins" lägen – schließt Donald – auf der Ebene der vorsymbolischen Prozesse, bei denen „die Erfahrung ihre unmittelbaren Eindrücke" hinterlasse.[392] Wir kommen auf diesen wichtigen Gedanken Donalds im Kapitel 30 zurück.

Fassen wir zusammen:

- Die meisten Erfahrungen verarbeitet unser Nervensystem im analogen, nicht symbolischen Modus, das heißt in Form von Wahrnehmungseindrücken oder reinen Sinnesempfindungen. Diese intuitive Erfassung der Außenwelt haben wir mit den meisten Tieren gemeinsam.
- Anders als die Tiere sind wir aber nicht nur auf Reize Reagierende. Wir können mittels kulturvermittelter und symbolbasierter Selbstauslösung („autocuing") willentlich auf unsere Gedächtnisspeicher zugreifen.
- Symbolbezogene Fertigkeiten gehören jedoch nicht zu unserer biologischen Grundausstattung. Erst durch die intensive kulturelle Programmierung erwerben wir die Fähigkeit, unsere Erfahrungen symbolisch zu codieren, abzuspeichern und gezielt wieder abzurufen.
- Sobald wir die symbolischen Konventionen unserer Kultur verinnerlicht haben, prägt die Kultur (dieses Geflecht aus Gewohnheiten, Gebräuchen und Überzeugungen) unser Fühlen, Denken und Wollen, solange wir leben.
- Für sich genommen wohnt einem Symbol keinerlei Bedeutung inne. Seine Bedeutung gründet nach Donald vielmehr in der urwüchsigen analogen Schicht unseres Geistes, die sich aus unmittelbaren Eindrücken speist und nicht mit Symbolen operiert.

392 M. Donald, 2008, S. 168.

Praktische Konsequenzen

Wenn wir Donalds Sichtweise des menschlichen Geists als Hybridprodukt aus Biologie und Kultur, in dem sich analoge und digitale, symbolbasierte Informationsverarbeitung vereinen, als zutreffend anerkennen, dann ergeben sich weitreichende Schlussfolgerungen für unser Verhältnis zu unserem eigenen Bewusstsein: Wenn wir denken, denken wir nicht unsere eigenen Gedanken, sondern die Gedanken, die zu denken wir von unserem soziokulturellen Hintergrund beauftragt oder zumindest berechtigt sind. Wenn wir sagen (oder singen): „Die Gedanken sind frei“, dann stimmt das einfach nicht. Pointiert könnte man auch sagen: Wir denken nicht, sondern wir werden gedacht. Das Gleiche lässt sich von unserem Wollen sagen: Wenn wir etwas wollen, wollen wir nicht unseren eigenen Willen, sondern den Willen, den zu wollen wir von unserem soziokulturellen Hintergrund beauftragt oder zumindest berechtigt sind. Wenn wir uns gegen eine solche kontraintuitive Sichtweise sträuben, dann spricht unsere Aversion nicht etwa gegen diese Sichtweise, sondern belegt vielleicht nur, wie tief und erfolgreich unsere Kultur die Benutzerillusion des freien Denkens und Wollens in uns implantiert hat.

Wozu ist die Benutzerillusion gut? Welche möglichen lebenspraktischen Konsequenzen sind aus der Einsicht in diese Illusion zu ziehen? Gibt es vielleicht doch irgendwo eine Sphäre, in der unser Geist autonom und unser Wille frei ist? Donald hat bereits ein hoffnungsvolles Fenster geöffnet, wenn er diese Sphäre in der urwüchsigen analogen Schicht unseres Geistes, die sich aus unmittelbaren Eindrücken speist und nicht mit Symbolen operiert, sucht. Sollten wir ausgerechnet mit Hilfe unserer oft geschmähten oder gar geleugneten Tiernatur unsere individuelle Autonomie und Freiheit retten können? Ich werde im Kapitel 31 über Willensfreiheit und Verantwortung auf diese Fragen zurückkommen.

19. Sprache, narrative und virtuelle Welten

In welchem Maße hängt Bewusstsein von Sprache ab? Donald beklagt sich über eine „Gruppe von Hardlinern" (zum Beispiel den Philosophen Hans-Georg Gadamer), für die „Bewusstsein durchweg ein Produkt der Sprache" oder gar „von ausgearbeiteten Texten" und damit allein dem Menschen vorbehalten sei. Donald selbst vertritt dagegen die Meinung, es reiche bereits ein „einfaches Gewahrsein mittels Sinneswahrnehmungen [beziehungsweise Sinnesempfindungen] als Beweis für das Vorhandensein echten Bewusstseins" aus.[393] Wie ich schon in der Einleitung ankündigte, scheint mir der Disput, unter welchen Voraussetzungen wir einem Lebewesen „echtes" Bewusstsein zugestehen dürfen, wenig zielführend. Sobald wir sauber definieren, welche Art von Bewusstsein (zum Beispiel biologisches oder kulturelles Bewusstsein) wir meinen, und wenn wir darüber hinaus keine allzu scharfe Grenze zwischen dem biologischen und kulturellen Bewusstsein ziehen, löst sich die künstliche Polarisierung auf. Wir werden vielmehr ein Kontinuum erkennen können, das sich von den Bewusstseinsleistungen, die Tieren und sehr jungen Kindern möglich sind, zu den höheren symbolbasierten Bewusstseinsmanifestationen erstreckt.

Dieses Kontinuum lässt sich in der individuellen Ontogenese des Bewusstseins jedes unserer Kinder mitverfolgen. Die Symbolbildung und der Spracherwerb beschleunigen zwar ohne Zweifel die Bewusstseinsentwicklung des Kindes und verändern die Qualität seines Bewusstseins dramatisch, aber es gibt keine scharfe Zäsur, keinen Qualitätssprung von einem Tag auf den anderen. Vielmehr setzen sich – wie ein Reiter auf ein Ross – die auf Sprache angewiesenen Bewusstseinsleistungen nach und nach auf die sprachunabhängigen Bewusstseinsleistungen, welche die eigentliche Informationsverarbeitungsarbeit leisten, auf. Ich möchte das an einem Anschauungsbeispiel illustrieren: Wenn wir ein einfaches Textdokument mit nur einem Wort, sagen wir „Liebe", auf dem PC erstellen und abspeichern, beansprucht die Datei weniger als 200 Bytes an Speicherplatz (obwohl das, was uns zu dem Wort „Liebe" alles einfällt, möglicherweise ein ganzes Buch füllen würde). Das Betriebssystem (zum Beispiel Microsofts Windows) und die Textverarbeitung-Software, welche uns die Eingabe und Speicherung des Wortes „Liebe" ermöglichen, umfassen hingegen viele Millionen Bytes, die aber unsichtbar bleiben. So ähnlich müssen wir die unsichtbaren Leistungen beim Spracherwerb sehen: Damit ein Kind die oben erwähnten scheinbar einfachen Einwortsätze wie „Ball" bilden

393 M. Donald, 2008, S. 38-39.

kann, müssen in seinem Gehirn bereits beachtliche Automatismen und Routinen der Wahrnehmung, Aufmerksamkeitssteuerung, Wortwiedererkennung und Lautbildung mimetisch eingeübt und neuronal stabil verankert worden sein.

Klangbilder wahrnehmen, wiedererkennen und phonetisch richtig bilden können auch manche Tiere, zum Beispiel Papageien. Über diese grundlegenden biologischen Leistungen hinaus erwerben Menschenkinder die Fähigkeit, einer großen Zahl verschiedener Klangbilder kulturdefinierte Bedeutungen zuzuordnen. Das heißt, sie eignen sich den Sprachcode ihrer Umgebung an, wodurch Klangbilder zu Wörtern werden. Kinder lernen, einzelne Wörter auf die vielen möglichen und je nach situativem Kontext wechselnden Erscheinungsbilder des mit dem jeweiligen Wort bezeichneten Gegenstandes oder Vorgangs zu beziehen. Diese Fähigkeit, Wörter kulturell richtig zu decodieren und – wenn Kinder anfangen, selbst zu sprechen – sie auch kulturell richtig zu encodieren, stellt den Reiter dar, der auf die angeborenen (biologischen) Voraussetzungen, in meinem Bild das Ross, angewiesen ist.

Nun zurück zur Computeranalogie: Sind wir erst einmal in der Lage, über anklickbare Symbole oder Spracheingabefelder auf der Benutzeroberfläche unserem Computer Befehle zu erteilen und in einen Dialog mit den unsichtbaren Programmen, welche auf die Computer-Hardware aufgespielt sind, zu treten, dann lassen sich die Informationsverarbeitungskapazitäten des Computers in vollem Umfang nutzen. Gerazu atemberaubend werden dann die Anwendungsmöglichkeiten und Leistungen, wenn wir unseren Computer im Internet mit den zahllosen anderen Rechnern rund um die Welt vernetzen. In ähnlicher Weise finden eine dramatische Beschleunigung der Entwicklung und eine Optimierung der kindlichen Hirnfunktionen in Richtung auf soziokulturelle Anforderungen hin statt, sobald die Kultur über Symbole und Sprache Zugang zu den kindlichen Einzelgehirnen und Nervensystemen gewinnt und diese kollektiv vernetzt.[394]

Ich erwähnte bereits, dass es nicht allein die biologische Einzigartigkeit unseres Gehirns sein kann, die uns Menschen zum Spracherwerb befähigt. Denn unser Gehirn unterscheidet sich nicht allzu sehr von tierischen Primatengehirnen. Dennoch gibt es einige sprachrelevante Besonderheiten des menschlichen Gehirns. Erwähnung fand schon das für uns Menschen typische hohe Maß an lebenslanger

394 Gehirne unterscheiden sich natürlich – und hier endet die Analogie meines Anschauungsbeispiels – sehr grundlegend von Computern.

Plastizität unserer neuronalen Strukturen. Sprache ist zudem auf die besonderen Kapazitäten des menschlichen Gehirns für Aufmerksamkeit und Arbeitsgedächtnis angewiesen sowie auf die spezifisch für Sprache zuständigen Cortexareale[395], den präfrontalen Cortex und das Kleinhirn, mit ihren vielen Verschaltungen.[396] Es sind diese „Hardware-Voraussetzungen", die uns in die Lage versetzen, mittels Symbolbildung und Sprache unsere Gehirne effizient zu vernetzen. Mit der symbol- und sprachbasierten Vernetzung unserer Gehirne entsteht etwas qualitativ völlig Neues: Da ist nicht mehr nur das, was „mit mir" vor sich geht, und das, was „da draußen" vor sich geht (vgl. Humphrey), sondern da ist auch noch etwas Drittes, nämlich das, was durch Symbole und Sprache z w i s c h e n anderen Menschen und mir existiert. Es spannt sich ein virtueller Wirklichkeitsraum auf.

Schon vor mehr als hundert Jahren kam Ferdinand de Saussure zu dem Schluss, dass eine Sprache stets das Ergebnis zirkulärer Interaktionen zwischen mehreren Gehirnen und nicht etwa der Operation eines einzelnen Gehirns ist.[397] Das Gehirn ist also nicht dafür ausgestattet, Sprache aus sich selbst heraus zu entwickeln. Donald meint: „Symbole sind nicht entstanden, weil sie dem einzelnen Gehirn als innerer Gedankencode dienen können, sondern weil sie den Austausch zwischen

395 Als spezifische Sprachzentren gelten das Wernicke-Areal (Brodmann-Areale 39 und 40 im oberen Teil des linken Schläfenlappen der Großhirnrinde) und das Broca-Areal (Brodmann-Arelae 44 und 45 im linken Stirnlappen). Bei Beschädigungen dieser Sprachzentren, zum Beispiel nach Schlaganfällen, kommt es zu Sprachstörungen, Aphasien. Die Broca-Aphasie betrifft überwiegend die motorische Steuerung des Sprechens und die Syntax. Das Sprachverständnis ist erhalten. Die Kranken sprechen aber meistens langsam und stockend in grammatisch unvollständigen Sätzen. Meistens wissen sie genau, was sie sagen wollen, aber verwechseln die Laute. Patienten mit Broca-Aphasie können oft auch normalen Gesprächen nicht folgen, weil ihre Sprachverarbeitung verlangsamt ist. Bei der Wernicke-Aphasie ist dagegen die lexikalische Semantik betroffen: Das Sprachverständnis fällt aus. Die Patienten sprechen zwar häufig ohne große Mühe und flüssig, ihre Sprache enthält aber sehr viele Verdrehungen, Wortverwechslungen oder neue unverständliche Wörter. Ohne dass es die Kranken merken, kann ihre Sprache bis zur Sinnlosigkeit verändert sein. Anders als bei der Broca-Aphasie sind sie offenbar von der sprachlichen Kommunikation mit anderen und sogar von der inneren Rede völlig abgeschnitten. Bei etwa fünf Prozent der Menschen liegen die Sprachzentren rechts. Bei Kleinkindern sind zunächst noch beide Hirnhälften an der Sprache beteiligt. Die bei den meisten Menschen vorliegende Dominanz der linken Hirnhälfte ist mit vier bis fünf Jahren abgeschlossen. Bei vor diesem Zeitpunkt erfolgender Beschädigung der linkshemisphärisch gelegenen Sprachzentren können die analogen Areale in der rechten Großhirnrinde ihre Funktion noch übernehmen. Unsere sprachlautlichen Fähigkeiten und prosodischen Kompetenzen (richtige Betonung) sind ohnehin rechtshemisphärisch lokalisiert.

396 M. Donald, 2008, S. 285.

397 F. de Saussure, 1922: „Cours de linguistique générale", Paris: Payot, zitiert nach M. Donalds, S. 161-162.

mehreren Gehirnen ermöglichen." Sprache ist „nicht um ihrer selbst willen entstanden", sondern „trug lediglich dazu bei, dass kognitive Operationen exakter und weniger vieldeutig wurden".[398]

Ist Sprache erst einmal in einer Gemeinschaft und in den Nervensystemen ihrer Mitglieder verankert, dann zeigen sich ungeahnte Möglichkeiten und Wirkungen. Donald schreibt: „Sobald wir mit einem Satz oder Wort etwas benennen können, ist es gewissermaßen unser eigen. Wir können es im Geiste drehen und wenden, darüber reflektieren und damit herumexperimentieren. Kurz gesagt: Sprache 'klärt' die Erfahrungswelt. [...] Mit der Sprache haben wir ein kognitives Zoom-Instrument an der Hand, mit dem wir den Maßstab einer Erfahrung nach Belieben ändern und ins mikroskopische Detail gehen oder zurücktreten können, um Überblick zu gewinnen. Diese außerordentliche Fähigkeit [...] gibt uns die Möglichkeit, Erfahrungen unter einer gezielt gewählten Perspektive zu erfassen und unsere kognitive Innenwelt mit bemerkenswerter Distanz in den Blick zu nehmen."[399]

Durch Sprache vollziehen wir als Einzelne und als Gemeinschaft auch eine radikale Filterung und Abstraktion (Exformation) der Sinneseindrücke. Wir erinnern uns: Sinneseindrücke sind ja selbst bereits das Ergebnis von exformierenden Prozessen, welche das, was um uns herum, mit uns und in uns geschieht, selektieren, verdichten und interpretieren. Durch die Sprache, in der mit zunehmendem Entwicklungsgrad Repräsentant und Repräsentat immer weniger Ähnlichkeit miteinander haben, entfernen wir uns noch weiter vom unmittelbaren Geschehen. Zugleich aber werden wir durch das gemeinsame Zeichensystem sowie durch die Regeln, Vereinheitlichungen und Gleichschaltungen, welche uns die Sprache aufnötigt, überhaupt erst befähigt, das Erlebte mitteilbar zu machen. Durch sprachliche Mit-Teilung erschaffen wir einen gemeinsamen (geteilten) Wirklichkeitsraum, in dem wir die flüchtige sensorische Gegenwart in Raum und Zeit fast beliebig überschreiten können. Dieser gemeinsame symbolbasierte Wirklichkeitsraum hat unterdessen mit der eigentlichen Wirklichkeit, auf die er sich zu beziehen vorgibt, erstaunlich wenig zu tun. Es handelt sich weitgehend um eine virtuelle Welt, die wir mit Sprache erschaffen.

Es mag kontraintuitiv klingen, dass unsere mit Hilfe von Sprache erschaffenen Wirklichkeiten virtuell sein sollen. Doch wenn wir uns zum Beispiel mit Märchen

398 M. Donald, 2008, S. 162, 265.

399 M. Donald, 2008, S. 286.

oder mit den Mythen aus lange vergangenen Zeiten beschäftigen, zeigt sich diese Virtualität in aller Deutlichkeit. Geradezu fantastisch muten uns heute die antiken Geschichten und Sagen von der Entstehung der Welt, von Gottheiten, Geistern, Dämonen und übermenschlichen Helden an (insbesondere dann, wenn sie aus fremden Kulturen stammen). Für die antiken Menschen, welche diese Mythen erzählten und hörten, waren diese Erzählungen aber alles andere als fantastisch. Die Herausbildung der Fähigkeit, Geschichten zu erzählen, wertete Jean Gebser sogar als einen der ganz großen stammesgeschichtlichen und individualgeschichtlichen Fortschritte in der Entwicklung des Bewusstseins. Denn diese Fähigkeit habe dem menschlichen Geist den Übergang vom magischen Weltverständnis zum mythischen Denken ermöglicht.[400]

Im magischen Denken besteht zwischen der inneren und äußeren Welt noch eine starre Kausalbeziehung; Begriff und Objekt, Gedanke und Tatsache können noch nicht voneinander abgegrenzt werden. Werfen wir wieder einen Blick auf unsere Kinder: Im Kleinkindalter sind Fantasie, Wunsch und Wirklichkeit noch nicht getrennt. Kleine Kinder glauben an die Allmacht ihrer Gedanken, zum Beispiel dass sie den Mond zwingen können, ihnen zu folgen.[401] Im mythischen Denken wird dieser direkte Zusammenhang von innerer und äußerer Wirklichkeit gelockert. Es entwickelt sich die Fähigkeit, Metaphern zu bilden, Gleichnisse, Analogien, und durch diese einen gewissen Abstand vom unmittelbaren inneren oder äußeren Geschehen zu gewinnen. Metaphern und Narrative setzen sich aus Elementen zusammen, die dem Erzähler und dem Zuhörer aus ihrem Alltag vertraut sind. In der Metapher und im Narrativ komponieren wir aus bekannten Elementen (zum Beispiel Lebewesen, Gegenständen und deren besonderen Eigenschaften) etwas qualitativ Neues. Narrative setzen ganze Ketten von Ereignissen, Handlungen und Dialogen zu einer dramaturgischen Form zusammen, in der sich ein Konfliktgeschehen bis

400 Jean Gebser postulierte (in seinem 1949 veröffentlichten Hauptwerk „Ursprung und Gegenwart", 1. Band: „Die Fundamente der aperspektivischen Welt", Stuttgart: Deutsche Verlags-Anstalt) vier „Bewusstseinsstrukturen", von denen er annahm, dass sie in der europäischen Kulturgeschichte aufeinanderfolgten und dem Bewusstsein des heutigen europäischen Menschen zugrunde liegen. Mit Hilfe von kulturphänomenologischen Untersuchungen der Relikte historischer Zeiten (Bilder, Statuen, Schriftstücke) und etymologischer Analyse von Wörtern kam er zur Unterscheidung einer „archaischen", einer „magischen", einer „mythischen" und einer „mentalen" Bewusstseinsstruktur. Immer dann, wenn in der Kultur- und Bewusstseinsgeschichte eine dieser Strukturen „defizient" wurde, also den Anforderungen des soziokulturellen Fortschritts nicht mehr genügte, und anfing, sich destruktiv auszuwirken, bildete sich eine ganz neuartige Bewusstseinstruktur aus.

401 F. Buggle, 1993: „Die Entwicklungspsychologie Jean Piagets", 2. überarb. Aufl., Stuttgart: Kohlhammer, S. 110.

zu einem Höhepunkt steigert und nach einem unerwarteten Umschwung auf eine gute oder schlechte Lösung zusteuert.

Wir erinnern uns an das Kapitel 8 über Interaktion, Lernen und die Rolle der Spiegelneuronen: Gute Lernbedingungen sind dann gegeben, wenn bereits stark gebahnte und aktivierte Netzwerke (also bekannte Erfahrungen) neuartig miteinander verbunden werden oder wenn Bekanntes (Gebahntes) mit bislang unbekannten Wahrnehmungen verknüpft wird und sich dabei neue neuronale Netzwerkverbindungen ausbilden. Genau das leisten Metaphern und noch mehr Narrative. Jede Geschichte, die erzählt wird, auch wenn sie nur eine Nacherzählung einer bekannten Geschichte ist, stellt eine Neuschöpfung dar. Eine Funktion von Geschichten ist, stellvertretend für komplexe Erfahrungsbereiche zu stehen, die noch unbekannt oder unverstanden sind und nicht anders als in metaphorischer Weise, als Chiffren, mitgeteilt werden können. „Wir sind in Geschichten verstrickte Menschen", wie Verena Kast meint. „Wir tragen unser ganzes Gewordensein und wohl auch unsere Zukunft als Geschichten in uns, die wir erinnern können, indem wir sie erzählen. Unsere Erfahrungen, solange wir sie nicht erzählen, sind wie ein belichteter Film, der nicht entwickelt ist."[402]

Untersuchungen von Daniel Stern zufolge fangen Kinder schon vor der Vollendung des dritten Lebensjahres an, Narrative zu konstruieren. Kleine Kinder erzählen allerdings „oft den Höhepunkt der Handlung am Anfang. Ab sechs Jahren benützen sie dann in der Regel den klassischen Stil der griechischen Tragödie. [...] Kinder erstellen eine Handlung, und es wird eine dramatische Spannung aufgebaut, und sie wissen intuitiv, dass es nicht um eine reine Auflistung von Ereignissen geht."[403] Die dramaturgischen Fähigkeiten lernen Kinder wahrscheinlich – ähnlich wie die Syntax – auf der Grundlage evolutionär entstandener, also angeborener und dem Menschen vorbehaltener Lernbereitschaften. Es bedarf keiner ausdrücklichen Unterweisung; die dramaturgische Gestaltung unserer Erzählungen erlernen wir als Kinder wie die Grammatik implizit, unabsichtlich, beiläufig und privilegiert, indem wir unsere erwachsenen Vorbilder imitieren. Die grammatischen und dramaturgischen Regeln werden Bestandteil unseres prozeduralen Gedächtnisses und

402 V. Kast, 1998: „Erzählen und Zuhören – Das Narrativ im therapeutischen Dialog: 'Ich hab so vieles zu erzählen'", in: P. Buchheim, M. Cierpka, T. Seifert (Hg.): „Lindauer Texte zur psychotherapeutischen Fort- und Weiterbildung: Das Narrativ – aus dem Leben Erzähltes", Berlin: Springer, S. 49.

403 D. N. Stern, 1998: „Das narrative Selbst", in: P. Buchheim, M. Cierpka, T. Seifert (Hg.): „Lindauer Texte zur psychotherapeutischen Fort- und Weiterbildung: Das Narrativ – aus dem Leben Erzähltes", Berlin: Springer.

sind uns daher im Allgemeinen nicht bewusst, zumindest solange sie von anderen nicht verletzt werden.

Für Donald kennzeichnen narrative Darstellungen den Beginn der Hochkulturen. Mythologische Erzählungen erklärten den antiken Menschen die Welt und verliehen ihrem Leben gemeinschaftlichen Sinn, gemeinschaftliche Bedeutung und Orientierung. Donald sieht in den alten Mythen „maßgeblich gewordene Varianten von sehr alten und weit verbreiteten Erzählungen, die sich allgemein durchgesetzt haben". Sie bildeten „den Hintergrund, auf dem sich Identität, Moralvorstellungen, Gesellschaftsstrukturen und Autorität entfalten. [...] Die Menschen richten ihr Leben auf Figuren des Mythos aus. [...] Der Aufstieg eines jeden großen Reiches der Weltgeschichte [...] wurde von Mythen beflügelt. Sie üben eine ungeheure Macht über unser Denken aus und bringen viele Menschen dazu, die unglaublichsten Dinge zu wagen. [...] Der kollektive Übergang in die Sphäre der Erzählungen und Mythen hat die Möglichkeiten des menschlichen Bewusstsein ungeheuer erweitert. [...] Geschichten und Mythen haben die Macht, die semantischen Räume des Geistes vollständig umzuformen, und lassen eine konsensuell definierte virtuelle Realität entstehen [...]."[404] Metaphern und Mythen können allerdings, worauf Bernard J. Baars hinweist[405], auch das Denken behindern. Beispiele hierfür sind die Vorstellung der Erde als Scheibe oder die Vorstellung des menschlichen Körpers und Gehirns als Apparat. In der jüngeren deutschen Geschichte war es der Mythos vom Herrenmenschen, der ungeheure kollektive Kräfte freisetzte und zugleich zu den allerschlimmsten Verirrungen des Denkens und Handelns unseres Volkes führte.

Fassen wir zusammen:

- Die sprachrelevanten Besonderheiten des menschlichen Gehirns sind das hohe Maß an lebenslanger Plastizität, die besonderen Kapazitäten für Aufmerksamkeit und Arbeitsgedächtnis, die spezifisch für Sprache zuständigen Cortexareale (das Wernicke-Areal im linken Schläfenlappen und das Broca-Areal im linken Stirnlappen) sowie die Leistungsfähigkeit des präfrontalen Cortex und des Kleinhirns mit ihren vielen Verschaltungen.

404 M. Donald, 2008, S. 287-288.

405 B. J. Baars, 1998: „Das Schauspiel des Denkens. Neurowissenschaftliche Erkundungen", Stuttgart: Klett-Cotta, S. 143.

- Diese neuronalen Voraussetzungen befähigen uns, mittels Sprache unsere Gehirne zu vernetzen und virtuelle Welten zu entwerfen.
- Das Gehirn entwickelt Sprache nicht aus sich selbst heraus. Sprache ist vielmehr das Ergebnis der Interaktionen zwischen mehreren Gehirnen.
- Sprache eröffnet in einer Gemeinschaft ungeahnte Möglichkeiten und Wirkungen. Wir können zum Beispiel Erfahrungen unter einer gezielt gewählten Perspektive erfassen und unsere kognitive Innenwelt distanziert betrachten.
- Durch Sprache filtern wir als Einzelne und als Gemeinschaft unsere Sinneseindrücke und entfernen uns vom unmittelbaren Geschehen in unserer Umwelt und innerhalb unseres Organismus.
- Durch das gemeinsame Zeichensystem, seine Regeln und Vereinheitlichungen werden wir überhaupt erst in der Lage versetzt, Erlebtes mitzuteilen.
- Durch sprachliche Mit-Teilung erschaffen wir einen gemeinsamen (geteilten), aber weitgehend virtuellen Wirklichkeitsraum.
- Die Virtualität der durch Sprache geschaffenen gemeinsamen Welten wird für uns unter anderem in Märchen und antiken Mythen deutlich.
- Mit der Herausbildung der narrativen Fähigkeiten überwand die Menschheit die Enge und Starrheit des vorangegangenen archaisch-magischen Weltverständnisses, in dem Begriff und Objekt, Gedanke und Tatsache noch nicht voneinander abgegrenzt werden konnten.
- Durch die Fähigkeit, mythologische Metaphern, Gleichnisse und Analogien zu bilden, die stellvertretend für etwas stehen, was noch unbekannt und unverstanden ist, wurde es den Menschen möglich, Abstand zum unmittelbaren inneren und äußeren Geschehen zu gewinnen, die Welt zu erklären und ihrem Leben einen gemeinschaftlichen Sinn, eine gemeinsame Bedeutung und Orientierung zu verleihen.
- Mythen üben eine große Macht auf das kollektive Denken aus und lassen eine gemeinsame virtuelle Realität entstehen.
- Es scheint, als erschafften wir Menschen in erzählender Weise einen großen Teil unserer privaten und sozialen Realitäten selbst.

Praktische Konsequenzen

Offensichtlich sehnen sich Menschen kulturübergreifend nach plausiblen Geschichten, Narrativen über den Ursprung und den Wesenskern dessen, was uns scheinbar als Welt umgibt und wer oder was wir selbst in Bezug auf diese Welt sind. An den Narrativen, an den Geschichten, die wir uns selbst und anderen erzählen, tritt ein

Paradoxon des menschlichen Bewusstseins besonders deutlich hervor: Eine mitteilbare, das heißt mit anderen teilbare und sich damit erst objektivierende Vorstellung von dem, was in jedem Einzelnen von uns und um uns herum wirklich sein könnte, gewinnen wir ausgerechnet durch Abstraktion („abstrahere", lateinisch = weg-/abziehen, entfernen, trennen), das heißt dadurch, dass wir unsere Aufmerksamkeit von dem sensorischen Input, der aus unseren Sinnesorganen kommt, abziehen und dass wir unsere zentralnervöse Informationsverarbeitung zu einem großen Teil von diesem sensorischen Input abschirmen. Wir Menschen haben auf diese Weise eine künstliche, das heißt von der Natur, Physik und Biologie abgehobene (nicht ontische, damit aber nicht notwendigerweise widernatürliche) Welt gemeinschaftstauglicher (Sprach-)Bilder erschaffen. Die Bilder dienen uns als Chiffren für Erfahrungsbereiche, die anders nicht mitteilbar sind.

Das Erstaunliche an dieser virtuellen, künstlichen, symbol- und narrativbasierten Gemeinschaftswelt ist, dass sie uns Menschen zunehmend aus dem naturgesetzlichen Determinismus herausgelöst hat. Karl Popper fasste unsere virtuellen Gemeinschaftswirklichkeiten in dem Begriff „Welt 3" zusammen.[406] Wir können mit ihrer Hilfe zu dem, was wir als Einzelne oder als Gemeinschaft wahrnehmen, erfahren und erleben, oft mehrere Alternativnarrative konstruieren. Insbesondere moderne Wissenschaft stützt sich auf Alternativnarrative (Hypothesen), deren Besonderheit darin besteht, dass sie sich der systematischen empirischen Überprüfung stellen. Alternativnarrative, seien sie nun wissenschaftlich, mythisch oder religiös begründet, erlauben unterschiedliche Bewertungen dessen, was wir wahrnehmen, erfahren und erleben. Wir benötigen konkurrierende Narrative, um alternative Verhaltensentwürfe entwerfen, ihre möglichen Konsequenzen voraussehen und nachträglich eine Bewertung vornehmen zu können, ob diese Konsequenzen wirklich wünschenswert waren. Eine solche Bewertung wird wiederum unser Verhalten beeinflussen. Es kann kein Zweifel daran bestehen, dass unsere virtuellen narrativen Wirklichkeiten (Welt 3) tief in die physikalische Welt (die sogenannte objektive Welt, Poppers Welt 1) hinein-w i r k e n. Sie sind im wörtlichen Sinne w i r k-lich.

406 K. R. Popper, 1978: „Three Worlds. The Tanner Lecture on Human Values", University of Michigan [07.04.1978].

20. Symboltechniken und externes Gedächtnisfeld

Es würde mir schwerfallen, dieses Buch ohne meinen Laptop, dessen leistungsfähigen Arbeitsspeicher und große Festplatte, ohne Textverarbeitungssoftware, Internetverbindung und Suchfunktionen zu schreiben. Moderne Hardware und Software und das Internet helfen mir, die Fülle an wissenschaftlichen Informationen, die ich für dieses Buch benötige, effizient zu gewinnen, zu sortieren, festzuhalten, wiederzufinden und miteinander zu verbinden. Ich habe mich als Autor inzwischen hochgradig von diesen digitalen Hilfsmitteln abhängig gemacht. Die zunehmende Abhängigkeit von externen Hilfsmitteln ist in der Kulturgeschichte der Menschen unterdessen nichts Neues. „Jeder wesentliche geistig-intellektuelle Fortschritt ist auf irgendeine Art von symbolischer Innovation zurückzuführen", meint Donald. Schon unsere hominiden Vorfahren hätten „so viel kognitives Material wie möglich in das Reservoir ihrer Kultur" ausgelagert und „es sozusagen nur bei Bedarf wieder [...] in das individuelle Gehirn" hineingeholt.[407]

Donald glaubt, dass schon die Hominiden in der Lage waren, „den aktuellen Stand des kulturellen Speichersystems (dessen mächtigstes Instrument die Sprache und vor allem ihre impliziten Codes sind) [zu] lesen und in sich die jeweils aktuelle Version des Hominiden-Geistes [zu] reproduzieren". Wenn ich Donald richtig verstehe, müssen wir uns diese Reproduktionen wie regelmäßige „Updates" aus einem kollektiven kulturellen Informationsnetzwerk vorstellen, mit denen einst die Hominiden (und heute wir) das jeweilige Programm, das auf unserer individuellen Gehirn-Hardware läuft und unser Verhalten im Sinne der Gemeinschaft steuert, immer wieder auf den neuesten Stand brachten (beziehungsweise bringen). Ich bitte meine Leserinnen und Leser um Nachsicht, dass ich erneut eine unromantische Computeranalogie bemühe. Es liegt mir am Herzen, die kontraintuitive Annahme zu veranschaulichen, dass unser vermeintlich individuelles und scheinbar aus uns selbst heraus erwachsendes Bewusstsein (unser Denken, Fühlen und Wollen) zu einem großen Teil eine von außen kommende Programmierung mit kollektiver Bewusstseinsinformation[408] ist.

407 M. Donald, 2008: „Triumph des Bewusstseins. Die Evolution des menschlichen Geistes", Original 2001: „A mind so rare. The Evolution of Human Consciousness", New York: W. W. Norton & Company, S. 278-279.

408 In der Einführung definierte ich bereits Bewusstseinsinformation als eine Klasse von Informationen, die geeignet sind, menschliche Gehirne zu vernetzen und die besonderen Eigenschaften des menschlichen Bewusstseins hervorzubringen.

Meine Computeranalogie hinkt natürlich. Sozial angelieferte Programme laufen ja gerade nicht auf Computern, sondern auf menschlichen Gehirnen, die sich durch ein besonders hohes Maß an Plastizität auszeichnen. Jedes einzelne unserer Gehirne hat – eingebettet in einen individuellen Organismus – durch die Wechselwirkung von genetischen, soziokulturellen und biografischen Faktoren eine einzigartige morphologische und funktionelle Ausformung erhalten und kann seine innere Struktur lebenslang weiter verändern. Menschliche Gehirne sind von der Evolution mit Überraschungswerten ausgestattet. Das heißt: Das Verhalten von Menschen ist auf längere Sicht nicht voraussagbar, insbesondere dann nicht, wenn ein Individuum in ein komplexes symbolbasiertes soziokulturelles System eingebunden ist. Die heute gebräuchlichen Computer sind hingegen deterministische Gebilde; ihr Verhalten ist prinzipiell aus ihren physikalischen und technischen Eigenschaften sowie dem Input, den sie von außen erhalten, vollständig erklärbar und voraussagbar. Das könnte sich allerdings ändern, wenn es gelänge, „Quantencomputer" zu bauen, die sich die nicht deterministischen Eigenschaften von Quantenzuständen zunutze machen können.[409]

Im Kapitel 11 über Repräsentation und Gedächtnis erwähnte ich bereits, dass die biologischen Gedächtnisspuren des Gehirns, die sogenannten Engramme, unbeständig sind und sich im Bewusstsein nicht langfristig präsent halten lassen. Donald nimmt daher an, dass es irgendwann in der Geistesgeschichte nicht mehr ausreichte, den kollektiven Erfahrungsschatz über mündliche Narrative und mythologische Metaphern weiterzugeben. Der kulturelle Fortschritt verlangte nach „externen Speichermedien", welche im Vergleich zur reinen „Mündlichkeitskultur" den Vorteil „stabiler, dynamischer Repräsentationen von vielen Dingen" und höherer „Beständigkeit, Zugänglichkeit und Präzision" besitzen.[410] So sollen Vorläufer der Schrift schon vor etwa 10.000 Jahren entstanden sein, zum Beispiel in Form von Markierungen an Objekten, um den Überblick über Handelswaren zu behalten. Weitere Symboltechniken[411] ermöglichten Navigation, Vermessung und Architektur. „Ohne den massiven Einsatz von Techniken zur externen Speicherung von Symbolen, die in den großen [antiken] Siedlungen eine zentralisierte kognitive Kontrolle ermöglichte", hätten, so Donald, „die damaligen Stadtgesellschaften nicht entstehen können. […] Die Stadtstaaten des antiken Griechenlands entwickelten

409 Vgl. T. und B. Görnitz, 2008: „Die Evolution des Geistigen. Quantenphysik – Bewusstsein – Religion", Göttingen: Vandenhoeck & Ruprecht, S. 112.

410 M. Donald, 2008, S. 304.

411 Siehe auch Online-Glossar.

das erste phonetische Alphabet sowie verbesserte Notationssysteme für Geometrie und Mathematik.“[412]

Schriftlose Kulturen mit ihren kollektiven Gedächtnisinstrumenten der Mimesis, der Narration und der Gleichnisse (welche zum Beispiel den moralischen Anspruch an die Tapferkeit der Männer allegorisch in Form eines Heldenmythos ausdrücken) waren – so Donald – noch außerstande, die grundsätzlichen Begrenzungen des individuellen Arbeitsgedächtnisses zu überwinden. Hingegen erlauben externe Symbolspeicher wie zum Beispiel Bücher, Museen, Kalender und Computer, dass das Bewusstsein jederzeit uneingeschränkt auf sie zuzugreifen kann. Mit Hilfe externer Symbole lassen sich Donald zufolge Bewusstseinsprozesse „sehr rasch induzieren oder abbrechen; das Individuum kann somit mit verblüffender Geschwindigkeit von einem mentalen Zustand in einen anderen wechseln“. Das individuelle Arbeitsgedächtnis und das externe Gedächtnisfeld scheinen einander mit ihren spezifischen Speicher- und Abrufmechanismen zu ergänzen.[413]

Die Techniken des Symbolgebrauchs haben laut Donald „die Art und Weise verwandelt, in der wir als Individuen und als Kollektive denken, uns erinnern und die Welt erfahren“. In unserer heutigen Kultur existierten „ganze Gattungen kognitiver Operationen, die ohne externe Symbole gar nicht ablaufen könnten“. Wenn der menschliche Geist heute Dinge vollbringe, die früher undenkbar waren, beruhe das „in erster Linie auf den Neuerungen, welche die Gedächtnismedien selbst betreffen“. Wenn „bestimmte Symboltechniken in genau der richtigen Anordnung zum Einsatz“ kämen, könnten „sie das Individuum gezielt in bestimmte mentale Zustände versetzen“. Es würde möglich, „äußerst intensive Erfahrungen vorzustrukturieren und virtuelle Realitäten zu erzeugen. Diese Kunstwelten, die uns die Kultur anbietet, stellen die Intensität und Vielfalt des natürlichen Erlebens unter Umständen in den Schatten.“[414] Ich denke hier zum Beispiel an die im 20. Jahrhundert perfektionierten Medien, Techniken und Wirkungen politischer Propaganda, welche ganze Völker begeistern und zu überragenden Leistungen motivieren konnten, aber auch zu nationalistischen Rauschzuständen, fürchterlichen Kriegen und Unrecht verführten. Ich denke auch an die medialen Scheinwelten, welche die Werbung kreiert, um Milliardenausgaben für zweifelhaften Konsum zu bewirken, oder an die Sucht erzeugende Faszination von Fernsehen und Internetwelten.

412 M. Donald, 2008, S. 295.

413 M. Donald, 2008, S. 294, 299, 302.

414 M. Donald, 2008, S. 293, 301-302.

Doch bevor Menschen für die Wirkung von Symboltechniken empfänglich werden, müssen sie auf die Verarbeitung externer Symbole aufwendig vorbereitet werden. Als wir Lesen und Schreiben lernten, war – in Donalds Worten – „eine massive Umstrukturierung notwendig, die bestimmten Schaltkreisen des Gehirns neue Funktionen zuordnet und die funktionelle Architektur des Denkens neu verschaltet". Für Donald ist klar: „Der Erwerb und Gebrauch der Schrift greifen tief in die funktionale Ordnung des Gehirns und in den Ablauf kognitiver Prozesse von Individuen und Gruppen ein." Donald bezeichnet die großen neuronalen Netzwerke, die bei den meisten Menschen ihren Schwerpunkt in der linken Hemisphäre haben und in denen die für den Schriftgebrauch zuständigen kognitiven Prozesse verankert sind, als „Schriftgehirn". Dieses Schriftgehirn wirke „tief in die Operationsmodi des Bewusstseins" hinein und beeinflusse „das relative Größenwachstum und die Dichte der Synapsen in bestimmten Regionen und Funktionsgefügen des Gehirns".[415]

Jedes gesunde Kind lernt, selbst wenn es ursprünglich einer schriftlosen Kultur entstammt, zu lesen und zu schreiben, sofern es die Gelegenheit dazu bekommt. Das Schriftgehirn ist aber nach Donald keineswegs „aus einem Evolutionsprozess im Darwin'schen Sinne hervorgegangen". Die Schrift sei kein angeborenes und „naturgegebenes Grundelement des Menschlichen". Zwar sind die neuronalen Voraussetzungen angeboren, in dem Maße, wie es nur Menschen möglich ist, Lesen und Schreiben zu lernen. Aber das Schriftgehirn ist von Geburt an nicht einfach schon vorhanden. Es muss erst durch kulturelles Training ausgebildet werden. Haben wir aber einmal Lesen und Schreiben gelernt, gewinnen externe Symbole große Macht über die Abläufe in unserem Gehirn. Sie können kognitive Prozesse anstoßen, die „auf viele Regionen des Gehirns verteilt" sind und „die den Zugang zum semantischen Gedächtnis öffnen, Ideen und Szenarien ins Bewusstsein rufen und sie mit aktuellen Erfahrungen vergleichen".

So führt nach Donald das externe Gedächtnisfeld – einer „Einfallstraße" gleich – die „symbolischen Universen in die tiefsten und komplexesten Schichten" des individuellen Geistes. Donald vergleich das externe Gedächtnisfeld mit „einem Trojanischen Pferd, mit dem sich die Kultur ins Gehirn einschleust und in die hintersten Winkel des Geistes vordringt. Es spielt auf der Klaviatur unserer Kognitionen und dirigiert den Geist nach vorgegebenen Mustern zu ganz bestimmten Zuständen hin." Das externe Gedächtnisfeld und „Hunderte von höchst leis-

415 M. Donald, 2008, S. 292-293.

tungsstarken Symboltechniken“ stellten uns „immer mehr künstliche Quellen der Erfahrung“ zur Verfügung (heutzutage beschäftigen sich ganze Industrien damit, unsere Erfahrungen zu programmieren und gezielt bestimmte individuelle und kollektive Bewusstseinszustände herbeizuführen). Manchmal scheine es, als sei die elektronische Vernetzung schon so leistungsfähig geworden, dass sie mittlerweile gegenüber den naturgegebenen Voraussetzungen der Kognition eine Vormachtstellung innehabe. Zugleich hält Donald viele Hervorbringungen der Symbolkultur für nicht „benutzerfreundlich“, weil sie kein „triviales Abbild der Realität“ zeichnen. „Sie verlangen dem Bewusstsein des Publikums das Äußerste ab.“[416]

Hier wird erneut Donalds Sicht der Kultur als „großer Bruder“ deutlich, der „uns in der Hand [hat], weil er schon früh in uns eindringt“. Schlimmstenfalls könnten Symboltechniken sogar „eingesetzt werden, um zu täuschen, zu vernebeln, zu reglementieren oder gar das Denken zu behindern, so wie wir das von totalitären Regimen kennen. Symboltechniken verleihen, wie auch immer sie verwendet werden, dem Bewusstsein eine ungeheure Macht.“ Durch externe Symbole würde aber auch die „Kultur erheblich selbstreflexiver“. Geschriebene Texte hätten es schon den antiken Menschen ermöglicht, ihr eigenes Denken einer systematischen Analyse zu unterziehen. Selbst das eigene „subjektive Erleben wird zum Objekt des eigenen gezielten und bewussten Planens“.[417] Mit der Metakognition und Selbstreflexion als Merkmal höherer Bewusstseinszustände werden wir uns unten noch beschäftigen.

Fassen wir zusammen:

- Kultureller Fortschritt verlangte vermutlich schon prähistorisch nach externen Speichermedien, welche die mündlichen Formen der Weitergabe von wichtigen Erfahrungen und Fertigkeiten ergänzten.
- Externe Gedächtnisspeicher erlauben gegenüber einer reinen Mündlichkeitskultur die stabile, dynamische Repräsentation von vielen Dingen bei gleichzeitig höherer Beständigkeit, Zugänglichkeit und Präzision der gespeicherten Information.
- Externe Symbolspeicher wie Bücher, Museen, Kalender und Computer erlauben es, jederzeit uneingeschränkt auf sie zuzugreifen und Bewusstseinsprozesse sehr rasch zu induzieren oder abzubrechen.

416 M. Donald, 2008, S. 289, 302-305.

417 M. Donald, 2008, S. 289, 302-303.

- Die Techniken des Symbolgebrauchs beeinflussen, wie wir als Individuen und als Kollektive denken, uns erinnern und die Welt erfahren.
- Bestimmte Symboltechniken können in uns intensive Erfahrungen in Kunstwelten hervorrufen, welche die Intensität und Vielfalt des natürlichen Erlebens übertreffen können.
- Der Erwerb und Gebrauch der Schrift greifen tief in die funktionale Ordnung des Gehirns und in den Ablauf kognitiver Prozesse von Individuen und Gruppen ein.
- Wenn wir Lesen und Schreiben lernen, wird unser Gehirn massiv umstrukturiert.
- Donald bezeichnet die beteiligten neuronalen Netzwerke als „Schriftgehirn".
- Das Schriftgehirn ist nicht einfach schon von Geburt an vorhanden. Es muss durch kulturelles Training erst ausgebildet werden.
- Haben wir erst einmal Lesen und Schreiben gelernt, gewinnen externe Symbole große Macht über die Abläufe in unserem Gehirn.
- Das externe Gedächtnisfeld und leistungsstarke Symboltechniken stellen uns heute immer mehr künstliche Quellen der Erfahrung zur Verfügung, die uns jedoch leicht überfordern, weil sie kein triviales Abbild der Realität zeichnen.
- Schlimmstenfalls können Symboltechniken eingesetzt werden, um zu täuschen oder gar das Denken zu behindern.
- Externe Symbole können eine Kultur aber auch selbstreflexiver machen.

Praktische Konsequenzen

Die eine Leserin oder der andere Leser mag sich während der vorangegangenen Kapitel schon mit der kontraintuitiven Einsicht angefreundet haben, dass wir in einer teils biologisch, teils kulturell konstruierten Wirklichkeitsillusion leben. Doch nun mutet dieses Kapitel über Symboltechniken und externes Gedächtnisfeld uns ein fast unerträgliches Szenario von orwellscher Qualität zu: Unser individuelles Bewusstsein scheint mit Haut und Haar symbolbasierten Machtinstrumenten ausgeliefert zu sein, welche mit erschreckender Wirksamkeit unsere Wahrnehmungen, unser Denken, Fühlen und Wollen steuern. Irritierend an diesem Bild ist, dass in ihm ein personaler Bösewicht fehlt, ein leibhaftiger Ursupator und Tyrann oder eine Gottheit, die man für ihre Machtanmaßung anklagen und bekämpfen oder anbeten und wohlwollend stimmen könnte.

Wir selbst sind es, die – gewollt oder ungewollt – Donalds externes Gedächtnisfeld beziehungsweise Poppers „Welt 3" gestalten und aktualisieren, zum Beispiel wenn wir etwas Schriftliches verfassen oder etwas Künstliches herstellen. Es macht selbstverständlich einen Unterschied, ob wir gedankenlos etwas auf einen Zettel kritzeln, ein Formular ausfüllen, Falschgeld drucken, Waffen produzieren, einen Liebesbrief schreiben, ein Haus, eine Fabrik, eine Schule, eine Raumstation oder eine Kathedrale planen und erbauen, Kunstwerke erschaffen, ein Gesetz erlassen, ein philosophisches System entwerfen, ein Evangelium schreiben oder eine wissenschaftliche Abhandlung verfassen. In jedem dieser Fälle wirken wir – sei es in einem verschwindend geringen oder in einem die Welt verändernden Maßstab – an der gemeinsamen kulturellen Matrix mit, in der wir und unsere Mitmenschen leben und die Generationen nach uns leben werden. Wir wirken damit auch mit an dem durch unsere Kultur geöffneten und begrenzten Feld von Möglichkeiten, welches vom kollektiven Paradies auf Erden bis zum gemeinsamen Untergang in einer atomaren oder ökologischen Katastrophe reicht. Wir sind in wesentlichen Teilen unserer individuellen Persönlichkeiten von unserer Kultur geschaffen worden, und gemeinsam setzen wir das Werk unserer Vorfahren fort, die diese Kultur erschaffen haben.

Der „große Bruder namens Kultur", der laut Donald „schon früh in uns eindringt" und „uns in der Hand hat," verliert etwas von seiner erschreckenden Übermacht, sobald wir ihm nicht mehr alleine und vereinzelt gegenüberstehen. Wenn wir unsere eigene Kultur und alle anderen Kulturen als einen großen, Generationen übergreifenden Gemeinschaftsprozess begreifen und unser jeweiliges eigenes, individuelles Bewusstsein als Produkt, Teilhaber, Nutznießer, Mitgestalter und Mitverantwortlichen eines solchen Prozesses verstehen, kann uns das helfen, uns mit unserem ohnehin unausweichlichen menschlichen Schicksal als Kulturwesen zu versöhnen.

21. Körperschema und Körper-Selbst

„Leib bin ich und Seele" – so redet das Kind.
Und warum sollte man nicht wie die Kinder reden?
Aber der Erwachte, der Wissende sagt:
Leib bin ich ganz und gar, und nichts außerdem;
und Seele ist nur ein Wort für Etwas am Leibe. [...]
Hinter deinen Gedanken und Gefühlen, mein Bruder, steht ein
mächtiger Gebieter, ein unbekannter Weiser – der heißt Selbst.
In deinem Leibe wohnt er, dein Leib ist er.

Friedrich Nietzsche[418]

In den vorangegangenen Kapiteln haben wir uns mit dem machtvollen Einfluss von Sprache und kulturellen Symboltechniken auf unser Bewusstsein beschäftigt. Wir dürfen dabei aber nicht aus den Augen verlieren, dass Bewusstsein von seinem biologischen Ursprung her, lange bevor es mit Symbolen operiert, ein sinnliches und körpernahes Phänomen ist. Ich möchte an das Kapitel 15 über Proto-Selbst, Kernbewusstsein und Ich-Mitte erinnern und noch einmal, weil es lebenspraktische Bedeutung hat, deutlich machen, wie stark unser Bewusstsein und Selbsterleben im Körperlichen verankert ist.

Wir erfuhren bereits, dass António Damásio die unterste Stufe von Bewusstsein als Kern-Selbst bezeichnet. Das Kern-Selbst entstehe aus der kontinuierlichen Folge pulsierender Veränderungen des Proto-Selbst im Kontakt mit den Objekten der Umwelt. Das Proto-Selbst versteht Damásio als Sammlung von nicht bewussten neuronalen Mustern, die den physischen Zustand des Körpers an vielen Stellen des Gehirns abbilden und steuern. Die erste Umwelt ist für das entstehende Leben der Mutterleib. Hier macht der Fötus seine ersten sensorischen Erfahrungen. Nach der Geburt erweitern sich die kindlichen Bewegungsmöglichkeiten immens. Dank seiner angeborenen Spontanmotorik kann das Neugeborene den Kontakt mit dem Körper der Mutter und seinem eigenen Körper sowie mit anderen Beziehungspersonen und Spielgegenständen selbst aktiv herstellen. Durch all diese

418 F. Nietzsche, 1930: „Also sprach Zarathustra: Ein Buch für alle und keinen", Kröners Taschenausgabe, Stuttgart: Kröner, S. 34.

Aktivitäten werden seine Sinnesrezeptoren und viele Areale seines rasch wachsenden[419] und reifenden Gehirns stimuliert.

Unter dem Input taktiler, kinästhetischer (über die Stellung und Anspannung des Bewegungsapparates informierender), vestibulärer (aus dem Gleichgewichtsorgan stammender), möglicherweise auch visueller und anderer Sinneseindrücke, welche die zunächst noch automatischen Bewegungen des Neugeborenen begleiten, entwickelt sich eine vorbewusste Vorstellung über die räumlichen Verhältnisse, in denen die Bewegungen des eigenen Körpers stattfinden. Arnold Pick bezeichnete diese vorbewusste, zentralnervöse Repräsentation eines Raumbildes des eigenen Körpers als „Körperschema". Das Körperschema hatte für Pick die Funktion, die „Orientierung am eigenen Körper" zu ermöglichen.[420] Das Körperschema können wir uns als eine Art Körpergedächtnis vorstellen, als eine sich ständig weiterentwickelnde Hintergrundinformation oder Referenzgröße. Das Körperschema setzt nach Henry Head jede neue Sinnesempfindung in Bezug zum Körperganzen und verknüpft sie mit bereits erworbenen motorischen Fähigkeiten.[421]

Die Art der neuronalen Repräsentation (Kartierung) der Aspekte der Außenwelt und des eigenen Körpers sowie der Veränderungen, die im eigenen Körpers durch den Kontakt mit den Objekten der Außenwelt stattfinden, hängen – wie erwähnt – wesentlich von den angeborenen, genetisch festgelegten Antrieben und Bedürfnissen des Säuglings ab. Hierzu gehören zum Beispiel die Bedürfnisse nach Anlehnung, Körperkontakt, sicherer Bindung und Spiegelung. Es spielt auch eine große Rolle, wie die soziale Umgebung auf die individuelle Ausprägung dieser Bedürfnisse des Säuglings reagiert. Die Bedürfnisbefriedigung wird von angeborenen rudimentären motorischen Fähigkeiten unterstützt, zum Beispiel von Saug- und Greifreflexen oder der Fähigkeit zu schreien. Bei adäquater Stimulation und Resonanz durch das soziale Umfeld erfährt der Säugling, was er alles mit seinen Bewegungen und Lautäußerungen bewirken kann. Spontanmotorik und Reflexe treten schließlich hinter zunehmend gerichtetere und funktionalere Bewegungen und Lautäußerungen zurück.

419 Ich erwähnte bereits, dass sich das Geburtsgewicht in den ersten vier Lebensjahren verdreifacht.

420 A. Pick, 1908: „Studien zur Gehirnpathologie und Psychologie", Berlin.

421 H. Head, W. Halse Rivers, G. M. Holmes, J. Sherren, H. T. Thompson, G. Riddoch, 1920: „Studies in Neurology" (Band 2), London: Oxford University Press.

Zustände ungestillter Bedürfnisspannung, zum Beispiel wenn das Neugeborene zu oft alleine gelassen wird, zeigen sich deutlich in typischen Stresssymptomen und Affektäußerungen wie andauerndem Schreien, motorischer Unruhe und muskulärer Anspannung. Sie gehen mit neurohormonellen und physiologischen Stresskorrelaten einher. Im Kapitel 8 über Interaktion, Lernen und die Rolle der Spiegelneuronen war bereits die Rede davon, dass sich die Aktivität der Spiegelneuronen bei Stress und Angst reduziert. Im Kapitel 12 über Erinnern, Kontext und emotionales Gedächtnis habe ich auf die schädlichen Auswirkungen dauerhaft erhöhter Blutspiegel der aus der Nebenniere stammenden Glucocorticoide und des in der Hypophyse gebildeten Corticotropin-Releasing-Hormons (CRH) auf die Gehirnentwicklung von Babys hingewiesen. Umgekehrt führt eine angemessene Bedürfnisbefriedigung zur sichtbaren Beruhigung des Säuglings und zur Verminderung von neurohormonellen und physiologischen Stresskorrelaten. Im Begriff „Stillen" kommt die komplexe, weit über die reine Nahrungszufuhr hinausgehende, befriedigende Wirkung der Mutter-Kind-Interaktion auf den Organismus anschaulich zum Ausdruck.

Die Erfahrung der „Objekte"[422] der Außenwelt ist folglich stark von den Bedürfnissen und Antrieben des Säuglings abhängig. Die Repräsentation dieser Objekte ist assoziativ mit lustvollen oder unlustvollen Sinnesempfindungen im Kontakt mit diesen Objekten verbunden. Außerdem differenzieren sich mit der Zeit bei jedem Kind individuelle motorische und affektive Interaktionsmuster im Hinblick auf diese Objekte heraus. George Downing spricht von „affektmotorischen Schemata", die sich durch zahllose rhythmische „Mikroaustausch-Interaktionen" zwischen dem Körper der Mutter und dem Körper des Säuglings herausbilden und schließlich rudimentäre Selbst- und Objektrepräsentanzen (auf die unten noch einzugehen sein wird) begründen.[423] Downing hat diese Wechselwirkungen des frühkindlichen und mütterlichen Verhaltens mit der Technik der „Video-Mikroanalyse"

422 In der klassischen psychoanalytischen Theorie wird der Begriff „Objekt" zur Bezeichnung für jene spezifischen Aspekte von Beziehungspersonen verwendet, welche geeignet sind, entwicklungsphasentypische kindliche Triebe (bei Freud zum Beispiel orale, anale, phallische oder ödipale) oder Antriebe (bei Harald Schultz-Hencke zum Beispiel intentionale, oral-kaptative, anal-retentive, urethrale und ödipale) tatsächlich oder auch nur in der Fantasie zu befriedigen. Der Fachterminus „Objekt" bezeichnet in der Psychoanalyse also nicht etwa einen Gegenstand an sich, auch nicht eine Person in ihrer psychophysischen Ganzheit, sondern eben nur jenen begrenzten Teilaspekt, der im Hinblick auf die noch unreife Trieb- und Bedürfnisstruktur eines Kindes bdeutsam ist.

423 G. Downing, 2006: „Frühkindlicher Affektaustausch und dessen Beziehung zum Körper", in: G. Marlock, H. Weiss (Hg.): „Handbuch der Körperpsychotherapie", Stuttgart: Schattauer, S. 333-350.

untersucht.[424] Um sich sicher und geborgen zu fühlen, benötige das Kind – hier macht sich Downing eine Grundannahme der Bindungstheorie zu eigen –, dass die Mutter ihre Aufmerksamkeit auf seine Bedürfnisse hin ausrichtet. Unter günstigen Umständen gelinge es dem Säugling durch Augenkontakt und Einsatz seines gesamten Körpers, dass sich ihm die Mutter ausreichend zuwendet und es versorgt. Das Kind antworte auf die erlangte Zuwendung mit einer Verstärkung seines Verhaltens. Zwischen Mutter und Kind findet nach Downings Beobachtungen geradezu „ein Tanz" an Augen- und Körperkontakt statt, durch den das Kind spezifische „Körper-Mikropraktiken" der Affektregulierung erlernt.

Erinnert sei an die wechselseitige Spiegelung von Mutter und Neugeborenem (beschrieben im Kapitel 8 über Interaktion, Lernen und die Rolle der Spiegelneuronen), wodurch die Spiegelneuronen des Kindes trainiert werden. Erinnert sei auch an Merlin Donalds Begriff der Mimesis, zu verstehen als eine beim Menschen besonders ausgeprägte Nachahmungsbereitschaft, die Kinder befähigen soll, implizites Wissen über soziokulturelle Interaktionsmuster wie Blickkontakt, gemeinsame Ausrichtung von Aufmerksamkeit, Berührungen, Gesten, Mimik und Lautbildungen zu erwerben. Wie wir unseren Körper und die Welt um uns herum wahrnehmen und erfahren, ist also von Anfang unseres Lebens an interaktiv geprägt und untrennbar mit unserem sozialen Umfeld verbunden. Von frühester Kindheit an erwerben wir im Kontakt mit unserem eigenen Körper und mit den Menschen und Objekten in unserer Umgebung prozedurales Wissen in Form von Mustern des Gebrauchs unserer Sinnessysteme, von Bewegungs- und Ausdrucksroutinen, von Körperhaltungen, Anspannungs- und Entspannungszuständen unserer Muskulatur, von spezifischen neurohormonellen und vegetativen Reaktionen (wie zum Beispiel der Veränderung der Herzfunktion und der Atmung) sowie schließlich von affektiven Zuständen und sich zunehmend verselbstständigenden Bereitschaften des Erlebens und Handelns.

Ohne uns dessen in der Regel bewusst zu sein, neigen wir dazu, die erworbenen prozeduralen Muster, Routinen, Haltungen und Reaktionen laufend zu wiederholen. Die erworbenen Muster wiederum wirken sich nachhaltig auf unseren Körper aus. Betrachten wir zum Beispiel unsere Ess-, Trink-, Bewegungs-, Körperpflege-, Arbeits-, Erholungs- oder Schlafgewohnheiten. Neben genetischen Faktoren sind sie es, die unseren Ernährungs- und Stoffwechselzustand, unsere Körperhaltung und den Trainings- oder Verspannungszustand unserer Muskulatur, den Zustand

424 G. Downing, 1996: „Körper und Wort in der Psychotherapie. Leitlinien für die Praxis", München: Kösel.

unserer Zähne sowie unser vegetatives Gleichgewicht beeinflussen und deutliche Spuren in unserem Körper wie Falten, Narben und degenerative Veränderungen oder Spuren in unserem genetischen und immunologischen Gedächtnis oder sogar toxische Belastungen in unserem Organismus hinterlassen. Unser Wissen über die Objekte der Außenwelt und unsere Erfahrung unseres eigenen Körpers, seiner Bewegungs-, Wirkungs- und Empfindungsmöglichkeiten sind folglich nicht allein eine Sache des Gehirns. Denn wird unser Gehirn von den körperbezogenen Feedback-Systemen (welche auf afferente Nervenverbindungen aus dem Körper und efferente Bahnen in den Körper angewiesen sind) abgeschnitten, wird es in seiner Funktion schwer beeinträchtig.

Als Beispiel mag der von Oliver Sacks beschriebene Fall einer Patientin dienen, deren Rückenmarks- und Hirnnervenwurzeln durch eine sensorische Neuritis schwer beschädigt wurden. Die junge Frau hatte so ihre körperliche Eigenempfindung fast völlig verloren. Sie sei „so schlaff und hilflos wie eine Puppe" gewesen, berichtet Sacks. Sie hatte das Gefühl, ihr Körper sei tot und nicht wirklich ihr Eigen. Die Patientin sagte wörtlich: „Es ist, als sei mein Körper sich selbst gegenüber blind und taub. [...] Er hat kein Gefühl für sich selbst."[425] Die Patientin konnte ihren Alltag erst wieder bewältigen, als es durch intensives Training gelang, den Verlust ihres propriozeptiven Selbstempfindens mit Hilfe ihrer intakten visuellen Sinnesempfindungen zu kompensieren, also eine Art neues Körperschema zu entwickeln, das ihr die Orientierung im und am eigenen Körper wieder einigermaßen ermöglichte.

António Damásio zeigte Versuchspersonen Fotos, auf denen Personen mit starkem Affektausdruck abgebildet waren. Die Probanden begannen unwillkürlich, unbewusst und fast augenblicklich (was elektromyografisch nachweisbar war), mit ihren Gesichtsmuskeln den affektiven Ausdruck der Personen auf dem Foto nachzubilden.[426] Eine Gesichtsreaktion war beim Betrachten des Affektausdrucks anderer selbst dann nachzuweisen, wenn die Versuchspersonen ausdrücklich aufgefordert wurden, mit ihren Gesichtsmuskeln nicht zu reagieren.[427] Unterdrücken wir künst-

425 O. Sacks, 1987: „Der Mann, der seine Frau mit einem Hut verwechselte", Hamburg: Rowohlt, S. 69-79.

426 A. Damásio, 2003: „Der Spinoza-Effekt", Berlin: List.

427 Ulf Dimberg, Monika Thunberg und Sara Grunedal (2002: „Automatically controlled emotional responses", in: Cognition and Emotion, 16, 449-471) zeigten Testpersonen Porträts menschlicher Gesichter mit positivem und negativem Affektausdruck. Sie forderten ihre Versuchspersonen ausdrücklich auf, beim Betrachten der Bilder mit ihren Gesichtsmuskeln nicht zu reagieren.

lich, zum Beispiel indem wir auf einen Stift beißen, unsere mimische Mitreaktion, welche ja die innere Simulation des wahrgenommenen emotionalen Ausdrucks im Gesicht anderer Menschen widerspiegelt, können wir weniger gut erkennen, wie sich ein anderer gerade fühlt.[428] Alvin Goldman und Chandra Sekhar Sripada zufolge erfolgt die Emotionserkennung dreischrittig: Der erste Schritt, an dem wesentlich die bereits besprochenen Spiegelneuronen beteiligt sind, besteht in einer angedeuteten mimischen Nachahmung der Mimik und Gestik des beobachteten anderen. Im zweiten Schritt wird die eigene Muskulatur wahrgenommen, allerdings unterhalb der bewussten Wahrnehmungsschwelle, und im dritten Schritt wird aus der propriozeptiven Selbstempfindung heraus der emotionale Zustand der anderen Person erschlossen.[429]

Es ist also nicht unser Gehirn allein, das lernt und begreift, was um uns herum vor sich geht, sondern gewissermaßen unser Körper als Ganzes. Nach Wilhelm Reich und der an ihn anknüpfenden Körperpsychotherapie prägen sich die vergangenen Interaktionen mit unseren primären Beziehungspersonen vor allem in unserem Bewegungsapparat ein. Reich vermutete aufgrund seiner klinischen Beobachtungen, dass Menschen, die als Kinder lernten, ihre Wut-, Angst-, Trauer-, Lust- und Liebeserregungen zu unterdrücken, zu muskulären Verkrampfungen

Elektromyografisch ließ sich nachweisen, dass es den Probanden nicht gelang, eine Reaktion ihrer Gesichtsmuskulatur zu vermeiden. Dieser Effekt ist unabhängig davon, ob die Bilder für 500 Millisekunden eingeblendet werden, was eine bewusste Wahrnehmung des Affektausdrucks der Person auf dem Foto erlaubt, oder nur für 40 Millisekunden, wodurch die Beobachtung der Gesichter der bewussten Wahrnehmung entzogen wird. In beiden Fällen imitieren die Probanden unwillkürlich die ihnen präsentierten Mimiken.

428 Lindsay Oberman, Piotr Winkielman, Vilajanur Ramachandran (2007: „Face to face: Blocking facial mimicry can selectively impair recognition of emotional expressions", in: Social Neuroscience, Vol. 2, 3-4, 167-178) untersuchten, wie sich zwei Aktionen, welche dem mimischen Mitreagieren entgegengesetzt waren, nämlich einen Kaugummi zu kauen und auf einen Stift zu beißen, auf die Erkennung von Freude, Ekel, Angst und Trauer auswirken. Vor allem wenn die Probanden auf den Stift bissen, war ihr Erkennen von fröhlichen Gesichtern beeinträchtigt.

429 A. Goldman, C. S. Sripada, 2005: „Simulationist models of face-based emotion recognition", in: Cognition 94, 193-213. Diese auch als „umgekehrtes Simulationsmodell" bezeichnete Theorie von Goldman legt den Schluss nahe, dass Menschen mit Gesichtslähmungen schlechter den emotionalen Gesichtsausdruck anderer Menschen erkennen können als Gesunde. Untersuchungen, die Kathleen Rives Bogart und David Matsumoto (2010: „Facial mimicry is not necessary to recognize emotion: Facial expression recognition by people with Moebius syndrome", in: Social Neuroscience, 5, 241-251) an 37 Erwachsenen mit angeborener beidseitiger Gesichtslähmung (Moebius-Syndrom) durchgeführt haben, zeigten jedoch keine schlechteren Leistungen in der Moebius-Syndrom-Gruppe gegenüber einer gleich großen Kontrollgruppe ohne Lähmung.

im Sinne einer Muskelpanzerung und zu einer Einschränkung der „natürlichen Beweglichkeit“ neigen. „Jede muskuläre Verkrampfung enthält die Geschichte und den Sinn ihrer Entstehung.“[430]

Ian Grand weist in diesem Zusammenhang darauf hin, dass Kulturen und vor allem Subkulturen (in den USA) ihre Mitglieder zu sozialen Stereotypen zwingen, sodass diese Menschen „ihr Verhalten und ihre Einstellungen im Laufe der Zeit auf bestimmte Weisen dem kulturellen Konsens“ anpassen. Dadurch würden „bestimmte Arten, Muskeln zu nutzen, bestimmte Körperhaltungen und Gesten und bestimmte Grade von Erregung gefördert“.[431] In einer von Peggy Miller und Linda Sperry durchgeführten Studie schätzten und ermutigten Mütter aus dem Arbeitermilieu in Baltimore den Ausdruck von Ärger bei ihren Töchtern, weil sie ihn als vorteilhaft für deren Selbstschutz und deren Selbstverteidigung ansahen.[432] Kinder aus der bürgerlichen Mittelschicht würden dagegen eher angehalten, ihre Impulse und Aggressionen zu beherrschen und sich höflich und freundlich zu verhalten.

Unsere Sozialisation und Enkulturation sowie die kontextuellen Rahmenbedingungen unserer Lebensgeschichte prägen sich folglich tief in unsere Körperlichkeit ein; gewissermaßen werden wir physisch zu dem, was wir erfahren und erlebt haben. Wir scheinen weniger unseren Körper wie einen Gegenstand zu besitzen, als vielmehr – wie der französische Existenzialist Gabriel Marcel[433] lehrte – dieser Körper/Leib zu sein. Zugleich ist unsere Körperlichkeit die Voraussetzung dafür, dass wir die Welt und uns selbst überhaupt erst in Raum und Zeit erfahren und erleben können. Das Selbsterleben beginnt als sinnliche Erfahrung des eigenen Körpers in der lebhaften sensorischen und motorischen Wechselwirkung des Säuglings mit seinen primären Beziehungspersonen. In welcher Form und Qualität diese frühen Erfahrungen sowohl mit den Beziehungspersonen als auch mit dem eigenen Körper im Gehirn des Kindes neuronal codiert werden, hängt wesentlich von der Fähigkeit der Beziehungspersonen ab, die Bedürfnisse des Kindes, vor allem nach Nähe,

430 W. Reich, 1942: „The Function of the Orgasm“, New York: Orgone Institute Press, deutsch: 1967: „Die Funktion des Orgasmus“, Köln: Kiepenheuer & Witsch, S. 258.

431 I. J. Grand, 2006: „Körper, Kultur und körperorientierte Psychotherapien“, in: G. Marlock, H. Weiss (Hg.): „Handbuch der Körperpsychotherapie“, Stuttgart: Schattauer, S. 290-298.

432 P. Miller, L. Sperry, 1987: „The socialization of anger and aggression“, in: Merrill-Palmer quarterly, 33, 1-31.

433 M. Gabriel, 1972: „Die Menschenwürde und ihr existenzieller Grund“, Frankfurt: Knecht.

Körperkontakt, sicherer Bindung und Spiegelung, zu befriedigen. Wenn es regelmäßig, zuverlässig und auf lustvolle Weise gelingt, die Triebspannung des Kindes zu lösen und empathisch die spontanen kindlichen Lautbildungen und Bewegungen zu spiegeln, dann werden sich im Kind zunehmend mit positiven Affekten verbundene neuronale Repräsentationen des eigenen Körpers sowie Repräsentationen der befriedigenden Aspekte der Beziehungspersonen entwickeln. So will es zumindest die psychoanalytische Objektbeziehungstheorie, auf die wir unten noch eingehen werden.

Was sich im frühkindlichen Kontakt mit den Eltern an basalen körpernahen Selbstgefühlen entwickelt, bestimmt in der weiteren Entwicklung des Kindes sein ganz eigenes subjektives Erleben und auch sein zukünftiges Handeln. Dabei sind diese frühen Selbstgefühle noch alles andere als bewusst im verbalisierbaren und über sich selbst nachdenkenden Sinn. Vielmehr handelt es sich beim Kern-Selbst noch ganz und gar um ein „Körper-Selbst". Zu den Ersten, die von „Körper-Selbst" sprachen, gehören die Säuglingsforscher Margaret Mahler und John McDevitt[434]: „Das Selbst emergiert und wird zuerst erkannt als ein Körper-Selbst." Im „allerfrühesten Entwicklungsstadium" vermittele die Propriozeption „bei minimalem Einfluss von sensorischen Inputs die ersten Schimmer eines primitiven Kerns eines Körper-Selbst". Laut Thomas Metzinger gibt es im Wesentlichen vier Typen von intern erzeugter Information, die das Bindeglied zwischen dem noch zu besprechenden „phänomenalen Selbstmodell und seiner körperlichen Basis im Gehirn erzeugen:

- Input aus dem Vestibulärorgan: der Gleichgewichtssinn;
- Input aus dem invarianten Teil des Körperschemas: das 'Hintergrundgefühl' im räumlichen Modell des Körpers;
- Input aus Sensoren in den Eingeweiden, aber auch aus den Blutgefäßen, zum Beispiel aus den kardiovaskulären Mechanosensoren: 'Bauchgefühle' und somatoviszerale Formen der Selbstrepräsentation;
- Input aus bestimmten Teilen des oberen Hirnstamms und des Hypothalamus: Hintergrundemotionen und 'Gestimmtheiten', verankert in der kontinuierli-

434 M. Mahler, J. B. McDevitt, 1982: „Thoughts on the Emergence of the Sense of Self, with Particular Emphasis on the Body Self", in: Journal of the American Psychoanalytic Association, Volume 30, 827. Mahler und McDevitt gingen noch davon aus, dass Neugeborene zunächst eine autistische Phase durchlaufen, in der sie sinnliche Erfahrungen fast ausschließlich mit ihrem eigenen Körper machen. Diese Auffassung gilt als überholt. Heute wissen wir: Säuglinge sind von Anbeginn ihres Lebens in Interaktion mit ihrer Umgebung.

chen homöostatischen Selbstregulation des 'internen Milieus', also der biochemischen Landschaft in unserem Blut."[435]

Die Mutter und ihr Neugeborenes können noch nicht auf gemeinsame Vorstellungsbilder oder eine gemeinsame Sprache zurückgreifen. Sie sind in ihrer Kommunikation ganz und gar auf Körperbewegungen, Lautbildungen und ihre körpernahe Sinnesempfindung angewiesen. Das Befinden und die Bedürfnisse des Kindes erschließen sich der Mutter nur über seine Körpersignale. Ihre ganze Aufmerksamkeit richtet sie – wenn sie nicht krank ist oder durch äußere Widrigkeiten daran gehindert wird – hingebungsvoll auf jedes „Bäuerchen und Fürzlein", jede ungerichtete Spontanbewegung und jeden noch so unartikulierten Laut. Ihre Liebe zum Kind kann sie auch nur körperlich zum Ausdruck bringen, unter anderem durch physische Nähe, Berührungen, Stillen, spiegelnde Bewegungen und Lautbildungen. So erklärt sich die beherrschende Rolle des Körperlichen am Anfang der Selbstentwicklung des Kindes. Sein Selbst ist zunächst ein reines Körper-Selbst, das sich aus in Beziehungskontexten entstandenen Körpererfahrungen speist. Diese körperlich-sinnlichen Erfahrungen organisieren sich erst nach und nach zu einem konsistenten Körpererleben und später zu einer Vorstellung des Kindes und späteren Erwachsenen von seiner leiblichen und geschlechtlichen Identität.

Das ursprüngliche Körper-Selbst beinhaltet nach Donald frühe und grundlegende mimetische Interaktionsmuster und implizite Regeln für die gemeinsame Ausrichtung von Aufmerksamkeit, für Blickkontakt, Gestik, Tonfall, Mimik, Begrüßung, Umarmung, gemeinsames Spielen, gegenseitige Anteilnahme und gemeinsames Erinnern. Dieses vorsymbolische Körper-Selbst wird im Laufe der weiteren Entwicklung des Kindes von einem umfassenderen symbolbasierten Selbst-System umkleidet, in das familiäre und gesellschaftliche Konzepte, Delegationen und Ideale sowie auch ein autobiografisches Selbstverständnis einfließen. Doch bleibt nach Donald das Körper-Selbst – trotz seiner vielfältigen Überformung – auch in späteren zwischenmenschlichen Beziehungen in ursprünglicher Weise wirksam: „Wenn wir miteinander sprechen, bewegen wir uns keineswegs in einer immateriellen, entsinnlichten Sphäre. Das leibliche 'Ich' spricht zum leiblichen 'Du'. Der

435 T. Metzinger: „Die Selbstmodell-Theorie der Subjektivität: Eine Kurzdarstellung in sechs Schritten", S. 19, erweiterte Version des Buchbeitrags: „Philosophische Perspektiven auf das Selbstbewusstsein: Die Selbstmodell-Theorie der Subjektivität", in: W. Greve (Hg.), 2000: „Psychologie des Selbst", Weinheim: PVU.

Austausch von Botschaften ist stets körperlich verankert, in dem hochabstrakten Ort, den wir Ich-Mitte oder Selbst nennen."[436]

Fassen wir zusammen:

- Neugeborene treten in eine lebhafte motorische und sensorische Interaktion mit ihren Pflegepersonen, den Gegenständen in ihrer Umgebung und auch ihrem eigenen Körper, wodurch ihr Gehirn eine Fülle von Sinneseindrücken erhält und zu einem tief greifenden Umbau seiner neuronalen Architektur stimuliert wird.
- Es entwickelt sich ein inneres Vorstellungs- oder Raumbild des eigenen Körpers, das sogenannte Körperschema.
- Das Körperschema ist eine Art Körpergedächtnis, welches die Orientierung am eigenen Körper ermöglicht und neue Reize in Bezug auf das Körperganze lokalisiert und mit bereits erworbenen motorischen Fähigkeiten verknüpft.
- Aspekte der Außenwelt und des eigenen Körpers, welche die Bedürfnisspannung des Säuglings reduzieren und Lust erzeugen, werden im Gehirn kartiert.
- Die Art der neuronalen Repräsentation der Aspekte der Außenwelt, des eigenen Körpers und seiner Veränderungen durch den Kontakt mit den Objekten hängt von der Qualität der Befriedigung der Bedürfnisse des Säuglings, zum Beispiel nach sicherer Bindung und Spiegelung, ab.
- Wenn das Neugeborene zu oft alleine gelassen wird, reagiert es mit schädlichen Stresssymptomen, motorischer Unruhe, Schreien und muskulärer Anspannung.
- Unter günstigen Umständen findet in der Interaktion zwischen Mutter und Kind „ein Tanz" an Augen- und Körperkontakt statt, durch den das Kind spezifische „Körper-Mikropraktiken" der Affektregulierung erlernt.
- In diesem andauernden teils lustvollen, teils unlustvollen Mikroaustausch zwischen dem Körper der Mutter und dem Körper des Säuglings bilden sich affektmotorische Schemata aus, welche die innere Repräsentation des mütterlichen Objekts begleiten.
- Der Säugling erwirbt in dieser Interaktion prozedurales Wissen zum Gebrauch seiner Sinnessysteme, zu Körperhaltungen, Bewegungs- und Ausdrucksroutinen sowie zu affektiven Zuständen.

436 M. Donald, 2008, S. 144-145.

- Unbewusst neigen wir dazu, die schon früh erworbenen prozeduralen Muster, Routinen, Haltungen und Reaktionen laufend zu wiederholen.
- Die früh erworbenen Muster wirken sich nachhaltig auf unseren Körper aus, zum Beispiel auf unseren Ernährungs- und Stoffwechselzustand, unsere Körperhaltung und Muskulatur, unser Vegetativum und unser Immunsystem.
- Wenn unser Gehirn von den körperbezogenen Feedback-Systemen abgeschnitten wird, wird es in seiner Funktion schwer beeinträchtigt.
- Beim Anblick des Affektausdrucks anderer Menschen ahmen wir diesen affektiven Ausdruck unwillkürlich mit unseren Gesichtsmuskeln nach.
- Unterdrücken wir künstlich, zum Beispiel indem wir auf einen Stift beißen, unsere mimische Mitreaktion, die ja die innere Simulation des wahrgenommenen emotionalen Ausdruck im Gesicht anderer Menschen widerspiegelt, können wir weniger gut erkennen, wie sich ein anderer gerade fühlt.
- Bei der Emotionserkennung scheinen Spiegelneuronen eine zentrale Rolle zu spielen.
- Spiegelneuronen sind sowohl an der Wahrnehmung als auch an der angedeuteten mimischen Nachahmung der Mimik und Gestik des beobachteten anderen beteiligt.
- Die unterschwellige propriozeptive Selbstempfindung der eigenen mimischen Muskulatur, welche durch die Spiegelneuronen aktiviert wurde, scheint dazu beizutragen, dass wir den emotionalen Zustand anderer Personen erschließen können.
- Unser Gehirn lernt und begreift nur gemeinsam mit dem Körper als Ganzes, was um uns herum vor sich geht.
- Reich vermutete aufgrund seiner klinischen Beobachtungen, dass Menschen, die als Kinder lernten, ihre Wut-, Angst-, Trauer-, Lust und Liebeserregungen zu unterdrücken, zu muskulären Verkrampfungen im Sinne einer Muskelpanzerung und zu einer Einschränkung ihrer natürlichen Beweglichkeit neigen.
- Jede muskuläre Verkrampfung enthält nach Reich die Geschichte und den Sinn ihrer Entstehung.
- Antrainierte soziokulturelle Stereotypen bedingen bestimmte (sub-)kulturspezifische Körperhaltungen, Gesten und affektive Erregungsbereitschaften.
- Unsere spezifische Sozialisation und Lebensgeschichte prägen sich in unsere Körperlichkeit ein; wir werden gewissermaßen physisch zu dem, was wir erfahren und erlebt haben.

- Das Selbsterleben beginnt als sinnliche Erfahrung des eigenen Körpers in der lebhaften sensorischen und motorischen Wechselwirkung des Säuglings mit seinen primären Beziehungspersonen.
- Wenn es regelmäßig, zuverlässig und auf lustvolle Weise gelingt, die Triebspannung des Kindes zu lösen und empathisch die spontanen kindlichen Lautbildungen und Bewegungen zu spiegeln, dann werden sich im Kind zunehmend mit positiven Affekten verbundene neuronale Repräsentationen des eigenen Körpers sowie der befriedigenden Aspekte der Beziehungspersonen entwickeln.
- Das Befinden und die Bedürfnisse des Säuglings erschließen sich der Mutter nur über seine Körpersignale. Auch sie kann sich dem Kind nur durch physische Nähe, Berührungen, Stillen, spiegelnde Bewegungen und Lautbildungen mitteilen.
- So erklärt sich die beherrschende Rolle des Körperlichen am Anfang der Selbstentwicklung des Kindes. Sein Selbst ist zunächst ein reines Körper-Selbst, das sich aus in Beziehungskontexten entstandenen Körpererfahrungen speist.
- Diese körperlich-sinnlichen Erfahrungen organisieren sich erst nach und nach zu einem konsistenten Körpererleben und später zu einer Vorstellung des Kindes und späteren Erwachsenen von seiner leiblichen und geschlechtlichen Identität.
- Nach Donald bleibt das Körper-Selbst auch in späteren zwischenmenschlichen Beziehungen wirksam: Jenseits unserer bewussten verbalen Kommunikation spricht das leibliche Ich zum leiblichen Du.

Praktische Konsequenzen

Die menschliche Selbstwerdung hängt nach dem, was ich gerade vorgestellt habe, ganz offensichtlich mit dem Körper als Ganzem, mit körperlichen Prozessen und körperlichen Interaktionen zusammen. Selbst unser bewusstes erwachsenes Welt- und Selbsterleben scheint von früh erworbenen körperlichen Reaktionsmustern, Gewohnheiten und Körperhaltungen beeinflusst zu sein. Aber ist denn nicht – so wird immer wieder gefragt – die menschliche Seele etwas vom Körper fundamental Verschiedenes?

Nach meiner ärztlichen Erfahrung sind Körper, Selbsterleben und seelische Gesundheit eng miteinander verwoben. Psychische Symptome hängen nicht selten mit gestörten Körperfunktionen zusammen, zum Beispiel mit hormonellen Dysbalancen bei Schilddrüsenerkrankungen oder mit Schwankungen des Hormonspiegels im Rahmen des weiblichen Monatszyklus. Psychische Symptome bessern sich oft, wenn es Patient und Arzt gemeinsam gelingt, gestörte Körperfunktionen zu verbessern, sei es durch Abschirmung gegen schädliche Stoffe und Strahlungen, durch Entlastung und Entgiftung des Organismus, zum Beispiel durch Darmreinigung, Trinken, Fasten, Ernährungsumstellung und Rhythmisierung des Tagesablaufs, durch Nahrungsergänzung mit Spurenelementen, durch Massagen, Physiotherapie, körperliches Training, Sport, Yoga, Atemtechniken, Dehnungsübungen, Wanderungen in der Natur, Klimaveränderung, Umstimmungsreize (Kneipp, Sauna) oder andere Naturheilverfahren.

Manche Depressionen reagieren erstaunlich gut auf eine Behandlung mit hellem Tageslicht oder auf therapeutischen Schlafentzug. Manchmal bessern sich seelische Symptome allein durch ein Absetzen oder einen Wechsel des Kontrazeptivums. Bei schweren seelischen Leidenszuständen scheint oft die Verabreichung von Psychopharmaka, die in den Gehirnstoffwechsel eingreifen, unumgänglich. Körperliche Symptome bessern sich nicht selten schon dadurch, dass der Patient Vertrauen in ein therapeutisches Hilfsangebot gewinnt. Noch besser ist, wenn es dem Patient mit Hilfe eines Arztes oder Psychotherapeuten gelingt, (wieder) Vertrauen in die eigenen Ressourcen und die eigene Selbstwirksamkeit zu entwickeln. Auf diese Weise verringern sich die schädlichen Auswirkungen von seelischen Belastungen, Konflikten, Persönlichkeitsdefiziten und der allzu häufigen sozialen und emotionalen Isolierung.

Diese sowohl somatopsychische als auch psychosomatische Betrachtungsweise von Krankheit und Behandlung dürften viele meiner ärztlichen und psychotherapeutischen Kolleginnen und Kollegen mit mir teilen. Die Körperpsychotherapie geht darüber noch hinaus: Ihre verschiedenen Schulen verstehen die bei jedem einzelnen Patienten besondere Körperform, Körperhaltung und Art, sich zu bewegen, zu atmen, das Sinnessystem zu gebrauchen und Affekte auszudrücken, als Ergebnis einer langen Geschichte von Kommunikationserfahrungen und Körper-Mikropraktiken, die der Patient in der Interaktion mit seiner sozialen Umgebung von früh an erworben hat. Entsprechend liegt ein Schwerpunkt der körperpsychotherapeutischen Behandlungstechnik in der Arbeit mit der Körperselbstempfindung des Patienten und an den körperlich-sinnlichen Aspekten, die sich im Hier und Jetzt der Therapeut-Patient-Begegnung (oder auch in einer therapeutischen Gruppensituation) zeigen: Körperhaltung, Mimik, Gestik, Muskeltonus, Bewegungsabläufe, Atmung, Art des

Augenkontakts und Zuhörens sowie Ton der Stimme. Auf diese Weise versuchen Körperpsychotherapeuten, Zugang auch zu jenen nicht bewussten Faktoren zu finden, welche für die aktuellen Krankheitssymptome des Patienten eine wichtige Rolle spielen, die sich aber – weil ihre Ursprünge in die frühen präsymbolischen Lebensphasen zurückreichen – sprachlich nicht fassen lassen.

22. Differenzierung von Wahrnehmung und Empfindung

Bevor ich den großen Sprung wagen und darlegen kann, wie es meines Erachtens zur Ausbildung unseres subjektiven phänomenalen Bewusstseins gekommen ist, muss ich noch einmal auf die wichtige Unterscheidung zurückkommen, die ich mit Nicholas Humphrey bereits in Kapitel 1 hinsichtlich Empfindung und Wahrnehmung vorgenommen habe. Als Ausgangspunkt soll uns die Arbeit des Neurowissenschaftlers Paul Bach-y-Rita dienen, der mit seinem Team eine Apparatur entwickelte, mit deren Hilfe erblindete Patienten nach wenigen Trainingsstunden alltägliche Gegenstände erkennen können. Die Wissenschaftler befestigten eine winzige Fernsehkamera am Kopf von blinden Versuchspersonen; die Signale der Kamera wurden an 400 am Rücken angebrachte Vibratoren weitergeleitet, welche die Haut der jeweiligen Versuchsperson analog zu dem von der Kamera aufgezeichneten Bild stimulierten. Rasch lernten die Blinden, auf Objekte im Raum zu deuten und deren Entfernung sowie ihre absolute Größe einzuschätzen. Einige lernten sogar, die Gesichter von Mitarbeitern des Experiments auseinanderzuhalten. Darüber hinaus konnten die blinden Probanden die äußeren Objekte im dreidimensionalen Raum orten. Sie lokalisierten die Objekte nicht als unmittelbar an der Haut anliegend, sondern nahmen sie als draußen im Raum befindlich wahr.[437]

Wie sind Bach-y-Ritas Experimente im Hinblick auf Nicholas Humphreys Unterscheidung zwischen reiner Sinnesempfindung und Wahrnehmung zu interpretieren? Bei der beschriebenen Art des künstlichen Sehens scheint die taktile Reizung der Haut – ausreichendes Training vorausgesetzt – automatisch zu einer visuellen Wahrnehmung zu führen, die dem normalen Sehen ähnlich ist. Wir erinnern uns: Laut Humphrey werden die Empfindungen in analoger Form, das heißt unmittelbar körpernah und auf die Gegenwart beschränkt verarbeitet. Die Wahrnehmung abstrahiert hingegen exformativ von der Vielfalt von Formen, Größenverhältnissen, Farbnuancen und Texturen in der Außenwelt und überführt die unendliche, analoge Informationsfülle in eine endliche, digitale Information. Die Wahrnehmung baut zwar auf modalitätsspezifischen (zum Beispiel taktilen, visuellen oder akustischen) Empfindungen auf, distanziert sich aber – wie Bach-y-Ritas Experimente zu

437 P. Bach-y-Rita, C. Collins, F. Saunders, B. White, L. Scadden, 1969: „Vision Substitution by Tactile Image Projection", in: Nature 221, 963-964.

zeigen scheinen – von der Empfindungsebene.[438] Denn es ist ja, wie ich an mehreren Stellen dieses Buches dargelegt habe, gerade ihre Aufgabe, komplexe Reizmuster an bereits ausgeformte Kategorien der Kognition (zum Beispiel Gestalten, Melodien, Rhythmen, sprachliche Formen, Prinzipien) zu assimilieren. Die Wahrnehmung konstruiert eine Wirklichkeit, die den Bedürfnissen des Individuums sowie inneren und äußeren Systemanforderungen zu genügen hat und nicht etwa einem Anspruch von Objektivität. Die Wahrnehmung arbeitet zu diesem Zweck – so Humphrey – mit „spontanen Vermutungen und riskanten Berechnungen". Daher sei sie auch leichter zu täuschen als die reine Empfindung.[439]

In Bezug auf Bach-y-Ritas Experimente vermutet Humphrey, dass ein blinder Proband beim künstlichen Sehen zwar „in den allerersten Minuten, in denen er die Apparatur ausprobiert, taktile Empfindungen" hat. „Aber in dem Maß, wie er den Berührungsreiz als visuell Wahrgenommenes zu interpretieren lernt, scheint mir vorstellbar, dass er anfängt, Empfindungen zu haben, als würde Licht auf die Retina treffen, mit anderen Worten, visuelle Empfindungen von Hell und Dunkel."[440] Die taktilen Empfindungen, die der künstlichen visuellen Wahrnehmung zugrunde liegen, sind also dem Probanden irgendwann nicht mehr bewusst. Generell sind Humphrey zufolge Wahrnehmungen „nicht mit dem Reiz als solchem, sondern mit dem befasst [...], worauf er in der Außenwelt verweist". Wahrnehmungen übersetzen – wie schon im Kapitel 1 besprochen – durch Sinnesreize verursachte Körperzustände (das heißt Empfindungen dessen, was mit mir vor sich geht) in eine Repräsentation dessen, was da draußen vor sich geht. Wahrnehmungen müssten „auf Sinnesmodi keine Rücksicht nehmen und sind im Kern amodal. In der Tat ist nicht einzusehen, warum nicht ein und dieselbe Wahrnehmung durch völlig verschiedene Sinnessysteme übermittelt werden sollte."[441]

Erstaunlich ist, dass die künstliche visuelle Wahrnehmung, die auf Reizungen der Haut beruht, nach ausreichendem Training auf einmal von visuellen Empfindungen begleitet wird. Denn diese visuellen Empfindungen sind ja gerade nicht auf eine

438 Die höheren Prozesse der Wahrnehmung, zum Beispiel das Erkennen von Gesichtern, laufen in den tertiären sensorischen Verarbeitungsarealen im Scheitellappen ab. Diese Areale sind schon neuroanatomisch gegenüber dem Sinnesdateninput abgeschirmt, zu den Sinnesorganen bestehen keine direkten synaptischen Verbindungen.

439 N. Humphrey, 1997: „Die Naturgeschichte des Ich", München: Knaur, S. 131, Original 1992: „A History of the Mind. Evolution and the Birth of Consciousness", New York: Copernicus.

440 N. Humphrey, 1997, S. 99-101.

441 N. Humphrey, 1997, S. 177-178.

Reizung der Netzhaut zurückzuführen – sie sind also keine „reinen Empfindungen" –, sondern werden ganz offensichtlich vom Gehirn virtuell erzeugt. Wie kommen diese virtuellen Empfindungen zustande? Im vorangegangenen Kapitel ging es um die Entwicklung von Körperschema und Körper-Selbst. Dabei spielen die Spontanbewegungen des Neugeborenen als Voraussetzung für ausreichende sensomotorische Inputs eine große Rolle. Wie wichtig Bewegungen für das sensorische Empfinden sind, können Sie sich mit der folgenden kleinen Übung vergegenwärtigen: Überkreuzen Sie die nach vorne ausgestreckten Arme, sodass die Handrücken sich berühren. Sie müssen dann beide Hände nach innen rotieren, sodass sich die Handflächen berühren. Jetzt falten Sie die Hände und führen sie gegen die Brust und dann – so gut es geht – vor ihr Gesicht. In dieser ungewohnten Position ist es erst einmal schwer, einzelne Finger zu fühlen oder gezielt zu bewegen. Nur durch mehrfaches ausprobierendes Bewegen der Finger bekommen Sie allmählich ein Gefühl für die einzelnen Finger und eine sichere Kontrolle über ihre Bewegungen.

Humphrey glaubt, dass die „Tätigkeit des Empfindens" evolutionsgeschichtlich mit „zustimmenden oder ablehnenden Zuckungen", also mit „physikalischen Bewegungen" an der Körperoberfläche, begann. Ursprünglich müssen also sensorische Reaktionen untrennbar mit „Körperhandlungen" verbunden gewesen sein. Humphreys These ist, „dass sich das Ziel dieser sensorischen Reaktionen im Laufe der Entwicklungsgeschichte immer weiter [...] von der tatsächlichen Körperoberfläche ins Körperinnere [und schließlich ins Gehirn] hineinverschoben hat". Trotzdem würden wir auf die Sinnesdaten, die von unserer Körperoberfläche über sensorische Bahnen unser Gehirn erreichen, im Grundsatz immer noch so reagieren, als würden wir „eine Sinnesempfindungsantwort" in „Richtung Körperoberfläche" aussenden, um dort „Körperhandlungen" zu induzieren. Allerdings müsse die Körperhandlung nicht mehr faktisch stattfinden, sondern könne auch virtuell in einem „Ersatzkörper des sensorischen Rindenbereichs" erfolgen.[442]

Was bedeutet „Ersatzkörper"? Humphrey nimmt innerhalb der sensorischen Abbildungsfelder der Hirnrinde „Rückkoppelungsschleifen" an, welche eine Art neuronalen Als-ob-Dialog zwischen der Körperoberfläche und dem Gehirn simulieren. Das Gehirn tut quasi so, als ob die Körperoberfläche als Reaktion auf Sinnesreize immer noch zucken oder irgendeine andere Körperhandlung vollziehen würde, obwohl sich in Wirklichkeit natürlich nichts bewegt. Den Sinn dieser intracerebralen Als-ob-Reaktion sieht Humphrey darin, dass sie eine „men-

442 N. Humphrey, 1997, S. 210, 229, 228.

tale Repräsentation [...] auf der Ebene einer Empfindung dessen, 'was mit mir vorgeht'", liefert. Eine solche virtuelle Form von Empfindung unterscheidet sich meines Erachtens von rein analogen Sinnesempfindungen, die auf unmittelbarer Sinnesreizung beruhen. Sie ist höheren Tieren vorbehalten, die – so Humphrey – „auf solche sensorischen Repräsentationen angewiesen" sind, um einschätzen zu können, „ob das, was an der Körperoberfläche vorgeht, gut oder schlecht ist", und auch, ob ihre Wahrnehmungen gültig sind.[443]

Beim Menschen haben diese virtuellen, vom Gehirn selbst und nicht unmittelbar von den Sinneseindrücken hervorgerufenen Empfindungen für Humphrey noch eine weitere Besonderheit: Sie haben die „Eigenart", als „rein individuell" erlebt zu werden. Sie gehören „zu den Aktivitäten [...], die 'Ich', also mein handelndes Subjekt, ins Leben ruft", um ein „bestätigendes Signal" zu empfangen.[444] Sollten virtuelle Empfindungen eine wesentliche Funktion im Rahmen unseres subjektiven Selbsterlebens, dem wir uns in den folgenden Kapiteln widmen werden, erfüllen? Dazu ist es nach Humphrey allerdings notwendig, dass innerhalb der virtuellen, „cerebralen Sinnesempfindungsschleifen" die sensorische Aktivität auch nach dem Verschwinden eines Reizes für eine „beträchtliche Zeit nachhallen" kann. Humphrey vermutet, dass „unsere bewusste Gegenwart im großen und ganzen aus dem unmittelbaren sensorischen Nachklang von Reizen besteht, die gerade verklungen sind", das heißt „aus der nachlassenden Aktivität in nachhallenden sensorischen Schleifen".[445]

Auch António Damásio geht wie Humphrey davon aus, dass das Gehirn „in seinen somatosensorischen Regionen bestimmte körperliche Zustände simulieren" kann. Wenn wir zum Beispiel eine Emotion haben, nehmen wir laut Damásio einen „Körperzustand wahr, obwohl er in Wirklichkeit nicht eingetreten ist". Damit eine solche Simulation überhaupt möglich ist, nimmt Damásio innerhalb der „Körperkarten" des Gehirns ein „Als-ob-Schleifensystem des Körpers" an, in dem die Spiegelneuronen mit ihren vielfältigen Funktionen eine Schlüsselrolle spielen. Wir erinnern uns an Kapitel 8, in dem wir erfahren haben, dass die glei-

443 N. Humphrey, 1997, S. 259. Humphrey selbst verwendet den Ausdruck „virtuell" nicht, um seine Vorstellung von einem Als-ob-Dialog zwischen Körperoberfläche und Gehirn innerhalb von intracerebralen Rückkoppelungsschleifen zu charakterisieren. Wenn ich Humphrey richtig verstanden habe, scheint mir aber das Wort „virtuell" gut zu passen.

444 N. Humphrey, 1997, S. 251.

445 N. Humphrey, 1997, S. 243, 246.

chen Spiegelneuronen feuern, wenn wir selbst eine Bewegung ausführen oder einen Affekt ausdrücken, und ebenso dann, wenn wir das Verhalten eines anderen oder dessen Affektausdruck beobachten. Damásio zieht daraus den Schluss: „Wenn ein komplexes Gehirn in der Lage ist, den körperlichen Zustand eines anderen zu simulieren, kann man davon ausgehen, dass es auch die Simulation der eigenen körperlichen Zustände beherrscht.“[446]

Abschließend möchte ich noch auf einige weitere seelische Phänomene eingehen, zu deren besserem Verständnis mir die Unterscheidung von reiner Sinnesempfindung, Wahrnehmung und virtueller Empfindung hilfreich erscheint. Da sind zunächst die Träume. Traumbilder sind von zum Teil intensivsten Empfindungen begleitet, die den Traum beglückend oder beänstigend wirklich erscheinen lassen, obwohl sie nicht auf einer aktuellen Reizung der Sinnesorgane von außen beruhen. In der Regel erkennen wir erst nach dem Erwachen, dass wir „nur“ geträumt haben. Ein weiteres Beispiel für intensivste Empfindungen ohne entsprechende sensorische Inputs von außen sind Halluzinationen. Dem Halluzinierenden ist – anders als dem Träumer – das Erkennen der Unwirklichkeit seiner Trugwahrnehmungen nicht vergönnt. Durch die Intensität und Unmittelbarkeit der virtuellen Empfindungen erlebt der Kranke seine Halluzination derart wirklich, dass es seiner Umgebung meist nicht gelingt, ihn von seiner Wahrnehmungstäuschung zu überzeugen.

Umgekehrt gibt es Wahrnehmungen, die sich dadurch auszeichnen, dass bei ihnen bewusste Empfindungen fehlen. Im Kapitel 8 über Interaktion, Lernen und die Rolle der Spiegelneuronen sprach ich von einem Experiment, in dem Reize so kurz präsentiert wurden, dass die Versuchspersonen diese Reize später nicht erinnern konnten. Die spätere Verarbeitung ähnlicher Reize war bei den Versuchspersonen deutlich besser als bei einer Kontrollgruppe, die zuvor keine bahnende subliminale (unterschwellige) Darbietung der Reize erhalten hatte. Das Fehlen vom Empfindungen ist – wie wir im Kapitel 3 über funktionales Verhalten besprochen haben – auch ein Thema bei Blindsicht-Patienten, die durchaus etwas wahrnehmen, aber davon bewusst nichts wissen, weil ihre Sehrinde beschädigt ist. Bei Patienten mit Seelenblindheit (optischer Agnosie) ist hingegen eine visuelle Empfindung vorhanden – ihre Sehrinde ist intakt. Sie leiden aber unter Läsionen der tertiären Assoziationszentren im unteren Schläfenlappen, wodurch sie keine Gesichter und

446 A. Damásio, 2011: „Selbst ist der Mensch. Körper, Geist und die Entstehung des menschlichen Bewusstseins“, München: Siedler, S. 113-115.

Objekte mehr erkennen können. Weil ihre visuelle Empfindungsfähigkeit erhalten geblieben ist, sind sich diese Patienten ihrer visuellen Fehlleistungen meist nicht bewusst (Anosognosie). Auch hier bewirkt die Empfindung eine Täuschung der Wahrnehmung.

Fassen wir zusammen:

- Beim künstlichen Sehen wird das Signal einer Kamera in eine taktile Reizung der Haut umgewandelt.
- Bei ausreichendem Training führt das künstliche Sehen zu einer visuellen Wahrnehmung sowie vermutlich auch zu einer visuellen Empfindung, die dem normalen Sehen ähnlich sind.
- Humphrey glaubt, dass bewusste Empfindungen im Gehirn durch Rückkoppelungsschleifen innerhalb des sensorischen Cortex entstehen.
- In diesen Rückkoppelungsschleifen kann die sensorische Aktivität auch nach dem Verschwinden eines Reizes ausreichend lang nachhallen, wodurch eine Art Als-ob-Dialog zwischen der Körperoberfläche und dem Gehirn stattfindet.
- So wird im sensorischen Cortex eine Art Ersatzkörper simuliert im Sinne einer mentalen Repräsentation dessen, „was mit mir vorgeht".
- Humphrey beschreibt meines Erachtens eine virtuelle Form von Empfindungen, die von rein analogen Sinnesempfindungen, die auf unmittelbarer Sinnesreizung beruhen, abgegrenzt werden muss.
- Virtuelle Empfindungen könnten eine wesentliche Funktion im Rahmen unseres subjektiven Selbsterlebens erfüllen.
- Auch António Damásio geht wie Humphrey davon aus, dass das Gehirn bestimmte körperliche Zustände simulieren kann.
- Damásio postuliert im Gehirn ein „Als-ob-Schleifensystem des Körpers", in dem diese Simulation durch ein Netzwerk von Spiegelneuronen stattfindet.
- Im Traum haben wir oft intensivste Empfindungen ohne entsprechende sensorische Inputs von außen.
- Bei Halluzinationen bewirken die Intensität und Unmittelbarkeit der virtuellen Empfindungen, dass der Kranke – anders als der Träumende spätestens nach dem Erwachen – seine Wahrnehmungstäuschung nicht erkennen kann.
- Bei sehr kurzer (subliminaler, unterschwelliger) Darbietung einer Information wird etwas ohne bewusste Empfindungen wahrgenommen.
- Wahrnehmungen ohne bewusste Empfindungen haben auch Blindsicht-Patienten, deren Sehrinde beschädigt ist.

- Bei Patienten mit Seelenblindheit (optischer Agnosie) ist die Sehrinde ist intakt und eine visuelle Empfindung vorhanden. Sie können aber aufgrund ihrer beschädigten tertiären Assoziationszentren im unteren Schläfenlappen keine Gesichter und Objekte mehr erkennen.
- Weil die visuelle Empfindungsfähigkeit bei der Seelenblindheit erhalten geblieben ist, sind sich die Patienten ihrer visuellen Fehlleistungen meist nicht bewusst (Anosognosie).

Praktische Konsequenzen

Die Unterscheidung von Wahrnehmung, reiner Sinnesempfindung und virtueller Empfindung dient vor allem als Grundlage für die nun folgenden Kapitel, in denen es um die Entwicklung der Subjektivität und des Bewusstseins vom eigenen Selbst geht. Für diese Entwicklung könnten insbesondere virtuelle Empfindungen, die das Gehirn täuschend echt auch unabhängig von Sinnesdateninputs erzeugen kann, eine wesentliche Rolle spielen.

23. Die Entwicklung der Subjektivität und des phänomenalen Bewusstseins

Endlich ist es so weit: Ich habe alle Grundlagen besprochen, die mir als Voraussetzung für das nun folgende zentrale Thema innerhalb der Debatte über das menschliche Bewusstsein notwendig erscheinen. Wir sprachen darüber, dass höhere Tiere und vor allem Menschenaffen mit Sinnesorganen und Nervensystemen ausgestattet sind, die denen von Menschen sehr ähnlich sind. Wir können davon ausgehen, dass wir mit diesen Tieren auf der Ebene der reinen Sinnesempfindungen viel gemeinsam haben.[447] Insbesondere wenn Tiere im Schutz einer Gemeinschaft leben, müssen sie ihr Sensorium und ihre Aufmerksamkeit nicht gänzlich der Nahrungssuche und potenziellen Feinden widmen. Sie genießen – wie wir Menschen – das Privileg, sich (auch unabhängig von ihrem Reproduktionsverhalten) mit ihren Artgenossen und ihrem eigenen Körper beschäftigen zu können. Intensiver sozialer körperlicher Austausch mit den Artgenossen führt dazu, dass nicht nur der Körper der anderen Tiere, sondern auch der eigene Körper neuronal detailliert repräsentiert wird. So lässt das Verhalten vieler Tiere auf eine körperliche Selbstvertrautheit schließen, die einem Körper-Selbst, wenigstens in einer rudimentären Form, entspricht. Eine körperliche Selbstvertrautheit bedeutet jedoch keineswegs, dass sich ein Lebewesen deshalb schon seiner selbst bewusst wäre.

Auch wir Menschen sind uns wahrscheinlich nicht schon von Natur aus beziehungsweise von Geburt an unserer selbst bewusst. Vielmehr bedarf es eines intensiven und langwierigen sozialen Trainings, damit sich das Körper-Selbst, das wir in rudimentärer Form auch den Tieren zugestehen müssen, zu einer „übergeordneten Ebene des körperlichen Gewahrseins“[448] und schließlich zu einem menschentypischen Sich-seiner-selbst-bewusst-Sein weiterentwickeln kann. Am Anfang dieser Entwicklung steht – wie wir bereits wissen – die bei gesunden menschlichen Müttern und Säuglingen außergewöhnlich starke Bereitschaft, intensiv zu

447 M. Donald (2008, S. 122, 179) zufolge müssen Menschenaffen mit nur gut der Hälfte der Neuronen von Menschen auskommen. Dieser Nachteil betrifft aber nicht die Hirnareale, die für das rudimentäre Körper-Selbst relevant sind. Insbesondere der primäre und sekundäre sensorische und motorische Cortex sowie die grundlegende innere Architektur des Gehirns unterscheiden sich bei den Menschenaffen und Menschen nicht wesentlich. Der sekundäre motorische (prämotorische) Cortex, der ganze Bewegungsabläufe sowie Handlungspläne überwacht und das Handeln auf den jeweiligen Kontext abstimmt, ist beispielsweise bei den Menschenaffen nicht kleiner als beim Menschen. Die Volumenunterschiede betreffen vor allem die tertiären Cortexareale (vgl. Fußnote 226), den Hippocampus, das Kleinhirn und die Basalganglien.

448 M. Donald, 2008, S. 276.

interagieren und sich gegenseitig in Motorik, Gestik, Mimik und Lautbildung nachzuahmen (zu spiegeln). Durch dieses Wechselspiel wird ein einzigartiger, vor allem sensomotorischer und affektiver Lernprozess induziert, der sich in dem bereits erwähnten tief greifenden Umbau der neuronalen Organisation des Gehirns des Neugeborenen[449] niederschlägt. Dieser mimetische Lernprozess ist nicht nur in quantitativer, sondern auch in qualitativer Hinsicht einzigartig und hebt den Menschen von den Affen und von anderen Tieren ab.

Im Kapitel 16 über die Grenze zwischen tierischem und menschlichem Bewusstsein habe ich schon die erstaunlichen Fähigkeiten von Menschenaffen, insbesondere von unter Menschen lebenden (enkulturierten) Schimpansen, besprochen. Ihr Bindungs- und Sozialverhalten zeigt verblüffende Parallelen zu dem von Menschen. Menschenaffen scheinen in gewissem Umfang nachdenklich zu sein, die Perspektive anderer zu übernehmen, Gedanken zu lesen, aus der Beobachtung anderer deren Verhalten vorauszusehen, im Geist Probehandlungen zu vollziehen und sich selbst im Spiegel zu erkennen. Wir dürfen ihnen sogar eine Art Bewusstsein für ihre Körperidentität und eigene Existenz unterstellen. Enkulturierte Schimpansen verstehen sogar bis zu einem gewissen Grad gesprochene Sprache, können selbst eine Zeichensprache mit 130 Zeichen erwerben und Sätze mit bis zu vier Wörtern bilden. Sie stellen auch Werkzeuge her und nutzen sie. Sie verhalten sich „in mancher Hinsicht, als gehörten sie einer anderen Spezies als der ihrer wild lebenden Artgenossen an".[450]

Trotz aller Ähnlichkeit gibt es aber wichtige Unterschiede in der Entwicklung von Menschenaffen und Menschenkindern. So ist bei Menschenaffen die beim Menschen so überaus ausgeprägte Bereitschaft zur spontanen Nachahmung nicht oder nur in deutlich geringerem Maß vorhanden (vgl. Kapitel 8 über Interaktion, Lernen und die Rolle der Spiegelneuronen). Das intensive symbiotische, sich gegenseitig spiegelnde gestische, mimische und lautmalerische Wechselspiel zwischen Säugling und Mutter ist dem Menschen vorbehalten. Hinzu kommt, dass wir uns auf unsere Mitmenschen (und nicht selten sogar auf unsere Haustiere) beziehen, indem wir eine „Theorie des Geistes" („theory of mind" = ToM) anwenden, das heißt, wir unterstellen anderen ständig implizit ein eigenes Bewusstsein, eigene Wünsche,

449 Zur Erinnerung: Im Kapitel über Synchronisierung, Zeitfenster und perzeptuelle Bindung war bereits davon die Rede, dass nach der Geburt bis zu 70 Prozent der Neuronen im Gehirn des menschlichen Neugeborenen absterben und sich das Gehirngewicht in den ersten vier Lebensjahren verdreifacht, während die Entwicklung des Affenhirns mit der Geburt schon fast abgeschlossen ist.

450 M. Donald, 2008, S. 219-220. Vgl. Kapitel 16.

Vorlieben, Erwartungen, Befindlichkeiten, Gefühle und Überzeugungen.[451] So werden menschliche Mütter in ihrem Pflegeverhalten nicht alleine durch angeborene Instinkte bestimmt, sondern auch von ihren kulturell geprägten Vorstellungen von den mentalen Zuständen ihres Säuglings, zum Beispiel welche Bedürfnisse, Absichten und Erwartungen dieser hat. Viele Eltern betrachten und behandeln Säuglinge oft schon wie kleine Persönlichkeiten mit einem bereits vorhandenen Ich- beziehungsweise Selbstbewusstsein. Vor allem aber identifizieren sie sich mit den inneren Befindlichkeiten und Empfindlichkeiten des Kindes. Möglicherweise projizieren sie auch eigene Bedürfnisse in das Kind. Das alles hat weitreichende Konsequenzen.

Denn das Menschenkind erlebt, wie seine umsorgende Mutter und andere Pflegepersonen ständig ihre Aufmerksamkeit den verschiedenen Reaktionen seines Organismus, jedem körperlichen Zeichen und jeder Lautäußerung, welche das innere Befinden des Kindes widerspiegeln könnten, zuwenden. Zudem spiegelt eine gesunde Mutter ja, wie wir erfahren haben, empathisch ständig die spontanen Bewegungen der Säuglings. Indem die Mutter auf die Äußerungen des Säuglings eingeht, diese benennt, bei Freude mitschwingt und bei Kummer tröstet, kann der Säugling seine eigenen Gefühle erkennen. Das Kind internalisiert dabei das Bild der spiegelnden Mutter. So kann der Säugling – das ist ein Gedanke von Peter Fonagy – eine gesonderte „sekundäre Repräsentanz" herstellen, die assoziativ mit seinem Gefühlszustand verknüpft und für die Selbstentwicklung bedeutsam ist. Fonagy glaubt, „dass die frühen Interaktionen zwischen dem Säugling und seiner Bezugsperson die primäre biologische Funktion erfüllen, die Entwicklung solcher mentalen Mechanismen zu fördern, die für die Entstehung eines

451 David Premack und Guy Woodruff (1978: „Does the chimpanzee have a theory of mind?" in: „Behavioral and Brain Sciences", 1, 516-526) haben die „Theorie des Geistes" („theory of mind", ToM) postuliert, um zu erklären, wie wir Menschen anderen Lebewesen Bewusstseinszustände zuschreiben, die unseren eigenen ähnlich sind. Die ToM entwickelte Peter Fonagy zu seinem Konzept der „Mentalisierung" weiter (siehe auch Kapitel 28). Premack und Woodruff führten Experimente mit einem Schimpansen durch, um herauszufinden, ob das Tier über eine rudimentäre ToM verfügte. Sie zeigten ihm zum Beispiel ein Video, in dem eine Person in einem Käfig eingeschlossen war. Immerhin war der Schimpanse in der Lage, das Foto korrekt auszuwählen, das die Lösung für das Problem zeigte, in diesem Fall einen Schlüssel zum Öffnen des Schlosses. Ob aus der richtigen Aufgabenlösung allerdings auf eine Metakognition geschlossen werden kann, die Schimpansen von dem mentalen Zustand anderer (in dem vorliegenden Beispiel von dem Wunsch der Person im Video, sich zu befreien) haben, bleibt offen.

Subjektivitätsgefühls und die Herstellung jener interpersonalen Deutungsprozesse wesentlich sind, die ein Gewahrsein des Selbst als Akteur auftauchen lassen".[452]

Darüber hinaus setzt die Mutter den kindlichen Körper aktiv vielen künstlichen kulturspezifischen Sinnesreizen aus. Sie stimuliert das Kind in verschiedenen Sinnesmodalitäten, zum Beispiel durch Berührungen, Bewegungen, mit Spielgegenständen, Liedern, Geräuschen und Musik. Auf diese Weise forciert sie Veränderungen des Proto-Selbst des Kindes und trainiert so indirekt die Selbstempfindung und Selbstwahrnehmung des Kindes. Die ungewöhnlich intensive und unter günstigen Umständen lustvolle sensomotorische Interaktion des Säuglings mit seiner Mutter, die Fokussierung ihrer Aufmerksamkeit auf den Körper und die körperlichen Signale des Säuglings sowie die multimodale Stimulation des Kindes befördern bei ihm die Entwicklung einer Qualität von körperlichem Selbstempfinden, die wahrscheinlich deutlich über das rudimentäre biologische Körper-Selbst und die körperliche Selbstvertrautheit von Tieren hinausgeht.

Im Kapitel 17 über Mimesis, Symbolbildung und Spracherwerb erfuhren wir, dass Kinder bereits mit acht Monaten, lange bevor sie den Sinn des Gesagten verstehen, Sprachäußerungen in ihrem sozialen Umfeld registrieren können und die äußeren Aspekte von Sprache nachahmen. Sie erzeugen damit positive Reaktionen in ihrer Umgebung, die fälschlicherweise glaubt, das Kind verstehe bereits etwas. Dieser Irrtum und die mit ihm verbundene Begeisterung des sozialen Umfelds ermutigen das Kind, die Erwachsenensprache noch stärker nachzuahmen. Mit Hilfe von Spielsachen trainiert das Kind zudem seine Fähigkeit, einen leicht verfügbaren und handhabbaren Gegenstand stellvertretend für einen nicht erreichbaren Gegenstand (zum Beispiel ein Auto) zu benutzen. Immer mehr übernehmen dann auch Phoneme eine Stellvertreterfunktion für reale Objekte, Personen oder Tiere. Eine wichtige Rolle spielen dabei Namen und Bezeichnungen für wichtige Personen wie Mama, Papa, Oma, vor allem auch der eigene Name, aber auch selbst gebildete Laute, die das Kind für bestimmte Dinge verwendet, später auch Personalpronomen, vor allem „du" und „ich".

Von Anfang an wird der Säugling von seinen Beziehungspersonen mit seinem Namen angesprochen. Die Namensgebung und die Namensverwendung unterstreichen die Individualität des Namensträgers, ohne dass das Kind schon irgendetwas

452 P. Fonagy, G. Gergely, E. Jurist, M. Target, 2004: „Affektregulierung, Mentalisierung und die Entwicklung des Selbst", Stuttgart: Klett-Cotta, S. 225, 303. Siehe auch Kapitel 28.

von dieser semantischen Funktion wüsste. Aber irgendwann fängt das Kind an, das vertraute Klangbild seines Namens, welches es bereits phonetisch nachahmen kann, zu nutzen, um seiner Umgebung seine Bedürfnisse mitzuteilen. Vielleicht ist es nur ein Zufall, wenn das Kind zum ersten Mal seinen eigenen Namen zusammen mit der Bezeichnung für ein begehrtes Objekt ausspricht. Wenn es aber mit dieser Äußerung erfolgreich ist und bekommt, was es begehrt, wiederholt es – nunmehr zunehmend gezielt – die Verwendung seines eigenen Namens. Die Umgebung interpretiert alles, was das Kind tut und von sich gibt, als Ausdruck seines Ich, auch wenn von einem Ich noch weit und breit keine Spur ist.

Wie wir bei der Besprechung der Grenze zwischen tierischem und menschlichem Bewusstsein im Kapitel 16 erfahren haben, können auch enkulturierte Schimpansen eine Zeichensprache lernen und verwenden. Der Zwergschimpanse Kanzi, auf den sich Donald bezieht, „versteht viele Substantive, Verben und Präpositionen" und begreift in gewissem Maße sogar „grammatische Beziehungen zwischen Wörtern in einem Satz [...]. Bei aller Geschicklichkeit, die Kanzi im Umgang mit Symbolen an den Tag legt, ist aber nicht gesagt, dass sich dadurch etwas Grundlegendes in der Struktur seines Bewusstseins verändert hat." Kanzi erfindet selbst keine Symbole. Offensichtlich fehlt Kanzi trotz intensivster Enkulturation „eine bestimmte Form der Selbstwahrnehmung", die ihn – wie uns Menschen – dazu bringt, seinen „mentalen Zuständen überhaupt Ausdruck verleihen zu wollen. Kanzi hat nie versucht, mit Hilfe von Symbolen seine Erlebnisse oder Empfindungen zu beschreiben." Kanzi „kann nicht 'Ich denke', 'Ich habe das Gefühl' oder 'Ich will' signalisieren. Er scheint sich auf eine andere Weise als wir Menschen wahrzunehmen, sodass für ihn kein Anreiz besteht, derartige selbstbezügliche Formulierungen zu bilden."[453]

Kanzi ist also ganz offensichtlich nicht zu einer höheren Kognition im Sinne von „ich weiß, dass ich denke, fühle, will" in der Lage. Offensichtlich ist Kanzis angeborene neurobiologische Hardware mit einem solchen höheren Maß an Kognition überfordert, oder es fehlt ihm ein entsprechendes Antriebssystem. Obwohl sich Kanzi im Spiegel oder auf Fotos erkennt, zeigt sein Beispiel: Spracherwerb allein transformiert ein Individuum noch nicht in Richtung Selbstbewusstsein. Die Entwicklung von Selbstbewusstsein setzt nämlich ein bewusstes Wissen über die eigenen inneren Zustände voraus. Genau das aber ist es, was die menschliche Enkulturation so intensiv trainiert: Die Aufmerksamkeit des Menschenkinds wird so lange auf seinen eigenen Organismus und die in ihm künstlich induzier-

453 M. Donald, 2008, S. 130.

ten Zustände und Empfindungen gelenkt, es wird so lange mit Fragen bezüglich seiner eigenen Befindlichkeit bombardiert, alle seine nonverbalen und verbalen Äußerungen, die mit seiner subjektiven Befindlichkeit in Zusammenhang stehen könnten, werden so lange positiv gespiegelt, bis sich das Kind schließlich mit seiner künstlich erzeugten subjektiv-qualitativen Empfindungswelt identifiziert und endlich „ich" und „mein" sagt, an „ich" und „mein" glaubt und „ich" und „mein" erlebt.

Wenn wir unsere Kinder erziehen, fungieren wir unbewusst als Agenten der Kultur und Gesellschaft. Wir trainieren unsere Kinder nicht nur dazu, die Menschen, Tiere und Objekte in ihrer soziokulturellen Umgebung zu benennen, sondern konditionieren sie auch, ihre Aufmerksamkeit auf die von diesen Lebewesen und Dingen ausgelösten Veränderungen im körperlichen Befinden des Kindes – zum Beispiel Sättigung, Nachlassen der Bedürfnisspannung, Beruhigung, Wohlbefinden, Lust, Furcht, Spannung oder Ansteigen der Bedürfnisspannung – zu richten und ihre Empfindungen zum Ausdruck zu bringen. Dieses auch uns als Kind antrainierte Selbstempfinden dient uns unser Leben lang als sinnliche Bestätigung unserer Selbsthaftigkeit. Durch die von früh antrainierte Aufmerksamkeitsausrichtung auf unsere Empfindungen, verbunden mit dem sprachlich vermittelten Selbstkonzept, laufen wir durch die Welt und denken dabei immerzu: „ich", „ich", „ich". Alles, was wir aus unserem Inneren wahrnehmen, verbinden wir mit diesem antrainierten Ich. Alles, was wir von außen wahrnehmen, beziehen wir auf dieses Ich. Alles, was wir wahrnehmen, verbinden wir habituell mit einer empfindenden, subjektiven Qualität, mit einer individuellen Gestimmtheit und Betroffenheit. Diese Gestimmtheit und Betroffenheit begleiten, ja verfolgen uns ununterbrochen. Die Gestimmtheit und Betroffenheit halten uns permanent motiviert, selbst wenn wir satt, sexuell befriedigt, sicher und geborgen sind und sogar wenn unsere Kräfte erschöpft sind. Das Kollektiv führt uns an der Leine der uns eingepflanzten subjektiven Empfindungen und Gestimmtheiten, von denen wir annehmen, dass sie unsere ureigensten seien.

Wir sind hier beim Thema des phänomenalen[454] Bewusstseins („P-Bewusstsein", „p-consciousness") angelangt, über das sich die Bewusstseinsphilosophen leidenschaftlich streiten. Es geht hier um die spezifische Empfindungsqualität aus der Perspektive der ersten Person. Es geht um die Frage, wie es für mich – im Unterschied zu Ihnen, liebe Leserinnen und Leser, oder im Unterschied zu einer

454 „Phänomen" kommt vom griechischen „phainesthai" = „sichtbar werden", „erscheinen".

Fledermaus – ist, zum Beispiel den Duft von Zedernholz zu riechen, ein Klavierkonzert von Rachmaninow zu hören oder die Farbe Ultramarin zu sehen. Es scheint, als seien diese Erlebnisqualitäten nur jedem von uns selbst unmittelbar zugänglich. Unsere individuellen Empfindungswelten lassen sich weder in naturwissenschaftlichen Kategorien befriedigend beschreiben noch mit unseren sonstigen verbalen und nonverbalen Kommunikationsmitteln vollständig ausdrücken. So wie man einem von Geburt an Blinden schlecht die Röte von Rot erklären kann, so scheint es unmöglich, anderen in allen Erlebnisfacetten das zu vermitteln, was genau wir zum Beispiel beim Anblick eines Gemäldes, im Zustand der Verliebtheit oder bei Zahnschmerzen erleben. Einen Teil unseres subjektiven Empfindens und Erlebens werden wir niemals wirklich ganz mitteilen, einen Teil des subjektiven Empfindens und Erlebens anderer niemals wirklich ganz erfassen können.[455]

Empfindungen sind auch für Nicholas Humphrey „etwas Privates und Innerliches, lassen sich nicht in Worte fassen und werden unmittelbar erfahren". Empfindung ist nach Humphrey schon da, bevor ich etwas analysieren oder in Worte fassen kann. Etwas geht mit mir, mit meinem „verkörperten Selbst" vor. „Was in diesem besonderen Körper passiert, ist von primären und vordringlichen Interesse nur für das Lebewesen, das es beherbergt." Wären die Empfindungen eines Menschen „mit einem anderen Körper verknüpft, wären es auch genuin andere Empfindungen. [...] Was ich spüre, ist folglich individuell und nur meine Empfindung." Ein anderer kann sehen, dass ein Dorn in meinem Fuß steckt, er kann sich „durch eigenes Empfinden Kenntnis von dem [verschaffen], was mit mir vorgeht", doch trotz der Kenntnis der objektiven Fakten „kann er sie doch nicht erleben wie ich". Jeder von

455 Auf Frank Jackson (1982: „Epiphenomenal Qualia", in: „Philosophical Quarterly", 34) geht das Gedankenexperiment der Superwissenschaftlerin Mary zurück, die bislang in einer Schwarz-Weiß-Welt gelebt hat und alle physikalischen Fakten über die Wirklichkeit kennt. Wenn Mary die Schwarz-Weiß-Welt verlässt und zum ersten Mal Farben sieht, dann erfährt sie laut Jackson etwas Neues über die Welt, denn sie lernt die nicht physikalische, subjektive Erlebnisqualität kennen, nämlich wie es ist, zum Beispiel etwas Rotes zu sehen. Jackson zufolge zählen solche das subjektive Erleben betreffenden Fakten zu den nicht physikalischen Tatsachen, weshalb prinzipiell keine physikalistische Theorie dazu in der Lage sein soll, dem phänomenalen Bewusstsein Rechnung zu tragen. Daniel C. Dennett (1994: „Philosophie des menschlichen Bewusstseins", Hamburg: Hoffmann und Campe, S. 73; Original 1991: „Consciousness explained", Boston: Little, Brown) weist darauf hin, dass manche Wahrnehmungsqualitäten nur auf den ersten Blick „unsagbar" (wie die Phänomenologen gerne sagen) scheinen. Dennett führt als Beispiel die besondere, zunächst unsagbar erscheinende Qualität beim Hören von Obertöten an. Sobald man aber den Ton eine Oktave höher bewusst gehört hat, erkennt man diesen Ton als Oberton beim Anschlagen des tieferen Tons überraschend klar. Dadurch, dass man gelernt hat, worauf man achten muss, verschwinden die Homogenität und die Unsagbarkeit des ersten Erlebnisses und werden durch eine greifbare Dualität ersetzt.

uns ist „zu jedem beliebigen Zeitpunkt Subjekt eines ganzen Schwarms von existierenden Empfindungen [...]. All diese nebeneinander existierenden Empfindungen bilden gemeinsam meinen derzeitigen 'Bewusstseinsinhalt'; zusammen stellen sie dar, was man die 'bewusste Gegenwart' nennen könnte."[456]

Wenn wir uns vergegenwärtigen, mit welchem immensen Enkulturationsaufwand uns unser phänomenales Bewusstsein, unsere Subjektivität, die individuelle Qualitativität unserer Empfindungen, die Variationsbreite unserer Gestimmtheiten sowie unsere Introspektionsfähigkeit für all das einprogrammiert wurden, dann drängt sich die Annahme auf, dass genau der Erwerb dieser Qualitäten unserem spezifischen Menschsein, das uns zu so viel mehr Gutem (Lebenerhaltendem) und Bösem (Lebenvernichtendem) befähigt als die Tiere, zugrunde liegt. Der Gedanke, dass unser phänomenales Bewusstsein ein funktionsloses Epiphänomen und reines Nebenprodukt neuronaler Vorgänge ist, ist vor diesem Hintergrund nicht überzeugend. Vielmehr scheint unser hochgezüchtetes individuelles, subjektives phänomenales Erleben, das möglicherweise den im vorangegangenen Kapitel besprochenen virtuellen Empfindungen entspricht, der andauernden Vergewisserung unserer eigenen Selbst- und Ichhaftigkeit (was das bedeutet, wird unten noch zu klären sein), aber auch der Wirklichkeit der Objekte in der Welt zu dienen.

Im Kapitel 3 über funktionales Verhalten war davon die Rede, dass ein durstiger Blindsicht-Patient (der unter einer sogenannten Rindenblindheit infolge einer Beschädigung des visuellen Cortex leidet) nicht nach einem Glas Wasser in seinem blinden Feld greift, obwohl die gesunden subcorticalen Teile seines Gehirns von seinen gesunden Augen durchaus über das Wasserglas informiert sind, aber eben nicht in einer phänomenal bewussten Qualität[457]. Die visuelle Information ist nicht von einer qualitativen Empfindung, dass „ich das Wasserglas sehe", begleitet. Anthony

456 N. Humphrey, 1997: „Die Naturgeschichte des Ich", München: Knaur, S. 169, 172, 179, 181, Original 1992: „A History of the Mind. Evolution and the Birth of Consciousness", New York: Copernicus.

457 Ein Zustand ist nach Ned Block (2005: „Eine Verwirrung über die Funktion des Bewusstseins", in: T. Metzinger (Hg.): „Bewußtsein. Beiträge aus der Gegenwartsphilosophie", Paderborn: mentis, S. 538) phänomenal bewusst, wenn er Erlebniseigenschaften („experiential properties") hat, das heißt, wenn es für das Subjekt des Bewusstseins „irgendwie ist, sich in diesem Zustand zu befinden". Block grenzt das P-Bewusstsein vom Zugriffsbewusstsein („Z-Bewusstsein", „access-" oder „A-consciousness") ab, welches durch seine Funktionalität, das heißt durch seine objektivierbaren Außenwirkungen hinsichtlich des Denkens, der rationalen Handlungs- und Sprachkontrolle, definiert ist. „Was einen Zustand z-bewusst sein lässt, ist das, was eine Repräsentation seines Gehalts in einem System tut." Siehe auch Online-Glossar.

Marcel glaubt: „Die Menschen unternehmen von sich aus nur dann willkürliche Handlungen, in die irgendein Segment der Umgebung einbezogen ist, wenn sie sich des betreffenden Segments phänomenal bewusst sind.“[458] Wir sind nach Humphrey nämlich daran gewöhnt, im Bezug auf Objekte zu handeln, die gewissermaßen durch unsere Empfindung „beglaubigt‘“ werden. „Die Empfindung verleiht der Erfahrung der Welt ein Hier- und Jetztsein und eine Ichhaftigkeit, über die unsere reine, von der Empfindung losgelöste Wahrnehmung nicht verfügt.“ Empfindungen haben „die biologische Funktion als Repräsentation dessen, ‘was jeweils gerade mit mir als körperlichem Wesen vorgeht’. Empfindungen machen mich bereit zu unmittelbaren Handlungen.“[459]

Es ist gut, dass wir unsere reinen Vorstellungen nicht als wirklich empfinden. Sonst hätten wir – so Humphrey – „gute Aussichten zu verhungern“, wenn wir unseren Hunger durch die Vorstellung einer Mahlzeit zu stillen versuchten. Anders ist es wie schon erwähnt im Traum: „Traumbilder [...] sind vom vollen Reichtum der Empfindung begleitet [...], als ob die entsprechenden Reize physisch auf den Träumer einwirken. [...] Der Träumer kann mithin vor Angst schreien oder einen Orgasmus haben oder heiße Tränen weinen [...].“[460] Ein weiteres Beispiel von phänomenalem Erleben, das nicht mit der äußeren Realität korrespondiert, sind die bereits angesprochenen Halluzinationen. Die Kranken (zum Beispiel Schizophrene oder Alkoholiker im Delir) erleben sie – wie schon gesagt – als unbedingt real, weil sie von intensiven, beispielsweise visuellen, akustischen oder körperlichen Empfindungen begleitet werden. Halluzinationen gehen oft mit wahnhaftem Denken und meist mit Angst, Erregung und dysfunktionalem, zum Beispiel aggressivem Verhalten einher.

Die Funktion und Bedeutung des uns antrainierten phänomenalen Bewusstseins wird vielleicht noch deutlicher, wenn wir uns abschließend die Versuche von Humphrey mit dem Rhesusäffchen Helen anschauen. Das gesamte corticale Sehzentrum von Helen wurde entfernt. Helen erwarb aber – durch Humphrey trainiert und ermutigt – wieder erstaunliche visuelle Fähigkeiten: „Sie konnte sogar den Arm ausstrecken und eine Fliege aus der Luft greifen. Ihr dreidimensionales Sehen

458 Anthony Marcel (1988: „Phenomenal experience and functionalism“, in: A. J. Marcel, E. Bisiach [Eds.]: „Consciousness in Contemporary Science“, Oxford, S. 146), zitiert nach Humphrey, 1997, S. 116.

459 N. Humphrey, 1997, S. 117, 124.

460 N. Humphrey, 1997, S. 124, 126.

und ihre Fähigkeit, zwischen unterschiedlich großen oder hellen Objekten zu unterscheiden, erreichte fast wieder das ursprüngliche Niveau." Trotz ihrer erstaunlichen Fortschritte und Sicherheit im Alltag blieb Helen jedoch äußerst leicht irritierbar. „Es war, als sei sie sich auch nach so vielen Jahren ihrer Fähigkeit immer noch nicht sicher und könne nur sehen, wenn sie nicht unter Druck gesetzt wurde, zu sehen." Humphrey glaubt, dass Helen an Blindsicht litt: „Die Information, die sie durch die Augen erhielt, war 'reines Wahrnehmungswissen', das in ihrem Bewusstsein durch keine empirische Evidenz in Form visueller Empfindungen erhärtet wurde."[461] Trotzdem erholte sich Helen von dem Verlust ihrer Sehrinde deutlich besser, als es Menschen in einer vergleichbaren Lage möglich ist.

Als Grund für diesen Unterschied vermutet Humphrey, dass Affen „ein weniger entwickeltes Selbstbild" haben und „die Erfahrung fehlenden eigenen Involviertseins" sie deshalb wohl weniger durcheinanderbringt.[462] Das für uns Menschen typische kulturelle Empfindungstraining spielt ja bei Affen und anderen Tieren keine oder nur eine untergeordnete Rolle. Tiere haben wahrscheinlich kein dem unseren vergleichbares phänomenales Bewusstsein, weil ihre Empfindungen nicht in dem Maß wie bei uns auf die Repräsentation eines Selbst beziehungsweise Ich bezogen sind. Wenn wir Menschen bei Blindsicht den subcortical ja noch völlig erhaltenen visuellen Input nicht mehr mit einer Erfahrung von „ich sehe" in Verbindung bringen können, sind wir – anders als Helen – nicht mehr in der Lage, diese visuelle Information aus eigenem Antrieb in sinnvolles Verhalten umzusetzen. Helen besaß keine empfundene Ichhaftigkeit im menschlichen Sinn. Sie erlebte zwar den Wegfall ihrer früher erworbenen Wahrnehmungsfunktionen, wurde aber nicht zusätzlich von einem bewusst erlebten Wegfall ihrer subjektiven Empfindung beeinträchtigt. So fand sie – wie von Humphrey beschrieben – rascher in die Alltagsbewältigung zurück.

Fassen wir zusammen:

- Es bedarf es eines langen und intensiven soziokulturellen Trainings, damit sich das Körper-Selbst zu einer höheren Ebene körperlichen Gewahrseins und schließlich zu einem menschentypischen Sich-seiner-selbst-bewusst-Sein weiterentwickeln kann.

461 N. Humphrey, 1997, S. 111-113. Die von Humphrey gemachte Unterscheidung zwischen Empfindung und Wahrnehmung habe ich schon im Zusammenhang mit Informationsverarbeitung, Wahrnehmung und Nervensystem sowie mit Repräsentation und Gedächtnis dargestellt.

462 N. Humphrey, 1997, S. 116.

- Durch das intensive symbiotische, sich gegenseitig nachahmende und spiegelnde gestische, mimische und lautmalerische Wechselspiel zwischen Säugling und Mutter bilden sich rudimentäre Objekt- und Selbstrepräsentanzen.
- Menschliche Mütter beziehen sich von früh an auf ihre Kinder auf der Basis von kulturell geprägten Vorstellungen über den mentalen Zustand des Säuglings, zum Beispiel welche Bedürfnisse, Absichten und Erwartungen dieser hat („theory of mind").
- Viele Eltern betrachten und behandeln Säuglinge daher oft schon wie kleine Persönlichkeiten mit einem bereits vorhandenen Ich- beziehungsweise Selbstbewusstsein und identifizieren sich mit den inneren Befindlichkeiten und Empfindlichkeiten des Kindes.
- Sie schenken den körperlichen Zeichen und Lautäußerungen, welche das innere Befinden des Säuglings widerspiegeln könnten, starke Beachtung und spiegeln die spontanen Bewegungen der Säuglings.
- Indem die Umgebung auf die Äußerungen des Säuglings eingeht, diese benennt, bei Freude mitschwingt und bei Kummer tröstet, kann der Säugling seine eigenen Gefühle erkennen.
- Das Kind internalisiert das Bild der spiegelnden Mutter, es wird zur sekundären Repräsentanz, die für die Selbstentwicklung bedeutsam ist.
- Zudem wird die Selbstempfindung und Selbstwahrnehmung des Kindes trainiert, indem die Mutter das Kind in verschiedenen Sinnesmodalitäten stimuliert.
- Von Anfang an wird der Säugling von seinen Beziehungspersonen mit seinem Namen angesprochen.
- Wenn das Kind zum ersten Mal seinen eigenen Namen zusammen mit der Bezeichnung für ein begehrtes Objekt ausspricht und dadurch erfolgreich dabei ist, zu bekommen, was es begehrt, wiederholt es die Verwendung seines eigenen Namens.
- Die Umgebung interpretiert alles, was das Kind tut und von sich gibt, als Ausdruck seines wahrscheinlich noch gar nicht vorhandenen Ich.
- Die Aufmerksamkeit des Menschenkinds wird so lange auf seinen eigenen Organismus und die in ihm zum Teil künstlich induzierten Zustände, Empfindungen und Befindlichkeiten gelenkt, bis sich das Kind schließlich mit ihnen identifiziert.
- Das uns mit immensem Enkulturationsaufwand antrainierte phänomenale Bewusstsein, unsere Subjektivität, die individuelle Qualitativität und Varia-

tionsbreite unserer Empfindungen und Gestimmtheiten sowie unsere Introspektionsfähigkeit dienen wahrscheinlich der andauernden Vergewisserung und Beglaubigung unserer eigenen Selbsthaftigkeit sowie der Wirklichkeit der Objekte in der Welt.

- Beim Verlust der phänomenal bewussten Qualität von Sinnesempfindungen, wie zum Beispiel bei der Blindsicht, geht die Eigeninitiative, aktiv angemessen zu handeln, verloren.
- Phänomenales Erleben, das nicht mit der äußeren Realität korrespondiert, kommt zum Beispiel im Traum oder bei Halluzinationen vor.
- Affen erholen sich von dem Verlust ihrer Sehrinde besser als Menschen, vermutlich weil sie das für uns Menschen typische kulturelle Empfindungstraining nicht durchlaufen und folglich nicht oder viel weniger als wir ein entwickeltes Selbstbild, eine empfundene Ichhaftigkeit und ein phänomenales Bewusstsein haben, welche unser Handeln bestimmen.

Praktische Konsequenzen

Wir legen heute viel Wert auf unseren persönlichen Geschmack, auf unsere individuellen Neigungen, Abneigungen und Befindlichkeiten. Ganze Industrien sind damit beschäftigt, uns Anstrengungen zu ersparen, uns lustvolle Empfindungen zu verschaffen und unser subjektives Wohlbefinden in jeder nur erdenklichen Weise zu optimieren. Das uns antrainierte phänomenale Bewusstsein, die individuelle Qualitativität unserer Empfindungen und Gestimmtheiten scheinen vielfach zum Selbstzweck geworden zu sein, was sich im Hedonismus unserer heutigen Spaß-, Luxus-, Bequemlichkeits- und Egotripkultur zeigt.

Als Arzt und Psychotherapeut kann ich mich tagtäglich davon überzeugen, dass die verzweifelte Suche nach privatem Glück, nach Erfolg und Status, Unterhaltung, materiellem Wohlstand, sinnlicher Stimulation und Ablenkung und die Vermeidung von Anstrengung sowie die künstliche Abtötung von Unlust, Schmerz und Angst zu keiner (Er-)Lösung führt, sondern im Gegenteil das Leiden der Menschen meist noch vermehrt, weil genau dieses vehemente Streben nach subjektiven Glücksmomenten den Weg für eine echte Heilung des Einzelnen und der Gesellschaft verstellt.

Was allzu häufig verkannt wird, ist die soziokulturelle Dienstfunktion unseres subjektiven Empfindens und Befindens. Die Kulturgeschichte hat phänomenales

Bewusstsein hervorgebracht, damit wir uns so verhalten, wie es für die Erhaltung der Gemeinschaft und Kultur, der wir angehören, vorteilhaft ist. Wir sind versucht zu glauben, dass unser Bewusstsein etwas in uns ist, das wir selbst erzeugen, und dass die qualitativen Zustände, die wir erleben, uns selbst gehören. Wir glauben, dass unser Bewusstsein für uns persönlich da ist und uns zu dienen hat. In dieser antrainierten egozentrischen Benutzerillusion liegt ja gerade der Trick, der dafür sorgt, dass wir so wunderbar motiviert sind. In Wirklichkeit aber haben unser subjektives Bewusstsein und unser vermeintlicher Egoismus dem Kollektiv zu dienen. Nur wenn wir uns dessen bewusst werden und uns selbst entschlossen in den Dienst der Gemeinschaft und gegebenenfalls einer höheren Instanz stellen, kann meines Erachtens unsere Seele heilen. Ich komme auf diesen Punkt zurück.

Von den Kindern

Unsere Kinder sind nicht wirklich unsere Kinder.
Sie kommen durch uns und doch nicht von uns.
Sie gehören uns nicht.
Wir dürfen ihnen unsere Liebe schenken,
sie aber nicht mit unseren Gedanken überhäufen,
um sie uns ähnlich zu machen .
Denn sie haben ihre eigenen Gedanken.
Wir dürfen ihnen ein Zuhause geben,
aber ihre Seelen suchen sich ihr eigenes Zuhause,
das Haus von morgen, das uns verschlossen bleibt.
Unsere Kinder sind wie lebende Pfeile.
Wir sind der Bogen, von dem aus sie weit in die Welt fliegen.
Aber der Schütze ist ein anderer.
Er allein kennt das Ziel.
Seine Macht ist es, die den Bogen spannt.

(Frei nach Khalil Gibran: „Der Prophet")

24. Die Entwicklung des Selbst aus psychodynamischer Sicht

John Searle fragt: „Was genau ist das Selbst? Welche Tatsache über mich macht mich zu mir?"[463] Bevor wir uns an die Definition eines der für unser Bewusstseinsverständnis wichtigsten Begriffe heranwagen, lassen Sie uns zurückblicken, in welchen Zusammenhängen uns das „Selbst" in diesem Buch schon begegnet ist. Es war die Rede von Proto-Selbst, Kern-Selbst, Körper-Selbst, Selbstempfinden, Selbstschutz, Selbsterhaltung, Selbsttröstung, Selbstwirksamkeit, Selbstauslösung, Selbsterforschung, Selbstrepräsentation, Selbstwert, Selbstachtung, Selbstverwirklichung, Selbstkonzept und Selbstbild. Ich legte im Zusammenhang mit dem Modelllernen dar, wie sehr die Identifikation mit Teilaspekten emotional bedeutsamer anderer, insbesondere der Eltern, zu dem Bild oder Konzept beiträgt, das jemand von sich selbst hat. Ich erwähnte auch, wie stark sich die frühen Bindungserfahrungen darauf auswirken, ob jemand im nahen Kontakt mit anderen sich selbst als sicher und liebenswert erleben kann. Vor allem aber wurde deutlich, dass die Selbstentwicklung von grundlegenden Sinnes- und Körperempfindungen des Säuglings in der innigen spiegelnden Interaktion mit dem Körper der Mutter oder anderer Pflegepersonen ihren Ausgang nimmt.

Einen wichtigen Beitrag zu unseren Vorstellungen vom Selbst leistet die psychoanalytische Objektbeziehungstheorie. Sie erklärt, auf welche Weise Kinder ihre frühen „Objektbeziehungserfahrungen" verinnerlichen (internalisieren) und wie sich dieser Verinnerlichungsprozess auf die Entwicklung des Selbst und die Persönlichkeit des späteren Erwachsenen auswirkt. „Objekte" im psychoanalytischen Sinn sind jene Aspekte einer Person oder eines Gegenstands, die eine Triebregung aufheben und wichtige Bedürfnisse befriedigen können. Ich werde im Folgenden versuchen, objektbeziehungstheoretische Konzepte mit dem zu verbinden, was wir in diesem Buch bereits erarbeitet haben. So haben wir unter anderem erfahren, dass Säuglinge ein großes Bedürfnis nach Körperkontakt, Interaktion, sinnlicher Stimulation, Spiegelung und Resonanz durch ihre Mutter haben. Befriedigt eine gesunde und unbelastete Mutter mit der wünschenswerten Geduld und Zuwendung diese Bedürfnisse zuverlässig, dann organisiert sich – der Objektbeziehungstheorie zufolge – die Fülle der lustvollen körperlich-sinnlichen Einzelerfahrungen des Säuglings

463 J. Searle, 2006: „Geist. Eine Einführung", Frankfurt/M.: Suhrkamp, S. 288; Original 2004: „Mind. A Brief Introduction", New York: Oxford University Press.

zu einer einheitlichen neuronalen Repräsentation[464], einer Art innerem Bild des „guten mütterlichen Objekts". Diese Repräsentation ist mit positiven Affekten wie Sattheit, Lust und Wohlbefinden verbunden.

Wenn die Eltern oder andere Pflegepersonen nicht in der Lage sind, die Bedürfnisse des Säuglings, zum Beispiel nach Körperkontakt und Spiegelung, angemessen zu befriedigen, dann reagiert – wie ich schon erwähnte – der kindliche Organismus mit Stresssymptomen. Eine anhaltend ungestillte Bedürfnisspannung geht mit negativen Affekten einher. In extremen Fällen, wie bei den von Rene Spitz beschriebenen Waisenhauskindern, auf die ich im Kapitel 10 über Bindung und menschliche Motivation hingewiesen habe, können sich sogar schwerwiegende depressive Symptome entwickeln. Analog zu den befriedigenden Erfahrungen organisieren sich auch die unlustvollen, versagenden, schmerzlichen oder gar beängstigenden Erfahrungen des Säuglings mit der Mutter zu einer einheitlichen neuronalen Repräsentation. Objektbeziehungstheoretisch gesehen bilden sie zusammen das innere Bild des „bösen mütterlichen Objekts". Man spricht auch von positiven und negativen „inneren Objekten" oder „positiven und negativen Objektrepräsentanzen".[465] Eine Objektrepräsentanz setzt sich – wie Rainer Krause sagt – aus „Erinnerungsspuren" zusammen, die das Objekt, die Interaktion des Kindes mit dem Objekt und die Gefühle während dieser Interaktion beinhalten.[466]

Otto Kernberg ist es zu verdanken, aus verschiedenen Ansätzen anderer maßgeblicher Objektbeziehungstheoretiker ein einheitliches Modell einer psychoanalytischen Objektbeziehungstheorie entwickelt zu haben.[467] Wenn ein Kind seine

464 Wie ich schon im Kapitel 11 betonte, dürfen wir eine neuronale Repräsentation nicht als Ein-zu-eins-Abbildung objektiver Tatsachen auffassen. Es handelt sich vielmehr um ein „Gedächtnisbild" (Roth), das von einem Gehirn konstruiert wird. Dieses Gehirn wiederum ist in einen individuellen Organismus mit allen seinen Zuständen und Bedürfnissen sowie mit zunehmendem Alter immer stärker auch in ein kulturelles Umfeld eingebunden, das die Aufmerksamkeitsausrichtung, die Wahrnehmung und damit das, was repräsentiert wird, wesentlich beeinflusst.

465 Unter anderem O. Kernberg, 1988: „Borderline-Störungen und pathologischer Narzißmus", Frankfurt/M.: Suhrkamp, S. 359, Original: 1975: „Borderline Conditions and Pathological Narcissism", New York: Jason Aronson.

466 R. Krause, 1990: „Psychodynamik der Emotionsstörungen", in: K. R. Scherer (Hg.): „Psychologie der Emotion", Bd. 3: 630-705, Göttingen: Hogrefe, und 1992: „Die Zweierbeziehung als Grundlage der psychoanalytischen Therapie", in: Psyche 7, 588-612.

467 Kernberg hat Ansätze unter anderem von Melanie Klein, William Ronald Fairbairn, Donald Winnicott, Harry Guntrip, Erik Erikson, Edith Jacobson, Heinz Hartmann, Margaret Mahler, Joseph Sandler, Rene Spitz und John Bowlby aufgegriffen.

Beziehungserfahrungen verinnerlicht, sind Kernberg zufolge „immer mindestens drei Komponenten beteiligt: eine Selbstvorstellung, eine Objektvorstellung und ein Affektzustand".[468] Nach Kernberg konstituieren sich aus den zahllosen befriedigenden Interaktionserfahrungen, die der Säugling mit seiner Mutter macht, positive „Selbst-Objekt-Affekt-Einheiten". Letztere versteht Kernberg als die Determinanten der intrapsychischen Selbstbildung und der Ausformung der individuellen Persönlichkeitsstruktur. Denn aus den Objektrepräsentanzen gehen – so Kernberg in Anlehnung an Edith Jacobson – die Selbstrepräsentanzen hervor.[469] Das heißt: So wie ein Kind die Interaktion mit dem primären Objekt erlebt, erlebt es sich selbst. Der Begründer der interpersonalen Psychotherapie, Harry Sullivan, verstand das Selbst als die Summe aller verinnerlichten Zustimmungen, die ein Mensch durch seine Umwelt erhielt.[470] Wenn ein Kind von seiner Mutter von Anfang an in dieser Welt willkommen geheißen, um seiner selbst willen geliebt, geschätzt und in seinen Bedürfnissen und spontanen Lebensäußerungen geachtet wird, hat es gute Chancen, zu sich selbst eine ähnlich gute Beziehung aufzubauen: Es wird sich selbst lieben, schätzen und auf seine Bedürfnisse achten. Es wird Vertrauen in andere Menschen und in sich selbst haben.

Wie aber können sich neben den Objektrepräsentanzen überhaupt Selbstrepräsentanzen herausbilden? Warum oder wozu entsteht etwas, das über das auch Tieren zuzusprechende rudimentäre Körper-Selbst hinausgeht? Das spezifisch menschliche Selbsterleben lässt sich meines Erachtens nur verstehen, wenn wir auf das vorangegangene Kapitel über die Entwicklung der Subjektivität und des phänomenalen Bewusstseins zurückkommen: Die Mutter spricht ihren Säugling von Anfang an wie eine kleine Persönlichkeit mit einem bereits vorhandenen Ich- beziehungsweise Selbstbewusstsein an. Während des spiegelnden Wechselspiels zwischen ihr und dem Kind trainiert sie ständig seine mimetischen Fähigkeiten, insbesondere die Nachahmung der nonverbalen und verbalen Kommunikationsformen ihrer Kultur. Sie nennt ihr Kind laufend bei seinem Namen und macht es intensiv mit den Phonemen ihrer Sprache vertraut. Sie schenkt allen körperlichen Zeichen und Lautäußerungen, welche das innere Befinden des Kindes widerspiegeln könn-

468 O. Kernberg, 1976: „Object Relations Theory and Clinical Psychoanalysis", deutsch, 1988: „Objektbeziehungen und Praxis der Psychoanalyse", Stuttgart, Klett-Cotta, 3. Aufl., S. 66, 107.

469 O. Kernberg (1976, S. 127) sieht es als „eine der entscheidenden Thesen" von Edith Jacobson an, „dass sich aus einer ursprünglich verschmolzenen Selbstobjekt-Vorstellung allmählich die getrennten Vorstellungen von Selbst und Objekten entwickeln".

470 H. S. Sullivan, 1980: „Die interpersonelle Theorie der Psychiatrie", Frankfurt: Fischer-Verlag, Original 1953: „The Interpersonal Theory of Psychiatry", New York: W. W. Norton & Company.

ten, größte Beachtung. Damit lenkt sie die Aufmerksamkeit des Kindes so lange auf seine eigenen Bedürfnisse, Empfindungen und Befindlichkeiten, bis das Kind schließlich beginnt, sich mit diesen zu identifizieren. Nur durch dieses intensive soziokulturelle Training erklärt sich meines Erachtens, dass sich von den Objektrepräsentanzen zunehmend eigenständige Selbstrepräsentanzen ablösen.

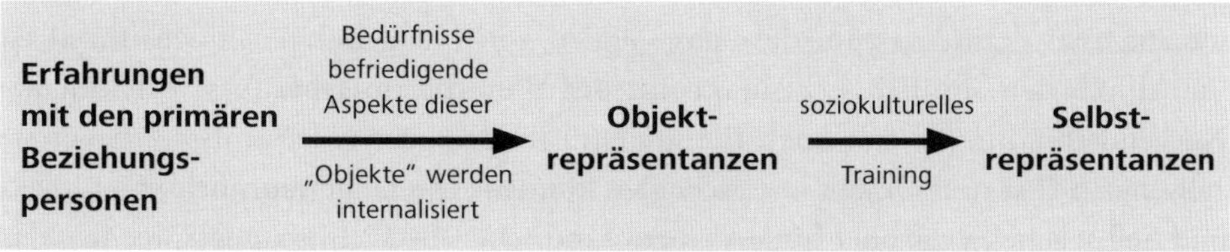

Erste Herausbildung von Objektrepräsentanzen und Selbstrepräsentanzen

Nach Heinz Kohut, der Galionsfigur der Selbstpsychologie, dient die Mutter dem Kind als „Selbstobjekt". Der Begriff des Selbstobjekts bezeichnet jene subjektiv erlebten Aspekte einer Person, zum Beispiel ihre zuverlässige Verfügbarkeit und ihre bedürfnisbefriedigenden Handlungen, die das Gefühl des Selbstseins entstehen lassen und aufrechterhalten. Der Begriff des Selbstobjekts meint also nicht etwa einen anderen Menschen in seiner objektiven Beschaffenheit, sondern bezieht sich vielmehr auf die Funktion, die dieser Mensch für den Aufbau, den Erhalt und die Entwicklung des Selbstempfindens des Kindes hat. Um als Elternteil seinem Kind als ein gutes Selbstobjekt zu dienen, bedarf es auch aus Kohuts Sicht jener elterlicher Qualitäten, die ich schon mehrfach angesprochen habe, vor allem der zuverlässigen Präsenz und der empathischen Spiegelung der Bedürfnisse des Kindes. Diese Qualitäten sind auch zugleich die Voraussetzung für die Erfahrung sicherer Bindung.

Kohut schreibt: „Gewiss, wir müssen – im Einklang mit den Befunden der Neurophysiologie – annehmen, dass das neugeborene Kind keinerlei reflektives Bewusstsein seiner selbst haben kann, dass es nicht fähig ist, sich selbst, und sei es noch so schemenhaft, als eine im Raum kohärente und in der Zeit dauernde Einheit zu erfahren, die Ausgangspunkt von Antrieben und Empfänger von Eindrücken ist. Und doch ist es von Anfang an mittels gegenseitiger Empathie mit einer Umgebung verschmolzen, die es so erlebt, als hätte es bereits ein Selbst – einer Umgebung, die nicht nur die spätere Selbstbewusstheit des Kindes vorwegnimmt, sondern auch, allein schon durch Form und Inhalt ihrer Erwartungen, es in spezifische Richtungen zu lenken beginnt. In dem Augenblick, in dem die Mutter ihr Baby zum ersten Mal sieht und auch mit ihm im Kontakt ist (durch taktile, olfaktorische und propriozeptive Kanäle, wenn sie füttert, trägt, badet), findet der eigentliche Beginn eines Prozesses statt, der das Selbst einer Person bildet – er setzt sich während der ganzen Kindheit und in einem geringeren Ausmaß auch im späteren Leben fort."[471]

Am Anfang der seelischen Entwicklung sind die Objektrepräsentanzen und die Selbstrepräsentanzen noch nicht voneinander unterschieden. Das hat unter anderem damit zu tun, dass das Gehirn von Neugeborenen noch unreif ist und durch den sinnlichen Kontakt mit der Welt die im Überfluss vorhandenen Nervenverbindungen erst noch tief greifend umgebaut werden müssen, bevor sie zwischen Selbst und Objekt unterscheiden können. Die Ungetrenntheit von Objekt und Selbst scheint darüber hinaus einem kindlichen Bedürfnis zu entsprechen, das für diese frühe Entwicklungsphase typisch und für die Selbstentwicklung konstituierend ist: dem Bedürfnis nach Symbiose und Verschmelzung. Mutter und Kind durchlaufen gemeinsam, wenn sie nicht durch widrige äußere Umstände oder eine Erkrankung der Mutter daran gehindert werden, physiologischerweise eine für beide beglückende Phase inniger körperlich-sinnlicher Verbundenheit und gegenseitiger dyadischer Bezogenheit. Sie erleben sich gemeinsam als fusionäre Einheit. Zugleich sind nach Kernberg die positiven Objektrepräsentanzen noch völlig von den negativen Objektrepräsentanzen getrennt: Der Säugling kann in den ersten Monaten seines Lebens noch nicht erkennen, dass die Sättigung, Lust, Spiegelung und Sicherheit spendende Mutter und die versagende Mutter ein und dieselbe Person sind und dass diese sowohl befriedigende als auch frustrierende Mutter eine von ihm getrennte, eigene Existenz hat.

Alle schmerzvollen Erfahrungen mit der Mutter, die mit negativen Selbst-Objekt-Affekt-Einheiten einhergehen, sind – wie es objektbeziehungstheoretisch heißt – anfangs noch „abgespalten“. Dabei ist die Spaltung zunächst kein aktiver Vorgang, sondern ein rein physiologisches Entwicklungsstadium. Die Spaltung beruht einfach darauf, dass lustvolle und unlustvolle Erfahrungen im Gehirn des Säuglings an unterschiedlicher Stelle kartiert werden und noch nicht perzeptuell miteinander verbunden sind (vgl. Kapitel 7 über Synchronisierung, Zeitfenster und perzeptuelle Bindung) beziehungsweise assoziativ verknüpft sind. Darüber hinaus erfüllt die Spaltung eine Schutzfunktion. Sie hält den für die Selbstentwicklung notwendigen inneren Raum, in dem selbst ein emotional vernachlässigtes Kind mit einem Minimum an gutem innerem Bild der Mutter verschmelzen kann, frei von

471 H. Kohut, 1977: „The Restoration of the Self“, deutsch, 1981: „Die Heilung des Selbst“, Frankfurt/M.: Suhrkamp, S. 95.

Kontaminationen. So können auch bedrohliche Erfahrungen mit der realen Mutter einschließlich der entsprechenden negativen Objektrepräsentanzen und negativen Affekte des Kindes die Illusion einer guten Mutter, die als Selbstobjekt unverzichtbar ist, nicht gänzlich zerstören. Die folgende Abbildung zeigt im oberen Teil, wie die realen guten Erfahrung mit dem primären Objekt sowie die daraus resultierenden guten Objekt- und Selbstrepräsentanzen kognitiv noch nicht klar voneinander unterschieden sind. Alles Negative (im unteren Teil) ist von allem Gutem (oben) noch klar getrennt (abgespalten).

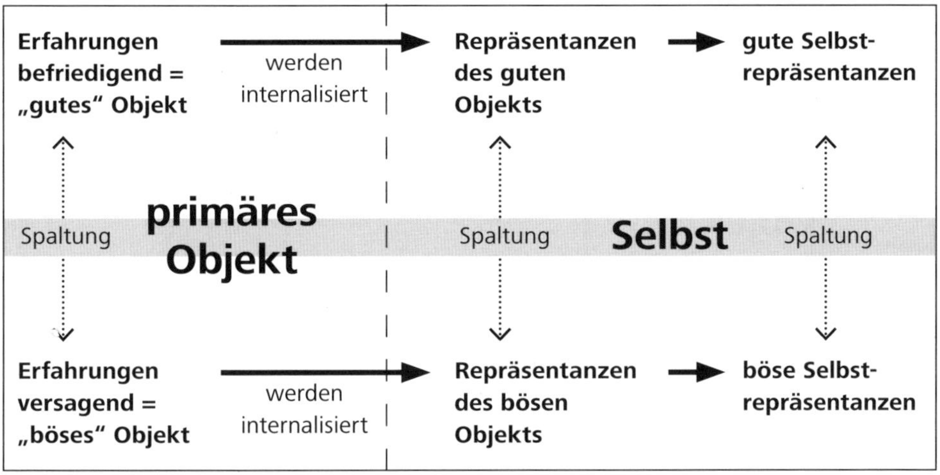

Selbstentwicklung in der ersten Hälfte der ersten Lebensjahres: Die Selbst-Objekt-Differenzierung ist noch nicht vollzogen (symbolisiert durch die gestrichelte senkrechte Linie). Es besteht noch eine Symbiose/Fusion von Selbst und Objekt. Zugleich besteht noch eine Spaltung von „Gut" und „Böse" (symbolisiert durch die waagerechte graue Linie, die sowohl das primäre Objekt als auch das Selbst in jeweils zwei getrennte Aspekte, die guten und die bösen, aufteilt).

Wenn die frühen Bindungserfahrungen unsicher oder bedrohlich sind und die Spiegelung der Bedürfnisse und Lebensäußerungen des Säuglings durch die Mutter entsprechend unzureichend ist, muss die Spaltung als Schutzmechanismus oft dauerhaft aufrechterhalten werden. Die Spaltung wird dann aus psychodynamischer Sicht zu einem aktiven „Abwehrmechanismus", um ein schwaches Selbst vor Inkohärenz zu schützen. Wenn hingegen die psychosozialen Entwicklungsbedingungen günstig sind, kann das Kind ab der zweiten Hälfte des ersten Lebensjahres – mit fortschreitender biologischer Reifung seines Gehirns und der Verbesserung seiner kognitiven Fähigkeiten – damit beginnen, zwischen Selbst und Objekt zu unterscheiden. Die von Rene Spitz beobachtete und beschriebene „Acht-Monats-Angst", die auftritt, wenn sich ein Fremder dem Kind nähert, belegt, dass das Kind seine Mutter von anderen Menschen unterscheiden kann.[472] Parallel dazu fängt das Kind an zu erkennen, dass die „gute" Mutter und die „böse" Mutter eine einzige Person sind (Abbildung unten). Normalerweise soll diese Entwicklung bis zum 18. Lebensmonat so weit fortgeschritten sein, dass das Kind Objekte als Ganzes (also sowohl in ihren befriedigenden als auch in ihren frustrierenden Qualitäten) wahrnehmen kann. Dadurch verbessert sich seine Realitätsprüfung erheblich. Diesen Entwicklungsstand soll die folgende Abbildung verdeutlichen.

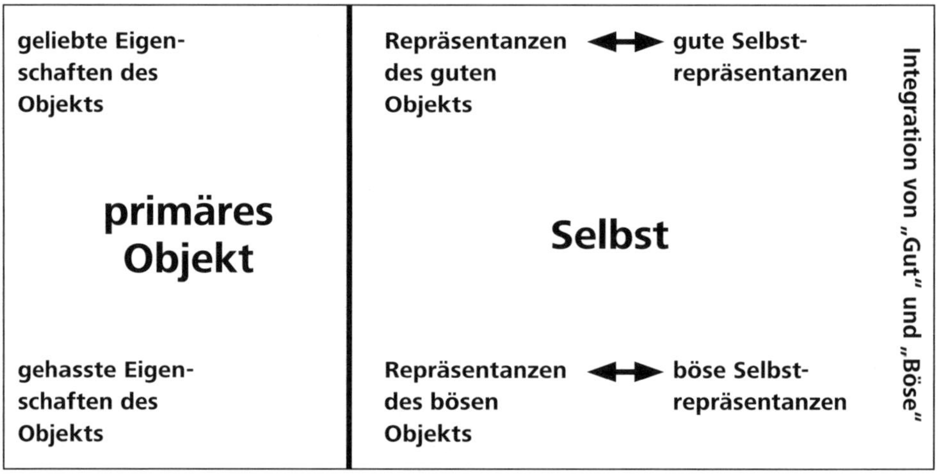

Die Selbst-Objekt-Differenzierung vollzieht sich ab der zweiten Hälfte des ersten Lebensjahres und gilt ab der Mitte des zweiten Lebensjahres als abgeschlossen (symbolisiert durch die senkrechte schwarze Linie), die Spaltung zwischen „Gut" und „Böse" ist aufgehoben.

Unter ungünstigen Umständen vollzieht ein Kind diesen wichtigen Reifungsschritt möglicherweise nur unvollständig. Es bleibt mit den „guten" Aspekten der Mutter oder einer anderen Pflegeperson, die kompensatorisch als Selbstobjekt dient, weiterhin fusionär verbunden. Es spaltet dabei fortgesetzt die für sein Selbst bedrohlichen Aspekte der Mutter oder der Ersatzperson sowie seine eigenen negativen Affekte ab. Die Beziehungen zu anderen Menschen und die Selbstregulierung sind für ein solches Kind und nur um den hohen Preis möglich, mit wesentlichen Teilen seiner sozialen Wirklichkeit und des eigenen Selbst nicht in Kontakt zu sein. Wenn die Mutter ihre Selbstobjektfunktion nur unzureichend erfüllen kann, zum Beispiel infolge von Krankheit oder Überforderung, kommt insbesondere dem Vater eine

472 R. Spitz, 1980: „Vom Säugling zum Kleinkind", Stuttgart: Klett-Cotta; englisches Original 1965: „The First Year of Life; a psychoanalytic study of normal and deviant development of object relations", New York: International Universities Press.

wichtige Rolle als kompensatorisches Selbstobjekt zu. Oftmals ist aber auch der Vater nur unzureichend verfügbar, zum Beispiel weil er beruflich bedingt sehr beansprucht oder oft abwesend ist.

In den ersten Lebensjahren kann noch nicht zwischen der Fantasietätigkeit eines Kindes und seiner Realitätswahrnehmung unterschieden werden. Kleine Kinder können daher reale Versagungserfahrungen teilweise durch eine befriedigendere fantasierte Realität kompensieren. So kommen Väter – selbst wenn sie oft abwesend und damit als Selbst- und sicheres Bindungsobjekt nicht ideal sind – in den Genuss einer im Grunde genommen unverdienten Idealisierung. Diese Idealisierung wird begünstigt, wenn sich der Vater in der wenigen Zeit, die er für das Kind aufbringt, tatsächlich gemäß den Erwartungen des Kindes verhält. Der idealisierte Vater erfüllt innerpsychisch zwar eine wichtige kompensatorische Selbstobjektfunktion für das Selbsterleben und die Selbstregulierung des Kindes, aber – wie gesagt – nur um den Preis einer eingeschränkten Wahrnehmung der wirklichen Eigenschaften des Vaters.

Als Erwachsene zeigen Menschen mit einem solchen Schicksal ihrer Selbstentwicklung häufig die Tendenz, alles Trennende auszublenden, zum Beispiel bestimmte nachteilige Eigenschaften des geliebten anderen zu verleugnen, um die ersehnte fusionäre Verbundenheit mit dem als Selbstobjekt benötigten anderen nicht zu gefährden. Auch negative Antriebe und Affekte, welche aus der Frustration wichtiger Bedürfnisse resultieren, aber die Beziehung zum Selbstobjekt belasten könnten, zum Beispiel Aggression, Wut und Hass, werden „abgespalten“. Sie werden sozusagen in ein inneres Exil verbannt. Da sie sich nicht nach außen entladen können, neigen sie dazu, sich gegen das eigene Selbst zu wenden. Diese Wendung der Aggression gegen das eigene Selbst zeigt sich in einer Tendenz, sich selbst abzuwerten, an sich selbst zu zweifeln, sich selbst zu bestrafen, in eine freudlose Stimmung zu verfallen und/oder psychosomatische Symptome zu entwickeln. Wenn irgendwann die Realität nicht mehr verleugnet werden kann und zum Beispiel deutlich wird, dass der idealisierte andere ganz anders ist als die eigenen Erwartungen, kann die Idealisierung in eine schlimme Enttäuschung und in eine massive Entwertung des ursprünglich geliebten Menschen umschlagen. Dieser Verlust des idealisierten Selbstobjekts erschüttert aber – wie sich jetzt leicht verstehen lässt – die Kohärenz des eigenen Selbst, das so sehr von der äußerlichen Verfügbarkeit des Selbstobjekts abhängt.

Eine wichtige Qualität des Selbst ist folglich seine Autonomie. Die Autonomie des Selbst kann sich am besten entwickeln, wenn die symbiotischen Bedürfnisse des

Kindes ausreichend gestillt werden. Es ist wichtig, dass das Kind genügend stabile und positive innere Bilder (Objektrepräsentanzen) von der Mutter und anderen Beziehungspersonen entwerfen kann. Stabile innere Bilder von Menschen, die das Kind um seiner selbst willen lieben oder liebten, die sicher verfügbar sind oder waren, die ermutigen, trösten und beistehen, machen das Selbsterleben des Kindes von der ständigen äußerlichen und physischen Verfügbarkeit von Menschen mit Selbstobjektfunktion unabhängiger. Gute und stabile innere Objekte erlauben es dem Kind und späteren Erwachsenen, sich selbst auch unter Belastung zu lieben, sich selbst zu ermutigen und zu trösten. Wichtig ist auch, dass die Mutter selbstsicher genug ist, um ihrem Kind in den ersten Lebensjahren vermitteln zu können, dass es sich selbstständig bewegen und entfalten kann, ohne deshalb ihren Schutz und ihre Zuneigung zu verlieren. Dadurch wird das Kind befähigt, später selbst innerhalb von engen Bindungen ein angemessenes Maß an Unabhängigkeit zu bewahren und anderen zuzugestehen. Kohut hebt insgesamt vier Merkmale eines gesunden, also durch ausreichende Selbstobjekt-Erfahrungen gestärkten Selbst hervor:

- die besagte Autonomie.
- Selbstwerterleben: Es besteht ein stabiles Grundgefühl vom eigenen Wert, eine von Grund auf positive Beziehung zu sich selbst. Das eigene Selbst ist ausreichend „libidinös [lustvoll] besetzt". Dazu gehört auch ein Bild „meiner Fähigkeiten, Aktivitäten, Initiativen und meiner Kreativität". Das Selbst verfügt über ausreichende Mechanismen des Ich (auf das noch einzugehen sein wird), um das Selbstwertgefühl (die narzisstische Homöostase) zu regulieren. Das Selbstwertgefühl kann selbst angesichts eigener Defizite, Grenzen und Erfahrungen des Scheiterns aufrechterhalten werden. Eine strukturelle Störung des Selbst zeigt sich hingegen in massiver Kränkbarkeit, Selbstzweifeln und der Tendenz, sich selbst abzuwerten oder zu hassen. Der Extremfall ist der depressive Nichtigkeitswahn. Auch starke Schwankungen im Selbstwerterleben sind häufig: Phasen des Selbstzweifels und Selbsthasses wechseln mit Phasen der Selbstüberhöhung mit Größenideen bis hin zum Größenwahn ab.
- Kohärenz: Hiermit ist das Gefühl von Beständigkeit, Festigkeit, Einheit und klarer Identität der eigenen Persönlichkeit gemeint. Die Kohärenz schließt auch ein klares Bild des eigenen Körpers ein, unter anderem ein Wissen darum, wie sich „meine Gefühle" anfühlen. Es besteht ein konsistentes Gefühl für „meine Geschichte", das ich in bestimmter Weise und unter bestimmten familiären Bedingungen zu dem geworden bin, der ich bin, dass ich mich mit der Zeit verändert habe, was ich aus mir gemacht habe, welche Geschichte ich mit anderen habe, welche Vorstellungen und Ansprüche ich an meine Zukunft habe. Eine strukturelle Störung der Kohärenz des Selbst zeigt sich in der Neigung zur

sogenannten Fragmentierung: Das Selbst hört auf, als Ganzes und als eigenständiges Zentrum der Initiative zu existieren. Der eigene Körper oder Teile des Körpers werden als fremd, als nicht „zu mir" gehörend empfunden. Das Gefühl für die eigene Identität und die Urheberschaft des eigenen Handelns kann in dissoziativer[473] Weise reduziert oder aufgehoben sein.

- Vitalität: Ein gesundes Selbst ist ein lebendiges und kraftvolles Zentrum von Initiative. Bei einer strukturellen Störung des Selbst ist der Lebensantrieb geschwächt, den Betroffenen fehlt es dauerhaft an Energie und Schwung.

Wir müssen uns darüber im Klaren sein, dass das „Selbst" nicht im objektiven Sinne „existiert", sondern wie das „Ich", das „Es" oder das „Über-Ich" nur ein Begriff, ein Konstrukt, ein Modell der psychoanalytischen Theorie ist. Es soll uns ermöglichen, bestimmte Persönlichkeitsmerkmale, psychische Phänomene und psychiatrische Krankheitsbilder zu erklären. Sigmund Freud unterschied noch nicht zwischen „Ich" und „Selbst". Erst Heinz Hartmann[474] trennte den Begriff des Selbst vom Begriff des Ich ab. Für Hartmann repräsentiert das Selbst die Gesamtheit einer Person, einschließlich ihres Körpers und ihrer seelischen Vorgänge. Das Selbst beinhaltet, „wie ich mich selbst empirisch erlebe und welche Vorstellungen und Bilder ich bewusst oder unbewusst von mir habe". Hartmann beeinflusste die Arbeit der schon erwähnten Säuglingsforscherin Margaret Mahler. Ihre Untersuchungen der frühen Mutter-Kind-Beziehung führten zu dem Ergebnis, dass Kinder bei ungestörter Entwicklung ungefähr im dritten Lebensjahr ein stabiles Gefühl eigener Einheitlichkeit und klarer Selbstgrenzen erwerben. Dieses stabile Selbsterleben speist sich nach Mahler aus „einer unmittelbaren Wahrnehmung unseres inneren Erlebens, der Körpergefühle, der Gefühls- und Denkvorgänge und der zweckgerichteten Aktivität" sowie aus „indirekter Wahrnehmung unseres körperlichen und seelischen Selbst als eines Objektes".[475]

473 Der Begriff „Dissoziation" beschreibt laut DSM-IV (Diagnostic and Statistical Manual of Mental Disorders) die Unterbrechung der normalerweise integrativen Funktionen des Bewusstseins, des Gedächtnisses, der Identität oder der Wahrnehmung der Umwelt. Laut ICD-10 (International Statistical Classification of Diseases and Related Health Problems) ist das allgemeine Kennzeichen der dissoziativen Störungen der teilweise oder völlige Verlust der normalen Integration von Erinnerungen an die Vergangenheit, des Identitätsbewusstseins, der unmittelbaren Empfindungen sowie der Kontrolle von Körperbewegungen.

474 H. P. Hartmann, 1972: „Ich-Psychologie", Stuttgart: Klett, S. 261.

475 M. Mahler, F. Pine, A. Bergman, 1980: „Die psychische Geburt des Menschen", Frankfurt/M.: Fischer, S. 31.

Die Operationalisierte Psychodynamische Diagnostik (OPD) definiert das Selbst als „reflexive psychische Struktur: Das Ich nimmt sich selbst zum Objekt der Wahrnehmung und wird dadurch zum Selbst (Selbstbild). Das Selbst bewertet sich und fühlt sich von anderen bewertet (Selbstwert). Das Selbst erlebt sich als konstant und kohärent (Identität). Das Selbst integriert alle psychischen Funktionen und Dispositionen zu einem Ganzen, es steuert sich selbst und organisiert die Beziehung zum Anderen." Am Ende der Selbstentwicklung steht laut OPD „ein autonomes Selbst, das ein Gefühl von Identität ausgebildet hat und das sein Selbstbild und seinen Selbstwert sowie seine Steuerungs- und Handlungsfähigkeit immer wieder regulieren kann".[476] Dieses Zitat aus der OPD macht deutlich, dass die Begriffe des Selbst und des Ich – trotz Hartmanns Unterscheidungsbemühungen – nicht trennscharf verwendet werden. Ich komme auf die Abgrenzungsproblematik im Kapitel 27 zurück.

Fassen wir zusammen:

- Das neugeborene Kind besitzt noch kein reflektives Bewusstsein seiner selbst, und doch ist es von Anfang an mittels gegenseitiger Spiegelung mit seiner sozialen Umgebung verschmolzen.
- In der frühen symbiotischen Entwicklungsphase durchlaufen Mutter und Kind gemeinsam eine Phase inniger dyadischer Verbundenheit.
- Befriedigt die Mutter die Bedürfnisse des Säuglings zuverlässig, dann organisieren sich seine lustvollen körperlich-sinnlichen Erfahrungen zu einem inneren Bild der guten Mutter (Objektrepräsentanz).
- Analog zu den befriedigenden Erfahrungen organisieren sich die unlustvollen, versagenden oder gar beängstigenden Erfahrungen des Säuglings mit der Mutter zu einem inneren Bild des bösen mütterlichen Objekts.
- Anfangs sind die positiven Objektrepräsentanzen noch völlig von den negativen Objektrepräsentanzen getrennt: Der Säugling kann in den ersten Monaten seines Lebens noch nicht erkennen, dass die Lust und Sicherheit spendende Mutter und die versagende Mutter ein und dieselbe Person sind.
- Alle schmerzvollen Erfahrungen mit der Mutter sind anfangs noch abgespalten.

476 Arbeitskreis OPD (Hg.), 1998: „OPD. Operationalisierte Psychodynamische Diagnostik", 2. Auflage, Bern: Huber, S. 67, 117.

- Die Spaltung erfüllt eine Schutzfunktion. Sie hält den inneren Raum, in dem selbst ein emotional vernachlässigtes Kind mit einem Minimum an gutem innerem Bild der Mutter verschmelzen kann, frei von bedrohlichen Erfahrungen mit der realen Mutter.
- Wenn die frühen Bindungserfahrungen unsicher sind und die Spiegelung der Bedürfnisse des Säuglings durch die Mutter unzureichend ist, muss die Spaltung als Schutzmechanismus oft dauerhaft aufrechterhalten werden.
- Durch ausreichend sichere Bindung und adäquate Spiegelung sowie durch intensives soziokulturelles Training lösen sich zunehmend eigenständige Selbstrepräsentanzen von den Objektrepräsentanzen ab.
- Die befriedigenden Erfahrungen mit der Mutter statten die Objektrepräsentanzen des Kindes mit ausreichenden positiven Selbst-Objekt-Affekt-Einheiten aus und konstituieren so gute und stabile Selbstrepräsentanzen.
- Die Mutter dient dem Kind als Selbstobjekt. Durch zuverlässige Präsenz und empathische Spiegelung der Bedürfnisse des Kindes ermöglicht sie die Entwicklung eines gesunden Selbst des Kindes.
- Fehlt es dem Kind an Verlässlichkeit und angemessener Befriedigung seiner Bedürfnisse nach Körperkontakt, sicherer Bindung und empathischer Spiegelung, kann es zur dauerhaften Beschädigung seines Selbsterlebens und Weltbezugs kommen.
- Wenn die psychosozialen Entwicklungsbedingungen günstig sind, kann das Kind ab der zweiten Hälfte des ersten Lebensjahres damit beginnen, zwischen Selbst und Objekt zu unterscheiden.
- Parallel dazu kann das Kind erkennen, dass die gute Mutter und die böse Mutter ein und die selbe Person ist.
- Unter ungünstigen Umständen vollzieht ein Kind diesen wichtigen Reifungsschritt möglicherweise nur unvollständig. Es bleibt mit den guten Aspekten der Mutter weiterhin fusionär verbunden.
- Es spaltet dann fortgesetzt die für sein Selbst bedrohlichen Aspekte der Mutter oder der Ersatzperson sowie seine eigenen negativen Affekte ab.
- Die Beziehungen zu anderen Menschen und die Selbstregulierung sind für ein solches Kind und nur möglich, indem es wesentliche Teile seiner sozialen Wirklichkeit und des eigenen Selbst ausblendet.
- Wenn die Mutter ihre Selbstobjektfunktion nur unzureichend erfüllen kann, kommt dem Vater eine besondere Rolle als kompensatorisches und oft idealisiertes Selbstobjekt zu.

- Auch im Erwachsenenalter werden dann nachteilige Eigenschaften des geliebten anderen verleugnet, um die Verbundenheit mit diesem Selbstobjekt nicht zu gefährden.
- Auch eigene negative Affekte wie Aggression, Wut und Hass werden abgespalten.
- Wenn die Idealisierung nicht mehr aufrechterhalten werde kann, ist die Kohärenz des eigenen Selbst, das von der äußeren Verfügbarkeit des idealisierten Selbstobjekts abhängt, bedroht.
- Kohut hebt insgesamt vier Merkmale eines gesunden Selbst hervor: Autonomie, Selbstwerterleben, Kohärenz (Gefühl von Beständigkeit, Festigkeit, Einheit und klarer Identität der eigenen Persönlichkeit), Vitalität (kraftvolles Zentrum von Initiative).
- Laut OPD zeichnet sich ein Mensch mit einem gut entwickelten Selbst durch ein Gefühl von Identität aus. Er kann sein Selbstbild und seinen Selbstwert sowie seine Steuerungs- und Handlungsfähigkeit immer wieder regulieren.

Praktische Konsequenzen

So wie an vielen vorangegangenen Stellen des Buches wurde auch in diesem Kapitel wieder deutlich, wie sehr das, was wir sind oder zu sein glauben, was wir denken, fühlen, wollen und tun, von den soziokulturellen Umgebungsbedingungen, unter denen wir leben, abhängt. Es mag sogar scheinen, als wären wir durch genetische Faktoren und Umweltvariablen vollständig determiniert, als müsste unser Leben, als müsste die Zukunft unserer ganzen Welt zwangsläufig in einer vorgezeichneten Weise ablaufen. Wenn wir objektbeziehungs- und selbsttheoretisch über das Gewordensein unseres Selbst und unserer Persönlichkeit nachdenken, dann geschieht das nicht zuletzt aus der Motivation heraus, dem Eindruck eines unausweichlichen Determinismus etwas entgegenzusetzen. Wenn wir verstehen, wie wir geworden sind, können wir vielleicht unser zukünftiges Werden willentlich beeinflussen. Wir dürfen dann hoffen, nicht mehr alle Muster, die wir implizit erlernt haben, laufend unbewusst wiederholen zu müssen. Wir könnten uns gegenseitig und auch unsere Kinder zu bewussteren Menschen mit vielleicht besseren Aussichten auf ein erfülltes Leben erziehen.

Alle psychotherapeutischen Methoden zielen letztendlich auf Veränderung und Entwicklung. Doch bevor ein Patient sein Verhalten, insbesondere seine Gewohnheiten, nachhaltig verändern kann, ist es notwendig, dass er sich so, wie er augenblicklich ist, annehmen kann. Solange sich ein Mensch selbst bekämpft, verurteilt und bestraft, wird es für ihn schwer sein, dem Kreislauf der Wiederholung seiner tief verankerten Muster zu entkommen. Das psychodynamische Verständnis für das individuelle biografische Gewordensein des Patienten, vor allem für die unverwechselbare Beschaffenheit seines Selbst, wird es sowohl dem Therapeuten als auch dem Patienten erleichtern, die Persönlichkeit des Patienten mit all ihren augenblicklichen Defiziten, aber auch mit ihren besonderen Leistungen (beispielsweise mit widrigen Bedingungen in der Kindheit fertiggeworden zu sein) anzuerkennen und zu würdigen. Die freundliche, geduldige und ausdauernd wertschätzende Haltung des Therapeuten wird mit der Zeit, wenn das Selbst des Patienten nicht allzu stark beschädigt ist, eine heilsame Wirkung entfalten und den Patienten trösten und entängstigen. Sie wird ihn ermutigen, seine selbstschädigenden Gewohnheiten Schritt für Schritt zu verändern.

Psychotherapie macht Mut zum Leben, zu notwendiger Veränderung, zu Wachstum und Selbstentfaltung. Aber sie muss meines Erachtens noch etwas darüber hinaus leisten: Ohne den Blick auf das Ende unseres Daseins, ohne die Frage nach dem Sinn unseres Lebens und nach dem, was danach kommt, greift Psychotherapie zu kurz. Sie darf nicht der Angst aller Ängste ausweichen: der Todesangst, der Angst vor dem unvermeidlichen Verlust all unserer lieb gewonnenen Bindungen und unseres Selbst. Unsere Eltern, Erzieher, Lehrer und wir selbst haben so viel Anstrengung und Zeit investiert, damit wir – bei aller Unzulänglichkeit – so werden konnten, wie wir sind. Mit unserem Tod wird diese mühselige Schöpfung, unser Selbst, unsere Persönlichkeit, scheinbar unwiderruflich vernichtet. Psychotherapie muss bereit sein, sich dieser „Conditio humana“ zu stellen, die Patienten und Therapeuten gleichermaßen betrifft. Ich komme auf diesen Aspekt im Kapitel 33 zurück.

25. Das Selbst aus philosophischer Sicht

Im vorangegangenen Kapitel haben wir ein psychodynamisches Verständnis gewonnen, wie sich das individuelle Selbst unter dem Einfluss seiner sozialen Umwelt ontogenetisch entwickelt. Aber Searles Frage: „Was genau ist das Selbst, welche Tatsache über mich macht mich zu mir?", ist noch nicht befriedigend beantwortet. Searle geht bei seinen eigenen Überlegungen von David Hume aus. Laut Hume ist es eine Illusion anzunehmen, es gebe etwas über die spezifischen Erlebnisse hinaus, was „mein Selbst" ausmacht. Wenn man versuche, seine Aufmerksamkeit nach innen zu richten und eine Entität zu beobachten, die einen wesentlich ausmacht, dann finde man nur einzelne Erlebnisse, aber kein Selbst zusätzlich zu diesen Erlebnissen.[477] Auch Thomas Metzinger ist wie Hume der Auffassung, „dass es so etwas wie Selbste in der Welt nicht gibt: Selbste und Subjekte gehören nicht zu den irreduziblen Grundbestandteilen der Wirklichkeit." Trotzdem können wir laut Metzinger nicht leugnen, dass es „das erlebte Ich-Gefühl und die verschiedenen, ständig wechselnden Inhalte unseres Selbstbewusstseins [gibt] – das, was Philosophen das 'phänomenale Selbst' nennen." Dieses phänomenale Selbst verleihe unserem Bewusstseinsraum zwei wesentliche Merkmale: „Zentriertheit und Perspektivität".[478]

Was versteht Metzinger unter Zentriertheit und Perspektivität? „Unser visuelles Erleben der Umwelt ist um ein Zentrum herum aufgebaut, denn als Sehende erleben wir die Welt scheinbar von einem Standpunkt aus. Dieser Standpunkt [...] scheint hinter unseren Augen zu liegen und ist der Mittelpunkt unseres visuellen Erlebnisraumes." Der Sehsinn dominiert unser bewusstes Erleben der Welt. Die von ihm erzeugten Bilder sind um ein Zentrum herum aufgebaut und erzeugen die Illusion, es gäbe „einen kleinen Homunkulus (ein kleines Männchen), der hinter unseren Augen sitzt und durch sie wie durch zwei Fenster in die Welt hinausblickt".[479] Genau in diesem „Mittelpunkt der visuellen Welt" lokalisiert Metzinger das phäno-

477 J. Searle, 2006: „Geist. Eine Einführung", Frankfurt/M.: Suhrkamp, S. 300-306; Original 2004: „Mind. A Brief Introduction", New York: Oxford University Press.

478 T. Metzinger: „Die Selbstmodell-Theorie der Subjektivität: Eine Kurzdarstellung in sechs Schritten", S. 5, erweiterte Version des Buchbeitrags: „Philosophische Perspektiven auf das Selbstbewusstsein: Die Selbstmodell-Theorie der Subjektivität", in: W. Greve (Hg.), 2000: „Psychologie des Selbst", Weinheim.

479 T. Metzinger, 1999: „Subjekt und Selbstmodell: die Perspektivität phänomenalen Bewußtseins vor dem Hintergrund einer naturalistischen Theorie mentaler Repräsentation", 2. Aufl., Paderborn: mentis, S. 9.

menale Selbst, „das Subjekt psychischer Zustände". Es scheint uns, als besitze unser Selbst eine räumliche Lokalisierung. Zustände, die sich innerhalb dieses räumlich erfahrenen Bewusstseinszentrums befinden, „sind dem Erleben nach meine eigenen Zustände, denn der Mittelpunkt meines Bewusstseinsraums bin immer ich selbst. Dadurch, dass ich dann im Erleben und im Handeln ständig wechselnde Beziehungen zu meiner Umwelt und meinen eigenen geistigen Zuständen aufnehme, entsteht die subjektive Innenperspektive."[480]

Der Zentriertheit und Perspektivität unseres subjektiven, phänomenalen Selbst- und Welterlebens können wir nicht einfach durch besseres Wissen oder willentliche Anstrengung entgehen. Die neuronalen Prozesse (Metzinger nennt sie „repräsentationale Zustände"), die unserem Selbst- und Welterleben zugrunde liegen, sind uns bewusst nicht zugänglich. Denn „die fraglichen Datenstrukturen werden so schnell und zuverlässig aktiviert, dass das System sie nicht mehr als solche erkennen kann, zum Beispiel wegen des mangelnden zeitlichen Auflösungsvermögens metarepräsentationaler Funktionen". Wir schauen mit größter Selbstverständlichkeit durch unsere eigenen „repräsentationalen Strukturen", (die Beschaffenheit und Funktionsweise unseres Gehirns und Nervensystems) „hindurch" auf die Welt. Es scheint, als wären wir in unmittelbarem, ungefiltertem und unverfälschtem Kontakt mit dieser Welt und ihren Qualitäten. Dieses Hindurchschauen auf die Welt nennt Metzinger „Transparenz" und die Selbstverständlichkeit, mit der wir der Fiktion eines unmittelbaren Kontakts mit der Welt erliegen, „präreflexive Selbstvertrautheit" und „naiven Realismus".[481]

In diesem Zusammenhang möchte ich an das Kapitel 22 über die Unterscheidung von Empfindung und Wahrnehmung erinnern, in dem es unter anderem um das künstliche Sehen ging. In den Experimenten von Paul Bach-y-Rita steuerten die Signale einer Videokamera, die am Kopf von blinden Probanden befestigt war, Hunderte von Vibratoren auf der Haut der Versuchspersonen an. Nach etwas Übung nahmen die Blinden die taktile Reizung ihrer Haut irgendwann nicht mehr bewusst wahr und lokalisierten – wie beim normalen Sehen – die Gegenstände und Gesichter in ihrer Umgebung als draußen im Raum befindlich. Sie erlebten die über die Haut wahrgenommenen Dinge und Personen um sie herum subjektiv zunehmend so, als könnten sie diese tatsächlich sehen. Sie schauten sprichwörtlich – ganz im Sinne von Metzingers Transparenz – durch die aufwendige Apparatur an

480 T. Metzinger, 2000, S. 7.

481 T. Metzinger, 2000, S. 22.

ihrem Körper und die Umwege, die ihr Nervensystem nehmen musste, hindurch auf die Welt. Ihr Gehirn erzeugte erstaunlich rasch eine neue Benutzerillusion, eine virtuelle, aber höchst nützliche phänomenale Wirklichkeit.

Doch der illusionäre Charakter betrifft nicht nur das künstliche Sehen. Die ganze erlebte Realität ist für Metzinger nur ein mentales Modell, auch das Ich-Erleben: „Das Ich ist eine besondere Art von Illusion – und zwar die beste, die die Natur je erfunden hat." Der Organismus „hält sein Selbstmodell für die Wirklichkeit. Erst dadurch wird es richtig effizient." Der naive Realismus hat sich in Metzingers Augen entwicklungsgeschichtlich also bestens bewährt. Ein gravierender Nachteil des naiven Realismus kommt allerdings dann zum Tragen, wenn wir unter Wahrnehmungstäuschungen leiden, zum Beispiel halluzinieren. Dann erleben wir das, was es gar nicht gibt, immer noch „als maximal konkret, als absolut eindeutig, als direkt und unmittelbar gegeben". Transparenz und präreflexive Selbstvertrautheit werden uns dann zum Verhängnis.[482]

Metzinger hebt einen weiteren Aspekt hervor: Wir erleben die Welt und uns selbst immer innerhalb einer konkret erlebten Gegenwart. Selbst Erinnerungen, Vorfreude oder Zukunftsplanungen vollziehen wir subjektiv immer in der Gegenwart. „Dieser Aspekt der phänomenalen Präsenz bezieht sich übrigens auch auf das Selbst, den Mittelpunkt des Erlebnisraums: Auch das erlebende Ich ist gegenwärtig, es ist in einem ganz selbstverständlichen [...] Sinne ein anwesendes Ich. [...] Durch dieses durchgängige Erleben von Präsenz werden die Inhalte des Bewusstseins überhaupt erst zu realen Tatsachen [...]. Mit der Aktivierung phänomenalen Bewusstseins (mit dem morgendlichen Erwachen) entsteht immer auch eine phänomenale Realität [...] meine Welt, die Welt, in der ich lebe. Sowohl ich selbst als auch die Welt um mich herum sind – in jedem einzelnen Augenblick – phänomenal präsent, das heißt: gegenwärtig. [...] Die bewusste Gegenwart ist uns unendlich nah."[483]

Doch auch das phänomenale Jetzt scheint nur ein Konstrukt neuronaler Prozesse, „eine virtuelle Gegenwart" zu sein. Metzinger führt das phänomenale Jetzt – wie wir im Kapitel 7 über Synchronisierung, Zeitfenster und perzeptuelle Bindung erfahren haben – auf vom Gehirn erzeugte Zeitfenster zurück, welche die physikalische Zeit „verschlucken". Nach Pöppel erzeugt das Gehirn – wie in Kapitel

482 T. Metzinger (Hg.), 2005: „Bewußtsein. Beiträge aus der Gegenwartsphilosophie", 5. Auflage, Paderborn: mentis, S. 276.

483 T. Metzinger (Hg.), 2005, S. 32-33.

7 erwähnt – die Gegenwart, indem es viele Gleichzeitigkeitsfenster von rund 30 Millisekunden zu längeren Zeiträumen von bis zu drei Sekunden zusammenfasst. Doch auch dieses getaktete Jetzt ist, wenn wir Roth (vgl. Kapitel 11) folgen, viel weniger reine Gegenwart, als es uns vorkommen mag. Was wir gerade jetzt bewusst wahrnehmen, ist nach Roth vor allem ein Gedächtnisbild. Denn der aktuelle sensorische Input wird von mächtigen, nicht bewussten, aus der Vergangenheit stammenden Mechanismen der affektiven Bewertung und Aufmerksamkeitssteuerung gefiltert und zwangsläufig auf bereits vorhandene Repräsentationen bezogen.

Das Gleiche gilt für unser aktuelles subjektives Selbsterleben: Wie es ist, wie es sich anfühlt, gerade jetzt ich selbst zu sein, wird zum großen Teil von meiner Vergangenheit beeinflusst, insbesondere von meinen Selbstobjekt- und Bindungserfahrungen in der Kindheit, von all den Zustimmungen und Ermutigungen, die ich erhalten habe, aber auch von den Verletzungen, Versagungen, Enttäuschungen und Niederlagen, die das Leben für jeden von uns in der einen oder anderen Weise bereithält. Oder auch von Rollenerwartungen und Delegationen, die meine Eltern oder andere wichtige Menschen und vor allem die Kultur schon früh an mich herangetragen haben und die mir zu einem guten Teil nicht bewusst sind. Dazu kommt die stammes- und familiengeschichtliche Vergangenheit, die unausweichlich in der genetischen Information jeder Zelle in meinem Körper präsent ist. Und wer weiß, welche transgenerationalen Informationen und Kräfte sich auf mein oder auch auf Ihr Selbsterleben auswirken? Ein großer Teil unseres Selbstmodells ist aus Metzingers Sicht sozial generiert. Für ihn entsteht die subjektive Identität, unser Jemand-Sein, aus dem Wechselspiel von biologischer und sozialer Evolution.[484]

Nach allem, was wir über die Funktionsweise unseres Nervensystems und Gehirns wissen, überraschen vielleicht am meisten jene phänomenalen Eigenschaften unseres Bewusstseins und Selbsterlebens, die Metzinger als „Homogenität", „globale Integration" und „Holismus" bezeichnet: In unserem bewussten Erleben scheinen die vielen verschiedenen Bewusstseinsinhalte und die Fülle der dahinter in unserem Gehirn parallel ablaufenden und konkurrierenden Prozesse wie zu einer Einheit verbunden. Die im Drei-Sekunden-Rhythmus „gequantelte" Jetztzeit erscheint uns als kontinuierlicher und homogener Bewusstseinsstrom. Das Subjekt erlebt sich nach Metzinger zudem in einem globalen, ganzheitlichen und kohärenten Kontext, in den sowohl die phänomenale Welt als auch das phänomenale Selbst integriert sind. „Das phänomenale Modell der Wirklichkeit wird im Innersten durch ein dem

484 T. Metzinger (Hg.), 2005, S. 280.

subjektiven Erleben unzugängliches holistisches Prinzip zusammengehalten [...]. Die Ganzheit der phänomenalen Welt und des phänomenalen Selbst sind subjektiv unhintergehbar [...].“ Sie können nicht durch kognitive Operationen oder einen Willensakt aufgehoben werden.[485]

Die Phänomenologie des bewussten Selbst- und Welterlebens zeichnet sich nach Metzinger also durch Egozentrik (Zentriertheit und Perspektivität), Transparenz, Selbstvertrautheit, Präsenz, Homogenität, globale Integration und Holismus aus. Wie aber kommen diese subjektiven Qualitäten zustande? Metzinger erklärt sich den „selbstbewussten Menschen“ als eine Art „Informationsverarbeitungssystem“: Was ich gerade jetzt subjektiv als mein Selbst erlebe, wird durch die augenblicklich „aktive Datenstruktur“ in meinem zentralen Nervensystem bestimmt. Diese Daten, die sich unter anderem aus dem internen, propriozeptiven Input speisen, statten „das System“ mit einer „kohärenten Selbstrepräsentation“ aus, mit einem „zusammenhängenden inneren Modell von sich selbst als einer Ganzheit“.[486] Immer dann, wenn ich eine solche Selbstrepräsentation beziehungsweise ein solches Selbstmodell brauche, um meine Interaktion mit meiner Umwelt zu regulieren, wird dieses Selbstmodell, ohne dass ich davon bewusst weiß, „vorübergehend vom System aktiviert“, zum Beispiel wenn ich am Morgen aufwache. Die scheinbare „Einheit des Geistes“ führt Metzinger auf „ein organisches Gleichgewicht zwischen einer großen Vielzahl von Elementen“ zurück, welche alle „Details mit Hilfe von Beziehungen“ vereinigen.[487]

Denn ein physikalischer Vorgang im Körper oder außerhalb des Körpers bewirkt ja noch kein Bewusstseinsphänomen, sondern zunächst nur ein neuronales Ereignis im Gehirn, das gegebenenfalls mit vegetativen Begleiterscheinungen im Körper verbunden ist. Damit ein neuronales Ereignis höherstufig und bezogen auf das Selbstmodell bewusst wird, muss es sich gegen konkurrierende Erregungen

485 T. Metzinger, R. Schumacher: „Bewußtsein“, Internetaufsatz: http://www.philosophie.uni-mainz.de/metzinger/publikationen/Bewusstsein.html [30.05.2013].

486 T. Metzinger (Hg.), 2005: „Bewußtsein. Beiträge aus der Gegenwartsphilosophie“, 5. Auflage, Paderborn: mentis, S. 624: „Das Selbstmodell besitzt im Unterschied zu anderen mentalen Modellen einen Teil, der ausschließlich auf internem Input beruht: den durch propriozeptiven Input aktivierten Teil des Körperschemas. Der inputunabhängige Teil dieses neuronalen Aktivitätsmusters erzeugt ein kontinuierliches repräsentationales Fundament für das körperliche Selbstmodell und verankert es auf diese Weise im Gehirn.“ Diese interne Inputquelle sei „der ‘gewisseste’ und stabilste Bereich des Selbstmodells“ (vgl. Kapitel 21).

487 T. Metzinger (2005, S. 610) zitiert hier Christoph von der Malsburg (1986: „Am I thinking assemblies?“, in: G. Palm, A. Aertsen [Eds.]: „Brain Theory“, Berlin: Springer, S. 175).

durchsetzen. Es muss mit einer Klasse anderer neuronaler Ereignisse, nämlich mit den Repräsentationen kultureller Symbole, verknüpft werden, und zwar nach den schon erwähnten Regeln der Aufmerksamkeitsausrichtung und Syntax, die durch eine weitere Klasse neuronaler Erregungsbereitschaften repräsentiert sind. Die syntaktisch (und damit kulturspezifisch) „richtige" Verknüpfung von physikalischen Ereignissen, neuronalen Erregungen im Gehirn, kulturell angelieferten Symbolen und – jetzt kommt eine weitere wichtige Gruppe von neuronalen Gegebenheiten hinzu – assoziativen und konnotativen Informationen, die in den verschiedenen Gedächtnissystemen gespeichert sind, macht die phänomenale Bewusstheit eines Ereignisses oder Zustands erst komplett.

Metzinger versteht Selbstmodelle als „virtuelle Organe". Das „virtuelle Selbst" besitze „kein Gehirn, kein Motorsystem und keine Sinnesorgane: Teile der Umgebung erscheinen direkt in seinem Geist, der Wahrnehmungsprozess ist anstrengungslos und unmittelbar. Auch Körperbewegungen werden scheinbar 'direkt' ausgelöst." Durch diese Eigenschaften entstehe eine „benutzerfreundliche Oberfläche". Das phänomenale Selbst sei „der Teil dieser Oberfläche, den das System benutzt, um sich selbst als ein Ganzes zu fühlen, um sich für sich selbst als erkennendes Ich darzustellen". Selbstmodelle haben sich Metzinger zufolge „im Verlauf des 'kognitiven Wettrüsten' immer weiter optimiert". Sie hätten „soziale Kognition", „Perspektivenübernahme", „Empathie", „Schuldbewusstsein", eine „theory of mind" (siehe Kapitel 23 und 28), „kooperatives Verhalten" und damit „überhaupt erst die Bildung von Gesellschaften" möglich gemacht. Durch ein stabiles Selbstmodell entstehe ein „einziges, kohärentes und zeitlich stabiles Modell der Wirklichkeit", und zwar aus der Perspektive der ersten Person. Alle repräsentationalen Zustände, „die in das gegenwärtig aktive Selbstmodell eingebettet werden", gewinnen aus dieser Perspektive die Eigenschaften der „phänomenalen Meinigkeit", „Ichhaftigkeit" und „präreflexiven Selbstvertrautheit".[488]

Was unter dem phänomenalen Selbst beziehungsweise unter einem Selbstmodell zu verstehen ist, soll jetzt durch einige klinische Beispiele noch deutlicher werden. Den nachfolgend beschriebenen psychopathologischen Zuständen ist gemeinsam, dass bei ihnen die Einbettung des Erlebens in ein stabiles Selbstmodell gestört ist.

488 T. Metzinger, 2005: „Die Selbstmodell-Theorie der Subjektivität: Eine Kurzdarstellung in sechs Schritten", in: C. S. Herrmann, M. Pauen, J. W. Rieger, S. Schicktanz (Hg.): „Bewusstsein: Philosophie, Neurowissenschaften, Ethik", Stuttgart: UTB/Fink, S. 242-269.

Patienten mit Schizophrenie erleben ihre Gedanken phasenweise nicht mehr als ihre eigenen Gedanken. Ihnen geht auch das Gefühl der Vertrautheit mit ihrer eigenen Identität verloren (Ich-Störung). Weitere Beispiele für eine gestörte Einbettung des Erlebens in ein stabiles Selbstmodell sind die Dissoziative Identitätsstörung (früher: multiple Persönlichkeitsstörung), die Depersonalisation und die Derealisation. Die Dissoziative Identitätsstörung tritt oft nach traumatischen Erfahrungen auf. Die Patienten erleben zwei oder mehr Identitäten oder Persönlichkeitszustände, die abwechselnd ihr Verhalten zu kontrollieren scheinen. Die Identitäten stehen oft im Gegensatz zueinander. Sie können zum Beispiel das Wissen über die anderen Identitäten leugnen oder einander kritisch oder feindselig gegenüberstehen. Beim Depersonalisations- und Derealisationssyndrom klagen die Patienten über ein Gefühl der Entfremdung, als habe sich die eigene geistige Aktivität, der eigene Körper oder die Umgebung in ihrer Qualität verändert. Die Patienten erleben sich selbst oder ihre Umwelt als unwirklich und wie in weiter Ferne, als seien sie von ihrem eigenen Denken, ihrem eigenen Körper und von der umgebenden Welt losgelöst.

Bei vielen psychischen Störungsbildern erleben die Betroffenen einen qualvollen Verlust von Kontrolle über ihre eigenen Impulse, Affekte, Gedanken und Handlungen. Diesem subjektiv erlebten Kontrollverlust steht der gesellschaftliche und oft auch eigene Anspruch entgegen, dass wir – spätestens als Erwachsene – in der Lage sein sollten, vernünftig und verantwortlich zu handeln. Searle plädiert daher für „zumindest einen formalen Begriff des Selbst". Searle stellt zwar wie Hume und Metzinger fest, dass empirisch so etwas wie ein Selbst nicht existiert, wir müssten jedoch, um Phänomene wie „Vernunft, freie Wahl und das Treffen von Entscheidungen" erklären zu können, ein „vernünftiges Selbst" oder einen „vernünftigen Handelnden" postulieren. So gesehen besteht das Selbst wesentlich in einer gesellschaftlichen Anforderung an das Individuum. Es ist etwas jedem von uns durch Sozialisation und Erziehung Auferlegtes, was uns zu einem „Handeln aus Gründen" (wie Searle es im Gegensatz zur Idee, dass uns etwas zustößt, nennt) befähigt. Haben wir diesen soziokulturellen Imperativ erst einmal verinnerlicht, dann wirkt in uns irgendwann tatsächlich so etwas wie ein Selbst: ein Selbst, das laut Searle Pläne macht und auch „in der Zukunft existieren wird, um diese Pläne auszuführen" und „Verantwortung für Handlungen zu übernehmen".[489] Ein in dieser Weise definiertes Selbst ist allerdings kaum mehr von dem psychoanalytischen Begriff des Ich zu unterscheiden, auf den ich im übernächsten Kapitel eingehen werde.

489 J. Searle, 2006: „Geist. Eine Einführung", Frankfurt/M.: Suhrkamp, S. 302-306.

Fassen wir zusammen:

- Die Phänomenologie des bewussten Selbst- und Welterlebens zeichnet sich nach Metzinger durch Zentriertheit, Perspektivität, Transparenz, Selbstvertrautheit, Präsenz, Homogenität, globale Integration und Holismus aus.
- Die vom Sehsinn erzeugten Bilder sind um ein Zentrum herum aufgebaut und erzeugen die Illusion, unser Selbst und unser Bewusstseinsraum besäßen einen räumlichen Mittelpunkt.
- Durch die Illusion eines räumlichen Zentrums des Selbst entsteht die subjektive Innenperspektive, die egozentrische Perspektive der ersten Person.
- Diese Zentriertheit und Perspektivität unseres subjektiven Selbst- und Welterlebens können wir nicht durch Wissen oder Willensanstrengung abstellen.
- Wir schauen mit größter Selbstverständlichkeit durch die Struktur und Funktionsweise unseres Gehirns und Nervensystems „hindurch" auf die Welt (Transparenz).
- Es scheint, als wären wir in unmittelbarem Kontakt mit dieser Welt und ihren Qualitäten.
- Die Selbstverständlichkeit, mit der wir der Fiktion eines unmittelbaren Kontakts mit der Welt erliegen, nennt Metzinger „naiven Realismus".
- Die ganze erlebte Realität ist für Metzinger nur ein mentales Modell, auch das Ich-Erleben.
- Der Organismus hält sein Selbstmodell für die Wirklichkeit.
- Wir erleben die Welt und uns selbst immer innerhalb einer konkret erlebten Gegenwart.
- Doch auch das phänomenale Jetzt ist nur eine virtuelle Gegenwart, ein Konstrukt neuronaler Prozesse.
- Wie es ist, wie es sich anfühlt, gerade jetzt „ich" zu sein, wird zum großen Teil von der Vergangenheit, insbesondere von Selbstobjekt- und Bindungserfahrungen in der Kindheit, bestimmt.
- Für Metzinger entsteht die subjektive Identität aus dem Wechselspiel von biologischer und sozialer Evolution.
- In unserem bewussten Erleben scheinen die vielen verschiedenen Bewusstseinsinhalte und die Fülle der dahinter in unserem Gehirn parallel ablaufenden und konkurrierenden Prozesse wie zu einer Einheit, zu einem kohärenten Ganzen verbunden, in das sowohl die phänomenale Welt als auch das phänomenale Selbst integriert sind.

- Metzinger versteht den selbstbewussten Menschen als eine Art von Informationsverarbeitungssystem und Selbstmodelle als virtuelle Organe, die eine benutzerfreundliche Oberfläche erzeugen.
- Selbstmodelle ermöglichen dem Informationsverarbeitungssystem, sich selbst als ein Ganzes und als erkennendes Ich darzustellen.
- Selbstmodelle haben nach Metzinger kooperatives Verhalten und damit die Bildung von Gesellschaften überhaupt erst möglich gemacht.
- In verschiedenen psychopathologischen Zuständen ist die Einbettung des Erlebens in ein stabiles Selbstmodell gestört, zum Beispiel bei Schizophrenie, Dissoziativer Identitätsstörung oder beim Depersonalisations- und Derealisationssyndrom
- Searle postuliert ein vernünftiges Selbst, einen vernünftigen Handelnden, um Phänomene wie Vernunft, freie Wahl und das Treffen von Entscheidungen erklären zu können.
- Das vernünftige Selbst besteht meines Erachtens wesentlich in einer impliziten gesellschaftlichen Anforderung an das Individuum, einem soziokulturellen Imperativ, der uns, wenn er erst einmal verinnerlicht ist, zu sozial verantwortlichem Handeln anhält.
- Auch Metzinger geht davon aus, dass ein großer Teil unseres Selbstmodells sozial generiert ist.

Praktische Konsequenzen

Bei Begriffen für komplexe Phänomene wie zum Beispiel „Liebe[490]", „Bewusstsein" oder eben „Selbst" wünsche ich mir Definitionen, die – so gut es geht – gewährleisten, dass wir wirklich dasselbe unter ihnen verstehen, wenn wir diese Begriffe verwenden. Metzinger verdanke ich die präziseste mir bekannte Beschreibung dessen, was ich aus meiner Innenperspektive „mein Selbst" nennen würde. Allerdings würde ich die von Metzinger herausgearbeiteten Merkmale der Zentriertheit, Perspektivität, Transparenz, Vertrautheit, Präsenz und Homogenität noch um drei weitere Aspekte ergänzen:

1. Um Kohuts (im vorangegangenen Kapitel 24 vorgestellte) Kriterien der Kohärenz, Autonomie und Vitalität des Selbst sowie der Initiative und des Selbstwerterlebens.

490 Siehe auch Online-Glossar.

2. Um die langfristige Stabilität des Selbst, die Bernard J. Baars hervorhebt: In vielen verschiedenen Situationen gelingt es uns, in Bezug auf das, was oder wer wir sind, ein Gefühl von Vorhersagbarkeit zu bewahren.[491]
3. Um die autobiografische Geschichte, die ich anderen und vor allem mir selbst erzähle, um zu erklären und zu rechtfertigen, warum ich so bin, wie ich bin (auf das narrative und biografische Selbst gehe ich im folgenden Kapitel ein).

Alle diese Qualitäten zusammengenommen treffen recht genau auf meine persönliche Erfahrung (zumindest auf das, was ich in Worten über diese Erfahrung mitteilen kann) zu, wie ich mich subjektiv (phänomenal) in Beziehung zu mir selbst und zur Welt erlebe. Wenngleich wir Menschen uns erheblich in unserem jeweiligen subjektiven Selbst- und Welterleben unterscheiden, gibt es offensichtlich formale Merkmale des Bewusstseins, die allen Menschen gemeinsam sind.

Dadurch, dass Menschen in unserem Kulturkreis in der Regel über ein Selbstmodell im Sinne Metzingers verfügen, ist Identifikation und Empathie mit anderen möglich. Erst mit der bewussten Erfahrung eigener Subjektivität lässt sich auf die subjektive Welt anderer schließen, und es kann sich das Bedürfnis entwickeln, mit dieser anderen Welt in Kontakt zu treten, etwas über diese Welt zu erfahren und sich selbst dieser mitzuteilen. Ich kann mich also, soweit es mir sprachlich möglich ist, mit anderen, zum Beispiel mit meinen Patienten, über ihr Selbsterleben und ihren subjektiven Weltbezug im Vergleich zu meinem eigenen Selbsterleben und Weltbezug austauschen. Es hilft mir dabei, mir immer wieder klarzumachen, dass andere – genau wie ich – aus einer egozentrischen Perspektive auf sich selbst und auf die Welt schauen. Es hilft mir zu wissen, dass andere im Alltag genauso wenig wie ich gewahr sind, dass sie – genau wie ich – „naiv" durch ihre neurobiologischen Strukturen und Funktionen hindurch auf sich selbst und die Welt schauen, dass andere, wie ich, einer vom enkulturierten Gehirn erzeugten Benutzerillusion unterliegen, welche die eigene vertraute Selbst- und Weltsicht als die einzig zutreffende und selbstverständliche Wirklichkeit erscheinen lässt. Insbesondere als Psychotherapeut muss ich wissen, dass Menschen ein natürliches Bedürfnis haben, für ihre eigene Selbst- und Weltsicht Bestätigung zu finden, und dass es beunruhigend oder sogar beänstigend sein kann, wenn die eigene Wirklichkeit in Frage gestellt wird. Ausgestattet mit diesem Bewusstsein wird es

491 B. J. Baars, 1998: „Das Schauspiel des Denkens. Neurowissenschaftliche Erkundungen", Stuttgart: Klett-Cotta, S. 233.

mir am ehesten möglich sein, anderen Menschen möglichst unvoreingenommen, wertfrei und geduldig zuzuhören und sie zu verstehen.

26. Meme und narratives Selbst

Kinder fangen schon ab Ende ihres zweiten Lebensjahres an, einfache Sätze zu bilden. Daniel Stern zufolge entfaltet sich aber die Fähigkeit, interpersonale Beziehungserfahrungen durch das Erzählen von Narrativen psychologisch zu verarbeiten, erst mit drei bis vier Jahren. Die „Welt der Geschichten", die wir über unser Leben erzählen, macht – wie Stern sagt – unser „narratives Selbst" aus. Indem „das Kind autobiografische Geschichten erzählt, [...] erschafft es seine Identität".[492] Julian Jaynes zufolge spielt unser Selbst in den Geschichten unseres Lebens immer die Hauptrolle. „Neue Situationen werden selektiv als Teil dieser Geschichte wahrgenommen. Wahrnehmungen, die nicht in die Geschichte hineinpassen, bleiben unbemerkt oder werden nicht erinnert. Selektiv werden solche Situationen gewählt, die mit dieser fortgesetzten Geschichte kongruent sind, bis das Bild, das ich von mir selbst habe, bestimmt, wie ich mich verhalten soll und welche Wahl ich in neu auftretenden Situationen zu treffen habe."[493]

Im Kapitel 6 über präattentive Aufmerksamkeitssteuerung und Modularität war von dem „Interpreten" die Rede, der nach Michael Gazzaniga und Bernard J. Baars die höchste, sprachbasierte und immer mit einer Erzählung beschäftigte Organisationsebene des Selbst darstellt. Im Kapitel 14 über Konsistenz, Kongruenz und Kohärenz erfuhren wir, wie wichtig es ist, dass die Wahrnehmungen eines Menschen mit seinen wichtigsten motivationalen Zielen vereinbar (konsistent) sind. Wenn also Kinder aus dem Material dessen, was sie biografisch erlebt haben, Geschichten erfinden, dann dienen diese Geschichten unter anderem dazu, dass die Kinder ihre Beziehungserfahrungen in einer Weise interpretieren können, die ihr Selbst mit einem Maximum an Kohärenz ausstattet. Unsichere, traumatische oder konfliktreiche Bindungserfahrungen sind mit einem kohärenten Selbstbild nicht kompatibel. Um ihr gerade emergierendes Selbst zu schützen, müssen Kinder solche Erfahrungen von ihrem bewussten Erleben fernhalten, zum Beispiel – wie im Kapitel 24 über die Entwicklung des Selbst bereits erwähnt – abspalten. Kompensatorisch erfinden Kinder Geschichten, in denen wunschgeleitete Fantasien die schmerzliche Realität überformen, weil anders keine Kohärenz hergestellt werden kann. Das fällt kleinen Kindern nicht schwer. Denn in den ersten Lebensjahren

492 D. N. Stern, 1990: „Diary of a Baby", New York: Basic Books, übersetzt vom Verf.

493 J. Jaynes, 1982: „The Origin of Consciousness in the Breakdown of the Bicameral Mind", New York: Mariner Books, 63-64, übersetzt vom Verf.

sind, wie erwähnt, ihre Fantasietätigkeit und ihre Realitätswahrnehmung noch nicht klar voneinander getrennt.

Geschichten liefern – wie Gerhard Roth sagt – Pseudoerklärungen, die dem Selbstwertgefühl und zugleich den Erwartungen der sozialen Umgebung am besten entsprechen (vgl. Kapitel 14). Auch als Erwachsene erfinden wir nach Roth ständig Geschichten, weil wir „all unser Fühlen, Denken und Handeln vor uns selbst und insbesondere auch vor den anderen sprachlich-logisch rechtfertigen müssen". Wir glauben in aller Regel an diese Geschichten und versuchen, auch „unsere Mitmenschen von ihnen zu überzeugen [...]. Durch diesen Zwang zur sprachlichen Legitimation vor sich und den Mitmenschen lässt sich die radikale Verbiegung und Uminterpretation bis hin zum krassen Leugnen des Offensichtlichen im Handeln erklären, die Menschen jeweils bei den anderen beobachten."[494] Wenn „die erlebte und die erzählte Vergangenheit sehr diskrepant sind", kann nach Stern „das Erfinden von Geschichten zu fortgesetzten Verzerrungen der Realität führen – Verzerrungen, die signifikant zu mentalen Störungen beitragen".[495]

Diese negative Einschätzung des narrativen Selbst teilt auch Susan Blackmore; ihr Urteil fällt – wie wir unten sehen werden – sogar noch härter aus. Lassen Sie mich zuvor etwas ausholen: Wie Daniel C. Dennett wurde Blackmore von dem Evolutionsbiologen Richard Dawkins beeinflusst. Dawkins stellte in den 1970er-Jahren die Hypothese auf, dass sich kulturelle Information in ähnlicher Weise repliziert, vermehrt, verbreitet und gegen konkurrierende Informationen durchsetzt, wie es Charles Darwin schon im 19. Jahrhundert für die Gene annahm. Dawkins erfand das Kunstwort „Mem" als eine „Einheit der kulturellen Vererbung". So „wie Gene sich im Genpool vermehren, [...] so verbreiten sich Meme im Mempool, indem sie [durch Imitation] von Gehirn zu Gehirn überspringen."[496] Das passiert zum Beispiel mit Witzen, die weitererzählt werden, oder wenn ein Wissenschaftler einen anderen Wissenschaftler zitiert und seine Theorien an seine Studenten weitergibt, die diese ihrerseits weitergeben. Dieses Buch, das Sie gerade lesen, ist nach Dawkins angefüllt mit Memen, die nur darauf warten, auf Ihr Gehirn überzuspringen. Und auch Dawkins Theorie wäre nur ein weiteres Mem. Nach Dawkins macht es keinen Unterschied, ob eine Information sich auf einem DNA-Abschnitt befindet, als Gedanke im Hirn abgespeichert, als Satz in einem Buch abgedruckt oder als

494 G. Roth, 2001: „Fühlen, Denken, Handeln", Frankfurt/M.: Suhrkamp, S. 370 ff.

495 D. N. Stern, 1990: „Diary of a Baby", New York: Basic Books, übersetzt vom Verf.

496 R. Dawkins, 1976: „The Selfish Gene" , deutsch 2006: „Das egoistische Gen", Heidelberg: Spektrum.

gesprochenes Wort von Mensch zu Mensch übermittelt wird. Informationen vermehren sich, egal, ob als Gen durch die Zellteilung oder durch Kommunikation wie bei den Memen.

Das Mem, das Dawkins mit seiner Mem-Theorie in die Welt gesetzt hat, ist äußerst erfolgreich. Es ist unter anderem auf Daniel C. Dennett „übergesprungen"; der einflussreiche Philosoph hat sich den Begriff des Mems zu eigen gemacht. Meme sind für Dennett eine „neue Art von Replikatoren". Es sind Elemente mit der Fähigkeit, in Wechselwirkung mit der Umwelt Kopien von sich selbst herzustellen. Sie stellen „komplexe Ideen" dar, „die sich selbst verlässlich und fruchtbar vermehren". So wie Gene Organismen als Vehikel benötigen, so brauchen Meme „Mem-Vehikel", zum Beispiel Bilder, Bücher, Redewendungen, Werkzeuge, Bauwerke und andere Erfindungen. Die „Mem-Evolution" sei „erst in den letzten hunderttausend Jahren zu einer großen Kraft" geworden und „vor weniger als zehntausend Jahren mit der Entwicklung der Zivilisation explodiert". In Dennetts Augen ist das „menschliche Bewusstsein selbst ein ungeheurer Komplex von Mem-Effekten im Gehirn", welche die „Kräfte der organischen Hardware", des Gehirns, „im gewaltigen Maß" verstärken und „für neue Zwecke" verwendbar machen. Meme können nach Dennett aber auch die Form schädlicher Parasiten annehmen, die sich in der Kultur einnisten. Meme würden „promisk von Träger zu Träger und von Medium zu Medium" springen und „die Umweltkräfte, die sie zerstören könnten, außer Kraft setzen oder vereinnahmen", zum Beispiel die „Meme für den Glauben, der kritisches Urteilen verhindert".[497]

Für Dennett ist der menschliche Geist eine Art „Mem-Nest". Der riesige Mempool unserer Kultur ist der Nährboden für die Geschichten, die wir erzählen. „Es ist kaum ein besseres Medium denkbar, in dem Meme sich replizieren können, als ein System der Spracherzeugung [...]." Laut Dennett sind wir fast ununterbrochen damit beschäftigt, durch Sprache und Gesten „unser Ich zu präsentieren". Wörter seien „mächtige Elemente unserer Umwelt, die wir wie Spinnennetze zu selbstschützenden Geschichten weben" beziehungsweise die „uns aus dem Rohmaterial formen, das sie in unseren Gehirnen finden". Unsere „grundsätzliche Strategie der Selbstverteidigung, Selbstkontrolle und Eigendefinition" sei es, „Geschichten zu erzählen", vor allem „die Geschichte zusammenzubrauen und zu kontrollieren, die wir anderen und uns selbst darüber erzählen, wer wir sind", ohne uns dessen bewusst

497 D. C. Dennett, 1994: „Philosophie des menschlichen Bewusstseins", Hamburg: Hoffmann und Campe, S. 264-273, Original 1991: „Consciousness explained", Boston: Little, Brown.

zu sein. „Unsere Erzählungen sind gesponnen, aber zum großen Teil spinnen wir sie nicht, sie spinnen uns. Unser menschliches Bewusstsein und unser erzähltes Selbst sind ihre Produkte, nicht ihre Quelle."[498]

Dennett bezeichnet das Selbst als „Zentrum der narrativen Gravitation" („center of narrative gravity"), womit er zum Ausdruck bringen will, dass das Selbst für ihn kein physisches „Ding im Gehirn" ist. „Wenn Sie sich als ein narratives Gravitationszentrum verstehen, dann hängt Ihr Weiterleben vom Weiterbestehen der Erzählung ab, die theoretisch ewig existieren kann. Wenn das, was Sie sind, jene Organisation von Information ist, die das Kontrollsystem Ihres Körpers strukturiert hat (also provokant gesagt, das Programm Ihres Gehirn-Computers), dann können Sie prinzipiell den Tod Ihres Körpers überleben (so wie das Programm die Zerstörung des Computers überleben kann)." Das Selbst ist für Dennett folglich eine sprachliche „Abstraktion, definiert durch die Myriaden von Zuordnungen und Interpretationen (einschließlich der Selbst-Zuschreibungen und Eigeninterpretationen), welche die Biografie des lebenden Körpers komponiert haben". Wir sind „Artefakte der uns erzeugenden sozialen Prozesse [...]. Nur das Netzwerk von Glaubenssätzen beziehungsweise Überzeugungen hält das Ich [...] stabil, und wenn diese Überzeugungen zerbröckeln, zerbröckelt das System entweder für immer oder vorübergehend."[499]

Erinnern diese Sätze von Dennett nicht an das orwellsche Szenario, das Donald im Kapitel 20 über Symboltechniken und externes Gedächtnisfeld vom scheinbar übermächtigen großen Bruder „Kultur" gezeichnet hat? Damit kommen wir zu den provozierenden Thesen der Psychologin Susan Blackmore, die das härteste mir bekannte Urteil über das narrative Selbst fällt. Das Selbst ist in Blackmores Augen eine „Geschichte, die wir uns immer wieder erzählen" und in der wir uns „selbst mit der Hauptfigur in der Geschichte verwechseln". Im Sinne dieser fiktiven Geschichte „jemand zu sein", ist für Blackmore im Unterschied zu Dennett keine „benigne", also harmlose oder gar nützliche „Benutzerillusion". Für Blackmore ist die Geschichte, die unser Selbst konstituiert, einfach falsch und schädlich. Die menschliche „Illusion, ein Selbst mit Bewusstsein und freiem Willen zu sein", sieht sie als eine wesentliche „Quelle menschlichen Leidens und Irrens" an. Wir

498 D. C. Dennett, 1994: „Philosophie des menschlichen Bewusstseins", Hamburg: Hoffmann und Campe, S. 320, 537-538.

499 D. C. Dennett, 1994, S. 541-551.

Menschen seien „Meme-Maschinen", die ihr „Leben damit verbringen, Meme zu kopieren" und „unser Leben als Lüge zu leben". Das Selbst sei selbst nichts weiter als ein „Komplex von Memen („memeplex"), dessen Funktion darin besteht, die Meme, die es konstituieren, zu schützen und zu verbreiten". Das Selbst, das Blackmore auch „Selbstplex" („selfplex") nennt, macht uns in ihren Augen nicht etwa besonders fit für das biologische Überleben oder die Bewältigung des Daseins. Die Einzigen, die von unserem Selbstplex wirklich profitierten, seien die Meme.

Dennett glaubt hingegen, dass ohne Sprache und Meme kein menschliches Bewusstsein existieren würde. Blackmore wirbt für eine alternative Sichtweise, nämlich „dass die Meme des Selbstplexes das Bewusstsein eher verdunkeln und deformieren, als dass sie es konstituieren". Unser Selbstplex stelle den idealen „Zufluchtsort" („haven") für immer mehr schädliche Meme dar. „Beispielsweise können sich Menschen stark für ihre Überzeugungen einsetzen. Sie benutzen dabei eine emotionale Sprache und Sätze wie 'Ich glaube …', 'Ich denke …', 'Ich will …'." Durch solche Glaubenssätze werde die Bildung von Memen begünstigt und außerdem „die falsche Idee genährt, dass es ein inneres Selbst gibt, das Meinungen hat, Entscheidungen trifft und die Welt wahrnimmt". In der Meditation und in der Übung der Aufmerksamkeit („mindfulness") sieht Blackmore einen Ausweg aus dem menschlichen Dilemma. Diese Techniken seien geeignet, das Bewusstsein vom wuchernden Unkraut der Meme zu befreien (Blackmore spricht von „meme-weeding") und den Leid erzeugenden „Selbstplex abzubauen".[500]

Die Psychotherapeutin Verena Kast, die wie Blackmore uns Menschen unausweichlich in Geschichten verstrickt sieht, fragt: „Ist das nun ein Fehler, oder ist es das Wesen des Menschen, dass unsere Wahrheit, die uns zugänglich ist, eine narrative Wahrheit ist […]?" In Kapitel 12 über Erinnern, Kontext und emotionales Gedächtnis erfuhren wir von Sina Kühnel und Hans J. Markowitsch, dass die wiederholte Einspeicherung von lebensgeschichtlichen Erfahrungen in das Gedächtnis die ursprüngliche Erfahrung bis zur Unkenntlichkeit verfälschen kann. Die lebensgeschichtlichen Erinnerungen von Patienten sind folglich eine unzuverlässige Quelle für das, was sich biografisch tatsächlich ereignet hat. Aber in der Psychotherapie geht es auch gar nicht um historische Richtigkeit. Kast: „Von wich-

500 Susan Blackmore (1999: „The meme machine", Oxford University Press), zitiert nach Ulrich Schnabel und Andreas Sentker, 1997: „Wie kommt die Welt in den Kopf? Reise durch die Werkstätten der Bewußtseinsforscher", Hamburg: Rowohlt, S. 289. Und: Susan Blackmore auf ihrer Internetseite: „Dismantling the selfplex; meme machines and the nature of consciousness", http://www.susanblackmore.co.uk/Conferences/tucs00.html [30.05.2013].

tigen Lebensereignissen gibt es oft mehrere Versionen, und je länger das Ereignis zurückliegt, desto mehr 'offizielle' Versionen können kursieren. Wir wählen uns in der Regel die Version aus, die uns emotional stimmig erscheint und mit der wir gut leben können." In der Psychotherapie besteht nach Kast die Chance, dass der Patient im Dialog mit seinem Therapeuten seine subjektive narrative Wahrheit verändert.[501]

Fassen wir zusammen:

- Kinder fangen im Alter von drei bis vier Jahren an, ihre Beziehungserfahrungen durch das Erzählen von Narrativen zu verarbeiten.
- Kinder erfinden mit ihren Geschichten Interpretationen ihrer Beziehungserfahrungen, die für ihr Selbst mit einem Maximum an Kohärenz einhergehen.
- In den Geschichten kompensieren oft wunschgeleitete Fantasien eine schmerzliche oder gar bedrohliche Realität.
- Unsichere, traumatische oder konfliktreiche Bindungserfahrungen sind mit einem kohärenten Selbstbild nicht kompatibel und müssen abgewehrt, zum Beispiel abgespalten werden.
- Unsere autobiografische Geschichte, von der es oft mehrere Versionen gibt und in der wir stets die Hauptrolle spielen, macht unser narratives Selbst aus und ist Teil unserer Identität.
- Auch als Erwachsene erfinden wir ständig Geschichten, weil wir unser Fühlen, Denken und Handeln vor uns selbst und anderen rechtfertigen müssen.
- Solche Geschichten zeigen mitunter eine radikale Verbiegung oder gar ein krasses Leugnen des Offensichtlichen.
- Eine zu große Diskrepanz zwischen erlebter und erzählter Vergangenheit begünstigt seelische Störungen.
- Nach Dawkins repliziert, vermehrt und verbreitet sich kulturelle Information (Meme sind dabei die Einheiten der kulturellen Vererbung) in ähnlicher Weise wie Gene.
- Meme haben nach Dennett die Fähigkeit, in Wechselwirkung mit der Umwelt Kopien von sich selbst herzustellen.
- So wie Gene Organismen als Vehikel benötigen, so brauchen Meme „Mem-Vehikel", zum Beispiel Bilder, Bücher, Redewendungen, Werkzeuge und Bauwerke.

501 V. Kast, 1998: „Erzählen und Zuhören – Das Narrativ im therapeutischen Dialog: 'Ich hab so vieles zu erzählen'", in: P. Buchheim, M. Cierpka, T. Seifert (Hg.): „Lindauer Texte zur psychotherapeutischen Fort- und Weiterbildung: Das Narrativ – aus dem Leben Erzähltes", Berlin: Springer, S. 49.

- Das menschliche Bewusstsein und das Selbst beruhen nach Dennett auf Mem-Effekten im Gehirn.
- Der Mem-Pool unserer Kultur, vor allem die Sprache, ist für Dennett der Nährboden für die selbstdarstellenden Geschichten, die wir uns selbst und anderen erzählen.
- Für Dennett ist das Selbst das Zentrum der narrativen Gravitation, das heißt ein Artefakt der uns erzeugenden sozialen Prozesse, eine Abstraktion, die auf zahllosen autobiografischen Zuordnungen und Interpretationen, Selbstzuschreibungen und Eigeninterpretationen, Glaubenssätzen und Überzeugungen basiert.
- Für Blackmore ist das Selbst eine falsche Geschichte, die wir uns immer wieder erzählen und in der wir uns selbst mit der Hauptfigur der Geschichte verwechseln.
- Die Illusion des Selbst sieht Blackmore als Quelle menschlichen Leidens und Irrens.
- Meditations- und Aufmerksamkeitsübungen können nach Blackmore den Leid erzeugenden Selbstplex (das Konglomerat all der Selbstillusionen erzeugenden Meme) abbauen und unser Bewusstsein von den Memen, die es verdunkeln und deformieren, befreien.
- Verena Kast sieht in der Psychotherapie die Chance, dass Patienten ihre subjektive narrative Wahrheit verändern.

Praktische Konsequenzen

Da sich an der biografischen Vergangenheit ohnehin nichts mehr ändern lässt, geht es in der Psychotherapie vor allem darum, dass Patienten ihre eigene Biografie in einem neuen Licht sehen können. Wie aber lässt sich die lebensgeschichtliche Version, die ein Patient sich selbst und anderen erzählt, von dysfunktionalen Überzeugungen und Bewertungen sowie vom Wiederholungszwang der Vergangenheit befreien? Wie lässt sie sich in eine Version transformieren, die den Patienten mit seinem Lebensschicksal versöhnt und ihn zur Nutzung seiner vorhandenen Potenziale und Entwicklungschancen befähigt?

Verena Kast zitiert Wilhelm Genazino, der in seinem 1996 erschienenen Buch „Das Licht brennt ein Loch in den Tag“ feststellt, dass sich Geschichten „durch das Erzählen verändern, und dass sie sich auch etwas verändern, je nachdem, wem sie erzählt werden“. Das „Nichtverstandene“ will erzählt werden. „Geschichten machen unsere Identität aus [...]. Die Zeitlichkeit unseres Daseins zeigt sich im Erzählen [...]. Unsere erinnerten Geschichten verändern sich durch die Erinnerung [...]. Unsere Geschichten verändern sich auch, je nachdem, wem wir sie erzählen."

Kast betont: „Je emotionaler eine Situation ist, um so öfter muss von dieser Situation [...] immer wieder erzählt werden, etwa von traumatischen Lebensereignissen [...]. Erzählen kann man nur, wenn jemand auch zuhört [...]. Der Therapeut kann symbolisch geradezu als großes Ohr dargestellt werden, und wir lernen, nicht nur das zu hören, was gesagt wird, sondern auch das, was verschwiegen wird [...]. Im Zuhören öffnet sich ein Mensch der Welt des anderen, ist offen, ist angesprochen, lässt sich bewegen vom Gehörten, lässt sich beeindrucken und beeinflussen. Im Zuhören werden Grenzen zwischen dem sprechenden und dem zuhörenden Menschen aufgehoben, taucht man in eine gemeinsame Welt ein [...]. Die Gemeinsamkeit zwischen Erzähler und Hörer kulminiert in einer Bewertungskonvergenz – man lacht zum Beispiel an der richtigen Stelle [...]. Im Zuhören entsteht eine Zugehörigkeit [...]. Zuhören heißt weiter auch, in Beziehung zu treten. Nicht zuzuhören zeigt ein Desinteresse an Beziehung, in einer Erzählsituation kommt es einem Beziehungsabbruch gleich [...]. Die Erzählsituation ermöglicht das Nichtalleinsein [...]. Letztlich geht es doch wohl darum, dass die Lebensgeschichte als Ganze so erzählt werden kann, dass sie akzeptabel ist. Sie wird also umerzählt, bis man sie akzeptieren kann."[502]

Dasein, Zeit haben und zuhören (DAZZ[503]) – egal, ob ein Patient, der Partner oder ein Freund über Episoden aus seiner Lebensgeschichte oder über aktuelle Beschwerden und Sorgen spricht – das sind wesentliche Qualitäten, die leidende Menschen trösten, entlasten, entängstigen und ermutigen. Im geduldigen, sich verfrühten Wertungen und Ratschlägen enthaltenden Zuhören bringt der Zuhörer seine Anteilnahme und Solidarität mit dem Erzählenden zum Ausdruck. Wenn man anderen seelisch beistehen will, gibt es oftmals gar nicht viel mehr zu tun als eben nur das: in einer Atmosphäre von Zeitlosigkeit spürbar da zu sein und zuzuhören. In den sozialen Bezügen unserer Leistungs- und Unterhaltungsgesellschaft mangelt es allzu häufig genau daran: an Zeit füreinander, an Geduld und an der Fähigkeit, einander wirklich zuzuhören. Hätten wir eine flächendeckende Kultur von DAZZ oder würden wir eine solche Kultur begründen, indem wir uns in Gemeinschaft,

502 V. Kast, 1998, S. 34-46.

503 Die Idee von DAZZ stammt von meinem Freund und Kollegen Dr. med. Christian Hellweg aus Frankfurt/M.

mitmenschlicher Solidarität und im geduldigen Zuhören üben, dann hätte sich die Verordnung von Antidepressiva in Deutschland in den letzten 15 Jahren vielleicht nicht verdreifachen und sich die Inanspruchnahme von Psychotherapie vielleicht nicht verdoppeln müssen. Der große Vorteil von DAZZ ist, dass es keiner aufwendigen akademischen Ausbildung bedarf. Mit etwas Übung und der entsprechenden inneren Einstellung ist dazu jeder Mensch mit Herzensbildung fähig.

27. Das Ich und die Ich-Funktionen in Abgrenzung vom Selbst

Wie oben erwähnt werden die Begriffe „Selbst“ und „Ich“ oft synonym verwendet. Auch einige der von mir in diesem Buch zitierten Autoren (unter anderem Dennett) unterscheiden nicht streng zwischen Selbst und Ich. Sogar in der neueren psychodynamischen Literatur werden sie nicht immer klar voneinander abgegrenzt. Ich werde versuchen darzulegen, warum sich aus meiner Sicht die saubere Unterscheidung der beiden Konstrukte lohnt. Nach meiner Erfahrung können wir nämlich eine ganze Reihe seelischer Krankheitsbilder und die ihnen psychogenetisch zugrunde liegenden biografischen Erfahrungen und Persönlichkeitsbesonderheiten der betroffenen Patienten besser verstehen, wenn wir die Begriffe „Selbst“ und „Ich“ präzise definieren und trennscharf verwenden. So haben viele Patienten im Laufe ihrer Persönlichkeitsentwicklung erhebliche Beschädigungen und Hemmungen ihres Selbst erlitten. Aber einem Teil dieser Patienten gelingt es trotzdem erstaunlich gut, die Anforderungen des sozialen und beruflichen Lebens zu meistern und das narzisstische Gleichgewicht über lange Zeit aufrechtzuerhalten. Ihre beachtliche Lebensbewältigung ist aus psychodynamischer Sicht der relativ hohen Qualität einer Reihe von Ich-Funktionen zuzuschreiben, welche die Patienten trotz oder gerade wegen ihrer Selbstdefizite erworben haben.

Jeder Mensch bewältigt sein Leben und seine Selbstregulierung in seiner ganz eigenen Weise. Das heißt, jeder entwickelt im Laufe seines Lebens seinen von anderen Menschen unterscheidbaren Persönlichkeitsstil[504]. Doch bei aller Individualität und Einzigartigkeit lassen sich deutliche Parallelen und Gemeinsamkeiten in den Persönlichkeitsstilen erkennen, die seit der Antike zu Versuchen der Typologisierung Anlass gaben.[505] Gemeinsam mit Arno Remmers habe ich für eine praxisnahe psychodynamische Diagnostik vorgeschlagen, die große Variationsbreite der Persönlichkeitsstile in zehn „Neurosendispositionen“ (altruistisch-depressiv, abhängig, pseudounabhängig, ängstlich, zwanghaft, histrionisch, emotional insta-

504 Der Begriff „Persönlichkeitsstil“ geht ursprünglich auf John Oldham und Lois Morris (1995: „The New Personality Self-Portrait: Why You Think, Work, Love and Act the Way You Do“, New York: Bantam) zurück und bezeichnet die organisierte Ausstattung von Menschen mit persönlichen Zügen, Verhaltensmustern, Einstellungen, der persönlichen Art, zu denken und zu fühlen und mit anderen zu interagieren. Günter Gödde hat in seinem Beitrag „Neurotische Persönlichkeitsstörung“ (2003, in: E. Jaeggi et al. (Hg.): „Tiefenpsychologie lehren – Tiefenpsychologie lernen“, Stuttgart: Klett-Cotta, S. 151-165) den Begriff des Persönlichkeitsstils aufgegriffen.

505 Vgl. U. Boessmann, 2006: „Struktur und Psychodynamik“, Bonn: Deutscher Psychologen Verlag.

bil, paranoid, narzisstisch und passiv aggressiv) einzuteilen.[506] Die verschiedenen Neurosendispositionen zeichnen sich durch charakteristische, nicht bewusste Anpassungs-, Kompensations- und Abwehrmechanismen des Ich aus, mit denen das Ich die biografisch entstandenen Beschädigungen und Hemmungen des Selbst auszugleichen versucht. Diese nicht bewussten Reparaturmechanismen des Ich können unter bestimmten aktuellen Anforderungen, Belastungen und Konfliktsituationen dysfunktional und kontraproduktiv werden und vermögen dann nicht mehr, die Kohärenz und Stabilität des Selbst zu gewährleisten. Es kommt dann zur neurotischen Symptombildung. Bestimmte Persönlichkeitsstile disponieren zu neurotischen Erkrankungen, daher nannten wir sie „Neurosendispositionen".

Ich glaube, es ist klar geworden, warum mir die Unterscheidung von Selbst und Ich so sehr am Herzen liegt. Wenn ich als psychodynamisch fundierter Therapeut von dem „Selbst" eines Menschen spreche, dann meine ich damit die innere Repräsentanz, das Modell oder das Bild, das dieser Mensch von sich selbst hat (analog zum inneren Bild, das ein Mensch von einem anderen vertrauten Menschen hat). Das Selbst ist folglich eine Form von Information. Das Selbstbild ist allerdings kein rein kognitives Konzept, das jemand von sich selbst hat, sondern es ist immer auch etwas Körperliches und unmittelbar Gefühltes. Nach psychodynamischem Verständnis ist das Selbst mit Antrieben und Impulsen sowie lustvollen oder unlustvollen Affekten verbunden. Das „gesunde" Selbst ist – wie es psychoanalytisch heißt – ausreichend libidinös besetzt. Das heißt, gesundes Selbsterleben geht mit überwiegend positiven Empfindungen sowie mit einem angemessenen Gefühl für den eigenen Wert und die eigene Wirksamkeit einher. Phänomenal zeichnet sich ein gesundes Selbst durch das vertraute subjektive (phänomenale) Erleben eines Menschen aus, eine Ganzheit, ein autonomes, beständiges und kohärentes Zentrum von Vitalität, der Mittelpunkt des unmittelbaren Empfangens von Eindrücken sowie der Initiator und Verursacher von Veränderungen in der Umwelt zu sein.

Das Ich hingegen ist historisch gesehen jene innerpsychische Instanz, die einst Sigmund Freud in seinem berühmten Strukturmodell als Vermittler im Konflikt zwischen dem von ihm postulierten „Es" (den biologischen Triebkräften, die im

506 U. Boessmann, A. Remmers, 2008: „Behandlungsfokus", Bonn: Deutscher Psychologen Verlag. Die Neurosendispositionen leiteten wir von dem Konzept der Neurosenstrukturen von Harald Schultz-Hencke (1951: „Lehrbuch der analytischen Psychotherapie", Stuttgart: Thieme), von der „Strukturellen Analyse interpersonellen Verhaltens" von Lorna Smith Benjamin (1994: „Interpersonal Diagnosis and Treatment of DSM Personality Disorders", New York: Guilford) sowie vom DSM-IV (Diagnostic and Statistical Manual of Mental Disorders) ab.

Menschen wirken) und dem „Über-Ich" (verinnerlichten soziokulturellen Geboten und Verboten) angenommen hat.[507] Es ist das Verdienst von Heinz Hartmann, das Ich nicht nur als Austragungsort von neurotischen Konflikten angesehen zu haben. Vielmehr leistet das Ich im Verständnis Hartmanns generell die für die seelische Gesundheit unverzichtbare Anpassung an jene Umweltbedingungen, in die ein Kind schicksalhaft hineingeboren wird. Das Ich ist also als die Summe der seelischen Funktionen zu verstehen, die eine möglichst gute Adaptation des Individuums an seine soziale Umgebung gewährleisten. Nach Gerd Rudolf ist das Ich eine teils angeborene, teils erworbene Struktur mit der Fähigkeit, intentional mit der sozialen Umwelt zu interagieren und zu kommunizieren, die Realität wahrzunehmen und sie in einem seelischen Binnenraum abzubilden.[508] Der Kampf zwischen den Triebansprüchen und der Außenwelt findet in diesem innerseelischen Raum statt. Konflikte und geeignete Konfliktlösungen können dort antizipiert und günstige Formen der Befriedigung der eigenen Bedürfnisse und Triebregungen gefunden werden. Gefahren werden innen bewältigt, bevor sie äußere werden.[509]

Dazu ist es erforderlich, dass das Ich konfliktträchtige Trieb- und Bedürfnisregungen aufschieben oder auf ungefährlichere und sozial anerkannte Bereiche verlagern kann. Kann das konflikthafte Verlangen wegen seiner Dringlichkeit nicht aufgeschoben oder verschoben werden, dann entsteht Angst, zum Beispiel vor der Wiederholung eines alten Traumas, einer Strafe, einer Kränkung, eines Mangels oder eines Verlustes. Nehmen die Angst und Erregung, die mit einem Bedürfnis oder Triebanspruch verbunden sind, ein Maß an, welches die Kohärenz des Selbst und die Funktionsfähigkeit des Ich gefährden würde, verdrängt das Ich diese Bedürfnis- oder Triebregung einschließlich der mit ihr verbundenen Angst ins sogenannte Unbewusste. Das ist ein Kerngedanke der psychoanalytischen Theorie. Das Ich fungiert also auch als Reiz- und Inkonsistenzschutz sowie als Stabilisator für das Selbst. Es errichtet Schwellen gegen die Überflutung mit Triebimpulsen und Angst von innen sowie gegen verführerische, irritierende oder bedrohlichen Reize von außen. Für diese Schutzfunktion bedient es sich der von Anna Freud beschrie-

507 S. Freud, 1923: „Das Ich und das Es. Metapsychologische Schriften", Frankfurt/M.: Fischer Taschenbuch-Verlag, 1994.

508 G. Rudolf, 1977: Krankheiten im Grenzbereich zwischen Neurose und Psychose, Göttingen: Vandenhoeck & Ruprecht.

509 G. Rudolf, T. Grande, P. Henningsen (Hg.), 2002: „Die Struktur der Persönlichkeit. Theoretische Grundlagen zur psychodynamischen Therapie struktureller Störungen", Stuttgart: Schattauer, S. 20-21, 36.

benen Abwehrmechanismen.[510] Anna Freuds Lehre von den Abwehrmechanismen des Ich stellt bis heute eine wichtige Säule des psychodynamischen Denkens dar. Am bekanntesten ist der Mechanismus der „Verdrängung", des scheinbaren Vergessens ehemals bewusster konflikthafter, angst-, schuld- und schambesetzter Wünsche, Impulse und Affekte. Gegen das Wiederbewusstwerden dieser Inhalte – zum Beispiel in der Therapie – wehrt sich das Ich, weil es fürchtet, erneut mit Angst, Schuld, Scham, Kränkung und/oder Inkonsistenzspannung konfrontiert zu werden. In der psychoanalytischen Literatur spricht man auch von „Widerstand".

Auf die Abwehrmechanismen werde ich im Band II ausführlich eingehen. Die Abwehr dient der Bewältigung nicht bewusster innerer Konflikte und ist nur eine von vielen Aufgaben des Ich. Die hauptsächliche Funktion dessen, was in der psychodynamischen Theorie als „Ich" bezeichnet wird, besteht darin, die Anforderungen des Alltags zu bewältigen. Was das Ich überwiegend leistet, setzt sich aus einer Fülle von Routinen zusammen, die jeder von uns jeden Tag – ohne darüber bewusst nachdenken zu müssen – auf die durchschnittlichen Situationen in seinem Tagesablauf anwendet. Die alltäglichen Routineleistungen des Ich betreffen unter anderem die Wahrnehmung und das Beziehungsverhalten sowie die nonverbale und verbale Kommunikation. Besondere Beanspruchungen, zum Beispiel neuartige Lebenslagen und ungewohnte Begegnungen mit fremden Menschen oder auch konflikthafte Situationen, stellen erhöhte Anforderungen an das Ich. Das Ich ist dann beispielsweise gefordert, Zusammenhänge zu erkennen und Realität zu prüfen sowie empathisch die Reaktion anderer auf das eigene Verhalten vorauszusehen. Impulse und Affekte müssen unter Kontrolle gehalten und das Selbstwertgefühl muss reguliert werden. Das Ich muss Zwecke und Ziele erkennen, Urteile fällen und autonom verantwortliche Entscheidungen treffen können. Es zwingt uns sogar zu Tätigkeiten, zu denen wir keine Lust haben.

Die adaptative Qualität unserer Ich-Funktionen hängt folglich davon ab, wie gut wir mit bestimmten Fähigkeiten ausgestattet sind. Diese Fähigkeiten, die wir im Laufe unserer Enkulturation und Sozialisation erworben haben und idealerweise immer weiter erwerben, beziehen sich vor allem auf die Selbststeuerung und die Interaktion. Wie gut und vollständig sich jeder von uns diese Fähigkeiten aneignen konnte, hing hauptsächlich von dem sozialen Umfeld ab, in dem wir aufwuchsen. Wenn unsere Eltern selbst über eine hohe Qualität von Selbststeuerungs- und Interaktionsfähigkeiten verfügten und als Vorbilder meist für uns präsent waren,

510 A. Freud, 1964: „Das Ich und seine Abwehrmechanismen", München: Kindler, Original: 1936.

hatten wir gute Chancen, diese Fähigkeiten durch Mimesis/Nachahmung vollständig zu entwickeln. Hatten unsere Eltern in Bezug auf diese Fähigkeiten erhebliche Defizite oder standen sie uns nur unzureichend als Modell zur Verfügung, dann waren die Bedingungen für unser Imitationslernen entsprechend eingeschränkt. Im Kapitel 3 über funktionales Verhalten war von der OPD-KJ die Rede. Die Strukturachse der OPD-KJ haben wir als ein diagnostisches Instrument kennengelernt, mit dessen Hilfe die altersgemäße Ausstattung mit jenen Fähigkeiten bestimmt werden kann, über die Kinder und Jugendliche verfügen müssen, um den Anforderungen ihrer soziokulturellen Umwelt gerecht werden zu können.

Auch für Erwachsene gibt es ein solches „Messinstrument": die OPD-2.[511] Mit Hilfe der Strukturachse der OPD-2 wird das sogenannte „Strukturniveau"[512] bestimmt. Das Strukturniveau ist ein Maß für die Qualität der verschiedenen Ich-Funktionen beziehungsweise Selbststeuerungs- und Interaktionsfähigkeiten eines Menschen. Die Anforderungen des therapeutischen Gesprächs gelten als brauchbare Testbedingungen, um einschätzen zu können, inwieweit das soziale Interaktionsverhalten und die Selbststeuerung eines Patienten situationsgerecht und funktional sind. Schilderungen des Patienten von aktuellen und vergangenen Alltagsepisoden geben weitere Hinweise auf seine individuell ausgeprägten strukturellen Fähigkeiten. Das Strukturniveau nach OPD-2 umfasst die folgenden vier Hauptdimensionen:

511 Arbeitskreis OPD (Hg.), 2006: „Operationalisierte Psychodynamische Diagnostik OPD-2", Bern: Huber.

512 Der Begriff des Strukturniveaus wurde erstmals etwa zeitgleich von Heinz Kohut (1971: „The analysis of the self. A systematic approach to the psychoanalytic treatment of narcissistic personality disorders", New York: International University Press) und Otto Kernberg (1970: „A Psychoanalytic Classification of Character Pathology", in: Journal of the American Psychoanalytic Association, 18, S. 800-822) verwendet. Bei Kohut ging es um unterschiedliche Reifeebenen der Selbststruktur, erkennbar am Grad der Überwindung des unreifen narzisstischen Größenselbst zugunsten einer mehr realitätsbezogenen Hinwendung zum Objekt mit einer entsprechend reiferen Selbstobjektübertragung. Kohut beschrieb drei Stufen: ein archaisches, durch verschmelzende und idealisierende Übertragung charakterisiertes Niveau, ein durch Alter-Ego-Übertragung gekennzeichnetes Niveau und ein relativ kohärentes, sich durch Spiegelübertragung auszeichnendes Niveau der Selbststruktur. Kernberg unterscheidet ein niedrigeres, ein mittleres und ein höheres Niveau der Persönlichkeitsorganisation beziehungsweise der Persönlichkeitspathologie. Die Klassifikation richtet sich nach der Qualität der Objektbeziehungen und der Therapiebeziehung, der Reife der Abwehrmechanismen und der Über-Ich-Entwicklung, nach der Qualität des Umgangs des Patienten mit seinen Triebimpulsen sowie der Qualität seiner Angst. Kernbergs drei Strukturniveaus erlauben eine Abgrenzung reiferer neurotischer Störungen (höheres Strukturniveau) von sogenannnten frühen Störungen (mittleres Strukturniveau) und von Borderline-Störungen (niedriges Strukturniveau).

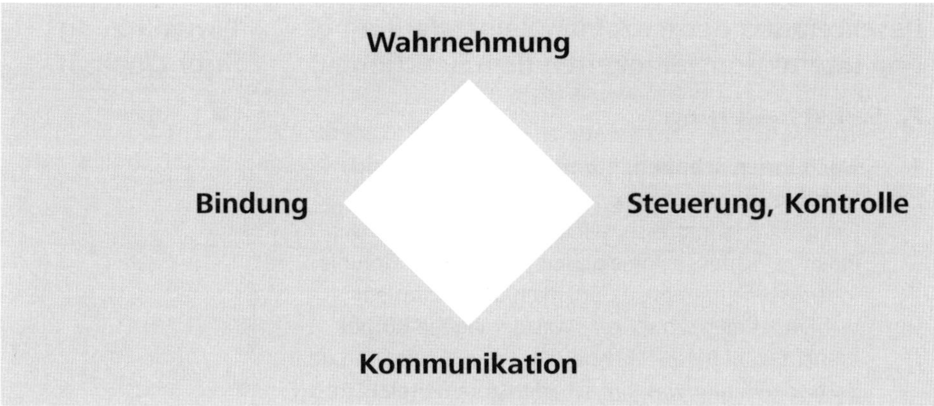

Die OPD wurde als Instrument für die Psychotherapieforschung konzipiert und stellt an die Untersucher hohe Anforderungen. In der Psychotherapiepraxis findet die OPD kaum Anwendung, weil sie sehr zeitaufwendig ist und die Mehrzahl ihrer diagnostischen Items lebensfremd anmuten. Auch der Begriff und das Konzept des Strukturniveaus sind, so wie sie in der OPD systematisiert und formuliert sind, für viele Psychotherapeuten nicht ohne Weiteres verständlich. Sie finden insbesondere bei Therapeuten mit einem humanistischen Hintergrund oft keine Akzeptanz, weil sie als allzu pathologisierend und defizitorientiert empfunden werden. Um diesem mehr sprachlichen als inhaltlichen Problem zu begegnen, könnte man statt von „Strukturniveau" auch vom „Profil der Selbststeuerungs- und Interaktionsfähigkeiten" (PSI), kurz von einem „Ich-Fähigkeiten-Profil" oder „Ich-Profil" eines Patienten sprechen. Zum besseren Verständnis und zur besseren Akzeptanz müssen die in der OPD aufgeführten strukturellen Merkmale, mit denen das Strukturniveau bestimmt wird, in eine einfache, lebensnahe und idealerweise auch für die Patienten verständliche Sprache übersetzt werden. In der folgenden Liste von 22 Selbststeuerungs- und Interaktionsfähigkeiten, unterteilt in die vier Gruppen „Wahrnehmung", „Steuerung/Kontrolle", „Kommunikation" und „Bindung", habe ich versucht, die OPD-Strukturachse (die mir persönlich als psychodiagnostisches Instrument unverzichtbar erscheint) den Anforderungen einer alltagstauglichen Routinediagnostik in der ambulanten Psychotherapiepraxis anzupassen.

Beschreibung der einzelnen Selbststeuerungs- und Interaktionsfähigkeiten (Ich-Funktionen)		Einschätzung ihrer Qualität		
A. Selbststeuerung		gut	mäßig	gering
1	**Nach innen schauen, eigene Bedürfnisse und Gefühle wahrnehmen** Fähigkeit und Interesse, seine Aufmerksamkeit nach innen zu richten, seine eigenen Bedürfnisse, Gefühle (positive wie negative), Gedanken und Fantasien wahrzunehmen, zu spüren, was der eigene Körper braucht (zum Beispiel Schonung, Ruhe, Bewegung oder Zärtlichkeit) und was ihm schadet (zum Beispiel Stress, Fehlernährung, Konsum von Suchtmitteln)			
2	**Für sich selbst sorgen** Fähigkeit, für sich selbst zu sorgen und sich selbst zu schützen, so wie man auch für einen anderen sorgen würde, zum Beispiel für ein Kind, das man liebt und das man schützen würde			
3	**Selbstkontrolle** Einsicht und Fähigkeit, wichtige Dinge auch dann zu tun, wenn man keine Lust hat, und sich zu kontrollieren, wenn man zum Beispiel ein starkes Verlangen nach Alkohol, Zigaretten, Drogen, Sex, Spielen, Einkaufen und so weiter hat oder wenn man am liebsten vor Wut etwas beschädigen oder einen anderen oder sich selbst verletzen würde			
4	**Klares Bild von sich selbst** Ein klares Bild von sich selbst, der eigenen Identität, den eigenen Zielen, Aufgaben und Rollen im Leben besitzen			
5	**Abschirmung gegen eigene negative Emotionen** Fähigkeit, bei Bedarf einen inneren Schutzwall gegen negative Emotionen (zum Beispiel Angst, Wut, Verzweiflung, Scham, Traurigkeit, Wertlosigkeit) zu errichten und seine Aufmerksamkeit auf Dinge zu konzentrieren, die mit positiven Emotionen verbunden sind und geeignet sind, das innere Gleichgewicht wiederherzustellen.			
6	**Sich selbst annehmen und wertschätzen** Fähigkeit, sich selbst, so wie man ist, grundsätzlich zu akzeptieren und zu mögen, auch dann, wenn man Fehler gemacht oder Rückschläge erlitten hat			

B. Realistische Wahrnehmung anderer		gut	mäßig	gering
7	**Bedürfnisse und Gefühle anderer wahrnehmen** Fähigkeit und Interesse, die Bedürfnisse und Gefühle anderer Menschen wahrzunehmen, sich in andere Menschen einzufühlen und die Reaktionen anderer Menschen vorauszusehen			
8	**Andere ganzheitlich wahrnehmen** Fähigkeit zu erkennen, dass andere Menschen in der Regel sowohl gute, zu den eigenen Bedürfnissen und Erwartungen passende Seiten als auch schlechte, den eigenen Bedürfnissen und Erwartungen entgegenstehende Seiten haben (dass man nicht einseitig nur die eine oder andere Seite sieht)			
9	**Zwischen Eigenem und Fremdem unterscheiden** Fähigkeit, zu erkennen und zu akzeptieren, dass andere Menschen Wünsche, Gefühle und Meinungen haben, die sich von den eigenen unterscheiden			
C. Bindungen		gut	mäßig	gering
10	**Beziehungen eingehen** Fähigkeit, die emotionale Wichtigkeit anderer Menschen zu empfinden, mit positiven Erwartungen mit anderen in Kontakt zu treten und anderen entsprechend positive Gefühle zu zeigen			
11	**Wertschätzung, Zuneigung und Hilfe annehmen** Bedürfnis und Fähigkeit, den positiven Gefühlen und Hilfsangeboten, die andere einem entgegenbringen, zu vertrauen und sie anzunehmen			
12	**Sich selbst gegen Ausbeutung und Missbrauch schützen** Fähigkeit, (zum Beispiel narzisstisch, sexuell oder finanziell), missbräuchliche Beziehungsangebote zu erkennen und sich vor Beziehungen dieser Art zu schützen			
13	**Gute innere Bilder entwickeln** Fähigkeit, aus den positiven Erfahrungen mit bestimmten Menschen ein stabiles und positives inneres Bild dieser Menschen zu entwerfen, das auch in Abwesenheit dieser Menschen eine hilfreiche, zum Beispiel beruhigende und ermutigende Wirkung entfaltet			

14	**Dauerhafte Bindungen eingehen und aufrechterhalten** Bedürfnis und Fähigkeit, mit anderen Menschen dauerhafte Bindungen einzugehen, sich gegenseitig zu unterstützen und Gefühle von Fürsorge, Verantwortung und Dankbarkeit zu empfinden			
15	**Beziehungen schützen** Bereitschaft und Fähigkeit, auf die Bedürfnisse und Interessen anderer Menschen Rücksicht zu nehmen, Regeln zu beachten, Gefühle von Gerechtigkeit und Schuld zu empfinden			
16	**Konflikte durchstehen und Ausgleich suchen** Fähigkeit, wenn nötig auch Konflikte und negative oder ambivalente Gefühle durchzustehen, verbunden mit der Bereitschaft, immer wieder Kompromisse und einen Ausgleich mit anderen zu suchen und zu finden sowie anderen ihre Verfehlungen zu vergeben			
17	**Beziehungen zu mehreren Menschen und in Gruppen (variable Bindung)** Bedürfnis und Fähigkeit, intensive Beziehung nicht nur mit einem einzigen Menschen, sondern mit mehreren oder vielen Menschen und auch in Gemeinschaften einzugehen und mit verschiedenen Menschen unterschiedliche Interessen und Befriedigungsmöglichkeiten zu teilen			
18	**Selbstständig sein, Bindung lösen** Fähigkeit, phasenweise auch alleine sein zu können, seinen eigenen Weg zu gehen und Beziehungen zu beenden, wenn sie einem schaden oder die eigene Weiterentwicklung behindern			
19	**Angemessen trauern** Fähigkeit, nach Trennungen und Verlust von wichtigen Menschen angemessen zu trauern, seine Trauer mit anderen zu teilen, neue Lebensperspektiven zu entwickeln und sich auf neue Beziehungen einzulassen			
Kommunikation		gut	mäßig	gering
20	**Emotionale Kommunikation** Fähigkeit, für die eigenen Emotionen und Impulse Worte oder eine andere, zum Beispiel künstlerische Ausdrucksmöglichkeit zu finden, statt sie auszuagieren			

21	**Nutzung und Kanalisierung der eigenen Aggression** Fähigkeit, das eigene aggressive Potenzial sozial verträglich zu nutzen, um sich gegen unangemessene Forderungen oder Zumutungen anderer zur Wehr zu setzen, den eigenen Interessen Gehör zu verschaffen und sie durchzusetzen			
22	**Grundrespekt trotz negativer Affekte** Fähigkeit und Bereitschaft, negative Emotionen (zum Beispiel Enttäuschung, Ärger, Wut, Verachtung) so auszudrücken, dass immer ein Grundrespekt erkennbar ist und andere nicht verletzt werden			
Gesamtmaß für das Ich-Funktionen-Niveau (Strukturniveau)				

Ich hoffe, dass ich mit dieser Liste von Ich-Funktionen deutlich machen kann, was in der psychotherapeutischen Praxis und auch im Alltag unter dem Konstrukt des Ich und unter dem Begriff des Strukturniveaus zu verstehen ist. Spätestens nach den ersten drei bis vier (probatorischen) Sitzungen mit einem Patienten sollte meines Erachtens jeder Therapeut eine vorläufige Einschätzung vornehmen und in der Liste ankreuzen können, ob er in der Begegnung mit diesem Patienten die Qualität jeder einzelnen der 22 aufgelisteten Selbststeuerungs- und Interaktionsfähigkeit als gut, mäßig oder gering erlebt hat. Damit ergibt sich für jeden Patienten ein individuelles Profil von Stärken und Schwächen, Ressourcen und Defiziten. Aus dem Mittelwert der Qualität der einzelnen Items kann das Gesamtmaß (zum Beispiel gutes, mäßiges oder geringes Ich-Funktionen-Niveau) bestimmt werden.

Fassen wir zusammen:

- Aus psychodynamischer Sicht ist das „Selbst" die innere Repräsentanz, das Modell oder das Bild, das ein Mensch von sich selbst hat.
- Phänomenal zeichnet sich ein gesundes Selbst durch das subjektive Erleben aus, eine Ganzheit, ein autonomes, beständiges und kohärentes Zentrum von Vitalität und Initiative und der Mittelpunkt des unmittelbaren Empfangens von Eindrücken zu sein.
- Das Ich ist hingegen als die Summe aller dem Menschen vorbehaltenen mentalen Funktionen zu verstehen, die seine möglichst gute Adaptation an seine soziale Umgebung gewährleisten und die Kohärenz seines Selbst sicherstellen.

- Die Abwehr ist nur eine von vielen Aufgaben des Ich.
- Die hauptsächliche Funktion des Ich besteht darin, die Anforderungen des Alltags zu bewältigen.
- Die adaptative Qualität der Ich-Funktionen eines Menschen hängt außer von genetischen Faktoren davon ab, wie gut die Eltern über Selbststeuerungs- und Interaktionsfähigkeiten verfügten und als Vorbilder präsent waren.
- Angelehnt an die OPD-2 empfehle ich, im Rahmen der psychodynamischen Routinediagnostik bei jedem Patienten ein Ich-Funktionen-Profil zu erstellen und die Qualität von 22 Selbststeuerungs- und Interaktionsfähigkeiten einzuschätzen
- Das Strukturniveau oder Ich-Funktionen-Niveau ist das Gesamtmaß für die Qualität aller erwähnten Selbststeuerungs- und Interaktionsfähigkeiten.

Praktische Konsequenzen:
Die Aneignung des Konzept des Strukturniveaus war das Wichtigste, was ich als Psychotherapeut im letzten Jahrzehnt bewusst dazugelernt habe. Der zuvor für mich eher abstrakte und vieldeutige Begriff des Ich hat für mich hierdurch an Kontur gewonnen. Das Strukturniveau beziehungsweise das Ich-Funktionen-Profil gibt mir als Psychotherapeut klare diagnostische Kriterien an die Hand, die eine zuverlässige Einschätzung der Qualität der Ich-Leistungen meiner Patienten ermöglicht. Die Kriterien sind – wenigstens vom Anspruch der OPD her – „interrater-reliabel“, das heißt, unterschiedliche Untersucher („rater“) sollten mit ausreichender Wahrscheinlichkeit zu ähnlichen Einschätzungen gelangen. Therapeuten können sich damit besser als früher über das, was unter Ich-Funktionen zu verstehen ist, mit anderen Fachleuten verständigen. Die Bestimmung des Ich-Funktionen-Niveaus hat vor allem – zumindest für mich – wichtige therapeutische Konsequenzen. Da ich die strukturellen Fähigkeiten und Defizite meiner Patienten realistischer einschätzen sowie die biografischen Ursachen für diese Defizite besser verstehen kann, bin ich heute im Vergleich zu früher deutlich nachsichtiger, geduldiger und mitfühlender geworden, ohne dass mir diese annehmende Haltung übermäßige Anstrengung abverlangen würde.

Die Erstellung eines Profils von Selbststeuerungs- und Interaktionsfähigkeiten mit der Bestimmung des Ich-Funktionen-Niveaus mag auf den ersten Blick als distanzierte und formalisierte Klassifizierung von Patienten erscheinen. In der Praxis trifft das Gegenteil zu: Ich kann das Ich-Funktionen-Niveau nämlich nur dann sinnvoll bestimmen, wenn ich zuvor mit meinen Patienten über mehrere Stunden in einen persönlichen Kontakt getreten bin und die Patienten intensiv erlebt habe. Ich glaube, dass ich heute wirksamer behandele als früher, weil ich in meinem therapeutischen Ehrgeiz nicht mehr so sehr die Einsichts-, Bewältigungs- und Veränderungsfähigkeiten meiner Patienten überschätze. Meine Therapieziele sind bescheidener geworden, Enttäuschungen seltener. Zugleich habe ich mit Hilfe der Ich-Funktionen-Diagnostik einen geschärfteren Bick für die Ressourcen des Patienten und die Ressourcen seines sozialen Umfelds gewonnen. Das Bewusstmachen sowie die Nutzung und Aktivierung dieser Ressourcen machen einen großen Teil meiner therapeutischen Bemühungen aus. Damit trage ich der Erkenntnis der Psychotherapieforschung Rechnung, dass die Qualität der Therapiebeziehung sowie die Ermutigung und Nutzung von Ressourcen zu den stärksten Wirkfaktoren in der Psychotherapie gehören. Die Forschung legt uns nahe, unsere Hauptaufmerksamkeit den Selbstheilungskräften der Patienten und den sozialen Systemen, in denen sie leben, zuzuwenden.[513]

Seitdem ich gelernt habe, im Kontakt mit anderen Menschen das Ich-Funktionen-Niveau zu berücksichtigen, kann ich auch meine eigenen emotionalen Reaktionen besser steuern. Ich sehe es als meine Aufgabe an, auch meine eigenen strukturellen (die Ich-Funktionen betreffenden) Stärken und Defizite, so gut es geht, zu erkennen. Ich weiß inzwischen, bei welchen situativen Anforderungen ich mit bestimmten Selbststeuerungs- und Interaktionsfähigkeiten schneller als andere an meine Grenzen stoße. Strukturelle Defizite haben – das habe ich oben schon betont – biografische Ursachen. Kein Mensch hat sich die Defizite seiner Ich-Funktionen ausgesucht. Die Selbststeuerungs- und Interaktionsfähigkeiten entwickeln sich durch implizites Imitationslernen. Niemand konnte sich als Kind willentlich weigern, sie zu erwerben. Unsere strukturellen Defizite haben wir folglich nicht schuldhaft erworben. Sie sind vielmehr meinen Patienten, meinen Verwandten und Freunden, sie sind mir und einigen von Ihnen, liebe Leserinnen und Leser, schicksalhaft zugestoßen, weil die Lernbedingungen, die wir als Kinder vorfanden, in der einen oder anderen Hinsicht nicht immer optimal waren.

Wenn immer möglich mache ich die strukturellen Ressourcen und Defizite meiner Patienten in der Therapie zum Thema. Es ist gut, wenn wir uns unserer strukturel-

513 Diese Aussagen basieren auf meinem 2005 im Deutschen Psychologen Verlag erschienenen Buch „Wirksam behandeln – Nutzung von bewussten und unbewussten Aufträgen in der Psychotherapie, Medizin und Supervision“, in dem ich versucht habe, die praxisrelevanten Erkenntnisse der Psychotherapieforschung der letzten Jahrzehnte zusammenzufassen.

len Stärken und Schwachstellen bewusst sind. Eine meiner wichtigsten Botschaften an meine Patienten und auch an meine Leser ist: Keiner von uns ist schuld an seinem strukturellen Unvermögen, aber jeder von uns ist für seine Defizite verantwortlich. Und: Wir können unsere Ich-Funktionen in jedem Lebensalter trainieren. In meiner Funktion als Psychotherapeut versuche ich, vor allem jene Selbststeuerungs- und Interaktionsfähigkeiten meiner Patienten zu verbessern, deren unzureichende Qualität ganz offensichtlich dazu führt, dass meine Patienten aktuell immer wieder an spezifischen Anforderungen ihres Lebens scheitern. So sollte beispielsweise ein Patient, der heiraten will, über ein Mindestmaß an Selbst- und Fremdwahrnehmung, Impuls- und Affektkontrolle sowie über die Fähigkeit zur emotionalen Kommunikation verfügen.

Für mich persönlich besteht der größte Vorzug der Berücksichtigung des Ich-Funktionen-Niveaus darin, dass ich mir eine Menge Aufregung, Ärger und Enttäuschung über andere Menschen, Patienten wie Nichtpatienten, sprichwörtlich „schenken" kann. Ich reagiere zwar nach wie vor – gemäß meiner eigenen strukturellen Beschaffenheit – mitunter mit starker spontaner Emotionalität auf das Verhalten anderer Menschen, aber sobald ich an das Ich-Funktionen-Niveau der Beteiligten denke, mildert sich mein Affekt ab. Es wird mir dann immer wieder (und hoffentlich immer öfter) bewusst, dass andere – ebenso wie ich – in ihrer strukturellen Beschaffenheit gefangen sind und in der Regel nicht irgendwelche Dinge mit der Absicht tun, mir zu schaden oder meine Bedürfnisse zu missachten. Als Psychotherapeut kann ich auf diese Weise selbst bei sehr schwierigen und anstrengenden Patienten eine wohlwollende und emotional unterstützende Beziehung aufrechterhalten. Und ein bisschen mehr Nachsicht mit sich selbst kann mir – und Ihnen? – auch nicht schaden.

Höhere Ich-Leistungen

Wie wir erfahren haben, kommen Menschen mit der angeborenen Disposition auf die Welt, im Kontakt mit ihrem jeweiligen soziokulturellen Umfeld einen Fundus von Selbststeuerungs- und Interaktionsfähigkeiten, sprich Ich-Funktionen, zu erwerben, welche ihre Anpassung an die spezifischen Anforderungen der Kulturgemeinschaft, in der sie aufwachsen, gewährleisten. Diese Ich-Funktionen werden im Wesentlichen nicht etwa durch bewusst intendiertes Lernen erworben, sondern überwiegend durch die schon sehr früh beginnende automatische Imitation und Verinnerlichung der Selbststeuerungs- und Interaktionsmuster der Eltern und anderer Vorbilder. Je nach der individuellen genetischen Anlage und je nach den Entwicklungsbedingungen, die ein Mensch in seiner Kindheit vorfindet, bilden sich diese Fähigkeiten in unterschiedlicher Qualität aus. Als Maß für die Qualität der Ich-Funktionen eignet sich unter anderem das im vorangegangenen Kapitel besprochene Struktur- beziehungsweise Ich-Funktionen-Niveau. Nachdem definiert ist, was unter Ich und Ich-Funktionen zu verstehen ist, will ich in den nun folgenden Kapiteln auf einige besondere Ich-Leistungen eingehen, welche über die Anforderungen des Alltags hinausgehen und als Grundlage von höheren Bewusstseinsleistungen diskutiert werden. Die praktischen Konsequenzen, die sich aus meiner Sicht insbesondere für die Psychotherapie ergeben, werde ich abschließend für alle höheren Ich-Leistungen gemeinsam darlegen.

28. Metarepräsentanzen und Mentalisierung

Im vorangegangenen Kapitel war bei der Auflistung der Ich-Funktionen schon von der ganzheitlichen Wahrnehmung anderer (man spricht auch von „Objektwahrnehmung“) die Rede. Es handelt sich um die Fähigkeit, andere Menschen nicht nur durch die Optik des eigenen Wunschbilds hindurch verzerrt wahrzunehmen, sondern ihr besonderes komplexes Anderssein zu erkennen und anzuerkennen: Andere haben ihre eigenen Interessen, Bedürfnisse, Stimmungen, Fähigkeiten, Ansichten und ihre eigene Geschichte, die sich von unseren eigenen Bedürfnissen und Sichtweisen deutlich unterscheiden können. Um andere Menschen in diesem Sinne realistisch wahrzunehmen, bedarf es einer entsprechenden inneren Einstellung. In der Regel unterstellen wir, dass andere, ebenso wie wir selbst, Gedanken, Gefühle, Überzeugungen und Wünsche haben. Genau das ist es, was

Peter Fonagy unter „Mentalisierung“ versteht, nämlich die „Fähigkeit, das eigene Verhalten oder das Verhalten anderer Menschen durch Zuschreibung mentaler Zustände zu interpretieren“.[514]

Daniel C. Dennett spricht von „Metarepräsentanzen“ interpersoneller Erfahrungen und meint damit unser grundlegendes inneres Wissen darüber, dass andere Menschen eigenständige geistig-seelische Wesen mit eigenen Absichten, Gefühlen und Wünschen sind. Mit Hilfe der Metarepräsentanzen können wir uns nach Dennett in die mentale Verfassung anderer Menschen einfühlen, ihre Reaktionen antizipieren und die psychische Verursachung ihres Verhaltens wenigstens teilweise verstehen.[515] Das heißt, implizit wenden wir in zwischenmenschlichen Beziehungen ständig eine Theorie über den Geist an, das heißt über innerseelische Vorgänge, wie zum Beispiel Vorlieben, Erwartungen, Befindlichkeiten oder Willensentscheidungen, die das Verhalten anderer Menschen und auch unser eigenes Verhalten bestimmen. Diese „theory of mind“ (ToM) war bereits im Kapitel 23 über die Entwicklung der Subjektivität und des phänomenalen Bewusstseins Thema. Wir erinnern uns: Eltern wenden eine solche Theorie schon auf Säuglinge an, indem sie ihnen mehr oder weniger bewusste Empfindungen unterstellen und ihr Ausdrucksverhalten auf ein wenigstens rudimentär vorhandenes Selbst mit eigenem Willen zurückführen. Wahrscheinlich tragen sie dadurch wesentlich dazu bei, dass sich in ihren Kindern ein reflektives Bewusstsein für das eigene Selbst tatsächlich entwickelt.

Im Kontakt mit ihren Eltern erwerben Kinder außerdem eine Form interpersonellen Wissens, das – wie ich schon in Kapitel 10 über Bindung und Motivation erwähnte – John Bowlby „innere Arbeitsmodelle“ („inner working models“) nannte. Für verschiedene Bezugspersonen bilden sich unterschiedliche Arbeitsmodelle aus. Die Entwicklung der inneren Arbeitsmodelle geht mit der Entwicklung der Fähigkeit zur Mentalisierung Hand in Hand und beginnt bereits in den ersten Lebensmonaten. Sie hängt wesentlich davon ab, wie gut der spiegelnde Austausch zwischen Kind und Pflegepersonen erfolgt und wie sicher sich ein Kind gebunden fühlen kann. Die Interaktionen zwischen dem Säugling und seinen Bezugspersonen sind unter anderem – mit dieser Auffassung hatte ich in Kapitel 23 Fonagy zitiert –

514 P. Fonagy, G. Gergely, E. Jurist, M. Target, 2004: „Affektregulierung, Mentalisierung und die Entwicklung des Selbst“, Stuttgart: Klett-Cotta.

515 D. C. Dennett, 1978: „Brainstorms, Philosophical Essays on Mind and Psychology“, Montgomery: Bradford Books.

für die Entstehung des Subjektivitätsgefühls des Kindes und sein Selbstgewahrsein als Akteur wesentlich. Arbeitsmodelle organisieren sich im Laufe der Entwicklung zu mehr oder weniger stabilen Bindungsrepräsentationen. Diese bestimmen, was das Kind von anderen Menschen erwartet, ob es sich zum Beispiel der Liebe und Aufmerksamkeit anderer wert fühlt und damit Nähe zulassen kann.

Innere Arbeitsmodelle und die Mentalisierung spielen sich an der Grenze zwischen innerer Wirklichkeit und äußerer Realität ab und sind für die Reifung des Selbst und der Ich-Funktionen grundlegend. Unter günstigen Entwicklungsbedingungen sind Kinder ab dem vierten Lebensjahr in der Lage zu mentalisieren. Insbesondere die erwähnten Ich-Leistungen der Selbst-Objekt-Differenzierung sowie des Ausgleichs, Schutzes und Erhalts von Beziehungen (siehe Kapitel 27) sind nur durch Mentalisierung möglich. Durch Mentalisierung können wir einerseits unsere eigenen Affekte, Impulse, Wünsche, Absichten und Gedanken von denen anderer Menschen abgrenzen. Andererseits können wir unsere eigenen Bedürfnisse und Emotionen mit dem Verhalten und den vermuteten Gefühlen, Wünschen oder Absichten anderer in Einklang bringen. Wir lassen uns durch die Perspektive anderer beeinflussen, allerdings ohne uns dabei selbst zu verlieren. Auf diese Weise können wir Konflikte mit anderen Menschen respektvoll und effizient im Sinne eines tragfähigen Interessenausgleichs oder auch Kompromisses lösen.

Lassen Sie uns auch anschauen, was passiert, wenn die frühen Interaktionen mit den Hauptbeziehungspersonen und damit eine reife Mentalisierung misslingen. Fonagy glaubt, dass unter diesen Umständen „das Verstehen intentionaler mentaler Zustände – wie Überzeugungen und Wünsche – des Selbst und anderer Personen vermutlich unzulänglich oder gar nicht entwickelt sein" wird.[516] Es mangelt dann an dem notwendigen Einfühlungsvermögen und der Fähigkeit, das Verhalten und die Reaktionen anderer angemessen vorauszusehen. Es besteht die Tendenz, eigene Wünsche und Überzeugungen in andere hineinzuprojizieren, im Extremfall einen anderen Menschen als Alter Ego, als bestätigendes Spiegelbild des eigenen Selbst zu verkennen. Oder aber man geht mit anderen Menschen und auch mit sich selbst funktionalistisch wie mit Gegenständen oder Maschinen um. Tiefe zwischenmenschliche Begegnungen und eine echte Intimität in Liebesbeziehungen zeichnen sich aber gerade dadurch aus, dass sich die ganz unterschiedlichen inneren Realitäten von zwei Menschen unter Beteiligung von starken positiven Affekten wie

516 P. Fonagy, G. Gergely, E. Jurist, M. Target, 2004: „Affektregulierung, Mentalisierung und die Entwicklung des Selbst", Stuttgart: Klett-Cotta, S. 303.

Interesse, Neugier, Freude und Hingabe miteinander verbinden. Diese Verbindung ist ohne Mentalisierung nicht möglich.

Bei unzureichender Mentalisierung ist auch die Ich-Funktion der emotionalen Kommunikation betroffen. Denn mangelnde Mentalisierungsfähigkeit geht wie gesagt häufig mit negativen inneren Arbeitsmodellen und Bindungsrepräsentationen[517] einher. Es dominieren negative Affekte, die oft in verletzender Form zum Ausdruck kommen, weil sie von keiner angemessenen Mentalisierung abgemildert werden. Die Betroffenen können ihre Wünsche und Gefühle nicht in situativ angemessener Weise äußern. Es gelingt ihnen nicht, sich höflich, aber klar gegen die Wünsche anderer abzugrenzen und die eigenen Interessen wirksam zu vertreten. Oder aggressive Impulse sind so stark abgewehrt oder abgespalten, dass sie für die Beziehungsregulierung überhaupt nicht genutzt werden können. Sie richten sich dann möglicherweise gegen das eigene Selbst und verursachen beispielsweise depressive Symptome.

Welche Konzepte und Begriffe wir auch verwenden, im Ergebnis wirken sich gravierende emotionale Mangelerfahrungen in der Kindheit in der Regel nachteilig auf die späteren Beziehungs- und Bindungsmuster eines Menschen aus. Ohne stabile, emotional positive innere Bilder von wichtigen Menschen, ohne funktionale innere Arbeitsmodelle und ohne ausreichende Mentalisierung fällt es schwer, Trennungen zu ertragen, sich selbst zu beruhigen und für sich selbst zu sorgen und einzustehen sowie hilfreiche andere zu finden. Denn bei vielen Patienten, die in der Kindheit keine Bindungssicherheit und keine ausreichende Spiegelung erfahren haben, dominieren negative innere Bilder (Introjekte), die zum Beispiel vernachlässigen, verlassen, antreiben, anklagen oder gar bedrohen. Die Bindungsrepräsentationen und inneren Bilder der Vergangenheit übertragen die Betroffenen in verzerrender Weise auf ihre aktuellen Beziehungen. Es fällt ihnen daher oft schwer, andere realistisch zu sehen, gesunde Bindungen einzugehen, Vertrauen zu entwickeln und Hilfe anzunehmen. Selbst wenn es ihnen vorübergehend gelingt, Halt gebende innere Bilder wohlwollender und hilfreicher Mitmenschen (zum Beispiel des Therapeuten) zu entwerfen, können diese schnell wieder verloren gehen, vor allem wenn Konflikte auftauchen. Diese Menschen weisen oft einen vermeidenden Bindungsstil auf.

517 Objektbeziehungstheoretisch gesehen handelt es sich um einen Mangel an guten inneren Bildern wichtiger Objekte (Objektrepräsentanzen), aus selbstpsychologischer Perspektive fehlt es an ausreichend stärkenden Selbstobjekt-Erfahrungen.

Umgekehrt gibt es Patienten, deren frühe Bindungserfahrungen eine angemessene Autonomieentwicklung behindert haben. Sie neigen dazu, die emotionale Bedeutung anderer Menschen ständig völlig zu überhöhen, diese zu idealisieren und zu überschätzen, um so ihr eigenes schwaches Selbst zu stabilisieren. Auch sie sind nicht in der Lage, angemessen mentalisierend die tatsächlichen Wesenseigenschaften wichtiger Beziehungspersonen zu erkennen. Ihr abhängiger Bindungsstil und ihr ichstrukturelles Unvermögen, entwicklungsbehindernde oder gar schädliche Bindungen zu lösen, setzt sie einer erhöhten Gefahr aus, ausgenutzt oder sogar missbraucht zu werden. Andere Patienten wiederum lassen sich immer wieder überstürzt auf intime Beziehungen ein, um sich bald wieder enttäuscht und schroff zurückzuziehen. Übergroße Bindungssehnsucht bedingt bei ihnen zusammen mit übermäßigen und unreifen Selbstschutzmechanismen einen ambivalenten und emotional instabilen Bindungsstil. Den beiden zuletzt genannten Bindungsmustern ist gemeinsam, dass Trennungen und Verluste die Kohärenz des Selbst bedrohen. Die Betroffenen können – ebenso wie Menschen mit vermeidendem Bindungsstil – nicht wirklich trauern und in angemessener Weise Abschied nehmen.

Fassen wir zusammen:

- Fonagy definiert „Mentalisierung" als die „Fähigkeit, das eigene Verhalten oder das Verhalten anderer Menschen durch Zuschreibung mentaler Zustände zu interpretieren".
- Als „Metarepräsentanzen" interpersoneller Erfahrungen bezeichnet Dennett unser grundlegendes inneres Wissen darüber, dass andere Menschen eigenständige geistig-seelische Wesen mit eigenen Absichten, Gefühlen und Wünschen sind.
- Mit Hilfe von Metarepräsentanzen können wir uns in die mentale Verfassung anderer Menschen einfühlen, ihre Reaktionen antizipieren und die psychische Verursachung ihres Verhaltens teilweise verstehen.
- Die „theory of mind" und die Fähigkeit zur Mentalisierung entwickeln sich schon früh zusammen mit inneren Arbeitsmodellen und Bindungsrepräsentationen.
- Die Entwicklung hängt wesentlich davon ab, wie gut der spiegelnde Austausch zwischen Kind und Pflegepersonen erfolgt und wie sicher sich ein Kind gebunden fühlen kann.
- Unter günstigen Entwicklungsbedingungen sind Kinder ab dem vierten Lebensjahr in der Lage zu mentalisieren.

- Viele der im Kapitel 27 aufgeführten Ich-Funktionen sind auf eine gut entwickelte Mentalisierungsfähigkeit angewiesen, vor allem die
  - Fähigkeit, andere empathisch und zugleich realistisch wahrzunehmen
  - Fähigkeit zur Selbst-Objekt-Differenzierung
  - Fähigkeit zur angemessenen emotionalen Kommunikation
  - Fähigkeit, gute innere Bilder von anderen zu entwerfen und zu bewahren
  - Fähigkeit, zu anderen Menschen Kontakt herzustellen sowie intime und stabile zwischenmenschliche Bindungen einzugehen
  - Fähigkeit, in Beziehungen die eigenen Impulse, Affekte und das Selbstwertgefühl zu steuern
  - Fähigkeit, Interessen auszugleichen und Beziehungen zu schützen
  - Fähigkeit, Bindungen zu lösen, Trennungen zu ertragen, sich selbst zu beruhigen, für sich selbst zu sorgen und einzustehen.
- Frühkindlich erworbene interpersonale innere Arbeitsmodelle und Defizite der Mentalisierungsfähigkeit liefern brauchbare Erklärungsmodelle für spätere dysfunktionale Bindungsstile und Beziehungsmuster.

29. Selbstüberprüfung, langfristige Planung und Korrektur von Routinen

Im Kapitel 13 über affektive Bewertung wurde deutlich, dass viele unserer kognitiven Aktivitäten und Entscheidungen von Faktoren beeinflusst werden, die sich unserer bewussten Kontrolle entziehen. Gerhard Roth zufolge stammen die „eigentlichen Antriebe unseres Verhaltens aus den 'Tiefen' unserer unbewussten Gedächtnisinhalte und den damit verbundenen Gefühlen und Motiven". Ein wesentlicher Teil der Prozesse, die unserer Handlungssteuerung zugrunde liegen, findet nach Roth subcortical statt. An komplexen Handlungsroutinen wie zum Beispiel dem Schreiben, Autofahren oder Klavierspielen seien zwar bestimmte Zentren der Großhirnrinde wie der primäre motorische Cortex, der supplementäre motorische Cortex und der präfrontale Cortex (zuständig für die bewusste Handlungsplanung) beteiligt, aber „das unmittelbare Starten einer Handlung, also die letzte Entscheidung darüber, dass ich dies tue und nicht jenes beziehungsweise dass ich jetzt überhaupt etwas tue", wird nach Roth „durch die Basalganglien und das Kleinhirn veranlasst, die auf den supplementärmotorischen, prämotorischen und präfrontalen Cortex einwirken".[518]

Die Basalganglien[519] und das Kleinhirn werden ihrerseits – so Roth – vom limbischen System aktiviert. Vom limbischen System war in diesem Buch schon mehrfach die Rede, unter anderem im Kapitel 12 über Erinnern, Kontext und emotionales Gedächtnis. Das limbische System umfasst eine ganze Reihe von Hirnstrukturen, die um den Hirnstamm (verlängertes Mark, Brücke und Mittelhirn) herum angeordnet sind und sich damit in einer zentralen Position des Gehirns befinden. Alle limbischen Kerngebiete sind über zahlreiche Nervenbahnen untereinander und mit anderen, insbesondere auch corticalen Hirnarealen verbunden.[520] Das limbische

518 G. Roth, 1996: „Das Gehirn und seine Wirklichkeit. Kognitive Neurobiologie und ihre philosophischen Konsequenzen", Frankfurt/M.: Suhrkamp, S. 306-307.

519 Zu den Basalganglien werden das Striatum (Nucleus caudatus, Putamen, Globus pallidum), der Nucleus subthalamicus und die Substantia nigra gezählt. Über ihre Verbindungen zum Cortex und zum Thalamus organisieren sie die durch Muskelkraft angetriebenen motorischen Bewegungen des Körpers. Siehe auch Online-Glossar.

520 Das limbische System erhält wesentliche Eingänge aus dem Hirnstamm und der Großhirnrinde. Von der Formatio reticularis im oberen Hirnstamm geht unter anderem das bereits erwähnte ARAS (aufsteigendes reticuläres Aktivierungssystem) aus, das via Thalamus Bahnen zum Cortex schickt und zugleich Inputs vom limbischen System erhält. Das ARAS macht den Cortex wach. Es aktiviert auch den Hypothalamus und beeinflusst so das Hormonsystem. Die Formatio reticularis umfasst auch die serotonergen Raphé-Kerne, welche das ARAS zügeln, und den adrenergen Locus

System steht damit einerseits eng mit den angeborenen lebenserhaltenden vegetativen Funktionen, Reflexen, überlebenswichtigen Grundantrieben, Affekten und instinkthaften Reaktionsbereitschaften sowie grundlegenden Mechanismen der Schlaf- und Aufmerksamkeitssteuerung in Verbindung. Andererseits nimmt es eine Schlüsselrolle bei der Entstehung und Steuerung von Emotionen, Motivationen und Verhaltensweisen ein.

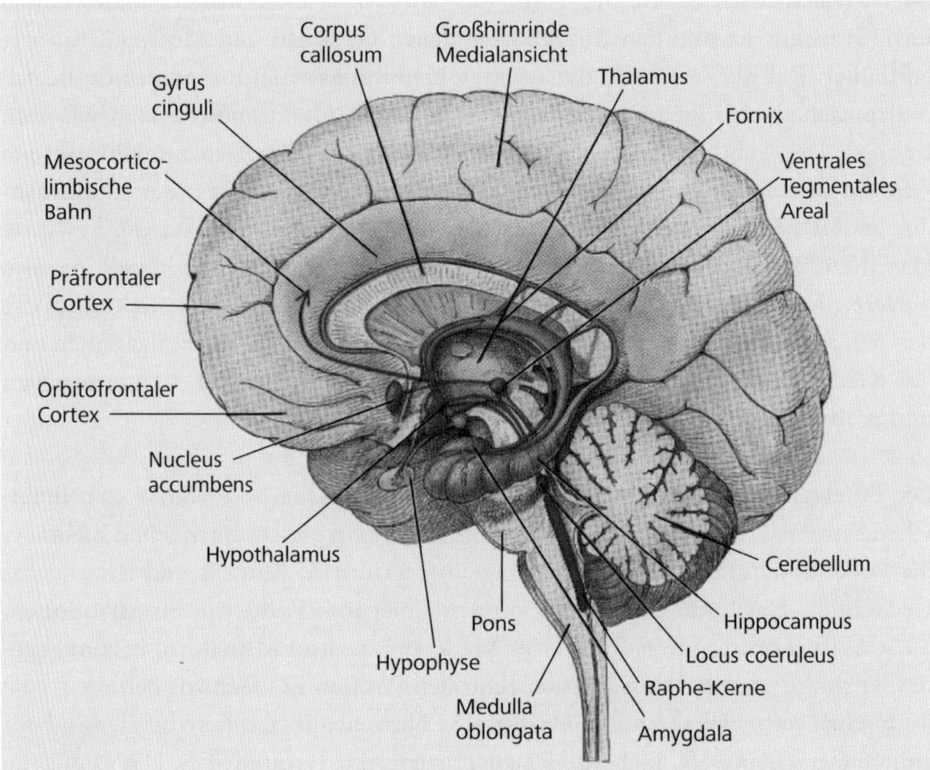

Schematische Darstellung des limbischen Systems mit angrenzenden Hirnarealen aus: G. Roth, 2003: „Fühlen Denken, Handeln. Wie das Gehirn unser Verhalten steuert", Frankfurt/M.: Suhrkamp.

Das limbische System sortiert – wie wir oben schon erfuhren – relevante Sinnesinformationen aus und versieht sie mit einer emotionalen Bewertung, und zwar nach

coeruleus. Die Raphé-Kerne wirken wie ein Zensor, der Wahrnehmungen, die nicht zur inneren Wirklichkeitskonstruktion passen, ausfiltert. Die nur rund 3.000 Neuronen des Locus coeruleus stehen via Thalamus mit einem Drittel oder gar der Hälfte aller anderen Hirnneuronen in Verbindung. Vom Hirnstamm geht auch das sogenannte mesocorticolimbische Dopaminsystem aus, das als Teil unseres Motivations-, Hoffnungs-, Erwartungs- und Belohnungssystem gilt. Via Nucleus accumbens, Gyrus cinguli und Hippocampus zieht es zu den frontalen und den übrigen Cortices.

den Grundkriterien von Lust und Unlust. Nach Roth bewertet das limbische System „alles, was wir tun, danach, ob es günstige oder ungünstige Folgen hatte, Lust oder Schmerz, Befriedigung oder Missbehagen, Gelingen oder Misslingen". Es speichere das Resultat dieser Bewertungen im „Bewertungsgedächtnis", das selbst Teil dieses Systems sei, und sorge dafür, dass „unser Gehirn alle Handlungsentscheidungen immer im Lichte vergangener Erfahrungen trifft". Das limbische System müsse immer wieder die überlebenswichtige Frage beantworten: „Was tue ich jetzt?" Bewertung und Gedächtnis hingen dabei funktionell eng zusammen und basierten auf der ganzen Vorgeschichte des Gehirns, in dem die zyklischen Verknüpfungen zwischen Wahrnehmung, Bewertung, Gedächtnisbildung, Aufmerksamkeit und Verhalten unzählige Male abgelaufen seien. Das Wirken des limbischen Systems erleben wir nach Roth subjektiv als begleitende Gefühle, die uns vor bestimmten Handlungen warnen oder unsere Handlungsplanung in eine bestimmte Richtung lenken. Diese Gefühle seien „konzentrierte Erfahrungen", ohne die sinnvolles Handeln unmöglich sei.[521]

Das neurophysiologische Korrelat für die subcorticale Einflussnahme auf unser bewusstes Handeln sieht Roth in dem sogenannten „Bereitschaftspotenzial", einer elektrischen Aktivität, die sich bei Versuchspersonen schon 0,5 bis zwei Sekunden vor Beginn einer willkürlichen Bewegung im prämotorischen und supplementärmotorischen Cortex und auch im sonstigen frontalen und parietalen Cortex nachweisen lässt. Das Bereitschaftspotenzial tritt bereits deutlich vor dem bewussten Willensentschluss der Versuchspersonen auf, eine Bewegung durchzuführen.[522] Experimentelle Ergebnisse dieser Art legen die Interpretation nahe, dass die eigentliche Ursache für eine Willkürbewegung nicht – wie wir intuitiv denken würden – ein bewusster Willensentschluss ist. Die „Entscheidung" für die Ausführung einer Bewegung scheint vielmehr überwiegend subcortical und unbewusst getroffen zu werden. Unser Bewusstsein nimmt offensichtlich erst im Nachhinein von der sub-

521 G. Roth, 1996, S. 197, 209, 212.

522 Das Bereitschaftspotenzial wurde erstmals von Hans Helmut Kornhuber und Lüder Deecke (1965: „Hirnpotenzialänderungen bei Willkürbewegungen und passiven Bewegungen des Menschen: Bereitschaftspotenzial und reafferente Potenziale", in: Pflügers Arch. Physiol., 281, 1-17) beschrieben. Benjamin Libet (zusammen mit C. A. Gleason, E. W. Wright und D. K. Pearl, 1983: „Time of conscious intention to act in relation to onset of cerebral activity [readiness-potential]. The unconscious initiation of a freely voluntary act", in: Brain, 106, 623-642, sowie B. Libet, 1985: „Unconscious cerebral initiative and the role of conscious will in voluntary action", in: Behavioral and Brain Sciences, 8, 529-566) konnte experimentell zeigen, dass der Willensakt immer durchschnittlich 200 Millisekunden der Motoraktion vorausgeht und dass der Beginn des Bereitschaftspotenzials dem Willensentschluss durchschnittlich um 350 bis 550 Millisekunden vorausgeht.

corticalen Initiierung der Bewegung Kenntnis. Welche Funktion haben aber dann bewusste Handlungsplanungsprozesse, wie sie etwa im präfrontalen Cortex ablaufen? Sind sie möglicherweise wirkungslos? Dagegen spricht, dass die Großhirnrinde nicht nur Eingänge vom limbischen System empfängt, sondern ihrerseits auch Nervenbahnen zu den Kernen des limbischen Systems entsendet.[523] Aus neuroanatomischer und neurobiologischer Sicht scheint unser Verhalten aus einer komplizierten Wechselwirkung von corticalen und subcorticalen Gehirnarealen zu resultieren.

Die Wirkungen und Funktionen des Bewusstseins im Sinne eines Ich, wie ich es im Kapitel 27 definiert habe, lassen sich indes mit Hilfe der Hirnforschung und der experimentellen Kognitionswissenschaften nur begrenzt verstehen. Laut Merlin Donald sind Laborexperimente an „atomistischen und reduktiven Prinzipien" orientiert. Laborparadigmen könnten deshalb – Donald zitiert hier Ulric Neisser – nur sehr bedingt Gültigkeit für die reale Welt beanspruchen. Sie würden mentale Prozesse mit einer „dekonstruktiven" Methodik untersuchen, die sich auf relativ periphere und unmittelbar bevorstehende Phänomene wie Willkürmotorik, Kurzzeitgedächtnis, Vorstellungsbilder, Wahrnehmungstäuschungen oder die Zuteilung von Aufmerksamkeit konzentriere. Aus methodischen Gründen würden die Phänomene nur innerhalb eines gedrängten, geradezu „Furcht einflößenden" Zeitfensters von fünfzehn Sekunden oder weniger betrachtet. In einem solchen viel zu eng gesteckten Rahmen ergebe sich jedoch kein zutreffendes Bild des menschlichen Bewusstseins. Es entstehe vielmehr ein „Zerrbild, das den zeitübergreifenden und in soziale Kognitionen eingebetteten Wesenskern und Wirkungsbereich des Bewusstseins außer Acht lässt".[524]

Nach Donald spielt sich der größte Teil unserer Bewusstseinstätigkeit über längere Zeiträume ab (Donald spricht von einer „mittleren Zeitebene" in der Größenordung von Minuten oder Stunden). Die volle Leistungsfähigkeit des Bewusstsein zeige sich erst, wenn man ihm die Zeit zugestehe, die es benötige, um innerhalb seiner üblichen alltäglichen Funktionskontexte aktiv zu sein und seine Aufmerksamkeit auf multiple Kristallisationspunkte zu konzentrieren. Es erscheine dann als etwas „viel Stabileres, Umfassenderes, Kohärenteres und Komplexeres als das, was in Laboruntersuchungen sichtbar wird". Das Bewusstsein sei eben weniger das „voll-

523 Corticale Eingänge empfängt das limbische System vom präfrontalen Cortex, Gyrus cinguli und Gyrus hippocampalis, die hauptsächlich zur Amygdala, zum Septum und Hippocampus gehen. Wichtige Ausgänge führen – ebenfalls über den Gyrus cinguli – zum motorischen und prämotorischen Cortex, zu den Basalganglien, zum Colliculus superior und – via Brücke – zum Kleinhirn.

524 M. Donald, 2008, S. 51-57.

auf mit dem aktuellen Reizangebot beschäftigte enge Aufmerksamkeitsfenster“, als das es im Experimentallabor gewöhnlich behandelt würde. Vielmehr sei es ein „breit angelegtes Regulierungssystem“, das „in unserem Innenleben eine aktive, einflussreiche und ordnende Rolle“ spiele und das der „Realitätsanpassung“ und „Selbststeuerung über längere Zeitspannen“ diene. „Beim Menschen ist das Bewusstsein in stärkerem Maße mit [...] langfristiger Planung und Überwachung sowie mit dem Prozess des kognitiven Selbstaufbaus befasst als mit dem unmittelbaren Geschehen von Sinneswahrnehmungen und motorischen Reaktionen.“[525]

Donald untermauert diese seine Sichtweise mit klinischen Daten: Viele Patienten seien nach neurochirurgischen Eingriffen hinsichtlich ihrer bewussten Selbststeuerung auf der Mikroebene von Sekunden oder Millisekunden (die üblicherweise bei Laboruntersuchungen erfasst wird) unauffällig. Mit ihrem Kurzzeitgedächtnis und ihrer Aufmerksamkeit scheine alles in Ordnung zu sein. Sobald es aber um die bewusste Selbststeuerung über längere Zeitspannen gehe, versagten diese Patienten. Donald hat hier vor allem jene Patienten im Auge, denen der Stirnlappen entfernt wurde. Diese Operation lasse die kognitiven Kurzzeitfunktionen in der Regel intakt, beeinträchtige aber die zeitübergreifenden Funktionen des Bewusstseins. Die Patienten blieben zwar voll orientiert. Ihre Sprachfertigkeit und ihr Allgemeinwissen blieben erhalten. Die üblichen Labortests würden sie scheinbar symptomfrei bestehen. Langzeitstudien zeigten jedoch gravierende Defizite der Selbsteinschätzung, Prioritätensetzung und Planung. Donald: „Das Berufs- und Privatleben der Patienten zerfiel. Das ‘Leitsystem des Bewusstseins’ schien bei ihnen völlig zu versagen.“[526]

Donald berichtet auch von einem russischen Soldaten, bei dem im Zweiten Weltkrieg durch eine Schussverletzung große Cortexabschnitte des Hinterhaupts- und Scheitellappens in der linken Gehirnhälfte beschädigt wurden. An diesem Fallbeispiel massivster Beeinträchtigung jener Funktionen, die üblicherweise im Labor untersucht werden, will Donald zeigen, welche eindrucksvollen Wirkungen menschliches Bewusstsein erzielen kann. Das Bewusstsein des Soldaten sei in Tausende Einzelteile aufgesplittert gewesen, und er sei nicht einmal imstande gewesen, einige wenige Bruchstücke zusammenzufügen. Der Aktionsradius seines Bewusstseins und seines Kurzzeitgedächtnisses sei auf ein winziges Maß geschrumpft gewesen. Da aber der Stirnlappen unversehrt geblieben sei, sei das Leben

525 M. Donald, 2008, S. 61-76.

526 M. Donald, 2008, S. 66-67, 82-84.

des Soldaten nach wie vor zielgerichtet gewesen. Er habe über Beharrlichkeit, Motivation und Entschlossenheit verfügt, mit anderen Worten: Sein metakognitives, mentales Leitsystem sei noch immer vorhanden gewesen. Aufmerksamkeit und Arbeitsgedächtnis seien zwar in höchstem Maße beeinträchtigt gewesen und seine Aufmerksamkeitsspanne sei auf ein Zeitfenster von wenigen Sekunden eingeengt gewesen (er konnte nur ein oder zwei Wörter zur selben Zeit verstehen), doch habe er 25 Jahre lang gegen diese Beschränkungen angekämpft und ein Tagebuch von insgesamt 3.000 Seiten geschrieben. Er habe dabei nur ein Ziel vor Augen gehabt: seinen Zustand sich selbst und anderen begreiflich zu machen.

Donald resümiert: „Das Fallbeispiel des Soldaten und seine eindrucksvollen Aufzeichnungen passen so gar nicht in das Bild eines passiven, epiphänomenalen und dezentralen Bewusstseins. Sein Bewusstsein war ohne Zweifel ein Akteur, der ganz konkrete Effekte in Gang setzte, ein strategisches Instrument, ohne das keine direkt auf das Geschehen bezogenen, in Echtzeit erfolgenden Entscheidungen, keine Rekonstruktion von Vorstellungen und Erinnerungen und auch keine neuen Handlungsstränge zu Stande gekommen wären." Das „eigentliche Wesen des Bewusstseins […] reicht weit tiefer als der Strom der Sinneseindrücke. Es entwickelt Modellvorstellungen der Wirklichkeit und erhält sie aufrecht, stellt Sinnzusammenhänge her und übt auf der mittelfristigen Zeitebene eine unabhängige Kontrolle über unsere Denkprozesse aus, selbst wenn es die zusätzliche Klarheit entbehren muss, die das explizite, in Übereinkünften zwischen Individuen gründende System der Sprache bietet."[527]

All das widerspricht keineswegs der Beobachtung der Hirnforscher, dass Handlungen subcortical, also nicht unmittelbar vom Bewusstsein gesteuert, gestartet werden. Unsere alltäglichen Ich-Leistungen und Fehlleistungen scheinen tatsächlich mehr oder weniger automatisierte Programme zu sein, die je nach Situation entsprechend den Kriterien des limbischen Systems anspringen oder eben nicht anspringen. Unser Bewusstsein ist gewissermaßen nur Zuschauer, der das Geschehen im Nachhinein analysiert und interpretiert. Die anschließende Analyse dessen, was uns bewusst geworden ist, ändert nichts mehr an unserem bereits erfolgten oder versäumten Verhalten. Die Interpretation kann sogar – wie in Kapitel 14 über Konsistenz, Kongruenz und Kohärenz sowie in Kapitel 26 über Meme und narratives Selbst besprochen – dazu dienen, die Wirklichkeit zu verbiegen, Pseudoerklärungen zu konfabulieren, unser Verhalten vor uns selbst und anderen zu

527 M. Donald, 2008, S. 77-81.

rechtfertigen und die Illusion zu erzeugen, dass unser Bewusstsein beziehungsweise unser Ich alles steuert. Doch wenn das Bewusstsein genügend Zeit hat, scheint es wirksam dazu beitragen zu können, dass sich unser zukünftiges Verhalten in sinnvoller Weise verändert.

Der springende Punkt hierbei ist, dass die nachträgliche Analyse und Interpretation dessen, was uns bewusst wird, im Wesentlichen auf der Grundlage dessen erfolgt, was wir durch kulturvermittelte Symbole und Sprache gelernt und im Langzeitgedächtnis abgespeichert haben. Wie in den Kapiteln 16 bis 20 besprochen ist unser Gehirn durch Symbole und Sprache mit vielen anderen Gehirnen vernetzt. Durch die mündliche Weitergabe von praktischem Erfahrungswissen sowie von Narrativen über lange Zeiträume bildet sich ein ausgedehntes kollektives und transgenerationales Gedächtnis. Darüber hinaus dienen die Schrift und andere Symboltechniken sowie alles, was eine Kultur an Schöpfungen (zum Beispiel Werkzeuge, Bauwerke oder Kunst) hervorbringt, als externe Gedächtnisspeicher und Impulsgeber. Durch sie kann – unabhängig vom biologisch gegebenen Erinnerungsvermögen und unabhängig von direkter Kommunikation – das, was Individuen oder Kollektive einmal an Wissen, Erfahrung und Fertigkeiten erworben haben, dauerhaft bewahrt, weitergegeben und weiterentwickelt werden.

Die besonderen Leistungen des menschlichen Bewusstseins können wir folglich nur angemessen würdigen, wenn wir berücksichtigen, dass menschliches Bewusstsein sehr viel mit der symbolbasierten Langzeitspeicherung gewaltiger Informationsmengen zu tun hat. Der ganze aufwendige Prozess der Erziehung und Sozialisation dient ja wesentlich dazu, dass Kinder ein ausgedehntes Langzeitgedächtnis für die Inhalte und Fertigkeiten erwerben, die ihre Eltern und Lehrer als Repräsentanten der Kultur, in der sie leben, als wichtig erachten. Eltern und Lehrer geben dabei viel von dem weiter, was sie selbst in einem ähnlichen Enkulturationsprozess erworben haben. Insbesondere trainieren sie die Kinder in der gemeinsamen Ausrichtung der Aufmerksamkeit und vermitteln ihnen die Sprache, die Schrift und die Symboltechniken, die ihnen selbst bei der Optimierung der Langzeitspeicherung halfen und noch helfen. Das ganze kulturelle Umfeld, zum Beispiel die Gestaltung und Ausstattung der privaten und öffentlichen Räume, in denen Kinder aufwachsen, oder die Gegenstände des täglichen Gebrauchs, mit denen sie hantieren, tragen zusätzlich zu dieser Langzeitspeicherung bei.

Die Langzeitspeicherung großer kulturspezifischer Informationsmengen ist aber nicht allein auf die kulturelle Indoktrination zurückzuführen, der Kinder durch ihre Eltern und Lehrer ausgesetzt sind. Menschenkinder sind von Anfang an selbst aktive Mitspieler in dem Prozess der Verinnerlichung von Kultur- beziehungsweise Bewusstseinsinformation. Ihre natürliche Neugier, ihr Explorationstrieb, ihre angeborene Imitations- und Lernbereitschaft sowie schließlich ihr ausgeprägtes Bindungsbedürfnis bewirken, dass sie schon mit 18 Monaten anfangen, aus eigenem Antrieb das, was sie erfahren und gelernt haben, nachzuspielen, nach eigenem Belieben zu verändern oder gänzlich neu zu erfinden. Sigmund Freud schrieb „Jedes spielende Kind benimmt sich wie ein Dichter, indem es sich eine eigene Welt erschafft oder, richtiger gesagt, die Dinge seiner Welt in eine neue, ihm gefällige Ordnung versetzt."[528] Kinder betreiben ihr Spiel mit großer Ernsthaftigkeit und Hingabe. Ihre Aufmerksamkeit ist ganz auf das Spiel fokussiert, sie sind von ihrem Spiel meist völlig adsorbiert. Es steckt ein hohes Maß an mentaler Arbeit, affektiver Beteiligung und damit an Verarbeitungstiefe im kindlichen Spiel. Die Verarbeitungstiefe wiederum erhöht – wie wir im Kapitel 9 über die Tiefe der Informationsverarbeitung und Intentionalität erfahren haben – die Leistung des Langzeitgedächtnisses.

Das gemeinsame Spiel mit anderen Kindern oder Erwachsenen ist zudem geeignet, motorische, sensorische, soziale, emotionale und kommunikative Kompetenzen zu erwerben sowie Impulse und Affekte steuern zu lernen. Auch die Jungen von sozial lebenden Tieren spielen miteinander und üben dabei diese Art von Fähigkeiten. Aber das Spiel der Tiere entbehrt der Symbolisierung; Tiere können im Spiel keine neuen Welten und Wirklichkeiten erschaffen. Menschenkinder hingegen können mit Hilfe der virtuellen Welten, die sie symbolisch im Spiel erschaffen, zumindest partiell bestimmte Bedürfnisse und Fantasien befriedigen, welche ihre reale Umwelt nicht befriedigen kann. Mit ihren spielerischen Produktionen können Kinder zudem das Interesse und die Anerkennung anderer Kinder oder der Erwachsenen gewinnen. Damit verschaffen sie sich Erfahrungen von Resonanz, Zuwendung, Bindung, Selbstwirksamkeit und narzisstischer Befriedigung. Solche Erfahrungen sind geeignet, die kindliche Produktivität und Lernbereitschaft noch weiter zu erhöhen.

Irgendwann fangen Kinder an, an dem symbolbasierten Wissen der Erwachsenen teilhaben zu wollen. Aus eigenem inneren Antrieb stellen sie Fragen, um die

528 Zitiert nach Rudolf Eckstein, 1994: „Die Bedeutung des Spiels in der Kinderpsychotherapie", in: G. Biermann (Hg.): „Kinderpsychotherapie – Handbuch zur Theorie und Praxis", Frankfurt: Fischer, S. 67.

Bedeutung von Begriffen, Zusammenhängen und Normen zu begreifen. Ihr Wortschatz, ihr Faktenwissen, ihre Kenntnis von Regeln und ihre Fähigkeit, diese zu beachten oder sogar in der Interaktion mit anderen Menschen selbst zu etablieren, nehmen zu. Außerdem entwickeln sie aus sich heraus den Ehrgeiz, anspruchsvolle sensomotorische Fertigkeiten zu erwerben, zum Beispiel eine Handarbeit, eine Sportart oder ein Instrument zu beherrschen, oder sie lernen, Lieder, die ihnen gefallen, auswendig vorzusingen. Diesen Beispielen ist gemeinsam, dass die Motivation zum großen Teil aus den Kindern selbst kommt, dass sie aktiv eigene Ziele verfolgen, dass sie sich wirklich anstrengen und durchhalten, bis sie ihre Ziele erreicht haben. Es scheint, als habe sich die enkulturierte Information in ihnen verselbstständigt und treibe in ihnen und im Kontakt mit ihrem soziokulturellen Umfeld ständig neue Blüten.

Alles, was ein Mensch bewusst und mit ausreichender Verarbeitungstiefe lernt, wird dauerhaft in seinem Langzeitgedächtnis (LZG) abgespeichert. Wie im Kapitel 11 über Repräsentation und Gedächtnis dargelegt gehören beispielsweise das bewusst gelernte Allgemein-, Schul- und Faktenwissen zum semantischen LZG. Das LZG besitzt im Vergleich mit dem Kurzzeitgedächtnis (KZG), das gerade einmal sieben voneinander unabhängige Gegenstände speichern kann, eine fast unbegrenzte Kapazität. Kennzeichnend für das LZG ist, dass – anders als beim KZG – seine Inhalte nicht direkt verfügbar sind: Die riesige Menge an Wissen und Erfahrung, die wir als wenigstens durchschnittlich lernfähige Erwachsene irgendwann in unserem LZG abgespeichert haben, können wir bekanntlich nicht sofort willentlich wie auf Knopfdruck abrufen. Der Preis, den wir für die gewaltige Kapazität des Langzeitgedächtnisses zahlen, ist, dass wir nicht nur auf implizit Gelerntes, sondern auch auf ganz bewusst, mit Anstrengung und willentlicher Aufmerksamkeitsfokussierung Gelerntes nicht wie auf die Bücher in einer Bibliothek zugreifen können. Unser Langzeitgedächtnis stellt uns weder eine Titelliste noch einen Schlagwortkatalog zur Verfügung. Vielmehr ziehen sich die Dinge, die wir gelernt haben, allmählich und ohne Angabe einer Adresse in den verborgenen Zuschauerraum von Bernard J. Baars mentalem Theater zurück, wenn wir ihnen zu lange keine Aufmerksamkeit geschenkt haben.

Die Theater-Metapher von Baars habe ich in Kapitel 6 vorgestellt: In Baars mentalem Theater ist nur die Bühne sichtbar, die durch einen Aufmerksamkeitsscheinwerfer ausgeleuchtet ist. Sie repräsentiert das Bewusstsein und erscheint uns subjektiv viel größer, als sie es infolge ihrer begrenzten Kapazität in Wirklichkeit ist. Das Publikum des Theaters ist unsichtbar. Es besteht aus einer Vielzahl nicht bewusster beziehungsweise nicht bewusstseinsfähiger Faktoren, die aber gemeinsam bestimmen, was auf der sinnlich wahrnehmbaren Bühne geschieht: das aktuell bewusste Denken und Handeln. Im ausgedehnten, aber unsichtbaren Zuschauerraum des Theaters befinden sich neben dem prozeduralen Gedächtnis für die automatisierten sensomotorischen Fertigkeiten (wie zum Beispiel Fahrradfahren, Sprechen, Schreiben und Verstehen von Sprache) das lexikalische, das semantische, das deklarative und das autobiografische Gedächtnis. Auch die biologischen und soziokulturell erworbenen Motivations- und die limbischen Bewertungssysteme agieren unsichtbar mit.

Baars Theater-Metapher ist meines Erachtens ein passendes Bild für die Wechselwirkung von corticalen und nicht corticalen Gehirnarealen sowie für die neurobiologische Erkenntnis, dass die eigentliche Initiierung unseres Verhaltens auf subcorticalen Automatismen beruht. Die mächtige Wirkung subcorticaler Automatismen bedeutet ja nicht, dass unser Bewusstsein keine Wirkungen hätte. Vielmehr sieht Donald die kognitive Automatisierung als Instrument im Dienste des Bewusstseins. Je mehr Wissen und „Algorithmen“ sich das menschliche Gehirn nämlich aneigne, „desto mehr wächst die Notwendigkeit, diese aus einer bis in alle Einzelheiten reichenden Steuerung durch das Bewusstsein auszugliedern. [...] Effiziente Automatisierung beugt der Überlastung vor und versetzt uns in die Lage, die enorme Plastizität unseres Gehirns zu nutzen.“ Die „hoch differenzierte Architektur eines reifen Geistes besteht zum großen Teil aus Hierarchien von automatisierten Fertigkeiten, die das Bewusstsein mit aufgebaut hat und die es fortwährend weiterentwickelt. [...] Wir haben die dienstbaren Dämonen unseres Geistes mit Hilfe des Bewusstseins selbst installiert.“[529]

Wenn der größte Teil unseres Alltagsverhaltens durch subcorticale Automatismen reibungslos gesteuert wird und unser Bewusstsein nur noch eine beobachtende und analysierende Funktion ausüben muss, spricht das nicht gegen die Wirkung unseres Bewusstseins. Vielmehr zeigt es an, dass unser Bewusstsein beziehungsweise unser Ich das Ziel ihrer Lernanstrengungen erreicht haben: Sie haben gut angepasste, funktionell und ökonomisch arbeitende Verhaltensgewohnheiten etabliert. Wenn wir zum Beispiel Hunger haben, müssen wir nicht jedes Mal wieder neu darüber nachdenken, wie wir satt werden. Vielmehr werden automatisch bestimmte Zentren in unserem Gehirn aktiviert, die dann automatisch bestimmte Muskelgruppen in Gang setzen: Wir stehen einfach auf, gehen in die Küche und essen ein Brot, so-

529 M. Donald, 2008, S. 62, 99.

lange dieses Verhalten durch keine konkurrierenden Impulse und Gedanken antagonisiert wird. Erst wenn diese Gewohnheit von unserem beobachtenden und interpretierenden Bewusstsein als schädlich erkannt wird, zum Beispiel weil wir übergewichtig geworden sind, kommt es zu einem Zielkonflikt.

Wir wissen, wie schwer, ja wie unmöglich es mitunter ist, den automatisierten Ablauf von überlernten Gewohnheitshandlungen willentlich aufzuhalten. Wenn die Auslösebedingungen für Verhaltensgewohnheiten vorliegen (in unserem Beispiel Hunger und Verfügbarkeit von Essen), springt das Verhaltensprogramm (in die Küche gehen und essen) automatisch an. Wie mächtig Automatismen sein können, wird an einem anderen Beispiel deutlich: Es ist unmöglich, ein Wort zu betrachten, ohne seine Bedeutung zu verstehen. Vor diesem Hintergrund scheint es die Aufgabe unseres Bewusstseins beziehungsweise unseres Ich zu sein, immer dann aktiv zu werden, wenn unsere Automatismen, Gewohnheiten und Routinen, die sich in der Vergangenheit ja durchaus bewährt haben können, nicht mehr adäquat funktionieren oder sogar schädlich sind und verändert werden müssen. In der Überprüfung und Anpassung von Automatismen und Gewohnheiten besteht wahrscheinlich sogar die wichtigste Funktion und Wirkung unseres Bewusstseins beziehungsweise unseres Ich. Wer sonst sollte diese Aufgabe übernehmen, auf der Basis der Analyse unseres bisherigen Verhaltens und seiner Konsequenzen Zielgrößen für unser zukünftiges Verhalten festzulegen?

Doch woher weiß unser Bewusstsein beziehungsweise unser Ich, welche Automatismen und Gewohnheiten nicht mehr angemessen sind und welche Entscheidungen getroffen werden müssen? Wenn unsere automatischen Routinen nicht mehr an die (zum Beispiel veränderten) Anforderungen unseres Lebens angepasst sind, stellt sich oft als erstes Anzeichen dieser Fehlanpassung ein Gefühl von Unbehagen oder Missbefinden ein. Wir erinnern uns an das Kapitel 15 über Proto-Selbst, Kernbewusstsein und Ich-Mitte: Unser Gehirn ist laufend über das innere Milieu unseres Organismus, über die Biochemie des Blutes, den Zustand der inneren Organe und Blutgefäße sowie des Bewegungsapparates und Gleichgewichtssystems informiert. Auch das, was außerhalb unseres Organismus existiert und passiert, ist im Gehirn repräsentiert. Wir besitzen differenzierte innere Landkarten („maps") sowohl unserer Umwelt als auch unseres eigenen Organismus und seiner Zustände in Abhängigkeit von der Umwelt. Wenn wir uns mit einem Objekt befassen, erzeugt unser Gehirn nach António Damásio einen nicht sprachlichen „Bericht" über die Veränderungen im Proto-Selbst, das heißt darüber, wie dieses Objekt ursächlich auf unseren Organismus einwirkt und was sich infolge der Veränderung unseres Organismus durch das Objekt in verschiedenen Regionen unseres Gehirns ereignet. Dieser neuronale Bericht wird laufend aktualisiert. Die kontinuierlichen Veränderungen des Proto-Selbst erzeugen nach Damásio das Kernbewusstsein beziehungsweise Kern-Selbst, das Donald auch Ich-Mitte nennt.

In der Ich-Mitte laufen aus den verschiedenen Karten, die das aktuelle innere und äußere Geschehen repräsentieren, unmittelbar körperlich (nicht sprachlich) erlebte Wahrnehmungsdaten (im Sinne von Humphreys reinen Empfindungen) zusammen. Wenn unsere Routinen und Gewohnheiten maladaptiv geworden sind, zeigt sich das in einer zunehmenden Bedürfnis- und Inkonsistenzspannung, die aber unserem sprachbasierten Bewusstsein zunächst oft noch verborgen bleibt. Die erhöhte Spannung geht mit Stresskorrelaten wie einer Verengung der peripheren Blutgefäße, Blutdruckanstieg, einer Erhöhung der Herzfrequenz, einem erhöhten Muskeltonuns oder einer vermehrten Schweißsekretion einher. Diese physiologischen Reaktionen werden auf der körpernahen Ebene des Kern-Selbst beziehungsweise der Ich-Mitte bereits registriert, auch wenn wir kognitiv noch überhaupt nicht verstehen, worin das Problem eigentlich besteht. Sobald die Information über die veränderte Physiologie des Organismus von der körpernahen Ebene aus in das phänomenale (vgl. Kapitel 23) und schließlich sprachliche Bewusstsein vordringt – zum Beispiel in Form der Feststellung, dass man sich angespannt, erschöpft, unwohl oder unzufrieden fühlt –, eröffnet sich die Möglichkeit, dass sich unser Bewusstsein beziehungsweise unser Ich aktiv des Problems annehmen.

Laut Daniel C. Dennett löst unser Bewusstsein „Meta-Probleme", indem „eine globale, das ganze Gehirn betreffende Orientierungsreaktion alle ihren eigenen Geschäften nachgehenden Spezialisten anregt, Zugang zu ihrem Spezialwissen bekommt und den geeigneten Spezialisten zur Bewältigung des Problems findet".[530] Im Idealfall identifiziert und benennt unser Bewusstsein das Problem, stellt es in einen zeitlich und kulturell übergeordneten Gesamtzusammenhang, legt entsprechende Ziele beziehungsweise Sollwerte fest und aktiviert alle Ressourcen, die zur Problembewältigung und Zielerreichung beitragen können. Unterstützt von enkulturierten symbolbasierten Routinen und Symboltechniken sowie gegebenenfalls vom sozialen Umfeld konzentriert es unsere Aufmerksamkeit und damit das ganze unsichtbare Publikum in Baars' Theater auf die Problemstellung hin. Es induziert so in einem Maße und über Zeiträume hinweg, die weit über das biologisch

530 D. C. Dennett, 1994: „Philosophie des menschlichen Bewusstseins", Hamburg: Hoffmann und Campe, S. 293, Original 1991: „Consciousness explained", Boston: Little, Brown.

Mögliche hinausgehen, die notwendigen Umlernprozesse. Bewusstsein ist – wie Baars sagt – das „Tor zu unbewussten Wissensquellen", welche die eigentliche Arbeit erledigen. Baars sieht eine universell gültige Sequenz bei Problemlösungen: bewusst – unbewusst – bewusst. Am Anfang stehe die bewusste Entscheidung, auf etwas zu achten. Nach dieser „Inkubation" würden uns erst wieder die Ergebnisse unbewusster Prozesse (bei komplexeren Problemen auch Zwischenschritte auf dem Weg zur Lösung) bewusst. Diese Sequenz trete sowohl bei den anspruchsloseren Problemlösungen des Alltags als auch bei expliziten, systematischen Problemlösungen in der Mathematik zutage.[531]

Fassen wir zusammen:

- Die Ergebnisse neurobiologischer Experimente, vor allem zum Bereitschaftspotenzial, lassen es unwahrscheinlich erscheinen, dass Willkürbewegungen durch einen bewussten Willensentschluss direkt verursacht werden.
- Das, was wir tun, scheint vielmehr subcortical, vor allem durch die Basalganglien, das Kleinhirn und vom limbischen System, aktiviert und gesteuert zu werden.
- Das limbische System beinhaltet ein Bewertungsgedächtnis, das neue Sinnesinformationen danach bewertet, ob sie in der Vergangenheit günstige oder ungünstige Folgen im Sinne von Lust oder Schmerz, Befriedigung oder Missbehagen, Gelingen oder Misslingen hatten.
- Das Wirken des limbischen Systems äußert sich in Gefühlen, die uns vor bestimmten Handlungen warnen oder unsere Handlungsplanung in eine bestimmte Richtung lenken.
- Unser Bewusstsein nimmt offensichtlich erst im Nachhinein von der subcorticalen Initiierung von Willkürbewegungen Kenntnis, unterliegt aber der Illusion, selbst der Initiator zu sein.
- Die wesentlichen Leistungen des Bewusstseins werden in den üblichen Laborexperimenten nicht ausreichend erfasst.
- Das Bewusstsein braucht Zeit, um eine aktiv gestaltende Rolle zu spielen und planvoll die notwendigen Anpassungen unserer Automatismen, Routinen und Gewohnheiten an eine sich verändernde Realität in Gang zu setzen.

531 B. J. Baars, 1997: „In the Theater of Consciousness. The Workspace of the Mind", New York: Oxford University Press, deutsch 1998: „Das Schauspiel des Denkens. Neurowissenschaftliche Erkundungen", Stuttgart: Klett-Cotta, S. 104, 168.

- Die zeitübergreifenden Leistungen des Bewusstseins werden klinisch insbesondere bei Patienten deutlich, denen der Stirnlappen entfernt wurde. Die kognitiven Funktionen dieser Patienten scheinen in den üblichen Labortests zunächst unauffällig. Langzeitstudien zeigen jedoch gravierende Defizite in ihrer Selbsteinschätzung, Prioritätensetzung und Planung, wodurch das Berufs- und Privatleben dieser Patienten langfristig nicht mehr funktioniert.
- Die besonderen Funktionen, Leistungen und Wirkungen des menschlichen Bewusstseins lassen sich nur vor dem Hintergrund seiner Fundierung in kulturvermittelten Symbolen, Sprache und Symboltechniken verstehen, welche die Vernetzung vieler Gehirne, eine differenzierte Kommunikation und eine Langzeitspeicherung gewaltiger Informationsmengen ermöglichen.
- Menschenkinder wirken von Anfang an aktiv bei der Verinnerlichung von Kultur- beziehungsweise Bewusstseinsinformation mit.
- Ihre natürliche Neugier, ihr Explorationstrieb, ihre angeborene Imitations- und Lernbereitschaft sowie schließlich ihr ausgeprägtes Bindungsbedürfnis bewirken, dass Kinder aus eigenem Antrieb das, was sie erfahren und gelernt haben, nachspielen, verändern oder neu erfinden.
- Kinder betreiben ihre bewusstseinsfördernden Spiele mit großer Ernsthaftigkeit. Es steckt mentale Arbeit und damit Verarbeitungstiefe im kindlichen Spiel.
- Menschenkinder können mit Hilfe der virtuellen Welten, die sie sich symbolisch im Spiel erschaffen, Bedürfnisse partiell befriedigen und mit ihren spielerischen Produktionen das Interesse anderer Kinder oder der Erwachsenen gewinnen. Dadurch werden ihre Produktivität und ihre Lernbereitschaft verstärkt.
- Kinder wollen aus sich heraus an dem symbolbasierten Wissen der Erwachsenen teilhaben und entwickeln auch den Ehrgeiz, anspruchsvolle sensomotorische Fertigkeiten zu erwerben.
- Sie verfolgen aktiv eigene Ziele, strengen sich aus eigenem Antrieb an und halten durch, bis sie ihre Ziele erreicht haben.
- Es scheint, als verselbstständige sich in den Kindern die enkulturierte Bewusstseinsinformation und treibe ständig neue Blüten.
- Die riesige Menge an Wissen und Erfahrung, die wir im Langzeitgedächtnis abspeichern können, lässt sich nicht einfach abrufen. Vielmehr entziehen sich sogar die Dinge, die wir bewusst gelernt haben, unserem willentlichen Zugriff.

- Aber gerade die weitgehende Automatisierung unseres Verhaltens und das Unbewusstwerden dessen, was wir gelernt haben, zeigen den Erfolg unserer bewussten Lernanstrengungen.
- Erst wenn unsere Automatismen, Gewohnheiten und Routinen von unserem beobachtenden und interpretierenden Bewusstsein als nicht mehr adäquat funktionierend oder sogar als schädlich erkannt werden, muss unser Ich wieder aktiv werden und neue Lernprozesse induzieren. Darin besteht wahrscheinlich seine wichtigste Funktion und Wirkung.
- Wenn unsere Routinen und Gewohnheiten maladaptiv geworden sind, zeigt sich diese Fehlanpassung in einer zunehmenden Bedürfnis- und Inkonsistenzspannung, die mit physiologischen Stresskorrelaten einhergeht.
- Diese physiologischen Reaktionen werden auf der körpernahen Ebene unseres Kern-Selbst beziehungsweise unserer Ich-Mitte bereits registriert, bevor wir das Problem kognitiv verstehen.
- Sobald die Information über die veränderte Physiologie unseres Organismus in unser phänomenales und sprachliches Bewusstsein vordringt, kann unser Bewusstsein beziehungsweise unser Ich die Lösung des Problems in Angriff nehmen.
- Bewusstsein identifiziert und benennt Probleme, stellt übergeordnete Zusammenhänge her, legt Ziele fest und aktiviert Ressourcen.
- Es fokussiert unsere Aufmerksamkeit und damit unsere nicht bewussten Prozesse auf die Problemstellung. Es induziert Umlernprozesse, die weit über das biologisch Mögliche hinausgehen.
- Bewusstsein kann allein keine Probleme lösen. Die eigentliche Arbeit leisten nicht bewusste Prozesse.

30. Metakognition, Selbstreflexion und Perspektivenwechsel

Im Kapitel 28 habe ich die Begriffe der Mentalisierung und der Metarepräsentanzen interpersoneller Erfahrungen besprochen. Diese Begriffe bezeichnen das tief in uns verankerte Grundwissen beziehungsweise die ständig von uns implizit angewendete Grundannahme, dass andere Menschen – so wie wir selbst – ein eigenständiges geistig-seelisches Innenleben mit eigenen Absichten, Gefühlen und Wünschen haben. Eine solche „theory of mind" hilft uns, uns in andere Menschen einzufühlen, ihr Verhalten einigermaßen verstehen und ihre Reaktionen voraussehen zu können. Im Begriff „theory of mind" kommt allerdings auch zum Ausdruck, dass wir zwar Vorstellungen darüber entwickeln können, was andere Menschen denken oder fühlen, dass unsere Annahmen aber immer nur Hypothesen bleiben und dass wir nie sicher wissen können, was tatsächlich in anderen vorgeht. Damit ist eine höherstufige Form von Bewusstsein, die Fähigkeit zur „Metakognition", angesprochen. Dieser ursprünglich von John Flavell und Henry Wellman geprägte Begriff bezeichnet unser Wissen über unser eigenen Gedächtnis-, Denk- und Lernvorgänge. Er schließt auch die Steuerung und Überwachung dieser kognitiven Vorgänge ein.[532] Merlin Donald versteht unter Metakognition das menschliche Vermögen, das eigene Bewusstsein von einer Metaposition aus, also aus der Perspektive eines außenstehenden Beobachters, betrachten zu können und zudem in der Lage zu sein, „auch diesen Überwachungsvorgang wiederum zu beobachten".[533]

Für Bernard J. Baars sind Metakognitionen „Denkvorgänge, die sich auf einen anderen Gedanken beziehen".[534] Von einer solchen Metaebene aus können wir Zweifel haben, uns selbst reflektieren und überprüfen, Erfolge und Misserfolge überwachen sowie Prioritäten setzen. Wir können die Angemessenheit unserer Wahrnehmungen, Interpretationen, Annahmen, Überzeugungen, Wertmaßstäbe, Wirklichkeitsmodelle

532 J. H. Flavell, H. M. Wellman, 1977: „Metamemory", in: R. V. Kail, J. W. Hagen (Eds.): „Perspectives on the development of memory and cogniton", Hillsdale: Erlbaum, S. 3-33. Weiterentwickelt wurde der Begriff der Metakognition u. a. von Ann Brown, 1978: „Knowing when, where, and how to remember: A problem of metacognition", in: R. Glaser (Ed.): „Advances in instructional psychology", Hillsdale: Erlbaum.

533 M. Donald, 2008: „Triumph des Bewusstseins. Die Evolution des menschlichen Geistes", S. 92; Original 2001: „A mind so rare. The Evolution of Human Consciousness", New York: W. W. Norton & Company.

534 B. J. Baars, 1998: „Das Schauspiel des Denkens. Neurowissenschaftliche Erkundungen", Stuttgart: Klett-Cotta, S. 173.

und uns selbst als Ganzes in Frage stellen. Eine archaische Form von Metakognition wird in der Grundüberzeugung der meisten Religionen deutlich, dass hinter der sichtbaren Realität (der „Benutzerillusion") eine andere Wirklichkeit existiere, in der geistige Wesen, Kräfte und Prinzipien nach eigenen Gesetzmäßigkeiten wirken. Metakognition befähigt uns auch, zwischen unserer eigenen Perspektive und fremden Perspektiven hin- und herzuwechseln.[535] So scheint es dank Metakognition möglich, dass wir wenigstens hin und wieder dem naiven Realismus entkommen können, in dem wir nach Metzinger meist gefangen sind.

Die Frage nach der Zuverlässigkeit und den Grenzen unserer Erkenntnismöglichkeiten ist eine besonders hoch entwickelte metakognitive Bewusstseinsfunktion. Sie ist die Voraussetzung für Wissenschaft. Ohne Metakognition wäre kein Bewusstsein für die Kontextabhängigkeit, Künstlichkeit, Irrtumswahrscheinlichkeit und Unschärferelation unserer Wahrnehmungen, Messungen und Statistiken sowie für die Vorläufigkeit unserer Interpretationen und Wirklichkeitsmodelle möglich. Wir wissen heute, dass wir als Beobachter unseren Beobachtungs- beziehungsweise Untersuchungsgegenstand beeinflussen. Jeder Erkenntnisakt ist ein Akt der Wirklichkeitskonstruktion, der auf selektiver, von Erwartungen geleiteter Wahrnehmung sowie auf kulturellen und weltanschaulichen Präferenzen basiert. Jedes naturwissenschaftliche Experiment ist eine Neuschöpfung von Wirklichkeit, also ein Artefakt. Was wir beobachten und messen, die Gesetzmäßigkeiten, die wir entdecken, haben wir in gewisser Weise selbst gemacht. Wissenschaft muss ihren eigenen Erkenntnissen kritisch gegenüberstehen. Jede Hypothese, die wir formulieren, wartet nur darauf, von einer noch konsistenteren Alternativhypothese beziehungsweise einem Alternativnarrativ (vgl. Kapitel 19) ersetzt zu werden. Nach Karl Popper zeichnet sich echte Wissenschaft gerade dadurch aus, dass sie ihre Theorien nicht gegen Widerlegung immunisiert (was ein Merkmal von Dogmatismus und Pseudowissenschaft wäre), sondern ihre Hypothesen so aufstellt, dass sie – wo immer möglich – empirisch überprüft und falsifiziert werden können.[536]

Metakognition stellt höchste Ansprüche an die bewussten und nicht bewussten Verarbeitungskapazitäten unseres Gehirns. Sie erfordert in besonderem Maße das Zusammenwirken einer Vielzahl der oben bereits erwähnten spezialisierten und über

535 Merlin Donald (2008, S. 65) sieht in dieser Fähigkeit des Perspektivenwechsels eine „in der Evolutionsgeschichte höchst bemerkenswerte Innovation".

536 K. R. Popper, 1989: „Falsifizierbarkeit, zwei Bedeutungen von", in: H. Seiffert, G. Radnitzky (Hg.): „Handlexikon zur Wissenschaftstheorie", München: Ehrenwirth, S. 82-85.

das Gehirn verteilten neuronalen Module, die normalerweise autonom die zahllosen Spezialaufgaben im Rahmen der Informationsverarbeitung des Organismus erledigen. Baars spricht von einem „global workspace"[537], einem inneren Raum der Informationsverarbeitung im Sinne eines globalen Arbeitsspeichers, in dem alle Verarbeitungsressourcen und Gedächtnisspeicher des zentralen Nervensystems potenziell vernetzt sind und miteinander entsprechend den jeweiligen soziokulturellen Kontextanforderungen kommunizieren können. Eine globale Integrationsleistung von Information auf derart hohem Niveau ist aber keine biologische Eigenschaft unserer Gehirne. Für die zunehmend komplexen Beanspruchungen, denen wir heute in sozialen, ökonomischen und geopolitischen Kontexten ausgesetzt sind, sind ja unsere Säugetiergehirne von der Evolution gar nicht ausgestattet. Biologisch sind eine Zusammenarbeit der vielen verteilten neuronalen Spezialeinheiten in unseren Gehirnen und die Vernetzung mit anderen Gehirnen in dem Maße, wie sie für unser soziokulturelles Leben benötigt wird, nicht vorgesehen. Sie würden die reibungslose autonome Funktionsweise der spezialisierten Verarbeitungsressourcen verhindern und damit die Überlebenschancen in der Wildnis verschlechtern. Daher ist die globale Kooperation der Verarbeitungsressourcen, die unser soziokulturelles Leben erfordert, auf den nicht biologischen, umständlichen, seriellen, nicht parallelisierbaren und langsamen Umweg über einen inneren sprachbasierten Dialog angewiesen.

Daniel C. Dennett vermutet, dass dieser innere Dialog entwicklungsgeschichtlich aus der Kommunikation mit der sozialen Außenwelt hervorgegangen und ihr nachgebildet ist. Den Beginn des Denkens stellt sich Dennett in einer Situation vor, in der ein Hominide alleine war und die Hilfe anderer gebraucht hätte. Irrtümlich fragte er nach Unterstützung. Es war aber „kein hilfreiches Auditorium in Hörweite – ihn selbst ausgenommen. Als er seinen eigenen Hilferuf hörte, verursachte diese Stimulation genau die Art der Hilfeäußerung, die verursacht worden wäre, wenn ein anderer um Hilfe gebeten hätte." Der Hominide bemerkte, „dass er sich gerade veranlasst hatte, seine eigene Frage zu beantworten". Die „Praxis, sich selbst Fragen zu stellen, [...] könnte als ein natürlicher Nebeneffekt der Praxis, anderen Fragen zu stellen", entstanden sein und „ähnlich nützlich" sein. „Man stelle sich vor, dass die richtige Information bereits im Gehirn ist und sich in den Händen des falschen Spezialisten befindet. Das Subsystem, das im Gehirn die Information benötigt, kann sie nicht direkt von diesem Spezialisten bekommen – weil die Evolution diese Möglichkeit ganz einfach nicht eingebaut hat." Der Spezialist wird durch die

537 B. J. Baars, 1988: „A Cognitive Theory of Consciousness", New York: Cambridge University Press.

Frage an sich selbst herausgefordert, seine „Information an die Umwelt zu 'senden' [...]. Ein derartiger Akt der Autostimulation könnte eine neue Spur zwischen den internen Komponenten eines Organismus entstehen lassen." Durch das bewusste Sich-selbst-Fragen wird quasi „Information durch die eigenen Ohren und das Gehörsystem" gedrängt und „gerade jene Art von Verbindungen [stimuliert], die man benötigt, um die richtigen Assoziationsmechanismen auszulösen, das richtige mentale Stückchen zur Zungenspitze zu bewegen. Man kann 'es' dann sagen, hören, wie man 'es' sagt, und mithin die erwartete Antwort bekommen."[538]

Unter der Voraussetzung, dass die globale, sprachvermittelte Kooperation der Verarbeitungsressourcen, die unser soziokulturelles Leben erfordert, nicht der natürlichen Funktionsweise unseres Gehirns entspricht, überrascht es nicht, dass wir uns im Alltag nur ausnahmsweise im mentalen Zustand echter Metakognition befinden. Denn unsere automatischen neuronalen Verarbeitungskapazitäten sind in der Regel durch unsere üblichen Aufgaben oder Interessen voll in Anspruch genommen. Baars spricht von „absorbierten Zuständen", wie zum Beispiel bei konzentrierter Arbeit, beim Lesen eines spannenden Buches oder beim Anschauen eines Films im Kino. Im absorbierten Zustand würden sich Menschen dadurch auszeichnen, dass sie sich gegen Unterbrechungen wehren, leicht das Zeitgefühl verlieren, ein reduziertes Ich-Bewusstsein haben, Zweifel ausschalten, die Ausrichtung ihrer Aufmerksamkeit nicht mehr selbst bestimmen und erhöht suggestibel sind. Die Absorption besitze alle Merkmale geringer Metakognition. Baars vermutet, dass das metakognitive Denken von dem absorbierenden Ereignisstrom einfach aus dem kapazitätsmäßig stark begrenzten Arbeitsgedächtnis verdrängt wird.[539]

Nicht jeder innere Dialog verdient es, als Metakognition bezeichnet zu werden. Den größten Teil seiner Zeit verbringt der durchschnittliche Mensch in einem nicht abreißenden Strom von Gedanken, Bildern, Erinnerungen, Vorstellungen und Wünschen, der oft dissoziiert vom Handeln abläuft: Wir tun etwas, verrichten zum Beispiel eine Arbeit, und denken zugleich an etwas völlig anderes, was uns vom unmittelbaren Erleben dessen, was gerade jetzt in uns und um uns herum vor sich geht, abschneidet. Selbst anspruchsvolle Arbeitsabläufe, die Planung, Konzentration und analytisches, logisches Denken erfordern, können zu Routinen werden, an denen der fühlende, erlebende und sich selbst reflektierende Teil unseres Bewusstseins

538 D. C. Dennett, 1994: „Philosophie des menschlichen Bewusstseins", Hamburg: Hoffmann und Campe, S. 257-259.

539 B. J. Baars, 1998, S. 173-175.

nicht mehr wirklich teilnimmt. Der ununterbrochene Gedankenstrom täuscht – wie Julian Jaynes sagt – eine Kontinuität vor, die uns die „riesigen Lücken“ in unserem bewussten Erleben nicht bemerken lässt.[540] Nach Dennett sind Selbstgespräche eine zweifelhafte Gewohnheit, die wir im Laufe unserer frühkindlichen Entwicklung erlernen. Unser Bewusstsein gleiche einer „virtuellen Maschine“, die wie ein „Software-Virus“ und ohne Vorteile für uns Mem-Komplexe (vgl. Kapitel 26 über Meme und narratives Selbst) repliziere, die sich als Gedankenstrom manifestierten.[541]

Unser in Selbstgesprächen und einem kontinuierlichen Gedankenstrom gefangenes Alltagsbewusstsein ist – wenn wir der Argumentation von Jaynes und Dennett folgen – im Grunde genommen ein andauernder Zustand von wacher Unbewusstheit, also das Gegenteil von Metakognition. Zu dieser Unbewusstheit trägt auch die multimediale Überflutung mit unterhaltenden Sinnesreizen und Informationen bei, der sich viele Menschen täglich aussetzen, ja ohne die sie scheinbar gar nicht mehr auskommen können. Aus diesem betäubenden oder gar kontaminierenden Informationsinput gibt es aber, worauf ich bereits in Kapitel 8 im Zusammenhang mit den Nachteilen impliziter Lernprozesse hingewiesen habe, meist nichts Vorteilhaftes zu lernen. Im Gegenteil: Ein Überangebot an Reizen und Informationen ist geeignet, die Lern-, Assimilations- und Veränderungsprozesse zu blockieren, die für jeden Einzelnen von uns und auch für uns als Gemeinschaft wünschenswert und – im Hinblick auf globale gesellschaftliche und ökologische Herausforderungen – möglicherweise überlebenswichtig sind.

Ich möchte das Kapitel abschließen, indem ich noch auf das klinisch wichtige Phänomen krankhaft gesteigerter Metakognition eingehe, mit dem ich als Arzt und Psychotherapeut immer wieder konfrontiert werde. Ein Teil der Patienten mit neurotischen Störungen grübelt exzessiv über die Berechtigung, die Bestimmung, den Sinn und Zweck ihres Lebens nach, ohne dass ihr Nachdenken zu einem Ergebnis und zu klaren Handlungskonsequenzen führen würde. Auch lähmende oder gar selbstzerstörerische Selbstzweifel und Schuldgefühle fallen in diese Kategorie. Begleitet werden pathologische Metakognitionen von einer krankhaft erhöhten und qualvollen Inkonsistenz- und Bedürfnisspannung. Psychodynamisch lässt sich diese aus einem unaufgelösten unbewussten inneren Konflikt erklären. Weil der Konflikt unbewusst ist, kann die metakognitive Selbstreflexion zu keiner

540 J. Jaynes, 1982: „The Origin of Consciousness in the Breakdown of the Bicameral Mind“, New York: Mariner Books, S. 23.

541 D. C. Dennett, 1994, S. 292.

Lösung finden. Selbst der Rat von Freunden und Verwandten bleibt wirkungslos, weil auch sie die unbewusste Konfliktdynamik in der Regel nicht entschlüsseln können. Unbewusste Konflikte entstehen nach psychoanalytischem Verständnis, wenn wichtige Antriebe und Bedürfnisse eines Menschen – meist schon seit der Kindheit – durch ebenfalls unbewusste Hemmungen, Abwehr-, Selbstschutz- und Kompensationsmechanismen dauerhaft an ihrer Befriedigung gehindert werden. Ich komme auf das Problem pathologischer Metakognition und unbewusster Konfliktdynamik zurück, wenn ich in Kapitel 34 die praktischen Konsequenzen für die Psychotherapie bespreche.

Fassen wir zusammen:

- Metakognition ist definiert als unser Wissen über unser eigenen Gedächtnis-, Denk- und Lernvorgänge sowie als die Steuerung dieser kognitiven Vorgänge.
- Metakognitionen sind also Denkvorgänge, die sich auf andere Gedanken beziehen.
- Durch Metakognition können wir unser eigenes Bewusstsein von einer Metaposition aus, also aus der Perspektive eines außenstehenden Beobachters, betrachten.
- Dieser Beobachtungs- und Überwachungsvorgang wird seinerseits wiederum auf einer noch höheren Metaebene betrachtet.
- Metakognition ist die Voraussetzung dafür, dass wir zweifeln, uns selbst reflektieren und überprüfen, unsere Erfolge und Misserfolge überwachen sowie Prioritäten setzen können.
- Dank Metakognition sind wir in der Lage, die Angemessenheit unserer Wahrnehmungen, Interpretationen, Annahmen, Überzeugungen, Wertmaßstäbe, Wirklichkeitsmodelle und uns selbst als Ganzes in Frage zu stellen.
- Metakognition befähigt uns auch, zwischen unserer eigenen Perspektive und fremden Perspektiven hin- und herzuwechseln und wenigstens partiell unseren alltäglichen naiven Realismus zu überwinden.
- Metakognition ist damit eine wesentliche Grundlage für Erkenntniskritik und Wissenschaft.
- Metakognition stellt höchste Ansprüche an die globale Zusammenarbeit der bewussten und nicht bewussten Verarbeitungskapazitäten unseres Gehirns.
- Eine bewusste globale Integrationsleistung von Information auf derart hohem Niveau ist wahrscheinlich keine biologische Eigenschaft unserer Gehirne, sondern eine soziokulturell antrainierte, sprachbasierte Fähigkeit.

- Im Alltag sind wir in der Regel nicht mit Metakognitionen beschäftigt, sondern ganz von unserer Arbeit oder anderen Interessensgegenständen und Routinen gefangen genommen (absorbiert).
- Metakognition ist nicht zu verwechseln mit dem nicht abreißenden Strom von Gedanken, Bildern, Erinnerungen, Vorstellungen und Wünschen, der uns von dem, was gerade jetzt in uns und um uns herum vor sich geht, trennt.
- Selbstgespräche und der Gedankenstrom versetzen uns in einen Zustand von wacher Unbewusstheit.
- Patienten mit neurotischen Störungen können an pathologischen Metakognitionen leiden. Sie grübeln, zweifeln und klagen sich selbst an, ohne dass ihr Denken zu sinnvollen Handlungskonsequenzen führt.
- Weil der zugrunde liegende Konflikt nicht bewusst ist, kann die metakognitive Selbstreflexion zu keiner Lösung finden.

31. Willensfreiheit und Verantwortung

Wenn ich im Restaurant nach meiner Bestellung gefragt werde, kann ich nicht sagen: Ich bin Determinist, ich warte einfach und schaue, was passiert.[542]

Wir wenden uns nun einem der – aus lebenspraktischer Sicht – spannendsten, aber auch am kontroversesten diskutierten Aspekte des höheren Bewusstseins zu. Schon der Begriff der Freiheit ist mehrdeutig. Freiheit lässt sich zum einen verstehen im Sinne von Freiheit v o n etwas, also als Gegensatz zu Zwang, Fremdbestimmung oder Hemmung von außen. Freiheit lässt sich zum anderen verstehen als Freiheit z u etwas im Sinne einer Option oder Wahlmöglichkeit. Freiheit kann zudem einen objektiven äußeren Zustand bezeichnen oder ein inneres, subjektives Erleben. Gerhard Roth hat offensichtlich das subjektive Erleben des eigenen Zustands als frei von Zwang und Fremdbestimmung im Sinn, wenn er schreibt: „Mein Wille scheint mir frei, wenn ich das Gefühl habe, etwas so, wie ich es tue, gewollt zu haben, und wenn ich für meine Entscheidungen und Handlungen gute (unmittelbare, mittelbare oder auch indirekte) Gründe angeben kann. [...] Vieles tun wir ohne eine ausdrückliche Willensentscheidung, haben aber trotzdem das Gefühl, dass die Entscheidung zu unserem Tun letztlich aus uns selbst heraus kommt."[543] Roth benennt hier zwei wesentliche Kriterien der subjektiv empfundenen Willensfreiheit: erstens das Erleben von Autonomie, bei der die Initiative aus mir selbst heraus kommt; zweitens eine dazu passende Kognition, ein konsistentes Narrativ über die guten Gründe des eigenen Handelns.

Was wir als unsere Autonomie erleben, das heißt wörtlich als „das selbst gegebene (griechisch = „auto") Gesetz" (griechisch = „nomos"), verdanken wir – wie wir von Roth erfahren haben – dem überwiegend subcorticalen limbischen Bewertungs- und Gedächtnissystem, welches unser Verhalten im Wesentlichen steuert. Das limbische System arbeitet zwar mit dem präfrontalen Cortex zusammen, wodurch wir mittel- und langfristig unsere Motivationen und Gewohnheiten bewusst korrigieren können, aber die unmittelbaren Antriebe unseres Verhaltens wurzeln – soweit sie

542 J. Searle, 2006: „Geist. Eine Einführung", Frankfurt/M.: Suhrkamp, S. 321.

543 G. Roth, 1996: „Das Gehirn und seine Wirklichkeit. Kognitive Neurobiologie und ihre philosophischen Konsequenzen", Frankfurt/M.: Suhrkamp, S. 303-304.

nicht ohnehin angeboren sind – in nicht (mehr) bewussten Gedächtnisinhalten, Bewertungsmechanismen und Routinen, die wir in unserer soziokulturellen Vergangenheit erworben haben. Wenn jemand einen starken Willen hat, bedeutet das keineswegs, dass er in seinem Willen wirklich frei ist. Willensstarke Menschen sind vielmehr – wie Roth meint – häufig von ihren Zielsetzungen, das heißt, von dominanten Denkprozessen, verbunden mit spezifischen limbischen Belohnungsmustern (Lustgewinn), getrieben. Es sei nicht etwa freier Wille, der Menschen zu Höchstleistungen antreibe, sondern die Aussicht auf eine besondere Belohnung.[544]

Die vorangegangenen Kapitel enthielten bereits eine Fülle psychologischer, neurobiologischer und philosophischer Hinweise, dass die Persönlichkeit, als die wir uns verstehen, mit all ihren subjektiven Befindlichkeiten, Motivationen, Selbstzuschreibungen und auch der subjektiv empfundenen Willensfreiheit weitgehend nur eine Benutzerillusion sein könnte, die uns durch soziokulturelle Indoktrination antrainiert wurde. So wurde in Kapitel 8 über Interaktion, Lernen und die Rolle der Spiegelneuronen deutlich, dass unser Verhalten generell stark von impliziten, von uns nicht bewusst intendierten und unvermeidlichen Lernprozessen wie Konditionierungen und vor allem von unbewusstem Modelllernen beeinflusst wird. Ich sprach außerdem die Methoden der Werbepsychologie an, unter anderem die wiederholte „kognitive Berieselung" mit Ausnutzung des „Mere-Exposure-Effektes" (Wirkung der Darbietungshäufigkeit eines Reizes) und des Priming-Effekts (unbewusste Wiedererkennung), durch die das Verhalten von potenziellen Käufern erfolgreich manipuliert werden. Dazu kommt eine der Hauptthesen der Psychoanalyse, dass wir nicht Herr im Hause unseres eigenen Geistes sind und sowohl individuell als auch kollektiv von unbewussten und zum Teil gefährlichen Triebkräften beherrscht werden. Die Objektbeziehungs- und Bindungstheoretiker sowie die Selbstpsychologen haben uns vor Augen vorgeführt, wie sehr das Selbsterleben und das Beziehungsverhalten eines Menschen von seinen frühkindlichen Erfahrungen mit den Eltern geprägt werden.

Ein weiteres Beispiel trägt John Searle vor: Man kann geeigneten Probanden in Hypnose posthypnotische Aufträge folgender Art geben: „Öffnen Sie das Fenster, wenn ich das Wort 'Deutschland' sage!" Tatsächlich öffnet der Proband später, sobald er das Wort „Deutschland" hört, das Fenster, obwohl er keine bewusste Erinnerung an die Anweisung hat, die ihm während der Hypnose gegeben wurde.

544 G. Roth, 1996, S. 310-311.

Der Proband ist davon überzeugt, er handele aus eigenem inneren Antrieb.[545] Kann es also so etwas wie Willensfreiheit überhaupt geben? Woran können wir erkennen, dass unser Wille wirklich frei ist? Sind wir etwa dann besonders frei, wenn wir uns über moralische Forderungen hinwegsetzen und ungehemmt unseren sinnlichen oder materiellen Neigungen folgen? Zeigt sich Willensfreiheit vielleicht gerade dann, wenn es gelingt, egoistische und hedonistische Antriebe zu beherrschen und sie in Form von sozial besonders hoch geschätzten Aktivitäten zu sublimieren? Oder ist der freie Wille – wie die Hypnoseexperimente nahelegen – schlicht eine Fiktion? Searle ist allerdings der Meinung, dass die Hypnoseexperimente die Hypothese der Willensfreiheit eher stützen: „Wir verstehen alle diese Fälle von Hypnose, Täuschung, Konfabulation etc., indem wir sie mit dem Normalfall vergleichen, wenn unsere Handlungen frei und willentlich sind."[546]

Das Erlebnis von freiem Willen hat laut Searle „die Eigenart, dass wir die Überzeugung, wir hätten freien Willen, nicht loswerden".[547] Als Arzt und Psychotherapeut kenne ich allerdings eine ganze Reihe klinischer Beispiele, bei denen das Erleben von Willensfreiheit qualvoll eingeschränkt ist, obwohl der Körper und das Nervensystem der Betroffenen intakt sind. Hierzu gehören unter anderem die Zwangsstörungen, die sich überwiegend als Zwangsgedanken und/oder Zwangshandlungen manifestieren. Zwangsgedanken sind Ideen, bildhafte Vorstellungen oder Impulse, die sich dem Patienten immer wieder aufdrängen, ohne dass er sich dagegen wehren kann. Der Patient erlebt sich selbst als Urheber der Gedanken, die er oft als aufdringlich und abstoßend empfindet. Mitunter drehen sich die Gedanken endlos um das Abwägen von Alternativen, ohne dass der Patient eine alltagstaugliche Entscheidung treffen kann. Zwangshandlungen oder Zwangsrituale beziehen sich meist auf Reinlichkeit (besonders Händewaschen) und übertriebene Ordnung. Der Patient muss sie ständig wiederholen, obwohl er sie nicht als angenehm, nützlich oder sinnvoll empfindet. Zwangsrituale werden nicht selten als magische Bannung einer Gefahr erlebt, die den Patienten vermeintlich bedroht oder die von ihm selbst ausgeht, die jedoch objektiv sehr unwahrscheinlich ist.

Eine weitere Gruppe von Störungen mit offensichtlichem Verlust von Willensfreiheit sind die Suchterkrankungen. Das Verlangen nach der psychotropen Substanz,

545 J. Searle, 2006, S. 267.

546 J. Searle, 2006, S. 238.

547 J. Searle, 2006, S. 232.

zum Beispiel nach Alkohol oder Heroin, führt nicht selten zu einem selbstschädigenden Verhalten in einem Ausmaß, das schließlich das soziale, ökonomische und sogar physische Leben der Patienten zerstört. Ein imperativer innerer Zwang zu wiederholtem selbstschädigenden Verhalten kennzeichnet auch andere häufige Erkrankungen wie die Spielsucht, Essstörungen und Borderline-Störungen. Letztere können mit heftigen aggressiven Impulsdurchbrüchen einhergehen, die auch andere gefährden. Phobische Störungen zeichnen sich dadurch aus, dass die betroffenen Patienten in bestimmten Situationen, zum Beispiel wenn sie mit vielen anderen Menschen in einem Raum sind oder alleine Auto fahren, von Angst überflutet werden und diese Situationen daher meiden. Bei ausgeprägter Agoraphobie verlassen die Patienten nicht einmal mehr ihre Wohnung. Sie sind in ihrer Bewegungs- und Entscheidungsfreiheit massiv eingeschränkt. Immerhin können phobische Patienten durch die Vermeidung der Angst auslösenden Situation ihre Angstsymptomatik kontrollieren. Im Gegensatz dazu werden Patienten mit Panikstörung ohne erkennbare spezifische situative Auslösebedingungen immer wieder von schweren Angstattacken überfallen. Während der Angstattacken haben die Patienten das Gefühl, zu sterben, die Kontrolle zu verlieren oder wahnsinnig zu werden.

Bei posttraumatischen Belastungsstörungen erinnern die Patienten gegen ihren Willen immer wieder die als Trauma erlebte Situation (Intrusion). Die quälenden Erinnerungen drängen sich ihnen in Form von Flashbacks oder Albträumen auf. Meist tritt ein Zustand von vegetativer Übererregtheit mit Vigilanzsteigerung (Hyperarousal), übermäßiger Schreckhaftigkeit, erhöhter Reizbarkeit bei gleichzeitigen Konzentrations- und Gedächtnisschwierigkeiten sowie depressiven Reaktionen und Schlafstörungen auf. Die Patienten leiden an einem andauernden Gefühl von Betäubtsein, emotionaler Stumpfheit und Gleichgültigkeit gegenüber anderen Menschen. Sie vermeiden alle Aktivitäten und Situationen, die Erinnerungen an das Trauma wachrufen könnten. Mit einer posttraumatischen Belastungsstörung sind häufig dissoziative Störungen verbunden. Sie zeigen eine Symptomatik, als sei vorübergehend die willentliche Steuerung körperlicher und psychischer Funktionen, wie zum Beispiel die Willkürmotorik, die Sinneswahrnehmung oder das Erinnerungsvermögen, teilweise oder völlig verloren gegangen. Es können Lähmungen, Sensibilitätsstörungen, Taubheit, Blindheit, ungewollte Trancezustände, Krampfanfälle und Identitätsstörungen auftreten, ohne dass eine neurologische Ursache gefunden werden könnte.

Allen genannten Störungen ist gemeinsam, dass sich die betroffenen Patienten tief verunsichert und in ihrer freien Lebensgestaltung leidvoll beeinträchtigt fühlen. Auch für nahestehende Dritte und vor allem für die Therapeuten, denen sich diese Patienten öffnen, ist erkennbar, wie unfrei, getrieben, gehemmt und bei der Ausübung ihres bewussten Wollens behindert sie sind. Da die besagten Erkrankungen trotz ihrer oft massiven Symptomatik keine organische Verursachung erkennen lassen, werden sie als psychogen angesehen. So stehen die posttraumatischen Belastungsstörungen grundsätzlich und die dissoziativen Störungen häufig in enger zeitlicher Verbindung mit traumatisierenden Ereignissen, unlösbaren und unerträglichen Konflikten oder gestörten Beziehungen. Das bedeutet aber auch: Unser Erleben von Selbstbestimmung und Willensfreiheit ist keine Errungenschaft, die uns, nachdem wir sie einmal erworben haben, selbstverständlich und sicher für die Dauer unseres Lebens erhalten bleibt. Das Gefühl von Selbstbestimmtheit und freiem Willen kann uns jederzeit wieder abhandenkommen, wenn wir Erfahrungen machen, die es untergraben.

Die direkteste Bedrohung für das Erleben des freien Willens stellen die besagten traumatischen Erfahrungen dar. Sie zeichnen sich aus durch das totale hilflose Ausgeliefertsein des Opfers an eine unerwartete und vital bedrohliche Situation, in der alle üblichen „Bewältigungsmöglichkeiten" des Opfers völlig wirkungslos bleiben und das „Selbst- und Weltverständnis" des Opfers dauerhaft erschüttert wird.[548] Eine bedrohliche Qualität können aber auch unlösbare Konflikte mit wichtigen Beziehungspersonen annehmen, wenn diese als stabilisierende Selbstobjekte dringend gebraucht werden und durch den Konflikt der Fortbestand der Beziehung gefährdet scheint (vgl. Kapitel 24 über die Entwicklung des Selbst aus psychodynamischer Sicht). Bei Zwangs-, Sucht- und Angsterkrankungen sowie bei depressiven, psychosomatischen und Essstörungen sind aber – anders als bei den posttraumatischen und dissoziativen Störungen – gar nicht selten überhaupt keine offensichtlichen aktuellen Faktoren erkennbar, welche die Krankheit ausgelöst haben könnten. Um zu verstehen, warum der Patient trotzdem krank geworden ist, muss man aus psychodynamischer Sicht weit in die Kindheit des Patienten zurückkehren. So können ungünstige frühe Erfahrungen eine erhöhte Vulnerabilität der Persönlichkeit eines Menschen für bestimmte Konflikte, Versuchungs- und Versagungssituationen begründen.

Welche typischen Bedingungen in der kindlichen sozialen Umwelt einen Menschen später zu einer erhöhten Abhängigkeit, Bedürftigkeit, Verschlossenheit, Kränkbarkeit,

548 G. Fischer, P. Riedesser, 2009: „Lehrbuch der Psychotraumatologie", 4. Aufl., Stuttgart: UTB, S. 79.

Verletzlichkeit oder Erschütterbarkeit disponieren, habe ich in diesem Buch schon mehrfach angesprochen: Es sind vor allem Erfahrungen von unsicherer Bindung und mangelnder Spiegelung, von übermäßiger erzieherischer Härte oder Verwöhnung, welche das Selbst eines Kindes und die Funktionalität seiner Ich-Funktionen beschädigen und schwächen. Auch anhaltende Loyalitätskonflikte des Kindes bei chronisch zerstrittenen Eltern, nicht selten verbunden mit einem missbräuchlichen Verhalten eines oder beider Elternteile, können nach psychodynamischem Verständnis eine erhöhte neurotische Konfliktbereitschaft bewirken und damit das Risiko anheben, früher oder später an einer neurotischen Störung zu erkranken.

Bei entsprechender Disposition und Vulnerabilität bedarf es also keiner massiven auslösenden Momente wie zum Beispiel Traumen, um einen Menschen krank zu machen. Schon alltägliche Veränderungen und Anforderungen des Lebens, welche die meisten Menschen ohne Weiteres bewältigen würden, ja sogar eine objektive Verbesserung der Lebensbedingungen, können disponierte Menschen in eine Überforderung und/oder einen unauflösbaren unbewussten inneren Konflikt stürzen. Die Folge ist dann eine Symptombildung (zum Beispiel Zwang, Angst, Sucht, Essstörung, Depression oder psychosomatische Beschwerden) mit einer deutlichen Beeinträchtigung der subjektiv empfundenen Selbstbestimmung und Willensfreiheit.

Meine Schlussfolgerung lautet: Wir fühlen uns so lange selbstbestimmt und in unserem Willen frei, wie wir von bestimmten Anforderungen, Belastungen und Konflikten in unserem Leben verschont bleiben, die unsere angeborenen und vor allem soziokulturell erworbenen Bewältigungs- und Anpassungsmöglichkeiten überfordern. Unser subjektives Gefühl von Selbstbestimmung und Willensfreiheit hängt davon ab, dass unsere jeweiligen aktuellen Lebenserfahrungen mit jenen Mustern, Routinen, Bewältigungsstrategien, Narrativen, Memen, Überzeugungen und Erwartungen konsistent sind, die uns im Laufe unseres Lebens und insbesondere in unserer Kindheit enkulturiert wurden. Werden wir mit Situationen und Erfahrungen konfrontiert, die mit unseren enkulturierten Erwartungen nicht kompatibel sind und mit unseren üblichen Lösungsstrategien nicht bewältigt werden können, zum Beispiel mit einer schweren körperlichen Krankheit, geht uns das Gefühl von Selbstbestimmung und Willensfreiheit leicht verloren. Das bedeutet, dass wir Selbstbestimmung und Willensfreiheit weder objektiv besitzen noch nicht besitzen, sondern dass das Phänomen der Selbstbestimmung und Willensfreiheit vom Gesundheitszustand sowie vom soziokulturellen Kontext abhängt, in dem sich ein Mensch selbstbestimmt und willensfrei erlebt.

Dazu ein Beispiel: Islamische Fundamentalisten und Selbstmordattentäter erscheinen vielen von uns nicht wirklich willensfrei, sondern – ähnlich wie ein großer Teil des deutschen Volkes in der Zeit von 1933 bis 1945 – von Ideologen und Agitatoren verführt, verblendet und missbraucht. Daniel C. Dennett und Susan Blackmore würden von destruktiven Memen sprechen, die das Bewusstsein der fanatischen Islamisten infiziert haben. Aber aus der kulturspezifischen Perspektive eines großen Teils der islamischen Welt geben diese jungen und intelligenten Männer ihr Leben durchaus reflektiert und völlig freiwillig für eine – in den Augen vieler Moslems – ganz und gar ethische und gerechte Sache hin. Es macht folglich keinen Sinn, abgelöst vom soziokulturellen Kontext und vom jeweiligen Wertesystem, in das ein Individuum eingebunden ist, von Willensfreiheit zu sprechen und das Phänomen etwa allein auf biophysische Ereignisse in einzelnen Gehirnen zurückführen zu wollen.

Ohne Zweifel gehen Willensentscheidungen grundsätzlich mit neuronaler Aktivität in individuellen Gehirnen einher. Aber in der Neurobiologie einzelner Gehirne findet man – selbst wenn man versucht, Quanteneffekte auf die Makrostruktur des Gehirns zu übertragen[549] – weder Freiheit noch Unfreiheit. Freiheit ist nichts, was Gehirnprozessen inhärent ist, sondern ein von außen durch Kultur gegebenes, symbolbasiertes Konstrukt. Der freie Wille ist eine kollektive Idee, welche – wie das höhere Bewusstsein insgesamt – aus der Interaktion vieler Gehirne hervorgegangen und zugleich in jedem einzelnen Gehirn repräsentiert ist. Der freie Wille ist ein Anspruch, der jedem Einzelnen von uns von unserer Kultur auferlegt ist, ebenso wie uns unser Selbst, unser Ich und unser Gewissen nach den Maßgaben unserer Kultur anerzogen wurden. Willensfreiheit ist also nichts anderes als eine besondere Form von enkulturierter Information, die eine wichtige soziokulturelle Funktion erfüllt: Indem wir letztlich an unserer Illusion scheitern, ein eigenständiges, frei entscheidendes Ich oder Selbst zu sein, vollbringen wir Glanzleistungen (oder mitunter auch Verbrechen), die dazu beitragen, den Bestand unseres Kollektivs und unserer Kultur zu sichern (oder auch zu bedrohen).

Unsere Kultur, die wesentlich im Geist der griechischen und römischen Antike sowie in der jüdisch-christlichen Glaubenstradition wurzelt, bringt uns nicht einfach durch Zwang dazu, das soziokulturell Erwünschte beziehungsweise Notwendige

549 Marion Friedrich (2008: „Vom Neuron zum Qubit. Auf den Spuren des Bewusstseins", Marburg: Tectum, S. 210) fragt: Was wäre mit der Erkenntnis gewonnen, wenn Quanteneffekte auf die Makrostruktur des ganzen Gehirns übertragbar wären? „Bedeutet der Nachweis indeterminierter Quantenprozesse tatsächlich den Nachweis für die Indeterminiertheit beziehungsweise die Freiheit des Willens?"

zu tun. Sie erzieht uns nicht zu Automaten, deren Verhalten vollständig determiniert wäre, sondern sie steuert unser Verhalten auf eine raffiniertere Weise: Sie stattet uns mit einem phänomenalen Selbst aus, implantiert in uns ihr Wertesystem, verordnet uns eine Wahlmöglichkeit und sagt: „Du sollst das Gute (das kollektiv Erwünschte) wollen und auch wählen." Das wird meines Erachtens besonders gut in der Geschichte vom sogenannten Sündenfall im Ersten Buch Mose, 3, 2–7, deutlich. Das Verbot, vom Baum der Erkenntnis zu essen, hat eine wesentliche implizite, im Text allerdings nicht ausgesprochene Voraussetzung: Der alttestamentarische Gott (beziehungsweise die jüdische Kultur zu Beginn des ersten Jahrtausends vor unserer Zeitrechnung[550]) stattet den Menschen mit einer Wahlmöglichkeit aus: Der Mensch wird sowohl in die Lage versetzt, Verbote zu beachten, als auch, sie vorsätzlich zu übertreten. In dem Gespräch zwischen Eva und der Schlange wird eine weitere Fähigkeit und Bürde deutlich, die dem Menschen als Voraussetzung für seine Wahlfreiheit auferlegt ist: Er wird von klein auf dazu erzogen, zwischen Gut und Böse zu unterscheiden. Es ist für ihn dann irgendwann fast unmöglich, in Bezug auf das, was er selbst tut und was andere tun, nicht zu werten und zu urteilen. Außerdem erwirbt er die Fähigkeit, mögliche Konsequenzen seiner Entscheidung vorauszusehen. Er kann sich dabei aber stets täuschen, er kann andere täuschen und von anderen getäuscht werden. Adams und Evas Vertreibung aus dem Paradies leitet bekanntlich eine lange Serie von biblischen Berichten über individuelle und kollektive Irrungen, über individuelle und kollektive Schuld, über Bestrafungen durch Gott und menschliche Tragödien ein.

Dass Adam und Eva von der Schlange getäuscht und dass ihnen dann die Augen geöffnet werden, versteht Julian Jaynes als Sinnbild für die entscheidende Wende der Kultur- und Geistesgeschichte der Menschheit am Übergang vom zweiten zum ersten vorchristlichen Jahrtausend.[551] Erlauben Sie mir daher, dass ich etwas aushole und auf die Ideen von Jaynes sowie auf das Werk von Jean Gebser eingehe, den ich bereits im Kapitel 19 über Sprache, Narrative und virtuelle Welten erwähnt habe und der wie Jaynes versuchte, mit Hilfe von umfangreichen kulturphänomenologischen Analysen der Relikte vergangener Zeiten (Bilder, Statuen, Schriftstücke) die menschliche Bewusstseinsentwicklung zu rekonstruieren. Gestützt auf eine Fülle archäologischer und historischer Daten sowie auf die frühesten überlieferten Epen, vor allem aus Mesopotamien, vertritt Jaynes die These, dass im zweiten Jahrtausend

550 Die genaue Entstehungszeit der fünf Bücher Moses ist umstritten.

551 J. Jaynes, 1982: „The Origin of Consciousness in the Breakdown of the Bicameral Mind", New York: Mariner Books, S. 299.

vor unserer Zeitrechnung die Menschen einschließlich ihrer Könige noch durch akustische Halluzinationen, die Gottheiten zugeschrieben wurden, Anweisungen erhielten, was sie tun sollten. Halluzinierte Instruktionen hätten noch vor 3.000 bis 4.000 Jahren das Verhalten jedes Individuums so gesteuert, das es sich weitgehend konfliktfrei in das Funktionieren der Gemeinschaft einfügte.[552]

Angesichts gravierender geopolitischer Veränderungen im zweiten Jahrtausend vor Christus, wie Naturkatastrophen, Völkerwanderungen und kriegerische Auseinandersetzungen, sei die Steuerungsfunktion der Halluzinationen aber zunehmend überfordert gewesen. Der Anpassungsdruck auf die damaligen Menschen habe dramatisch zugenommen. Das Halluzinieren des göttlichen beziehungsweise kollektiven Willens habe in solchen Ausnahmesituationen nicht mehr das Überleben der Volksgruppen und ihrer Mitglieder, wie zum Beispiel der Israeliten in der ägyptischen Gefangenschaft, sichern können. Das Überleben in dieser Zeit habe wesentlich davon abgehangen, dass die Besiegten den fremden Eroberern gegenüber ihren „Hass hinter einer Maske der Akzeptanz des Unvermeidlichen" verbergen und „vordergründig gehorchen" konnten. Eine solche „Langzeit-Täuschung" habe jedoch „die Erfindung eines analogen Selbst" erfordert, „das etwas ganz anderes tun oder sein kann als das, was die Person tatsächlich (nach außen sichtbar) tut oder ist". Jaynes glaubt auch, dass die erzwungene Konfrontation mit fremden Völkern, anderen Göttern, unverständlichen Sprachen und ungewohnten Bräuchen dazu führte, dass die Menschen begannen, als Ursache für das beunruhigend andersartige Verhalten der Fremden etwas in jenen anzunehmen, das anders war als sie selbst. Zuerst habe man in anderen so etwas wie Geist, Seele oder Bewusstsein unterstellt, dann erst habe sich die Vorstellung des eigenen Bewusstseins beziehungsweise des eigenen Selbst entwickeln können.[553]

552 J. Jaynes, 1982, S. 126. Als Beleg für das friedliche Zusammenleben der Menschen in Gemeinschaften, die durch halluzinierte Götter organisiert wurden, führt Jaynes auf Seite 160 an, dass es im Inka-Reich vor seiner Vernichtung durch die Spanier im Jahr 1532 keine Haustüren und wohl auch keine Diebe gab, und auf Seite 218, dass die Städte Mesopotamiens vor 2500 v. Chr. nicht befestigt waren.

553 J. Jaynes, 1982, S. 212, 217, 220. Jaynes spricht vom Selbst als „analogem Selbst" und vom Ich als „analogem Ich", weil er davon ausgeht, dass wir unseren „subjektiven bewussten Geist" nur metaphorisch in Analogie zu dem beschreiben und begreifen können, was wir „reale Welt" nennen. Das Vokabular für das subjektive Bewusstsein entstamme vor allem der visuellen Wahrnehmung der physikalischen Welt in Raum und Zeit sowie unserer körperlichen Aktionen in dieser Welt: Wir sehen zum Beispiel hell und klar brillante Lösungen innerhalb eines metaphorischen geistigen Raums, in dem wir uns einem Problem von verschiedenen Gesichtspunkten nähern. Dinge können über unseren Verstand gehen oder außerhalb unseres Vorstellungsvermögens liegen. Wir können Dinge schnell oder langsam begreifen. Im inneren geistigen Raum können wir die Dinge und ihre

Jean Gebser unterschied vier Bewusstseinsstrukturen, eine archaische, eine magische, eine mythische und eine mentale, die in der Kulturgeschichte des Menschen aufeinander gefolgt sein sollen. Jede Struktur bleibt nach Gebser auch dann noch wirksam, wenn eine neue Struktur aus ihr „herausmutiert" ist. Der Übergang von einer Bewusstseinsstruktur zur nächsten erfolgt zudem nicht kontinuierlich, sondern diskontinuierlich, quasi sprunghaft. Den Übergang vom magischen zum mythischen Denken habe ich oben schon besprochen. Der nächste Übergang von der mythischen zur mentalen Bewusstseinsstufe entspricht recht genau der tief greifenden Wende in der Bewusstseinsentwicklung in Richtung Selbst- und Ich-Bewusstsein, die auch Jaynes beschreibt. Nach Gebser handelt es sich um das „In-Erscheinung-Treten des gerichteten Denkens", das im fünften Jahrhundert vor Christus in Griechenland einen ersten Höhepunkt erreichte. Dieses „ist objektbezogen [...] und erhält seine Kraft aus dem einzelnen Ich".[554] Das gerichtete Denken zeige sich in Dualitäten, zum Beispiel von Mensch und Gott oder Subjekt und Objekt. Es seien individualistische, ichbezogene, auf einzelne als nützlich erachtete Objekte gerichtete Sichtweisen entstanden. Die bisherige Entsprechung von Seele und Natur sei verloren gegangen, ebenso die Ausrichtung am Kollektiv. Der individualisierte Mensch habe sich in einen Gegensatz zur Welt gestellt.[555]

Sowohl Gebser als auch Jaynes stützen sich mit ihren Bewusstseinstheorien stark auf die Texte der Ilias, die wahrscheinlich im neunten vorchristlichen Jahrhundert niedergeschrieben wurden.[556] Die Ilias beschreibt Bewusstseinszustände ihrer Helden, die zu einem großen Teil als noch nicht intentional und eigenverantwortlich gelten können. Jaynes schreibt: „Die Charaktere der Ilias setzen sich nicht nieder und denken (nicht) darüber nach, was zu tun ist. Sie haben kein Bewusstsein in der Art, wie wir sagen, dass wir es haben, und sicher keine Introspektion [...]. Es sind die

Bedeutung nach Belieben manipulieren. Wir können uns selbst von außen betrachten wie eine Hauptfigur in einem Roman, der aus den Episoden unseres Lebens besteht. Wir können uns auch bildhaft vorstellen, wie wir Dinge tun, die wir in Wirklichkeit nicht tun oder nie tun würden. (S. 55-65)

554 J. Gebser, 1949: „Ursprung und Gegenwart", 1. Band: „Die Fundamente der aperspektivischen Welt", Stuttgart: Deutsche Verlags-Anstalt, S. 125.

555 J. Gebser, 1949, S. 163.

556 Das Heldenepos, das die letzte Episode des Trojanischen Krieges erzählt, wird bekanntlich Homer zugeschrieben. Wahrscheinlich wirkten aber – ähnlich wie am Alten Testament – viele Autoren mit. In ihrer schriftlichen Form dürfte die Ilias im 9. vorchristlichen Jahrhundert entstanden sein, sie beruht jedoch auf mündlichen Überlieferungen, die bis ins 13. vorchristliche Jahrhundert zurückreichen sollen.

Götter, die Streitigkeiten zwischen Menschen anzetteln [...]. Es ist ein Gott, der Achilles versprechen lässt, nicht in den Krieg zu ziehen, und ein anderer Gott, der ihn drängt, in den Krieg zu ziehen [...]. Die Anfänge von Handlungen bestehen nicht in bewussten Plänen, Gründen und Motiven, sie bestehen in den Akten und Reden von Göttern." Die Helden der Ilias verfügten, wie Jaynes meint, vielfach noch nicht über ein Ich, wie auch die Sage selbst nicht von Menschen bewusst geschaffen worden sei, sondern „der Gesang einer Göttin" gewesen sei, „welchen der in Trance befindliche Barde 'hörte' und seinen Eisenzeit-Zuhörern vorsang".[557] Für Gebser ist die Ilias aber zugleich auch der früheste uns bekannte Bericht, der zum ersten Mal innerhalb unserer abendländischen Welt „eine geordnete, von Menschen und nicht ausschließlich von Göttern getragene Handlung in einem gerichteten, also auch kausalen Ablauf beschreibt".[558] In der Ilias werden nach Gebser erstmals die Intentionalität menschlichen Handelns und die Zurechenbarkeit von Handlungen zu Individuen erkennbar.

Die Ilias und die rund 150 Jahre später verfasste Odyssee können folglich zu den wichtigsten literarischen Zeugnissen des erwachenden menschlichen Bewusstseins gezählt werden. Laut Jaynes stellen die Götter und ihre Anweisungen, wie sie in der Ilias zum Ausdruck kommen, „das Endstadium der Sprachentwicklung" und „das bemerkenswerteste Merkmal der Entwicklung des Lebens seit der Entwicklung des Homo sapiens selbst" dar. In den halluzinierten Anweisungen der Götter seien alle Anweisungen und Ermahnungen verschmolzen, die ein damaliger Mensch im Laufe seines Lebens erhalten hatte. In den Halluzinationen lebten möglicherweise auch wichtige Verstorbene, zum Beispiel die Eltern oder auch ein König, weiter. Ein Gott war nach Jaynes damals einfach „ein Teil des Menschen", der „führt, berät und befiehlt". So gesehen sei „der Trojanische Krieg von Halluzinationen geführt" worden. „Und die Soldaten, die in dieser Weise geführt wurden, waren in keiner Weise wie wir. Sie waren vornehme Automaten, die nicht wussten, was sie taten." Sie wurden von einem Teil ihres Nervensystems wie Slaven kommandiert und waren „nicht verantwortlich für ihre Handlungen". Doch die Anwesenheit der Stimmen, die zu befolgen gewesen seien, sei zugleich „die absolute Voraussetzung für die bewusste Stufe des Geistes gewesen, in der es das Selbst ist, das verantwortlich sein und innerhalb seiner selbst debattieren, Befehle geben und führen kann". Durch die

557 J. Jaynes, 1982, S. 69, 72-73.

558 J. Gebser, 1949, S. 125.

Schöpfung eines solchen Selbst durch die Kultur seien wir „in gewissem Sinn unsere eigenen Götter geworden".[559]

Kommen wir zurück zu Adam und Eva. Der Sündenfall und die in ihm dargestellte Freiheit, sich gegen oder für eine Versuchung, für Gehorsam oder Ungehorsam zu entscheiden, sowie die Möglichkeit, zu täuschen und getäuscht, zur Verantwortung gezogen und bestraft zu werden, haben möglicherweise eine noch viel weiter gehende Bedeutung, als nur eine Metapher für den von Jaynes vermuteten Umbruch im menschlichen Bewusstsein am Übergang vom zweiten zum ersten vorchristlichen Jahrtausend zu sein. Von der Geschichte selbst, diesem inzwischen rund 3.000 Jahre alten, gleichnishaften Narrativ – Dawkins, Dennett und Blackmore würden von einem Mem sprechen – ging und geht noch immer ein mächtiger und nachhaltiger Einfluss auf das Selbstverständnis der Menschen im jüdisch und später christlich geprägten Kulturraum aus. Die Geschichte lässt sich durchaus auch als ein Heldenepos verstehen, in denen zwei Menschen, ähnlich wie Odysseus, erstmals das ungeheuerliche Risiko eingehen, sich gegen eine Gottheit zu stellen. Jaynes sieht den in Ithaka seit dem neunten vorchristlichen Jahrhundert verehrten Odysseus als „Helden einer neuen Mentalität, wie man in einer zerstörten Welt mit geschwächten Göttern fertigwird". Der listige Odysseus täuscht – was in der Ilias noch undenkbar wäre – die Göttin Athene.[560] Warum sollten Adam und Eva nicht auch – wenn auch weniger offensichtlich – eine der Gestalt des Odysseus vergleichbare Vorbildfunktion gehabt haben und noch immer haben? Verlangt unsere Kultur nicht geradezu von uns, dass wir ein gewisses Maß an Ungehorsam zeigen, nach Erkenntnis streben – und schuldig werden?

Die paradoxe, ja tragische Qualität dieses Anspruchs kommt meines Erachtens im Begriff der Erbsünde[561] zum Ausdruck. Die paulinische Lehre von der Erbsünde,

559 J. Jaynes, 1982, S. 79, 201-202.

560 J. Jaynes, 1982, S. 272-276. Die Täuschung von Athene durch Odysseus wird im 13. Gesang der Odyssee (250-255) beschrieben: „Da freute der herrliche Dulder Odysseus sich im innersten Herzen des Vaterlandes, das jetzo Pallas Athene ihm nannte, des Wetterleuchtenden Tochter. Und er redte sie an, und sprach die geflügelten Worte; doch vermied er die Wahrheit mit schlau abweichender Rede, und sein erfindungsreicher Verstand war in steter Bewegung."

561 Die Theologie der Erbsünde wurde um das Jahr 56 n. Chr. vom Apostel Paulus (vor allem in seinem Brief an die Gemeinde in Rom) entwickelt: „Darum, gleichwie durch einen Menschen [Adam] die Sünde in die Welt gekommen, und durch die Sünde der Tod, und also der Tod zu allen Menschen durchgedrungen ist, auf Grund dessen, dass sie alle gesündigt haben [...]. Denn gleichwie durch des einen Menschen Ungehorsam die Vielen in die Stellung von Sündern gesetzt worden sind, so werden auch durch den Gehorsam des Einen [Jesus] die Vielen in die Stellung von Gerechten gesetzt

die übrigens keine Entsprechung im Judentum oder Islam hat, sieht den Menschen von Geburt an und unausweichlich in seiner sündigen, ihn von Gott trennenden und todbringenden Natur gefangen, also als durch und durch unfrei. Befreit und errettet werden kann der Mensch nach Paulus nur, indem er sich an Jesus Christus bindet, den – so Paulus – Gott als Erlöser in die Welt entsandt hat, um die Erbsünde und alle weiteren Sünden durch seinen freiwilligen Opfertod am Kreuz wiedergutzumachen und die Menschen mit Gott zu versöhnen. Die Idee eines „peccatum originale" erscheint mir im Zusammenhang mit unserem Thema der höheren Ich-Leistungen und vor allem mit der Frage des freien Willens beachtenswert: Nach Paulus liegt es in der „Natur"[562] eines jeden bewusstseinsfähigen Menschen zu sündigen, das heißt, wir müssen unausweichlich unsere Determinierung durch kollektive Muster, Regeln und Erwartungen irgendwann durchbrechen und damit – gemessen an diesen soziokulturellen Normen – schuldig werden. Deckt sich diese Vorstellung des Paulus nicht mit unserer tatsächlichen Lebenserfahrung? War und ist für unsere persönliche Reifung, Individuation und Selbstwerdung – neben der grundlegenden Fähigkeit, sich zu beherrschen, Versuchungen zu widerstehen und sich einzufügen – nicht auch ein gutes Maß an Bereitschaft notwendig, Grenzen zu überschreiten und Schuldzuweisungen, Strafen sowie Schuldgefühle in Kauf zu nehmen?[563]

werden" (Röm. 5, 12 und 19). Die von Aurelius Augustinus im 4. nachchristlichen Jahrhundert eingeführte lateinische Bezeichnung „peccatum originale" bedeutet eigentlich „ursprüngliche Sünde" oder „Ursünde".

562 Ich habe hier „Natur" in Anführungszeichen gesetzt, um deutlich zu machen, dass ich Natur an dieser Stelle nicht als biologische, sondern als kulturelle Natur verstehe. Im folgenden Absatz verwende ich Natur und Kultur im Sinne von Gegensätzen.

563 Meinem Freund Gerhard Scheidhauer verdanke ich den Hinweis, dass die Geschichte vom Sündenfall und die Lehre von der Erbsünde bereits im 18. und 19. Jahrhundert von Denkern der Aufklärung und des Idealismus im Sinne eines notwendigen Entwicklungsschritts uminterpretiert wurden. Es seien hier nur zwei Autoren, Kant und Hegel, genannt. Für Kant (1786: „Mutmaßlicher Anfang der Menschheitsgeschichte", in: W. Weischedel, 1964: „Immanuel Kant, Werke in zehn Bänden, Bd 9, Schriften zur Anthropologie, Geschichtsphilosophie, Politik und Pädagogik, Erster Teil", Wiesbaden, S. 85-102) erzählt die Sündenfallgeschichte auf mythologische Weise von dem „Übergang aus der Rohigkeit eines bloß tierischen Geschöpfs in die Menschheit, aus dem Gängelwagen des Instinkts zur Leitung der Vernunft, mit einem Worte: aus der Vormundschaft der Natur in den Stand der Freiheit". Für Kant ist die Übertretung des Verbotes, von der Frucht des Baumes der Erkenntnis zu essen, primär kein Aufbegehren gegen Gott (wie dies etwa bei Prometheus in der Interpretation von Friedrich Nietzsche der Fall war), sondern „ein Fortschritt vom Schlechteren zum Besseren". Sie gehe mit dem Erwachen der apriorischen Vernunft notwendig einher. Erst die Vernunft mache die göttlichen Gebote und Verbote bewusst beziehungsweise setze sie aus sich selbst heraus in Einheit mit dem göttlichen Gesetz. Gottfried Wilhelm Friedrich Hegel thematisiert den Sündenfall in verschiedenen Schriften, unter

Im Kapitel 14 über Konsistenz, Kongruenz und Kohärenz sprach ich davon, dass uns Menschen in unserer Doppelbestimmung als Natur- und Kulturwesen Inkonsistenz wesenseigen ist. Eine gute Portion Inkonsistenzspannung und damit Leidensdruck scheint soziokulturell durchaus „gewollt" zu sein. Durch unsere Erziehung wurden und werden wir in das Spannungsfeld zwischen dem Anspruch der Freiheit und sozialer Verpflichtung, zwischen Individualismus und Kollektivität, zwischen Narzissmus und Altruismus/Moralität gestellt. Offensichtlich war unsere Erziehung sehr erfolgreich dabei, unsere biologischen Antriebe wie zum Beispiel Intentionalität, Libido, Exploration, Aggression, Bindung oder Separation von frühester Kindheit an in sozialisierte Antriebe umzuformen. Das von der Kultur künstlich erzeugte Spannungsfeld hat in der Natur keine Entsprechung. Erst aus seiner starken Polarität heraus gewinnt unsere Kultur ihre sich selbst verstärkende Eigendynamik. Die natürlichen Antriebe der Kulturteilnehmer fließen in einen unglaublich schöpferischen Mechanismus einer sich gegenseitig verstärkenden Wechselwirkung zwischen individuellen und kollektiven Ambitionen ein. Das Streben nach Können, Wissen und Moralität haben für das Überleben des Kollektivs eine überragende Bedeutung und wirken mindestens ebenso mächtig wie die ursprünglichen biologischen Antriebe. Der Anspruch der Kultur ist jedem von uns als Ich-Ideal (siehe nächstes Kapitel) ins limbische Stammbuch geschrieben.

Das Spannungsfeld kann uns aber auch zerstören, wenn wir keine Balance finden zwischen unseren eigenen (egoistischen, narzisstischen, libidinösen, materiel-

anderem in den „Vorlesungen über die Philosophie der Religion" (Werke Band 16, S. 259-278); in „Enzyklopädie der philosophischen Wissenschaft in Grundrissen" (Werke Band 8, S. 86-91) und in den „Vorlesungen über die Philosophie der Geschichte" (Werke 12, S. 388-391; die 20-bändige Theorie-Werkausgabe auf der Grundlage der Werke von 1832 bis 1845 wurde herausgegeben von Eva Moldenhauer und Karl Markus Michel bei Suhrkamp, Frankfurt/M., 1969 bis 1971). Hegel las die Erzählung vom Sündenfall als „Geschichte des menschlichen Geistes", in welcher der Mensch den ursprünglichen, mit sich selbst einigen, harmonischen und unschuldigen, aber tierisch-rohen, naiven und unfreien Zustand der Einheit mit der Natur verlassen muss. Hegels Dialektik sieht den Abfall von Gott, den Fall in Sündhaftigkeit, Elend, Verderbtheit und Zwiespalt des eigenen Wesens als notwendige Antithese zum paradiesischen Urzustand (der These). Getrenntsein von Gott und wahres Menschsein sind bei Hegel dasselbe. Den Sündenfall verstand Hegel nicht als Fehltritt, sondern als einen notwendigen Zwischenschritt, der über den unzulänglichen Urzustand hinaus zum eigentlichen, von Jesus vermittelten Ziel (der Synthese) führte, zu einer neuen Einheit und Versöhnung mit Gott, zu einem neuen Glück in der Erlösung. Das Böse sei nicht der Sündenfall, durch den wir das Paradies (einen „Park, wo nur die Tiere und nicht die Menschen bleiben können") verlassen haben. Das Böse bestehe vielmehr darin, ganz im subjektiven Standpunkt der Zerrissenheit zu verharren, zu versuchen, in sich selbst Halt zu finden, und nicht die neue Versöhnung mit dem Objektiven auf höherer Ebene zu suchen. Sünde sei die Subjektivität, die sich in sich verschließe als fixierte Einzelheit gegen die allgemeine Bewegung, die ihre eigentliche Wahrheit wäre.

len und so weiter) Bedürfnissen und den Erwartungen, die von unserer sozialen Umwelt an uns herangetragen werden. Mitunter müssen wir uns sogar gegen diese Erwartungen stellen. Ohne Inkonsistenzspannung gäbe es wahrscheinlich gar keine Wahlfreiheit. Erst wenn uns Entscheidungen schwerfallen – bei kognitiver Dissonanz, im Zustand emotionalen Hin- und Hergerissenseins – werden wir aus unseren alltäglichen Denk-, Bewertungs- und Verhaltensmustern herausgerissen. Wir müssen dann unsere Aufmerksamkeit und alle mentalen Ressourcen auf die Entscheidungsfindung fokussieren. Wir brauchen gegebenenfalls Rat von außen, aus Büchern, aus dem Internet, von Beratern, Trainern, Therapeuten, Seelsorgern oder von Freunden. Wir müssen das Für und Wider abwägen. Wir müssen uns unter Umständen mit der Entscheidung Zeit lassen. Nach Marion Friedrich gibt es Entscheidungen und damit Willensfreiheit nur, wenn das Denken, das Abwägen von Gründen und Folgen, involviert ist.[564] Aber garantieren das Denken und das Abwägen von Gründen und Folgen wirklich den freien Willen?

Für Friedrich ist es letztendlich „irrelevant, ob der freie Wille tatsächlich frei ist oder nur als seine Vorstellung existiert [...] – die Annahme eines autonomen, subjektabhängigen Willens einer bewussten Person erleichtert uns durch die implizierte ethisch-moralische Verantwortbarkeit jedes Individuums das Zusammenleben". Oder wie es Daniel C. Dennett ausdrückt: „Die Aufgabe, ein Ich mit Verantwortung zu erzeugen, ist eines der wichtigsten sozialen und erzieherischen Projekte [...]. Es lohnt sich, freien Willen und moralische Verantwortung zu wollen."[565] Das sind pragmatische Sichtweisen, mit denen ich als Arzt und Therapeut etwas anfangen kann: Unser soziales Zusammenleben funktioniert wesentlich auf der Grundlage dessen, dass wir uns gegenseitig Verantwortungsfähigkeit zutrauen. Wir vertrauen anderen Verantwortlichkeit für bestimmte Dinge oder Aufgaben an und übernehmen selbst Verantwortung für bestimmte Dinge oder Aufgaben. Wenn wir Fehler machen oder versagen, tragen wir idealerweise dafür die Verantwortung und erwarten dies auch von anderen. Verantwortung tragen heißt auch, dass wir auch dann noch das von uns Erwartete oder das anderen Zugesagte leisten, wenn wir keine Lust mehr haben und wenn uns egoistische Motive eigentlich andere Prioritäten nahelegen würden. Umgekehrt halten wir andere Menschen nur dann für verantwortungsfähig, wenn wir ihnen zutrauen, dass sie – aus freiem Willen – ihre egois-

564 M. Friedrich, 2008: „Vom Neuron zum Qubit. Auf den Spuren des Bewusstseins", Marburg: Tectum, S. 236.

565 M. Friedrich, 2008: „Vom Neuron zum Qubit. Auf den Spuren des Bewusstseins", Marburg: Tectum, S. 19; D. C. Dennett, 1994: „Philosophie des menschlichen Bewusstseins", Hamburg: Hoffmann und Campe, S. 550-551, Original 1991: „Consciousness explained", Boston: Little, Brown.

tischen Bedürfnisse zugunsten ihrer übernommenen Verpflichtungen beherrschen können.

Verantwortungsfähigkeit unterscheidet sich dabei deutlich von blinder Pflichterfüllung. Blinde Pflichterfüllung erfolgt mechanisch, unreflektiert und alternativlos. Menschen, die blind ihre Pflicht erfüllen, wirken auf uns nicht willensfrei. Sie scheinen vielmehr aus einem inneren Zwang und aus einer inneren Unfreiheit heraus zu handeln. Wir würden ihnen deshalb auch keine komplexen Verantwortlichkeiten anvertrauen. Verantwortungsfähigkeit impliziert, dass wir in der Lage sind, bewusst innere Konflikte durchzustehen und unterschiedliche Handlungsoptionen, Werte und Zielgrößen gegeneinander abzuwägen. Verantwortungsfähigkeit impliziert auch, dass wir einen inneren Maßstab dafür besitzen, was Verantwortlichkeit bedeutet. Vor allem aber müssen ein Wille zur Verantwortung, eine Freude an der Verantwortung und ein Stolz auf Verantwortung vorhanden sein. Pflichten erfüllen wir in der Regel, weil wir sie aus äußerer oder innerer Notwendigkeit heraus erfüllen müssen. Verantwortung aber wählen wir. Verantwortungsfähige Menschen sind in der Lage, ihr sittliches Urteil und ihr Wollen zur Deckung zu bringen. Unser soziales Zusammenleben beruht wesentlich auf der impliziten Voraussetzung, dass wir uns gegenseitig als willensfrei und verantwortlich ansehen, behandeln und behandeln lassen. Verantwortungsfähigkeit und Willensfreiheit hängen eng zusammen.

Von unserer biologischen Natur aus besitzen wir freien Willen und Verantwortungsfähigkeit freilich nicht. Aus der historischen Perspektive gesehen, die Jaynes für die Entwicklung des menschlichen Bewusstseins entworfen hat, lassen sich das phänomenale Selbst, die Willensfreiheit und die Verantwortung des Menschen als Bestandteile einer Überlebensstrategie verstehen, die erst vor rund 3.000 Jahren aus der nackten Not heraus unserer biologischen Natur aufgenötigt wurde. Vor diesem – zugegebenermaßen spekulativen – Hintergrund scheint es mir nachvollziehbar, dass so viele Menschen mit der Freiheit und Verantwortung, die ihnen das Leben, insbesondere in unserer westlichen Kultur, abverlangt, sichtlich überfordert sind. Der Anspruch, willensfrei und verantwortungsfähig zu sein, ist ohne Zweifel eine große Bürde. Allzu oft schlägt er in Orientierungslosigkeit, Angst, Verzweiflung, Versagens- und Schuldgefühle oder auch in völlige Erschöpfung um. Aber ist der Verzicht auf den Anspruch nach Freiheit und Verantwortung eine Alternative? Vorübergehend sicherlich ja: Psychische und psychosomatische Erkrankungen lassen sich psychodynamisch unter anderem aus ihrer Funktion heraus verstehen, dem betroffenen Patienten für eine gewisse Zeit Entlastung, Schonung, gegebenenfalls auch Unterstützung und Führung zu verschaffen.

Viele Menschen und Patienten sind schon mit den alltäglichen Anforderungen, Verantwortungen und Erwartungen überfordert, welche die Umwelt an sie als Mutter oder Vater, als Liebespartner, als Mitarbeiter oder als Kreditnehmer heranträgt. Zu einer solchen Überforderung kann es leicht kommen, wenn das Ich-Funktionen-Niveau eines Patienten nur mäßig oder gering integriert ist (vgl. Kapitel 27 über das Ich und die Ich-Funktionen in Abgrenzung vom Selbst). Solche Menschen können nur mit einem begrenzten Maß an Freiheit und Verantwortung umgehen. Die Aufgabe des Psychotherapeuten oder einer therapeutischen Einrichtung besteht darin, das strukturelle Defizit dieser Menschen nicht – wie es die meisten Menschen ohne psychotherapeutische Kenntnisse spontan tun würden – als ein böswilliges Nichtwollen zu interpretieren. Vielmehr muss der Therapeut für diese Patienten über einen längeren Zeitraum eine beelternde Funktion übernehmen, das heißt wie für ein Kind oder einen Jugendlichen teilweise Verantwortung für das Leben dieser Patienten mittragen, geeignete organisatorische Rahmenbedingungen herstellen (zum Beispiel die Möglichkeit, den Therapeuten im Notfall auch außerhalb der regelmäßigen Therapiesitzungen zu erreichen), gegebenenfalls sogar wichtige Entscheidungen für den Patienten treffen.

Als Arzt und Psychotherapeut würde ich aber nie den Anspruch und das Ziel aufgeben, dass selbst Patienten mit geringem Ich-Funktionen-Niveau das Maximum an Eigen- und Fremdverantwortung, zu dem sie in der Lage sind, selbst tragen und dass sie mit meiner Unterstützung das Maß ihrer Verantwortung langsam, aber sicher ausdehnen. Nach und nach sollen diese Patienten lernen, welche Selbststeuerungs- und Interaktionsfähigkeiten, die bei anderen Menschen wie selbstverständlich vorhanden sind, bei ihnen schicksalhaft nur unzureichend zur Verfügung stehen. Sie sollen verstehen, warum sie in der Vergangenheit bei bestimmten Anforderungen des Lebens (zum Beispiel in einer neuen Liebesbeziehung) immer wieder scheitern mussten, weil für sie die notwendigen strukturellen Fähigkeiten (zum Beispiel Selbstwahrnehmung, Fremdwahrnehmung, Affekt- und Impulssteuerung, Selbstwertregulierung, emotionale Kommunikation, Bindungen eingehen, erhalten und lösen) einfach nicht verfügbar waren. Ich ermutige die Patienten, sich selbst so, wie sie sind, zu akzeptieren – und das Beste daraus zu machen.[566] Stück für Stück

566 Die Art von Gestaltung der Therapiebeziehung, die ich hier beschreibe, basiert auf dem Konzept der strukturbezogenen Psychotherapie, das Gerd Rudolf (2004: „Strukturbezogene Psychotherapie

erobern sich die Patienten Lebensbereiche, in denen sie früher Schiffbruch erlitten haben. Sie kennen nunmehr ihre Defizite, aber auch ihre Ressourcen, die sie nutzen können. Sie begreifen, dass sie bei manchen Aufgaben und Beanspruchungen auf fremde Hilfe angewiesen sind. Sie verstehen möglicherweise auch, warum es ihnen so schwerfällt, Hilfe anzunehmen, und überwinden vielleicht ihre Hemmungen, andere um Hilfe zu bitten.

An Patienten mit strukturellen Defiziten zeigt sich am deutlichsten, dass uns Willensfreiheit und Verantwortung nicht einfach angeboren sind. Wenn sie nicht in der Kindheit durch die Erziehung und ein geeignetes elterliches Vorbild und Training erworben wurden, müssen sie später im Erwachsenenalter sehr mühsam (und unvollständig) nacherarbeitet werden, zum Beispiel in der Psychotherapie. Als Psychotherapeut versuche ich generell, meinen Patienten wichtige Determinanten, die ihren Willensentscheidungen zugrunde liegen, deutlich zu machen. Ich kann zum Beispiel ihre strukturellen Defizite und Ressourcen benennen oder Hypothesen (Deutungen) über ihre nicht bewussten Motivationen und inneren Hemmungen bilden. In der Gruppentherapie und insbesondere bei transkulturellen Begegnungen können die Patienten eine Vielzahl von unterschiedlichen Strategien kennenlernen, mit denen andere Menschen die Herausforderungen ihres Lebens meistern. Wenn Patienten ihre eigenen Defizite, Ressourcen, nicht bewussten Motivationen und Hemmungen sowie alternative Muster der Lebensbewältigung kennenlernen, werden sie dadurch nicht zwangsläufig freier, aber vielleicht etwas weniger unfrei. Sie erweitern zumindest potenziell ihre Wahlmöglichkeiten und Freiheitsgrade.

Genau um dieses bescheidene Etwas-Mehr an Freiheit geht es in psychodynamischen Therapieverfahren wie der Analytischen Psychotherapie und der Tiefenpsychologisch fundierten Psychotherapie. Das Ziel ist, bestimmte Antriebe, Motivationen, Fantasien, Hemmungen, Abwehrmechanismen und Affekte zu erhellen, von denen angenommen wird, dass sie wesentlich an der Entstehung einer psychischen oder psychosomatischen Symptomatik beteiligt sind. Durch die Therapie soll das Ich des Patienten einen besseren Zugang zu den nicht bewussten innerpsychischen Vorgängen gewinnen und diese auf der Verhaltensebene zunehmend besser steuern können. Mehr Kontrolle des Ich über die nicht bewussten Motivationen soll die Zwangsläufigkeit von innerseelischen Prozessen und von Verhaltensmustern vermindern und damit mehr Wahlfreiheit im Sinne bewusst

– Leitfaden zur psychodynamischen Therapie struktureller Störungen", Stuttgart: Schattauer) entwickelt hat.

(metakognitiv) reflektierter Motivation ermöglichen. Der Patient soll auf diese Weise die schädlichen und leidvollen unbewussten Muster seiner Vergangenheit nicht mehr ständig wiederholen müssen. Letztendlich soll der Patient sein Verhalten und seine Einstellungen so verändern, dass sich seine Symptome bessern oder ganz verschwinden können.

In Bezug auf den freien Willen scheint mir noch die psychodynamische Unterscheidung von „falschem und wahrem Selbst" bedeutsam. Das „wahre Selbst" entwickelt sich nach Donald Winnicott auf der Grundlage der Beziehung zu einer „ausreichend guten Mutter" („good enough mother"), die nicht nur die Triebbedürfnisse des Säuglings wahrnimmt, sondern auch seine Kreativität anerkennt, seine Grenzen respektiert und ein Gleichgewicht zwischen seinen Illusions- und Desillusionserfahrungen herzustellen weiß.[567] Eine ausreichend gute Mutter wird die spontanen Bewegungsimpulse des Kindes weder stören noch verformen, sondern sich ihnen anpassen sowie die Mimik und die Gesten des Kindes empathisch spiegeln. Sie wird dem Kind mit zunehmender Motilität auch erlauben, sich von ihr zu entfernen, um seine Umwelt zu explorieren. Unter solchen günstigen Umständen wird sich – darüber haben wir schon mehrfach gesprochen – das Selbst des Kindes als zunehmend autonomes Zentrum von spontaner Bewegungs- und Entdeckungslust sowie von ureigenstem Erleben entfalten können. Das ist es, was Winnicott unter „wahrem Selbst" verstand.

Ein „falsches Selbst" im Sinne einer „Als-ob-Persönlichkeit" resultiert nach Alice Miller, wenn sich ein Kind allzu sehr an die elterlichen Bedürfnisse anpassen muss, um deren Liebe zu gewinnen.[568] Ein solches Kind erfährt schon früh, dass es nicht für seine realen Eigenschaften geliebt wird, sondern für imaginäre Eigenschaften, welche sich die Eltern vom Kind wünschen. Gerade Kinder, die von ihren Eltern nicht ausreichend gespiegelt werden oder unsicherere Bindungserfahrungen machen, bleiben aufgrund ihrer instabilen Objekt-, Selbst- und Bindungsrepräsentanzen von der äußeren Anerkennung ihrer Eltern besonders abhängig. Die Kinder entwickeln eine erhöhte Sensibilität für die Bedürfnisse und Befindlichkeiten der Eltern und lernen, nur das zu zeigen, was die Eltern, zum Beispiel für die Befriedigung ihrer eigenen narzisstischen Bedürfnisse, brauchen. Es handelt sich dabei nicht etwa um

567 D. Winnicott, 1974: „Reifungsprozesse und fördernde Umwelt", Gießen: Psychosozial Verlag, S. 193.

568 A. Miller, 1996: „Das Drama des begabten Kindes und die Suche nach dem wahren Selbst: Eine Um- und Fortschreibung", Frankfurt/M.: Suhrkamp, S. 37.

bewusste und eigennützige Täuschungsmanöver, hinter denen sich ein bewusstes „wahres Selbst" verbirgt, so wie das die Odyssee vom listigen Odysseus erzählt. Vielmehr haben die Kinder den Kontakt zu ihrem wahren Selbst verloren oder nie entwickelt. Die Selbstwahrnehmung, der Zugang zu den eigenen, echten Gefühlen und Bedürfnissen, ist verkümmert. Ein Mensch mit einem solchen Schicksal lebt auch als Erwachsener nicht wirklich selbstbestimmt sein eigenes Leben. Wenn ein solcher Mensch psychisch oder psychosomatisch erkrankt, besteht eine wesentliche Aufgabe der Psychotherapie darin, ihn Schritt für Schritt in Kontakt mit den verschütteten Anteilen seines „wahren" Selbst zu bringen und den inneren Zwang abzumildern, dass er weiter unbewusst ein Leben für seine Eltern leben muss.

Kommen wir abschließend zurück zu der Unterscheidung, die ich am Anfang des Kapitels zwischen der Freiheit v o n etwas und der Freiheit z u etwas getroffen habe. Die meisten Psychotherapiemethoden versuchen, seelisch kranke Menschen aus der Macht schädlicher Determinanten und Muster der Vergangenheit zu befreien, zum Beispiel indem sie diese so bewusst wie möglich machen oder durch geeignetes Training das aktuelle Wahrnehmen, Fühlen, Denken und Verhalten der Patienten von der Vergangenheit entkoppeln. Diese Befreiung v o n den Zwängen der Vergangenheit zeigt nach meiner Erfahrung die beste Langzeitwirkung, wenn sie mit der Frage verbunden wird, w o z u der Patient die in der Therapie gewonnenen Freiheitsgrade zukünftig sinnvoll nutzen kann. Ich frage meine Patienten grundsätzlich, wofür sie gesund werden wollen, was sie tun werden, wenn ihre Symptome nachgelassen haben oder ganz verschwunden sind. Meine Patienten müssen mich davon überzeugen, dass es sich wirklich lohnt, gesund zu werden, bevor ich sie einlade, den oft mühsamen Therapieprozess auf sich zu nehmen.

Der nicht selten geäußerte Wunsch von Patienten, dass durch die Psychotherapie wieder alles so sein soll, wie es vor dem Krankheitsbeginn einmal war, überzeugt mich als Psychotherapeut nicht. Seelisches Leiden und – damit häufig verbunden – der von den Patienten subjektiv erlebte Verlust der Selbstbestimmung und Willensfreiheit stellen aus meiner psychotherapeutischen Perspektive grundsätzlich eine große Entwicklungschance dar. Durch die Krankheit wird den Patienten überhaupt erst bewusst, wie stark sie in alte Bindungen und unbewusste Delegationen, Motivationen und Muster verstrickt und wie unfrei sie eigentlich sind, wie unfrei wir alle sind. Das ist schmerzlich, aber es ist zugleich erhellend: Als Menschen sind wir grundsätzlich immer an irgendetwas oder an irgendjemanden gebunden. Doch wir können ein Wörtchen dabei mitreden, an wen oder was wir uns binden wollen. Die zentrale Frage, die ich mir als Therapeut immer wieder stelle, ist, welche die dringendste Entwicklungsaufgabe ist, die der Patient mit meiner Hilfe zu bewältigen hat. Eine der wichtigsten und schwierigsten Entwicklungsaufgaben besteht für viele Patienten meines Erachtens darin, sich selbst, ihre zukünftigen Rollen, ihre Lebensziele, Ideale, Visionen und gegebenenfalls ihre Bestimmung im Leben neu oder überhaupt zum ersten Mal zu definieren. Es geht um die Frage, w o z u die Patienten ihre in der Therapie errungenen Freiheitsgrade nutzen wollen. Es geht um einen soliden Entwurf für ihren zukünftigen Lebensweg.

Fassen wir zusammen:

- Willensfreiheit besteht subjektiv im Erleben von Autonomie, bei der die Initiative aus einem selbst heraus kommt, verbunden mit der Fähigkeit, gute Gründe für das eigene Handeln zu benennen.
- Wir fühlen uns in der Regel nur so lange in unserem Willen frei, wie wir in unserem Leben von bestimmten Belastungen verschont bleiben, die unsere angeborenen und soziokulturell erworbenen Bewältigungsmöglichkeiten überfordern.
- Unser subjektives Gefühl von Selbstbestimmung hängt davon ab, dass unsere jeweiligen aktuellen Lebenserfahrungen mit jenen Mustern, Bewältigungsstrategien, Überzeugungen und Erwartungen konsistent sind, die uns insbesondere in unserer Kindheit enkulturiert wurden.
- Werden wir mit Erfahrungen konfrontiert, die mit unseren üblichen Lösungsstrategien nicht bewältigt werden können, zum Beispiel mit dem Verlust wichtiger Selbstobjekte, traumatischen Erfahrungen und schweren körperlichen Krankheiten, geht uns das Gefühl von Selbstbestimmung und Willensfreiheit leicht verloren.
- Die Neurobiologie einzelner Gehirne erklärt weder Freiheit noch Unfreiheit. Freiheit ist nichts, was Gehirnprozessen inhärent ist, sondern ein von außen durch Kultur gegebenes, symbolbasiertes Konstrukt.
- Der freie Wille ist eine kollektive Idee, ein Anspruch, der jedem Einzelnen von uns enkulturiert ist.
- Unsere Kultur stattet uns mit einem phänomenalen Selbst aus, implantiert in uns ihr Wertesystem, verordnet uns eine Wahlmöglichkeit und verlangt, dass wir das kollektiv Erwünschte wollen und auch wählen.
- Durch unsere Erziehung werden wir Menschen in das Spannungsfeld zwischen dem Anspruch der Freiheit einerseits und sozialer Verpflichtung andererseits gestellt.

- Ohne Inkonsistenzspannung gäbe es wahrscheinlich keine Wahlfreiheit.
- Erst wenn uns Entscheidungen schwerfallen – bei kognitiver und emotionaler Dissonanz – werden wir aus unseren alltäglichen Denk-, Bewertungs- und Verhaltensmustern herausgerissen und fokussieren alle unsere mentalen Ressourcen auf die Entscheidungsfindung.
- Willensfreiheit hängt eng mit Verantwortungsfähigkeit zusammen.
- Unser soziales Zusammenleben funktioniert wesentlich auf der Grundlage dessen, dass wir uns gegenseitig Verantwortungsfähigkeit zutrauen.
- Verantwortungsfähigkeit impliziert im Gegensatz zur blinden Pflichterfüllung, dass wir in der Lage sind, innere Konflikte durchzustehen und unterschiedliche Werte und Zielgrößen gegeneinander abzuwägen.
- Vor allem aber müssen ein Wille zur Verantwortung, eine Freude an der Verantwortung und ein Stolz auf die Verantwortung vorhanden sein. Echte Verantwortung wählen wir.
- Verantwortungsfähige Menschen sind in der Lage, ihr sittliches Urteil und ihr Wollen zur Deckung zu bringen.
- Der Anspruch, willensfrei und verantwortungsfähig zu sein, ist für viele Menschen eine große Bürde und schlägt oft in Orientierungslosigkeit, Angst, Verzweiflung, Versagens- und Schuldgefühle oder auch in völlige Erschöpfung um.
- An Patienten mit strukturellen Defiziten zeigt sich am deutlichsten, dass uns Willensfreiheit und Verantwortung nicht einfach angeboren sind.
- Wenn Willensfreiheit und Verantwortung nicht in der Kindheit durch die Erziehung und ein geeignetes elterliches Vorbild und Training erworben wurden, müssen sie später im Erwachsenenalter sehr mühsam (und unvollständig) nacherarbeitet werden.
- Psychodynamische Therapieverfahren verfolgen das Ziel, durch mehr Kontrolle des Ich über die nicht bewussten Motivationen die Zwangsläufigkeit von innerseelischen Prozessen und von Verhaltensmustern zu vermindern und damit mehr Wahlfreiheit des Patienten zu ermöglichen. Der Patient soll die schädlichen und leidvollen unbewussten Muster seiner Vergangenheit nicht mehr ständig wiederholen müssen.
- Eine der wichtigsten und schwierigsten Entwicklungsaufgaben in der Psychotherapie besteht darin, dass die Patienten sich selbst, ihre zukünftigen Rollen, ihre Lebensziele, Ideale, Visionen und gegebenenfalls ihre Bestimmung im Leben definieren.

Von der Freiheit.

Gerne reden wir von der Freiheit als Ziel und Erfüllung.
Doch was wir als Freiheit preisen, kann zu einer Kette werden,
deren Glieder in der Sonne glänzen und uns blenden.
Wir glauben, frei zu werden, indem wir unsere Sorgen abwerfen.
Aber das, was wir loszuwerden trachten, ist Teil unserer selbst.
Was wir lieben und ersehnen, was wir verabscheuen und fürchten,
alles gehört zusammen und spiegelt nur unser eigenes Ich wider.
Und so wird die vermeintliche Freiheit, die wir uns erkämpfen,
selbst zur Fessel einer größeren Freiheit.

(Frei nach Khalil Gibran: „Der Prophet")

32. Schuld, Gewissen, Werte und Sinn

Die Inhalte der Bibel haben – unabhängig von der Frage, ob sie „objektiv richtig“ oder „wahr“ sind – unser abendländisches Denken und Selbstverständnis über Jahrtausende nachhaltig beeinflusst. Die alttestamentarische Geschichte vom Sündenfall und der Vertreibung aus dem Paradies scheint mir von besonderer Bedeutung zu sein, steht sie doch metaphorisch und modellhaft für das schmerzliche Erwachen eines zunehmend autonomen und freien Selbst, das an die Stelle des von Jaynes vermuteten mehr oder weniger automatischen Befolgens von halluzinierten Anweisungen tritt. Mit der potenziell gefährlichen Autonomie und Freiheit eines sich seiner selbst immer bewusster werdenden Selbst ergab sich die Notwendigkeit der wirksamen sozialen Kontrolle dieses Selbst. Es bedurfte einer besonderen Form der inneren Repräsentation kollektiver Regeln, welche die Funktion der zuvor zwingenden Autorität halluzinierter Stimmen übernahm und doch einen Raum für Autonomie und Freiheit von Individuen offen ließ. Diese Art von innerer Instanz nennen wir „Gewissen“ oder – in der psychoanalytischen Terminologie – „Über-Ich“. Wir erwerben unser Gewissen beziehungsweise Über-Ich durch langes soziokulturelles Training.

Unser Gewissen hat die Eigenart, dass es uns zur Regelkonformität drängt. Es zwingt uns aber nicht, es sei denn, wir litten an einer Zwangserkrankung. Der deutlichste Ausdruck unserer Freiheit ist das Phänomen, dass wir innere Konflikte erleben. Die Konflikte, die wir zu erleben gelernt haben, bestehen in der Regel zwischen verinnerlichten sozialen Regeln, altruistischen Erwartungen und idealtypischen Anforderungen, die durch das Gewissen und das Ich-Ideal repräsentiert werden, und jenen Antrieben und Bedürfnissen, die mit diesen Regeln, Anforderungen und Erwartungen nicht kompatibel sind. Das können zum Beispiel starke hedonistische, narzisstische, expansive oder aggressive Motivationen sein, wie ein ausgeprägtes sinnliches Begehren, ein Verlangen nach besonderer Bevorzugung, eine Gier nach Besitz oder ein Streben nach Kontrolle und Beherrschung anderer. Zu einem inneren Konflikt kann es auch in Situationen kommen, in denen die Beachtung von bestimmten Regeln und Werten zwangsläufig zur Verletzung anderer Regeln und Werte führt. Wir sprechen dann von einem Gewissenskonflikt. Wer zum Erleben von Gewissenskonflikten befähigt ist, kann auch echte Verantwortung tragen.

Schuldig werden wir, wenn wir Regeln verletzen. Regeln können uns in Form von Gesetzen und Vorschriften von außen vorgegeben sein. Regeln kann sich aber auch jede Gemeinschaft, zum Beispiel ein Verein, eine Familie oder ein Paar, selbst geben. Schuld ist objektiv gegeben, wenn eine Person mit ihrem Verhalten eindeutig eine Rechtsnorm oder eine verbindlich vereinbarte Regel verletzt. Daneben gibt es ein subjektives Schuldbewusstsein und Schuldgefühle. Schuldbewusstsein und Schuldgefühle regulieren die Beziehungen zwischen einzelnen Menschen, zwischen einzelnen Menschen und dem Staat, zwischen den Völkern sowie – zum Beispiel für Christen – zwischen Mensch und Gott. Wenn ein Mensch eine Regel verletzt und uns dadurch Schaden oder Leid zugefügt wird, erwarten wir, dass dieser Mensch sich schuldig fühlt und sich schuldig bekennt. Wenn wir erkennen können, dass dieser Mensch seine Schuld einsieht und echte Schuldgefühle hat, werden unser eigener Schmerz, unsere Verbitterung und Wut über das erlittene Unrecht gelindert. Es ist dann leichter zu vergeben. Straftäter können mit milderen Strafen rechnen, wenn sie sich einsichtig und reuig zeigen. Können wir hingegen bei einem Menschen, der Regeln verletzt und damit anderen geschadet hat, keine Schuldeinsicht und keine Schuldgefühle erkennen, werden unsere negativen Emotionen und unser Wunsch, dass dieser Mensch bestraft wird, noch zunehmen.

Je stärker wir mit einem anderen Menschen emotional verbunden sind, desto stärker erwarten wir von diesem Menschen, dass er sich schuldig fühlt, wenn er für uns wichtige Werte sowie verbindlich vereinbarte oder vielleicht nur vermeintlich geltende Regeln verletzt und uns damit Leid zugefügt hat. Umgekehrt werden wir selbst desto stärkere Schuldgefühle haben, je stärker unsere Bindung an einen Menschen ist, von dem wir erfahren, dass wir ihn verletzt oder geschadet haben. Selbst wenn unser Verhalten oder Versäumnis, das den anderen verletzt oder geschadet hat, ganz ohne Vorsatz und Wissen war, werden wir uns betroffen und mit dem anderen verbunden fühlen. Wir können den Schmerz und die Enttäuschung des anderen mitempfinden. Wir werden – ungeachtet der Frage unserer objektiven Schuld – selbst einen unabsichtlich angerichteten Schaden wiedergutmachen wollen. Wenn uns das Verhalten, mit dem wir anderen Menschen wehgetan haben, aufrichtig leidtut, wenn wir sogar bereuen, was wir getan haben und wenn unser Bedauern auch für die anderen spürbar ist, wenn wir uns darüber hinaus um Wiedergutmachung bemühen, dann können wir die entstandenen Beschädigungen der Bindung und Vertrauensbasis mit diesen Menschen oft wieder heilen.

Die Fähigkeit, sich schuldig zu fühlen und sich seiner Schuld bewusst zu sein, basiert auf unserem in der Erziehung erworbenen Wissen um Verbote und Gebote, Regeln und Werte. Aber ein rein kognitives Wissen über unser Sollen reicht meist nicht aus, damit wir uns tatsächlich so verhalten, wie es von uns sozial erwartet wird. Eine rein kognitive Dissonanz zwischen dem sozial Erwünschten und unseren eigenen Wünschen und Gewohnheiten allein bewegt uns bekanntlich kaum zu einer nachhaltigen Veränderung unseres Verhaltens. Vieles verändern wir nur, wenn unser Leidensdruck groß genug ist. Eine wesentliche Funktion von Schuldgefühlen besteht darin, dass sie den erforderlichen Leidensdruck bereitstellen. Sie manifestieren sich oft mit einer deutlichen körperlichen Qualität, zum Beispiel in Form von seelischen Schmerzen, was in Sprachbildern wie „es tut mir leid“ oder „Gewissensbisse“ oder „Gewissensqualen“ zum Ausdruck kommt. Der Leidensdruck ist aber kein Selbstzweck. Er dient der Verhaltenssteuerung. In pathologischen Zuständen, zum Beispiel bei depressiven Störungen, verlieren die Schuldgefühle ihre positive Wirkung auf das Sozialverhalten. Sie nehmen dann oft ein selbstschädigendes Ausmaß an und bieten allenfalls noch einen neurotischen Krankheitsgewinn, zum Beispiel im Sinne einer Selbstbestrafung.

Die schmerzliche und mitunter pathologische Qualität von Schuldgefühlen lässt sich im Wesentlichen darauf zurückführen, dass in der Erziehung die Implementierung und Durchsetzung von Regeln – mal mehr, mal weniger – über Strafen erfolgt, meist in der Form der Versagung lustvoller Zuwendungen und Aktivitäten sowie narzisstischer Gratifikationen. Nicht selten erfahren Kinder sogar eine übertriebene Härte ihrer Eltern, zum Beispiel in Form von Liebesentzug, Demütigungen oder körperlicher Züchtigung. Unser Gewissen und die mit ihm assoziierten Schuldgefühle repräsentieren folglich nicht nur die antrainierten kulturspezifischen Regeln, sondern vor allem auch die Summe der schmerzvollen Erfahrungen von Bestrafungen und Versagungen sowie der mit ihnen verbundenen negativen Affekte, die wir im Laufe unseres Lebens, vor allem in unserer Kindheit, erlitten haben. Schuldgefühle bestehen zu einem guten Teil in der schlichten, tief ins emotionale Gedächtnis eingegrabenen Furcht vor erneuter Bestrafung. Würden sich allerdings unser Gewissen und unsere Fähigkeit, uns schuldig zu fühlen, in dieser Furcht erschöpfen, wäre es mit unserer Freiheit nicht weit her. Wir würden uns von den halluzinierenden Menschen von vor 3.000 oder 4.000 Jahren, die Jaynes als intelligente Automaten ansieht, kaum unterscheiden.

Unser Gewissen und unsere Fähigkeit, Schuldgefühle zu haben, muss noch eine andere Quelle haben als nur eine soziokulturelle Indoktrination von Regeln und deren Durchsetzung mit Hilfe von Sanktionen. In diesem Buch war schon viel von der überragenden Bedeutung der Qualität von Bindungserfahrungen für die menschliche Motivation, für die Entwicklung eines gesunden, autonomen Selbst und eines Ich, das einen angemessenen Bezug zur Realität herstellen kann, die Rede. Wir sprachen auch schon mehrfach von der einzigartigen Nachahmungs- und

Lernbereitschaft von Menschenkindern. Ein guter Teil dessen, was wir uns an prosozialen Regeln und Werten aneignen, verinnerlichen wir durch das Vorbild jener Menschen, mit denen wir uns verbunden und von denen wir uns geliebt fühlen und die wir unsererseits lieben und bewundern. Ein solches Lernen am positiven Modell erfolgt implizit, ohne besondere Lernanstrengung und ohne explizite Instruktion. Der größte Vorteil des Modelllernens besteht darin, dass es ohne Sanktionen und ohne negative Affekte auskommt. Die stabile Verinnerlichung von impliziten prosozialen Regeln und Werten setzt allerdings voraus, dass das Verhalten der Person, die als Vorbild dient, einigermaßen konsistent ist und das Kind in keinen unauflösbaren inneren Konflikt stürzt.

Ich möchte das am Beispiel einer alleinerziehenden Mutter und Pflegeheimleiterin illustrieren. Ihre Ehe war an der Spielsucht ihres Mannes und des Vaters ihrer Kinder zerbrochen. Sie muss noch für viele Jahre Schulden, die ihr Mann gemacht hat, abbezahlen. Mit vorbildlichem Engagement versucht diese Mutter, sowohl den Anforderungen bei der Betreuung ihrer Kinder als auch ihrem Beruf gerecht zu werden. Durch ihr Engagement als Mutter und Heimleiterin leidet ihre Partnerschaft. Die Beziehung zerbricht. Sie ist eine attraktive Frau, geht aber keine neue Partnerschaft ein, auch weil sie gar nicht weiß, woher sie die Kraft und die Zeit für einen neuen Mann nehmen soll. Die Jahre vergehen. Sie wirkt zunehmend müde und gereizt. Vordergründig funktioniert sie noch immer perfekt, erfüllt alle ihre Aufgaben, nimmt sich auch Zeit für ihre Kinder. Sie strahlt aber weniger Lebensfreude aus als früher und lacht kaum noch. Sie wirkt oft erschöpft. Ihre Schönheit verblasst. Ihre ältere Tochter, Hanna, ist inzwischen zehn Jahre alt und geht seit Kurzem aufs Gymnasium. Hanna ist mit ihrer Mutter eng verbunden und identifiziert sich stark mit ihr. Sie war bisher eine vorbildliche Schülerin und entlastete ihre Mutter, indem sie sich liebevoll und zuverlässig um ihren drei Jahre jüngeren Bruder Gregor kümmerte. Doch plötzlich lassen Hannas Schulleistungen nach. Sie reagiert zunehmend gereizt auf Gregor, und einmal schlägt sie ihn sogar.

Wie können wir uns die plötzliche Veränderung von Hannas Verhalten erklären? Aus psychodynamischer Sicht ist ein unbewusster innerer Konflikt anzunehmen, in welchen das Kind aktuell geraten ist. Als aktuelle Auslöser für diesen Konflikt kommen der Wechsel aufs Gymnasium und auch die beschriebenen Veränderungen von Hannas Mutter in Betracht. Hannas Vater hatte den Wechsel ins Gymnasium mit den Worten kommentiert: „Jetzt beginnt der Ernst des Lebens." Tatsächlich ist die Atmosphäre in Hannas Gymnasium weniger spielerisch als in der Grundschule. Es werden höhere Anforderungen an die Schüler gestellt, nicht nur was ihre

Schulleistungen, sondern vor allem auch, was ihre Eigenverantwortung betrifft. Eigentlich wäre Hanna diesen Anforderungen bestens gewachsen, ist sie doch mit der hohen Verantwortungsbereitschaft, Disziplin und Leistungsorientierung ihrer Mutter identifiziert. Aber gerade diese Identifikation wird für Hanna angesichts der sichtlichen Erschöpfung und Freudlosigkeit ihrer Mutter zunehmend problematisch. Hannas Mitschülerinnen erzählen aufregende Geschichten von Jungen, die sie toll finden. Und einige Mädchen haben schon einen Freund. Hannas Mutter lebt hingegen schon seit Jahren ohne Mann. Manchmal erzählt sie von den vielen Schulden, die sie noch abbezahlen muss. Aber nie kommt ein Wort des Ärgers über ihre Lippen. „Papa ist krank, deshalb haben wir Schulden. Deshalb muss ich so viel arbeiten."

Halten wir uns das natürliche Antriebserleben und die Bedürfnisse eines Mädchens von zehn Jahren vor Augen. Es braucht noch ganz die sichere Geborgenheit bei den Eltern, ist aber zugleich überaus neugierig auf die Welt, unter anderem auf die aufregenden Anziehungskräfte, die das Verhältnis zwischen den Geschlechtern bestimmen. Es sucht die Begegnung mit den Gleichaltrigen, von denen es so viel Spannendes zu erfahren gibt. Es misst sich mit den anderen Kindern, strebt nach Behauptung und Integration in der Gruppe der Gleichaltrigen. Zugleich braucht das Mädchen das Gespräch mit den Eltern, insbesondere mit der Mutter, die als Gleichgeschlechtliche am besten geeignet scheint, die verwirrenden Informationen und Erfahrungen, die es draußen macht, einzuordnen und Orientierung zu geben. Vor allem aber braucht es die Mutter als Vorbild für das eigene Rollenverständnis und Ich-Ideal: Wie geht die Mutter mit unlustvollen Anforderungen um, wie mit Frustrationen, Enttäuschungen und der damit verbundenen Aggression? Wie erhält sie sich trotz aller Realitätsanforderungen eine Sphäre, in der Spielerisches, Fantasie, Spaß und Freude möglich sind?

Das Lebensgefühl von Hannas Mutter scheint jedoch wie abgestorben. Wesentliche Bedürfnisse bleiben bei ihr chronisch unbefriedigt. Dadurch gerät Hanna bei ihrer Identifikation mit der Mutter zunehmend in eine Inkonsistenzspannung. Denn das Modell, das die erschöpfte und freudlose Mutter gibt, ist unattraktiv. Aus psychodynamischer Sicht ist davon auszugehen, dass Hanna die negativen Affekte, die mit der Inkonsistenz verbunden sind, abwehren muss, weil sie mit dem Bedürfnis von Tochter und Mutter nach Verbundenheit und Harmonie unvereinbar sind. Doch mit dem Schulwechsel und der damit verbundenen erhöhten Anforderung, noch mehr so zu werden wie die Mutter, lassen sich der unbewusste innere Konflikt und die Inkonsistenzspannung von Hanna nicht mehr erfolgreich abwehren.

Mit der Verschlechterung der Schulleistungen verweigert Hanna unbewusst die Identifikation mit dem Pflicht- und Leistungsethos der Mutter. Zugleich bringt sie – ebenfalls unbewusst – die unterdrückte Frustrationsaggression der Mutter zum Ausdruck, indem sie gereizt auf Gregor reagiert und ihn sogar schlägt.

In einer psychodynamischen Kindertherapie würde man vor allem auch die Not der Mutter sehen und ihr erklären, dass sich die Symptomatik der Kinder oft bessert, wenn die Eltern ihre eigenen unbewältigten unbewussten Konflikte bearbeitet und ihr Verhalten entsprechend verändert haben. Man würde der Mutter die Hypothese vortragen, dass Hanna mit ihr sehr verbunden und identifiziert ist, aber gerade deshalb in einen zunehmenden inneren Konflikt gekommen ist, einerseits so sein zu wollen wie die Mutter und andererseits nicht so erschöpft und freudlos werden zu wollen wie sie. Man würde auch schauen, wie stark sich Hanna zu der spielerischen Seite ihres Vaters hingezogen fühlt. Möglicherweise darf Hanna aber ihre Zuneigung zum Vater gar nicht bewusst erleben oder sogar offen zeigen, weil der Vater der Mutter mit seiner Spielleidenschaft so viel Schaden und Leid zugefügt hat. Viele Kinder befinden sich in solchen Loyalitätskonflikten. Denn häufig führt die Verbundenheit und Identifikation mit einem Elternteil zwangsläufig zur Kränkung oder Verärgerung des anderen Elternteils, insbesondere dann, wenn die Eltern sich getrennt haben und sich streiten.

Sollen Kinder wesentliche Regeln und Werte durch das vorteilhafte Lernen am positiven Modell der Eltern verinnerlichen, müssen ihnen gravierende Inkonsistenzen und Loyalitätskonflikte, wie ich sie an Hannas Beispiel dargestellt habe, möglichst erspart bleiben. Konflikte zwischen den Eltern und die Konkurrenz ihrer unterschiedlichen Lebensmodelle können durchaus auch günstige Prozesse des Modelllernens für die Kinder ermöglichen. Das ist aber nur dann der Fall, wenn sich die Eltern trotz aller Differenzen gegenseitig respektieren, ihre Konflikte konstruktiv austragen und vor allem ihre Kinder nicht in ihre Konflikte hineinziehen. Man kann den Kindern durchaus erklären, dass die Eltern Konflikte haben, und ihnen gegebenenfalls auch den Inhalt dieser Konflikte darlegen. Kinder dürfen jedoch auf keinen Fall als Parteigänger eines Elternteils gegen den anderen Elternteil missbraucht werden. Der Konflikt der Eltern geht die Kinder prinzipiell nichts an. Sie tragen im Streit der Eltern keinerlei Verantwortung. Sie können ohnehin nichts zu seiner Lösung beitragen.

Das Verinnerlichen von prosozialen Regeln und Werten sowie die Entwicklung des Ich-Ideals am konsistenten positiven Modell der Eltern in einer Atmosphäre sicherer Bindung könnten wir durchaus als „Lernen durch Liebe“ bezeichnen. Es ist wahrscheinlich der mächtigste und wirksamste soziokulturelle Lernmechanismus überhaupt. Wenn wir Regeln, Werte und Ideale verletzen, die wir über das Lernen durch Liebe erworben haben, leiden wir an Schuldgefühlen, aber nicht aus Angst vor Bestrafung, also nicht aufgrund einer limbischen Gedächtnisfunktion, welche die Summe der erlittenen Sanktionen repräsentiert. Vielmehr leiden wir, weil wir einem geliebten Vorbild untreu geworden sind und damit die Verbundenheit mit diesem Vorbild unterbrochen haben. Schuldgefühle dieser Qualität verkörpern eine Art Trennungsschmerz, vergleichbar mit dem, was wir erleben, wenn wir Menschen verlassen oder von Menschen verlassen werden, bei denen wir uns geborgen und geliebt gefühlt haben.

Jede Selbstwerdung eines Menschen, jede Individuation, muss früher oder später dem Vorbild der Eltern wenigstens partiell untreu werden. Meist beginnt die Infragestellung elterlicher Normen, Werte und Ideale in der Pubertät. Die Jugendlichen grenzen sich ab. Sie legen Wert auf ihre Eigenständigkeit und auf ihre eigene Sphäre, in der die Eltern nichts zu suchen haben. Mitunter üben sie sich in offener Opposition zu den Eltern. Die Verbundenheit mit der Peergroup tritt an die Stelle der Verbundenheit mit den Eltern. An die Stelle der Eltern können im Jugend- und Erwachsenenalter geliebte und bewunderte Lehrer, Führer, Meister oder Gurus treten, denen der Schüler auch – möglicherweise mit Trennungsschmerzen und Schuldgefühlen – irgendwann die Gefolgschaft aufkündigen muss, um sich selbst weiterentwickeln und gegebenenfalls zu eigener Meisterschaft gelangen zu können. Durch unsere Schuldgefühle bleiben wir mit unseren Vorbildern verbunden, ohne ihnen sklavisch folgen zu müssen. Unsere Schuldgefühle, die aus unserer Liebe zu unseren Vorbildern resultieren, sind der Preis, den wir für unsere Freiheit bezahlen müssen.

Im vorangegangenen Kapitel folgte ich Julian Jaynes darin, die Geschichte vom Sündenfall und der schmerzlichen Vertreibung aus dem Paradies als Metapher zu interpretieren: Sie steht für den unausweichlichen Individuationsprozess jener nahöstlichen Menschen, die vermutlich vor etwa 3.000 Jahren gezwungen waren, sich aus der sinnlich-phänomenal (über akustische Halluzinationen und die allgegenwärtigen Götterstandbilder) unmittelbar erfahrbaren und über jeden Zweifel erhabenen Verbundenheit mit ihren vertrauten Göttern beziehungsweise ihrem Gott zu verabschieden. Gott wird – wenn wir den alttestamentarischen Texten folgen – nach der Vertreibung aus dem Paradies für den Normalsterblichen unsichtbar und stumm. Er teilt sich der Mehrheit der Menschen nur noch mittelbar über Propheten, die immer auch falsche Propheten sein können, und Zeichen, die immer auch fehlgedeutet werden können, mit. Die Vertreibung aus dem Paradies versinnbildlicht nach Jaynes die Erfahrung des traumatischen Verlustes der Beziehung der Menschen zu Gott beziehungsweise zu den Göttern sowie – das ist meine Hypothese – den damit verbundenen fast unerträglichen Trennungsschmerz. Entsprechend ist das dominierende Thema, das die Bibel bis ins Neue Testament hinein durchzieht, die Wiederherstellung des Bundes und die Versöhnung mit Gott, die aus christlicher Sicht vollständig, dauerhaft und abschließend durch den Opfertod von Jesus Christus sichergestellt wurden.

Schuldgefühle halten unsere Verbundenheit mit emotional bedeutsamen Menschen aufrecht, von denen wir uns ablösen mussten, um uns weiterzuentwickeln, oder die uns ihrerseits verlassen haben, um ihren eigenen Weg gehen zu können. Die wenigstens teilweise Aufrechterhaltung von Bindung dürfte eine der wichtigsten psychodynamischen Funktionen von Schuldgefühlen sein, sei es, indem wir Schuldgefühle selbst haben oder indem wir sie in anderen erzeugen. Der Trennungsschmerz, der mit Schuldgefühlen verbunden ist, drückt indirekt auch die Sehnsucht nach Wiederherstellung der Bindung aus. Schuldgefühle garantieren unsere Gemeinschaftsfähigkeit. Durch Schuldgefühle werden wir daran gehindert, Regelverletzungen zu wiederholen und – bei der manchmal unausweichlichen Verletzung von Regeln und Werten – das Maß zu verlieren und uns gänzlich außerhalb der Gemeinschaft zu stellen. Unsere Schuldgefühle halten uns an, Regelverletzungen gegebenenfalls wiedergutzumachen und damit beschädigte Bindungen zu reparieren. Gläubige Menschen können mit Hilfe ihrer Schuldgefühle das Gefühl der Getrenntheit von Gott und den Mitmenschen vermindern und sich – wenn sie bei der Beichte und vor allem im gemeinsamen Gebet ihre Sünden bekennen – in lebendiger Beziehung zu Gott und zu anderen Gläubigen erleben.

Für Sünde wird im ursprünglichen griechischen Text des Neuen Testaments das Wort „hamartia“ verwendet, was dem hebräischen „chat'at“ entspricht und wörtlich übersetzt „das Verfehlen eines Ziels“ bedeutet. Unsere Ziele, Pläne und Handlungen müssen sich in die geltende Rechtsordnung einfügen. Darüber hinaus spielen zwischenmenschliche Werte wie zum Beispiel Treue, Loyalität, Verlässlichkeit, Ehrlichkeit, Rücksicht, Anteilnahme, Gerechtigkeit, Mitmenschlichkeit, Solidarität, Hilfsbereitschaft, Fürsorge, Toleranz oder Friedfertigkeit eine wichtige Rolle. Die religiösen Wurzeln dieser Werte sind offensichtlich. Unsere westlichen Leistungsgesellschaften ermutigen und gratifizieren aber auch eigennützige Motivationen wie Fleiß und Ehrgeiz, mit anderen rivalisieren und andere überflügeln wollen. Es scheint, als gewinne heute weltweit das intensive Streben nach persönlichem Erfolg, Besitz und Einfluss als Maßstab für sozial anerkanntes Handeln an Bedeutung. Das konfliktträchtige Spannungsfeld (die Inkonsistenzspannung) zwischen den uns enkulturierten altruistischen Werten sowie den uns ebenfalls antrainierten egoistischen Wertmaßstäben gibt den übergeordneten Rahmen vor, innerhalb dessen wir unsere persönlichen Zielbestimmungen und die Planung unseres konkreten Handelns möglichst sozial verträglich vornehmen müssen. Die kulturell erzeugte Spannung ist für die faszinierende schöpferische Dynamik unseres Lebens, aber auch für einen wesentlichen Teil unseres menschlichen Leidens verantwortlich.

Als Arzt und Psychotherapeut bin ich nicht selten mit Schuldgefühlen von lähmender oder sogar selbstzerstörerischer Qualität konfrontiert, insbesondere bei Menschen mit depressiven Störungen. Es gibt eine ganze Reihe von Erklärungsmodellen für die Entstehung von depressiven Symptomen, unter anderem biologische, kognitive, behaviorale, systemische und psychodynamische, auf die ich hier aber nicht näher eingehen will. Worum es mir an dieser Stelle geht, ist der Zusammenhang zwischen anhaltenden quälenden Schuldgefühlen und anderen depressiven Symptomen einerseits und einer generellen Ziellosigkeit oder Zielverfehlung des Lebens der betroffenen Patienten andererseits. Die Freiheit, die uns von unserer Kultur auferlegt ist, zwingt uns dazu – darin liegt eine weitere Paradoxie der Freiheit –, Entscheidungen zu treffen, was wir aus unserem Leben machen wollen. Wir müssen Zielbestimmungen und mitunter auch Zielkorrekturen vornehmen. Unsere Freiheit schließt natürlich auch die Möglichkeit ein, keine Ziele zu definieren und keine Entscheidungen zu treffen. Aber nach meiner Erfahrung ist innerhalb unserer Kultur ein Fehlen von übergeordneten Lebenszielen und ein Zustand von Unentschiedenheit auf Dauer nicht günstig für die seelische Gesundheit eines Menschen.

Es war Alfred Adler (1870–1937), der die große Bedeutung von werthaltigen Lebenszielen für die seelische Gesundheit erkannte und sie als Erster zu einer eigenständigen psychotherapeutischen Lehre (die er Individualpsychologie nannte) ausarbeitete. Nach Adler ist menschliches Verhalten nur verstehbar, wenn man es als ziel- und zweckgerichtet betrachtet. Unser Verhalten ist für Adler also nicht allein durch Gene und unsere Erfahrungen in der Vergangenheit determiniert, sondern wird wesentlich auch durch in der Zukunft liegende Zwecke und Ziele bestimmt (Prinzip der Finalität im Gegensatz zur reinen Kausalbetrachtung). Die zentralen Fragen und auch die heilenden Antworten unseres Lebens ergeben sich für Adler aus unserer Grundbestimmung als in die Gemeinschaft von Mitmenschen eingebettete Wesen. Nach Adler ist uns ein „Gemeinschaftsgefühl“ sogar angeboren. Wenn wir nicht durch neurotische Motivationen daran gehindert werden, gehe unser natürlicher (aber oft unbewusster) Antrieb dahin, unser Selbstwertgefühl und unsere Befriedigung wesentlich aus dem unseren Talenten und Fähigkeiten entsprechenden Beitrag zur allgemeinen Wohlfahrt zu beziehen.[569]

Ungünstige persönliche Lebensstile, seelische Krankheiten und Persönlichkeitsstörungen führt Adler darauf zurück, dass die Betroffenen von ihrem Gemeinschaftssinn abgeschnitten sind und im Wesentlichen andere Ziele verfolgen, als für die Gemeinschaft wertvoll zu sein (das ist ziemlich genau das, was das Wort „hamartia“ ausdrückt). Adler machte vor allem den Kapitalismus und das von ihm geförderte Konkurrenzdenken dafür verantwortlich, dass wir von Kindheit an versucht sind, unsere Minderwertigkeitsgefühle durch ichbezogenes Geltungs- und Überlegenheitsstreben zu kompensieren. Das Streben nach Überlegenheit kann regelrecht zu einem inneren Zwang werden. Eine wesentliche Aufgabe von Psychotherapie ist laut Adler daher, den „geheimen Lebensplan“, dem ein neurotisches, zwanghaftes Überlegensstreben zugrunde liegt, bewusst zu machen und statt des kompensatorischen Dominanzstrebens ein Streben nach einem adäquaten gemeinschaftlichen Beitrag zu fördern. Der Neurotiker stellt laut Adler unbewusst an jede Situation die Frage, was sie ihm einträgt. Selbst wenn er vordergründig etwas Nützliches beitrage, gehe es ihm im Inneren oft nicht wirklich um die Sache, sondern vielmehr um seine Selbsterhöhung. Adlers Psychotherapie stellt dieser neurotischen Fehlhaltung die Frage entgegen, was ein Patient für die Gemeinschaften, in denen er lebt und wirkt (Partnerschaft, Familie, Freundeskreis, Beruf, Gesellschaft, Staat) Nützliches beitragen kann. Es geht letztlich um die Frage nach dem Sinn des eigenen Lebens.[570]

Viktor Frankl (1905–1997) stellte die Frage nach dem Sinn in den Mittelpunkt der von ihm begründeten Logotherapie (das griechische Wort „logos“ bedeutet unter anderem „Sinn“). Nach Frankl leiden viele Patienten an einer durch „Sinnleere“ ausgelösten „existenziellen Frustration“ beziehungsweise einer „noogenen Depression“ (vom griechischem „nous“ = Geist). Ohne Sinn und Werte entsteht – so Frankl – chronische Langeweile, ein Gefühl von innerer Leere, Orientierungslosigkeit,

569 Adlers Hauptwerk ist das Buch „Über den nervösen Charakter“, 1912 bei J. F. Bergmann, Wiesbaden. Digitaler Volltext: http://de.wikisource.org/wiki/Über_den_nervösen_Charakter.

570 Adlers 1933 erschienenes Spätwerk trägt den Titel: „Der Sinn des Lebens“, 2010 als Fischer-Taschenbuch, Frankfurt.

Mangel an Entschlusskraft, Verlust an Initiative, Hoffnungslosigkeit und Verantwortungslosigkeit. Der existenziell Frustrierte verharre entweder abgestumpft in Passivität und Gefühlsarmut oder zeige – auf der Flucht vor der inneren Leere – einen neurotischen „Lebenshunger". Er sei ständig auf der Jagd nach Lust und Spaß. Aber Lust sei „weder der wirkliche Zweck unseres Verhaltens und Handeln noch ein mögliches Ziel, vielmehr ist sie in Wirklichkeit eine Wirkung, eine Nebenwirkung, die sich von selbst einstellt, wann immer wir unsere Selbsttranszendenz [siehe nachfolgendes Kapitel] ausleben, wann immer wir uns also entweder liebend einem anderen oder dienend einer Sache hingeben."[571]

Frankl ging auch der Frage nach, wie neurotisch erkrankte Patienten wieder gesund werden. Er beobachtete, dass diese Menschen meist Werte und Sinnhaftigkeit (wieder-)gefunden hatten. Er schloss daraus auf einen „Willen zum Sinn", der uns Menschen auszeichnet und den wir – anders als andere Lebewesen – zum Leben brauchen.[572] Entsprechend entwickelte Frankl die Logotherapie als eine auf Sinnfindung hin ausgerichtete „ärztliche Seelsorge".[573] Die verbreitete Hoffnung auf ein langes, gesundes und angenehmes Leben ist nach Frankl unrealistisch. Realistisch sei dagegen die Hoffnung, dass wir etwas Sinnvolles vollenden, Sinn erleben und selbst aus den negativen Aspekten unseres Lebens etwas Sinnvolles „herausschlagen" und in etwas Positives transformieren können. Frankl betont aber, dass Sinn nicht „erfunden", sondern nur „gefunden" werden kann. Keiner, auch nicht der Therapeut, könne dem Sinnsuchenden sagen, welchen Sinn der Augenblick für ihn bereithält. Oft sei es eine leise innere Stimme, die „Stimme des Herzens", die einem sagt, welcher Sinn sich in einer bestimmten konkreten Situation gerade anbietet. Diesen „inneren Souffleur" bezeichnet Frankl als „Gewissen". Das Gewissen sei unser „Sinn-Organ". Es gebe oft über Körperempfindungen zu erkennen, was „das An-sich-Gute-für-mich" sei. Aus der Freiheit unseres Willens, unserem Gewissen zu folgen oder ihm aber zuwiderzuhandeln, ergibt sich für Frankl unsere Verantwortlichkeit. Nehmen wir unser Gewissen wahr und verwirklichen wir Sinnvolles, so erwerben wir uns ein Verdienst. Entscheiden wir uns aber gegen den Sinn, so laden wir „existenzielle Schuld" auf uns.

571 V. E. Frankl: 2007: „Die Psychotherapie in der Praxis: Und ausgewählte Texte über angewandte Psychotherapie", Wien: Böhlau, S. 72-73.

572 Eine kurze und prägnante Übersicht über Frankls Denken findet sich in seinem 1977 bei Herder, Freiburg, erschienenen Buch „Das Leiden am sinnlosen Leben".

573 V. E. Frankl, 2005: „Ärztliche Seelsorge – Grundlagen der Logotherapie und Existenzanalyse", 9. Aufl., Frankfurt: Fischer, Original 1946 als Habilitationsschrift.

Durch Schuld werden wir keineswegs entwertet. Vielmehr ist für Frankl die Möglichkeit, schuldig zu werden, der Preis für unseren freien Willen und dafür, dass wir Verdienstvolles hervorbringen können. Frankl sieht es im Hinblick auf unsere seelische Gesundheit als überaus wichtig an, dass wir zu unserer Schuld stehen. Durch echte Reue, Sühne und Wiedergutmachung anstelle von ständigen nutzlosen Gewissensqualen und Schuldzuweisungen gegenüber sich selbst und anderen könnten wir uns verwandeln und weiterentwickeln. Frankl verwendet den Schuldbegriff nicht in moralisierender Weise. Es geht ihm gerade nicht darum, dass wir uns selbst und andere an irgendwelchen normativen Maßstäben messen und ins Unrecht setzen. Frankl hat auch keine weltliche oder himmlische Instanz im Sinn, die über uns richtet und Strafen verhängt. Wenn Frankl von „existenzieller Schuld" spricht, will er, dass wir uns bewusst werden, wie sehr wir uns selbst von einem erfüllten Leben trennen, wenn wir unsere Potenziale und sinnhaften Seinsmöglichkeiten verfehlen (vgl. „hamartia"). Schuldbewältigung ist für Frankl nur möglich, wenn wir uns verändern und ein neuer Wert entsteht. Werte sind für ihn „Sinn-Universalien". Nach Frankl ist es wichtig, dass wir über eine breite Wertevielfalt verfügen, selbst wenn wir dadurch Wertekonflikte durchstehen müssen.

Ein weiterer Autor, der die wichtige Rolle von Sinnhaftigkeit für die seelische Gesundheit betont, ist Aaron Antonovsky. Ausgangspunkt war für Antonovsky – ähnlich wie für den KZ-Überlebenden Viktor Frankl – die Frage, wie es eine erstaunlich große Zahl von KZ-Opfern (Antonovskys eigene Untersuchungen kamen auf immerhin 29 Prozent der inhaftierten Frauen) geschafft hatte, trotz extremer Traumatisierungserfahrungen relativ gesund zu bleiben. Ausgehend von dieser Fragestellung begründete Antonovsky seine Salutogenese-Forschung (lateinisch „salus" = Gesundheit, Wohlergehen, Unverletztheit). Ihn interessierte: „Welche Personen vom Typ A [Risikogruppe für Herzinfarkte] bekommen keine koronaren Herzerkrankungen? Welche Raucher bekommen keinen Lungenkrebs?"[574] Antonovsky kam zu dem Schluss, dass unser Gesundheitszustand wesentlich durch unsere allgemeine Grundhaltung gegenüber der Welt und unserem eigenen Leben, also durch unsere „Weltanschauung", bestimmt wird. Für Antonovsky kommt es auf die Qualität von „Kohärenzgefühl" („sense of coherence", SOC) an, die diese Grundhaltung beinhaltet.

574 A. Antonovsky, 1997: „Salutogenese. Zur Entmystifizierung der Gesundheit", übersetzt und herausgegeben von Alexa Franke, Tübingen: dgvt-Verlag, S. 29, Original 1987: „Unraveling The Mystery of Health – How People Manage Stress and Stay Well", San Francisco: Jossey-Bass Publishers.

Im Kapitel 14 hatte ich von Kohärenz (lateinisch „cohaerentia“ = Zusammenhang) als dem Erleben eines verständlichen und sinnvollen Gesamtzusammenhangs gesprochen, der es uns ermöglicht, uns in Raum und Zeit zu orientieren. Unter der Kohärenz des Selbst ist – wie ich in Kapitel 24 ausführte – das Gefühl von Beständigkeit, Festigkeit, Einheit und klarer Identität der eigenen Persönlichkeit zu verstehen. Die Kohärenz des Selbst geht mit einem klaren Bild des eigenen Körpers, mit einem konsistenten Gefühl für die eigene Geschichte und mit Vorstellungen über die eigene Zukunft einher. Antonovsky versteht unter Kohärenzgefühl „eine globale Orientierung, die ausdrückt, in welchem Ausmaß eine Person ein durchdringendes, dynamisches Gefühl des Vertrauens darauf hat, dass

- die Stimuli, die sich im Verlauf des Lebens aus der inneren und äußeren Umgebung ergeben, strukturiert, vorhersehbar und erklärbar sind;
- die Ressourcen zur Verfügung stehen, um den Anforderungen zu begegnen, die diese Stimuli stellen;
- diese Anforderungen Herausforderungen sind, die Anstrengung und Engagement lohnen.“

Das Kohärenzgefühl setzt sich nach Antonovsky also aus drei Komponenten zusammen:

1. aus dem Gefühl der Verstehbarkeit („sense of comprehensibility“) dessen, mit dem wir in unserem Leben konfrontiert werden.
2. aus dem Gefühl der Handhabbarkeit beziehungsweise Bewältigbarkeit („manageability“) der Anforderungen des Lebens. Dazu gehört nicht nur der Glaube an die eigenen Ressourcen, sondern auch das Vertrauen, dass andere Menschen oder eine höhere Macht dabei helfen werden, Schwierigkeiten zu überwinden.
3. aus dem Gefühl von Bedeutsamkeit beziehungsweise von Sinnhaftigkeit („meaningfulness“) des eigenen Lebens, „dass wenigstens einige der vom Leben gestellten Probleme und Anforderungen es wert sind, dass man in sie investiert, dass man sich für sie einsetzt und sich ihnen verpflichtet, dass sie eher willkommene Herausforderungen sind, als Lasten, die man gerne los wäre“.[575]

Für Antonovsky ist – wie für Frankl – die Sinnhaftigkeit die wichtigste Komponente. Ohne eine positive Grundhaltung und Erwartung an das Leben nutzt es uns nicht viel, wenn wir alles verstehen und managen können. Unser Gesamtkohärenzgefühl würde keinen hohen Wert annehmen. Ohne Erleben von Sinnhaftigkeit würden wir unser Leben nur als Last und jede Aufgabe als Qual empfinden. Erlebten wir

575 A. Antonovsky, A. Franke, 1997, S. 36.

unser Leben hingegen als sinnhaft, könnten wir auf die Anforderungen des Lebens flexibel reagieren und für spezifische Situationen die angemessenen Ressourcen aktivieren: „Die Person mit einem starken SOC ('sense of coherence') wählt die bestimmte Coping-Strategie aus, die am geeignetsten scheint, mit dem Stressor umzugehen, dem sie sich gegenübersieht."[576] Die bisherige Forschung weist auf einen signifikanten Zusammenhang des Kohärenzgefühls mit den üblichen Maßen für psychische Gesundheit wie Wohlbefinden und Lebenszufriedenheit sowie für psychische Störungen hin.[577]

Durch das Zusammenwirken von Willensfreiheit, Gewissen, Werte- und Schuldbewusstsein sowie Sinnerleben erreicht unser Ich eine Funktionalität auf einer Ebene, die uns in die Lage versetzt, volle Verantwortung für uns selbst und für die Gemeinschaften, denen wir angehören, zu tragen. Ein Fehlen der Gewissensfunktion und ein unzureichendes Werte- und Schuldbewusstsein stellen schwerwiegende strukturelle Defizite dar und charakterisieren Menschen, die an einer antisozialen beziehungsweise dissozialen Persönlichkeitsstörung leiden.[578] Manchmal fehlen die Gewissens- und Schuldfunktionen aber nur scheinbar. Die Betroffenen sind möglicherweise sogar besonders sensibel für Gewissens- und Schuldkonflikte. Diese haben für sie aber eine so belastende und bedrohliche Qualität, dass sie

576 A. Antonovsky, A. Franke, 1997, S. 130.

577 J. Bengel, R. Strittmacher, H. Willmann, 2001: „Was erhält Menschen gesund? Antonovskys Modell der Salutogenese – Diskussionsstand und Stellenwert", herausgegeben von der Bundeszentrale für gesundheitliche Aufklärung, Köln, S. 44. Empirische Studien zeigten zum Beispiel Korrelationskoeffizienten von bis zu -0,85 für SOC und Ängstlichkeit beziehungsweise SOC und Depressivität.

578 Das Diagnostic and Statistical Manual der American Psychiatric Association, das DSM-IV, beschreibt die antisoziale Persönlichkeitsstörung zum einen als Verhaltensstörungen im Alter vor 15 Jahren wie Schuleschwänzen, Weglaufen von zu Hause, häufiges und grundloses Lügen, Diebstahl, Brandstiftung, Körperverletzung, Vandalismus und ähnliche antisoziale Verhaltensweisen, zum anderen als Fortsetzung dieses Verhaltens im Erwachsenenalter, wie nur zeitweiliges Arbeiten, Gesetzesübertretungen, Gereiztheit, körperlich aggressives Verhalten, Nichtbezahlung von Schulden und Rücksichtslosigkeit. Die Betroffenen handeln impulsiv, planen nicht im Voraus und werden von unangemessenen Motivationen getrieben. Bestimmte Verhaltensweisen werden impulsiv ausgeführt und dienen scheinbar vor allem dem Nervenkitzel und der Spannung. Die Betroffenen zeigen keinen Respekt vor der Wahrheit und keine Reue für Verfehlungen, keine Scham. Ein weiteres Symptom ist Gefühlsverarmung sowohl positiver als auch negativer Emotionen. Das Fehlen negativer Emotionen macht es den Betroffenen unmöglich, aus Fehlern zu lernen. Das Fehlen positiver Emotionen verhindert den Aufbau einer verantwortlichen Beziehung zu Mitmenschen. Schätzungen zufolge sind vier Prozent der amerikanischen Männer und ein Prozent der amerikanischen Frauen – unabhängig von ihrem sozialen Status – betroffen. G. Davison, J. Neale, 1998: „Abnormal Psychology", New York: J. Wiley.

abgewehrt, verleugnet und verdrängt, also unbewusst werden müssen. Mit dem Verdrängungsunbewussten wird sich Band II intensiv beschäftigen.

Fassen wir zusammen:

- Die potenziell gefährliche Autonomie und Freiheit eines sich seiner selbst bewussten Selbst erfordert die wirksame soziale Kontrolle dieses Selbst durch die Gewissensinstanz.
- Das Gewissen drängt uns zur Regelkonformität, zwingt uns aber nicht.
- Der deutlichste Ausdruck unserer Freiheit ist unser Erleben von inneren Konflikten zwischen verinnerlichten sozialen Regeln, altruistischen Erwartungen und idealtypischen Anforderungen und jenen Antrieben und Bedürfnissen, die mit diesen Regeln, Anforderungen und Erwartungen nicht kompatibel sind.
- Gewissenskonflikte können sich auch aus konkurrierenden Regeln und Werten ergeben. Wer zum Erleben von Gewissenskonflikten befähigt ist, kann auch echte Verantwortung tragen.
- Schuldbewusstsein und Schuldgefühle sind Fähigkeiten, die dazu beitragen, Beziehungen zu regulieren und zu erhalten. Eine wesentliche Funktion kommt dabei dem mit ihnen verbundenen Leidensdruck zu.
- Schuldgefühle können auch eine Art Trennungsschmerz verkörpern, dann nämlich, wenn wir die Verbundenheit mit einem geliebten Vorbild unterbrechen, weil wir im Rahmen unserer Individuation diesem Vorbild wenigstens partiell untreu werden und unseren eigenen Weg gehen müssen.
- Die Aufrechterhaltung von Bindung dürfte eine der wichtigsten psychodynamischen Funktionen von Schuldgefühlen sein.
- Schuldgefühle haben die Funktion, uns daran zu hindern, Regelverletzungen zu wiederholen und uns außerhalb der Gemeinschaft zu stellen.
- Schuldgefühle sind auch eine innere Aufforderung, Regelverletzungen wiedergutzumachen und damit beschädigte Bindungen zu reparieren.
- Unsere persönlichen Zielbestimmungen, Planungen und Zielkorrekturen müssen wir innerhalb eines konfliktträchtigen Spannungsfelds zwischen den uns enkulturierten altruistischen Werten sowie den uns ebenfalls antrainierten egoistischen Wertmaßstäben vornehmen.
- Viele Menschen scheinen mit dieser Aufgabe überfordert und verfallen in einen Zustand genereller Ziellosigkeit oder Zielverfehlung (griechisch „hamartia") ihres Lebens.

- Nach Adler ist uns ein Gemeinschaftsgefühl angeboren. Die Hauptursache für seelische Krankheiten und Persönlichkeitsstörungen besteht für Adler darin, dass Menschen von ihrem Gemeinschaftssinn abgeschnitten sind und andere Ziele (vor allem Geltungs- und Überlegenheitsstreben) verfolgen als das Ziel, für die Gemeinschaft wertvoll zu sein.
- Eine wesentliche Aufgabe von Psychotherapie ist laut Adler daher, den geheimen Lebensplan, dem ein zwanghaftes Überlegensstreben zugrunde liegt, bewusst zu machen und stattdessen ein Streben nach einem adäquaten gemeinschaftlichen Beitrag zu fördern.
- Nach Frankl leiden viele Patienten an einer durch Sinnleere ausgelösten existenziellen Frustration.
- Der existenziell Frustrierte könne auf der Flucht vor der inneren Leere und von einem neurotischen Lebenshunger getrieben ständig auf der Suche nach Lust und Spaß sein.
- In Frankls Logotherapie geht es darum, dass sich die Patienten bewusst werden, wie sehr sie sich selbst von einem erfüllten Leben trennen, wenn sie ihre Potenziale und sinnhaften Seinsmöglichkeiten verfehlen. Sie sollen die mitunter sehr leise Stimme ihres Gewissens (für Frankl das Sinn-Organ) wahrnehmen und in ihrem Leben Sinn- und Verdienstvolles verwirklichen.
- Auch Aaron Antonovsky betont die wichtige Rolle des Erlebens von Sinnhaftigkeit für das Kohärenzgefühl und die seelische Gesundheit.
- Dank unserer Willensfreiheit, verbunden mit unserem Gewissen, unserem Werte- und Schuldbewusstsein sowie unserem Willen zum Sinn, sind wir in der Lage, volle Verantwortung für uns selbst und für die Gemeinschaften, denen wir angehören, zu tragen.

Über das ewige Leben

König Anoschirwan,
den das Volk auch den Gerechten nannte,
wandelte durch sein Reich.
Auf einem sonnenbeschienenen Hang
sah er einen ehrwürdigen alten Mann arbeiten.
Gefolgt von seinem Hofstaat trat der König näher und sah,
dass der Alte kleine Stecklinge pflanzte.
„Was machst du da?" fragte der König.
„Ich pflanze Nussbäume", antwortete der Greis.
Der König wunderte sich. „Du bist schon so alt.
Wozu pflanzt du Stecklinge,
deren Laub du nicht sehen,
in deren Schatten du nicht ruhen
und deren Früchte du nicht essen wirst?"
Der Alte schaute auf und sagte:
„Die vor uns kamen, haben gepflanzt,
und wir konnten ernten.
Wir pflanzen nun, damit die,
die nach uns kommen, ernten können."

(Persisch[579])

579 Nossrat Peseschkian, 2009: „Der Kaufmann und der Papagei", Frankfurt/M.: Fischer, S. 134.

33. Selbsttranszendenz

Eine der anspruchsvollsten Herausforderungen ist die, damit fertigzuwerden, dass wir sterben müssen. Was macht es vielen Menschen so schwer, dieses Schicksal anzunehmen? Was macht es derart bedrohlich, dass es von vielen von uns – unterstützt durch unsere gegenwärtige Konsum- und Bespaßungskultur – verleugnet oder wenigstens verdrängt werden muss? Natürlich spielen biologische Faktoren eine Rolle: Jedes gesunde Tier reagiert mit heftigen Affekten, wenn sein Leben bedroht ist. Aber bei uns Menschen findet – anders als bei den Tieren – die Auseinandersetzung mit dem Tod schon lange vor dem eigentlichen Sterbenmüssen statt. Bereits kleine Kinder sind, sobald sie sprechen können, in der Lage, den eigenen Tod zu antizipieren. Kinder werden in der Regel schon früh mit einer Reihe verschiedener toter Lebewesen konfrontiert, zum Beispiel mit Insekten oder überfahrenen Tieren. Die Eltern unterrichten die Kinder, dass diese Tiere, die sich nicht mehr bewegen, tot sind. Mit Hilfe des Wortes „tot" entwickeln die Kinder – anders als Tiere – eine abstrakte, vom einzelnen Lebewesen abgelöste Vorstellung vom Phänomen des Todes.

Auch unsere Symboltechniken tragen dazu bei, dass Kinder schon früh ein Todesbewusstsein entwickeln. Wenn ein Kind zum Beispiel nach einer verstorbenen Person auf einer Fotografie oder einem Gemälde fragt, erfährt es, dass diese Person, von der es vielleicht eindrucksvolle Geschichten erzählt bekommt, nicht mehr da ist und nie mehr zurückkommen wird, dass diese Person tot ist. Bei dieser Erklärung nimmt das Kind auch den Affektausdruck der Eltern wahr, zum Beispiel den Schmerz über den Verlust der Person. Dadurch gewinnt der Begriff des Todes für das Kind eine bestimmte affektive Färbung, die in unserer Kultur in der Regel negativ ist. Ein möglicher Vorteil der Enkulturierung einer negativen Konnotation des Todes besteht darin, dass sie die individuelle und kollektive Motivation zu lebenserhaltenden Vorsorgeanstrengungen erhöht. Ein Nachteil ist, dass schon Kinder, sobald sie durch den Spracherwerb über einen Begriff des Todes verfügen, massive Ängste entwickeln können. Ausgelöst werden solche frühen Ängste zum Beispiel durch den Tod eines Familienmitglieds oder eines Haustiers.

Eine weitere Voraussetzung für die Angst vor dem Tod ist das phänomenale Selbst. Es war ja ein wesentliches Thema dieses Buches, dass ein gewaltiger Enkulturationsaufwand notwendig ist, um in uns eine Vorstellung, ein Bewusstsein von uns selbst zu implantieren. Wir wurden lange und intensiv trainiert, ein elaboriertes individuelles, subjektives phänomenales Erleben und eine unverwechselbare Persönlichkeit zu entwickeln. Wie keine andere Spezies binden und vernetzen wir uns. Besonders durch die Spiegelung durch unsere Mitmenschen entwickelt sich unser Bild von uns selbst. Wir bauen uns mit großen Anstrengungen eine Existenz auf, gründen Familien, entfalten unsere Talente, schaffen Werke, bilden möglicherweise Vermögen und erringen gesellschaftliche Positionen. Wir sammeln im Laufe unseres Lebens eine Fülle von Wissen und Erfahrung an, verfügen schließlich über ein umfangreiches biografisches, deklaratives und prozedurales Gedächtnis und erlangen vielleicht sogar so etwas wie Weisheit. Mit dem Sterben – wie absurd – müssen wir uns von all diesen Errungenschaften und von allen geliebten Menschen wieder verabschieden, geht uns scheinbar alles wieder verloren.

Die Angst vor dem Tod setzt auch einen Begriff von Zeit voraus. In unserer abendländlichen Tradition wird uns die Vorstellung einer objektiven, physikalischen Naturzeit enkulturiert, die von einem Anfang ausgehend linear auf ein Ende hin verläuft. Im Rahmen eines solchen Zeitbegriffs geht jedes Leben zwangsläufig seinem Ende entgegen. Östliche Traditionen verstehen Zeitverläufe dagegen zyklisch im Sinne periodischer Wiederholungen und entwickelten die Vorstellung fortwährender Wiedergeburten. In vielen Kulturen ist der Tod nicht nur ein Ende, sondern auch ein Anfang. Immanuel Kant lehrte: „Die Zeit ist nicht etwas, was für sich selbst bestünde, oder den Dingen als objektive Bestimmung anhinge, mithin übrig bliebe, wenn man von allen subjektiven Bedingungen der Anschauung derselben abstrahiert." Zeit und Raum existieren nach Kant nicht unabhängig von unserer Erfahrung in der äußeren Welt, sondern sind in uns selbst, vor jeder Erfahrung (a priori), als Voraussetzung und Mittel für unsere Wahrnehmung (Anschauung) der Welt angelegt.[580] Wir können folglich gar nicht anders, als unsere raumzeitliche Vorstellungsform auf das Informationsangebot aus unserer Umwelt anzuwenden. Die daraus resultierende Auflösung der Wirklichkeit in einzelne, voneinander in Raum und Zeit getrennte Objekte ist für Thomas und Brigitte Görnitz der Grund, warum wir in unserem Alltagsbewusstsein von „spirituellen Einheitserfahrungen" abgeschnitten sind.[581]

580 I. Kant: „Transzendentale Ästhetik", in: „Werke in zwölf Bänden", Band 3, Frankfurt/M.: Suhrkamp, 1977, S. 78-97.

581 T. Görnitz, B. Görnitz, 2008: „Die Evolution des Geistigen. Quantenphysik – Bewusstsein – Religion", Göttingen: Vandenhoeck & Ruprecht, S. 325. Als die eigentliche Wirklichkeit und „Grundlage des Seienden" sieht das Ehepaar Görnitz „hinter den Phänomenen, die uns im Alltag begegnen, […] eine Einheit, die […] letzlich auf einer abstrakten Quanteninformation beruht, die als eine 'geistige Einheit' verstanden werden kann." (S. 12) Abstrakte Quanteninformation hat weder einen Bedeutungsgehalt noch einen Sender oder Empfänger. In der Evolution hätten sich biologische Systeme entwickelt, „in denen die abstrakte Quanteninformation zu bedeutungsvoller Information über Information werden kann" (S. 22). „Ein Lebewesen lässt Information zu bedeutungsvoller

Unser abendländischer linearer Zeit- und Raumbegriff und das korrespondierende mechanistische Weltbild der klassischen Physik haben große technische Fortschritte ermöglicht. Sie werden uns aber spätestens bei der Auseinandersetzung mit dem Tod zum Hindernis. Tiere können sich bestens in Raum und Zeit orientieren, auch ohne dass sie dafür Begriffe und ein explizites Bewusstsein für die kognitiven Kategorien „Zeit" und „Raum" benötigen. Sie besitzen keine enkulturierte Zeit- und Raumvorstellung. Sie leben gewissermaßen zeitlos. Sie denken nicht über die Vergangenheit und Zukunft, nicht über Anfang und Ende, über Endlichkeit und Unendlichkeit nach. Alles ist für sie sozusagen jetzt und hier. Sie haben auch keine Teilhabe an irgendeinem kollektiven, symbolbasierten, virtuellen Wirklichkeitsraum, der ihnen eine eigene Biografie, eine besondere individuelle Bedeutung oder eine spezielle Lebensaufgabe suggerieren würde. Sie haben kein Selbst zu verlieren. Folglich entwickeln sie, solange sie sich nicht akut bedroht fühlen, keine Angst vor dem Tod.

Kommen wir auf die Frage zurück, wie wir mit unserem unausweichlichen Ende fertigwerden können. Wie können wir uns aus dem Gefängnis befreien, als das sich unser antrainiertes individuelles Selbst erweist, wenn es nicht mehr darum geht, dass wir sozioökonomisch optimal funktionieren, sondern darum, von allem, was wir kennen und lieben, Abschied zu nehmen? Welcher ergänzenden Fähigkeiten bedarf es, um die Grenzen unseres linearen Zeit-, Raum-, Welt- und Selbsterlebens zu überschreiten?

Alle großen Weltreligionen lehren, dass die uns bekannte, in Raum und Zeit ausgedehnte Wirklichkeit, die sich uns über unsere Sinne und unseren Verstand erschließt, nicht die Wirklichkeit ist, auf die es – vor allem nach unserem Tod – ankommt. Insbesondere in der religiösen und philosophischen Tradition Indiens ist der Täuschungscharakter („Maya"[582]) der Erscheinungswelt sowie der eigenen Individualität ein zentrales Thema. Platon hat von philosophischer Seite dem illusionären Charakter unserer phänomenal erlebten Wirklichkeit in seinem be-

Information, kurz zu Bedeutung werden, indem es diese zu seiner Stabilisierung verwendet." Die Generierung von bedeutungsvoller Information durch eine Ganzheit sei für das Verständnis von Leben zentral. Das Nervensystem höherer Tiere ermögliche es, „Bedeutung auch auf Sachverhalte zu erweitern, die nicht ausschließlich der unmittelbaren Existenzsicherung dienen" (S. 175). Für soziale Lebewesen entstehe Bedeutung wesentlich im Kontakt mit Artgenossen, und zwar durch verbale und nonverbale Kommunikation. „Dabei wird eine Bedeutung generiert, die oft unbewusst ist und bleibt" (S. 282).

582 Sanskrit, wörtlich übersetzt: „großes Nichtsein".

rühmten Höhlengleichnis Ausdruck verliehen. Alle großen Religionen warnen vor einer egoistischen Verhaftung an materielle Güter und einer Überbewertung der Sinnlichkeit. Alle Religionen haben Vorstellungen über eine andere, für uns nicht sichtbare und zeitlose Wirklichkeit entwickelt. Alle großen Religionen bieten alternative Erfahrungsmöglichkeiten für unser phänomenales Erleben an, wodurch sich auch alternative Handlungsspielräume eröffnen. In den Religionen geht es in der Regel darum, die Bedeutung der eigenen Individualität zu relativieren und die Ansprüche des eigenen Selbst einem höheren Willen oder Prinzip unterzuordnen. In allen Weltreligionen spielt auch der hingebungsvolle Dienst an anderen Menschen, insbesondere an den Armen und Hilfsbedürftigen, eine große Rolle.

Man muss indessen nicht an Gott glauben, um sich selbst nicht mehr so wichtig zu nehmen, sich höheren Prinzipien zu verschreiben und anderen Menschen zu dienen. Alfred Adler zum Beispiel war Atheist, was ihn nicht daran hinderte, seine Patienten anzuhalten, ihre schädliche Egozentrik zu überwinden, ihr Leben übergeordneten Zielen zu widmen und Erfüllung im Dienst für andere Menschen zu finden. Das Aufgehen in einer subjektiv als wichtig erlebten Aufgabe scheint generell heilsam zu sein. Im Kapitel 30 war von absorbierten Zuständen die Rede, die sich dadurch auszeichnen, dass man sich gegen Unterbrechungen wehrt, das Zeitgefühl verliert und Zweifel ausschaltet. Mihály Csíkszentmihályi führte für solche positiv erlebten Zustände („optimal experience"), in denen man sich selbst und die Welt um sich herum vergisst, das Wort „flow" ein. Flow könne zum Beispiel beim Skifahren, beim Kochen oder bei der Gartenarbeit, beim Singen in einem Chor, beim Tanzen, beim Lesen eines guten Buches, bei der Durchführung eines komplizierten chirurgischen Eingriffs, bei Geschäftsabschlüssen, im Gespräch mit einem guten Freund oder im Spiel mit einem Baby auftreten. Flow sei ein Zustand hoher, aber als anstrengungslos empfundener Konzentration auf eine anspruchsvolle Tätigkeit. Alle irrelevanten Wahrnehmungen und Gedanken sind im Flow ausgeschaltet. Die Freude, die mit dem Flow-Erleben verbunden sei, sei – darin bestehe sein großer Vorteil – nicht auf günstige äußere Umstände angewiesen, sondern könne vom Individuum selbst aktiv erzeugt werden.

Csíkszentmihályi nennt einige Voraussetzungen für das Erleben von Flow: Flow trete bevorzugt bei Tätigkeiten auf, die in einem Kontext mit klaren Zielen und Regeln stattfinden, zum Beispiel wenn wir Schach, Tennis oder Poker spielen, religiöse Rituale vollziehen, Musik machen, ein Computerprogramm schreiben oder auf einen Berg klettern. Flow-Aktivitäten dieser Art erforderten unsere volle Konzentration auf ein Ziel, das allerdings außer jeder Frage stehen müsse. Es müsse stets klar sein, was zu tun sei und wie es zu tun sei. Wichtig für Flow sei auch, dass unsere Aktivität durch sofortiges Feedback belohnt würde. Im Flow seien wir primär nicht durch einen später eintretenden Erfolg oder eine von außen kommende Belohnung motiviert. Die Motivation liege wesentlich in der Ausführen der Handlung selbst. Eine weitere Voraussetzung für Flow-Erfahrungen ist nach Csíkszentmihályi, dass die Anforderungen einer Aufgabe unser Können voll beanspruchen und von uns gerade so zu bewältigen sind. Unterforderung erzeuge Langeweile, Überforderung Angst und Stress. Wenn sich unsere Fähigkeiten und die Anforderungen jedoch im Gleichgewicht befänden, sei dies die ideale Bedingung, um neue Fertigkeiten zu lernen und sich höheren Herausforderungen zu stellen.[583]

Fähigkeit / Anforderungen	gering	hoch
hoch	Angst	**Flow**
gering	- -	Langeweile

Optimales Gleichgewicht von Fähigkeiten und Anforderungen

Laut Csíkszentmihályi ist es in der Freizeit viel schwieriger, Freude zu empfinden, als bei der Arbeit. Unser Nervensystem habe sich entwickelt, um auf äußere Signale zu achten. Es sei nicht an lange Zeiträume ohne Hindernisse und Gefahren angepasst. Viel Freizeit würde daher nicht die Lebensqualität verbessern, es sei denn, man lerne, diese Zeit effektiv zu nutzen. „Jede flow-produzierende Tätigkeit erfordert erst einmal eine Investition von Aufmerksamkeit, bevor sie beginnt, Freude zu bereiten. Wenn eine Person zu müde, zu ängstlich oder undiszipliniert ist, um die anfänglichen Hindernisse zu überwinden, wird sie etwas tun, was für sie leichter zugänglich ist, auch wenn es weniger Freude macht.“ So erklärt sich Csíkszentmihályi die Beobachtung, dass viele Menschen, vor allem Jugendliche, einen großen Teil ihrer Freizeit vor dem Fernseher verbringen, statt aktiv Sport zu treiben, einem Hobby

583 M. Csíkszentmihályi, 1996: „Finding Flow: The Psychology of Engagement With Everyday Life“, New York: Basic Books, S. 29 ff.

nachzugehen, soziale Kontakte zu pflegen oder zu lesen. Sie verringern damit ihre Aussichten auf Flow-Erfahrungen.

Umgekehrt können wir unsere Fähigkeit, im Flow zu sein, gezielt verbessern. Nach Csíkszentmihályi sind dafür alle Techniken geeignet, die uns trainieren, unsere Aufmerksamkeit zu kontrollieren, wie zum Beispiel Meditation, Gebete, Aerobic und Kampfkünste. Entscheidend sei, sich „an einer Aktivität um ihrer selbst willen zu erfreuen und zu wissen, dass das, worauf es ankommt, nicht das Ergebnis sei, sondern die Kontrolle, die man dabei über seine Aufmerksamkeit gewinnt". Eine gute Kontrolle über die eigene Aufmerksamkeit habe große Vorteile: Zum einen könnten wir dann die alltäglichsten Routineaufgaben wie Teller waschen, sich ankleiden oder Rasen mähen, die einfach erledigt werden müssen, mit der gleichen Sorgfalt und Befriedigung tun, als würden wir ein Kunstwerk schaffen. Es würde uns mit gut trainierter Kontrolle über unsere eigene Aufmerksamkeit auch eher gelingen, psychische Energie für wichtige, aber ungeliebte Aufgaben oder sogar für etwas, was wir zuvor noch nie getan haben, aufzubringen. Schließlich könnten wir Stress und Leiden reduzieren, wenn es uns gelinge, quälenden Problemen, die wir nicht lösen können, oder Schmerzen, deren Ursache wir nicht beseitigen können, unsere Aufmerksamkeit zu entziehen und sie auf Aspekte zu fokussieren, die wir selbst wählen.

Das Ziel besteht für Csíkszentmihályi letztlich darin, zu einer spielerischen und zugleich ernsthaften Grundhaltung zum Leben („serious playfulness") zu gelangen. Er folgt dabei der buddhistischen Empfehlung, „stets so zu handeln, als ob die Zukunft des Universums davon abhängt, was du tust, während du innerlich darüber lachst, dass du denkst, dass, was immer du tust, irgendeinen Unterschied machen würde". Jeder von uns sei „verantwortlich für jenen besonderen Punkt in Raum und Zeit, an dem unser Körper und unser Geist eine Verbindung innerhalb des Gesamtnetzwerks der Existenz eingehen. Wir können unser Bewusstsein auf die Aufgaben des Alltagslebens fokussieren, wissend, dass wir, wenn wir in der Fülle der Flowerfahrung handeln, zugleich auch eine Brücke schlagen zur Zukunft des Universums."[584] In diesem Zitat wird das Bedürfnis von Csíkszentmihályi deutlich, das aktive Herbeiführen und Erleben von Flow nicht nur als reine Lifestyle-Technik zu propagieren, sondern – ganz im Sinne von Frankl, Antonovsky und Adler – in einen größeren Sinnzusammenhang einzubetten. Ein solides Grundgefühl und

584 Zitat aus der Zusammenfassung von „Finding Flow" durch Csíkszentmihályi in „Psychology Today" (http://www.psychologytoday.com). Übersetzung von U. B.

Grundverständnis der eigenen Existenz als einer sinnhaften sind offensichtlich wichtige Grundlagen dafür, möglichst häufig, intensiv und nachhaltig die beglückenden und wünschenswerten Erfahrungen von Selbstvergessenheit und Flow machen können.

Für Frankl ist es ein „grundlegender anthropologischer Tatbestand, dass Menschsein immer über sich selbst hinausgeht auf einen Sinn, den da ein Mensch erfüllt, oder auf mitmenschliches Sein, dem er da begegnet. Und nur in dem Maße, in dem der Mensch solcherart sich selbst transzendiert, verwirklicht er auch sich selbst; im Dienst an einer Sache – oder in der Liebe zu einer anderen Person! Mit anderen Worten: Ganz Mensch ist der Mensch eigentlich nur dort, wo er ganz aufgeht in einer Sache, ganz hingegeben ist an eine andere Person. Und ganz er selbst wird er, wo er sich selbst – übersieht und vergisst."[585] Für Frankl besteht Selbsttranszendenz also in der Überwindung unserer Selbstbezogenheit und Egozentrik durch Hingabe an eine Aufgabe und/oder an eine Person. Die Gratifikation für diese Hingabe dürfte auf der Ebene des subjektiven phänomenalen Erlebens ziemlich genau das sein, was Csíkszentmihályi „Flow" genannt hat.

Die Bestimmung des Sinns des eigenen Lebens wird von Mensch zu Mensch je nach dem jeweiligen kulturellen, weltanschaulichen und religiösen Hintergrund unterschiedlich ausfallen. Auch die Besonderheiten der eigenen Familie und individuelle biografische Erfahrungen spielen eine Rolle. So kann zum Beispiel eine allzu forcierte und natürliche Antriebe hemmende Vermittlung religiöser oder weltanschaulicher Inhalte und Lebensformen Widerstand oder sogar offene Ablehnung provozieren. Im vorangegangenen Kapitel erwähnte ich, dass die Vermittlung von Werten und prosozialen Idealen am besten durch ein konsistentes positives Vorbild der Eltern erfolgt. Wenn die Eltern zudem in der Lage sind, ihre Kinder ausreichend mit sicheren Bindungs- und stärkenden Selbstobjekt-Erfahrungen zu versorgen, dann sind die Voraussetzungen ideal für das, was ich oben als „Lernen durch Liebe" bezeichnet habe. Die Kinder können so das wichtige Urvertrauen sowie ein Grundgefühl und Grundverständnis des eigenen Lebens als ein sinnhaftes am nachhaltigsten verinnerlichen. Lernen durch Liebe führt keineswegs dazu, dass die Kinder ihre Eltern einfach kopieren. Vielmehr finden sie in der Auseinandersetzung mit dem Modell ihrer Eltern ihren eigenen Weg einer sinnhaften Gestaltung und Bewertung ihres Lebens.

585 V. E. Frankl, 2005: „Ärztliche Seelsorge – Grundlagen der Logotherapie und Existenzanalyse", Frankfurt: Fischer, 9. Aufl., S. 201.

Als Psychotherapeut habe ich es häufig mit Menschen zu tun, denen es nicht vergönnt war, Urvertrauen zu entwickeln und sich in einen sinnhaften Gesamtkontext eingebettet zu fühlen. Sie leiden unter ständiger Inkonsistenzspannung und Zweifeln an der Berechtigung oder dem Sinn ihres Tuns. Es fällt ihnen schwer, sich für einen bestimmten Beruf oder Lebensweg zu entscheiden, sich ganz einer Aufgabe hinzugeben und in ihr aufzugehen. Solche Menschen berichten oft von einer Kindheit, in der sie sich in dieser Welt nicht wirklich willkommen fühlen durften, zum Beispiel weil die Eltern völlig überfordert waren. Entsprechend unsicher wirken ihre Bindungserfahrungen. Viele litten unter emotionaler Vernachlässigung, unangemessenen erzieherischen Härten, einem Mangel an Orientierung, unklaren Grenzen und/oder sogar Grenzüberschreitungen. Die eigenen Eltern werden oft nicht als Vorbild erlebt. Das Leben solcher Menschen gleicht häufig einer vergeblichen Suche nach sich selbst, nach einem idealen Partner, nach einem überragenden Erfolg oder ultimativen Kick, der sie für die erlittenen Entbehrungen und die Gefühle der Unzulänglichkeit entschädigt. Solche Menschen sind oft von echten, tiefen Flow-Erfahrungen und dem Gefühl anhaltender Zufriedenheit, das mit der Erfahrung von Flow verbunden ist, abgeschnitten.

Wo finden diese Menschen Hilfe? Durch eine große Zahl von Studien ist gut belegt, dass die Mehrzahl der Patienten mit seelischen und psychosomatischen Erkrankungen von Psychotherapie profitiert. Die vielleicht wichtigste Erkenntnis der Psychotherapieforschung aber ist folgende: Die Wirkung von Psychotherapie hängt nicht etwa von der Theorie, Methode und Ausbildung des Therapeuten ab – selbst gebildete und einfühlsame Laien können beachtliche therapeutische Wirkungen entfalten –, sondern ganz überwiegend von den Patienten selbst und von der Unterstützung aus ihrer Umgebung. Wesentlich für den Therapieerfolg sind die aktive Teilnahme der Patienten in der Therapie, ihr Engagement und ihre Eigenarbeit, das Maß, wie positiv sie die Therapiebeziehung einschätzen und wie hoch ihre positiven Erwartungen und Hoffnungen sind, mit Hilfe des Therapeuten ihre Ziele zu erreichen. Bleibende Erfolge stellen sich vor allem bei jenen Patienten ein, welche die Veränderungen in der Therapie ihren eigenen Bemühungen zuschreiben.[586]

586 Vgl. U. Boessmann, 2005: „Wirksam behandeln. Bewusste und unbewusste Aufträge in der Psychotherapie, Medizin und Supervision", Bonn: Deutscher Psychologen Verlag.

Was aber ist mit jenen Patienten, bei denen diese günstigen Voraussetzungen für Psychotherapie nicht erfüllt sind? Mit jenen, bei denen die Aufarbeitung ihrer unglücklichen Biografie ihr Gefühl, im Leben zu kurz gekommen oder irreparabel beschädigt worden zu sein, noch verstärkt? Mit denen, bei denen durch die Psychotherapie die krankhafte Neigung zu übertriebener Metakognition und Selbstreflexion noch zunimmt? Mit jenen, die sich durch ihr trauriges Schicksal definieren und ihre Opferrolle benötigen, um wenigstens ein rudimentäres Gefühl von Identität zu erhalten? Mit denen, die trotz Psychotherapie nicht aufhören können, ihre Eltern und andere Menschen, die Gesellschaft, die Kirche, den Staat oder Gott für all ihr Elend verantwortlich zu machen? Mit jenen, die sich vor weiteren Enttäuschungen schützen, indem sie nur noch mit dem Schlechtesten rechnen? Mit denen, die in der Therapie ihre ganze Kraft und Intelligenz einsetzen, um ihre egozentrierte Grundstimmung von Bitterkeit, Resignation und Pessimismus sowie ihre passiv-aggressive Anspruchshaltung gegenüber ihrer Umwelt nicht aufgeben zu müssen? Mit jenen, die mit der erforderlichen Verantwortungsübernahme für ihr eigenes Leben überfordert sind? Mit denen, die sich in ihrem Selbst so qualvoll allein und getrennt fühlen, dass sie suizidal sind oder immer wieder Alkohol und Drogen benötigen, um emotionale Verbundenheit erleben zu können?

Was kann eine religiöse Anbindung leisten, wenn die Medizin und Psychotherapie an ihre Grenzen stoßen? Was können religiöser Glaube und die Zugehörigkeit zu einer Glaubensgemeinschaft dazu beitragen, dass Psychopharmaka und Psychotherapie vielleicht gar nicht erst notwendig werden? Welche besonderen Wirkungen, die über das in der Arzt-Patient- beziehungsweise Therapeut-Patient-Beziehung Mögliche hinausgehen, entfalten sich, wenn sich Menschen gemeinsam auf eine Wirklichkeit beziehen, die mit den Sinnen und mit den Mitteln des Verstandes nicht erkannt werden kann?

Sigmund Freud sah die Lehrsätze der Religionen als „Illusionen" an, welche die „ältesten, stärksten und dringendsten Wünsche der Menschheit" erfüllen. Das Geheimnis der Stärke religiöser Illusionen liege in der Stärke des menschlichen Bedürfnisses nach „Schutz durch Liebe", das aus dem „schreckenden Eindruck der kindlichen Hilflosigkeit" resultiere. Dieses Gefühl von Hilflosigkeit halte das ganze Leben an. Die Religion versöhne „den Menschen mit der Kränkung seines Narzissmus". Anstelle des realen, sowohl strafenden als auch schützenden und tröstenden Vaters in der Kindheit hielten die Menschen „an der Existenz eines – aber nun mächtigeren Vaters –" fest. Der „Frommgläubige" sei „in hohem Grade gegen die Gefahr gewisser neurotischer Erkrankungen geschützt". Dadurch nämlich, dass er an der „allgemeinen Neurose“ der Religion teilhabe, müsse er keine „persönliche Neurose“ ausbilden.[587]

Diese Aussagen waren von Freud als Kritik an den Religionen gemeint. Aber wird durch sie die Berechtigung von Religionen wirklich in Frage gestellt? Wer wollte bestreiten, dass bei uns Menschen, die wir als Babys so völlig hilflos und abhängig sind, Bedürfnisse nach sicherer Bindung, Geborgenheit und Schutz von Beginn unseres Lebens an eine zentrale Rolle spielen? Im Kapitel 24 über die Entwicklung des Selbst aus psychodynamischer Sicht erwähnte ich, dass Menschenbabys schon früh auch der unbedingten positiven Spiegelung durch ein möglichst gutes Selbstobjekt bedürfen. Aus den natürlichen Bindungs- und Spiegelungsbedürfnissen der Kinder entwickelt sich nach und nach ihre Bindungsfähigkeit. Die Qualität ihrer Bindungsfähigkeit hängt von den Bindungserfahrungen ab, welche die Kinder mit ihren Eltern und anderen Beziehungspersonen machen. Unter günstigen Umständen entwickeln Kinder die Fähigkeit, stabile Bindungen dauerhaft einzugehen und mit einer größeren Zahl von Menschen auch außerhalb des engsten Familienkreises Beziehungen zu unterhalten. Eine gute Bindungsfähigkeit zeichnet sich durch positive Beziehungserwartungen aus und führt zu überwiegend positiven wechselseitigen Selbstobjekt-Erfahrungen.

Dank unserer Symbolisierungsfähigkeit können wir Menschen ab einem bestimmten Entwicklungsstand Bindungen auch zu Personen aufbauen und aufrechterhalten, die physisch gar nicht anwesend oder erreichbar sind. Früher unterhielten viele Menschen noch Brieffreundschaften zu Personen in entfernten Ländern, die sie persönlich nicht kannten. Auch Fans empfinden eine starke emotionale Bindung zu den von ihnen verehrten Stars, obwohl sie diese meist nie persönlich kennenlernen. Heute erlauben Foren und Chaträume im Internet gänzlich virtuelle Begegnungen und Bindungserfahrungen, die so intensiv sein können, dass sie eine Suchtgefahr beinhalten. Wir sprechen hier von einer menschlichen Fähigkeit, die sehr alt ist. Seit vielen Jahrtausenden beziehen sich Menschen – ursprünglich auf magische und mythische Weise – auf eine sinnlich nicht wahrnehmbare Wirklichkeit. Die Verehrung eines einzigen Gottes, von dem es ausdrücklich keine allseits sichtbaren Abbilder gibt, ist dabei eine relativ späte Form des Bezugs auf eine unsichtbare Wirklichkeit.

587 S. Freud, 1927: „Die Zukunft einer Illusion“, Studienausgabe, Band IX, Hg.: Alexander Mitscherlich, Angela Richards und James Strachey, Frankfurt/M.: Fischer, 1974, S. 135-189.

Ein weiterer Aspekt scheint mir wichtig: Es gilt als ein Ausdruck von gut entwickelter Autonomie, wenn sich ein junger Mensch aus der unmittelbaren Bindung an seine Herkunftsfamilie lösen kann, ihr aber trotzdem lebenslang verbunden bleibt. Eine gut entwickelte Autonomie zeichnet sich dadurch aus, dass ein junger Mensch außerhalb der Herkunftsfamilie neue emotional bedeutsame und befriedigende Bindungen eingeht, und zwar nicht nur zu einem einzigen oder zu einigen wenigen Menschen, sondern zu vielen verschiedenen Menschen, gegebenenfalls auch zu physisch nicht Anwesenden. Ich spreche hier von der wichtigen strukturellen Fähigkeit der variablen Bindung (Beziehungen zu mehreren Menschen und in Gruppen), die ich schon im Kapitel 27 vorgestellt habe. Menschen, die sich darüber hinaus in einer intensiven und beständigen positiven Beziehung zu Gott erleben, verfügen über eine zusätzliche Qualität von Beziehung, die für sie insbesondere in belastenden Lebensphasen, zum Beispiel bei Verlust von vertrauten, Sicherheit spendenden Beziehungen und Lebensbedingungen, hilfreich sein kann. Das Bedürfnis nach einer persönlichen Beziehung zu Gott mag durchaus – wie Freud annahm – seinen Ursprung in kindlichen Wünschen nach Bindungssicherheit und positiver Spiegelung durch ein ideales Selbstobjekt haben. Aber ist die Befriedigung dieser natürlichen Wünsche in Form des Glaubens an einen unsichtbaren Gott deshalb notwendigerweise unreif, infantil und illusionär? Und was ist die Alternative?

Freud lag am Herzen, dass wir kraft unseres Intellekts den „Infantilismus", den Illusionscharakter und die Unerfüllbarkeit unserer kindlichen Anlehnungs-, Geborgenheits- und Abhängigkeitssehnsüchte erkennen. Er forderte zudem von uns, „auf ein gutes Stück unserer infantilen Wünsche zu verzichten".[588] Freud lehrte aber bekanntlich auch, dass wir Triebansprüche auf Dauer nicht unterdrücken können, ohne dass sie sich einen Weg bahnen und sich dann möglicherweise in krankhafter oder destruktiver Form manifestieren. Aus heutiger psychodynamischer Sicht gelten die menschlichen Bindungswünsche als mindestens ebenso grundlegend und dringlich wie zum Beispiel sexuelle und narzisstische Bedürfnisse oder das Besitzstreben. Wir können auf unsere Bindungsbedürfnisse nicht einfach verzichten. Möglicherweise wurden wir als Kinder forciert zu möglichst früher und vollständiger Selbstständigkeit erzogen, zum Beispiel weil unsere Eltern wenig Zeit für uns hatten. Vielleicht mussten wir schon früh lernen, unsere Bindungs- und Anlehnungswünsche nicht mehr wahrzunehmen und nicht mehr auszudrücken. In der psychodynamischen Terminologie spricht man von der Abwehr, Verdrängung,

588 S. Freud, 1927, S. 135-189.

Verleugnung oder Abspaltung von Bedürfnissen und Triebanliegen. Durch Abwehr werden wichtige natürliche Antriebe nicht einfach annulliert. Vielmehr gären sie im innerpsychischen Exil fort und entwickeln dort eine besonders virulente Dringlichkeit.

Ich möchte das Gesagte anhand meiner Erfahrungen als Arzt und Psychotherapeut mit Patienten mit seelischen und psychosomatischen Erkrankungen verdeutlichen: Nicht selten habe ich es mit Patienten mit einem pseudounabhängigen Persönlichkeitsstil[589] zu tun. Obwohl diese Patienten spürbar einen hohen Leidensdruck haben, kommen sie nur widerstrebend zur Behandlung. Lange versuchen sie, alleine klarzukommen und ihre Symptome zum Beispiel mit Hilfe von Selbstmedikation zu beherrschen. Es sind Menschen, die vordergründig betont autonom und autark auftreten, von niemandem abhängig sein und niemandem erlauben wollen, sie in ihrer Entscheidungsfreiheit einzuschränken. In der Kindheit wurden die Anlehnungs- und Abhängigkeitswünsche dieser Patienten von den in der Regel anderweitig geforderten oder überforderten Eltern oft nicht ausreichend befriedigt. Die Eltern erwarteten meist schon früh ein hohes Maß an Selbstständigkeit. Durch selbstständiges Verhalten gelang es den Patienten, ein gewisses Maß an Zuwendung und Anerkennung durch die Eltern zu gewinnen.

Als Therapeut überschätzt man diese Patienten zunächst, was ihre Fähigkeit anbetrifft, mit sich selbst verantwortungsvoll umzugehen. Man neigt daher anfangs dazu, sie frei gewähren zu lassen. Doch angesichts anhaltender oder zunehmender Symptomatik beginnt man früher oder später, sich um diese Patienten ernsthaft zu sorgen. Aus psychodynamischer Sicht handelt es sich um Menschen, die nur über ihre Symptome ihre abgewehrten Bindungs- und Anlehnungswünsche zum Ausdruck bringen können. Ihr implizites, das heißt unbewusstes und unausgesprochenes Beziehungsanliegen an den Therapeuten scheint Folgendes zu sein: „Eigentlich sehne ich mich danach, dass du (Therapeut) dich um mich kümmerst, mir Geborgenheit, Schutz und Orientierung gibst. Aber lasse mich niemals spüren,

589 Pseudounabhängigkeit ist ein Begriff aus der Bindungsforschung. Beim unsicher vermeidenden Bindungstyp (Typ A) zeigen die Kinder Pseudounabhängigkeit von der Bezugsperson im Sinne eines auffälligen Kontaktvermeidungsverhalten. Beim Fremde-Situation-Test beschäftigen sie sich primär mit ihrem Spielzeug. Sie wirken bei der Trennung von der Bezugsperson auffallend unbeeindruckt und spielen oft für sich allein. Wenn die Bezugsperson zurückkommt, zeigen die Kinder ihre Ablehnung, indem sie der Bezugsperson keine oder kaum Beachtung schenken (F. Resch et al, 1999: „Entwicklungspsychopathologie des Kindes- und Jugendalters – Ein Lehrbuch", Weinheim: PVU. Zum Begriff des Persönlichkeitsstils vergleiche Kapitel 27).

wie klein und abhängig ich bin." Unbewusst läuft bei diesen Patienten in etwa folgender innerer Konflikt ab: „Ich darf mich nicht klein und schwach zeigen, obwohl ich mich oft so fühle. Denn wenn ich mich bedürftig zeige, werde ich enttäuscht und verletzt."

Ein weiterer Persönlichkeitsstil, der in der psychotherapeutischen Medizin häufig anzutreffen ist, ist der abhängige Stil. Es handelt sich um Menschen, die – im Gegensatz zum pseudounabhängigen Stil – ihre Bindungs-, Anlehnungs- und Abhängigkeitswünsche ganz offen zum Ausdruck bringen. Sie suchen ständig und überall nach Rat und Führung, verhalten sich anhänglich, teilweise anklammernd und wagen keine eigenen Schritte. Typischerweise wurden diese Patienten in ihrer Kindheit von ihren Müttern als Selbstobjekte benötigt, die von ihnen abhängig sind. Die Mütter ermutigten die Kinder nicht in ihren autonomen Antrieben und behinderten ihren Erwerb von Kompetenzen, um sie abhängig zu halten. Die Mütter hörten mit ihrer primären Zuwendung und Fürsorge auch dann nicht auf, als es entwicklungsmäßig für das Kind angemessen gewesen wäre. Die Patienten mussten als Kind befürchten, den Schutz und die Zuneigung der Mutter zu verlieren, wenn sie sich zu selbstständig zeigten und sich von ihr weg auf Dritte zubewegten. So wie bei den pseudounabhängigen Patienten Bindungs- und Anlehnungswünsche abgewehrt sind, so sind bei den offen abhängigen Patienten Autonomie- und Selbstbehauptungsstrebungen abgewehrt. Außerdem dürfen bei ihnen alle negativen, zum Beispiel aggressiven Affekte, welche Bindungen bedrohen könnten, nicht bewusst werden.

Diese Patienten treten entsprechend angepasst und „brav" auf. In der Therapiebeziehung scheinen sie sich immer noch nach einem kleinkindhaften Primärzustand symbiotischer Verbundenheit und vollkommener externer Bedürfnisbefriedigung zu sehnen. Ihr implizites Beziehungsanliegen an den Therapeuten scheint Folgendes zu sein: „Ich bin klein und schwach, du bist die/der Große und Starke, ohne dich bin ich nichts; sage mir, was ich tun soll; übernimm du alle Verantwortung; erspare mir Anstrengung und Unbehagen." Unbewusst läuft bei diesen Patienten in etwa folgender innerer Konflikt ab: „Ich bewundere starke und eigenständige Menschen, aber ich selbst bin ohnmächtig und auf den Schutz, den Halt und die Führung anderer angewiesen. Wenn ich tue, was ich will, werde ich die Menschen, auf die ich angewiesen bin, verlieren oder zerstören." Solche Menschen verleugnen folglich ihre eigenständigen Bedürfnisse, entwickeln nur unzureichend eigene Kompetenzen und Vertrauen in diese Kompetenzen. Auch ihre Frustrationstoleranz ist zum Beispiel aufgrund übertriebener Verwöhnung in der Kindheit meist unterentwickelt. Wenn sie die Realität anders erleben, als es ihrer Sehnsucht nach symbiotisch-fusionärer Verbundenheit mit einem starken, Halt, Führung und Versorgung gewährenden Objekt entspricht, neigen sie dazu, sich mit Hilfe von Suchtmitteln oder suchtartigen Aktivitäten (unter anderem mit spirituellen Praktiken) zu betäuben und das benötigte Gefühl von Verbundenheit künstlich herzustellen.

Ich habe den Gegensatz von pseudounabhängigem Persönlichkeitsstil und offen abhängigem Persönlichkeitsstil ausführlich dargestellt, um zu zeigen, dass es sehr unterschiedliche Formen gibt, wie Menschen in der Lebenspraxis mit ihren Bindungs-, Anlehnungs- und Abhängigkeitswünschen umgehen können. Zwischen dem pseudounabhängigen und dem offen abhängigen Persönlichkeitsstil gibt es zahllose Facetten möglicher Befriedigung, Hemmung, Abwehr, Kompensation oder – darauf wird jetzt näher einzugehen sein – der Sublimierung von Bindungswünschen. Egal, mit welchem Stil jemand durchs Leben navigiert, er kommt nicht um die Dringlichkeit seiner Bindungswünsche herum. Nun zum Begriff der Sublimierung: Freud verstand darunter die Fähigkeit, „Triebziele solcherart zu verlegen, dass sie von der Versagung der Außenwelt nicht getroffen werden können". Er hatte dabei zum Beispiel „die Freude des Künstlers am Schaffen, an der Verkörperung seiner Fantasiegebilde" oder „die des Forschers an der Lösung von Problemen und am Erkennen der Wahrheit" im Auge. Wenn es gelinge, die Libido auf eine solche Art zu befriedigen, dann hätten diese Befriedigungen „eine besondere Qualität [...], sie scheinen uns 'feiner und höher', aber ihre Intensität ist im Vergleich mit der aus der Sättigung grober, primärer Triebregungen gedämpft; sie erschüttern nicht unsere Leiblichkeit."[590]

Ich möchte Freuds Definition von Sublimierung gerne auf die unterschiedlichen Formen anwenden, mit denen Menschen mit verschiedenen Persönlichkeitsstilen ihre Bindungswünsche zum Ausdruck bringen und befriedigen: Ein Erwachsener mit einem offen abhängigen Stil drückt seine Bedürfnisse nach sicherer Bindung, nach Versorgt- und Geführtwerden direkt und ungehemmt in einer Weise aus, die der eines kleinen Kindes im Kontakt mit seiner Mutter entspricht. Bindungsbedürfnisse sind, wenn überhaupt, nur im geringen Maße sublimiert. Eine andere Gruppe, die ich erwähnen möchte, sind die Menschen mit einem histrionischen Persönlichkeitsstil. Sie tendieren dazu, andere durch ihre Attraktivität, durch sinnliche Verführung und einen hohen Unterhaltungswert an sich zu binden. Histrionisch

590 S. Freud, 1930: „Das Unbehagen in der Kultur", Wien: Internationaler Psychoanalytischer Verlag, S. 30.

strukturierte Menschen unternehmen in der Regel große Anstrengungen, um ihre Attraktivität zu erhöhen und sie auf hohem Niveau zu erhalten. Im Gegensatz zu Menschen mit einem histrionischen Persönlichkeitsstil verzichten Menschen mit einem ängstlich-unsicheren Persönlichkeitsstil gerne auf die Inszenierung ihrer Attraktivität. Sie vermeiden Konkurrenz und begnügen sich mit bescheidenen Positionen, um sich keine Feinde zu machen. Wichtig ist ihnen ein Netz von verlässlichen Beziehungen, das ihnen Sicherheit gibt und das sie mit Sorgfalt pflegen.

Beim histrionischen und beim ängstlich-unsicheren Stil ist ein höheres Maß an sozial erwünschter Sublimierung von Bindungsbedürfnissen erkennbar als beim abhängigen Persönlichkeitsstil. Besonders deutlich zeigt sich Sublimierung jedoch im altruistischen Persönlichkeitsstil. Altruistische Menschen drücken ihre sehr ausgeprägten Bindungsbedürfnisse dadurch aus, dass sie sehr viel für andere Menschen tun und sich auf diese Weise unentbehrlich machen. Es ist ihr großes Engagement, mit dem sie andere Menschen langfristig an sich binden. Wie anders stellt sich dagegen der schon besprochene pseudounabhängige Persönlichkeitsstil dar. Pseudounabhängige Menschen wehren ihre Bindungswünsche massiv ab. Zur Kompensation der nicht befriedigten Bindungswünsche kosten sie die Vorzüge ihrer Ungebundenheit ausgiebig aus, zum Beispiel indem sie kompromisslos ihre Karriere verfolgen, Vermögen machen und sich einem hedonistischen und extravaganten Lebensstil hingeben. Der pseudounabhängige Stil ist oft mit narzisstischen Zügen verbunden. Diese zeigen sich in der Tendenz, privilegierte Stellungen anzustreben, auf andere, die weniger erfolgreich sind, herabzusehen und rücksichtslos die eigenen Interessen zu verfolgen.

Pseudounabhängige Menschen entwickeln oft eine erstaunliche Leistungsfähigkeit und sind nicht selten erfolgreich. Von einer reifen Sublimierung ihrer Bindungsbedürfnisse kann jedoch nicht wirklich die Rede sein. Denn die besonderen Leistungen und Erfolgserlebnisse, der Narzissmus und Hedonismus dieser Menschen sind oft nur eine Ersatzbefriedigung dafür, dass sie von ihren natürlichen Bindungsbedürfnissen wie abgeschnitten sind. Dem äußeren Glanz und ihrem schneidenden rationalen Kalkül stehen oft qualvolle Gefühle von innerer Leere, Einsamkeit, davonrasender Zeit und Sinnlosigkeit gegenüber. Denn ihr Gemeinschaftssinn ist unterentwickelt. Für die Idee der Nächstenliebe oder für die Vision einer gerechten Gesellschafts- und Weltordnung empfinden sie oft nur Spott. Andere Menschen haben für narzisstische Individuen vor allem die Funktion, sie in ihrer eigenen Großartigkeit und Überlegenheit zu spiegeln und zu bestätigen. Im Extremfall ist ihr hypertrophiertes Selbst von einem hemmungslosen

Überlegenheitsstreben getrieben. Von den Voraussetzungen für ein nachhaltiges Flow-Erleben und für Selbsttranszendenz sind sie damit weit entfernt. Meist kommen sie mit ihrer abgewehrten Sehnsucht nach tiefer Verbundenheit erst dann in Kontakt, wenn sie ernsthaft krank werden und ihr pseudounabhängiges und narzisstisches Lebensarrangement in sich zusammenbricht.

Aus heutiger psychodynamischer Sicht, welche Bowlbys Bindungstheorie inzwischen integriert hat, müssen wir uns immer wieder vor Augen führen, wie zentral und dringlich Bindungsbedürfnisse bei anderen Menschen und auch bei uns selbst tatsächlich sind und dass wir möglicherweise selbst zu einer gewissen pseudounabhängigen Verleugnung und narzisstischen Kompensation abgewehrter Bindungsbedürfnisse neigen. Unser Ziel muss sein, Wege für eine angemessene individuelle sowie kollektive Befriedigung von Bindungsbedürfnissen – am besten durch echte Sublimierung – zu finden. Angesichts der Grenzen von Medizin und Psychotherapie scheint mir die Frage berechtigt, welchen ergänzenden Beitrag auch heute noch die Religionen bei der individuellen und kollektiven Befriedigung und Sublimierung von Bindungswünschen leisten können. Doch schauen wir uns zunächst noch einmal Freuds Kritik an der Religion an.

Für Freud war Religion „ein System von Lehren und Verheißungen", das dem Gläubigen „einerseits die Rätsel dieser Welt mit beneidenswerter Vollständigkeit aufklärt, anderseits ihm zusichert, dass eine sorgsame Vorsehung über sein Leben wachen und etwaige Versagungen in einer jenseitigen Existenz gutmachen wird. Diese Vorsehung kann der gemeine Mann sich nicht anders als in der Person eines großartig erhöhten Vaters vorstellen. Nur ein solcher kann die Bedürfnisse des Menschenkindes kennen, durch seine Bitten erweicht, durch die Zeichen seiner Reue beschwichtigt werden. Das Ganze ist so offenkundig infantil, so wirklichkeitsfremd, dass es einer menschenfreundlichen Gesinnung schmerzlich wird, zu denken, die große Mehrheit der Sterblichen werde sich niemals über diese Auffassung des Lebens erheben können." Laut Freud drängt Religion „ihren Weg zum Glückserwerb und Leidensschutz allen in gleicher Weise auf [...]. Ihre Technik besteht darin, den Wert des Lebens herabzudrücken und das Bild der realen Welt wahnhaft zu entstellen, was die Einschüchterung der Intelligenz zur Voraussetzung hat. Um diesen Preis, durch gewaltsame Fixierung eines psychischen Infantilismus und Einbeziehung in einen Massenwahn, gelingt es der Religion, vielen Menschen die individuelle Neurose zu ersparen. Aber [...] auch die Religion kann ihr Versprechen nicht halten. Wenn der Gläubige sich endlich genötigt findet, von Gottes 'unerforschlichem Ratschluss' zu reden, so gesteht er damit ein, dass ihm als letzte Trostmöglichkeit und Lustquelle im Leiden nur die bedingungslose Unterwerfung übrig geblieben ist."[591]

Was Freud hier schrieb, trifft meines Erachtens auf bestimmte Teilaspekte von religiöser Glaubenspraxis durchaus zu. Ich denke dabei an eigene Patienten, die durch bestimmte religiöse Dogmen und vor allem durch die einseitige Interpretation dieser Dogmen, oft innerhalb spezieller Glaubensgemeinschaften, an einer angemessenen Entwicklung ihrer Persönlichkeit und an einer geeigneten Bewältigung wichtiger Probleme behindert zu werden scheinen. Inbesondere die ernsten Beschädigungen und Deformationen der Persönlichkeit, die manche disponierte Menschen durch langjährige Zugehörigkeit zu bestimmten Kirchen und religiösen Sekten davontragen können – man spricht auch von ekklesiogenen Neurosen[592] –, lassen Freuds Kritik berechtigt erscheinen. Ein großes Problem besteht auch darin, dass sich Religionen dazu anbieten, für narzisstische Zwecke missbraucht zu werden. So können die, die sich selbst als rechtgläubig und gottgefällig verstehen, auf die Ungläubigen oder weniger streng Gläubigen oder die Anhänger eines vermeintlich falschen Glaubens herabschauen, sich selbst spirituelle Überlegenheit oder Auserwähltheit suggerieren und damit individuelle und kollektive Misserfolge und Minderwertigkeitsgefühle kompensieren. Auch der Missbrauch von Religionen für Machtinteressen ist ein häufig beklagtes Phänomen.

Aber treffen alle berechtigten Kritikpunkte Freuds generell auf alles zu, was heute innerhalb der großen Bandbreite von Glaubensrichtungen und Religionsgemeinschaften gelehrt und praktiziert wird? Nach allem, was ich in diesem Buch zusammengetragen habe, ist das Selbst-, Welt-, Zeit-, Raum- und Wirklichkeits-

591 S. Freud, 1930: „Das Unbehagen in der Kultur", Wien: Internationaler Psychoanalytischer Verlag, S. 20, 38-39.

592 Helmut Hark (1984: „Religiöse Neurosen. Ursachen und Heilung", Stuttgart: Kreuz, S. 286-290) fasst unter diesem erstmals von Eberhard Schaetzing (1955: „Die ekklesiogenen Neurosen", in: „Wege zum Menschen", 7, S. 97-108) verwendeten Begriff „alle jenen seelischen Schwierigkeiten und psychoneurotischen Erkrankungen" zusammen, „die durch Fehlformen der Frömmigkeit und Religion entstehen. Da die Kirche (ekklesia) als Gemeinschaft der Gläubigen die Frömmigkeit und die Religion entscheidend prägt und trägt, wurde diese Bezeichnung als Sammelbegriff für diese spezielle Neurose gewählt. Damit wird nicht gesagt, dass die Kirche und die Religion krank mache. Während eine ganzheitliche Beziehung zwischen dem Glaubensleben und dem Seelenleben für beide Seiten positive Auswirkungen hat, kann eine zu einengende kirchliche Bindung und fanatische Religiosität das seelische Erleben derart beeinträchtigen, dass es zu Störungen und Erkrankungen kommt. Auch eine zu prüde und sexualfeindliche Erziehung sowie ein neurotisches Gottesbild tragen häufig zu ekklesiogenen Neurosen bei."

erleben von jedem von uns Teil einer großen kollektiven Wirklichkeitskonstruktion, eine von zahllosen anderen individuellen Varianten einer enkulturierten Benutzerillusion. Zudem hat die Physik des 20. Jahrhunderts das mechanistische Weltbild mit seinen linearen Raum-Zeit-Relationen gründlich erschüttert. Die alte, komfortable Vorstellung, dass es eine einzige materielle Wirklichkeit gäbe, die unabhängig von unserem Bewusstsein existiere und objektiv beobachtet werden könne, kann heute keine generelle Gültigkeit mehr beanspruchen. Vielmehr scheinen Bewusstsein, Geist, Information, Energie und Materie in ganzheitlichen Wirkungszusammenhängen miteinander verschränkt zu sein. Im ganz großen und im ganz kleinen Maßstab scheint die Welt, scheint unser Leben ganz anders zu funktionieren, als es unserer Intuition und Vorstellungskraft entspricht. Die Mysterien und Wunder der Welt und des Lebens werden uns heute vielfach nicht mehr von den Religionen, sondern von den Wissenschaften vorgeführt. Der Glaube an eine oder viele Wirklichkeiten, die wir mit unseren Sinnen und mit den Mitteln unseres Verstandes nicht erkennen können, erscheint vor diesem Hintergrund gar nicht mehr so illusionär wie noch aus der Wissenschaftsperspektive des 19. Jahrhunderts, in der Freud verwurzelt war.

Ich möchte die oben gestellte Frage wiederholen: Was kann eine religiöse Anbindung über die Möglichkeiten von Wissenschaft, Medizin und Psychotherapie hinaus Heilsames beitragen? Von besonderer Bedeutung scheint mir, dass Religion – worauf auch Freud hinwies – vor allem ein kollektives Phänomen ist. Die heiligen Texte der verschiedenen Religionen bilden zusammen mit der jeweiligen Glaubenstradition die gemeinsame Matrix, in der die Gläubigen mit ihren wichtigsten Lebensanliegen zueinander und – allein oder gemeinsam – zu Gott in Beziehung treten können. Eine Religion bindet die vielen voneinander getrennten individuellen Wirklichkeiten zusammen zu einer einzigen, einheitlichen, für alle verbindlichen und damit alle verbindenden Wirklichkeit. Religiöse Glaubensgemeinschaften richten mit Hilfe ihrer Botschaften, Riten und Kulte systematisch einen wesentlichen Teil der Aufmerksamkeit, des Denkens und der Affektivität ihrer Mitglieder auf einen gemeinsamen Bezugspunkt a u ß e r h a l b der Gemeinschaft aus. Damit stellen sie eine Form von Metaebene her. Die gemeinsame mentale Ausrichtung aller auf Gott – zum Beispiel im Gebet – erlaubt es, dass die Gläubigen ihr individuelles und kollektives Verhalten aus der Außenperspektive eines idealen, über alle menschlichen Unzulänglichkeiten erhabenen Betrachters anschauen können.

Versetzen wir uns zur Veranschaulichung in einen Gläubigen: Es macht einen Unterschied, ob ich mich frage, was ich im Leben vorhabe oder was Gott mit mir vorhat oder welchen Plan Gott mit meiner Ehe, meiner Firma, meiner Gemeinde oder dem Volk hat, dem ich angehöre. Gott ist für den Einzelnen und für das Kollektiv der höchste denkbare Metastandpunkt, von dem aus Menschen sich betrachten, hinterfragen und orientieren können. Die religiöse Grundüberzeugung, dass neben der sinnlich erfahrbaren Realität eine andere Wirklichkeit existiert, ist ja frühester Ausdruck des faszinierenden „Quantensprungs" des Bewusstseins, der darin bestand, dass sich das menschliche Denken und Vorstellungsvermögen irgendwann aus der Verhaftung im rein Sinnlichen zu befreien vermochte. Für Sebastian Görnitz-Rückert sind religiöse Fragen „Fragen aus einem Weltabstand". Sie „gehen auf Distanz zur Welt insgesamt. [...] Sie haben [...] ihre Wahrheit darin, dass sie Fragen an unsere Welt stellen und dazu führen, sie anders zu sehen."[593]

Carl Gustav Jung schrieb: „Unter allen meinen Patienten jenseits der Lebensmitte, das heißt jenseits 35, ist nicht ein einziger, dessen endgültiges Problem nicht das der religiösen Einstellung wäre." Kein Patient würde „wirklich geheilt, der seine religiöse Einstellung nicht wieder erreicht, was mit Konfession und Zugehörigkeit zu einer Kirche natürlich nichts zu tun hat".[594] Viktor Frankl sprach von „einer dem Menschen anscheinend immanenten, wenn auch noch so oft latent bleibenden Beziehung zum Transzendenten", einem „Willen zu einem letzten Sinn". Er sah eine wesentliche Aufgabe der Logotherapie darin, Patienten ihre „unbewusste Religiosität" und „verdrängte Gottbezogenheit" bewusst zu machen und ihr „Vertrauen auf den Übersinn" zu stärken.[595] Offensichtlich gibt es über alle ethnischen, geografischen und kulturellen Unterschiede hinweg ein tief in der menschlichen Natur verwurzeltes Grundgefühl, dass die sichtbare, die phänomenale raumzeitliche Wirklichkeit nicht die einzige und die letztlich wesentliche ist. Verbunden mit diesem Grundgefühl ist der natürliche Wunsch, mit dieser Wirklichkeit – auf welche Weise auch immer – in Kontakt zu treten.

Kindliche Bindungs- und Anlehnungswünsche sind folglich nur die eine anzunehmende Seite der Motivation für religiöse Aktivitäten. Die andere Seite besteht in dem spezifisch menschlichen Bedürfnis, die Grenzen der inneren und äußeren Erfahrungsmöglichkeiten zu überschreiten und zu erweitern. Das Anliegen, hinter

593 Zitiert nach T. Görnitz, B. Görnitz, 2008: „Die Evolution des Geistigen. Quantenphysik – Bewusstsein – Religion", Göttingen: Vandenhoeck & Ruprecht, S. 336.

594 C. G. Jung, 1963: „Zur Psychologie westlicher und östlicher Religion", in: Gesammelte Werke, Band 11, Zürich, Stuttgart: Rascher, S. 362.

595 V. E. Frankl, 1974: „Der unbewußte Gott, Psychotherapie und Religion", München: dtv, S. 64 ff.

die Kulissen der Erscheinungswelt zu schauen und die ihr übergeordneten zeitlosen Prinzipien, Gesetzmäßigkeiten und Kräfte zu erkennen, haben die Religionen mit der Philosophie und jeder anderen Form von Wissenschaft gemeinsam; nur die Methoden sind verschieden. Auch in der wissenschaftlichen Suche nach grundlegender Erkenntnis ist deutlich eine Sehnsucht nach Selbsttranszendierung, nach Teilhabe an einem Stück Ewigkeit und Unsterblichkeit erkennbar. Wissenschaftliches Forschen eignet sich – wie die Kunst – bestens für das Erleben heilsamer Selbstvergessenheit, für intensive und nachhaltige Flow-Erfahrungen. Zu den großartigsten Leistungen der Wissenschaft gehört die Untersuchung der Grenzen wissenschaftlichen Erkennens. Auch hier gibt es eine Parallele zu den abrahamitischen Religionen, die das Wesen Gottes als für uns Menschen unergründlich ansehen. Freud selbst zitierte Goethe mit den Worten:

Wer Wissenschaft und Kunst besitzt, hat auch Religion;
wer jene beiden nicht besitzt, der habe Religion![596]

Fassen wir zusammen:

- Die menschentypische, über die biologischen Überlebensreflexe hinausgehende Angst vor dem Tod beruht – das ist meine Hypothese – zu einem großen Teil auf der äußerst intensiven Enkulturierung des individuellen Selbst, verbunden mit dem antrainierten subjektiven phänomenalen Erleben sowie der hochgradigen Identifikation dieses Selbst mit seiner eigenen Biografie, seinen sozialen Rollen und Bindungen, Aufgaben, Bedeutungen und Besitzständen.
- Der Verlust des Selbst ist vor diesem Hintergrund eine unerträgliche Perspektive.
- Einen anderen wesentlichen Faktor für die hochgradige menschliche Angst vor dem Tod sehe ich in der abendländlichen Vorstellung einer objektiven, physikalischen Zeit, die von einem Anfang ausgehend linear auf ein Ende hin verläuft.
- Meines Erachtens werden Vorstellungen von Raum und Zeit von klein auf enkulturiert, was die erheblichen Unterschiede der Zeitvorstellungen und Zeitbegriffe in verschiedenen Kulturen erklären würde.

596 J. W. v. Goethe in den „Zahmen Xenien IX“ (Gedichte aus dem Nachlass), zitiert von S. Freud, 1930: „Das Unbehagen in der Kultur“, Wien: Internationaler Psychoanalytischer Verlag.

- Viele Kulturen sehen den Tod nicht nur als ein Ende, sondern als einen Anfang an.
- Wir sind mit unserem phänomenalen Selbst- und Welterleben, in dem wir selbst ganz selbstverständlich den räumlichen Mittelpunkt und Ausgangspunkt autonomer Willensakte bilden, in einer sozioökonomisch höchst nützlichen Benutzerillusion gefangen.
- Diese Benutzerillusion erschwert den Abschied aus den vielfältigen Bindungen an Mitmenschen, Rollen, Aufgaben, Bedeutungen oder an materielle Besitztümer.
- Alle Religionen haben Vorstellungen über eine andere, für uns nicht sichtbare und zeitlose Wirklichkeit entwickelt.
- Alle großen Religionen bieten alternative Erfahrungsmöglichkeiten für unser phänomenales Erleben an, wodurch sich auch alternative Handlungsspielräume eröffnen.
- In den Religionen geht es in der Regel darum, die Bedeutung der eigenen Individualität zu relativieren und die Ansprüche des eigenen Selbst einem höheren Willen oder Prinzip unterzuordnen.
- Das Aufgehen in einer subjektiv als wichtig und sinnvoll erlebten Aufgabe scheint generell ein hohes Maß an jenen heilsamen Erfahrungen zu ermöglichen, für die Mihály Csíkszentmihályi das Wort „Flow" einführte.
- Viktor Frankl sprach von Selbsttranszendenz als einer Fähigkeit, in einer als zutiefst sinnvoll erlebten Sache oder/und in der Hingabe an eine andere Person ganz aufzugehen.
- Frankl sah es als eine wesentliche Aufgabe der Logotherapie an, Patienten ihre unbewusste Religiosität und verdrängte Gottbezogenheit bewusst zu machen und ihr Vertrauen in den Übersinn zu stärken.
- Für Sigmund Freud waren die Lehrsätze der Religionen dagegen nur Illusionen, welche die ältesten, stärksten und dringendsten Wünsche der Menschheit erfüllen.
- In der Tat scheinen die Religionen grundlegende Bindungswünsche zu befriedigen.
- Menschen, die sich in einer stabilen und positiven Beziehung zu Gott erleben, verfügen über eine zusätzliche Qualität von Bindung, die für sie in belastenden Lebensphasen hilfreich sein kann.
- Religionen sind vor allem ein kollektives Phänomen. Sie liefern eine gemeinsame Matrix, in der die Gläubigen mit ihren wichtigsten Lebensanliegen

zueinander und – allein oder gemeinsam – zu Gott in Beziehung treten können.

- Eine Religion bindet die vielen voneinander getrennten individuellen Wirklichkeiten zusammen zu einer einzigen, einheitlichen, für alle verbindlichen und damit alle verbindenden Wirklichkeit.
- Mit Hilfe ihrer Botschaften, Riten und Kulte richten die Religionen systematisch einen wesentlichen Teil der Aufmerksamkeit, des Denkens und der Affektivität ihrer Mitglieder auf einen gemeinsamen Bezugspunkt a u ß e r h a l b der Gemeinschaft aus, im Falle der abrahamitischen Religionen auf Gott.
- Religionen stellen damit eine besondere Form von Metaebene bereit, von der aus das individuelle und kollektive Verhalten betrachtet und hinterfragt werden kann.
- Freuds Religionskritik scheint vor dem Hintergrund der ekklesiogenen Neurosen berechtigt. Religionen lassen sich für narzisstische Zwecke und für Machtinteressen missbrauchen und bergen die Gefahr, adäquate Problemlösungen zu verhindern.
- Vieles spricht aber dafür, dass über alle kulturellen Unterschiede hinweg im Menschen ein Grundgefühl verwurzelt ist, dass die sichtbare, phänomenale Wirklichkeit nicht die einzige und die letztlich wesentliche ist.
- Es gibt ein spezifisch menschliches Bedürfnis und eine dem Menschen vorbehaltene Fähigkeit, die Grenzen der inneren und äußeren Erfahrungsmöglichkeiten zu überschreiten, hinter die Kulissen der Erscheinungswelt zu schauen und die ihr übergeordneten Prinzipien und Gesetzmäßigkeiten zu erkennen.
- Auch in der wissenschaftlichen Suche nach grundlegender Erkenntnis wird eine Sehnsucht nach Selbsttranszendierung, nach Teilhabe an einem Stück Ewigkeit und Unsterblichkeit deutlich.

Von der Arbeit

Viele von uns erleben ihre Arbeit als Last.
Aber erweisen wir dem Leben nicht dadurch unsere Liebe,
dass wir uns mit Hingabe abmühen?
Begreifen wir das Geheimnis des Lebens
nicht gerade im Schweiße unseres Angesichts?
Ist nicht all unsere Lust blind ohne den Erwerb von Wissen?
Ist nicht all unser Wissen eitel ohne Werktätigkeit?
Sind nicht alle unsere Werke leer ohne liebende Hingabe?
Wer nur widerwillig arbeitet, sollte besser betteln gehen.
Denn wer Brot gleichgültig backt, backt bitteres Brot,
von dem keiner wirklich satt werden kann.
Und wer die Trauben murrend keltert, vergiftet den Wein.
Wenn wir hingegen etwas mit dem Herzen erschaffen,
hauchen wir den Dingen unseren Geist ein
und nehmen an der Prozession des Lebens teil.
Mit unserem Mühen verbinden wir uns für immer mit der Welt.

(Frei nach Khalil Gibran: „Der Prophet")

34. Praktische Bedeutung der höheren Ich-Leistungen in der Psychotherapie

Ich hoffe, es ist in den vorangegangenen Kapitel deutlich geworden, was unter Metarepräsentation und Mentalisierung, Selbstüberprüfung, langfristiger Planung und Korrektur von Routinen, Metakognition, Selbstreflexion und Perspektivenwechsel, Willensfreiheit, Verantwortungs- und Schuldfähigkeit, Gewissen, Werte- und Sinnempfinden sowie Selbsttranszendenz zu verstehen ist. Diese Gruppe besonderer Selbststeuerungs- und Interaktionsfähigkeiten habe ich unter der Bezeichnung „höhere Ich-Leistungen" zusammengefasst. Von ihrer Qualität hängt ab,

1. wie gut es uns gelingt, unser interaktives Verhalten auch unter den verschiedensten Anforderungen nicht alltäglicher sozialer Kontexte zu regulieren und
2. wie gut wir unser Selbsterleben auch dann noch regulieren können,
   a) wenn es innerhalb von wichtigen Bindungen zu Konflikten kommt,
   b) wenn wir wichtige Bindungen verloren haben oder ein solcher Verlust droht,
   c) wenn wir mit unseren Grenzen konfrontiert werden, vor allem mit den Grenzen unserer körperlichen und geistigen Gesundheit und Leistungsfähigkeit, mit den Grenzen unserer Bedürfnisbefriedigung sowie mit der Begrenzheit unserer physischen Lebenszeit.

Alle besprochenen höheren Ich-Leistungen spielen auch in der Psychotherapie eine wichtige Rolle. Am grundlegendsten scheint mir die Fähigkeit, dass wir im Geiste, also ohne eine physische Ortsveränderung, den Standort wechseln können, von dem aus wir auf uns selbst, auf andere Menschen und auf die Welt schauen. Der virtuelle Standortwechsel befähigt uns, uns selbst, andere Menschen und die Welt aus theoretisch beliebig vielen vorgestellten Perspektiven – Metaebenen – zu betrachten. Wir können entsprechend viele alternative Wirklichkeitsmodelle entwerfen und auch wieder verwerfen. Mit dieser Fähigkeit können wir – wenigstens partiell – aus dem Gefängnis des egozentrischen naiven Realismus ausbrechen, in welches wir ansonsten vollständig eingeschlossen blieben. Ich sehe drei Formen des virtuellen Perspektivenwechsels in der Praxis als besonders wichtig an:

1. Wir können die jeweilige individuelle Perspektive verschiedener Mitmenschen einnehmen.
2. Wir können gemeinsam mit anderen eine überindividuelle, kollektive Sichtweise einnehmen.
3. Wir können, insbesondere wenn wir uns einer monotheistischen Religion zugehörig fühlen, alleine oder mit anderen Gläubigen zusammen Hypothesen

darüber bilden, wie eine übernatürliche Instanz, zum Beispiel Gott, die Dinge sehen könnte.

Alle diese Erweiterungen unserer egozentrischen Perspektive sowie die daraus resultierenden alternativen Wirklichkeitsmodelle und Verhaltensoptionen verbessern unsere Chance, verbessern auch die Chance der Gemeinschaft, der wir angehören, geeignete Lösungen für bestimmte Problemstellungen zu finden. Ohne die Fähigkeit des mentalen Standortwechsels könnten wir uns nicht in andere Menschen einfühlen, ihr Verhalten nicht verstehen und voraussehen. Wir könnten uns keine gemeinschaftlichen Werte zu eigen machen, kein Gewissen, kein Verantwortungsgefühl und kein Sinnerleben entwickeln. Aus der Metaposition heraus sind wir in der Lage, das äußerst eingeengte Gesichtsfeld unseres Bewusstseins zu erahnen und die Angemessenheit unserer Wahrnehmungen, Interpretationen, Annahmen, Überzeugungen, Wertmaßstäbe und Wirklichkeitsmodelle anzuzweifeln. Der virtuelle Perspektivenwechsel befähigt uns, die Zuverlässigkeit und die Grenzen unserer eigenen Erkenntnismöglichkeiten zu hinterfragen, die Funktionalität und Angemessenheit unserer erlernten Automatismen, Gewohnheiten und Routinen zu überprüfen, uns willentlich neuen Lernprozessen zu unterwerfen und neue Verhaltensweisen zu erproben.

Aus unserer virtuellen Metaposition heraus können wir erkennen, dass wir in unserem Willen, wenn überhaupt, nur in begrenztem Umfang wirklich frei sind. Wir erkennen, dass Willensfreiheit vor allem ein kollektiver Anspruch an jeden von uns ist. Dass wir uns gegenseitig Freiheiten nur in dem Maß einräumen können, in dem wir kollektive Werte und Normen verinnerlichen und uns für ihre Verwirklichung verantwortlich fühlen. Dass unsere Schuldgefühle (wenn sie ein gesundes Maß nicht überschreiten) dem Schutz von Beziehungen, der Wiedergutmachung von Regelverletzungen und damit der Erhaltung von Bindungen dienen. Dass unser soziales Zusammenleben nur auf der Grundlage funktioniert, dass wir uns gegenseitig Verantwortungsfähigkeit zutrauen, dass wir innere moralische Konflikte durchstehen und egoistische Motive zurückstellen können, dass wir einen Willen zur Verantwortung und einen Stolz auf unsere Verantwortung entwickeln. Aus unserer virtuellen Metaposition können wir natürlich auch die Welt als Ganzes und alle Werte in Frage stellen. Wir sind sogar in der Lage, an uns selbst zu zweifeln – an unserem eigenen Wert, unserer Bedeutung und Lebensberechtigung – und unserem Leben eigenhändig ein Ende zu setzen. Umgekehrt können wir, wenn wir von etwas zutiefst überzeugt sind, vollkommen aufgehen in der Hingabe und im Dienst für eine Idee, eine Person, eine Gemeinschaft oder Gott.

Es liegt nahe, die Qualität der höheren Ich-Leistungen immer dann einer genaueren Untersuchung zu unterziehen, wenn ein Mensch bestimmten Veränderungen, Anforderungen und Belastungen in seinem Leben nicht mehr gewachsen ist und Krankheitssymptome entwickelt. Die Frage ist dann, welche Selbststeuerungs- und Interaktionsfähigkeiten dieser Mensch ganz besonders benötigen würde, um seine aktuellen Anforderungen und Belastungen bewältigen zu können, welche dieser Ich-Funktionen ihm aber gerade nicht in ausreichender Qualität zur Verfügung stehen. Hilfreich ist hierbei, das im Kapitel 27 vorgestellte Ich-Funktionen-Niveau beziehungsweise Strukturniveau zu bestimmen. Ein generelles Problem bei Patienten mit neurotischen Störungen sind ihre pathologischen Metakognitionen: Viele von ihnen grübeln, zweifeln, mutmaßen, klagen sich selbst oder andere an, ohne dass ihre exzessive Reflexion zu befriedigenden Lösungen führt. Es fehlt in ihrem Denken der entscheidende Standortwechsel, das Verlassen ihrer egozentrischen Benutzerillusion und das Einnehmen einer echten Metaposition. Als psychodynamisch orientierter Psychotherapeut lade ich meine Patienten dazu ein, ihre gewohnte egozentrische Benutzerillusion mit meiner Hilfe zu verlassen und sich selbst sowie ihre Schwierigkeiten im Leben von verschiedenen virtuellen Metapositionen aus zu betrachten.

Einen ersten Perspektivenwechsel kann ich meinen Patienten dadurch anbieten, dass ich ihnen Mitteilungen darüber mache, was ich im Kontakt mit ihnen an ihnen und in mir selbst wahrnehme, was ich denke und fühle, was ich befürchte und was ich mir wünsche. Die Gesamtheit der körperlichen, emotionalen und kognitiven Reaktionen, die ich als Psychotherapeut im Kontakt mit meinen Patienten zeige, heißt in der psychodynamischen Fachsprache „Gegenübertragung". Patienten können mir zum Beispiel sympathisch oder unsympathisch sein. Ich kann mich über meine Patienten freuen oder ärgern, mich um sie sorgen oder emotional erstaunlich unbeteiligt sein, mich von ihnen geschmeichelt oder entwertet fühlen. Ich kann mich durch ihre Anwesenheit energetisiert fühlen oder müde werden und Kopfschmerzen bekommen, ohne zunächst genau sagen zu können, warum ich in dieser Weise reagiere. Diese Gegenübertragung introspektiv bewusst wahrzunehmen und exakt zu beschreiben, ist eines der wichtigsten Erkenntnismittel im Prozess des psychodynamischen Verstehens von Patienten.[597]

597 Ich habe das Thema der Gegenübertragung ausführlich dargestellt in meinem 2005 erschienenen Buch „Wirksam behandeln. Bewusste und unbewusste Aufträge in der Psychotherapie, Medizin und Supervision", Bonn: Deutscher Psychologen Verlag.

Das Angebot eines Therapeuten, über viele Stunden für einen Patienten da zu sein und ihm zuzuhören, ist eine indirekte, implizite Einladung an die gehemmten und abgewehrten Antriebe und Wünsche des Patienten, sich innerhalb der Therapiebeziehung aus ihrer Deckung hervorzuwagen. Insgeheim wünscht sich ja jeder Mensch, dass seine innersten Beziehungsanliegen von anderen Menschen wohlwollend gesehen und positiv gespiegelt werden. Zugleich besteht aber die Angst, dass man mit diesen Anliegen zurückgewiesen und wegen dieser Anliegen nicht geliebt wird. Beim Neurotiker sind dringende Beziehungswünsche oft so stark gehemmt oder abgewehrt, dass sie nicht bewusst sein dürfen. Trotzdem drängen sie – und zwar umso stärker, je mehr sie abgewehrt sind – danach, sich in einer geeigneten Beziehung, zum Beispiel in einer Liebesbeziehung oder eben in der Therapiebeziehung, zu zeigen. In der Therapiebeziehung treten die unbewussten Beziehungsanliegen des Patienten selbstverständlich nicht offen zutage. Der Patient kann nicht einfach zum Therapeuten sagen: „Ich wünsche mir von Ihnen das und das." Die Beziehungswünsche des Patienten manifestieren sich vielmehr indirekt in dem besonderen Verhalten des Patienten oder zwischen den Zeilen seiner verbalen Mitteilungen.

Als Therapeut kann ich die impliziten Beziehungsanliegen des Patienten folglich auch nicht einfach direkt erfragen. Vielmehr bin ich auf meine Intuition angewiesen, muss die heimlichen Wünsche des Patienten an mich erspüren und erahnen. Nicht selten bekomme ich von dem, was der Patient von mir unbewusst erwartet, erst dann bewusst etwas mit, wenn ich mich in einer auffallenden Gegenübertragung wiederfinde, also an mir selbst eine deutliche emotionale oder körperliche Reaktion beobachten kann. Oft kann ich meine eigene Reaktion auf einen Patienten erst dann verstehen, wenn ich Hypothesen über die nicht explizit aussprechbaren Aufträge des Patienten an mich formuliere. In der folgenden Liste habe ich aus meiner Erfahrung als Psychotherapeut und Supervisor eine Reihe von Beispielen für problematische implizite Aufträge zusammengestellt, welche Patienten unbewusst an ihre Therapeuten richten können:

- Sei für mich ein ideales Gegenüber, so wie ich versuche, für andere ein ideales Gegenüber zu sein.
- Gib mir alles, was ich bislang entbehren musste.
- Sage mir, was ich tun soll.
- Übernimm alle Verantwortung für mich und mein Leben.
- Erspare mir Anstrengung und Unbehagen.
- Sei immer für mich da.
- Lasse mich nicht allein.

- Sage mir, dass alles gut wird.
- Versichere mir immer wieder, dass mir nichts passieren kann.
- Sorge dafür, dass für mich alles kontrollierbar ist.
- Lasse dich von mir in meinem Bann ziehen. Wenn ich dich fasziniere, spüre ich, dass ich bin.
- Ich will die/der Erste und Wichtigste für dich sein.
- Zeige mir, dass du absolut vertrauenswürdig bist, indem du mich völlig verstehst und die Welt so siehst wie ich.
- Bestätige mir, dass die Welt (Menschen) schlecht und ungerecht ist (sind).
- Verbünde dich mit mir gegen die feindselige Außenwelt.
- Weise dich als der Beste deines Faches aus.
- Erweise dich als meiner würdig.
- Zeige mir, dass ich toll bin.
- Bewundere mich uneingeschränkt.
- Diene mir bedingungslos.
- Empfinde und denke wie ich; begehre das Gleiche wie ich (Alter Ego).
- Bestätige mir, dass mir nicht zu helfen ist.
- Sieh mein Unglück, und gib mir zurück, was mir genommen wurde.
- Büße du dafür, dass ich in meinem Leben nicht bekommen habe, was ich gebraucht hätte.
- Ich bin gescheitert, nun scheitere auch du an mir. Aber gib niemals auf, dich um mich zu bemühen.[598]

Indem ich einem Patienten gegenüber – vorausgesetzt, sein Ich-Funktionen-Niveau erlaubt es – meine Gegenübertragung und gegebenenfalls meine Hypothesen über seine impliziten Beziehungsanliegen offenlege, lade ich den Patienten zu einer gemeinsamen metakognitiven Betrachtung dessen ein, was zwischen ihm und mir auf der Beziehungsebene vorgeht. Ich versuche insbesondere in schwierigen oder emotional bewegenden Momenten, zusammen mit dem Patienten gedanklich aus unserer gewohnten Beziehungssituation herauszutreten. Wir verlassen sozusagen virtuell unsere Plätze, nehmen gemeinsam eine externe Perspektive ein und betrachten unsere Interaktion aus einigem Abstand. Auf diese Weise führe ich zum einen modellhaft vor, was ein Perspektivenwechsel, also die Einnahme einer Metaposition, ist. Zum anderen kann der Patient von diesem neuen Blickwinkel aus neue Einsichten darüber gewinnen, welche unbewussten Interaktionsmuster nicht nur in der Therapiebeziehung mit mir, sondern auch in anderen wichtigen Beziehungen

598 U. Boessmann, A. Remmers, 2008: „Behandlungsfokus“, Bonn: Deutscher Psychologen Verlag.

des Patienten immer wieder ablaufen und ihm möglicherweise schaden. Die Therapiebeziehung soll so zur bewusst reflektierten Modell- und Arbeitsbeziehung werden. In ihrem geschützten Setting können jene dringenden Beziehungsanliegen und Emotionen sowie neurotischen Konflikte und Beziehungsmuster aktiviert und erlebbar werden, die auch außerhalb der Therapiebeziehung für die Kontakte des Patienten bestimmend sind und dort nicht befriedigend bewältigt werden können.

Der gemeinsame Perspektivenwechsel hat noch einen weiteren wichtigen Vorteil: Die gemeinsame Einnahme einer Metaposition verändert die Qualität der Therapiebeziehung von der komplementären zur symmetrischen Seite. Der Begriff der komplementären Interaktion geht auf Gregory Bateson zurück und bezeichnet ein Verhalten, welches das Verhalten einer anderen Person ergänzt und von diesem Verhalten grundlegend verschieden ist. Wenn sich zum Beispiel ein Interaktionspartner dominant verhält und ein zweiter darauf mit Unterwerfung reagiert, handelt es sich um ein komplementäres Beziehungsverhalten. Das inferiore Verhalten des einen verstärkt wiederum das superiore Verhalten des anderen. Bateson nannte eine Interaktion symmetrisch, wenn ein Interaktionspartner durch das Verhalten eines anderen zu einem ähnlichen Verhalten provoziert wird. Das Ziel der symmetrischen Interaktion ist Gleichheit. Als Beispiel für die symmetrische Interaktion können Freundschaften unter Gleichaltrigen und Gleichgeschlechtlichen gelten, in denen ausgewogenes Geben und Nehmen sowie Rivalität kennzeichnend sind.[599]

Konkret sieht das so aus, dass ich meine Patienten – wenn es ihr Ich-Funktionen-Niveau beziehungsweise Strukturniveau zulässt – bitte, meine Beobachtungen und Hypothesen, die ich ihnen über sie mitteile, grundsätzlich zu überprüfen, zu hinterfragen und sie durch eigene Beobachtungen und Überlegungen zu ergänzen und zu korrigieren. Mein Ziel ist, dass sich im Laufe des Therapieprozesses zwischen dem Patienten und mir eine kooperative Beziehungskultur entwickelt, die auch als Modell für die Beziehungen des Patienten außerhalb der Therapiebeziehung geeignet ist. Während am Anfang der Therapie noch ganz die Bedürfnisse des Patienten im Vordergrund stehen, bringe ich mit fortschreitender Festigung der Vertrauensbeziehung immer mehr auch meine eigenen Bedürfnisse ein. Ich verbalisiere nicht nur, was ich mir f ü r den Patienten wünsche, damit es i h m besser geht. Ich mache auch zunehmend deutlich, was ich mir v o m Patienten für mich wünsche, damit es m i r mit ihm gut geht. Denn außerhalb der Therapiebeziehung werden von wichtigen Menschen ebenfalls Erwartungen und Wünsche an den

599 G. Bateson, 1958: „Naven", Stanford: Stanford University Press.

Patienten herangetragen. Es macht daher keinen Sinn, den Patienten in der Therapie allzu sehr und allzu lange komplementär zu versorgen und zu schonen. Er soll ja auf die interpersonalen Anforderungen des Alltags realistisch vorbereitet werden.

Ein Kernanliegen aller psychodynamischen Therapieverfahren ist das „Bewusstmachen" jener unbewussten Antriebe, Bedürfnisse, Motivationen, Affekte, Hemmungen und Abwehrmechanismen des Patienten, die in ursächlicher Beziehung zu seinen aktuellen Krankheitssymptomen stehen. Dieses Bewusstmachen bedeutet natürlich nicht etwa, dass ich eine objektive Erkenntnis über das Seelenleben eines Patienten gewinnen und ihm vermitteln könnte. Ich bilde ja immer nur Hypothesen, die im Extremfall eher etwas mit meinen eigenen unbewussten Projektionen als etwas mit dem Unbewussten meiner Patienten zu tun haben. Um die Gefahr zu begrenzen, dass ich meine Patienten verzerrt wahrnehme und ihre Probleme falsch interpretiere, treffe ich mich mit anderen erfahrenen Kollegen zur Intervision. Wir überprüfen uns bei diesen Treffen gegenseitig in unseren diagnostischen Einschätzungen und therapeutischen Vorgehensweisen. Die Intervision (wie auch die Supervision, bei der ein erfahrener Psychotherapeut einen Psychotherapeuten mit weniger Erfahrung berät) dient also der Überprüfung und Qualitätssicherung der eigenen therapeutischen Arbeit mit Hilfe von Berufskollegen.

Intervision und Supervision sind weitere Beispiele für den Perspektivenwechsel von einer Metaebene aus. So wie ich im Kontakt mit meinen Patienten Phänomene beobachte, die ihnen nicht bewusst sind, und entsprechende Hypothesen bilde, so erkennen meine Fachkollegen möglicherweise in dem, was ich ihnen über den Therapieprozess mit meinen Patienten berichte, meine „blinden Flecken" oder Abwehrmanöver: Aspekte des Therapieprozesses, die mir entgangen sind, zum Beispiel bestimmte Wahrnehmungen, Motivationen oder Affekte, die ich aus irgendeinem Grund von meinem Bewusstsein ferngehalten oder die ich schlichtweg übersehen habe, weil meine Aufmerksamkeit von anderen Aspekten beansprucht war. Mit Hilfe meiner Kollegen kann ich meine bisherige Perspektive verändern, zu neuen Erkenntnissen hinsichtlich des Therapieprozesses gelangen und gegebenenfalls meine Behandlungsstrategie korrigieren. Nehmen wir nun an, es gelänge mir als Therapeut tatsächlich, mit dieser Unterstützung gut fundierte Hypothesen über den aktuell wichtigsten unbewussten inneren Konflikt eines Patienten zu formulieren. Nehmen wir darüber hinaus an, dass diese Hypothesen auch dem Patienten plausibel und geeignet erscheinen, seine aktuellen Probleme besser zu verstehen. Wird sich infolge eines solchen tiefenpsychologischen Verständnisses der aktuelle innere unbewusste Konflikt, der den Patienten krank macht, auflösen?

Natürlich nicht. Denn die beste metakognitive Einsicht ändert ja nichts daran, dass die Auswirkungen eines oft schon seit der Kindheit bestehenden Grundkonflikts auf die Persönlichkeitsorganisation des Patienten unvermindert fortbestehen. Das heißt, die bisherigen tief einprogrammierten, unbewussten Selbststeuerungs-, Interaktions-. Verhaltens-, Affekt- und Denkschemata des Patienten bleiben trotz allen Verstehens zunächst wirksam. Das ist der Grund, warum psychodynamische Psychotherapien, um nachhaltig zu wirken, in der Regel fünfzig, mitunter – als analytische Psychotherapie – sogar bis zu dreihundert Sitzungen von je fünfzig Minuten benötigen. Dauerhafte heilsame Veränderungen stellen sich oft erst in einem ein- bis mehrjährigen Prozess ein. In diesem Prozess nimmt die Beziehung zwischen Patient und Therapeut eine Schlüsselrolle ein, nicht aber etwa deshalb, weil wir Therapeuten so großartige Theorien und wirksame Methoden besitzen. Die Psychotherapieforschung lehrt uns vielmehr, dass die Hauptarbeit der Patient selbst leistet. Die wichtigste Funktion des Therapeuten ist, seine Patienten immer wieder zu ermutigen und ihnen den Rücken zu stärken, damit sie den notwendigen, aber mühsamen und langwierigen Veränderungsprozess durchstehen.

Dazu muss die Vertrauensbeziehung stimmen. Als Therapeut versuche ich folglich, mein therapeutisches Angebot so zu gestalten, dass meine Patienten gerne zu mir kommen, selbst dann, wenn die in der Therapie besprochenen Themen peinlich oder beunruhigend für sie sind oder wenn sie sich schämen oder sich schuldig fühlen, zum Beispiel weil sie schädliche Verhaltensweisen wiederholt, Vereinbarungen nicht eingehalten oder gesteckte Ziele verfehlt haben. Vor allem am Anfang der Behandlung ist es notwendig, Patienten den Raum zu geben, in ihrer Weise alles, was ihnen am Herzen liegt, mitzuteilen. Die Kunst des Anfangs besteht wesentlich im aufmerksamen, geduldigen, Anteil nehmenden und sich verfrühter Wertungen und Ratschläge enthaltenden Zuhören des Therapeuten, der zugleich – mit einem Teil seiner Aufmerksamkeit – seine eigene Gegenübertragung beobachtet.[600] Ich erwähnte bereits am Ende des Kapitels 26 das Prinzip DAZZ (Dasein, Zeit haben und Zuhören), das für sich allein schon wirksam ist und leidende Menschen tröstet, entlastet, entängstigt und ermutiget.

600 Für das ebenfalls notwendige strukturierte Erstinterview nutze ich zwei Fragebögen, abgedruckt in: U. Boessmann, A. Remmers, 2011: „Das Erstinterview. Praxis der psychodynamischen Anamneseerhebung, Diagnostik, Indikationsstellung und Therapieplanung", Berlin: Deutscher Psychologen Verlag. Sie können auch auf dem Portal www.bericht-online.de kostenlos heruntergeladen werden.

Wichtig ist auch, den Patienten nicht zu irgendwelchen Selbstoffenbarungen zu drängen. Das psychodynamisch Wesentliche wird er früher oder später von selbst mitteilen, sei es direkt verbal oder – meist unbewusst – indirekt, zwischen den Zeilen. Der Patient kann wichtige unbewusste Mitteilungen auch nonverbal machen, das heißt über die Ausdrucksmittel seines Körpers oder durch sein Verhalten in der Beziehung zum Therapeuten (zum Beispiel durch Zuspätkommen, die Absage von Terminen oder häufige Kontaktaufnahmen außerhalb der regelmäßigen Sitzungen). Als Therapeut kann ich den Patienten auf seine indirekten oder nonverbalen Mitteilungen aufmerksam machen, indem ich beschreibe, was ich wahrnehme. Wenn sich ein Patient jedoch gegen meine Beobachtungen wehrt, sie nicht wahrhaben will oder sich durch sie gekränkt fühlt, liegt – falls ich mich nicht einfach geirrt habe – möglicherweise ein sogenannter Widerstand vor. Das, womit ich den Patienten konfrontiere, ist dann offensichtlich derart bedrohlich, dass sich der Patienten wehren m u s s, um nicht destabilisiert zu werden.

Widerstände sind unbedingt zu respektieren, sie schützen den Patienten und den Bestand der Therapiebeziehung. Im Regression fördernden Setting der analytischen Psychotherapie spielt die Arbeit am Widerstand eine große Rolle. Denn gerade die im Therapieprozess offensichtlich werdenden Antriebe und Affekte des Patienten, gegen deren Bewusstmachung er sich vehement wehrt, scheinen psychodynamisch von größter Bedeutung zu sein. Je dringlicher ein Antrieb ist und je gravierender die mit diesem Antrieb verbundenen inneren Konflikte und Affekte sind, desto massiver ist nach psychoanalytischen Verständnis die Abwehr, der innerpsychische Mechanismus der Unbewusstmachung von Antrieb, Konflikt und Affekt. Entsprechend sensibel und geduldig muss die therapeutische Arbeit am Widerstand sein. Im Regression begrenzenden Setting der tiefenpsychologisch fundierten Psychotherapie, die mit einem Drittel des Sitzungskontingents der analytischen Psychotherapie auskommen muss, wird der Behandlungsfokus hingegen deutlich weniger auf der Arbeit am Widerstand liegen.

Nach meiner Erfahrung als Supervisor wird oft verkannt, dass es sich bei einem scheinbaren Widerstand eines Patienten in Wirklichkeit um ein strukturelles Defizit handelt. Das Ich-Funktionen-Niveau beziehungsweise Strukturniveau vieler Patienten ist einfach überfordert, wenn ihre Therapeuten beispielsweise ihre Gegenübertragung offenlegen und psychodynamische Hypothesen über die unbewussten Intentionen der Patienten oder über den Zusammenhang ihrer aktuellen Probleme mit den Bedingungen ihrer Kindheit formulieren. Viele Patienten sind zu dem Perspektivenwechsel, zu dem sie ihre Therapeuten einladen, strukturell einfach nicht in der Lage. Nicht selten sind es die Patienten selbst, die ausdrücklich den Wunsch äußern, mit Hilfe ihrer Therapeuten ihre Probleme intellektuell besser verstehen zu können. Als Therapeut ist man versucht, das Ich-Funktionen-Niveau solcher Patienten – insbesondere wenn sie ein höheres Bildungsniveau haben und beruflich erfolgreich sind – zu überschätzen. Es besteht dann die Gefahr, dass Therapeut und Patient gemeinsam beispielsweise über die frühkindlichen Ursachen für unbewusste Konflikte des Patienten räsonieren, ohne dass der Patient bei der praktischen Bewältigung seiner aktuellen Lebensschwierigkeiten die wünschenswerten Fortschritte macht.

Als Supervisor bestehe ich daher grundsätzlich darauf, dass bei jedem Patienten das Ich-Funktionen-Niveau bestimmt wird, zum Beispiel nach den in Kapitel 27 aufgeführten Kriterien. Denn ein hoch bezahlter Beruf, eine brilliante Ausdrucksweise und selbst der Abschluss eines medizinischen oder psychologischen Hochschulstudiums schließen keineswegs aus, dass ein Mensch an schwerwiegenden strukturellen Defiziten leidet, beispielsweise in der Impuls-, und Affektsteuerung oder in der Regulierung des Selbstwertgefühls. Ein Mensch kann überaus kultiviert und erfolgreich und dennoch dem Alkohol verfallen, ständig von Selbstzweifeln gequält und vom Suizid bedroht sein. Menschen mit erheblichen strukturellen Defiziten haben in der Regel schon früh in ihrem Leben, lange bevor sie sprechen konnten, Erfahrungen von unsicherer Bindung oder sogar Traumatisierung gemacht. Solche Erfahrungen sind verbal kaum erreichbar. Die übliche Strategie psychodynamisch fundierter Psychotherapeuten, Worte für unbewusste Erfahrungen und Konflikte des Patienten zu finden, funktioniert hier nicht.

Wenn strukturelle Defizite im Vordergrund stehen, bedarf es einer besonderen Behandlungsstrategie, bei der die Haltung und das nonverbale Verhalten des Therapeuten für die therapeutische Wirkung wichtiger sind als die intellektuellen Inhalte des Gesprächs.[601] Eine Hauptaufgabe des Therapeuten besteht darin, sich als geduldiges, wohlwollendes, belastbares und ausdauerndes Gegenüber zur Verfügung zu stellen. Wesentlich ist, dass es gelingt, die Therapiebeziehung über einen längeren Zeitraum (bis zu mehreren Jahren) zu erhalten und zu festigen. Diese Beziehung kann nicht nur durch instabile Bindungsmuster, primitive Abwehrvorgänge, abrupte Selbstschutzmanöver und Rückzugstendenzen des Patienten ständig gefähr-

601 Gerd Rudolf (2004: „Strukturbezogene Psychotherapie – Leitfaden zur psychodynamischen Therapie struktureller Störungen", Stuttgart: Schattauer) hat eine spezielle strukturbezogene Diagnostik und eine Behandlungstechnik entwickelt, die auch in der Strukturachse der OPD ihren Niederschlag fanden.

det sein, sondern auch durch die negative Gegenübertragung des Therapeuten. Die größte Herausforderung für den Therapeuten ist, das problematische Verhalten des Patienten nicht persönlich zu nehmen und es nicht als etwas vorsätzlich Destruktives zu interpretieren, das der Patient absichtsvoll gegen den Therapeuten richtet. Man muss sich als Therapeut immer wieder klarmachen, dass der Patient (noch) nicht anders kann, als sich so zu verhalten, wie er es aktuell tut. Bestimmte Ich-Funktionen stehen ihm aufgrund ungünstiger Entwicklungsbedingungen in seiner Kindheit einfach (noch) nicht zur Verfügung.

Als Therapeut versuche ich bei strukturell gestörten Patienten, eine „beelternde" Haltung einzunehmen und ihnen einen Teil ihrer Verantwortung, zum Beispiel für problematische Impulse oder mangelndes Mitgefühl, zu erlassen. Trotzdem werde ich sie als Urheber ihres Verhaltens ansprechen und ihnen zumuten, für ihr Verhalten zunehmend Verantwortung zu übernehmen und funktionalere Bewältigungsformen für ihre strukturellen Einschränkungen zu erwerben. Auch bei strukturell gestörten Patienten ist ein Perspektivenwechsel, ein veränderter Blick auf sich selbst und die eigenen Schwierigkeiten, notwendig und möglich. Ich arbeite mit dem folgenden einfachen und allgemein verständlichen Modell, um meinen Patienten deutlich zu machen, worum es in der Therapie geht:

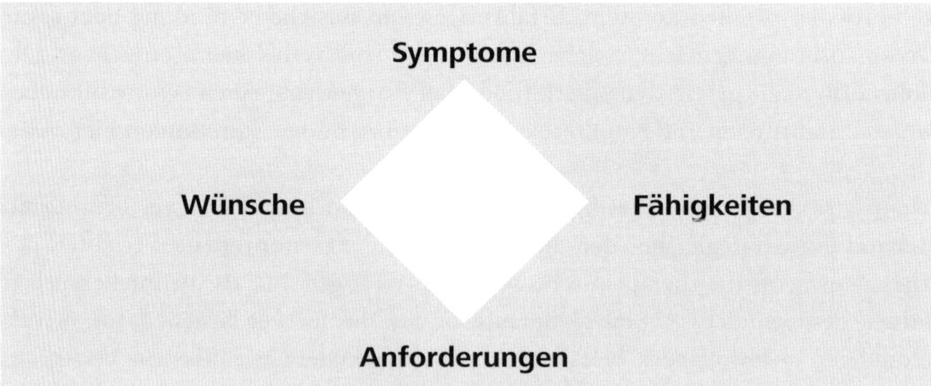

Die Symptome, unter denen ein Patient leidet, zum Beispiel Angst, Depression oder psychosomatische Beschwerden, sind der Hauptgrund dafür, dass er sich überhaupt in psychotherapeutische Behandlung begibt. Der mit den Symptomen verbundene Leidensdruck ist in der Regel der wichtigste Motivationsfaktor für die Behandlung. Die meisten Patienten wollen die Ursache für ihre Symptome verstehen, und jeder Patient will seine Symptome loswerden. Deshalb muss für die Patienten immer erkennbar bleiben, dass die Psychotherapie auf die Verminderung ihrer Beschwerden ausgerichtet ist. Jeder Patient hat Wünsche an sein Leben, an seine Mitmenschen, an seinen Therapeuten. Wenn wichtige Wünsche dauerhaft an ihrer Befriedigung gehindert werden, treten negative Affekte und nicht selten psychische oder/und psychosomatische Krankheitssymptome auf.

Häufig stehen die Anforderungen unseres Lebens, vor allem jene, welche das soziale Umfeld und der Beruf an uns stellen, wichtigen eigenen Wünschen entgegen. Grundsätzlich steht jeder von uns im Konflikt zwischen seinen eigenen Wünschen und den Anforderungen seines sozialen Umfelds. Um diesen Anforderungen und zugleich unseren eigenen Bedürfnissen gerecht zu werden, um eine ausgewogene Balance zwischen beiden herzustellen, sind wir mit den schon erwähnten Ich-Funktionen beziehungsweise Selbststeuerungs- und Interaktionsfähigkeiten ausgestattet. Die meisten Menschen wissen jedoch gar nicht, dass sie diese Fähigkeiten haben. Eine wesentliche Aufgabe von Psychotherapie besteht darin zu untersuchen, wie gut Patienten jeweils mit diesen Fähigkeiten ausgestattet sind. Anhand des Profils der Selbststeuerungs- und Interaktionsfähigkeiten (Kapitel 27) erkläre ich meinen Patienten in möglichst einfachen Worten, worin diese Fähigkeiten im Wesentlichen bestehen.

Der Vorteil einer solchen Auflistung von Ich-Fähigkeiten ist, dass sie zur Selbstreflexion und zum Perspektivenwechsel einlädt. Wer sich mit einer solchen Liste von Ich-Funktionen beschäftigt, fragt sich unwillkürlich, welche Fähigkeiten bei sich selbst gut ausgeprägt und welche Fähigkeiten vielleicht unzureichend sind, und entwickelt das wichtige Bewusstsein dafür, dass mit Willensanstrengung, Faktenwissen und Intellekt allein die Anforderungen des Lebens nicht bewältigt werden können. Praktisch gehe ich so vor, dass ich erst einmal alle jene Fähigkeiten hervorhebe, die bei meinen Patienten relativ gut entwickelt sind. Es ist eine gute Übung für uns Therapeuten, inmitten der vielen Probleme und Defizite unserer Patienten möglichst alle ihre Ressourcen zu entdecken. Es dient der Stabilisierung unserer Patienten, wenn wir ihre vorhandenen Fähigkeiten und positiven Ziele sowie die Unterstützung aus ihrem sozialen Umfeld erkennen und dafür sorgen, dass diese Ressourcen auch genutzt werden. Grundsätzlich ist danach zu fragen, welche Schwierigkeiten ein Patient in der Vergangenheit bereits auf welche Weise und mit welcher Unterstützung bewältigt hat.

Ich erkläre meinen Patienten, dass die aufgelisteten Fähigkeiten vor allem am Vorbild der Eltern erworben werden, dass der Erwerb dieser Fähigkeiten nicht bewusst und nicht durch Willensanstrengung, sondern automatisch erfolgt und wesentlich davon abhängt, wie gut die Eltern selbst über diese Fähigkeiten verfügen. Dann gehe ich die Liste der Ich-Funktionen mit meinen Patienten durch und frage sie, wie gut die einzelnen Fähigkeiten bei Mutter und Vater ausgeprägt sind beziehungsweise früher ausgeprägt waren. Die gemeinsame Betrachtung der Selbststeuerungs- und Interaktionsfähigkeiten der Eltern des Patienten stellt eine weitere Metaperspektive dar, die ich zusammen mit meinen Patienten einnehme. Für die meisten Patienten ist diese Perspektive neu. Sie sehen die Unzulänglichkeiten der Eltern nun nicht mehr nur aus dem engen Blickwinkel des ehemaligen Kindes, das sich beispielsweise verletzt, vernachlässigt oder ungerecht behandelt fühlte, sondern zunehmend auch mit den Augen eines distanzierten erwachsenen Betrachters, der erkennt, dass den Eltern eine Reihe wichtiger Ich-Funktionen einfach nicht im wünschenswerten Maße zur Verfügung stand und steht.

Mit diesem Umweg über die Fähigkeiten und Defizite der Eltern taste ich mich an die Thematisierung der strukturellen Defizite meiner Patienten heran. Häufig scheinen bestimmte Ich-Funktionen bei den Patienten besser entwickelt zu sein als bei den Eltern. Ich frage meine Patienten, bei welchem Menschen sie diese speziellen Ich-Funktionen erworben haben, und würdige ihre besondere Lernleistung. Oft werfen die Patienten die Frage nach ihren strukturellen Defiziten selbst auf. Statt aber meinen Patienten zu sagen: „Sie haben meines Erachtens das und das Defizit", und sie damit möglicherweise zu kränken, versuche ich, gemeinsam mit meinen Patienten herauszufinden, welche besonderen Herausforderungen ihr Leben aktuell an sie stellt und welche Entwicklungsaufgaben gerade anstehen. Ich erarbeite gemeinsam mit ihnen, welche besonderen Fähigkeiten angesichts dieser Anforderungen und Aufgaben besonders gebraucht werden. Ich frage meine Patienten, wie sich die Eltern oder Geschwister des Patienten in ähnlichen Anforderungssituationen verhalten beziehungsweise verhalten haben.

Trotz aller Behutsamkeit bleibt es selbstverständlich mein Ziel, dass meine Patienten rasch Klarheit über ihre Fähigkeiten und Defizite gewinnen. Es ist auch in der Ausbildung von angehenden Psychotherapeuten mein Anliegen, dass diese erkennen, wo ihre strukturellen Stärken und Schwächen liegen. Unser Wissen um unsere eigenen Defizite hat den großen Vorteil, dass wir damit relativ leicht verstehen können, warum wir in bestimmten Anforderungssituationen mehr als andere unter Druck geraten, in solchen Situationen immer wieder scheitern, krank werden oder solche Situationen gewohnheitsmäßig vermeiden (und uns damit möglicherweise wichtiger Erfahrungs- und Entwicklungsmöglichkeiten berauben). Nicht nur in der

Ausbildung von Psychotherapeuten und in der Patientenbehandlung, sondern auch im kollegialen Austausch mit anderen Therapeuten geht es mir darum, dass sich jeder in seinem schicksalhaften strukturellen Gewordensein und mit seiner jeweiligen individuellen Ausstattung an Selbststeuerungs- und Interaktionsfähigkeiten erst einmal annimmt, auch mit all dem, was einem fehlt. Gerade in der strukturbezogenen Psychotherapie gilt, dass jeder Mensch ist, wie er ist, und dass er auch so bleiben dürfen soll. Als Therapeut kann man die grundlegende Struktur seiner Patienten wahrscheinlich ohnehin nicht sehr verändern. Versucht man es trotzdem, richtet man vielleicht mehr Schaden an, als man nutzt.

Eine tief greifende Veränderung der Struktur ist meines Erachtens in der Regel auch nicht notwendig. Sobald ein Patient seine eigenen strukturellen Schwachstellen kennt und auch die Anforderungssituationen, die aufgrund dieser Defizite besonders kritisch sind, hat er – anders als zuvor – eine Wahlmöglichkeit. Er muss nicht mehr fortlaufend bestimmte schmerzvolle Erfahrungen unbewusst wiederholen. Er hat zunehmend die Möglichkeit, sich zum Beispiel gezielt Unterstützung aus seinem sozialen Umfeld oder institutionelle Hilfe zu holen. Eine zentrale Aufgabe der Therapiebeziehung besteht darin, die Fähigkeit des Patienten zu entwickeln, geeignete Hilfe zu suchen und auch anzunehmen. Die Therapiebeziehung ist dafür ein Modell. In der Regel werde ich als Therapeut ein besseres Ich-Funktionen-Niveau aufweisen als meine Patienten. Ich stelle bestimmte Ich-Funktionen zur Verfügung, die meinen Patienten fehlen. Beispielsweise kann ich Paargespräche führen, wenn ein zermürbender Partnerschaftskonflikt nicht gelöst werden kann, weil die Affektsteuerung, die Selbst- und Fremdwahrnehmung sowie die emotionale Kommunikationsfähigkeit eines Patienten (und oft auch des Partners) unzureichend sind. Wenn ich als Therapeut als hilfreich erlebt werde, gewinnen meine Patienten zunehmend Vertrauen in mein Hilfsangebot. Mein Ziel aber ist, dass meine Patienten – spätestens nach Beendigung der Therapie – unabhängig von mir andere Hilfsangebote finden und nutzen können. Ich schaue mich daher schon früh im Therapieprozess nach den sozialen Ressourcen meiner Patienten um und ermutige sie, sich auch außerhalb der Therapie alle geeigneten Unterstützungsmöglichkeiten zu erschließen.

Im Kapitel 32 sprach ich von „Lernen durch Liebe“ im Sinne einer Verinnerlichung wichtiger Fähigkeiten und Werte am konsistenten positiven Modell der Eltern oder anderer Bezugspersonen in einer Atmosphäre sicherer Bindung. Dieser überaus wirksame soziokulturelle Lernmechanismus spielt wahrscheinlich auch in Therapiebeziehungen eine große Rolle. Bei einer guten Patient-Therapeut-Beziehung ist davon auszugehen, dass sich die Patienten mit Teilaspekten der Persönlichkeit ihrer Therapeuten (vor allem mit Fähigkeiten, die aus der Sicht der Patienten erstrebenswert sind) identifizieren und dass sie diese Teilaspekte sowie für sie neuartige positive (korrektive) Erfahrungen innerhalb der Therapiebeziehung in sich aufnehmen. Therapeuten können je nach Geschlecht auch als Modell für die spezifische Rolle ihrer Patienten als Mann oder als Frau dienen. So kann zum Beispiel eine Patientin bei ihrer Therapeutin genau jenes positive Vorbild für Weiblichkeit, Sexualität, Emanzipation oder Mutterschaft finden, das sie bei der eigenen Mutter vermisst hat. Im Kapitel 8 über Interaktion, Lernen und die Rolle der Spiegelneuronen wies ich bereits darauf hin, dass Modelllernen umso wahrscheinlicher ist, je intensiver die emotionale Beziehung zwischen dem Lernenden und seinem Vorbild ist.

Das Modelllernen ist nicht auf explizite Instruktion angewiesen. Veränderungen stellen sich auch durch nonverbale, implizite Prozesse ein. Es geht gerade in der strukturbezogenen Psychotherapie weniger darum, dass Therapeuten viel erklären, sondern vielmehr darum, vorzumachen, wie man mit schwierigen interpersonellen Situationen und Herausforderungen, welche strukturgestörte Patienten in der Therapiebeziehung oft reichlich liefern, anders umgehen kann, als die Patienten es bisher kennen. Nach der klassischen psychoanalytischen Theorie finden Identizierungen mit einem elterlichen Vorbild gerade dann besonders intensiv statt, wenn das Ich (klassisch in der Phase der Auflösung des Ödipus) auf die Befriedigung kleinkindhafter Bedürfnisse zunehmend verzichten muss. Günstige Identifizierungsprozesse sind folglich dann am ehesten zu erwarten, wenn die Patienten in einer wohlwollenden Atmosphäre der Therapiebeziehung einerseits emotional ausreichend andocken können, andererseits aber nicht durch ein allzu komplementär versorgendes Beziehungsangebot ihrer Therapeuten in eine regressiv-passive Erwartungs- und Abhängigkeitshaltung gedrängt werden. Das Ich wächst am Verzicht, vorausgesetzt, die zugemutete Verzichtleistung wird nicht als kränkend oder bedrohlich erlebt.

Psychotherapie soll nachhaltige Lern- und Veränderungsprozesse auf den Weg bringen. Die Patienten sollen jene Fähigkeiten erwerben, die ihnen erlauben, die aktuellen Anforderungen und Entwicklungsaufgaben ihres Lebens so zu bewältigen, dass ihre Bedürfnisse sozial verträglich befriedigt werden und dass das unvermeidliche Maß an Inkonsistenzspannung so weit reduziert wird, dass die Patienten keine Symptome mehr ausbilden müssen. Damit Patienten neue Fähigkeiten erwerben und sich aus ungünstigen Lernerfahrungen ihrer Vergangenheit befreien können, ist es wichtig, dass sich im Rahmen des Therapieprozesses ihre sozialen Kontexte verändern. Eine erste Kontextveränderung ergibt sich durch die Therapiebeziehung. Sie erweitert das soziale Umfeld der Patienten oft wesentlich. Viele Patienten bekommen in der Therapie erstmals in ihrem Leben ein so hohes Maß an wohlwollender Aufmerksamkeit und Gelegenheit, so viel über sich selbst mitteilen zu können. Bei Patienten, die in dyadischen Konstellationen leben, also emotional auf nur einen einzigen anderen Menschen bezogen sind, erfolgt durch die Therapiebeziehung eine Triangulierung: Der Therapeut wird der Dritte im Bunde, wodurch sich die Dynamik der bisherigen dyadischen Beziehung erheblich verändern kann. Neue Kontexte gehen mit Veränderungen der Perspektive einher und induzieren Lernprozesse, die mit therapeutischer Unterstützung in eine förderliche Richtung gelenkt werden können.

In seelischer Not folgen viele Menschen dem Impuls, sich aus sozialen Kontakten zurückzuziehen. Der Vorteil eines solchen Rückzugs besteht darin, dass die Patienten gewohnte Kontexte, die sie zunehmend in dysfunktionalen Automatismen und Routinen gefangen halten, verlassen. Auf Dauer wirkt sich jedoch ein sozialer Rückzug oder der ausschließliche Kontakt mit den engsten Vertrauten (die meist zunehmend hilflos werden) nachteilig aus und verschärft den Leidenszustand. Soziale Kompetenzen gehen verloren. Am besten lassen sich die defizitären Selbststeuerungs- und Interaktionsfähigkeiten durch häufige und intensive soziale Kontakte trainieren, beispielsweise in Gruppen und Gemeinschaften, die eine funktionierende Kultur des wertschätzenden Miteinanders entwickelt haben und die sich mit Sinn und Freude stiftenden Dingen beschäftigen. Wenn die Ich-Funktionen starke Defizite aufweisen, werden intensive soziale Kontakte verständlicherweise oft als anstrengend, beunruhigend, verwirrend, beschämend oder sogar bedrohlich erlebt. Deshalb benötigen Patienten oft den geschützten Rahmen einer Einzel- oder Gruppenpsychotherapie oder von Selbsthilfegruppen. Auch Religionsgemeinschaften stellen Hilfsangebote, im Einzelgespräch oder in der Gruppe, zur Verfügung.

Grundsätzlich verfolge ich mittelfristig und langfristig das therapeutische Ziel, dass meine Patienten ihre sozialen Kontakte intensivieren, ihre sozialen Kompetenzen trainieren und ihre sozialen Befriedigungsmöglichkeiten erweitern. Dazu gehört auch, dass manche Patienten lernen, sich gegen allzu viele oberflächliche oder dysfunktionale Kontakte abzugrenzen, dass sie selektiver in der Auswahl ihrer Freunde werden und sich auf solche Beziehungen fokussieren, welche ihre Entwicklung und die Erfahrung gemeinsamen Sinnerlebens fördern.

Von der Freude und vom Leid

Wie gerne würden wir andauernde Freude empfinden
und Leid und Schmerz aus unserem Leben verbannen.
Doch ist unsere Freude nicht nur eine andere Form
unseres Leidens und unserer Schmerzen?
Ist nicht dieselbe Quelle, der unser Lachen entspringt,
auch die, aus der unsere Tränen dringen?
Sind wir nicht wie ein Flussbett?
Je tiefer es durch die Fähigkeit zu leiden ausgehöhlt wurde,
desto mehr Freude kann es fassen.
Freude und Leid sind nicht zu trennen.
Was uns einst Leid zugefügt hat, kann uns heute Freude schenken.
Und was uns heute Vergnügen bereitet, kann uns morgen leiden lassen.
Unser Schmerz gleicht dem Zerbrechen eines Gefäßes,
das unser Verstehen eingeschlossen hat.
Vieles von unserem Schmerz haben wir selbst gewählt.
Es ist, als verabreiche der Arzt in uns eine bittere Medizin,
die unser krankes Selbst heilen soll.
Vertrauen wir unserem inneren Arzt.
Ist seine Hand auch schwer und hart,
wird sie vom Unsichtbaren gelenkt
und mit heiligen Tränen benetzt.

(Frei nach Khalil Gibran: „Der Prophet")

Personen- und Sachverzeichnis

A

B

C

D

E

F

G

H

I

J

K

L

M

N

O

P

Q

R

S

T

U

V

W

Y

Z